코레일 한국철도공사

기술직

통합기본서

시대에듀

시대에듀 All-New 코레일 한국철도공사 기술직 통합기본서

Always **with you**

사람의 인연은 길에서 우연하게 만나거나 함께 살아가는 것만을 의미하지는 않습니다.
책을 펴내는 출판사와 그 책을 읽는 독자의 만남도 소중한 인연입니다.
시대에듀는 항상 독자의 마음을 헤아리기 위해 노력하고 있습니다. 늘 독자와 함께하겠습니다.

머리말 PREFACE

국민의 안전과 생명을 지키는 사람 중심의 안전을 만들어 나가기 위해 노력하는 코레일 한국철도공사는 매년 반기별로 기술직 신입사원을 채용하고 있다. 코레일 한국철도공사의 채용절차는 「입사지원서 접수 → 서류검증 → 필기시험 → 체력심사 및 실기시험 → 면접시험 및 인성검사 → 최종 합격자 발표」 순서로 이루어진다. 필기시험은 직업기초능력평가와 직무수행능력평가, 철도법령으로 진행된다. 그중 직업기초능력평가는 의사소통능력, 수리능력, 문제해결능력 총 3개의 영역을 평가한다. 또한, 직무수행능력평가의 경우 직렬별로 전공 분야가 다르므로 반드시 확정된 채용공고를 확인해야 한다. 필기시험 고득점자 순으로 최종선발 인원의 2배수 이내로 합격자가 결정되므로 고득점을 받기 위해 다양한 유형에 대한 폭넓은 학습과 문제풀이능력을 높이는 등 철저한 준비가 필요하다.

코레일 한국철도공사 기술직 합격을 위해 시대에듀에서는 기업별 NCS 시리즈 누적 판매량 1위의 출간 경험을 토대로 다음과 같은 특징을 가진 도서를 출간하였다.

도서의 특징

❶ 코레일 4개년 기출복원문제를 통한 출제 유형 확인!

- 2025～2022년 코레일 샘플문제를 수록하여 코레일 출제경향을 확인할 수 있도록 하였다.
- 2025～2022년 코레일 4개년 기출문제를 복원하여 코레일 필기 유형을 확인할 수 있도록 하였다.

❷ 코레일 한국철도공사 기술직 필기시험 출제 영역 맞춤 문제를 통한 실력 상승!

- 직업기초능력평가 대표기출유형&기출응용문제를 수록하여 유형별로 대비할 수 있도록 하였다.
- 직무수행능력평가(토목일반/기계일반/전기일반 · 전기이론) 핵심이론&적중예상문제를 수록하여 기술직 전공까지 확실하게 준비할 수 있도록 하였다.
- 철도법령 이론&적중예상문제를 수록하여 법령을 꼼꼼하게 학습할 수 있도록 하였다.

❸ 최종점검 모의고사를 통한 완벽한 실전 대비!

- 철저한 분석을 통해 실제 유형과 유사한 최종점검 모의고사를 수록하여 자신의 실력을 점검할 수 있도록 하였다.

❹ 다양한 콘텐츠로 최종 합격까지!

- 코레일 한국철도공사 채용 가이드와 면접 예상&기출질문을 수록하여 채용을 준비하는 데 부족함이 없도록 하였다.
- 온라인 모의고사를 무료로 제공하여 필기시험에 대비할 수 있도록 하였다.

끝으로 본 도서를 통해 코레일 한국철도공사 기술직 채용을 준비하는 모든 수험생 여러분이 합격의 기쁨을 누리기를 진심으로 기원한다.

SDC(Sidae Data Center) 씀

코레일 한국철도공사 기업분석 INTRODUCE

◇ 미션

사람 · 세상 · 미래를 잇는 대한민국 철도

◇ 비전

새로 여는 미래교통 함께 하는 한국철도

◇ 경영슬로건

철도표준을 선도하는 모빌리티 기업, 코레일!

◇ 핵심가치

안전 혁신 소통 신뢰

◇ 경영목표 & 전략과제

경영목표	전략과제
디지털 기반 안전관리 고도화	• 디지털통합 안전관리 • 중대재해 예방 및 안전 문화 확산 • 유지보수 과학화
자립경영을 위한 재무건전성 제고	• 운송수익 극대화 • 신성장사업 경쟁력 확보 • 자원운용 최적화
국민이 체감하는 모빌리티 혁신	• 디지털 서비스 혁신 • 미래융합교통 플랫폼 구축 • 국민소통 홍보 강화
미래지향 조직문화 구축	• ESG 책임경영 내재화 • 스마트 근무환경 및 상호존중 문화 조성 • 융복합 전문 인재 양성 및 첨단기술 확보

◇ 인재상

사람지향 소통인

사람 중심의 사고와 행동을 하는 인성, 열린 마인드로 주변과 소통하고 협력하는 인재

고객지향 전문인

고객만족을 위해 지속적으로 학습하고 노력하는 인재

미래지향 혁신인

한국철도의 글로벌 경쟁력을 높이고 미래의 발전을 끊임없이 추구하는 인재

신입 채용 안내 INFORMATION

◇ 지원자격(공통)

❶ 학력 · 성별 · 나이 등 : 제한 없음

※ 단, 18세 미만자 또는 공사 정년(만 60세) 초과자는 지원 불가

❷ 남성의 경우 군필 또는 면제자

※ 단, 전역일이 최종합격자 발표일 이전이며, 전형별 시험일에 참석 가능한 경우 지원 가능

❸ 철도 현장 업무수행이 가능한 자

❹ 한국철도공사 채용 결격사유에 해당하지 않는 자

❺ 최종합격자 발표일 이후부터 근무가 가능한 자

❻ 외국인의 경우 거주(F-2), 재외동포(F-4), 영주권자(F-5)에 한함

◇ 필기시험

<table>
<tr><th>과목</th><th colspan="2">직렬</th><th>평가 내용</th><th>문항 수</th><th>시험 시간</th></tr>
<tr><td>직업기초능력평가</td><td colspan="2">전 직렬</td><td>의사소통능력, 수리능력, 문제해결능력</td><td>30문항</td><td rowspan="8">70분</td></tr>
<tr><td rowspan="6">직무수행능력평가</td><td rowspan="2">차량</td><td>기계</td><td>기계일반</td><td rowspan="6">30문항</td></tr>
<tr><td>전기</td><td>전기일반</td></tr>
<tr><td rowspan="2">건축</td><td>일반</td><td>건축일반</td></tr>
<tr><td>전기전자</td><td>전기전자</td></tr>
<tr><td colspan="2">토목</td><td>토목일반</td></tr>
<tr><td colspan="2">전기통신</td><td>전기이론</td></tr>
<tr><td>철도법령</td><td colspan="2">전 직렬</td><td>철도산업발전기본법 · 시행령,
한국철도공사법 · 시행령, 철도사업법 · 시행령</td><td>10문항</td></tr>
</table>

◇ 면접전형

면접유형	평가내용
면접시험 (4대 1 면접)	NCS 기반 직무경험 및 상황면접 등을 종합적으로 평가
인성검사	인성, 성격적 특성에 대한 검사로, 적격 · 부적격 판정

❖ 위 채용 안내는 2025년 상반기 채용공고를 기준으로 작성하였으므로 세부사항은 확정된 채용공고를 확인하기 바랍니다.

2025년 상반기 기출분석 ANALYSIS

총평

코레일 한국철도공사 필기시험은 피듈형으로 출제되었으며, 난이도는 평이했다는 후기가 많았다. 의사소통능력의 경우 어휘와 관련된 문제가 출제되었으므로 자주 출제되는 어휘에 대한 준비가 필요해 보인다. 또한, 수리능력의 경우 복잡한 계산 문제보다는 자료를 이해하고 추론하여 푸는 문제가 다수 출제되었으며, 문제해결능력의 경우 모듈형 문제가 출제되었으므로 평소 모듈이론에 대한 학습을 충분히 해야 한다. 철도법령 문제는 출제범위 내 법령에서 골고루 출제되었으므로 꼼꼼하게 대비하는 것이 좋다.

◇ 영역별 출제 비중

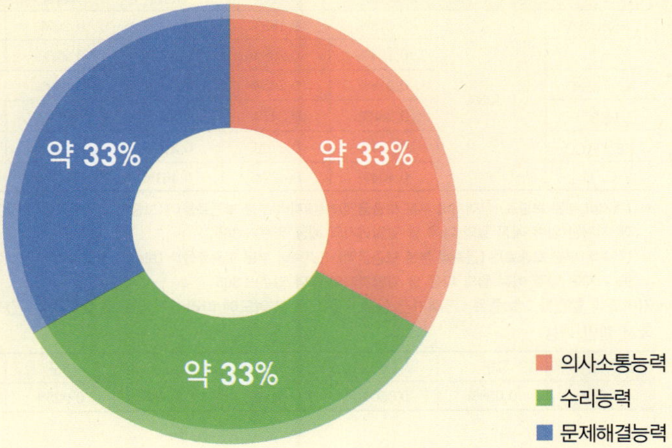

구분	출제 특징	출제 키워드
의사소통능력	• 문서 내용 이해 문제가 출제됨 • 어휘 문제가 출제됨 • 비문학 지문이 출제됨	• 자기소개서, 격률, 사글세, 오디오북, 스몰토크 등
수리능력	• 응용 수리 문제가 출제됨 • 자료 이해 문제가 출제됨 • 그래프 문제가 출제됨	• 지하철, 평균, 복구비용, 판매개수, 요금, 인원, 소금물, 가격 등
문제해결능력	• SWOT 분석 문제가 출제됨 • 자료 해석 문제가 출제됨 • 창의적 사고 문제가 출제됨	• 논리적 사고, 비판적 사고, 협상, 성급한 일반화의 오류, 브레인스토밍, 기회요인 등
철도법령	• 부정승차, 채권, 설립등기, 경미한 변경, 철도면허, 철도차량, 임원, 벌칙, 자본금, 법인, 속도 등	

PSAT형

04 다음은 신용등급에 따른 아파트 보증률에 대한 사항이다. 자료와 상황에 근거할 때, 갑(甲)과 을(乙)의 보증료의 차이는 얼마인가?(단, 두 명 모두 대지비 보증금액은 5억 원, 건축비 보증금액은 3억 원이며, 보증서 발급일로부터 입주자 모집공고 안에 기재된 입주 예정 월의 다음 달 말일까지의 해당 일수는 365일이다)

- (신용등급별 보증료)=(대지비 부분 보증료)+(건축비 부분 보증료)
- 신용평가 등급별 보증료율

구분	대지비 부분	건축비 부분				
		1등급	2등급	3등급	4등급	5등급
AAA, AA	0.138%	0.178%	0.185%	0.192%	0.203%	0.221%
A^+		0.194%	0.208%	0.215%	0.226%	0.236%
A^-, BBB^+		0.216%	0.225%	0.231%	0.242%	0.261%
BBB^-		0.232%	0.247%	0.255%	0.267%	0.301%
BB^+ ~ CC		0.254%	0.276%	0.296%	0.314%	0.335%
C, D		0.404%	0.427%	0.461%	0.495%	0.531%

※ (대지비 부분 보증료)=(대지비 부분 보증금액)×(대지비 부분 보증료율)×(보증서 발급일로부터 입주자 모집공고 안에 기재된 입주 예정 월의 다음 달 말일까지의 해당 일수)÷365

※ (건축비 부분 보증료)=(건축비 부분 보증금액)×(건축비 부분 보증료율)×(보증서 발급일로부터 입주자 모집공고 안에 기재된 입주 예정 월의 다음 달 말일까지의 해당 일수)÷365

- 기여고객 할인율 : 보증료, 거래기간 등을 기준으로 기여도에 따라 6개 군으로 분류하며, 건축비 부분 요율에서 할인 가능

구분	1군	2군	3군	4군	5군	6군
차감률	0.058%	0.050%	0.042%	0.033%	0.025%	0.017%

〈상황〉

- 갑 : 신용등급은 A^+이며, 3등급 아파트 보증금을 내야 한다. 기여고객 할인율에서는 2군으로 선정되었다.
- 을 : 신용등급은 C이며, 1등급 아파트 보증금을 내야 한다. 기여고객 할인율은 3군으로 선정되었다.

① 554,000원
② 566,000원
③ 582,000원
④ 591,000원
⑤ 623,000원

특징
- 대부분 의사소통능력, 수리능력, 문제해결능력을 중심으로 출제(일부 기업의 경우 자원관리능력, 조직이해능력을 출제)
- 자료에 대한 추론 및 해석 능력을 요구

대행사
- 엑스퍼트컨설팅, 커리어넷, 태드솔루션, 한국행동과학연구소(행과연), 휴노 등

모듈형

| 문제해결능력

41 문제해결절차의 문제 도출 단계는 (가)와 (나)의 절차를 거쳐 수행된다. 다음 중 (가)에 대한 설명으로 적절하지 않은 것은?

(가)	→	(나)
전체 문제를 개별화된 이슈들로 세분화		문제에 영향력이 큰 핵심이슈를 선정

① 문제의 내용 및 영향 등을 파악하여 문제의 구조를 도출한다.
② 본래 문제가 발생한 배경이나 문제를 일으키는 메커니즘을 분명히 해야 한다.
③ 현상에 얽매이지 말고 문제의 본질과 실제를 봐야 한다.
④ 눈앞의 결과를 중심으로 문제를 바라봐야 한다.
⑤ 문제 구조 파악을 위해서 Logic Tree 방법이 주로 사용된다.

특징
- 이론 및 개념을 활용하여 푸는 유형
- 채용 기업 및 직무에 따라 NCS 직업기초능력평가 10개 영역 중 선발하여 출제
- 기업의 특성을 고려한 직무 관련 문제를 출제
- 주어진 상황에 대한 판단 및 이론 적용을 요구

대행사
- 인트로맨, 휴스테이션, ORP연구소 등

피듈형(PSAT형 + 모듈형)

| 자원관리능력

07 다음 자료를 근거로 판단할 때, 연구모임 A ~ E 중 세 번째로 많은 지원금을 받는 모임은?

〈지원계획〉

- 지원을 받기 위해서는 한 모임당 5명 이상 9명 미만으로 구성되어야 한다.
- 기본지원금은 모임당 1,500천 원을 기본으로 지원한다. 단, 상품개발을 위한 모임의 경우는 2,000천 원을 지원한다.
- 추가지원금

등급	상	중	하
추가지원금(천 원/명)	120	100	70

※ 추가지원금은 연구 계획 사전평가결과에 따라 달라진다.
- 협업 장려를 위해 협업이 인정되는 모임에는 위의 두 지원금을 합한 금액의 30%를 별도로 지원한다.

〈연구모임 현황 및 평가결과〉

특징
- 기초 및 응용 모듈을 구분하여 푸는 유형
- 기초인지모듈과 응용업무모듈로 구분하여 출제
- PSAT형보다 난도가 낮은 편
- 유형이 정형화되어 있고, 유사한 유형의 문제를 세트로 출제

대행사
- 사람인, 스카우트, 인크루트, 커리어케어, 트리피, 한국사회능력개발원 등

코레일 한국철도공사

교통사고 ▶ 키워드

2025년 적중

※ 다음은 K국의 교통사고 사상자 2,500명에 대해 조사한 자료이다. 이어지는 질문에 답하시오. [3~4]

〈교통사고 현황〉

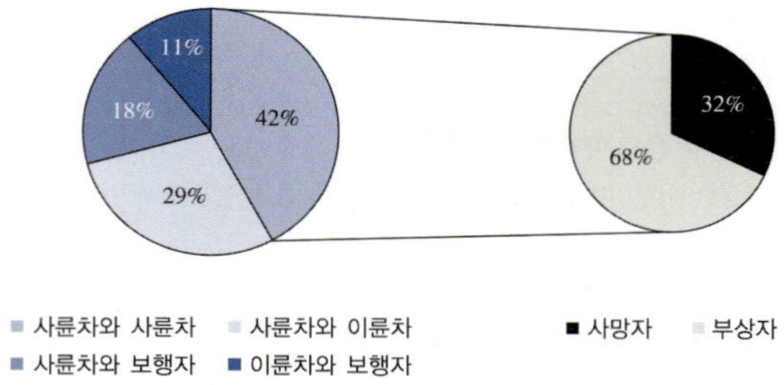

※ 사상자 수와 가해자 수는 같다.

〈교통사고 가해자 연령〉

구분	20대	30대	40대	50대	60대 이상
비율	38%	21%	11%	8%	( )

※ 교통사고 가해자 연령 비율의 합은 100%이다.

지하철 요금 ▶ 키워드

2025년 적중

※ 수원에 사는 H대리는 가족들과 가평으로 여행을 가기로 하였다. 다음은 가평을 가기 위한 대중교통 수단별 운행요금 및 소요시간과 자가용 이용 시 현황에 대한 자료이다. 이어지는 질문에 답하시오. [26~28]

〈대중교통수단별 운행요금 및 소요시간〉

구분	운행요금			소요시간		
	수원역 ~ 서울역	서울역 ~ 청량리역	청량리역 ~ 가평역	수원역 ~ 서울역	서울역 ~ 청량리역	청량리역 ~ 가평역
기차	2,700원	–	4,800원	32분	–	38분
버스	2,500원	1,200원	3,000원	1시간 16분	40분	2시간 44분
지하철	1,850원	1,250원	2,150원	1시간 03분	18분	1시간 17분

※ 운행요금은 어른 편도 요금이다.

〈자가용 이용 시 현황〉

구분	통행료	소요시간	거리
A길	4,500원	1시간 49분	98.28km
B길	4,400원	1시간 50분	97.08km
C길	6,600원	1시간 49분	102.35km

※ 거리에 따른 주유비는 124원/km이다.

조건

- H대리 가족은 어른 2명, 아이 2명이다.
- 아이 2명은 각각 만 12세, 만 4세이다.
- 어린이 기차 요금(만 13세 미만)은 어른 요금의 50%이고, 만 4세 미만은 무료이다.

한국수자원공사

확률 ▶ 유형

2025년 적중

12 K학교의 학생은 A과목과 B과목 중 한 과목만을 선택하여 수업을 받는다고 한다. A과목과 B과목을 선택한 학생의 비율이 각각 전체의 40%, 60%이고, A과목을 선택한 학생 중 여학생은 30%, B과목을 선택한 학생 중 여학생은 40%라고 하자. K학교의 3학년 학생 중에서 임의로 뽑은 학생이 여학생일 때, 그 학생이 B과목을 선택한 학생일 확률은?

① $\frac{1}{3}$　　② $\frac{2}{3}$

③ $\frac{1}{4}$　　④ $\frac{3}{4}$

자리 배치 ▶ 유형

2025년 적중

29 K기업의 영업1팀은 강팀장, 김대리, 이대리, 박사원, 유사원으로 이루어져 있었으나, 최근 인사이동으로 인해 팀원의 변화가 일어났고, 이로 인해 자리를 새롭게 배치하려고 한다. 〈조건〉이 다음과 같을 때, 항상 옳은 것은?

〈조건〉

- 영업1팀의 김대리는 영업2팀의 팀장으로 승진하였다.
- 이번 달 영업1팀에 김사원과 이사원이 새로 입사하였다.
- 자리는 일렬로 위치해 있으며, 영업1팀은 영업2팀과 마주하고 있다.
- 자리의 가장 안 쪽 옆은 벽이며, 반대편 끝자리의 옆은 복도이다.
- 각 팀의 팀장은 가장 안 쪽인 왼쪽 끝에 앉는다.
- 이대리는 영업2팀 김팀장의 대각선에 앉는다.
- 박사원의 양 옆은 신입사원이 앉는다.
- 김사원의 자리는 이사원의 자리보다 왼쪽에 있다.

① 이대리는 강팀장과 인접한다.
② 박사원의 자리는 유사원의 자리보다 왼쪽에 있다.
③ 이사원의 양 옆 중 한쪽은 복도이다.
④ 김사원은 유사원과 인접하지 않는다.

국가철도공단

경청 ▶ 유형 2025년 적중

01 A씨 부부는 대화를 하다 보면 사소한 다툼으로 이어지곤 한다. A씨의 아내는 A씨가 자신의 이야기를 제대로 들어주지 않기 때문이라고 생각한다. 다음 사례에 나타난 A씨의 경청을 방해하는 습관은 무엇인가?

> A씨의 아내가 남편에게 직장에서 업무 실수로 상사에게 혼난 일을 이야기하자 A씨는 "항상 일을 진행하면서 꼼꼼하게 확인하라고 했잖아요. 당신이 일을 처리하는 방법이 잘못됐어요. 다음부터는 일을 하기 전에 미리 계획을 세우고 체크리스트를 작성해보세요."라고 이야기했다. A씨의 아내는 이런 대답을 듣자고 이야기한 것이 아니라며 더 이상 이야기하고 싶지 않다고 말하며 밖으로 나가 버렸다.

① 짐작하기 ② 걸러내기
③ 판단하기 ④ 조언하기

브레인스토밍 ▶ 키워드 2025년 적중

※ 다음 글을 읽고 이어지는 질문에 답하시오. **[3~4]**

> 이혜민 사원은 급하게 ㉠ 상사와 통화를 원하는 외부전화를 받았다. 상사는 현재 사내 상품개발팀과 신제품개발 아이디어 수집에 대해 전화회의를 하고 있다. 상대방의 양해를 얻어 전화를 대기시키고 ㉡ 메모지에 내용을 적어 통화 중인 상사에게 전하고 잠시 기다렸다. 통화 중인 상사는 이혜민 사원에게 전화를 ㉢ 받을 수 없다는 손짓을 하고, 메모지에 ㉣ '나중에 통화'라고 적었다. 이혜민 사원은 상사의 뜻을 전하고 ㉤ 전화번호를 물어보았다. 잠시 후 상품개발팀장과 통화를 끝낸 상사는 이혜민 사원에게 다음과 같이 지시하였다. "㉥ 다음 주에 약 12명이 모여 신상품 아이디어에 대한 브레인스토밍 회의를 할 겁니다. 화요일을 제외하고 날짜를 잡아 팀장과 의논해서 준비하세요."

03 의사전달 매체를 말, 글, 비언어적 수단 등으로 구분할 때, 다음 중 밑줄 친 ㉠~㉤에서 같은 매체로 짝지어진 것은?

① ㉠, ㉢ ② ㉡, ㉣
③ ㉡, ㉤ ④ ㉢, ㉣

한국공항공사

문단 나열 ▶ 유형

2025년 적중

03 다음 문단을 논리적 순서대로 바르게 나열한 것은?

(가) 여기에 반해 동양에서는 보름달에 좋은 이미지를 부여한다. 예를 들어, 우리나라의 처녀귀신이나 도깨비는 달빛이 흐린 그믐 무렵에나 활동하는 것이다. 그런데 최근에는 동서양의 개념이 마구 뒤섞여 보름달을 배경으로 악마의 상징인 늑대가 우는 광경이 동양의 영화에 나오기도 한다.

(나) 동양에서 달은 '음(陰)'의 기운을, 해는 '양(陽)'의 기운을 상징한다는 통념이 자리를 잡았다. 그래서 달을 '태음', 해를 '태양'이라고 불렀다. 동양에서는 해와 달의 크기가 같은 덕에 음과 양도 동등한 자격을 갖춘다. 즉, 음과 양은 어느 하나가 좋고 다른 하나는 나쁜 것이 아니라 서로 보완하는 관계를 이루는 것이다.

(다) 옛날부터 형성된 이러한 동서양 간의 차이는 오늘날까지 영향을 끼치고 있다. 동양에서는 달이 밝으면 달맞이를 하는데, 서양에서는 달맞이를 자살 행위처럼 여기고 있다. 특히 보름달은 서양인들에게 거의 공포의 상징과 같은 존재이다. 예를 들어, 13일의 금요일에 보름달이 뜨게 되면 사람들은 외출조차 꺼린다.

(라) 하지만 서양의 경우는 다르다. 서양에서 낮은 신이, 밤은 악마가 지배한다는 통념이 자리를 잡았다. 따라서 밤의 상징인 달에 좋지 않은 이미지를 부여하게 되었다. 이는 해와 달의 명칭을 보면 알 수 있다. 라틴어로 해를 'Sol', 달을 'Luna'라고 하는데 정신병을 뜻하는 단어 'Lunacy'의 어원이 바로 'Luna'이다.

보험료 ▶ 키워드

2025년 적중

29 K공단에서는 지역가입자의 생활수준 및 연간 자동차세액 점수표를 기준으로 지역보험료를 산정한다. 지역가입자 A ~ E의 조건을 보고 보험료를 바르게 계산한 것은?(단, 원 단위 이하는 절사한다)

〈생활수준 및 경제활동 점수표〉

<table>
<tr><th colspan="2">구분</th><th>1구간</th><th>2구간</th><th>3구간</th><th>4구간</th><th>5구간</th><th>6구간</th><th>7구간</th></tr>
<tr><td rowspan="6">가입자 성별 및 연령별</td><td rowspan="2">남성</td><td>20세 미만</td><td rowspan="2">60세 이상 65세 미만</td><td>20세 이상 30세 미만</td><td rowspan="2">30세 이상 50세 미만</td><td rowspan="3">–</td><td rowspan="3">–</td><td rowspan="3">–</td></tr>
<tr><td>65세 이상</td><td>50세 이상 60세 미만</td></tr>
<tr><td>점수</td><td>1.4점</td><td>4.8점</td><td>5.7점</td><td>6.6점</td></tr>
<tr><td rowspan="2">여성</td><td>20세 미만</td><td rowspan="2">60세 이상 65세 미만</td><td>25세 이상 30세 미만</td><td>20세 이상 25세 미만</td><td rowspan="3">–</td><td rowspan="3">–</td><td rowspan="3">–</td></tr>
<tr><td>65세 이상</td><td>50세 이상 60세 미만</td><td>30세 이상 50세 미만</td></tr>
<tr><td>점수</td><td>1.4점</td><td>3점</td><td>4.3점</td><td>5.2점</td></tr>
<tr><td colspan="2">재산 정도 (만 원)</td><td>450 이하</td><td>450 초과 900 이하</td><td>900 초과 1,500 이하</td><td>1,500 초과 3,000 이하</td><td>3,000 초과 7,500 이하</td><td>7,500 초과 15,000 이하</td><td>15,000 초과</td></tr>
<tr><td colspan="2">점수</td><td>1.8점</td><td>3.6점</td><td>5.4점</td><td>7.2점</td><td>9점</td><td>10.9점</td><td>12.7점</td></tr>
<tr><td colspan="2">연간 자동차세액 (만 원)</td><td>6.4 이하</td><td>6.4 초과 10 이하</td><td>10 초과 22.4 이하</td><td>22.4 초과 40 이하</td><td>40 초과 55 이하</td><td>55 초과 66 이하</td><td>66 초과</td></tr>
<tr><td colspan="2">점수</td><td>3점</td><td>6.1점</td><td>9.1점</td><td>12.2점</td><td>15.2점</td><td>18.3점</td><td>21.3점</td></tr>
</table>

※ (지역보험료)=[(생활수준 및 경제활동 점수)+(재산등급별 점수)+(자동차등급별 점수)]×(부과점수당 금액)

※ 모든 사람의 재산등급별 점수는 200점, 자동차등급별 점수는 100점으로 가정함

※ 부과점수당 금액은 183원임

도서 200% 활용하기 STRUCTURES

1 기출복원문제로 출제경향 파악

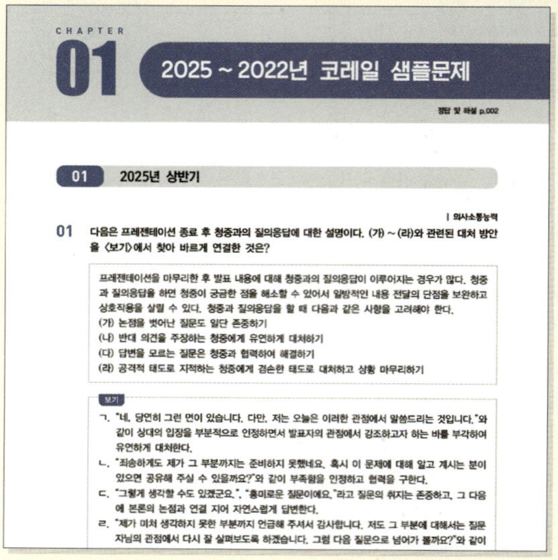

CHAPTER 01 2025 ~ 2022년 코레일 샘플문제

정답 및 해설 p.002

01 2025년 상반기

| 의사소통능력

01 다음은 프레젠테이션 종료 후 청중과의 질의응답에 대한 설명이다. (가) ~ (라)와 관련된 대처 방안을 〈보기〉에서 찾아 바르게 연결한 것은?

프레젠테이션을 마무리한 후 발표 내용에 대해 청중과의 질의응답이 이루어지는 경우가 많다. 청중과 질의응답을 하면 청중이 궁금한 점을 해소할 수 있어서 일방적인 내용 전달의 단점을 보완하고 상호작용을 살릴 수 있다. 청중과 질의응답을 할 때 다음과 같은 사항을 고려해야 한다.
(가) 논점을 벗어난 질문도 일단 존중하기
(나) 반대 의견을 주장하는 청중에게 유연하게 대처하기
(다) 답변을 모르는 질문은 청중과 협력하여 해결하기
(라) 공격적 태도로 지적하는 청중에게 겸손한 태도로 대처하고 상황 마무리하기

보기
ㄱ. "네, 당연히 그런 면이 있습니다. 다만, 저는 오늘은 이러한 관점에서 말씀드리는 것입니다."와 같이 상대의 입장을 부분적으로 인정하면서 발표자의 관점에서 강조하고자 하는 바를 부각하여 유연하게 대처한다.
ㄴ. "죄송하게도 제가 그 부분까지는 준비하지 못했네요. 혹시 이 문제에 대해 알고 계시는 분이 있으면 공유해 주실 수 있을까요?"와 같이 부족함을 인정하고 협력을 구한다.
ㄷ. "그렇게 생각할 수도 있겠군요.", "흥미로운 질문이에요."라고 질문의 취지는 존중하고, 그 다음에 본론의 논점과 연결 지어 자연스럽게 답변한다.
ㄹ. "제가 미처 생각하지 못한 부분까지 언급해 주셔서 감사합니다. 저도 그 부분에 대해서는 질문자님의 관점에서 다시 잘 살펴보도록 하겠습니다. 그럼 다음 질문으로 넘어가 볼까요?"와 같이

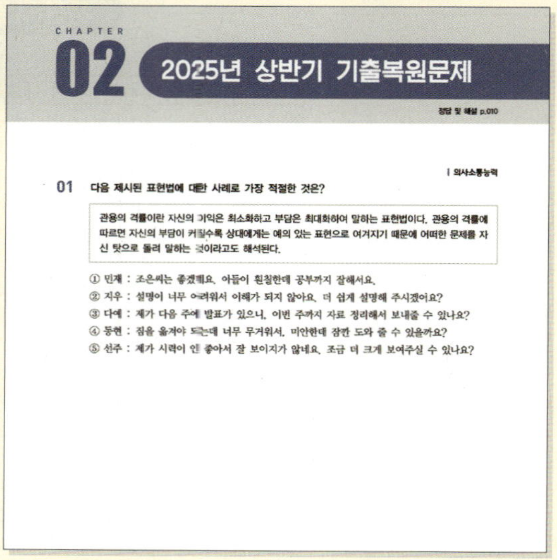

CHAPTER 02 2025년 상반기 기출복원문제

정답 및 해설 p.010

| 의사소통능력

01 다음 제시된 표현법에 대한 사례로 가장 적절한 것은?

관용의 격률이란 자신의 기억은 최소화하고 부담은 최대화하여 말하는 표현법이다. 관용의 격률에 따르면 자신의 부담이 커질수록 상대에게는 예의 있는 표현으로 여겨지기 때문에 어떠한 문제를 자신 탓으로 돌려 말하는 것이라고도 해석된다.

① 민제 : 조은씨는 좋겠어요. 아들이 휜칠한데 공부까지 잘해서요.
② 지우 : 설명이 너무 어려워서 이해가 되지 않아요. 더 쉽게 설명해 주시겠어요?
③ 다예 : 제가 다음 주에 발표가 있으니, 이번 주까지 자료 정리해서 보내줄 수 있나요?
④ 동현 : 짐을 옮겨야 되는데 너무 무거워서. 미안한데 잠깐 도와 줄 수 있을까요?
⑤ 선주 : 제가 시력이 안 좋아서 잘 보이지가 않네요. 조금 더 크게 보여주실 수 있나요?

▸ 2025 ~ 2022년 코레일 샘플문제를 수록하여 코레일 출제경향을 확인할 수 있도록 하였다.

▸ 2025 ~ 2022년 코레일 4개년 기출문제를 복원하여 코레일 필기 유형을 파악할 수 있도록 하였다.

2 출제 영역 맞춤 문제로 필기시험 완벽 대비

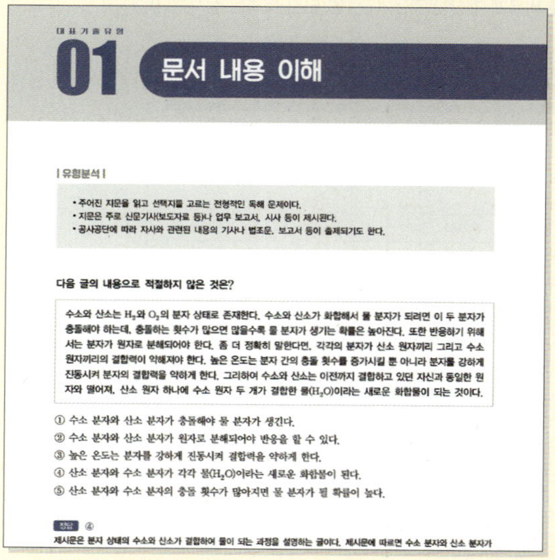

대표기출유형 01 문서 내용 이해

| 유형분석 |

- 주어진 지문을 읽고 선택지를 고르는 전형적인 독해 문제이다.
- 지문은 주로 신문기사(보도자료 등)나 업무 보고서, 시사 등이 제시된다.
- 공사공단에 따라 자사와 관련된 내용의 기사나 법조문, 보고서 등이 출제되기도 한다.

다음 글의 내용으로 적절하지 않은 것은?

수소와 산소는 H_2와 O_2의 분자 상태로 존재한다. 수소와 산소가 화합해서 물 분자가 되려면 이 두 분자가 충돌해야 하는데, 충돌하는 횟수가 많으면 많을수록 물 분자가 생기는 확률은 높아진다. 또한 반응하기 위해서는 분자가 원자로 분해되어야 한다. 좀 더 정확히 말한다면, 각각의 분자가 산소 원자끼리 그리고 수소 원자끼리의 결합력이 약해져야 한다. 높은 온도는 분자 간의 충돌 횟수를 증가시킬 뿐 아니라 분자를 강하게 진동시켜 분자의 결합력을 약하게 한다. 그리하여 수소와 산소는 이전까지 결합하고 있던 자신과 동일한 원자와 떨어져, 산소 원자 하나에 수소 원자 두 개가 결합한 물(H_2O)이라는 새로운 화합물이 되는 것이다.

① 수소 분자와 산소 분자가 충돌해야 물 분자가 생긴다.
② 수소 분자와 산소 분자가 원자로 분해되어야 반응을 할 수 있다.
③ 높은 온도는 분자를 강하게 진동시켜 결합력을 약하게 한다.
④ 산소 분자와 수소 분자가 각각 물(H_2O)이라는 새로운 화합물이 된다.
⑤ 산소 분자와 수소 분자의 충돌 횟수가 많아지면 물 분자가 될 확률이 높다.

정답 ④
제시문은 분자 상태의 수소와 산소가 결합하여 물이 되는 과정을 설명하는 글이다. 제시문에 따르면 수소 분자와 산소 분자가

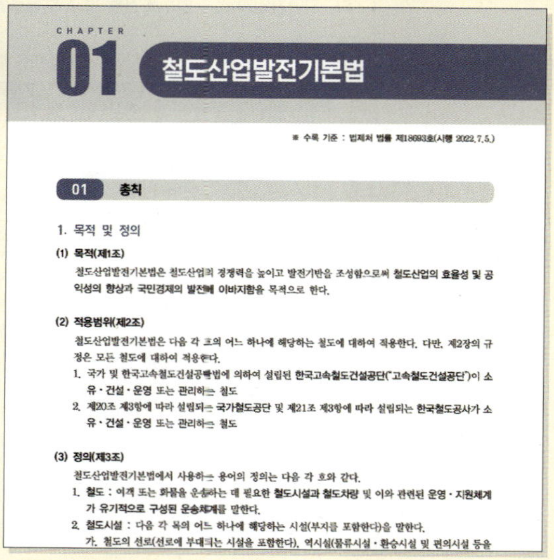

CHAPTER 01 철도산업발전기본법

※ 수록 기준 : 법제처 법률 제18693호(시행 2022.7.5.)

01 총칙

1. 목적 및 정의

(1) 목적(제1조)
철도산업발전기본법은 철도산업의 경쟁력을 높이고 발전기반을 조성함으로써 철도산업의 효율성 및 공익성의 향상과 국민경제의 발전에 이바지함을 목적으로 한다.

(2) 적용범위(제2조)
철도산업발전기본법은 다음 각 호의 어느 하나에 해당하는 철도에 대하여 적용한다. 다만, 제2장의 규정은 모든 철도에 대하여 적용한다.
1. 국가 및 한국고속철도건설공단법에 의하여 설립된 한국고속철도건설공단("고속철도건설공단")이 소유·건설·운영 또는 관리하는 철도
2. 제20조 제3항에 따라 설립되는 국가철도공단 및 제21조 제3항에 따라 설립되는 한국철도공사가 소유·건설·운영 또는 관리하는 철도

(3) 정의(제3조)
철도산업발전기본법에서 사용하는 용어의 정의는 다음 각 호와 같다.
1. 철도 : 여객 또는 화물을 운송하는 데 필요한 철도시설과 철도차량 및 이와 관련된 운영·지원체계가 유기적으로 구성된 운송체계를 말한다.
2. 철도시설 : 다음 각 목의 어느 하나에 해당하는 시설(부지를 포함한다)을 말한다.
가. 철도의 선로(선로에 부대되는 시설을 포함한다), 역시설(물류시설·환승시설 및 편의시설 등을

▸ 직업기초능력평가 대표기출유형&기출응용문제를 수록하여 유형별로 대비할 수 있도록 하였다.

▸ 토목일반/기계일반/전기일반 · 전기이론 핵심이론&적중예상문제를 수록하여 기술직 전공까지 확실하게 준비할 수 있도록 하였다.

▸ 철도법령 이론&적중예상문제를 수록하여 법령을 꼼꼼하게 학습할 수 있도록 하였다.

3 최종점검 모의고사 + OMR을 활용한 실전 연습

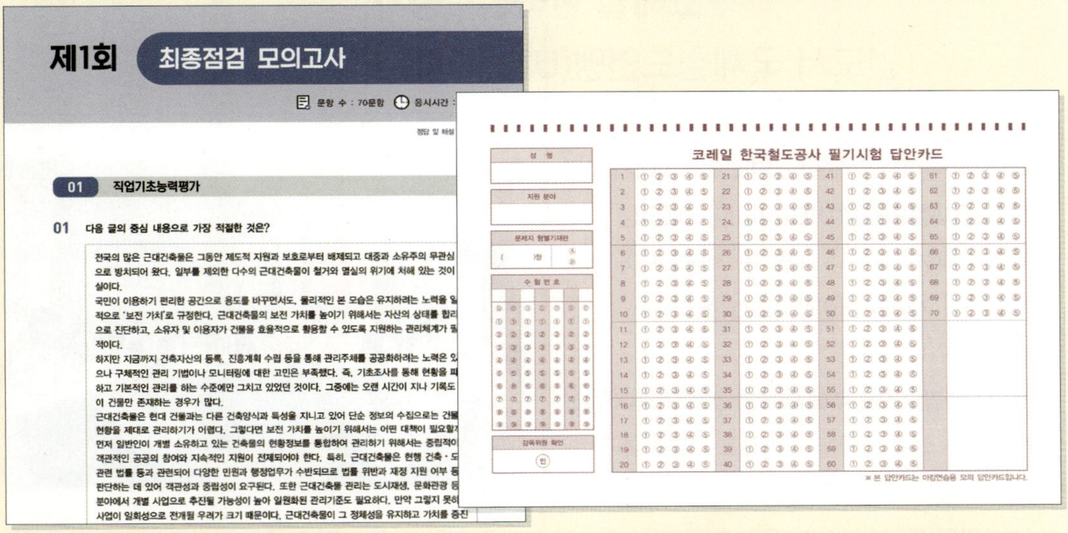

- 최종점검 모의고사와 OMR 답안카드를 수록하여 실제로 시험을 보는 것처럼 마무리 연습을 할 수 있도록 하였다.
- 모바일 OMR 답안채점/성적분석 서비스를 통해 필기시험에 대비할 수 있도록 하였다.

4 인성검사부터 면접까지 한 권으로 최종 마무리

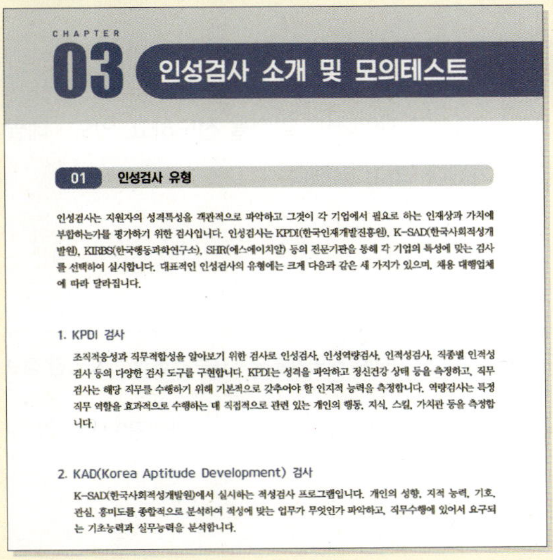

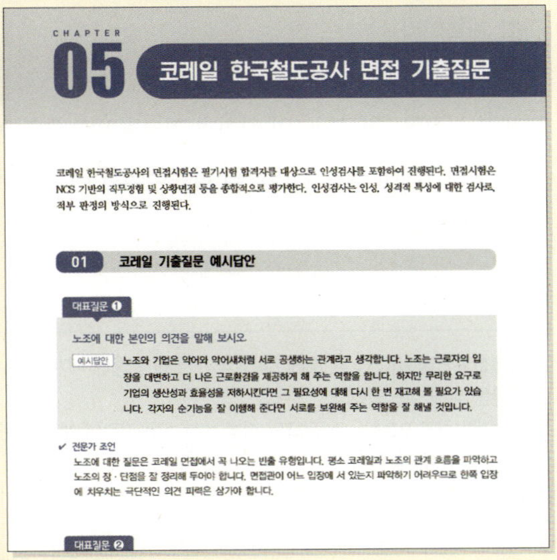

- 인성검사 모의테스트를 수록하여 인성검사 유형 및 문항을 확인할 수 있도록 하였다.
- 코레일 한국철도공사 면접 예상&기출질문을 통해 실제 면접에서 나오는 질문을 미리 파악하고 연습할 수 있도록 하였다.

2025.05.16.(금)

코레일 한국철도공사, 인도서 국제철도연맹(UIC) 아태지역 총회 주재

한국철도공사(이하 코레일)는 인도 뉴델리에서 열린 제38차 **국제철도연맹(UIC)** 아시아 · 태평양 지역 총회를 주재하고 인도 · 네팔 등 서남아시아 철도 기관과 협력 기반을 마련했다고 밝혔다.

코레일은 네팔 카트만두에서 네팔 철도국, 투자청과 3자 간 상호 협력 방안을 논의하고 네팔이 추진 중인 대규모 철도 프로젝트 '동서 전기철도 건설사업'과 '카트만두 도시철도사업' 등에 한국 기업 진출의 확대를 위한 기술 이전 및 연수사업을 제안했다. 또한, 네팔의 총리, 교통부 장관 등과 만나 상호 협력 확대 방안을 논의하고, 인도 뉴델리에서 인도철도공사(IR)와 업무협의를 하여 코레일의 기술력과 운영 노하우 전수와 협력사업을 공동 발굴하기로 했다. 두 나라와의 협력 방안은 철도 운영과 유지보수 기술 공유, 초청연수 등 전문가 교류, **공적개발원조(ODA)** 협력 사업 발굴 등이다. 코레일은 두 나라의 철도기관과 각각 실무단을 구성해 정기적으로 운영하고 협력 방안을 구체화해 나갈 계획이다.

코레일 사장은 "한국철도의 경험과 기술을 바탕으로 아시아 · 태평양 지역 철도 발전을 선도하고, 인도 · 네팔 등 신흥시장에서 철도 기관과의 파트너십을 더욱 확대해 나가겠다."라고 말했다.

Keyword

- **국제철도연맹(UIC)** : 전 세계 84개 국가가 활동 중인 세계 최대 규모의 국제 철도 기구로, 철도기술 국제표준 정립과 회원국 간 정보 공유를 위해 설립되었다.
- **공적개발원조(ODA)** : 선진국의 정부 또는 공공기관이 개발도상국의 경제 발전과 복지 증진을 주된 목적으로 하여 공여하는 증여 및 양허성 차관을 말한다.

예상 면접 질문

- 코레일의 해외 사업 중 인상적인 내용이 있다면 말해 보시오.
- 국제사회에서의 코레일의 역할에 대해 말해 보시오.

2025.05.08.(목)

코레일 한국철도공사, 수소열차 연구개발사업 본격 추진

한국철도공사(이하 코레일)가 '친환경 수소전기동차 실증을 위한 연구개발 사업'에 착수한다. 이번 실증 사업은 국토부, 국토교통과학기술진흥원(KAIA)이 주관하고 산 · 학 · 연 기관이 참여해 오는 2028년 수소전기동차 상용화를 위한 기술적 · 제도적 기반을 마련하는 것을 목표로 추진되었다.

개발 사업은 코레일이 총괄하며, 6개 기관이 차량 제작 · 설계, 성능 검증, 수소충전소 및 검수시설 구축, 관련 제도 개정 등 분야별 과제를 수행한다. 또한, 연구비는 오는 2027년까지 321억 원이 투입된다. 수소열차는 수소를 동력으로 사용하는 열차로, 디젤열차 대비 에너지 효율이 2배 이상 높고 탄소배출이 없는 친환경 차량이다. 최고 운행속도는 시속 150km으로 한 번 충전하면 최대 600km 이상을 달릴 수 있을 것으로 기대된다. 또한, 코레일은 수소열차와 수소버스를 충전할 수 있는 수소충전시설도 함께 구축한다. 지자체 지원 등을 고려해 올해 말 수소충전소 부지를 최종 선정할 방침이다.

코레일 철도연구원장은 "국내 철도기관과 함께 매연과 소음 걱정 없는 친환경 수소전기동차 개발을 주도하고 비전철 구간의 노후 열차를 대체해 철도가 더욱 친환경 교통수단으로 도약할 수 있도록 노력하겠다."라고 말했다.

Keyword

- 수소열차 : 수소를 동력으로 사용하는 열차로, 전기를 공급할 필요가 없어 전차선이 없는 비전철 노선에서도 운행이 가능하며, 디젤열차 대비 에너지 효율이 높고 탄소배출이 없는 친환경 차량이다.

예상 면접 질문

- 코레일의 철도사업에 활용할 수 있는 기술이 있다면 제시해 보시오.
- 환경 보호를 위해 코레일이 기여할 수 있는 부분에 대해 말해 보시오.

2025.04.24.(목)

코레일 한국철도공사, 최첨단 IT센터(한국철도 IT센터) 아산서 착공

한국철도공사(이하 코레일)가 철도 IT센터 신축 부지에서 '한국철도 IT센터' 착공식을 개최했다고 밝혔다. 이날 착공식에는 코레일 사장을 비롯해 충남도지사, 아산시장 등 관계자 150여 명이 참석했다.

한국철도 IT센터는 27년 2월 준공을 목표로 연면적 7,107m²(약 2,159평)에 지상 4층, 지하 1층 규모로 설립된다. KTX부터 수도권 전철까지 모든 열차의 승차권 예매와 운행 정보 등 80여 개 철도정보시스템을 제공하게 된다. 특히 인공지능(AI), 사물인터넷(IoT) 등 첨단 IT기술로 전국의 철도 데이터를 통합 · 분석해 제공한다. 이를 통해 고객 맞춤형 서비스와 유지보수 자동화에 따른 예방 안전 체계 확립 등 디지털 중심의 철도서비스가 더욱 업그레이드될 예정이다. 또한, 소프트웨어 중심 데이터센터(SDDC) 기반의 **하이브리드 클라우드** 구축으로 정보 처리 속도가 더욱 빨라진다. 새로운 IT센터가 들어서면 현재 운영 중인 서울 IT센터의 시스템 이원화로 화재, 침수 등 재난이나 장애가 발생하더라도 중단 없이 안정적인 서비스 제공이 가능해질 전망이다.

코레일 사장은 "이번에 착공하는 IT센터는 대한민국 철도의 디지털 전환을 선도할 '디지털 컨트롤 타워'로 자리매김할 것"이라며, "첨단 IT기술을 적극 활용해 안전한 철도 이용과 더 나은 서비스 제공을 위해 노력하겠다."라고 밝혔다.

Keyword

- **하이브리드 클라우드** : 내부 클라우드(기업 핵심 데이터)와 외부 클라우드(공용 데이터) 두 개로 운영하는 방식을 말한다.

예상 면접 질문

- 코레일의 첨단 IT 산업의 기대 효과에 대해 설명해 보시오.
- 첨단 IT기술의 활용 방안에 대해 말해 보시오.

2025.03.13.(목)

코레일 한국철도공사, 차세대 고속차량 혁신적 설계로 고속철도의 미래 연다

한국철도공사(이하 코레일)가 '차세대 고속차량 설계방향 토론회'에서 차세대 고속차량의 '설계전략 방향'과 '주행 핵심성능'을 논의했다고 밝혔다. 차세대 고속차량은 2033년 기대수명이 도래하는 초기 KTX를 대체하기 위한 고속열차로, 세계 고속철도 트렌드를 반영해 안전성, 에너지 저감, 편의성 등을 혁신하고 주행 핵심성능을 개선한다.

안전성 강화를 위해 인공지능 등 첨단 IT기술이 적용된다. 열차운행 관련 모든 기기의 상태진단을 위한 **상태기반유지보수(CBM; Condition Based Maintenance)**의 고도화 진동과 승차감을 실시간 측정하는 주행안정시스템, 탈선 감지 시 자동으로 비상제동을 체결하고 선로에서 이탈하지 않도록 하는 안전가이드 등이 도입된다. 또한, 기존보다 공기저항을 15% 줄이는 유선형 디자인과 차체 경량화, 경제적 운전을 유도하는 **운전자 보조시스템(DAS; Driver Advisory System)**, 에너지 고효율의 영구자석형 동기전동기 등을 구현한다. 이용객 편의성도 대폭 향상된다. 좌석과 수화물 칸 확대 등 여행객 맞춤형 공간, 화장실 고급화, 3개 등급 좌석 등 프리미엄 서비스를 제공하기 위한 편의설비를 갖춘다.

코레일 차량본부장은 "기계적 성능과 첨단 소프트웨어까지 국내 고속철도의 미래 청사진을 그리는 차세대 고속차량 제작을 위해 설계전략의 고도화에 힘쓰겠다."라고 말했다.

Keyword

- 상태기반유지보수(CBM; Condition Based Maintenance) : 차량(장치) 상태를 실시간 모니터링 및 분석하는 기술을 말한다.
- 운전자 보조시스템(DAS; Driver Advisory System) : 소비전력을 절약하는 운전 가이드 제공 등의 운전자 보조시스템을 말한다.

예상 면접 질문

- 코레일의 미래 발전 방향에 대해 설명해 보시오.
- 코레일의 에너지 저감 기술에 대해 아는 대로 말해 보시오.

이 책의 차례 CONTENTS

PART 1

코레일 4개년 기출복원문제

CHAPTER 01

2025 ~ 2022년 코레일 샘플문제

정답 및 해설 p.002

01 2025년 상반기

I 의사소통능력

01 다음은 프레젠테이션 종료 후 청중과의 질의응답에 대한 설명이다. (가) ~ (라)와 관련된 대처 방안을 〈보기〉에서 찾아 바르게 연결한 것은?

> 프레젠테이션을 마무리한 후 발표 내용에 대해 청중과의 질의응답이 이루어지는 경우가 많다. 청중과 질의응답을 하면 청중이 궁금한 점을 해소할 수 있어서 일방적인 내용 전달의 단점을 보완하고 상호작용을 살릴 수 있다. 청중과 질의응답을 할 때 다음과 같은 사항을 고려해야 한다.
> (가) 논점을 벗어난 질문도 일단 존중하기
> (나) 반대 의견을 주장하는 청중에게 유연하게 대처하기
> (다) 답변을 모르는 질문은 청중과 협력하여 해결하기
> (라) 공격적 태도로 지적하는 청중에게 겸손한 태도로 대처하고 상황 마무리하기

보기

ㄱ. "네, 당연히 그런 면이 있습니다. 다만, 저는 오늘은 이러한 관점에서 말씀드리는 것입니다."와 같이 상대의 입장을 부분적으로 인정하면서 발표자의 관점에서 강조하고자 하는 바를 부각하여 유연하게 대처한다.
ㄴ. "죄송하게도 제가 그 부분까지는 준비하지 못했네요. 혹시 이 문제에 대해 알고 계시는 분이 있으면 공유해 주실 수 있을까요?"와 같이 부족함을 인정하고 협력을 구한다.
ㄷ. "그렇게 생각할 수도 있겠군요.", "흥미로운 질문이에요."라고 질문의 취지는 존중하고, 그 다음에 본론의 논점과 연결 지어 자연스럽게 답변한다.
ㄹ. "제가 미처 생각하지 못한 부분까지 언급해 주셔서 감사합니다. 저도 그 부분에 대해서는 질문자님의 관점에서 다시 잘 살펴보도록 하겠습니다. 그럼 다음 질문으로 넘어가 볼까요?"와 같이 공손한 태도로 상황을 마무리 짓고 자연스럽게 다음으로 넘어간다.

	(가)	(나)	(다)	(라)
①	ㄷ	ㄱ	ㄴ	ㄹ
②	ㄷ	ㄴ	ㄹ	ㄱ
③	ㄱ	ㄷ	ㄴ	ㄹ
④	ㄹ	ㄱ	ㄷ	ㄴ
⑤	ㄴ	ㄹ	ㄱ	ㄷ

02 다음 중 문법에 맞게 수정한 문장으로 옳지 않은 것은?

	수정 전	수정 후
①	산 넘어로 너머갔다.	산 너머로 넘어갔다.
②	경노당에서 잔치를 열었다.	경로당에서 잔치를 열었다.
③	출석율이 저조하다.	출석률이 저조하다.
④	남녀 참여율이 적정하다.	남여 참여율이 적정하다.
⑤	가만이 있어라.	가만히 있어라.

03 다음은 국내 주요 프로스포츠 경기 수 및 경기당 평균관중 수에 대한 자료이다. 이에 대한 설명으로 옳은 것은?

〈주요 프로스포츠 경기 수 및 경기당 평균관중 수〉

(단위 : 경기, 명)

구분		2016년	2017년	2018년	2019년	2020년	2021년	2022년	2023년
야구	경기 수	735	736	737	733	733	731	737	735
	경기당 평균관중	11,744	11,839	11,398	10,280	579	1,937	8,651	11,408
축구	경기 수	493	463	445	441	299	412	454	468
	경기당 평균관중	5,743	5,530	4,169	6,114	382	1,393	3,148	6,475
농구(남)	경기 수	291	293	293	292	213	290	288	292
	경기당 평균관중	3,542	3,167	2,896	2,992	3,021	380	1,231	2,354
농구(여)	경기 수	111	110	111	111	82	100	97	97
	경기당 평균관중	1,402	1,117	1,091	1,081	1,081	40	450	962
배구	경기 수	229	231	230	229	192	233	242	267
	경기당 평균관중	2,216	2,254	2,251	2,535	2,047	121	1,003	2,127

① 2020년에 가장 적은 관중 수를 기록한 스포츠 종목은 축구이다.
② 2020년부터 2023년까지 경기당 평균관중의 연평균 증가율이 가장 큰 종목은 야구이다.
③ 소비자들의 경기 관람 만족도가 가장 높은 스포츠 종목은 야구이다.
④ 2019년보다 2023년에 경기당 평균관중 수가 증가한 스포츠 종목은 3개이다.
⑤ 스포츠 구단 운영에서 가장 많은 적자를 나타내고 있는 종목은 농구(여)이다.

04 다음 □안에 사칙 연산 $+$, $-$, $\times$, $\div$를 한 번씩만 사용하여 만들 수 있는 최댓값을 M, 최솟값을 m이라 할 때, $M-m$의 값은?

2 □ 3 □ 8 □ 4 □ (−3)

① 68
② 69
③ 70
④ 71
⑤ 72

05 다음과 같이 K철도회사는 KTX 고속철도, 광역 철도, 일반 열차, 관광 열차, 특수 열차를 운영하고 있다. K철도회사는 최근 승객 수 감소, 정시 운행률 저하, 유지보수 비용 증가 등의 문제가 발생하여 운영 최적화 전략을 수립해야 하는 상황이다. 다음 중 유지보수 비용 대비 이용객 수를 고려했을 때 비용 효율성이 가장 낮은 노선은?

〈노선 유형별 관련 정보〉

구분	하루 평균 이용객(명)	정시 운행률(%)	유지보수 비용(억 원)	평균 지연 시간(분)
KTX 고속철도	50,000	88.0	300	5.2
광역 철도	120,000	82.5	200	8.5
일반 열차	30,000	75.0	150	12.0
관광 열차	5,000	80.0	120	15.0
특수 열차	25,000	78.0	180	10.0

※ 모든 계산은 소수점 셋째 자리에서 반올림하여 소수점 둘째 자리까지 나타냄

① KTX 고속철도
② 광역 철도
③ 일반 열차
④ 관광 열차
⑤ 특수 열차

06 **다음은 K철도회사가 운영하는 KTX 고속철도의 수익성이 감소하는 원인을 분석하기 위해 로직 트리를 구성하는 과정이다. 이를 바탕으로 논리적인 문제 구조를 완성하고자 할 때 각 빈칸에 들어갈 내용으로 적절하지 않은 것은?**

■ 1단계 : 문제 분해
KTX 고속철도의 수익성이 감소하는 이유는 크게 ___①___ 과 ___②___ 로 나눌 수 있다.
■ 2단계 : 세부 원인 분석
• ___①___ 의 원인은 다음과 같다.
− 승객 수 감소
− ___③___
− 경쟁 교통수단의 증가
• ___②___ 의 원인은 다음과 같다.
− 유지보수 비용 증가
− 인건비 상승
− ___④___
■ 3단계 : 추가 분석
• 승객 수 감소의 원인은 다음과 같이 분석할 수 있다.
− ___⑤___
− 티켓 가격 경쟁력 약화
− 특정 시간대 이용률 저조
• 경쟁 교통수단 증가의 원인은 다음과 같다.
− 저가 항공 및 고속버스의 노선 확장(저렴한 요금과 편리한 스케줄 제공)
− 자율주행차 및 버스 서비스 향상

① 매출 감소
② 고객 증가
③ 티켓 가격 할인 증가
④ 연료비 및 운영비 증가
⑤ 고객 만족도 하락

01 다음 글의 전개 방식으로 가장 적절한 것은?

(가) 면접은 시나리오가 없는 무대와 같다. 생각지 못한 상황에 빠져들어 당황하는 상황이 발생하기도 한다. 그렇다면 면접에서 발생할 수 있는 곤란한 상황은 무엇이며, 이러한 상황에서 현명하게 대처하는 방법은 무엇일까?

(나) 무슨 말을 해야 할지 대답이 막히는 상황이다. 긴장을 많이 한 상태에서 준비한 질문이 나오지 않거나, 의외의 질문을 받고 갑자기 머릿속이 하얘지면서 아무런 생각이 나지 않고 말이 막혀버리는 상황이 종종 발생하기도 한다. 만일 답변을 하다가 말의 진행 방향을 잃어버렸을 경우에는 중언부언하지 말고, 말을 잠시 멈추고 대답해야 할 핵심 단어를 생각하고, 이 단어를 중심으로 생각을 정리하면서 다시 말을 시작하는 것이 좋다.

(다) 질문의 뜻을 모르는 상황이다. 심리적 압박감과 조급한 마음 때문에 이런 일이 발생하기도 하는데, 다시 물어보면 점수가 깎이거나 면접관에게 나쁜 인상을 줄까 봐 묻지 않는 경우도 많다. 이런 경우 잘 듣지 못한 사실을 면접관에게 정중하게 인지시키고, 질문의 의도나 뜻을 명확하게 다시 확인하는 것이 좋다.

(라) 난처하거나 답변하기 곤란한 질문을 받은 상황이다. 이때는 당황하지 말고 냉정하게 질문의 의도를 생각해 볼 필요가 있다. 기분 나쁜 표정을 짓거나, 공격적으로 반응하기보다는 긍정적인 태도로 돌려 말하면서 유연하게 대처하는 것이 필요하다.

(마) 이와 같이 면접에 대비하기 위해서는 예상질문을 만들어 답변을 준비하는 것과 더불어 예상하지 못한 상황에서 긴장하지 않고 현명하게 대처하기 위한 연습도 필요하다.

① (가) – (나) – (다) – (라) – (마)

② (가) ┬ (나) ┬ (마)
 ├ (다) ┤
 └ (라) ┘

③ (가) ┬ (나) ┬ (라)
 └ (다) └ (마)

④ (가) – (나) – (다) ┬ (라)
 └ (마)

⑤ (가) – (나) ┬ (다)
 └ (라) – (마)

02 **다음 빈칸에 들어갈 용어로 가장 적절한 것은?**

> 기획서는 소통능력, 추진력, ________을/를 한눈에 보여주는 업무 성적표이다. 기획서의 사전적 의미는 '프로젝트의 기획 의도, 개요, 일시, 추진 일정, 소요 비용 등 프로젝트를 추진하기 위한 기본 계획을 기술한 문서'라고 할 수 있다.

① 업무평가 ② 업무성과
③ 재무평가 ④ 기회비용
⑤ 기대효과

| 수리능력

03 **서로 다른 무게를 가진 A～C물건이 있다. A물건 10개의 무게는 B물건 5개와 C물건 1개의 무게의 합과 같고, B물건 7개는 A물건 3개와 C물건 3개의 무게의 합과 같다. 이때 A물건 15개의 무게와 같은 것은?**

① B물건 8개
② B물건 9개
③ B물건 10개
④ C물건 4개
⑤ C물건 5개

04 다음은 우리나라의 노후 준비 방법에 대한 자료이다. 이에 대한 설명으로 옳지 않은 것은?

〈노후 준비 방법〉

(단위 : %)

구분	준비하고 있음	소계	국민 연금	기타 공적연금	사적 연금	퇴직금	예금·적금·저축성 보험	부동산 운용	주식·채권	기타
전국	72.9	100	52.5	7.8	11.3	4.6	17.4	5.3	0.6	0.5
도시	75.7	100	53.1	7.8	11.6	4.6	16.9	5.1	0.6	0.3
농어촌	60.1	100	49	8.2	9.3	4.3	20.8	6.9	0.3	1.2
남자	79.4	100	53.7	8.3	10.8	5	16.2	5.1	0.6	0.3
여자	53.4	100	47.4	5.9	13.4	2.6	22.8	6.3	0.4	1.2
19 ~ 29세	59.1	100	53.9	3.7	10.2	4.4	25.5	1.3	1.0	–
30 ~ 39세	87.1	100	53.1	6.6	14.5	5.1	17.6	2.2	0.9	–
40 ~ 49세	85.7	100	54	7.6	14.5	4.5	14.6	4.1	0.6	0.1
50 ~ 59세	80.2	100	58.6	7.2	9.5	4.2	15.7	4.2	0.4	0.2
60세 이상	51.6	100	42.3	10.9	6.3	4.8	21.3	12.2	0.4	1.8

① 노후 준비 방법으로 가장 많이 사용되는 방법은 국민연금이다.

② 연령대가 높을수록 부동산 운용을 통한 노후 준비 비중이 높다.

③ 여성은 남성에 비교해 예금·적금·저축성 보험을 통한 노후 준비 방법을 선호한다.

④ 연령대가 낮을수록 안전 자산을 통한 노후 준비 방법을 선호한다.

⑤ 60세 이상의 연령에 대한 노후 준비 지원이 필요하다.

05 **5명의 친구 A ~ E가 카드 게임을 하고 있다. 각 친구는 처음에 20장의 카드를 가지고 시작하며 이 게임의 목표는 최대한 빨리 자신의 카드 수를 0장으로 만드는 것이다. 게임과 관련된 규칙이 다음과 같을 때, 한 명도 남지 않고 게임이 종료되는 라운드는?**

〈규칙〉

- 라운드별로 A부터 E까지 순서대로 차례가 돌아가며 자신의 차례에 3장의 카드를 버린다. 단, 카드가 3장 미만으로 남은 라운드에서는 남은 카드를 모두 버린다. 예를 들어 3라운드에서 3장의 카드를 버려서 2장 혹은 1장이 남았다면 남은 카드를 해당 라운드에서 모두 버린다.
- 다음 라운드가 시작되면 다시 A부터 E까지 순서대로 각자 가지고 있는 카드를 3장씩 버린다.
- 카드를 모두 버린 친구는 더 이상 게임에 참여하지 않고 남은 친구들끼리 게임을 계속 진행하며 한 명도 남지 않을 때 게임이 종료된다.

① 4라운드
② 5라운드
③ 6라운드
④ 7라운드
⑤ 8라운드

06 **한 철도 회사는 A도시에서 B도시까지 5대의 다른 열차를 운행한다. A도시에서 B도시까지의 거리는 600km이며 각 열차의 운행 속도와 정차 정보는 다음 〈조건〉과 같다. 이때 A도시에서 B도시까지 가장 빨리 도착한 열차는?**

조건

- 열차 1 : 시속 100km로 운행하며 중간에 2번 정차한다(각각 10분 정차).
- 열차 2 : 시속 120km로 운행하며 중간에 3번 정차한다(각각 5분, 8분, 7분 정차).
- 열차 3 : 시속 150km로 운행하며 중간에 1번 정차한다(15분 정차).
- 열차 4 : 시속 200km로 운행하며 중간에 2번 정차한다(각각 10분 정차).
- 열차 5 : 시속 300km로 운행하며 중간에 1번 정차한다(10분 정차).

① 열차 1
② 열차 2
③ 열차 3
④ 열차 4
⑤ 열차 5

01 다음 문단에 이어질 문단을 논리적 순서대로 바르게 나열한 것은?

> 혈압이란 혈액이 혈관 벽에 가해지는 힘을 뜻한다. 혈압을 읽을 때에는 수축기 혈압과 확장기 혈압으로 각각 나누어 읽는다. 수축기 혈압은 심장이 수축하면서 혈액을 내보낼 때 혈관이 받는 압력을 말하고, 확장기 혈압은 심장이 확장하며 피를 받아들일 때 혈관이 받는 압력을 말한다. 여러 차례에 걸쳐 측정한 혈압의 평균치가 수축기 혈압 140mmHg 이상 혹은 확장기 혈압 90mmHg 이상이면 이를 고혈압이라고 한다. 이 중 특별한 원인 질환이 발견되지 않는 고혈압을 본태성 고혈압이라고 한다.

> (가) 그러나 고혈압은 합병증이 없는 한 증상이 거의 없어서 '조용한 살인자'라고도 부른다.
> (나) 고혈압의 90% 정도는 원인 질환이 발견되지 않는 본태성 고혈압이다. 본태성 고혈압이 생기는 근본 이유는 심박출량 혹은 말초 혈관저항의 증가에 의한 것으로 추측되고 있다.
> (다) 고혈압과 관련된 위험요인으로는 흡연, 음주, 비만, 운동 부족 및 스트레스 등 환경적, 심리적 요인이 있다.
> (라) 만약 가족 성향이 있어서 부모가 모두 고혈압 환자라면 자녀의 80%가 고혈압 환자가 될 수 있으며 한쪽이 고혈압 환자이면 자녀의 25 ~ 50%가 고혈압 환자가 될 수 있다.
> (마) 또한 고혈압의 나머지 5 ~ 10%는 혈관이상, 부신질환, 신장이상 혹은 갑상선 질환 등으로 혈압이 증가하는 이차성 고혈압으로, 이차성 고혈압의 경우 원인 질환을 찾아 치료하면 혈압이 정상화된다.

① (가) – (나) – (다) – (라) – (마)
② (나) – (가) – (다) – (라) – (마)
③ (나) – (다) – (라) – (마) – (가)
④ (나) – (라) – (가) – (다) – (마)
⑤ (다) – (나) – (라) – (마) – (가)

02 다음 중 '언즉시야(言卽是也)'의 뜻으로 가장 적절한 것은?

① 말하는 것이 사리에 맞는다.
② 매일 내 몸을 세 번 반성한다.
③ 가난하여 끼니를 많이 거른다.
④ 인재를 얻기 위해 끈기 있게 노력한다.
⑤ 은혜가 사무쳐 죽어서도 잊지 않고 갚는다.

| 수리능력

03 다음은 지역별 신재생에너지 산업의 사업체 수에 대한 자료이다. 이에 대한 설명으로 옳은 것은?

〈신재생에너지 산업별 사업체 수〉

(단위 : 개, %)

구분	제조업	건설업	발전·열공급업	서비스업	합계	비중
전체	524	2,143	115,241	1,036	118,944	100
서울	28	136	415	187	766	0.6
부산	25	65	545	61	696	0.6
대구	20	106	838	18	982	0.8
인천	19	40	618	42	719	0.6
광주	24	183	1,361	29	1,597	1.3
대전	15	102	478	26	621	0.5
울산	13	23	412	16	464	0.4
세종	2	22	375	11	410	0.3
경기	137	297	8,811	183	9,428	7.9
강원	16	115	7,239	45	7,415	6.2
충북	40	91	8,502	43	8,676	7.3
충남	24	108	15,695	50	15,877	13.3
전북	37	336	26,681	58	27,112	22.8
전남	36	198	17,329	98	17,661	14.8
경북	34	183	16,548	59	16,824	14.1
경남	44	118	7,918	79	8,159	6.9
제주	4	20	1,449	31	1,504	1.3
기타	6	–	27	–	33	0

① 발전·열공급업 사업체가 신재생에너지 산업에서 가장 많은 비중을 차지하고 있다.
② 신재생에너지를 통해 가장 많은 전력을 발생시키는 지역은 전북이다.
③ 신재생에너지 산업은 전국적으로 균일하게 분포되어 있다.
④ 발전·열공급업의 부가가치 생산액이 가장 높다.
⑤ 신재생에너지 산업에 대한 정부의 정책은 확대될 것이다.

| 수리능력

04 A씨는 출장을 위해 항공권을 40% 할인받아 5장 구입하였다. 다음 〈조건〉을 참고할 때, 항공권 1장의 정가는 얼마인가?

조건

- 항공권을 취소할 경우 출발 1일 전까지는 30%, 출발 전 당일에는 40%의 환불 수수료가 발생한다.
- A씨는 출발 5일 전 항공권 5장을 구매한 후, 2일 전에 3장을 취소하고 88,200원을 돌려받았다.

① 60,000원
② 65,000원
③ 70,000원
④ 75,000원
⑤ 80,000원

| 문제해결능력

05 다음은 고객만족도 조사 결과에 대한 브리핑의 일부이다. 이를 토대로 도출한 해결 방안을 바르게 제시하지 않은 사람은?

지난 분기 고객만족도 조사 결과에 대해 발표하겠습니다. 매장 서비스의 종합적인 만족도는 큰 변화가 없었습니다. 하지만 세부 지표를 보면 많은 고객들이 직원의 친절도에 대해서는 높은 평가를 주었지만, 대기시간 상승에 따른 불만족이 높게 나타났습니다. 또한, 제품에 대한 종합적인 만족도는 높은 수준이었습니다. 특히 제품에 대해서는 가격 대비 품질에 대해 만족한다는 의견이 많았습니다. 다만 제품의 다양성이 부족하다는 일부 고객들의 지적이 있었고, 프로모션 및 할인 정보에 대한 접근성이 낮다는 점을 아쉬워했습니다. 최근에 개설한 온라인몰에 대한 의견도 있었는데, 온라인 구매 시스템이 복잡하다는 의견이 다수 있었습니다.

① 지수 : 직원들을 추가로 배치하여 대기시간을 줄이는 것이 필요하다.
② 성준 : 제품 라인업을 확장하여 고객의 선택지를 넓히는 것이 필요하다.
③ 태호 : 직원 교육 프로그램을 강화하여 서비스 품질을 높이는 것이 필요하다.
④ 민지 : 온라인 구매 시스템의 인터페이스를 개선하여 사용자 경험을 높이는 것이 필요하다.
⑤ 성민 : 프로모션 및 할인 정보를 고객에게 보다 적극적으로 알릴 필요가 있다.

06 A ~ E 5개 팀이 춘계 워크숍에 참여하기로 하였다. 다음 워크숍 시간표와 상황을 참고할 때 옳지 않은 것은?

〈상황〉

- 하나의 프로그램에는 동시에 최대 2개 팀이 참여할 수 있다.
- 이번 워크숍에는 마케팅1팀, 운영1팀, 운영2팀, 영업1팀, 영업2팀의 다섯 팀이 참여했다.
- 동일 직무의 1 ~ 2팀은 동시에 같은 프로그램에 참여할 수 없다(단, 휴식은 무관하다).
- 3가지 이상의 프로그램에 참여해야 한다.
- 프로그램에 참여하지 않는 시간은 휴식을 취하면 된다.

〈워크숍 시간표〉

시간	아트 테라피	쿠킹 클래스	방탈출 게임	어드벤처	휴식
10:30 ~ 12:00	D	A, B		C, E	
12:00 ~ 13:30	점심식사				
13:30 ~ 15:00	A		B, E	D	C
15:00 ~ 16:30	B	C	D	A	E
16:30 ~ 18:00	E	D	A, C		B
18:00 ~ 20:00	저녁시간				
20:00 이후	자유시간				

① A팀과 D팀이 같은 직무이면, B팀과 C팀은 항상 같은 직무이다.
② C팀과 D팀이 같은 직무이면, A팀과 E팀은 항상 같은 직무이다.
③ B팀과 D팀이 같은 직무이면, E팀과 A팀은 항상 같은 직무이다.
④ D팀과 E팀이 같은 직무이면, B팀과 C팀은 항상 같은 직무이다.
⑤ B팀과 C팀이 같은 직무이면, D팀과 E팀은 항상 같은 직무이다.

PART 1

04 2023년

※ 한국철도공사 R직원은 윤리실천주간에 대한 기사를 살펴보고 있다. 이어지는 질문에 답하시오. [1~2]

한국철도공사는 '기업윤리의 날'을 맞아 5월 30일부터 6월 5일까지 전 직원이 참여하는 '윤리실천주간'을 운영한다고 밝혔다. ㉠ 한국철도공사의 윤리실천주간은 윤리경영에 대한 임직원의 이해와 공감을 끌어내 조직 내에 윤리문화를 정착시키기 위해 마련되었다. 이 기간 동안 한국철도공사는 직원 윤리의식 진단, 윤리 골든벨, CEO의 윤리편지, 윤리실천다짐, 윤리특강, 인권존중 대국민 캠페인, 윤리·인권경영 사내 워크숍으로 총 7가지 프로그램을 해당 기간 동안 차례대로 진행할 예정이다.
한국철도공사는 먼저 임직원 설문조사를 통해 윤리의식을 진단하고, 윤리상식을 확인하는 골든벨 행사를 갖는다. 또한, 윤리경영 추진 의지와 당부 사항을 담은 CEO 편지도 직원 개개인에게 발송할 예정이다. ㉡ 윤리 골든벨은 임직원의 행동강령 및 기타 청렴업무 관련 문항으로 구성되어 있고, 사내 포털에서 문항을 확인한 후에 정답을 담당자 사내메일로 회신하면 참여가 가능하다. 우수 정답자에게는 포상금 지급 및 청렴 마일리지를 부과할 계획이다. 그 이후에는 이해충돌방지법 시행 등의 변화에 맞춰 개정한 윤리헌장으로 '윤리실천다짐' 결의를 갖고, 기업윤리 실천 방안을 주제로 전문 강사의 특강을 진행한다. ㉢ 덧붙여 한국철도공사는 국민을 대상으로 하는 인권존중 캠페인을 진행한다. 또한, 공사 내 준법·윤리경영 체계를 세우고 인권경영 지원을 위한 정책 공유와 토론의 시간을 갖는 사내 워크숍도 진행한다. ㉣ 마지막으로 반부패 청렴문화 확산을 위해 대국민 슬로건 공모전을 추진하며 '윤리실천주간'을 마무리할 예정이다.
한국철도공사 윤리경영처장은 "윤리에 대해 쉽고 재미있게 풀어내기 위해 전 직원이 참여하는 '윤리실천주간'을 운영한다."라며 "임직원 모두가 윤리문화를 체득할 수 있도록 노력하겠다."라고 말했다. 한국철도공사 사장은 "이해충돌방지법 시행으로 공공기관의 사회적 책임과 공직자 윤리가 더욱 중요해졌다."라며 "윤리경영을 통해 도덕적이고 신뢰받는 공공기관으로 거듭날 수 있도록 힘쓰겠다."라고 밝혔다. ㉤ 한편, 한국철도공사는 20년 9월부터 윤리경영 전담조직인 윤리경영처를 신설해 윤리경영체계 확립, 마스터플랜 수립, 3無(부패행위, 갑질·괴롭힘, 성비위) 근절 운동 추진 등 윤리적인 조직문화 개선을 위해 노력해왔다. 지난해 12월에는 ○○부 산하 공공기관 최초로 준법경영시스템 국제인증을 획득하기도 하였다.

01 **다음 중 R직원이 윗글을 이해한 내용으로 적절하지 않은 것은?**

① '윤리실천주간'은 1주일 동안 진행된다.
② 전문 강사의 특강은 개정된 윤리헌장을 주제로 기업윤리 실천 방안에 대해 다룬다.
③ 공공기관의 사회적 책임과 공직자 윤리는 이해충돌방지법 시행으로 더욱 중요해졌다.
④ 윤리 · 인권경영 워크숍에는 인권경영 지원을 위한 정책 공유와 토론 시간을 갖는다.
⑤ 한국철도공사는 ㅇㅇ부 산하 공공기관 최초로 준법경영시스템 국제인증을 획득하였다.

| 의사소통능력

02 **윗글의 맥락을 고려했을 때, 밑줄 친 ㉠～㉤ 중 적절하지 않은 것은?**

① ㉠　　② ㉡
③ ㉢　　④ ㉣
⑤ ㉤

※ 한국철도공사 A직원은 환경지표에 대한 통계자료를 열람하고 있다. 이어지는 질문에 답하시오. **[3~4]**

〈녹색제품 구매 현황〉

(단위 : 백만 원)

구분	총구매액(A)	녹색제품 구매액(B)	비율
2020년	1,800	1,700	94%
2021년	3,100	2,900	㉠%
2022년	3,000	2,400	80%

※ 지속가능한 소비를 촉진하고 친환경경영 실천을 강화하기 위해 환경표지인증 제품 등의 녹색제품 구매를 적극 실천함
※ 비율은 (B/A)×100으로 계산하며, 소수점 첫째 자리에서 반올림함

〈온실가스 감축〉

구분	2020년	2021년	2022년
온실가스 배출량(tCO_2eq)	1,604,000	1,546,000	1,542,000
에너지 사용량(TJ)	30,000	29,000	30,000

※ 온실가스 및 에너지 감축을 위한 전사 온실가스 및 에너지 관리 체계를 구축하여 운영하고 있음

〈수질관리〉

(단위 : m^3)

구분	2020년	2021년	2022년
오수처리량(객차)	70,000	61,000	27,000
폐수처리량	208,000	204,000	207,000

※ 철도차량 등의 수선, 세차, 세척과정에서 발생되는 폐수와 열차 화장실에서 발생되는 오수, 차량검수시설과 역 운영시설 등에서 발생되는 생활하수로 구분되며, 모든 오염원은 처리시설을 통해 기준 이내로 관리함

03 **다음 중 A직원이 자료를 이해한 내용으로 옳지 않은 것은?**

① ㉠에 들어갈 수치는 94이다.
② 온실가스 배출량은 2020년부터 매년 줄어들었다.
③ 폐수처리량이 가장 적었던 연도에 오수처리량도 가장 적었다.
④ 2020~2022년 동안 녹색제품 구매액의 평균은 약 23억 3,300만 원이다.
⑤ 에너지 사용량의 전년 대비 증감률의 절댓값은 2021년보다 2022년이 더 크다.

| 수리능력

04 **다음 〈조건〉은 환경지표점수 산출 기준이다. 가장 점수가 높은 연도와 그 점수를 바르게 짝지은 것은?**

> **조건**
> - 녹색제품 구매액 : 20억 원 미만이면 5점, 20억 원 이상이면 10점
> - 에너지 사용량 : 30,000TJ 이상이면 5점, 30,000TJ 미만이면 10점
> - 폐수처리량 : 205,000m^3 초과이면 5점, 205,000m^3 이하이면 10점

① 2020년 : 25점
② 2021년 : 20점
③ 2021년 : 30점
④ 2022년 : 25점
⑤ 2022년 : 30점

※ 한국철도공사 Y직원은 철도차량 중정비에 대한 자료를 살펴보고 있다. 이어지는 질문에 답하시오. **[5~6]**

〈철도차량 중정비〉

▶ 중정비 정의 및 개요

- 철도차량 전반의 주요 시스템과 부품을 차량으로부터 분리하여 점검하고 교체·검사하는 것으로, 철도차량 정비장에 입장하여 시행하는 검수이다.
- 철도차량 분리와 장치 탈거, 부품 분해, 부품 교체, 시험 검사 및 측정, 시험 운전 등 전 과정을 시행한다.
- 3 ~ 4년 주기로 실시하며, 약 한 달간의 기간이 소요된다.
- 이 기간 중 차량 운행은 불가능하다.

▶ 필요성

- 철도차량의 사용기간이 경화됨에 따라 차량을 구성하고 있는 각 부품의 상태와 성능이 점차 저하되고 있다. 따라서 일정 사용기간이 경과하면 이에 대한 검수가 반드시 필요하다.

분해 및 부품 교체	시험 검사 및 측정
• 부품 취거 • 배유 및 분해 • 각 부품 정비 • 검사 • 부품 조립	• 절연저항 시험 • 논리회로 분석기 • 고저온 시험기 • 열화상 카메라 • 제동거리 측정기

※ 고저온 시험기와 열화상 카메라는 온도를 사용하는 기기임

▶ 절차

구분	내용
1단계	기능 및 상태 확인
2단계	정비개소 유지보수 시행 및 보고
3단계	기능시험 및 출장검사
4단계	본선 시운전
5단계	보완사항 점검 조치
6단계	최종 확인 및 결제
7단계	운용 소속 인계

▶ 최근 유지보수 시스템

- RAMS 기술을 활용한 RAM 기반 철도차량 유지보수 모니터링 시스템을 활용한다.
- 디지털 트윈 기술을 활용해 철도차량 운행상태를 수집하여 3차원 디지털 정보로 시각화한다.
- 데이터에 기반한 사전 혹은 실시간 유지보수가 가능하다.

▶ 중정비 정기 점검 기준

운행 연차	정기 점검 산정 방식
5년 초과	(열차 등급별 정기 점검 산정 횟수)×5
3년 이상 5년 이하	(열차 등급별 정기 점검 산정 횟수)×3
3년 미만	(열차 등급별 정기 점검 산정 횟수)×2

※ 열차 등급별 정기 점검 산정 횟수 : A등급의 경우 1회/년, B등급의 경우 2회/년, C등급의 경우 3회/년

05 다음 중 Y직원이 자료를 이해한 내용으로 옳지 않은 것은?

① 중정비 중인 열차는 운행할 수 없다.
② 온도와 관련된 기기를 사용하여 시험 검사 및 측정을 실시한다.
③ 중정비 절차는 총 7단계로, 기능시험 및 출장검사는 3단계이다.
④ 중정비는 철도차량 전체의 주요 시스템과 부품을 점검하는 작업이다.
⑤ 철도차량 운행상태를 3차원 디지털 정보로 시각화하는 기술은 RAMS 기술이다.

❙ 문제해결능력

06 C등급의 열차가 4년째 운행 중일 때, 다음 중 해당 열차가 1년 동안 받아야 할 정기 점검 산정 횟수로 옳은 것은?

① 1회
② 3회
③ 5회
④ 9회
⑤ 12회

| 의사소통능력

01 다음 글에서 알 수 있는 내용으로 적절하지 않은 것은?

인공 지능이 일자리에 미칠 영향에 대한 논의는 2013년 영국 옥스퍼드 대학의 경제학자 프레이 교수와 인공 지능 전문가 오스본 교수의 연구 이후 본격화되었다. 이들의 연구는 데이비드 오토 등이 선구적으로 연구한 정형화·비정형화 업무의 분석들을 이용하되, 여기에서 한걸음 더 나아갔다. 인공 지능의 발전으로 대부분의 비정형화된 업무도 컴퓨터로 대체될 수 있다고 본 것이 핵심적인 관점의 변화이다. 이들은 10～20년 후에도 인공 지능이 대체하기 힘든 업무를 '창의적 지능', '사회적 지능', '감지 및 조작' 등 3가지 병목 업무로 국한하고, 이를 미국 직업 정보시스템에서 조사하는 9개 직능 변수를 이용해 정량화했다. 직업별로 3가지 병목 업무의 비율에 따라 인공 지능에 의한 대체 정도가 달라진다고 본 것이다. 프레이와 오스본의 분석에 따르면, 미국 일자리의 47%가 향후 10～20년 후에 인공 지능에 의해 자동화될 가능성이 높은 고위험군으로 나타났다.
프레이와 오스본의 연구는 전 세계 연구자들 사이에서 반론과 재반론을 불러일으키며 논쟁의 중심에 섰다. OECD는 인공 지능이 직업 자체를 대체하기보다는 직업을 구성하는 과업의 일부를 대체할 것이라며, 프레이와 오스본의 연구가 자동화 위험을 과대 추정하고 있다고 비판했다. OECD의 분석에 따르면, 미국의 경우 9%의 일자리만이 고위험군에 해당한다. 데이비드 오토는 각 직업에 포함된 개별적인 직업을 기술적으로 분리하여 자동화할 수 있더라도 대면 서비스를 더 선호하는 소비자로 인해 완전히 자동화되는 일자리 수는 제한적일 것이라고 주장했다.
컨설팅 회사 PwC는 OECD의 방법론이 오히려 자동화 위험을 과소평가하고 있다고 주장하고, OECD의 연구 방법을 수정하여 다시 분석하였다. 그 결과 미국의 고위험 일자리 비율이 OECD에서 분석한 9% 수준에서 38%로 다시 높아졌다. 같은 방법으로 영국, 독일, 일본의 고위험군 비율을 계산한 결과도 OECD의 연구에 비해서 최소 14%p 이상 높은 것으로 나타났다.
매킨지는 직업별로 필요한 업무 활동에 투입되는 시간을 기준으로 자동화 위험을 분석하였다. 그 결과 모든 업무 활동이 완전히 자동화될 수 있는 일자리의 비율은 미국의 경우 5% 이하에 불과하지만, 근로자들이 업무에 쓰는 시간의 평균 46%가 자동화될 가능성이 있는 것으로 나타났다. 우리나라의 경우 52%의 업무 활동 시간이 자동화 위험에 노출될 것으로 나타났는데, 이는 독일(59%)과 일본(56%)보다는 낮고, 미국(46%)과 영국(43%)보다는 높은 수준이다.

① 인공 지능이 일자리에 미칠 영향에 대한 논의가 본격화된 것은 2010년대에 들어와서였다.
② 프레이와 오스본의 연구가 선구적인 연구와 다른 점은 인공 지능의 발전으로 정형화된 업무뿐만 아니라 비정형화된 업무도 모두 컴퓨터로 대체될 수 있다고 본 것이다.
③ OECD에서는 인공 지능이 직업 자체보다는 직업을 구성하는 과업의 일부를 대체할 것이라고 하며, 미국의 경우 10% 미만의 일자리가 고위험군에 속한다고 주장하였다.
④ PwC가 OECD의 주장을 반박하며 연구 방법을 수정하여 재분석한 결과, 미국의 고위험 일자리 비율은 OECD의 결과보다 4배 이상 높았고 다른 나라도 최소 14%p 이상 높게 나타났다.
⑤ 매킨지는 접근 방법을 달리하여 자동화에 의해 직업별로 필요한 업무 활동에 투입되는 시간이 어떻게 달라지는지 분석하였고, 그 결과 분석 대상인 국가들의 업무 활동 시간이 약 40～60% 정도 자동화 위험에 노출될 것으로 나타났다.

02 다음 글의 문맥상 빈칸에 들어갈 단어로 가장 적절한 것은?

> 서울은 물길이 많은 도시이다. 도심 한가운데 청계천이 흐른다. 도성의 북쪽 백악산, 인왕산과 남쪽 목멱산에서 흘러내린 냇물이 청계천과 합류한다. 냇물은 자연스럽게 동네와 동네의 경계를 이뤘다. 물길을 따라 만들어진 길은 도시와 어울리며 서울의 옛길이 됐다. 서울의 옛길은 20세기 초반까지 ________됐다. 하지만 일제강점기를 거치며 큰 변화가 일어났다. 일제가 도심 내 냇물 복개를 진행하면서 옛길도 사라졌다. 최근 100년 동안의 산업화와 도시화로 서울은 많은 변화를 겪었다.

① 유래(由來)
② 전파(傳播)
③ 유지(維持)
④ 전래(傳來)
⑤ 답지(遝至)

03 K씨는 주기적으로 그림의 종류와 위치를 바꾸고, 유리창의 커튼을 바꿔 응접실 인테리어를 교체하고 있다. 응접실의 구조와 현재 보유한 그림과 커튼의 수가 다음 〈조건〉과 같을 때, 가능한 인테리어는 모두 몇 가지인가?

> **조건**
> - 보유하고 있는 커튼은 총 3종, 그림은 총 7종이다.
> - 응접실 네 면 중 한 면은 전체가 유리창으로 되어 있고 커튼만 달 수 있으며, 나머지 세 면은 콘크리트 벽으로 되어 있고 그림을 1개만 걸 수 있다.
> - 콘크리트 벽 세 면에는 서로 다른 그림을 걸어야 한다.
> - 같은 그림이라도 그림을 거는 콘크리트 면이 바뀌면 인테리어가 교체된 것으로 간주한다.

① 10가지
② 36가지
③ 105가지
④ 210가지
⑤ 630가지

04 다음은 주요 대도시의 환경소음도를 나타낸 자료이다. 이에 대한 설명으로 옳지 않은 것은?

〈주요 대도시 주거지역(도로) 소음도〉

(단위 : dB)

구분	2017년		2018년		2019년		2020년		2021년	
	낮	밤	낮	밤	낮	밤	낮	밤	낮	밤
서울	68	65	68	66	69	66	68	66	68	66
부산	67	62	67	62	67	62	67	62	68	62
대구	68	63	67	63	67	62	65	61	67	61
인천	66	62	66	62	66	62	66	62	66	61
광주	64	59	63	58	63	57	63	57	62	57
대전	60	54	60	55	60	56	60	54	61	55

※ 소음환경기준 : 사람의 건강을 보호하고 쾌적한 환경을 조성하기 위한 환경정책의 목표치로, 생활소음 줄이기 종합대책을 수립 및 추진하는 데 활용하고 있다. 소음도가 낮을수록 쾌적한 환경임을 의미함

※ 주거지역(도로) 소음환경기준 : 낮(06:00 ~ 22:00) 65dB 이하, 밤(22:00 ~ 06:00) 55dB 이하

① 광주와 대전만이 조사기간 중 매해 낮 시간대 소음환경기준을 만족했다.

② 2020년도에 밤 시간대 소음도가 소음환경기준을 만족한 도시는 대전뿐이다.

③ 2019 ~ 2021년 동안 모든 주요 대도시의 낮 시간대 소음도의 증감 폭은 1dB 이하이다.

④ 조사기간 중 밤 시간대 평균 소음도가 가장 높았던 해는 2018년이며, 이때 소음환경기준보다 6dB 더 높았다.

⑤ 조사기간 중 낮 시간대 주거지역 소음의 평균이 가장 높은 대도시는 서울이며, 밤에도 낮 시간대 소음환경기준 이상의 소음이 발생했다.

05 K씨는 병원 진료를 위해 메디컬빌딩을 찾았다. 다음 〈조건〉을 토대로 바르게 추론한 것은?

조건

- 메디컬빌딩은 5층 건물이고, 1층에는 약국과 편의점만 있다.
- K씨는 이비인후과와 치과를 가야 한다.
- 메디컬빌딩에는 내과, 산부인과, 소아과, 안과, 이비인후과, 정형외과, 치과, 피부과가 있다.
- 소아과와 피부과 바로 위층에는 정형외과가 있다.
- 이비인후과가 있는 층에는 진료 과가 2개 더 있다.
- 산부인과는 약국 바로 위층에 있으며, 내과 바로 아래층에 있다.
- 산부인과와 정형외과는 각각 1개 층을 모두 사용하고 있다.
- 안과와 치과는 같은 층에 있으며, 피부과보다 높은 층에 있다.

① 산부인과는 3층에 있다.
② 안과와 이비인후과는 같은 층에 있다.
③ 피부과가 있는 층은 진료 과가 2개이다.
④ 이비인후과는 산부인과 바로 위층에 있다.
⑤ K씨가 진료를 위해 찾아야 하는 곳은 4층이다.

06 A ~ D 4명은 동일 제품을 수리받기 위해 같은 날 수리전문점 3군데를 방문했다. 4명의 사례가 〈조건〉과 같을 때, 다음 중 반드시 참인 것은?

조건

ㄱ. A는 신도림점을 방문하였으며 수리를 받지 못했다.
ㄴ. B는 세 지점을 모두 방문하였으며 수리를 받았다.
ㄷ. C는 영등포점과 여의도점을 방문하였으며 수리를 받지 못했다.
ㄹ. D는 신도림점과 여의도점을 방문하였으며 수리를 받았다.

① ㄱ, ㄴ의 경우만 고려한다면, 이날 수리할 수 있었던 지점은 여의도점뿐이다.
② ㄱ, ㄹ의 경우만 고려한다면, 이날 영등포점과 여의도점은 해당 제품을 수리할 수 있었다.
③ ㄴ, ㄷ의 경우만 고려한다면, 이날 수리할 수 있었던 지점은 신도림점뿐이다.
④ ㄴ, ㄹ의 경우만 고려한다면, 이날 세 지점 모두 수리가 가능한 지점이었다.
⑤ ㄷ, ㄹ의 경우만 고려한다면, 이날 신도림점의 수리 가능 여부는 알 수 없다.

| 의사소통능력

01 다음 글에서 궁극적으로 전달하고자 하는 바로 가장 적절한 것은?

과학이 무신론이고 윤리와는 거리가 멀다는 견해는 스페인의 철학자 오르테가 이 가세트가 말하는 '문화인'들 사이에서 과학에 대한 반감을 더욱 부채질하곤 했다. 사실 과학자도 신의 존재를 믿을 수 있고, 더 나아가 신의 존재에 대한 과학적 증거를 찾으려 할 수도 있다. 무신론자들에게는 이것이 지루한 과학과 극단적 기독교의 만남 정도로 보일지도 모른다. 그러나 어느 누구도 제임스 클러스 멕스웰 같이 저명한 과학자가 분자 구조를 이용해서 신의 존재를 증명하려 했던 것을 비웃을 수는 없다.

물론 과학자들 중에는 무신론자도 많이 있다. 동물학자인 리처드 도킨스는 모든 종교가 무한히 복제되는 정신적 바이러스일지도 모른다는 의심을 품고 있었다. 그러나 확고한 유신론자들의 관점에서는 이 모든 과학적 발견 역시 신에 의해 계획된 것을 발견한 것이므로 종교적 지식이라고 할 수도 있다. 따라서 과학의 본질을 무조건 비종교적이라고 간주할 수는 없을 것이다.

오히려 과학자나 종교학자가 모두 진리를 찾으려고 한다는 점에서 과학과 신학은 동일한 목적을 추구한다고도 할 수 있다. 과학이 물리적 우주에 대한 진리를 찾는 것이라면, 신학은 신에 대한 진리를 찾는 것이다. 그러나 신학자들이나 어느 정도 신학적인 관점을 가진 사람들은 신이 우주를 창조했다고 믿고 우주를 통해 신과 만날 수 있다고 믿기 때문에 신과 우주가 근본적으로는 뚜렷이 구분되는 대상이 절대 아니라고 생각한다.

사실 많은 과학자들이 과학과 종교는 서로 대립하는 개념이라고 주장하기도 한다. 신경 심리학자인 리처드 그레고리는 '과학이 전통적인 믿음을 받아들이기보다는 모든 것에 질문을 던지기 때문에 과학과 종교는 근본적으로 다른 반대의 자세를 가지고 있다.'고 주장한 바가 있다. 그러나 이것은 종교가 가지고 있는 변화의 능력을 과소평가한 것이다. 유럽에서 일어난 모든 종교 개혁 운동은 전통적 믿음을 받아들이지 않으려는 시도였다.

과학은 증거에 의존하는 반면, 종교는 계시된 사실에 의존한다는 점에서 이들 간 극복할 수 없는 차이점이 존재한다는 반론을 제기할 수도 있다. 그러나 종교인들에게는 계시된 사실이 바로 증거이다. 지속적으로 신에 대한 증거들에 대해 회의하고 재해석하려고 한다는 점에서 신학을 과학이라고 간주하더라도 결코 모순은 아니다. 사실 그것을 신학이라고 부르기 떄문에 신의 존재를 전제하는 것처럼 보인다. 그러나 우리가 본 바와 같이 과학적 연구가 몇몇 과학자를 신에게 인도했던 것처럼, 신학 연구가 그 신학자를 무신론자로 만들지 않을 이유는 없다.

① 과학이 종교와 양립할 수 없다는 의견은 타당하지 않다.

② 과학자와 종교학자는 진리 탐구라는 공통 목적을 추구한다.

③ 과학은 존재하는 모든 것에 대해 회의적 질문을 던지는 학문이다.

④ 신학은 신에 대한 증거들을 의심하고 재해석하고자 하는 학문이다.

⑤ 신학은 신의 존재를 입증하기 위해 과학과는 다른 방법론을 적용한다.

| 의사소통능력

02 다음 밑줄 친 ㉠~㉤ 중 맥락상 쓰임이 적절하지 않은 것은?

> 코레일은 위치정보 기반 IT 기술을 활용해 부정 승차의 ㉠ 소지를 없애고 승차권 반환 위약금을 줄여 고객의 이익을 보호할 수 있는 '열차 출발 후 코레일톡 승차권 직접 변환' 서비스를 시범 ㉡ 운영한다. 그동안 코레일은 열차 안에서 승무원의 검표를 받고 나서 승차권을 반환하는 얌체족들의 부정 승차를 막기 위해 열차가 출발하고 나면 역 창구에서만 반환 접수를 하였다. 그러나 반환 기간이 경과함에 따라 고객의 위약금이 늘어나 ㉢ 부수적인 피해가 발생하기도 했다. 이를 개선하기 위해 코레일은 열차에 설치된 내비게이션의 실시간 위치정보와 이용자의 스마트폰 GPS 정보를 비교하는 기술을 ㉣ 개발했다. 이용자의 위치가 열차 안이 아닐 경우에만 '출발 후 반환' 서비스를 제공하는 방법으로 문제를 해결한 것이다. 열차 출발 후 '코레일톡'으로 승차권을 반환하려면 먼저 스마트폰의 GPS 기능을 켜고 코레일톡 앱의 위치정보 접근을 ㉤ 준용해야 한다.

① ㉠
② ㉡
③ ㉢
④ ㉣
⑤ ㉤

PART 1

| 수리능력

03 A씨는 집에서 회사로 가던 도중 중요한 서류를 두고 온 것을 깨닫고 집으로 돌아가게 되었다. 다음 〈조건〉에 따라 A씨가 회사에 제시간에 도착하려면 승용차를 최소 몇 km/h로 운전해야 하는가? (단, 모든 운송수단은 각각 일정한 속도로 이동하고, 동일한 경로로 이동한다)

조건

- 집에서 버스를 타고 60km/h의 속도로 15분 동안 이동하였다. 버스를 타고 이동한 거리는 집에서 회사까지 거리의 절반이었다.
- 버스에서 내리자마자 서류를 가져오기 위해 집에 택시를 타고 75km/h의 속도로 이동하였다. 택시를 탔을 때의 시각은 8시 20분이었다.
- 집에서 서류를 챙겨서 자신의 승용차를 타기까지 3분의 시간이 걸렸다. 승용차를 타자마자 회사를 향해 운전하였으며, 회사에 도착해야 하는 시각은 9시이다.

① 68km/h
② 69km/h
③ 70km/h
④ 71km/h
⑤ 72km/h

04 **K기업에 새로 채용된 직원 9명은 각각 기획조정부, 홍보부, 인사부로 발령받는다. 이들은 자신이 발령받고 싶은 부서를 1지망, 2지망, 3지망으로 지원해야 한다. 각 부서에 대한 직원 9명의 지원 현황이 다음 〈조건〉과 같을 때, 적절하지 않은 것은?**

조건

- 인사부를 3지망으로 지원한 직원은 없다.
- 인사부보다 홍보부로 발령받고 싶어하는 직원은 2명이다.
- 2지망으로 기획조정부를 지원한 직원이 2지망으로 홍보부를 지원한 직원보다 2명 더 많다.
- 인사부보다 기획조정부로 발령받고 싶어하는 직원은 3명이다.

① 인사부를 1지망으로 지원한 직원은 4명이다.
② 홍보부를 1지망으로 지원한 직원이 가장 적다.
③ 홍보부를 3지망으로 지원한 직원이 가장 많다.
④ 기획조정부를 3지망으로 지원한 직원은 6명이다.
⑤ 홍보부를 2지망으로 지원한 직원과 3지망으로 지원한 직원의 수는 다르다.

CHAPTER

02 2025년 상반기 기출복원문제

정답 및 해설 p.010

| 의사소통능력

01 다음 제시된 표현법에 대한 사례로 가장 적절한 것은?

> 관용의 격률이란 자신의 이익은 최소화하고 부담은 최대화하여 말하는 표현법이다. 관용의 격률에 따르면 자신의 부담이 커질수록 상대에게는 예의 있는 표현으로 여겨지기 때문에 어떠한 문제를 자신 탓으로 돌려 말하는 것이라고도 해석된다.

① 민재 : 조은씨는 좋겠네요. 아들이 훤칠한데 공부까지 잘해서요.
② 지우 : 설명이 너무 어려워서 이해가 되지 않아요. 더 쉽게 설명해 주시겠어요?
③ 다예 : 제가 다음 주에 발표가 있으니, 이번 주까지 자료 정리해서 보내줄 수 있나요?
④ 동현 : 짐을 옮겨야 되는데 너무 무거워서, 미안한데 잠깐 도와 줄 수 있을까요?
⑤ 선주 : 제가 시력이 안 좋아서 잘 보이지가 않네요. 조금 더 크게 보여주실 수 있나요?

※ 다음 글의 내용으로 적절하지 않은 것을 고르시오. [2~3]

02

요즘은 콘텐츠 이용 편의를 위해 오디오북을 제공하는 책들을 종종 접할 수 있다. 하지만 모든 책들이 오디오북화되고 있는 것은 아닌데, 이는 제작 환경에서 발생하는 막대한 비용 때문이다.
10시간짜리 오디오북을 만들기 위해서는 그 이상의 실제 녹음 시간이 필요하다. 또한 편집 과정에 들어가는 시간과 비용, 전문 성우에게 지급하는 비용까지 고려하면 결국 제작비용의 한계에 부딪히게 된다.
이러한 현실에서 고안된 방법이 AI 음성 합성 기술이다. 이 기술을 통해 오디오북 제작비용과 시간은 줄이고, 오디오북 제작률은 높여 이용자의 편의를 높일 수 있게 된 것이다.
하지만 이 기술에도 한계는 존재하는데, 이는 현재 AI 음성 합성 기술이 사람의 감정까지 담아 표현할 수 없다는 것이다. 이에 따라 현재는 전문 성우가 반드시 필요하지는 않은 경제, 과학 등과 관련된 비문학 도서들은 AI 음성 합성 기술로 제작하고, 소설, 동화 등 문학 도서는 전문 성우들이 낭독하는 방식으로 제작이 되고 있다.

① AI 음성 합성 기술이 전문 성우의 녹음보다 더 효율적이다.
② AI 음성 합성 기술이 오디오북 제작에서 전문 성우의 역할을 대체할 수 있다.
③ 문학보다는 비문학이 AI 음성 합성 기술을 통한 오디오북화에 더 유리하다.
④ 전문 성우들의 오디오북 녹음에는 많은 시간이 소요되어 제작에 어려움을 겪고 있다.
⑤ 전문 성우들의 오디오북 녹음에는 막대한 비용이 소요되어 현실적으로 제작이 어렵다.

03

민족의 대명절인 설날과 추석은 가족과 친지를 만나기 위해 전국 각지로 이동하는 사람들이 급증하는 시기다. 이때 코레일의 기차 이용률은 평소보다 훨씬 높아진다. 예매가 시작되면 몇 분 만에 전 노선의 승차권이 매진되고, 예매 경쟁률이 수십 배에 달하는 경우도 흔하다. 그만큼 명절 기간 기차는 국민들의 중요한 이동 수단으로 자리 잡았지만, 최근에는 '노쇼' 문제로 인해 심각한 어려움을 겪고 있다. 이 문제는 명절 기간에 더욱 두드러지며, 해마다 노쇼 비율이 증가하는 추세이다.
2024년 설 연휴 기간 코레일이 판매한 승차권은 약 408만 매에 이른다. 추석 연휴 역시 약 120만 매가 판매되어 명절에 기차 이용 수요가 얼마나 폭발적인지 알 수 있다. 하지만 이 중 상당수가 실제 탑승하지 않아 공석으로 남는 일이 반복되고 있다. 2024년 설날 노쇼 비율은 무려 46%에 달했으며, 이 중 약 19만 매 이상의 좌석이 재판매되지 못해 빈 좌석으로 운행되었다. 추석 연휴에도 비슷한 수준의 노쇼와 공석 운행 문제가 발생했다. 이는 단순히 좌석이 비어 있는 것 이상의 심각한 문제를 야기한다.
공석 운행은 여러 측면에서 부정적인 영향을 끼친다. 우선, 실제로 기차를 타고자 하는 실수요자들이 좌석을 구하지 못하는 상황이 발생한다. 예매 경쟁이 매우 치열한 명절 기간에 노쇼로 인해 좌석이 비어 있음에도 불구하고, 다른 승객들이 그 좌석을 이용하지 못하는 것은 매우 불합리하다. 결국 노쇼는 국민들의 이동권을 제한하는 결과를 낳는다. 두 번째로, 공석 운행은 철도 운영의 효율성을 떨어뜨린다. 빈 좌석을 채우지 못한 채 열차를 운행하는 것은 불필요한 에너지와 인력, 비용 낭비로 이어진다. 이는 코레일뿐 아니라 국가적으로도 큰 손실이다. 세 번째로, 노쇼 문제는 사회적 비용 증가로 연결된다. 노쇼를 줄이기 위한 정책 마련과 시스템 개선에 투입되는 비용, 그리고 이에 따른 환불 정책 변경 등은 모두 국민의 부담으로 돌아올 수밖에 없다.
이러한 문제를 해결하기 위해 코레일은 다양한 대책을 시행하고 있다. 2025년부터 명절 특별수송기간에 출발 후 20분까지의 위약금을 기존 15%에서 30%로 상향 조정하는 등 노쇼 억제에 나서고 있으며, 취소·반환 기준 시점을 앞당겨 승객들이 불필요한 예약을 조기에 취소할 수 있도록 유도하고 있다. 이와 함께 좌석 재판매율을 높이기 위한 시스템 개선 작업도 진행 중이다.
하지만 노쇼 문제는 단순히 코레일의 노력만으로 해결되기 어렵다. 근본적인 제도 개선과 국민 인식 변화가 함께 이루어져야 한다. 예매 시스템의 투명성 강화, 노쇼에 대한 법적 제재 강화, 그리고 국민들의 책임감 있는 예약 문화 정착이 필요하다. 또한, 실수요자 중심의 예약 정책과 더불어, 노쇼 발생 시 불이익을 명확히 하는 제도적 장치도 마련되어야 한다. 이러한 종합적인 접근이 이루어질 때 비로소 명절 노쇼 문제를 효과적으로 줄이고, 국민 모두가 편리하고 공정하게 기차를 이용할 수 있을 것이다.

① 명절에는 승차권 예매 경쟁이 평소보다 수십 배에 달한다.
② 노쇼로 인해 발생하는 비용은 결국 국민의 부담으로 돌아온다.
③ 2024년 설에 판매된 승차권 중 46%는 노쇼로 인해 공석으로 운행되었다.
④ 2025년부터 명절 특별수송기간에는 승차권 취소 위약금이 평소보다 높아진다.
⑤ 노쇼 문제를 해결하기 위해서는 코레일의 노력뿐만 아니라 국민 의식 변화와 정부의 제도 개선이 필요하다.

04 다음 수식을 계산한 결과는 $\frac{q}{p}$의 기약분수 형태로 나타낼 수 있으며, p와 q는 서로소이다. 이때, $q+p$의 값을 구하면?

$$\frac{18\times(15^2+12+3)}{90^2-2\times45\times4}+1$$

① 90
② 100
③ 110
④ 120
⑤ 130

| 수리능력

05 K시의 지하철 요금은 1회 탑승 시 1,500원이며, 오전 6시 30분 이전에 탑승할 경우 20%의 할인이 적용된다. K시에 사는 A씨는 지하철을 이용하여 한 달간 총 22일의 출근과 퇴근을 할 예정이다. 한 달 지하철 요금을 62,000원 이하로 유지하려면 A씨가 할인을 받아야 하는 날은 최소 며칠이어야 하는가?(단, A씨는 오후 6시에 회사에서 퇴근한다)

① 12일
② 13일
③ 14일
④ 15일
⑤ 16일

| 수리능력

06 K공사의 사내 보안시스템은 숫자 1부터 6까지를 사용해 4자리 비밀번호를 설정할 수 있다. 이때, 다음 〈조건〉을 만족하는 4자리 비밀번호는 모두 몇 가지인가?

조건

- 각 자릿수에는 1부터 6까지의 숫자 중 하나가 들어간다.
- 같은 숫자는 최대 2번까지만 사용할 수 있다.

예 1123, 2331, 4455 가능 / 1112, 2122, 4444 불가능

① 1,170가지
② 1,196가지
③ 1,236가지
④ 1,241가지
⑤ 1,296가지

| 수리능력

07 셔틀버스 A ~ C는 K역에서 출발하여 같은 노선을 운행한 뒤 K역으로 돌아온다. 셔틀버스 A ~ C의 운행시간이 각각 12분, 16분, 30분이고, 오전 10시에 동시에 출발하였다면, 모든 셔틀버스가 동시에 K역에 도착하는 시간은?(단, 정차 및 교통상황 등 운행시간 외에 다른 요소는 고려하지 않고, K역에 돌아온 셔틀버스는 즉시 기존 노선으로 다시 출발한다)

① 오전 11시
② 오후 12시
③ 오후 2시
④ 오후 3시
⑤ 오후 4시

| 수리능력

08 K역에서 일정 시간 동안 조사한 결과, 조사시간 내 전체 코레일 이용객 수는 60명이었다. 이 중 KTX 이용객이 36명, SRT 이용객이 42명이었고, 이용객 중 일부는 두 열차를 모두 이용하였다. 이때, SRT만 이용한 고객은 몇 명인가?

① 18명
② 20명
③ 24명
④ 30명
⑤ 36명

| 수리능력

09 다음은 K쇼핑몰에서 판매된 상품에 대한 월별 리뷰 수와 반품 및 환불율을 조사한 자료이다. 상품을 구매한 사람이 모두 1건씩 리뷰를 작성하였다고 가정할 때, 조사기간 동안 발생한 반품 건수와 환불 건수를 모두 합하면?

〈K쇼핑몰 월별 리뷰 수 및 반품·환불 비율〉

(단위 : 건, %)

구분	리뷰 수	반품율	환불율
1월	1,000	3	2
2월	1,200	2	3
3월	1,500	4	1
4월	1,300	3	2

① 240건
② 246건
③ 248건
④ 250건
⑤ 252건

10 다음은 K시 지하철 3개 주요 역사에서 시간대별 탑승 및 하차 인원수를 정리한 자료이다. 이에 대한 설명으로 옳은 것은?

〈K시 주요 역사 시간대별 탑승 및 하차 인원수〉

(단위 : 명)

구분	역삼역		시청역		구로디지털단지역	
	탑승	하차	탑승	하차	탑승	하차
07:00 ~ 09:00 (출근시간)	1,150	350	620	870	2,300	400
12:00 ~ 14:00 (점심시간)	480	520	530	500	900	950
17:00 ~ 19:00 (퇴근시간)	390	1,250	420	1,480	280	2,150

① 역삼역은 모든 시간대에서 탑승 인원이 하차 인원보다 많다.
② 시청역은 점심시간대보다 퇴근시간대에 탑승 인원이 더 많다.
③ 역삼역은 전 시간대를 통틀어 탑승보다 하차 인원이 많은 유일한 역이다.
④ 시청역은 출근시간대 대비 퇴근시간대 하차 인원의 증가 폭이 역삼역보다 크다.
⑤ 구로디지털단지역은 퇴근시간대 하차 인원이 출근시간대 하차 인원의 5배 이상이다.

| 수리능력

11 K공사 직원 A ~ G 7명이 100m 달리기로 체력 테스트를 진행하였다. 직원들의 달리기 기록이 〈조건〉과 같을 때, 가장 빠른 사람과 가장 느린 사람의 속력 차이의 절댓값은?(단, 속력은 소수점 둘째 자리까지 계산하고, 속력 단위는 m/s로 한다)

조건

- A는 100m를 13초에 완주했다.
- B는 A보다 0.5초 빠르다.
- C는 B보다 0.4초 느리다.
- D는 C보다 0.2초 빠르다.
- E는 D보다 0.3초 느리다.
- F는 E보다 0.1초 빠르다.
- G는 A보다 1.0초 느리다.

① 0.74m/s
② 0.77m/s
③ 0.80m/s
④ 0.83m/s
⑤ 0.86m/s

ㅣ수리능력

12 25g의 소금이 들어 있는 80g 소금물이 있다. 여기에 물 xg을 넣고 잘 섞은 뒤, 40g을 버렸다. 이후 농도 37.5%의 소금물 40g을 추가로 넣었더니, 최종 농도는 정확히 30%가 되었다. 이때, 처음에 넣은 물의 양은 몇 g인가?

① 15g ② 20g
③ 25g ④ 30g
⑤ 35g

ㅣ수리능력

13 다음은 2019년부터 2024년까지의 노인 취업자 수 추이를 나타낸 그래프이다. 이에 대한 설명으로 옳은 것은?

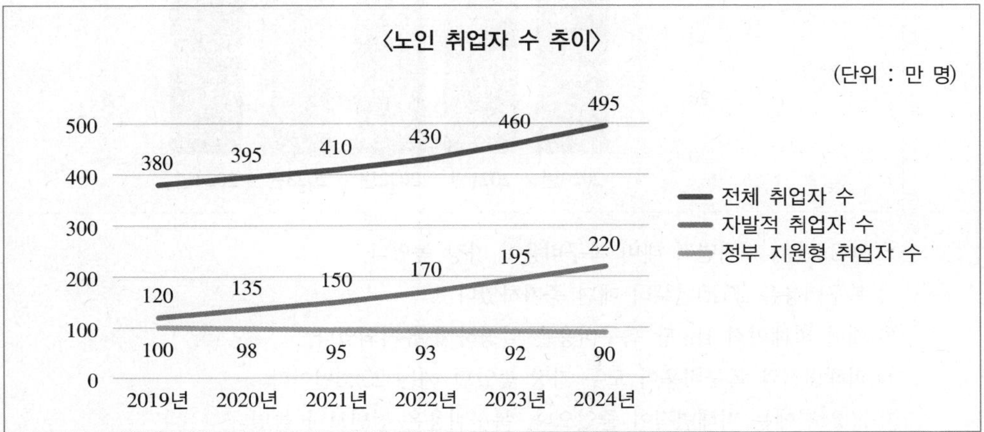

① 정부 지원형 취업자 수는 꾸준히 증가하고 있다.
② 노인 취업자의 증가는 전적으로 정부 일자리 확대에 의한 것이다.
③ 전체 노인 취업자 수는 감소하고 있지만 자발적 취업자는 증가하고 있다.
④ 자발적으로 취업하는 노인의 수는 정부 지원 취업자 수에 비해 점점 줄고 있다.
⑤ 자발적 취업자 수는 매년 증가하고 있으며, 이는 정부 지원 일자리 증가와는 별개의 흐름이다.

14 다음은 최근 5년간 산사태로 인한 피해면적과 해당 연도의 복구비용을 나타낸 그래프이다. 이에 대한 설명으로 옳은 것은?

〈연도별 산사태 피해면적〉

(단위 : ha)

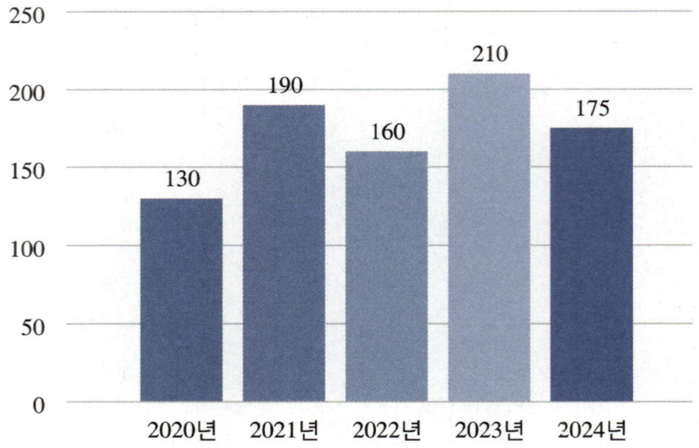

〈연도별 산사태 복구비용〉

(단위 : 억 원)

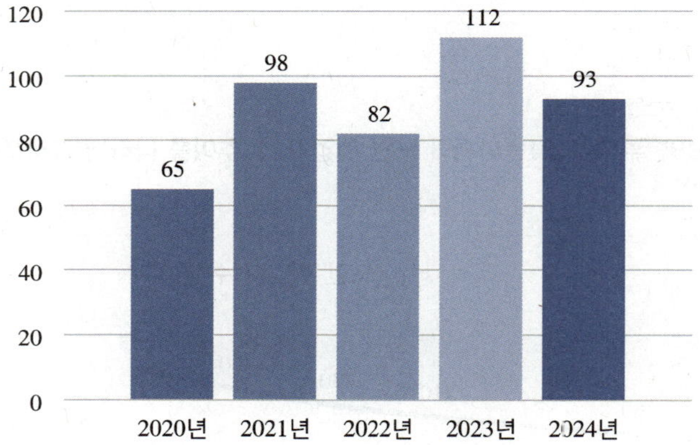

① 2022년은 피해면적 대비 복구비용이 가장 높았다.
② 복구비용은 2020년부터 매년 증가하였다.
③ 매년 피해면적 1ha당 복구비용은 일정하게 유지되었다.
④ 피해면적과 복구비용이 모두 가장 높았던 해는 2023년이다.
⑤ 2024년에는 피해면적이 줄었으나, 복구비용은 전년보다 늘었다.

| 문제해결능력

15 다음 사례에서 A직원이 실시한 문제해결 절차의 단계는?

K역에서 근무하는 A직원은 최근 직장 내의 호흡기 질환에 걸린 직원이 증가했음을 파악하였다. 업무에 지장이 있을 정도로 병가를 낸 직원이 많아지자, A직원은 이를 해결하기 위하여 복귀한 직원들을 대상으로 질의응답을 실시하였다. 최종적으로 역사 내 공기질 저하가 직원들의 건강을 해쳤음을 파악하고, 역사 내 공기질 저하 문제를 해결하기로 하였다.

① 문제 인식
② 문제 도출
③ 원인 분석
④ 해결안 개발
⑤ 실행 및 평가

| 문제해결능력

16 다음 사례에서 나타나는 창의적 사고 개발방법으로 가장 적절한 것은?

3개의 노선이 교차하는 환승역인 K역은 복잡한 역사 구조로 인해 승객들이 길을 헤매는 문제가 있다. A주임은 이러한 문제를 창의적으로 해결하기 위해 지하철역과 비슷하게 사람이 많고 구조가 복잡한 쇼핑센터의 사례를 탐색하였다. 탐색 결과 쇼핑센터에서 입점 가게 위치를 스마트폰 증강현실 지도로 보여주는 기술이 있음을 확인하고, 이를 바탕으로 K역에 적용하여 QR코드를 찍고, 환승구역이나 나가는 곳을 입력하면, 그 위치를 스마트폰 증강현실을 통해 안내하는 서비스를 기획하였다.

① NM법
② Synectics
③ 체크리스트
④ SCAMPER
⑤ 브레인스토밍

17 **다음 사례에서 나타나는 A씨의 논리적 오류로 가장 적절한 것은?**

> 매일 지하철을 이용하여 출퇴근하는 A씨는 혼잡해진 지하철 상황에 불만을 가지고 있다. 어느 날 혼잡한 출근 시간에 지하철이 흔들려 어떤 학생이 A씨와 부딪히게 되었다. 부딪힌 학생은 즉시 A씨에게 사과하였지만, A씨는 화를 내며 요즘 젊은이들은 전부 조심성도 없고 남을 배려하지도 않는다고 학생을 비난하였다.

① 무지의 오류
② 결합의 오류
③ 애매성의 오류
④ 과대 해석의 오류
⑤ 성급한 일반화의 오류

18 **다음은 철도사업을 수행하는 K공사에 대한 SWOT 분석 결과이다. 기회(Opportunity)요인에 해당하는 사례를 〈보기〉에서 모두 고르면?**

> **보기**
> ㄱ. 신재생 관련 법안 개정으로 인한 철도 이용객 수 증가
> ㄴ. 높은 국내 철도망 운영 노하우
> ㄷ. 도시철도에 대한 민간투자의 확대
> ㄹ. 정부의 교통요금 동결 정책 지속
> ㅁ. 직원 수 부족으로 인해 저조한 고객 만족도
> ㅂ. 글로벌 공동 철도 프로젝트 참여

① ㄱ, ㄴ, ㅁ
② ㄱ, ㄷ, ㅂ
③ ㄴ, ㄷ, ㄹ
④ ㄴ, ㅁ, ㅂ
⑤ ㄷ, ㅁ, ㅂ

19 다음은 K철도공사의 문제해결 사례이다. 〈보기〉의 사례와 문제해결 방법을 바르게 연결한 것은?

보기

ㄱ. K철도공사는 65세 이상의 노인을 위한 복지 정책으로 노인 무임승차제도를 실시하고 있다. 그러나 K철도공사의 재정문제와 더불어 이용자 세대별 형평성 문제로 인해 무임승차혜택에 대해 이용자들의 갈등이 첨예해졌다. 이 문제를 해결하기 위해 A차장은 노인 이용자 대표를 K철도공사에 초청하여 노인 무임승차제도 혜택 축소를 목적으로 합의점을 찾기 위한 토론회를 개최하였다.

ㄴ. 최근 K철도공사의 고객센터에는 노인들이 매표 키오스크를 사용하기 불편하다는 불만이 자주 들어오고 있다. A센터장은 직원들에게 이 사실을 알리고, 노인 이용자가 편하게 키오스크를 사용할 수 있는 방법을 모색하기 위해 노인 역할극 및 브레인스토밍을 통해 아이디어를 모으도록 유도하였다. 그 결과 직원들의 아이디어를 결합하여 키오스크를 조작하는 동안 잠시 기대어 앉을 수 있는 간이 의자와 주요 기능을 크게 강조하는 방안이 채택되어 노인 이용자들이 편하게 이용할 수 있게 되었다.

ㄷ. 신입사원 B는 철도회사 업무에 익숙하지 않아 발생하는 실수로 팀 내부에서 갈등을 일으키고 있다. 이를 해결하기 위해 A팀장은 B사원에게 철도업무에서 실수가 있을 때, 어떤 상황이 일어날 수 있는지 넌지시 이야기하며 헷갈리는 일이 있을 때는 팀원들의 도움을 받는 것이 좋다고 조언하였고, 다른 팀원들에게는 신입사원 시절에는 모두가 실수가 많았다며 B사원이 업무에 빨리 적응할 수 있도록 도와달라고 격려하였다. 이후 B사원과 다른 팀원들의 노력으로 B사원은 빠르게 업무에 적응하게 되었다.

	ㄱ	ㄴ	ㄷ
①	소프트 어프로치	하드 어프로치	퍼실리테이션
②	소프트 어프로치	퍼실리테이션	하드 어프로치
③	하드 어프로치	소프트 어프로치	퍼실리테이션
④	하드 어프로치	퍼실리테이션	소프트 어프로치
⑤	퍼실리테이션	소프트 어프로치	하드 어프로치

20 **반지름의 길이가 am인 원형코일의 중심의 자계를 HAT/m이라고 할 때, 다음 중 전류와 권수의 관계로 옳은 것은?**

① 전류와 권수는 비례한다.

② 전류와 권수는 반비례한다.

③ 전류와 권수는 제곱에 비례한다.

④ 전류와 권수는 제곱에 반비례한다.

⑤ 전류와 권수는 서로 관계가 없다.

| 전기일반

21 **다음 중 유전율이 각각 다른 두 유전체가 서로 경계를 이루며 접해있을 때의 설명으로 옳지 않은 것은?(단, 이 경계면에는 진전하 분포가 없다)**

① 경계면에서 전계와 전속밀도의 방향은 서로 다르다.

② 경계면에서 전계의 접선 성분은 같다.

③ 경계면에서 전속밀도의 법선 성분은 같다.

④ 경계면에서 전계와 전속밀도는 굴절한다.

⑤ 경계면에서 전계와 전속밀도는 다르다.

| 전기일반

22 **다음 중 전기력선 밀도를 이용하여 대칭 정전계의 세기를 구하기 위하여 이용되는 법칙은?**

① 쿨롱의 법칙

② 톰슨의 법칙

③ 패러데이의 법칙

④ 비오 – 사바르의 법칙

⑤ 가우스의 법칙

| 전기일반

23

공기 중에서 E V/m의 전계를 i_d A/m^{2}의 변위 전류로 흐르게 하려면 주파수는 얼마가 되어야 하는가?

① $f = \frac{i_d}{\pi E}$

② $f = \frac{i_d}{2\pi E}$

③ $f = \frac{i_d}{4\pi E}$

④ $f = \frac{i_d}{2\pi \epsilon E}$

⑤ $f = \frac{i_d}{4\pi \epsilon E}$

| 전기일반

24

다음 중 수전단 전압이 송전단 전압보다 높아지는 페란티 현상이 발생하는 주된 원인은?

① 선로의 인덕턴스

② 선로의 정전용량

③ 선로의 저항

④ 선로의 누설리액턴스

⑤ 선로의 누설컨덕턴스

| 전기일반

25

다음 중 기동토크가 가장 큰 직류전동기는?

① 직권전동기

② 타여자전동기

③ 분권전동기

④ 가동복권전동기

⑤ 차동복권전동기

| 전기일반

26

어떤 회로의 단자 전압이 $v = 100\sin\omega t + 20\sin 2\omega t + 30\sin(3\omega t + 60°)$V이고 전압강하의 방향으로 흐르는 전류가 $i = 10\sin(\omega t - 60°) + 2\sin(3\omega t + 105°)$A일 때, 회로에 공급되는 평균전력은 약 몇 W인가?

① 115W

② 183W

③ 236W

④ 271W

⑤ 317W

| 전기이론

27 전기 쌍극자로부터 임의의 점의 거리가 r이라 할 때, 전위와 전계의 세기는 각각 어느 것에 비례하는가?

	전위	전계
①	r에 비례	$\frac{1}{r}$에 비례
②	$\frac{1}{r}$에 비례	r에 비례
③	$\frac{1}{r^2}$에 비례	$\frac{1}{r^3}$에 비례
④	$\frac{1}{r^3}$에 비례	$\frac{1}{r^2}$에 비례
⑤	$\frac{1}{r^4}$에 비례	$\frac{1}{r^2}$에 비례

| 전기이론

28 평행한 두 개의 무한 직선 도선에 전류가 각각 I, $2I$가 흐른다. 두 도선 사이의 점 P에서 자계의 세기가 0일 때, $\frac{a}{b}$는 얼마인가?

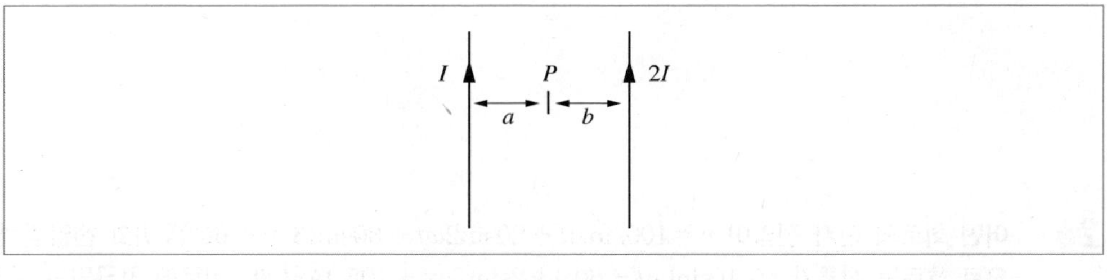

① 1
② 2
③ 4
④ $\frac{1}{2}$
⑤ $\frac{1}{4}$

29 **다음 중 자기회로의 자기저항에 대한 설명으로 옳지 않은 것은?**

① 자기회로의 길이에 비례한다.

② 자기회로의 단면적에 반비례한다.

③ 비투자율에 반비례한다.

④ 투자율에 비례한다.

⑤ 자기회로의 옴의 법칙으로 $\phi = \frac{F}{R_m}$을 사용한다.

30 **$1Wb/m^2$의 자속 밀도에 수직으로 놓인 10cm의 도선에 50A의 전류가 흐를 때 도선이 받는 힘은 몇 N인가?**

① 1N
② 2N
③ 3N
④ 4N
⑤ 5N

31 **다음 중 철도 전력 시스템에 대한 설명으로 옳지 않은 것은?**

① 계량기 조작, 전력선 도난, 불법적인 에너지 사용 등을 감지할 수 있다.

② 전력선이 불법적으로 훼손되거나, 연결된 경우를 감지할 수 있다.

③ 전력 설비 및 장비를 보호하고, 에너지 손실을 최소화할 수 있다.

④ 에너지 사용량 패턴을 분석하여, 이상 사용량을 감지할 수 있다.

⑤ 모든 열차의 위치를 실시간으로 파악할 수 있다.

32 3개의 콘덴서 $C_1=1\mu F$, $C_2=2\mu F$, $C_3=3\mu F$를 직렬로 연결하여 50V의 전압을 가할 때, C_1 양단 사이에 걸리는 전압은 약 몇 V인가?

① 12V
② 17V
③ 22V
④ 27V
⑤ 32V

33 세 변의 저항 $R_a=R_b=R_c=10\Omega$인 Y결선 회로가 있다. 이와 등가인 △ 결선 회로의 각 변의 저항 값은?

① 10Ω
② 15Ω
③ 20Ω
④ 25Ω
⑤ 30Ω

34 평등 전계 내에 수직으로 비유전율 $\epsilon_s=2$인 유전체 판을 놓았을 경우, 판 내의 전속밀도 $D=8\times10^{-6}C/m^2$이었다. 유전체 내의 분극의 세기 P는 몇 C/m^2인가?

① $1\times10^{-6}C/m^2$
② $2\times10^{-6}C/m^2$
③ $4\times10^{-6}C/m^2$
④ $6\times10^{-6}C/m^2$
⑤ $8\times10^{-6}C/m^2$

| 철도법령

35 다음 중 철도사업법상 부가 운임에 대한 설명으로 옳지 않은 것은?

① 철도사업법은 부가 운임의 징수 대상자가 부가 운임을 성실하게 납부하도록 하는 의무 조항이 있다.

② 화물 발송인이 운송장에 적은 운임이 정당한 사유 없이 정상 운임보다 적다면 부족 운임의 5배의 범위에서 부가 운임을 징수 할 수 있다.

③ 일반 승객이 정당한 요금을 지급하지 않고 열차를 이용하면 승차 구간에 해당하는 운임 외에 33배의 범위에서 부가 운임이 징수될 수 있다.

④ 철도사업자가 부가 운임을 징수하려면 사전에 부가 운임 산정기준을 정하고, 철도사업약관에 이를 포함하여 국토교통부장관에게 신고해야 한다.

⑤ 철도사업자가 부가 운임 산정기준을 변경하여 국토교통부장관에게 개정된 철도사업약관을 신고한 경우 3일 이내에 신고수리 여부를 신고자에게 통지해야 한다.

| 철도법령

36 다음 중 한국철도공사법에서 정하는 설립등기에 필요한 사항이 아닌 것은?

① 명칭
② 자본금
③ 소재지
④ 임원의 주소
⑤ 공익 서비스 비용 서류

| 철도법령

37 다음 중 빈칸에 들어갈 용어로 옳은 것은?

> ___________란 한국철도공사법에 따라 설립된 한국철도공사 및 제5조에 따라 철도사업 면허를 받은 자를 말한다.

① 철도사업자
② 철도운영관리자
③ 철도면허소지자
④ 전용철도운영자
⑤ 철도운수종사자

38 **다음 중 전용철도 등록사항의 경미한 변경에 해당하지 않는 것은?**

① 운행시간을 연장 또는 단축한 경우
② 배차간격 또는 운행횟수를 단축 또는 연장한 경우
③ 6월의 범위 안에서 전용철도 건설기간을 조정한 경우
④ 10분의 1의 범위 안에서 철도차량 대수를 변경한 경우
⑤ 주사무소·철도차량기지와 같은 운송관련 부대시설을 변경한 경우

39 **다음 중 철도운영자가 국가부담비용의 지급을 신청할 때, 국가부담비용지급신청서에 첨부할 서류가 아닌 것은?**

① 원가계산서
② 현금흐름표
③ 당해 연도의 예상수입·지출명세서
④ 국가부담비용지급신청액 및 산정내역서
⑤ 최근 2년간 지급받은 국가부담비용내역서

40 **다음 중 한국철도공사법에서 규정한 사채의 발행에 대한 설명으로 옳은 것은?**

① 공사는 철도심의위원회의 의결을 거쳐 사채를 발행할 수 있다.
② 국가는 공사가 발행하는 사채의 원리금 상환을 보증할 수 없다.
③ 사채의 소멸시효는 원금은 5년, 이자는 3년이 지나면 완성한다.
④ 사채의 발행액은 공사의 자본금과 적립금을 합한 금액의 3배를 초과하지 못한다.
⑤ 공사가 사채발행 운용계획을 변경하려면 이사회의 의결을 거쳐 국토교통부장관의 승인을 받아야 한다.

41 **다음 중 철도산업위원회의 구성에 대한 설명으로 옳은 것은?**

① 위원의 임기는 3년이며, 연임할 수 있다.
② 철도산업위원회의 위원장은 국토교통부차관이 담당한다.
③ 철도산업위원회의 인원은 위원장을 포함하여 최대 20인까지 가능하다.
④ 교육부차관, 고용노동부차관, 해양수산부차관은 철도산업위원회의 위원이 될 수 있다.
⑤ 국가철도공단의 이사장은 위원이 될 수 있지만, 한국철도공사의 사장은 위원이 될 수 없다.

| 철도법령

42 **다음 중 한국철도공사법상 국유재산의 전대(轉貸)에 대한 설명으로 옳은 것은?**

① 공사로부터 전대받은 국유재산은 다른 사람에게 대부할 수 있다.
② 한국철도공사가 국유재산을 전대하려면 미리 국토교통부장관의 승인을 받아야 한다.
③ 공사로부터 전대받은 국유재산에는 어떠한 경우에도 영구시설물의 축조가 금지되어 있다.
④ 공사는 국가로부터 대부받은 국유재산은 전대할 수 없고, 사용・수익을 허가받은 국유재산은 전대할 수 있다.
⑤ 한국철도공사가 전대한 국유재산을 변경하는 경우에는 별도의 승인 절차 없이 변동 사항을 국토교통부에 신고하면 된다.

| 철도법령

43 **다음 중 철도사업법상 사업용철도노선을 운행속도에 따라 분류한 것을 〈보기〉에서 모두 고르면?**

보기	
ㄱ. 간선철도노선	ㄴ. 고속철도노선
ㄷ. 준고속철도노선	ㄹ. 지선철도노선
ㅁ. 일반철도노선	

① ㄱ, ㄷ, ㅁ
② ㄱ, ㄹ, ㅁ
③ ㄴ, ㄷ, ㄹ
④ ㄴ, ㄷ, ㅁ
⑤ ㄷ, ㄹ, ㅁ

44 다음은 한국철도공사법상 손익금의 처리에 대한 조항이다. 빈칸에 들어갈 값으로 옳은 것은?

> 공사는 매 사업연도 결산 결과 이익금이 생기면 다음 각 호의 순서로 처리하여야 한다.
> 1. 이월결손금의 보전(補塡)
> 2. 자본금의 ________이/가 될 때까지 이익금의 10분의 2 이상을 이익준비금으로 적립
> 3. 자본금과 같은 액수가 될 때까지 이익금의 10분의 2 이상을 사업확장적립금으로 적립
> 4. 국고에 납입

① 2분의 1
② 3분의 1
③ 3분의 2
④ 10분의 1
⑤ 10분의 2

| 철도법령

45 다음 중 한국철도공사법상 자본금 및 출자에 대한 설명으로 옳지 않은 것은?

① 공사의 자본금은 22조 원으로 한다.
② 공사의 모든 자본금은 정부가 출자한다.
③ 철도자산 중 운영자산은 국가가 공사에 현물 출자할 수 없다.
④ 공사 자본금의 납입 시기와 방법은 기획재정부장관이 정하는 바에 따른다.
⑤ 국가가 공사에 출자를 할 때에는 국유재산의 현물출자에 관한 법률을 따른다.

2024년 하반기 기출복원문제

정답 및 해설 p.018

| 의사소통능력

01 **다음 중 비언어적 요소인 쉼을 사용하는 경우로 적절하지 않은 것은?**

① 양해나 동조를 구할 경우
② 상대방에게 반문을 할 경우
③ 이야기의 흐름을 바꿀 경우
④ 연단공포증을 극복하려는 경우
⑤ 이야기를 생략하거나 암시할 경우

| 의사소통능력

02 **다음 밑줄 친 부분에 해당하는 키슬러의 대인관계 의사소통 유형은?**

> 의사소통 시 <u>이 유형</u>의 사람은 따뜻하고 인정이 많고 자기희생적이나 타인의 요구를 거절하지 못하므로 타인과의 정서적인 거리를 유지하는 노력이 필요하다.

① 지배형
② 사교형
③ 친화형
④ 고립형
⑤ 순박형

03 다음 글을 통해 알 수 있는 철도사고 발생 시 행동요령으로 적절하지 않은 것은?

철도사고는 지하철, 고속철도 등 철도에서 발생하는 사고를 뜻한다. 많은 사람이 한꺼번에 이용하며 무거운 전동차가 고속으로 움직이는 특성상 철도사고가 발생할 경우 인명과 재산에 큰 피해가 발생한다.
철도사고는 다양한 원인에 의해 발생하며 사고 유형 또한 다양하게 나타나는데, 대표적으로는 충돌사고, 탈선사고, 열차화재사고가 있다. 이 사고들은 철도안전법에서 철도교통사고로 규정되어 있으며, 많은 인명피해를 야기하므로 철도사업자는 반드시 이를 예방하기 위한 조치를 취해야 한다. 또한 승객들은 위험으로부터 빠르게 벗어나기 위해 사고 시 대피요령을 파악하고 있어야 한다.
국토교통부는 철도사고 발생 시 인명과 재산을 보호하기 위한 국민행동요령을 제시하고 있다. 이 행동요령에 따르면 지하철에서 사고가 발생할 경우 가장 먼저 객실 양 끝에 있는 인터폰으로 승무원에게 사고를 알려야 한다. 만약 화재가 발생했다면 곧바로 119에 신고하고, 여유가 있다면 객실 양 끝에 비치된 소화기로 불을 꺼야 한다. 반면 화재의 진화가 어려울 경우 입과 코를 젖은 천으로 막고 화재가 발생하지 않은 다른 객실로 이동해야 한다. 전동차에서 대피할 때는 안내방송과 승무원의 안내에 따라 질서 있게 대피해야 하며 이때 부상자, 노약자, 임산부가 먼저 대피할 수 있도록 배려하고 도와주어야 한다. 만약 전동차의 문이 열리지 않으면 반드시 열차가 멈춘 후에 안내방송에 따라 비상핸들이나 비상콕크를 돌려 문을 열고 탈출해야 한다. 전동차가 플랫폼에 멈췄을 경우 스크린도어를 열고 탈출해야 하는데, 손잡이를 양쪽으로 밀거나 빨간색 비상바를 밀고 탈출해야 한다. 반대로 역이 아닌 곳에서 멈췄을 경우 감전의 위험이 있으므로 반드시 승무원의 안내에 따라 반대편 선로의 열차 진입에 유의하며 대피 유도등을 따라 침착하게 비상구로 대피해야 한다.
이와 같이 승객들은 철도사고 발생 시 신고, 질서 유지, 빠른 대피를 중점적으로 유념하여 행동해야 한다. 철도사고는 사고 자체가 일어나지 않도록 철저한 안전관리와 예방이 필요하지만, 다양한 원인으로 예상치 못하게 발생한다. 따라서 철도교통을 이용하는 승객 또한 평소에 안전 수칙을 준수하고 비상 상황에서 침착하게 대처하는 훈련이 필요하다.

① 침착함을 잃지 않고 승무원의 안내에 따라 대피해야 한다.
② 화재사고 발생 시 규모가 크지 않다면 빠르게 진화 작업을 해야 한다.
③ 선로에서 대피할 경우 승무원의 안내와 대피 유도등을 따라 대피해야 한다.
④ 열차에서 대피할 때는 탈출이 어려운 사람부터 대피할 수 있도록 도와야 한다.
⑤ 열차사고 발생 시 탈출을 위해 우선 비상핸들을 돌려 열차의 문을 개방해야 한다.

04 다음 글을 읽고 알 수 있는 하향식 읽기 모형의 사례로 적절하지 않은 것은?

> 글을 읽는 것은 단순히 책에 쓰인 문자를 해독하는 것이 아니라 그 안에 담긴 의미를 파악하는 과정이다. 그렇다면 사람들은 어떤 방식으로 글의 의미를 파악할까? 세상의 모든 어휘를 알고 있는 사람은 없을 것이다. 그러나 대부분의 사람들, 특히 고등교육을 받은 성인들은 자신이 잘 모르는 어휘가 있더라도 글의 전체적인 맥락과 의미를 파악할 수 있다. 이를 설명해 주는 것이 바로 하향식 읽기 모형이다.
> 하향식 읽기 모형은 독자가 이미 알고 있는 배경지식과 경험을 바탕으로 글의 전체적인 맥락을 먼저 파악하는 방식이다. 하향식 읽기 모형은 독자의 능동적인 참여를 활용하는 읽기로, 여기서 독자는 단순히 글을 받아들이는 수동적인 존재가 아니라 자신의 지식과 경험을 활용하여 글의 의미를 구성해 나가는 주체적인 역할을 한다. 이때 독자는 글의 내용을 예측하고 추론하며, 심지어 자신의 생각을 더하여 글에 대한 이해를 넓혀갈 수 있다.
> 하향식 읽기 모형의 장점은 빠르고 효율적인 독서가 가능하다는 것이다. 글의 전체적인 맥락을 먼저 파악하기 때문에 글의 핵심 내용을 빠르게 파악할 수 있고, 배경지식을 활용하여 더 깊이 있는 이해를 얻을 수 있다. 또한 예측과 추론을 통한 능동적인 독서는 독서에 대한 흥미를 높여 주는 효과도 있다.
> 그러나 하향식 읽기 모형은 독자의 배경지식에 의존하여 읽는 방법이므로 배경지식이 부족한 경우 글의 의미를 정확하게 파악하기 어려울 수 있으며, 배경지식에 의존하여 오해를 할 가능성도 크다. 또한 글의 내용이 복잡하다면 많은 배경지식을 가지고 있더라도 글의 맥락을 적극적으로 가정하거나 추측하기 어려운 것 또한 하향식 읽기 모형의 단점이 된다.
> 하향식 읽기 모형은 글의 내용을 빠르게 이해하고 독자 스스로 내면화할 수 있으므로 독서 능력 향상에 유용한 방법이다. 그러나 모든 글에 동일하게 적용할 수 있는 읽기 모형은 아니므로 글의 종류와 독자의 배경지식에 따라 적절한 읽기 전략을 사용해야 한다. 따라서 하향식 읽기 모형과 함께 상향식 읽기(문자의 정확한 해독), 주석 달기, 소리 내어 읽기 등 다양한 읽기 전략을 활용하여야 한다.

① 기사의 헤드라인을 먼저 읽어 기사의 내용을 유추한 뒤 상세 내용을 읽었다.
② 회의 자료를 읽기 전 회의 주제를 먼저 파악하여 회의 안건을 예상하였다.
③ 제품 설명서를 읽어 제품의 기능과 각 버튼의 용도를 파악하고 기계를 작동시켰다.
④ 요리법의 전체적인 조리 과정을 파악하고 단계별로 필요한 재료와 순서를 확인하였다.
⑤ 서문이나 목차를 통해 책의 전체적인 흐름을 파악하고 관심 있는 부분을 집중적으로 읽었다.

| 수리능력

05 농도가 15%인 소금물 200g과 농도가 20%인 소금물 300g을 섞었을 때, 섞인 소금물의 농도는?

① 17%
② 17.5%
③ 18%
④ 18.5%
⑤ 19%

| 수리능력

06 남직원 A～C, 여직원 D～F 6명이 일렬로 앉고자 한다. 동성끼리 인접하지 않고, 여직원 D와 남직원 B가 서로 인접하여 앉는 경우의 수는?

① 12가지
② 20가지
③ 40가지
④ 60가지
⑤ 120가지

| 수리능력

07 다음과 같이 일정한 규칙으로 수를 나열할 때 빈칸에 들어갈 수로 옳은 것은?

−23	−15	−11	5	13	25	( )	45	157	65

① 49
② 53
③ 57
④ 61
⑤ 65

08 다음은 K시의 유치원, 초·중·고등학교, 고등교육기관의 취학률 및 초·중·고등학교의 상급학교 진학률에 대한 자료이다. 이에 대한 설명으로 옳지 않은 것은?

〈유치원, 초·중·고등학교, 고등교육기관 취학률〉

(단위 : %)

구분	2014년	2015년	2016년	2017년	2018년	2019년	2020년	2021년	2022년	2023년
유치원	45.8	45.2	48.3	50.6	51.6	48.1	44.3	45.8	49.7	52.8
초등학교	98.7	99	98.6	98.9	99.3	99.6	98.1	98.1	99.5	99.9
중학교	98.5	98.6	98.1	98	98.9	98.5	97.1	97.6	97.5	98.2
고등학교	95.3	96.9	96.2	95.4	96.2	94.7	92.1	93.7	95.2	95.6
고등교육기관	65.6	68.9	64.9	66.2	67.5	69.2	70.8	71.7	74.3	73.5

〈초·중·고등학교 상급학교 진학률〉

(단위 : %)

구분	2014년	2015년	2016년	2017년	2018년	2019년	2020년	2021년	2022년	2023년
초등학교	100	100	100	100	100	100	100	100	100	100
중학교	99.7	99.7	99.7	99.7	99.7	99.7	99.7	99.7	99.7	99.6
고등학교	93.5	91.8	90.2	93.2	91.7	90.5	91.4	92.6	93.9	92.8

① 중학교의 취학률은 매년 97% 이상이다.
② 매년 취학률이 가장 높은 기관은 초등학교이다.
③ 고등교육기관의 취학률이 70%를 넘긴 해는 2020년부터이다.
④ 2023년에 중학교에서 고등학교로 진학하지 않은 학생의 비율은 전년 대비 감소하였다.
⑤ 고등교육기관의 취학률이 가장 낮은 해와 고등학교의 상급학교 진학률이 가장 낮은 해는 같다.

09 다음은 A기업과 B기업의 2024년 1 ~ 6월 매출액에 대한 자료이다. 이를 그래프로 옮겼을 때의 개형으로 옳은 것은?

〈2024년 1 ~ 6월 A, B기업 매출액〉

(단위 : 억 원)

구분	2024년 1월	2024년 2월	2024년 3월	2024년 4월	2024년 5월	2024년 6월
A기업	307.06	316.38	315.97	294.75	317.25	329.15
B기업	256.72	300.56	335.73	313.71	296.49	309.85

①
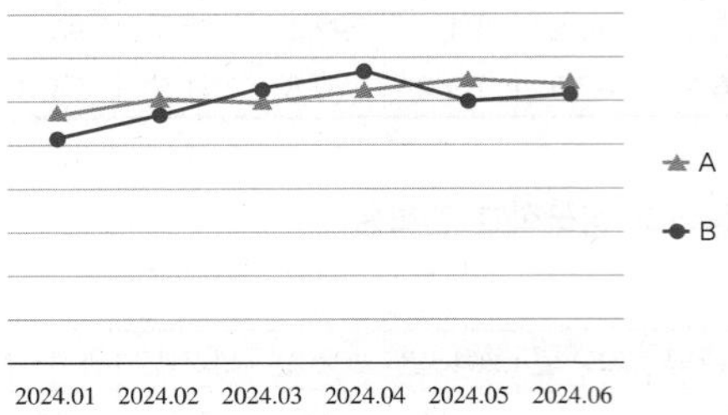

②
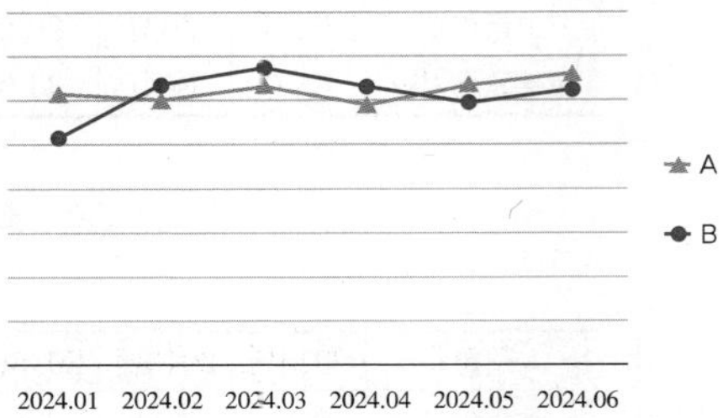

③
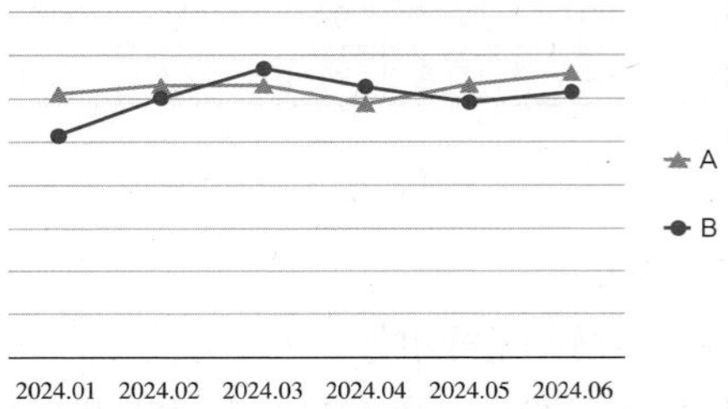

④
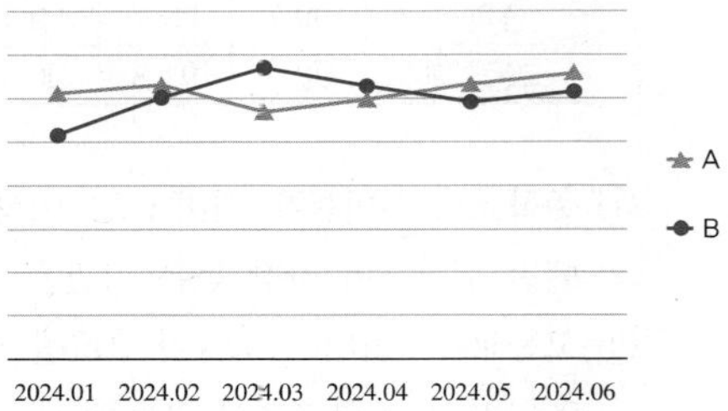

⑤
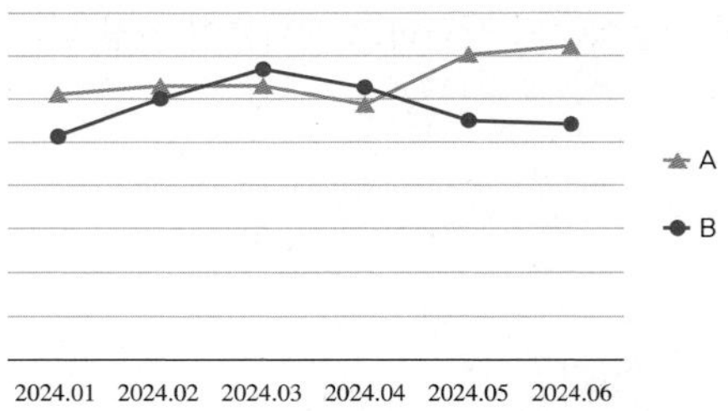

10 다음 대화에서 공통적으로 나타나는 논리적 오류로 가장 적절한 것은?

A : 반려견 출입 금지라고 쓰여 있는 카페에 갔는데 거절당했어. 반려견 출입 금지면 고양이는 괜찮은 거 아니야?
B : 어제 직장동료가 "조심히 들어가세요."라고 했는데 집에 들어갈 때만 조심하라는 건가?
C : 친구가 비가 와서 우울하다고 했는데, 비가 안 오면 행복해지겠지?
D : 이웃을 사랑하라는 선생님의 가르침을 실천하기 위해 사기를 저지른 이웃을 숨겨 주었어.
E : 의사가 건강을 위해 채소를 많이 먹으라고 하던데 앞으로는 채소만 먹으면 되겠어.
F : 긍정적인 생각을 하면 좋은 일이 생기니까 아무리 나쁜 일이 있어도 긍정적으로만 생각하면 될 거야.

① 무지의 오류
② 연역법의 오류
③ 과대 해석의 오류
④ 허수아비 공격의 오류
⑤ 권위나 인신공격에 의존한 논증

11 A～E열차를 운행거리가 가장 긴 순서대로 나열하려고 한다. 운행시간 및 평균 속력이 다음과 같을 때, C열차는 몇 번째로 운행거리가 긴 열차인가?(단, 열차 대기시간은 고려하지 않는다)

〈A～E열차 운행시간 및 평균 속력〉

구분	운행시간	평균 속력
A열차	900분	50m/s
B열차	10시간 30분	150km/h
C열차	8시간	55m/s
D열차	720분	2.5km/min
E열차	10시간	2.7km/min

① 첫 번째
② 두 번째
③ 세 번째
④ 네 번째
⑤ 다섯 번째

12 다음은 스마트팜을 운영하는 K사에 대한 SWOT 분석 결과이다. 이에 따른 전략이 나머지와 다른 것은?

〈K사 스마트팜 SWOT 분석 결과〉

구분		분석 결과
내부환경요인	강점 (Strength)	• 차별화된 기술력 : 기존 스마트팜 솔루션과 차별화된 센서 기술, AI 기반 데이터 분석 기술 보유 • 젊고 유연한 조직 : 빠른 의사결정과 시장 변화에 대한 적응력 • 정부 사업 참여 경험 : 스마트팜 관련 정부 사업 참여 가능성
	약점 (Weakness)	• 자금 부족 : 연구개발, 마케팅 등에 필요한 자금 확보 어려움 • 인력 부족 : 다양한 분야의 전문 인력 확보 필요 • 개발력 부족 : 신규 기술 개발 속도 느림
외부환경요인	기회 (Opportunity)	• 스마트팜 시장 성장 : 스마트팜에 대한 관심 증가와 이에 따른 정부의 적극적인 지원 • 해외 시장 진출 가능성 : 글로벌 스마트팜 시장 진출 기회 확대 • 활발한 관련 연구 : 스마트팜 관련 공동연구 및 포럼, 설명회 등 정보 교류가 활발하게 논의
	위협 (Threat)	• 경쟁 심화 : 후발 주자의 등장과 기존 대기업의 시장 장악 가능성 • 기술 변화 : 빠르게 변화하는 기술 트렌드에 대한 대응 어려움 • 자연재해 : 기후 변화 등 예측 불가능한 자연재해로 인한 피해 가능성

① 정부 지원을 바탕으로 연구개발에 필요한 자금을 확보

② 스마트팜 관련 공동연구에 참가하여 빠르게 신규 기술을 확보

③ 스마트팜에 대한 높은 관심을 바탕으로 온라인 펀딩을 통해 자금을 확보

④ 포럼 등 설명회에 적극적으로 참가하여 전문 인력 확충을 위한 인맥을 확보

⑤ 스마트팜 관련 정부 사업 참여 경험을 바탕으로 정부의 적극적인 지원을 확보

13 다음 글에서 나타난 문제해결 절차의 단계로 가장 적절한 것은?

K대학교 기숙사는 최근 학생들의 불만이 끊이지 않고 있다. 특히, 식사의 질이 낮고, 시설이 노후화되었으며, 인터넷 연결 상태가 불안정하다는 의견이 많았다. 이에 K대학교 기숙사 운영위원회는 문제해결을 위해 긴급회의를 소집했다.
회의에서 학생 대표들은 식단의 다양성 부족, 식재료의 신선도 문제, 식당 내 위생 상태 불량 등을 지적했다. 또한, 시설 관리 담당자는 건물 외벽의 균열, 낡은 가구, 잦은 누수 현상 등 시설 노후화 문제를 강조했다. IT 담당자는 기숙사 내 와이파이 연결 불안정, 인터넷 속도 저하 등 통신환경 문제를 제기했다.
운영위원회는 이러한 다양한 의견을 종합하여 문제를 더욱 구체적으로 분석하기로 결정했다. 먼저, 식사 문제의 경우 학생들의 식습관 변화에 따른 메뉴 구성의 문제, 식자재 조달 과정의 비효율성, 조리 시설의 부족 등의 문제를 파악했다. 시설 문제는 건물의 노후화로 인한 안전 문제, 에너지 효율 저하, 학생들의 편의성 저하 등으로 세분화했다. 마지막으로, 통신환경 문제는 기존 네트워크 장비의 노후화, 학생 수 증가에 따른 네트워크 부하 증가 등의 세부 문제가 제시되었다.

① 문제 인식
② 문제 도출
③ 원인 분석
④ 해결안 개발
⑤ 실행 및 평가

| 기계일반

14 다음 중 흑연의 기본형상으로 옳지 않은 것을 〈보기〉에서 모두 고르면?

보기

ㄱ. 괴상흑연
ㄴ. 구상흑연
ㄷ. 국화상흑연
ㄹ. 장미상흑연
ㅁ. 편상흑연

① ㄱ, ㄴ
② ㄱ, ㅁ
③ ㄴ, ㄹ
④ ㄷ, ㄹ
⑤ ㄹ, ㅁ

| 기계일반

15 다음 중 평판의 하류 쪽으로 갈수록 난류가 발생하는 것은?

① 난류층
② 난류경계층
③ 천이영역
④ 층류경계층
⑤ 층류저층

| 기계일반

16 다음 중 용매금속에 용질금속의 원자 또는 분자가 녹아 들어가 응고되어 만들어진 혼합물은?

① 공석
② 공정
③ 포정
④ 편정
⑤ 고용체

| 기계일반

17 다음 윤활유 공급방법 중 순환 급유방식에 해당하는 급유법은?

① 손 급유법
② 패드 급유법
③ 제트 급유법
④ 분무식 급유법
⑤ 적하 급유법

| 기계일반

18 다음 중 스프링에 작용하는 하중에서 정하중에 속하지 않는 것은?

① 인장하중
② 압축하중
③ 전단하중
④ 비틀림하중
⑤ 반복하중

| 기계일반

19 **다음 중 합금에 대한 설명으로 옳지 않은 것은?**

① 강도가 향상된다.

② 연성이 작아진다.

③ 전기전도도가 향상된다.

④ 구성비가 고정되어 있지 않다.

⑤ 탄소강은 대표적인 합금 중 하나이다.

| 기계일반

20 **외부에서 열에너지를 받아 일을 하는 열기관이 있다. 이 열기관에 20kJ의 열량을 더 가하여 열기관이 하는 일의 양이 20kJ 증가하였을 때, 기체의 내부에너지의 변화는?**

① 40kJ 증가한다.

② 20kJ 증가한다.

③ 변하지 않는다.

④ 20kJ 감소한다.

⑤ 40kJ 감소한다.

| 기계일반

21 **다음 그림과 같이 양단고정보에 집중하중이 작용하였을 때, 발생하는 처짐량은?**

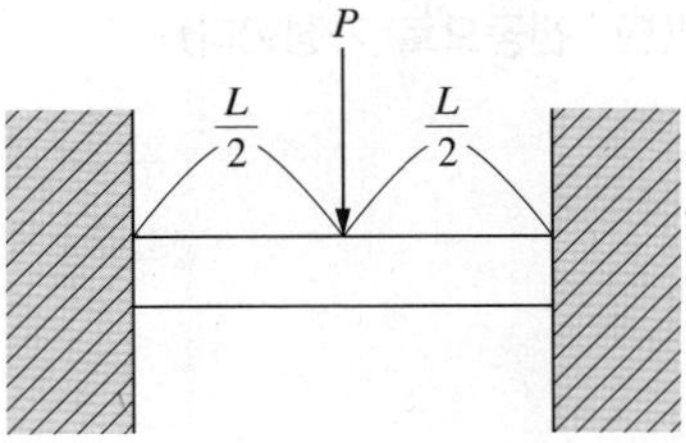

① $\dfrac{PL^3}{64EI}$

② $\dfrac{PL^3}{192EI}$

③ $\dfrac{5PL^3}{192EI}$

④ $\dfrac{5PL^3}{216EI}$

⑤ $\dfrac{5PL^3}{384EI}$

| 전기일반

22 한 변의 길이가 3m인 정삼각형의 세 꼭짓점에 크기가 10^{-4}C인 점전하가 있다. 이때 한 점전하가 다른 두 점전하로부터 받는 힘의 크기는?

① 약 10N
② 약 14.14N
③ 약 17.32N
④ 약 20N
⑤ 약 22.36N

| 전기일반

23 크기가 서로 다른 콘덴서 C_1, C_2, C_3를 직렬로 연결했을 때의 합성 용량과 병렬로 연결했을 때의 합성 용량을 바르게 짝지은 것은?

	직렬연결	병렬연결
①	$C_1+C_2+C_3$	$C_1+C_2+C_3$
②	$C_1+C_2+C_3$	$\frac{1}{C_1}+\frac{1}{C_2}+\frac{1}{C_3}$
③	$\frac{1}{C_1}+\frac{1}{C_2}+\frac{1}{C_3}$	$C_1C_2+C_2C_3+C_3C_1$
④	$\frac{1}{C_1}+\frac{1}{C_2}+\frac{1}{C_3}$	$C_1+C_2+C_3$
⑤	$C_1C_2+C_2C_3+C_3C_1$	$\frac{1}{C_1}+\frac{1}{C_2}+\frac{1}{C_3}$

| 전기일반

24 거리가 2m 떨어진 무한 평행도선에 서로 같은 방향으로 1A의 전류가 흐를 때, 두 도선 사이에 작용하는 힘의 크기는?(단, 진공으로 가정한다)

① 10^{-7}N
② $2\pi\times10^{-7}$N
③ 10^{-6}N
④ $2\pi\times10^{-6}$N
⑤ 10^{-5}N

| 전기일반

25 다음 중 변압기의 무부하시험으로 구할 수 없는 것은?

① 철손
② 동손
③ 단락비
④ 여자전류
⑤ 여자어드미턴스

| 전기일반

26 3상 3선식 배전선로에서의 대지정전용량이 C_s, 선간정전용량이 C_m일 때, 작용정전용량은?

① $2C_s + C_m$
② $C_s + 2C_m$
③ $3C_s + C_m$
④ $C_s + 3C_m$
⑤ $2C_s + 3C_m$

| 전기일반

27 다음 중 히스테리시스 곡선에 대한 설명으로 옳지 않은 것은?

① 히스테리시스 곡선과 횡축이 만나는 점은 보자력이다.
② 히스테리시스 곡선과 종축이 만나는 점은 잔류자기이다.
③ 히스테리시스 곡선의 기울기는 투자율이다.
④ 히스테리시스 곡선의 면적은 동손이다.
⑤ 히스테리시스 곡선은 자계와 자속밀도와의 관계를 나타내는 그래프이다.

| 전기일반

28 다음 중 중성점 직접접지 방식의 특징으로 옳지 않은 것은?

① 단절연이 가능하다.
② 지락전류가 커서 보호계전기의 동작이 확실하다.
③ 지락전류는 지상 및 대전류이므로 과도안정도가 나쁘다.
④ 지락전류가 크므로 인접통신선에 대한 전자유도장해가 크다.
⑤ 1선 지락 시 건전상의 전위상승이 가장 크다.

| 전기일반

29 다음 중 PID 제어에 대한 설명으로 옳지 않은 것은?

① 비례미분적분 동작이다.
② 진상 보상요소에만 쓰인다.
③ 잔류편차를 없애는 작용을 한다.
④ 응답속도가 매우 빠르다.
⑤ 사이클링 및 오프셋이 제거되고 안정성이 보장된다.

❙ 전기일반

30 **다음 중 유도전동기가 동기속도 이상의 빠른 속도로 회전할 때 유도발전기로 동작되어 그 발생전력으로 제동하는 제동방법은?**

① 발전제동 ② 역전제동
③ 회생제동 ④ 단상제동
⑤ 기계적 제동

❙ 전기일반

31 **다음 중 전기철도의 전기적 부식을 방지하기 위한 전철 측 시설의 대책으로 옳지 않은 것은?**

① 레일에 본드를 시설하거나 레일을 따라 보조 귀선을 설치한다.
② 귀선의 극성을 주기적으로 바꾼다.
③ 3선식 배전법을 사용한다.
④ 대지에 대한 레일의 절연저항을 크게 한다.
⑤ 변전소 사이의 간격을 길게 한다.

❙ 전기일반

32 **다음중 전기철도의 직류송전방식의 특징으로 옳지 않은 것은?**

① 교류송전방식에 비해 필요한 변전소 수가 적다.
② 절연을 작게 할 수 있다.
③ 유도장해가 없다.
④ 손실이 적다.
⑤ 누설전류가 없어 전식이 발생하지 않는다.

❙ 전기일반

33 **다음 중 SCADA 시스템에 대한 설명으로 옳지 않은 것은?**

① 합리적인 운용이 가능하다.
② 효율적인 에너지 관리가 가능하다.
③ 현장에 투여된 모든 장비를 제어할 수 있다.
④ 정보보안이 강하며, 외부 공격에 대응할 수 있다.
⑤ 기존 기계식 시스템의 복잡한 시리얼 케이블 배선을 현장에서 직접 감시할 수 있다.

❙ 전기이론

34 $f=60$Hz, 6극 유도전동기의 슬립이 4%일 때의 회전수는?

① 1,089rpm
② 1,152rpm
③ 1,200rpm
④ 1,289rpm
⑤ 1,305rpm

❙ 전기이론

35 직류 분권발전기의 극수가 8이고, 전기자 총 도체수 600으로 매분 900회 회전하고 있다. 매극당 자속수가 0.0138Wb일 때, 유기되는 기전력의 크기는?(단, 전기자 권선은 중권이다)

① 102.6V
② 112.4V
③ 118.6V
④ 124.2V
⑤ 130.5V

❙ 전기이론

36 어떤 회로에 $V=15+j4$[V]의 전압을 가하면 $I=40+j20$[A]의 전류가 흐른다. 이 회로의 유효전력은?

① 640W
② 650W
③ 660W
④ 670W
⑤ 680W

❙ 전기이론

37 RLC직렬회로에서 L, C의 값은 고정하고 R의 값을 증가시켰을 때, 공진주파수와 선택도의 변화로 옳은 것은?

	공진주파수	선택도
①	증가한다.	감소한다.
②	감소한다.	증가한다.
③	변하지 않는다.	변하지 않는다.
④	변하지 않는다.	증가한다.
⑤	변하지 않는다.	감소한다.

ㅣ철도법령

38 **다음은 철도산업발전기본법상 철도산업발전기본계획의 수립 등에 대한 설명이다. 밑줄 친 경미한 변경에 해당하는 기간은 철도시설투자사업 기간의 몇 년 이내인가?**

> **철도산업발전기본계획의 수립 등(철도산업발전기본법 제5조 제4항)**
> 국토교통부장관은 기본계획을 수립하고자 하는 때에는 미리 기본계획과 관련이 있는 행정기관의 장과 협의한 후 제6조에 따른 철도산업위원회의 심의를 거쳐야 한다. 수립된 기본계획을 변경(대통령령으로 정하는 경미한 변경은 제외한다)하고자 하는 때에도 또한 같다.

① 1년
② 2년
③ 3년
④ 4년
⑤ 5년

ㅣ철도법령

39 **철도산업발전기본법에서 정의하는 철도차량 중 특수차에 해당하지 않는 것은?**

① 동력차
② 굴삭차
③ 가선차
④ 궤도검측차
⑤ 선로점검차

ㅣ철도법령

40 **한국철도공사법상 사채의 발행액은 공사의 자본금과 적립금을 합한 금액의 최대 몇 배까지 가능한가?**

① 3배
② 4배
③ 5배
④ 7배
⑤ 10배

41 다음 중 〈보기〉의 철도자산을 운영자산과 시설자산으로 바르게 구분한 것은?

보기

ㄱ. 선로　　　　ㄴ. 역사
ㄷ. 철도차량　　ㄹ. 터널
ㅁ. 차량기지

	운영자산	시설자산
①	ㄱ, ㄴ, ㄷ	ㄹ, ㅁ
②	ㄱ, ㄴ, ㅁ	ㄷ, ㄹ
③	ㄴ, ㄷ, ㄹ	ㄱ, ㅁ
④	ㄴ, ㄷ, ㅁ	ㄱ, ㄹ
⑤	ㄷ, ㄹ, ㅁ	ㄱ, ㄴ

| 철도법령

42 다음 중 한국철도공사법상 옳지 않은 것은?

① 공사의 자본금은 22조 원이며, 전부 정부가 출자한다.
② 공사의 주된 사무소의 소재지는 정관에 따라 정한다.
③ 공사는 주된 사무소의 소재지에서 설립등기를 함으로써 성립한다.
④ 국가가 공사에 출자를 할 때에는 국유재산의 현물출자에 관한 법률에 따른다.
⑤ 한국철도공사법의 목적은 철도시설의 건설 및 관리와 사업을 효율적으로 시행하는 것이다.

Ⅰ 철도법령

43 다음은 철도사업법상 국토교통부장관이 사업계획의 변경을 제한할 수 있는 경우에 대한 설명이다. 빈칸에 들어갈 기간으로 옳은 것은?

> 국토교통부장관은 철도사업자가 노선 운행중지, 운행제한, 감차 등을 수반하는 사업계획 변경명령을 받은 후 ______이 지나지 아니한 경우 사업계획의 변경을 제한할 수 있다.

① 1개월
② 6개월
③ 1년
④ 1년 6개월
⑤ 2년

Ⅰ 철도법령

44 다음 중 철도사업법상 철도사업을 목적으로 설치하거나 운영하는 철도는?

① 전용철도
② 운영용철도
③ 기관용철도
④ 사업용철도
⑤ 설치용철도

Ⅰ 철도법령

45 다음 중 철도사업법상 K사에 부과되는 벌금의 최대 액수는?

> K사는 국토교통부장관의 면허를 받아 철도사업을 경영하고 있다. 오랜 시간이 지나고 국토교통부장관은 K사에 원활한 철도운송, 서비스의 개선 및 운송의 안전과 공공복리의 증진을 위하여 철도차량 및 운송 관련 장비·시설의 개선을 명하였다. 그러나 K사는 자금난을 이유로 개선명령을 무시하였고, 이에 국토교통부장관은 K사에 6개월 동안 사업의 전부 정지를 명하였지만, K사는 불복하여 계속 철도사업을 경영하였다.

① 1천만 원
② 1천 5백만 원
③ 2천만 원
④ 2천 5백만 원
⑤ 3천만 원

2024년 상반기 기출복원문제

정답 및 해설 p.026

▎의사소통능력

01 다음 글에서 화자의 태도로 가장 적절한 것은?

> 거친 밭 언덕 쓸쓸한 곳에
> 탐스러운 꽃송이 가지 눌렀네.
> 매화비 그쳐 향기 날리고
> 보리 바람에 그림자 흔들리네.
> 수레와 말 탄 사람 그 누가 보아 주리
> 벌 나비만 부질없이 엿보네.
> 천한 땅에 태어난 것 스스로 부끄러워
> 사람들에게 버림받아도 참고 견디네.
>
> – 최치원, 「촉규화」

① 임금에 대한 자신의 충성을 드러내고 있다.
② 사랑하는 사람에 대한 그리움을 나타내고 있다.
③ 현실에 가로막힌 자신의 처지를 한탄하고 있다.
④ 사람들과의 단절로 인한 외로움을 표현하고 있다.
⑤ 역경을 이겨내기 위한 자신의 노력을 피력하고 있다.

02 다음 글에 대한 설명으로 적절하지 않은 것은?

중국 연경(燕京)의 아홉 개 성문 안팎으로 뻗은 수십 리 거리에는 관청과 아주 작은 골목을 제외하고는 대체로 길 양옆으로 모두 상점이 늘어서 휘황찬란하게 빛난다.
우리나라 사람들은 중국 시장의 번성한 모습을 처음 보고서는 "오로지 말단의 이익만을 숭상하고 있군."이라고 말하였다. 이것은 하나만 알고 둘은 모르는 소리이다. 대저 상인은 사농공상(士農工商) 사민(四民)의 하나에 속하지만, 이 하나가 나머지 세 부류의 백성을 소통시키기 때문에 열에 셋의 비중을 차지하지 않으면 안 된다.
사람들은 쌀밥을 먹고 비단옷을 입고 있으면 그 나머지 물건은 모두 쓸모없는 줄 안다. 그러나 무용지물을 사용하여 유용한 물건을 유통하고 거래하지 않는다면, 이른바 유용하다는 물건은 거의 대부분이 한 곳에 묶여서 유통되지 않거나 그것만이 홀로 돌아다니다 쉽게 고갈될 것이다. 따라서 옛날의 성인과 제왕께서는 이를 위하여 주옥(珠玉)과 화폐 등의 물건을 조성하여 가벼운 물건으로 무거운 물건을 교환할 수 있도록 하셨고, 무용한 물건으로 유용한 물건을 살 수 있도록 하셨다.
지금 우리나라는 지방이 수천 리이므로 백성들이 적지 않고, 토산품이 구비되어 있다. 그럼에도 산이나 물에서 생산되는 이로운 물건이 전부 세상에 나오지 않고, 경제를 윤택하게 하는 방법도 잘 모르며, 날마다 쓰는 것을 팽개친 채 그것에 대해 연구하지 않고 있다. 그러면서 중국의 거마, 주택, 단청, 비단이 화려한 것을 보고서는 대뜸 "사치가 너무 심하다."라고 말해 버린다.
그렇지만 중국이 사치로 망한다고 할 것 같으면, 우리나라는 반드시 검소함으로 인해 쇠퇴할 것이다. 왜 그러한가? 검소함이란 물건이 있음에도 불구하고 쓰지 않는 것이지, 자기에게 없는 물건을 스스로 끊어 버리는 것을 일컫지는 않는다. 현재 우리나라에는 진주를 캐는 집이 없고 시장에는 산호 같은 물건의 값이 정해져 있지 않다. 금이나 은을 가지고 점포에 들어가서는 떡과 엿을 사 먹을 수가 없다. 이런 현실이 정말 우리의 검소한 풍속 때문이겠는가? 이것은 그 재물을 사용할 줄 모르기 때문이다. 재물을 사용할 방법을 알지 못하므로 재물을 만들어 낼 방법을 알지 못하고, 재물을 만들어 낼 방법을 알지 못하므로 백성들의 생활은 날이 갈수록 궁핍해진다.
재물이란 우물에 비유할 수가 있다. 물을 퍼내면 우물에는 늘 물이 가득하지만, 물을 길어내지 않으면 우물은 말라 버린다. 이와 같은 이치로 화려한 비단옷을 입지 않으므로 나라에는 비단을 짜는 사람이 없고, 그로 인해 여인이 베를 짜는 모습을 볼 수 없게 되었다. 그릇이 찌그러져도 이를 개의치 않으며, 기교를 부려 물건을 만들려고 하지도 않아 나라에는 공장(工匠)과 목축과 도공이 없어져 기술이 전해지지 않는다. 더 나아가 농업도 황폐해져 농사짓는 방법이 형편없고, 상업을 박대하므로 상업 자체가 실종되었다. 사농공상 네 부류의 백성이 누구나 할 것 없이 다 가난하게 살기 때문에 서로를 구제할 길이 없다.
지금 종각이 있는 종로 네거리에는 시장 점포가 연이어 있다고 하지만 그것은 1리도 채 안 된다. 중국에서 내가 지나갔던 시골 마을은 거의 몇 리에 걸쳐 점포로 뒤덮여 있었다. 그곳으로 운반되는 물건의 양이 우리나라 곳곳에서 유통되는 것보다 많았는데, 이는 그곳 가게가 우리나라보다 더 부유해서 그러한 것이 아니고 재물이 유통되느냐 유통되지 못하느냐에 따른 결과인 것이다.

– 박제가, 『시장과 우물』

① 재물이 적절하게 유통되지 않는 현실을 비판하고 있다.
② 재물을 유통하기 위한 성현들의 노력을 근거로 제시하고 있다.
③ 경제의 규모를 늘리기 위한 소비의 중요성을 강조하고 있다.
④ 조선의 경제가 윤택하지 못한 이유를 생산량의 부족으로 보고 있다.
⑤ 산업의 발전을 위해 적당한 사치가 있어야 함을 제시하고 있다.

▎의사소통능력

03 다음 중 한자성어의 뜻이 바르게 연결되지 않은 것은?

① 水魚之交 : 아주 친밀하여 떨어질 수 없는 사이
② 結草報恩 : 죽은 뒤에라도 은혜를 잊지 않고 갚음
③ 靑出於藍 : 제자나 후배가 스승이나 선배보다 나음
④ 指鹿爲馬 : 윗사람을 농락하여 권세를 마음대로 함
⑤ 刻舟求劍 : 말로는 친한 듯 하나 속으로는 해칠 생각이 있음

▎의사소통능력

04 다음 중 밑줄 친 부분의 띄어쓰기가 옳지 않은 것은?

① 운전을 어떻게 해야 <u>하는지</u> 알려 주었다.
② 오랫동안 <u>애쓴 만큼</u> 좋은 결과가 나왔다.
③ 모두가 떠나가고 남은 사람은 고작 <u>셋 뿐이다</u>.
④ 참가한 사람들은 누구의 키가 <u>큰지 작은지</u> 비교해 보았다.
⑤ 민족의 큰 명절에는 온 나라 방방곡곡에서 <u>씨름판이</u> 열렸다.

▎의사소통능력

05 다음 중 밑줄 친 부분의 표기가 옳지 않은 것은?

① 늦게 온다던 친구가 <u>금세</u> 도착했다.
② 변명할 틈도 없이 그에게 일방적으로 <u>채였다</u>.
③ 못 본 사이에 그의 얼굴은 <u>핼쑥하게</u> 변했다.
④ 빠르게 변해버린 고향이 <u>낯설게</u> 느껴졌다.
⑤ 문제의 정답을 찾기 위해 <u>곰곰이</u> 생각해 보았다.

| 의사소통능력

06 다음 중 단어와 그 발음법이 바르게 연결되지 않은 것은?

① 결단력 – [결딴녁]
② 옷맵시 – [온맵씨]
③ 몰상식 – [몰상씩]
④ 물난리 – [물랄리]
⑤ 땀받이 – [땀바지]

| 수리능력

07 다음 식을 계산하여 나온 수의 백의 자리, 십의 자리, 일의 자리를 순서대로 바르게 나열한 것은?

$$865\times865+865\times270+135\times138-405$$

① 0, 0, 0
② 0, 2, 0
③ 2, 5, 0
④ 5, 5, 0
⑤ 8, 8, 0

| 수리능력

08 길이가 200m인 A열차가 어떤 터널을 60km/h의 속력으로 통과하였다. 잠시 후 길이가 300m인 B열차가 같은 터널을 90km/h의 속력으로 통과하였다. A열차와 B열차가 이 터널을 완전히 통과할 때 걸린 시간의 비가 10 : 7일 때, 이 터널의 길이는?

① 1,200m
② 1,500m
③ 1,800m
④ 2,100m
⑤ 2,400m

※ 다음과 같이 일정한 규칙으로 수를 나열할 때, 빈칸에 들어갈 수를 고르시오. [9~10]

Ⅰ 수리능력

09

• 7	13	4	63
• 9	16	9	( )

① 45
② 51
③ 57
④ 63
⑤ 69

Ⅰ 수리능력

10

−2 1 6 13 22 33 46 61 78 97 ( )

① 102
② 106
③ 110
④ 114
⑤ 118

Ⅰ 수리능력

11 K중학교 2학년 A～F 6개의 학급이 체육대회에서 줄다리기 경기를 다음과 같은 토너먼트로 진행하려고 한다. 이때, A반과 B반이 모두 2번의 경기를 거쳐 결승에서 만나게 되는 경우의 수는?

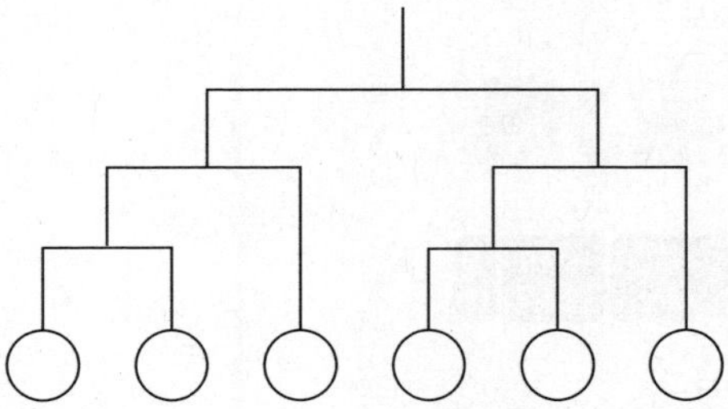

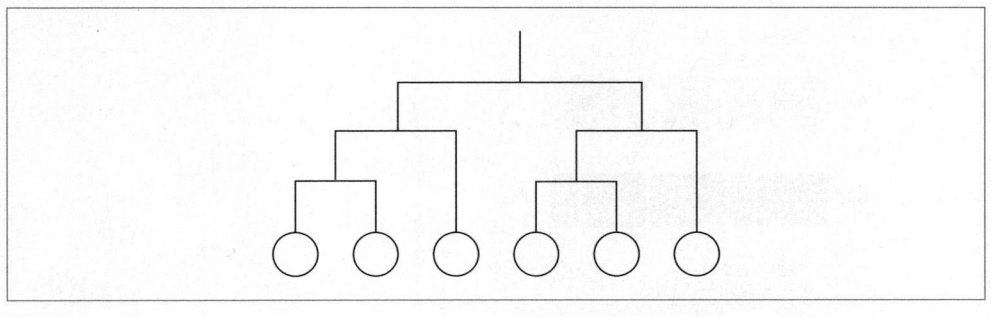

① 6가지
② 24가지
③ 120가지
④ 180가지
⑤ 720가지

12 다음은 전자제품 판매업체 3사를 다섯 가지 항목으로 나누어 평가한 자료이다. 이를 토대로 3사의 항목별 비교 및 균형을 쉽게 파악할 수 있도록 나타낸 그래프로 옳은 것은?

〈전자제품 판매업체 3사 평가표〉

(단위 : 점)

구분	디자인	가격	광고 노출도	브랜드 선호도	성능
A사	4.1	4.0	2.5	2.1	4.6
B사	4.5	1.5	4.9	4.0	2.0
C사	2.5	4.5	0.6	1.5	4.0

①

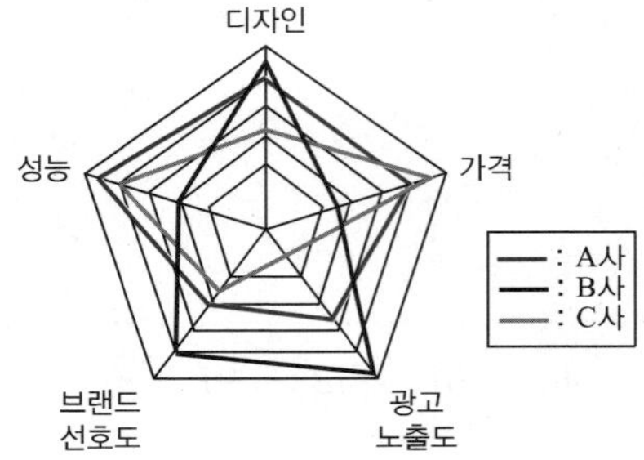

②

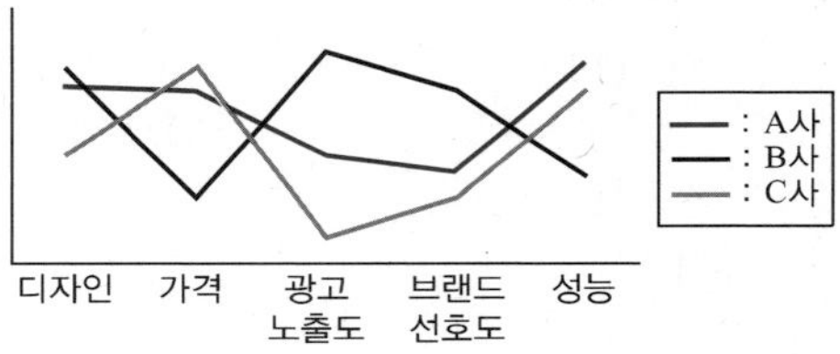

③

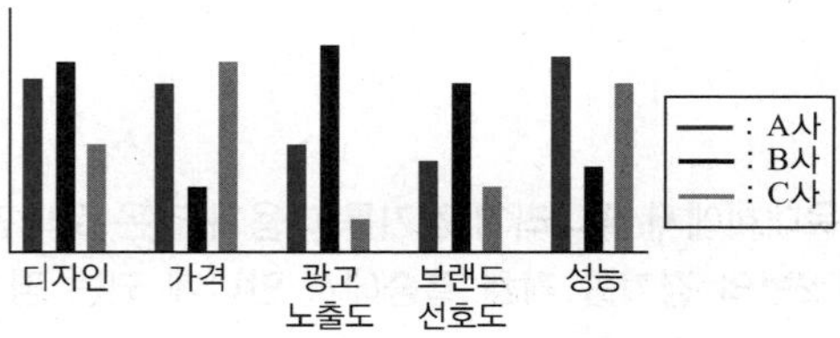

④

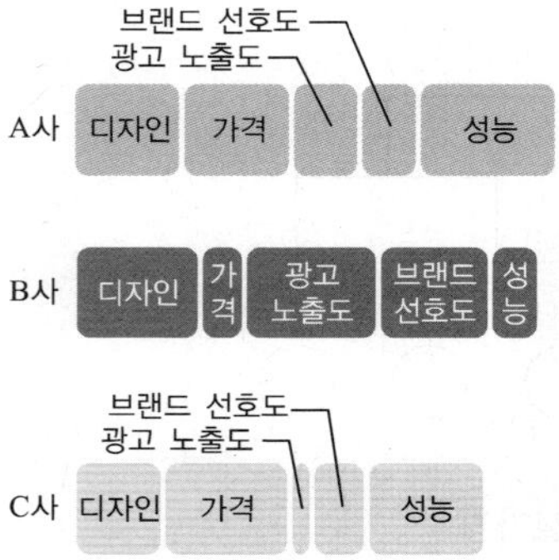

⑤

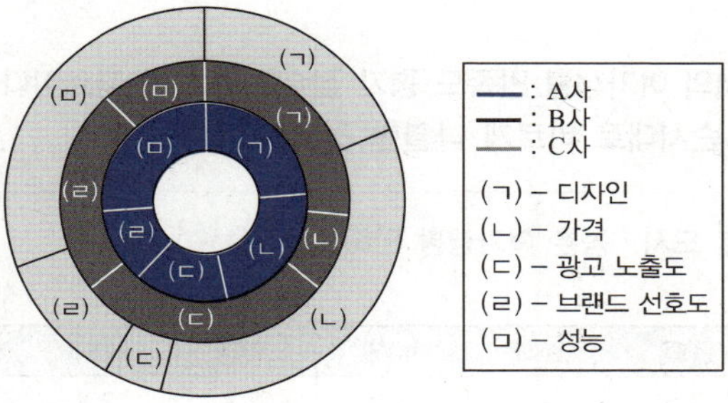

| 수리능력

13 다음은 2023년 K톨게이트를 통과한 차량에 대한 자료이다. 이에 대한 설명으로 옳지 않은 것은?

〈2023년 K톨게이트 통과 차량〉

(단위 : 천 대)

구분	승용차			승합차			대형차		
	영업용	비영업용	합계	영업용	비영업용	합계	영업용	비영업용	합계
1월	152	3,655	3,807	244	2,881	3,125	95	574	669
2월	174	3,381	3,555	222	2,486	2,708	101	657	758
3월	154	3,909	4,063	229	2,744	2,973	139	837	976
4월	165	3,852	4,017	265	3,043	3,308	113	705	818
5월	135	4,093	4,228	211	2,459	2,670	113	709	822
6월	142	3,911	4,053	231	2,662	2,893	107	731	838
7월	164	3,744	3,908	237	2,721	2,958	117	745	862
8월	218	3,975	4,193	256	2,867	3,123	115	741	856
9월	140	4,105	4,245	257	2,913	3,170	106	703	809
10월	135	3,842	3,977	261	2,812	3,073	107	695	802
11월	170	3,783	3,953	227	2,766	2,993	117	761	878
12월	147	3,730	3,877	243	2,797	3,040	114	697	811

① 전체 승용차 수와 전체 승합차 수의 합이 가장 많은 달은 9월이고, 가장 적은 달은 2월이다.

② 4월을 제외하고 K톨게이트를 통과한 비영업용 승합차 수는 월별 300만 대 미만이었다.

③ 전체 대형차 수 중 영업용 대형차 수의 비율은 모든 달에서 10% 이상이다.

④ 영업용 승합차 수는 모든 달에서 영업용 대형차 수의 2배 이상이다.

⑤ 승용차가 가장 많이 통과한 달의 전체 승용차 수에 대한 영업용 승용차 수의 비율은 3% 이상이다.

14 다음은 연령대별로 도시와 농촌에서의 여가생활 만족도 평가 점수를 조사한 자료이다. 〈조건〉에 따라 빈칸 ㄱ ~ ㄹ에 들어갈 수를 순서대로 바르게 나열한 것은?

〈연령대별 도시 · 농촌 여가생활 만족도 평가〉

(단위 : 점)

구분	10대 미만	10대	20대	30대	40대	50대	60대	70대 이상
도시	1.6	ㄱ	3.5	ㄴ	3.9	3.8	3.3	1.7
농촌	1.3	1.8	2.2	2.1	2.1	ㄷ	2.1	ㄹ

※ 매우 만족 : 5점, 만족 : 4점, 보통 : 3점, 불만 : 2점, 매우 불만 : 1점

조건

- 도시에서 여가생활 만족도는 모든 연령대에서 같은 연령대의 농촌보다 높았다.
- 도시에서 10대의 여가생활 만족도는 농촌에서 10대의 2배보다 높았다.
- 도시에서 여가생활 만족도가 가장 높은 연령대는 40대였다.
- 농촌에서 여가생활 만족도가 가장 높은 연령대는 50대지만, 3점을 넘기지 못했다.

	ㄱ	ㄴ	ㄷ	ㄹ
①	3.8	3.3	2.8	3.5
②	3.5	3.3	3.2	3.5
③	3.8	3.3	2.8	1.5
④	3.5	4.0	3.2	1.5
⑤	3.8	4.0	2.8	1.5

15 가격이 500,000원일 때 10,000개가 판매되는 K제품이 있다. 이 제품의 가격을 10,000원 인상할 때마다 판매량은 160개 감소하고, 10,000원 인하할 때마다 판매량은 160개 증가한다. 이때, 총 판매금액이 최대가 되는 제품의 가격은?(단, 가격은 10,000원 단위로만 인상 또는 인하할 수 있다)

① 520,000원
② 540,000원
③ 560,000원
④ 580,000원
⑤ 600,000원

16 면접 참가자 A ~ E 5명은 〈조건〉과 같이 면접장에 도착했다. 동시에 도착한 사람은 없다고 할 때, 다음 중 항상 참인 것은?

조건
- B는 A 바로 다음에 도착했다.
- D는 E보다 늦게 도착했다.
- C보다 먼저 도착한 사람이 1명 있다.

① E는 가장 먼저 도착했다.
② B는 가장 늦게 도착했다.
③ A는 네 번째로 도착했다.
④ D는 가장 먼저 도착했다.
⑤ D는 A보다 먼저 도착했다.

17 다음 논리에서 나타난 형식적 오류로 옳은 것은?

- 전제 1 : TV를 오래 보면 눈이 나빠진다.
- 전제 2 : 철수는 TV를 오래 보지 않는다.
- 결론 : 그러므로 철수는 눈이 나빠지지 않는다.

① 사개명사의 오류
② 전건 부정의 오류
③ 후건 긍정의 오류
④ 선언지 긍정의 오류
⑤ 매개념 부주연의 오류

※ 서울역 근처 K공사에 근무하는 A과장은 팀원 4명과 함께 열차를 타고 부산으로 출장을 가려고 한다. 다음 자료를 보고 이어지는 질문에 답하시오. **[18~19]**

〈서울역 → 부산역 열차 시간표〉

구분	출발시각	정차역	다음 정차역까지 소요시간	총주행시간	성인 1인당 요금
KTX	8:00	–	–	2시간 30분	59,800원
ITX-청춘	7:20	대전	40분	3시간 30분	48,800원
ITX-마음	6:40	대전, 울산	40분	3시간 50분	42,600원
새마을호	6:30	대전, 울산, 동대구	60분	4시간 30분	40,600원
무궁화호	5:30	대전, 울산, 동대구	80분	5시간 40분	28,600원

※ 위의 열차 시간표는 1월 10일 운행하는 열차 종류별 승차권 구입이 가능한 가장 빠른 시간표임
※ 총주행시간은 정차·대기시간을 제외한 열차가 실제로 달리는 시간임

〈운행 조건〉

- 정차역에 도착할 때마다 대기시간 15분을 소요한다.
- 정차역에 먼저 도착한 열차가 출발하기 전까지 뒤에 도착한 열차는 정차역에 들어오지 않고 대기한다.
- 정차역에 먼저 도착한 열차가 정차역을 출발한 후, 5분 뒤에 대기 중인 열차가 정차역에 들어온다.
- 정차역에 2종류 이상의 열차가 동시에 도착하였다면, ITX-청춘 → ITX-마음 → 새마을호 → 무궁화호 순으로 정차역에 들어온다.
- 목적지인 부산역은 먼저 도착한 열차로 인한 대기 없이 바로 역에 들어온다.

| 문제해결능력

18 다음 중 자료에 대한 설명으로 옳지 않은 것은?

① ITX-청춘보다 ITX-마음이 목적지에 더 빨리 도착한다.
② 부산역에 가장 늦게 도착하는 열차는 12시에 도착한다.
③ ITX-마음은 먼저 도착한 열차로 인한 대기시간이 없다.
④ 부산역에 가장 빨리 도착하는 열차는 10시 30분에 도착한다.
⑤ 무궁화호는 울산역, 동대구역에서 다른 열차로 인해 대기한다.

19 다음 〈조건〉에 따라 승차권을 구입할 때, A과장과 팀원 4명의 총요금은?

> **조건**
> - A과장과 팀원 1명은 7시 30분까지 K공사에서 사전 회의를 가진 후 출발하며, 출장 인원이 모두 같이 이동할 필요는 없다.
> - 목적지인 부산역에는 11시 30분까지 도착해야 한다.
> - 열차 요금은 가능한 한 저렴하게 한다.

① 247,400원
② 281,800원
③ 312,800원
④ 326,400원
⑤ 347,200원

20 다음 글에 나타난 논리적 사고의 구성요소로 가장 적절한 것은?

> A는 동업자 B와 함께 신규 사업을 시작하기 위해 기획안을 작성하여 논의하였다. 그러나 B는 신규 기획안을 읽고 시기나 적절성에 대해 부정적인 입장을 보였다. A가 B를 설득하기 위해 B의 의견을 정리하여 생각해 보니 B는 신규 사업을 시작하는 데 있어 다른 경쟁사보다 늦게 출발하여 경쟁력이 부족하다는 점 때문에 신규 사업에 부정적이라는 것을 알게 되었다. 이에 A는 경쟁력을 높이기 위한 다양한 아이디어를 추가로 제시하여 B를 다시 설득하였다.

① 설득
② 구체적인 생각
③ 생각하는 습관
④ 타인에 대한 이해
⑤ 상대 논리의 구조화

| 토목일반

21 직경이 5cm인 강봉에 10kN의 축방향 하중을 가하자 75mm가 늘어났다. 이 강봉의 늘어나기 전 처음 길이는?(단, 강봉의 탄성계수는 170MPa이다)

① 약 1m
② 약 1.8m
③ 약 2.2m
④ 약 2.5m
⑤ 약 3m

| 토목일반

22 다음 그림과 같이 양단고정보에 등분포하중 w와 집중하중 P가 동시에 작용할 때, B지점에서 작용하는 모멘트는?

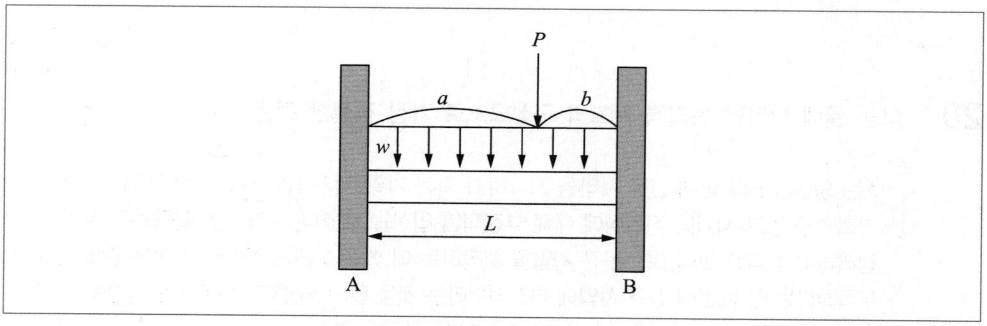

① $\dfrac{12Pa^2b+18wL^4}{18L^2}$
② $\dfrac{12Pa^2b+wL^4}{12L^2}$
③ $\dfrac{12Pa^2b+6wL^4}{12L^2}$
④ $\dfrac{4Pa^2b+wL^4}{12L^2}$
⑤ $\dfrac{Pa^2b+2wL^4}{3L^2}$

23 다음 글에서 설명하는 이론은?

- $P = \dfrac{\partial U}{\partial \delta_i}$: 하중(P)은 변형에너지(U)의 변위(δ_i)에 대한 도함수이다.
- $\theta = \dfrac{\partial U}{\partial u_i}$: 처짐각(θ)은 변형에너지(U)의 휨모멘트(u_i)에 대한 도함수이다.
- $\delta = \dfrac{\partial U}{\partial P_i}$: 처짐량(δ)은 변형에너지(U)의 하중(P_i)에 대한 도함수이다.

① 베르누이의 정리
② 에너지 보존의 법칙
③ 카스틸리아노의 정리
④ 중첩의 원리
⑤ 최소 작용의 원리

24 다음 그림과 같이 일단고정 타단지지보에 등분포하중과 집중하중이 동시에 작용하였을 때, 전단력이 0인 지점은 A지점으로부터 얼마나 떨어져 있는가?

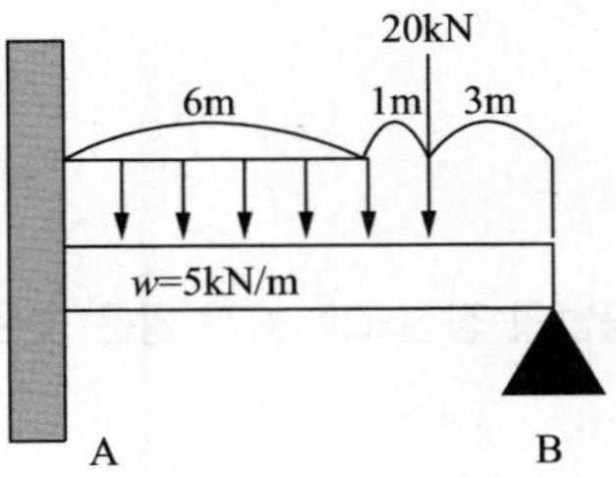

① 4.8m
② 5.4m
③ 6m
④ 6.6m
⑤ 7.2m

| 토목일반

25 다음 중 트랜싯의 망원경에 그어진 선을 이용하여 두 지점 간의 수평거리와 고저차를 간접적으로 구하는 측량은?

① 삼각측량
② 수준측량
③ 측지측량
④ 평면측량
⑤ 스타디아측량

| 토목일반

26 표고가 1,000m, 해발이 3,000m인 상공에서 초점거리가 200mm인 사진기를 이용하여 사진측량을 실시하였다. 사진 매수가 180매이고 사진 크기가 20cm×20cm일 때, 실제 측정한 면적은?(단, 안전율은 20%이며, 종중복도는 50%, 횡중복도는 40%이다)

① 180km^2
② 210km^2
③ 240km^2
④ 270km^2
⑤ 300km^2

| 토목일반

27 다음 중 홍수의 위험이 있거나 철도 등 통행에 제약이 있고 단면형상 변화에 대한 적응성이 양호한 공법은?

① FCM 공법
② FSM 공법
③ ILM 공법
④ MSS 공법
⑤ PSM 공법

| 토목일반

28 다음 중 모래다짐말뚝 공법의 장점으로 옳지 않은 것은?

① 지반이 균질화된다.
② 압밀침하량이 적다.
③ 진동 및 소음이 적다.
④ 지반의 전단강도가 증가한다.
⑤ 지반의 액상화 현상을 방지할 수 있다.

❙ 토목일반

29 다음 중 지중연속벽에 대한 설명으로 옳지 않은 것은?

① 굴착면의 붕괴 및 지하수의 유입을 방지하기 위해 벤토나이트를 공급한다.
② 지하시설물에 적용할 수 있는 구조물이다.
③ 작업 시 발생하는 소음이 적다.
④ 시공비가 저렴하다.
⑤ 암반층을 최소 1m 굴착하여야 한다.

❙ 토목일반

30 다음 중 기둥을 단주와 장주로 나눌 때, 장주의 기준이 되는 세장비의 최솟값은?

① 25
② 50
③ 75
④ 100
⑤ 500

❙ 토목일반

31 다음 중 고강도 경량콘크리트의 설계기준압축강도(f_{ck})의 최솟값은?

① 15MPa
② 24MPa
③ 27MPa
④ 30MPa
⑤ 40MPa

❙ 토목일반

32 다음 중 설계기준압축강도(f_{ck})가 60MPa인 콘크리트 부재의 극한변형률은?

① 0.0031
② 0.0032
③ 0.0033
④ 0.0034
⑤ 0.0035

| 토목일반

33 다음 중 포장된 아스팔트의 파손 원인으로 옳은 것을 〈보기〉에서 모두 고르면?

보기

ㄱ. 과적 차량의 잦은 통행으로 인한 피로 파괴
ㄴ. 아스팔트 배합설계 불량
ㄷ. 우천 시 우수의 배수 불량
ㄹ. 혼합물의 다짐온도 불량

① ㄱ, ㄴ
② ㄴ, ㄹ
③ ㄱ, ㄴ, ㄹ
④ ㄴ, ㄷ, ㄹ
⑤ ㄱ, ㄴ, ㄷ, ㄹ

| 기계일반

34 다음 중 질량 10kg의 물을 10℃에서 60℃로 가열할 때 필요한 열량은?

① 2,100kJ
② 2,300kJ
③ 2,500kJ
④ 2,700kJ
⑤ 2,900kJ

| 기계일반

35 다음 중 카르노 사이클에서 열을 공급받는 과정은?

① 정적 팽창 과정
② 정압 팽창 과정
③ 등온 팽창 과정
④ 단열 팽창 과정
⑤ 열을 공급받지 않는다.

| 기계일반

36 다음 중 정적 가열과 정압 가열이 동시에 이루어지는 고속 디젤 엔진의 사이클은?

① 오토 사이클
② 랭킨 사이클
③ 브레이턴 사이클
④ 사바테 사이클
⑤ 카르노 사이클

PART 1

| 기계일반

37 다음 중 이상기체의 내부에너지와 엔탈피에 대한 설명으로 옳은 것을 〈보기〉에서 모두 고르면?

보기

ㄱ. n몰의 단원자 분자 기체의 내부에너지와 다원자 분자 기체의 내부에너지는 같다.
ㄴ. n몰의 단원자 분자인 이상기체의 내부에너지는 절대온도만의 함수이다.
ㄷ. n몰의 단원자 분자인 이상기체의 엔탈피는 절대온도만의 함수이다.
ㄹ. 이상기체의 엔탈피는 이상기체의 무질서도를 표현한 함수이다.

① ㄱ, ㄴ
② ㄱ, ㄹ
③ ㄴ, ㄷ
④ ㄴ, ㄹ
⑤ ㄷ, ㄹ

| 기계일반

38 다음 중 자동차의 안정적인 선회를 위해 사용하는 차동 기어 장치에서 찾아볼 수 없는 것은?

① 링기어
② 베벨기어
③ 스퍼기어
④ 유성기어
⑤ 태양기어

| 기계일반

39 다음 중 축과 보스를 결합하기 위해 축에 삼각형 모양의 톱니를 새긴 가늘고 긴 키 홈은?

① 묻힘키
② 세레이션
③ 둥근키
④ 테이퍼
⑤ 스플라인

ㅣ 기계일반

40 다음 중 담금질 효과가 가장 작은 것은?

① 페라이트
② 펄라이트
③ 오스테나이트
④ 마텐자이트
⑤ 시멘타이트

ㅣ 기계일반

41 다음 중 소르바이트 조직을 얻기 위한 열처리 방법은?

① 청화법
② 침탄법
③ 마퀜칭
④ 질화법
⑤ 파텐팅

ㅣ 기계일반

42 다음 중 하중의 크기와 방향이 주기적으로 반복하여 변하면서 작용하는 하중은?

① 정하중
② 교번하중
③ 반복하중
④ 충격하중
⑤ 임의진동하중

ㅣ 기계일반

43 다음 중 운동에너지를 압력에너지로 변환시키는 장치는?

① 노즐
② 액추에이터
③ 디퓨저
④ 어큐뮬레이터
⑤ 피스톤 로드

ㅣ기계일반

44 리벳 이음 중 평행형 겹치기 이음에서 판의 끝부분에서 가장 가까운 리벳의 구멍 열 중심까지의 거리를 무엇이라 하는가?

① 마진
② 피치
③ 뒷피치
④ 리드
⑤ 유효지름

ㅣ전기일반

45 다음 중 엘리베이터, 에스컬레이터, 전기자동차의 인버터 모터와 같은 각종 AC모터에 적용되는 VVVF 제어가 제어하는 것을 〈보기〉에서 모두 고르면?

보기
ㄱ. 전압
ㄴ. 전류
ㄷ. 주파수
ㄹ. 위상차

① ㄱ, ㄴ
② ㄱ, ㄷ
③ ㄴ, ㄷ
④ ㄴ, ㄹ
⑤ ㄷ, ㄹ

ㅣ전기일반

46 다음 중 선로 구조물이 아닌 것은?

① 급전선
② 전차선
③ 철주
④ 침목
⑤ 측구

| 전기일반

47 다음 글에서 설명하는 용어는?

> 레일 이음매부에 레일의 온도 변화에 의한 신축을 위하여 두는 간격으로, 레일은 온도의 상승 또는 하강에 따라 물리적으로 신축하는데, 이 신축에 적응하기 위해 이음매부의 레인 사이에 두는 틈이다. 레일온도 변화의 범위, 레일강의 선팽창계수 및 레일길이를 토대로 계산하여 산정한다.

① 고도
② 구배
③ 침목
④ 유간
⑤ 확도

| 전기일반

48 다음 중 철도 궤간의 국제 표준 규격 길이는?

① 1,355mm
② 1,435mm
③ 1,550mm
④ 1,600mm
⑤ 1,785mm

| 전기일반

49 다음 중 차량의 운행거리를 정차시간 및 제한속도 운전시간 등을 포함한 운전시분으로 나눈 값은?

① 표정속도
② 평균속도
③ 설계속도
④ 균형속도
⑤ 최고속도

| 전기일반

50 다음 중 PP급전방식에 대한 설명으로 옳지 않은 것은?

① 선로 임피던스가 작다.
② 전압강하가 작다.
③ 역간이 짧고 저속 운행구간에 적합하다.
④ 상대적으로 고조파의 공진주파수가 낮고 확대율이 작다.
⑤ 회생전력 이용률이 높다.

| 전기일반

51 다음 강체가선방식 중 T-bar 방식과 R-bar 방식의 표준길이를 바르게 연결한 것은?

	T-bar	R-bar
①	8m	10m
②	10m	8m
③	10m	12m
④	12m	10m
⑤	12m	15m

| 전기일반

52 다음 중 유도장해를 경감시키기 위한 전력선에 대한 대책으로 옳지 않은 것은?

① 변류기를 사용하고, 절연변압기를 채용한다.
② 전선의 위치를 바꾼다.
③ 소호리액터를 사용한다.
④ 고주파의 발생을 방지한다.
⑤ 전력선과 통신선 사이의 간격을 크게 한다.

| 전기일반

53 다음 중 전차선로의 가선방식이 아닌 것은?

① 강체식
② 제3궤조식
③ 가공단선식
④ 가공복선식
⑤ 직접조가식

| 전기일반

54 다음 중 교류송전방식의 특징으로 옳지 않은 것은?

① 주파수가 다른 계통끼리 연결이 불가능하다.
② 직류송전에 비해 안정도가 저하된다.
③ 회전자계를 쉽게 얻을 수 있다.
④ 표피효과 및 코로나 손실이 발생한다.
⑤ 선로의 리액턴스가 없고 위상각을 고려할 필요가 없다.

| 전기일반

55 다음 중 직류식 전기철도와 비교한 교류식 전기철도의 장점으로 옳지 않은 것은?

① 고속 운전에 적합하다.
② 통신장애가 적다.
③ 전차선 설비에서의 전선이 얇다.
④ 운전전류가 작아 사고전류의 선택적 차단이 용이하다.
⑤ 변전소 설치 간격을 길게 설계할 수 있다.

| 전기일반

56 다음 중 커티너리 조가방식에 대한 설명으로 옳지 않은 것은?

① 종류로 심플식, 컴파운드식, 사조식이 있다.
② 전차선의 레일면상 표준높이는 5,200mm이다.
③ 전기차의 속도 향상을 위해 전차선의 이선율을 작게 한다.
④ 전차선의 두 지지점 사이에서 궤도면에 대하여 일정한 높이를 유지하도록 하는 방식이다.
⑤ 가장 단순한 구조의 방식으로, 전차선만 1조로 구성되어 있다.

| 전기일반

57 다음 중 컴파운드 커티너리 조가방식의 각 전선의 굵기 및 장력을 크게 늘려 가선한 조가방식은?

① 단식 커티너리 조가방식
② 헤비 심플 커티너리 조가방식
③ 헤비 컴파운드 커티너리 조가방식
④ 합성 컴파운드 커티너리 조가방식
⑤ 변Y형 커티너리 조가방식

※ 다음 〈보기〉를 보고 이어지는 질문에 답하시오. [58~59]

보기	
ㄱ. 출발저항	ㄴ. 곡선저항
ㄷ. 가속도저항	ㄹ. 터널저항
ㅁ. 구배저항	ㅂ. 주행저항

❙ 전기일반

58 다음 〈보기〉 중 저항의 방향이 주행방향의 역방향이 아닌 것은?

① ㄱ
② ㄴ
③ ㄷ
④ ㄹ
⑤ ㅁ

❙ 전기일반

59 다음 〈보기〉 중 전기철도의 저항에서 손실로 적용하지 않는 저항을 모두 고르면?

① ㄱ, ㄷ
② ㄱ, ㄹ
③ ㄴ, ㅁ
④ ㄴ, ㅂ
⑤ ㄷ, ㅁ

❙ 전기일반

60 다음 커티너리 조가방식에서 A의 명칭은?

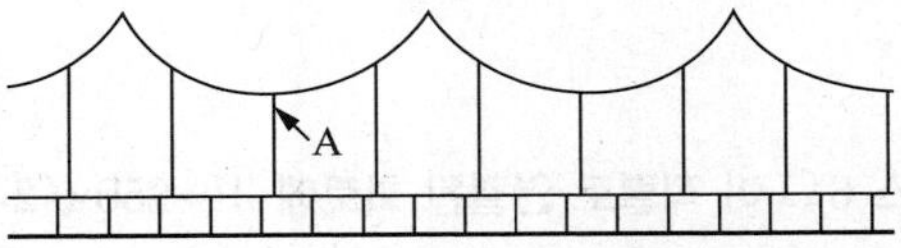

① 지지점
② 드로퍼
③ 조가선
④ 보조조가선
⑤ 행거

| 전기일반

61 **다음 전동차의 제동 방식 중 저항에서 발생하는 열을 이용하여 제동하는 방식은?**

① 역상제동 ② 발전제동

③ 회생제동 ④ 와류제동

⑤ 와전류 레일 제동

| 전기이론

62 **다음 중 무한장 솔레노이드에 전류 I가 흐를 때, 발생하는 자계에 대한 설명으로 옳은 것은?(단, 단위길이당 감은 코일의 수는 n이다)**

① 외부 자계의 세기는 0이다.

② 내부 자계의 세기는 단위길이당 감은 코일 수 n과 관계가 없다.

③ 내부 자계의 세기는 전류 I에 반비례한다.

④ 외부 자계의 세기와 내부 자계의 세기는 같다.

⑤ 내부 자계는 평등하지 않고 무작위이다.

| 전기이론

63 **다음 중 직렬공진상태가 아닌 것은?**

① 임피던스의 허수부가 0일 때

② 전압, 전류의 위상이 서로 같을 때

③ 역률이 0일 때

④ 임피던스의 크기가 최소일 때

⑤ 전류의 세기가 최대일 때

| 전기이론

64 **저항 8Ω, 리액턴스 6Ω이 직렬로 연결된 회로에 $V=250\sqrt{2}\sin\omega t$의 전압이 인가될 때, 전류의 실횻값은?**

① 2.5A ② 5A

③ 10A ④ 25A

⑤ 50A

65 **평행판 콘덴서의 두 극판이 면적 변화 없이 극판의 간격이 절반으로 줄었을 때, 콘덴서의 정전용량은 처음의 몇 배가 되는가?**

① 변하지 않는다.
② $\frac{1}{2}$배
③ $\frac{1}{4}$배
④ 2배
⑤ 4배

66 **다음과 같은 회로에서 $a-b$점을 연결했을 때의 합성저항과 $c-d$점을 연결했을 때의 합성저항의 합은?**

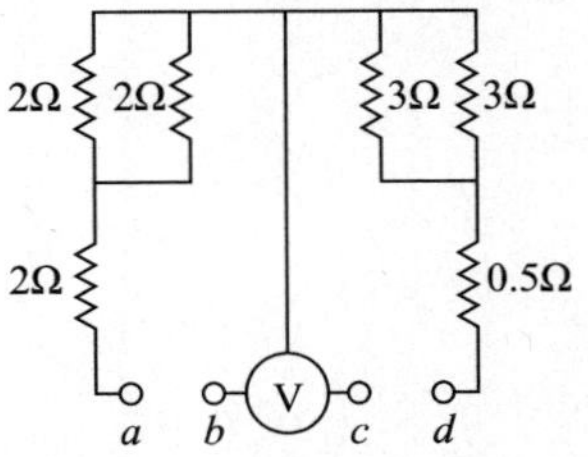

① 2.5Ω
② 5Ω
③ 7.5Ω
④ 10Ω
⑤ 15Ω

67 단면적이 200cm^2, 길이가 2m, 비투자율(μ_s)이 10,000인 철심에 $N_1 = N_2 = 10$인 두 코일을 감았을 때, 두 코일의 상호 인덕턴스는?

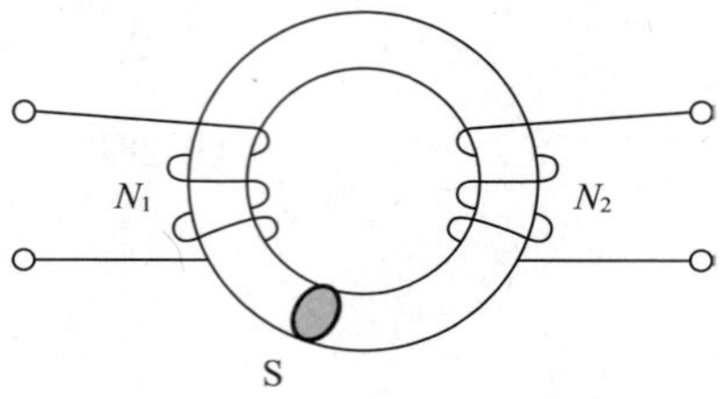

① $4\pi \times 10^{-3}\text{H}$

② $4\pi \times 10^{3}\text{H}$

③ $4\pi \times 10^{4}\text{H}$

④ $2\pi \times 10^{-2}\text{H}$

⑤ $2\pi \times 10^{-5}\text{H}$

CHAPTER

05 2023년 상반기 기출복원문제

정답 및 해설 p.037

| 의사소통능력

01 다음 글을 읽고 보인 반응으로 적절하지 않은 것은?

> 열차 내에서의 범죄가 급격하게 증가함에 따라 한국철도공사는 열차 내에서의 범죄 예방과 안전 확보를 위해 2023년까지 현재 운행하고 있는 열차의 모든 객실에 CCTV를 설치하고, 모든 열차 승무원에게 바디 캠을 지급하겠다고 밝혔다.
> CCTV는 열차 종류에 따라 운전실에서 비상시 실시간으로 상황을 파악할 수 있는 '네트워크 방식'과 각 객실에서의 영상을 저장하는 '개별 독립 방식'이라는 2가지 방식으로 사용 및 설치가 진행될 예정이며, 객실에는 사각지대를 없애기 위해 4대가량의 CCTV가 설치된다. 이 중 2대는 휴대 물품 도난 방지 등을 위해 휴대 물품 보관대 주변에 위치하게 된다.
> 이에 따라 한국철도공사는 CCTV 제품 품평회를 가져 제품의 형태와 색상, 재질 등에 대한 의견을 나누고 각 제품이 실제로 열차 운행 시 진동과 충격 등에 적합한지 시험을 거친 후 도입할 예정이다.

① 현재는 모든 열차에 CCTV가 설치되어 있진 않을 것이다.
② 과거에 비해 승무원에 대한 승객의 범죄행위 증거 취득이 유리해질 것이다.
③ CCTV의 설치를 통해 인적 피해와 물적 피해 모두 예방할 수 있을 것이다.
④ CCTV의 설치를 통해 실시간으로 모든 객실을 모니터링할 수 있을 것이다.
⑤ CCTV의 내구성뿐만 아니라 외적인 디자인도 제품 선택에 영향을 줄 수 있을 것이다.

02 **다음 중 빈칸 (가) ~ (다)에 들어갈 접속어를 순서대로 바르게 나열한 것은?**

> 무더운 여름 기차나 지하철을 타면 “실내가 춥다는 민원이 있어 냉방을 줄인다.”라는 안내방송을 손쉽게 들을 수 있을 정도로 우리는 쾌적한 기차와 지하철을 이용할 수 있는 시대에 살고 있다. ___(가)___ 이러한 쾌적한 환경을 누리기 시작하게 된 것은 그리 오래되지 않은 일이다. 1825년 세계 최초로 영국의 증기기관차가 시속 16km로 첫 주행을 시작하였고, 이 당시까지만 해도 열차 내의 유일한 냉방 수단은 창문뿐이었다. 열차에 에어컨이 설치되기 시작된 것은 100년이 더 지난 1930년대 초반 미국에서였고, 우리나라는 이보다 훨씬 후인 1969년에 지금의 새마을호라 불리는 ‘관광호’에서였다. 이는 국내에 최초로 철도가 개통된 1899년 이후 70년 만으로, ‘관광호’ 이후 국내에 도입된 특급열차들은 대부분 전기 냉난방시설을 갖추게 되었다.
> ___(나)___ 지하철의 에어컨 도입은 열차보다 훨씬 늦었는데, 이는 우리나라뿐만 아니라 해외도 마찬가지였으며, 실제로 영국의 경우 아직도 지하철에 에어컨이 없다.
> 우리나라는 1974년 서울 지하철이 개통되었는데, 이 당시 객실에는 천장의 달린 선풍기가 전부였기 때문에 한여름에는 땀 냄새가 가득한 찜통 지하철이 되었다. ___(다)___ 1983년이 되어서야 에어컨이 설치된 지하철이 등장하기 시작하였고, 기존에 에어컨이 설치되지 않았던 지하철들은 1989년이 되어서야 선풍기를 떼어 내고 에어컨으로 교체하기 시작하였다.

	(가)	(나)	(다)
①	따라서	그래서	마침내
②	하지만	반면	마침내
③	하지만	왜냐하면	그래서
④	왜냐하면	반면	마침내
⑤	반면	왜냐하면	그래서

03 다음 글의 내용으로 가장 적절한 것은?

> 한국철도공사는 철도시설물 점검 자동화에 '스마트글라스'를 활용하겠다고 밝혔다. 스마트글라스란 안경처럼 착용하는 스마트 기기로, 검사와 판독, 데이터 송수신과 보고서 작성까지 모든 동작이 음성인식을 바탕으로 작동한다. 이를 활용하여 작업자는 스마트글라스 액정에 표시된 내용에 따라 철도시설물을 점검하고, 음성 명령을 통해 시설물의 사진을 촬영한 후 해당 정보와 검사 결과를 전송해 보고서로 작성한다.
>
> 작업자들은 스마트글라스의 사용으로 직접 자료를 조사하고 측정한 내용을 바탕으로 시스템 속에서 여러 단계에 거쳐 수기 입력하던 기존 방식으로부터 벗어날 수 있게 되었고, 이 일련의 과정들을 중앙 서버를 통해 한 번에 처리할 수 있게 되었다.
>
> 이와 같이 스마트 기기의 도입은 중앙 서버의 효율적 종합 관리를 가능하게 할 뿐만 아니라 작업자의 안전도 향상에도 크게 기여하였다. 이는 작업자들이 음성인식이 가능한 스마트글라스를 사용함으로써 두 손이 자유로워져 추락 사고를 방지할 수 있게 되었기 때문이며, 또 스마트글라스 내부 센서가 충격과 기울기를 감지할 수 있어 작업자에게 위험한 상황이 발생하면 지정된 컴퓨터로 바로 통보되는 시스템을 갖추었기 때문이다.
>
> 한국철도공사는 주요 거점 현장을 시작으로 스마트글라스를 보급하여 성과 분석을 거치고 내년부터는 보급 현장을 확대하겠다고 밝혔으며, 국내 철도 환경에 맞춰 스마트글라스 시스템을 개선하기 위해 현장 검증을 진행하고 스마트글라스를 통해 측정된 데이터를 총괄 제어할 수 있도록 안전점검 플랫폼 망도 마련할 예정이다.
>
> 더불어 스마트글라스를 통해 기존의 인력 중심 시설 점검을 간소화시켜 효율성과 안전성을 향상시키고 나아가 철도에 맞춤형 스마트 기술을 도입시켜 시설물 점검뿐만 아니라 유지보수 작업도 가능하도록 철도기술 고도화에 힘쓰겠다고 전했다.

① 작업자의 음성인식을 통해 철도시설물의 점검 및 보수 작업이 가능해졌다.
② 스마트글라스의 도입으로 철도시설물 점검의 무인작업이 가능해졌다.
③ 스마트글라스의 도입으로 철도시설물 점검 작업 안전사고 발생 횟수가 감소하였다.
④ 스마트글라스의 도입으로 철도시설물 작업 시간 및 인력이 감소하고 있다.
⑤ 스마트글라스의 도입으로 작업자의 안전사고 발생을 바로 파악할 수 있게 되었다.

04 다음 글에 대한 설명으로 적절하지 않은 것은?

> 2016년 4월 27일 오전 7시 20분경 임실역에서 익산으로 향하던 열차가 전기 공급 중단으로 멈추는 사고가 발생해 약 50여 분간 열차 운행이 중단되었다. 원인은 바로 전차선에 지은 까치집 때문이었는데, 까치가 집을 지을 때 사용하는 젖은 나뭇가지나 철사 등이 전선과 닿거나 차로에 떨어져 합선과 단전을 일으키게 된 것이다.
>
> 비록 이번 사고는 단전에서 끝났지만, 고압 전류가 흐르는 전차선인 만큼 철사와 젖은 나뭇가지만으로도 자칫하면 폭발사고로 이어질 우려가 있다. 지난 5년간 까치집으로 인한 단전사고는 한 해 평균 3 ~ 4건이 발생하고 있으며, 한국철도공사는 사고 방지를 위해 까치집 방지 설비를 설치하고 설비가 없는 구간은 작업자가 육안으로 까치집 생성 여부를 확인해 제거하고 있는데, 이렇게 제거해 온 까치집 수가 연평균 8,000개에 달하고 있다. 하지만 까치집은 빠르면 불과 4시간 만에 완성되어 작업자들에게 큰 곤욕을 주고 있다.
>
> 이에 한국철도공사는 전차선로 주변 까치집 제거의 효율성과 신속성을 높이기 위해 인공지능(AI)과 사물인터넷(IoT) 등 첨단 기술을 활용하기에 이르렀다. 열차 운전실에 영상 장비를 설치해 달리는 열차에서 전차선을 촬영한 화상 정보를 인공지능으로 분석해 까치집 등의 위험 요인을 찾아 해당 위치와 현장 이미지를 작업자에게 실시간으로 전송하는 '실시간 까치집 자동 검출 시스템'을 개발한 것이다. 하지만 시속 150km로 빠르게 달리는 열차에서 까치집 등의 위험 요인을 실시간으로 판단해 전송하는 것이다 보니 그 정확도는 65%에 불과했다.
>
> 이에 한국철도공사는 전차선과 까치집을 정확하게 식별하기 위해 인공지능이 스스로 학습하는 '딥러닝' 방식을 도입했고, 전차선을 구성하는 복잡한 구조 및 까치집과 유사한 형태를 빅데이터로 분석해 이미지를 구분하는 학습을 실시한 결과 까치집 검출 정확도는 95%까지 상승했다. 또한 해당 이미지를 실시간 문자메시지로 작업자에게 전송해 위험 요소와 위치를 인지시켜 현장에 적용할 수 있다는 사실도 확인했다. 현재는 이와 더불어 정기열차가 운행하지 않거나 작업자가 접근하기 쉽지 않은 차량 정비 시설 등에 드론을 띄워 전차선의 까치집을 발견 및 제거하는 기술도 시범 운영하고 있다.

① 인공지능도 학습을 통해 그 정확도를 향상시킬 수 있다.
② 빠른 속도에서 인공지능의 사물 식별 정확도는 낮아진다.
③ 사람의 접근이 불가능한 곳에 위치한 까치집의 제거도 가능해졌다.
④ 까치집 자동 검출 시스템을 통해 실시간으로 까치집 제거가 가능해졌다.
⑤ 인공지능 등의 스마트 기술 도입으로 까치집 생성의 감소를 기대할 수 있다.

05 작년 K대학교에 재학 중인 학생 수는 6,800명이었고 남학생과 여학생의 비는 8 : 9이었다. 올해 남학생 수와 여학생 수의 비가 12 : 13만큼 줄어들어 7 : 8이 되었다고 할 때, 올해 K대학교의 전체 재학생 수는?

① 4,440명
② 4,560명
③ 4,680명
④ 4,800명
⑤ 4,920명

| 수리능력

06 다음은 철도운임의 공공할인 제도에 대한 내용이다. 장애의 정도가 심하지 않은 A씨가 보호자 1명과 함께 열차를 이용하여 주말여행을 다녀왔다. 두 사람은 왕복 운임의 몇 %를 할인받았는가?(단, 열차의 종류와 노선 길이가 동일한 경우 요일에 따른 요금 차이는 없다고 가정한다)

- A씨와 보호자의 여행 일정
  - 2023년 3월 11일(토) 서울 → 부산 : KTX
  - 2023년 3월 13일(월) 부산 → 서울 : KTX
- 장애인 공공할인 제도(장애의 정도가 심한 장애인은 보호자 포함)

구분	KTX	새마을호	무궁화호 이하
장애의 정도가 심한 장애인	50%	50%	50%
장애의 정도가 심하지 않은 장애인	30% (토·일·공휴일 제외)	30% (토·일·공휴일 제외)	

① 7.5%
② 12.5%
③ 15%
④ 25%
⑤ 30%

※ 다음 자료를 보고 이어지는 질문에 답하시오. [7~9]

〈2023년 한국의 국립공원 기념주화 예약 접수〉

• 우리나라 자연환경의 아름다움과 생태 보전의 중요성을 널리 알리기 위해 K공사는 한국의 국립공원 기념주화 3종(설악산, 치악산, 월출산)을 발행할 예정임
• 예약 접수일 : 3월 2일(목) ~ 3월 17일(금)
• 배부 시기 : 2023년 4월 28일(금)부터 예약자가 신청한 방법으로 배부
• 기념주화 상세

화종	앞면	뒷면
은화Ⅰ – 설악산		
은화Ⅱ – 치악산		
은화Ⅲ – 월출산		

• 발행량 : 화종별 10,000장씩 총 30,000장
• 신청 수량 : 단품 및 3종 세트로 구분되며 단품과 세트에 중복 신청 가능
  – 단품 : 1인당 화종별 최대 3장
  – 3종 세트 : 1인당 최대 3세트
• 판매 가격 : 액면금액에 판매 부대비용(케이스, 포장비, 위탁판매수수료 등)을 부가한 가격
  – 단품 : 각 63,000원(액면가 50,000원+케이스 등 부대비용 13,000원)
  – 3종 세트 : 186,000원(액면가 150,000원+케이스 등 부대비용 36,000원)
• 접수 기관 : 우리은행, 농협은행, K공사
• 예약 방법 : 창구 및 인터넷 접수
  – 창구 접수
    신분증[주민등록증, 운전면허증, 여권(내국인), 외국인등록증(외국인)]을 지참하고 우리·농협은행 영업점을 방문하여 신청
  – 인터넷 접수
    ① 우리·농협은행의 계좌를 보유한 고객은 개시일 9시부터 마감일 23시까지 홈페이지에서 신청
    ② K공사 온라인 쇼핑몰에서는 가상계좌 방식으로 개시일 9시부터 마감일 23시까지 신청
• 구입 시 유의사항
  – 수령자 및 수령지 등 접수 정보가 중복될 경우 단품별 10장, 3종 세트 10세트만 추첨 명단에 등록
  – 비정상적인 경로나 방법으로 접수할 경우 당첨을 취소하거나 배송을 제한

| 문제해결능력

07 **다음 중 한국의 국립공원 기념주화 발행 사업의 내용으로 옳은 것은?**

① 국민들을 대상으로 예약 판매를 실시하며, 외국인에게는 판매하지 않는다.
② 1인당 구매 가능한 최대 주화 수는 10장이다.
③ 기념주화를 구입하기 위해서는 우리·농협은행 계좌를 사전에 개설해 두어야 한다.
④ 사전예약을 받은 뒤, 예약 주문량에 맞추어 제한된 수량만 생산한다.
⑤ K공사를 통한 예약 접수는 온라인에서만 가능하다.

PART 1

| 문제해결능력

08 **외국인 A씨는 이번에 발행되는 기념주화를 예약 주문하려고 한다. 다음 상황을 참고하여 A씨가 기념주화 구매 예약을 할 수 있는 방법으로 옳은 것은?**

〈외국인 A씨의 상황〉

- A씨는 국내 거주 외국인으로 등록된 사람이다.
- A씨의 명의로 국내은행에 개설된 계좌는 총 2개로, 신한은행과 한국씨티은행에 1개씩이다.
- A씨는 우리은행이나 농협은행과는 거래이력이 없다.

① 여권을 지참하고 우리은행이나 농협은행 지점을 방문한다.
② K공사 온라인 쇼핑몰에서 신용카드를 사용한다.
③ 계좌를 보유한 신한은행이나 한국씨티은행의 홈페이지를 통해 신청한다.
④ 외국인등록증을 지참하고 우리은행이나 농협은행 지점을 방문한다.
⑤ 우리은행이나 농협은행의 홈페이지에서 신청한다.

| 문제해결능력

09 **다음은 기념주화를 예약한 5명의 신청내역이다. 이 중 가장 많은 금액을 지불한 사람의 구매 금액은?**

(단위 : 세트, 장)

구매자	3종 세트	단품		
		은화Ⅰ – 설악산	은화Ⅱ – 치악산	은화Ⅲ – 월출산
A	2	1	–	–
B	–	2	3	3
C	2	1	1	–
D	3	–	–	–
E	1	–	2	2

① 558,000원
② 561,000원
③ 563,000원
④ 564,000원
⑤ 567,000원

10 다음 자료에 대한 설명으로 가장 적절한 것은?

• KTX 마일리지 적립
- KTX 이용 시 결제금액의 5%가 기본 마일리지로 적립됩니다.
- 더블적립(×2) 열차로 지정한 열차는 추가로 5%가 적립(결제금액의 총 10%)됩니다.
  ※ 더블적립 열차는 홈페이지 및 코레일톡 애플리케이션에서만 승차권 구매 가능
- 선불형 교통카드 Rail+(레일플러스)로 승차권을 결제하는 경우 1% 보너스 적립도 제공되어 최대 11% 적립이 가능합니다.
- 마일리지를 적립받고자 하는 회원은 승차권을 발급받기 전에 코레일 멤버십 카드 제시 또는 회원번호 및 비밀번호 등을 입력해야 합니다.
- 해당열차 출발 후에는 마일리지를 적립받을 수 없습니다.

• 회원 등급 구분

구분	등급 조건	제공 혜택
VVIP	• 반기별 승차권 구입 시 적립하는 마일리지가 8만 점 이상 고객 또는 기준일부터 1년간 16만 점 이상 고객 중 매년 반기 익월 선정	• 비즈니스 회원 혜택 기본 제공 • KTX 특실 무료 업그레이드 쿠폰 6매 제공 • 승차권 나중에 결제하기 서비스 (열차 출발 3시간 전까지)
VIP	• 반기별 승차권 구입 시 적립하는 마일리지가 4만 점 이상 고객 또는 기준일부터 1년간 8만 점 이상 고객 중 매년 반기 익월 선정	• 비즈니스 회원 혜택 기본 제공 • KTX 특실 무료 업그레이드 쿠폰 2매 제공
비즈니스	• 철도 회원으로 가입한 고객 중 최근 1년간 온라인에서 로그인한 기록이 있거나, 회원으로 구매실적이 있는 고객	• 마일리지 적립 및 사용 가능 • 회원 전용 프로모션 참가 가능 • 열차 할인상품 이용 등 기본서비스와 멤버십 제휴서비스 등 부가서비스 이용
패밀리	• 철도 회원으로 가입한 고객 중 최근 1년간 온라인에서 로그인한 기록이 없거나, 회원으로 구매실적이 없는 고객	• 멤버십 제휴서비스 및 코레일 멤버십 라운지 이용 등의 부가서비스 이용 제한 • 휴면 회원으로 분류 시 별도 관리하며, 본인 인증 절차로 비즈니스 회원으로 전환 가능

- 마일리지는 열차 승차 다음 날 적립되며, 지연료를 마일리지로 적립하신 실적은 등급 산정에 포함되지 않습니다.
- KTX 특실 무료 업그레이드 쿠폰 유효기간은 6개월이며, 반기별 익월 10일 이내에 지급됩니다.
- 실적의 연간 적립 기준일은 7월 지급의 경우 전년도 7월 1일부터 당해 연도 6월 30일까지 실적이며, 1월 지급은 전년도 1월 1일부터 전년도 12월 31일까지의 실적입니다.
- 코레일에서 지정한 추석 및 설 명절 특별수송 기간의 승차권은 실적 적립 대상에서 제외됩니다.
- 회원 등급 조건 및 제공 혜택은 사전 공지 없이 변경될 수 있습니다.
- 승차권 나중에 결제하기 서비스는 총 편도 2건 이내에서 제공되며, 3회 자동 취소 발생(열차 출발 전 3시간 내 미결제) 시 서비스가 중지됩니다. 리무진+승차권 결합 발권은 2건으로 간주되며, 정기권, 특가상품 등은 나중에 결제하기 서비스 대상에서 제외됩니다.

① 코레일에서 운행하는 모든 열차는 이용할 때마다 결제금액의 최소 5%가 KTX 마일리지로 적립된다.
② 회원 등급이 높아져도 열차 탑승 시 적립되는 마일리지는 동일하다.
③ 비즈니스 등급은 기업회원을 구분하는 명칭이다.
④ 6개월간 마일리지 4만 점을 적립하더라도 VIP 등급을 부여받지 못할 수 있다.
⑤ 회원 등급이 높아도 승차권을 정가보다 저렴하게 구매할 수 있는 방법은 없다.

ㅣ토목일반

11 토립자의 비중이 2.60인 흙의 전체 단위중량이 $2.0t/m^3$이고, 함수비가 20%라고 할 때, 이 흙의 포화도는 얼마인가?

① 약 66.79%
② 약 72.41%
③ 약 73.44%
④ 약 81.23%
⑤ 약 92.85%

ㅣ토목일반

12 반지름이 25cm인 원형 단면을 가지는 단주에서 핵의 면적은 얼마인가?

① 약 $122.7cm^2$
② 약 $168.7cm^2$
③ 약 $245.4cm^2$
④ 약 $335.4cm^2$
⑤ 약 $421.7cm^2$

ㅣ토목일반

13 다음 중 삼변측량에 대한 설명으로 옳지 않은 것은?

① 전자파거리측량기(E.D.M)의 출현으로 이용이 활성화되었다.
② 관측값의 수에 비해 조건식이 많은 것이 장점이다.
③ 변 길이를 관측하여 삼각점의 위치를 구하는 측량이다.
④ 코사인 제2법칙과 반각공식을 이용하여 각을 구한다.
⑤ 조정 방법에는 조건방정식에 의한 조정 방법과 관측방정식에 의한 조정 방법이 있다.

ㅣ토목일반

14 다음 중 블레이드를 상하로 20 ~ 30도 기울일 수 있어 블레이드 한쪽 끝 부분에 힘을 집중시킬 수 있는 도저는?

① 레이크 도저
② 스트레이트 도저
③ 앵글 도저
④ 틸트 도저
⑤ 습지 도저

| 토목일반

15 다음 중 콘크리트의 건조수축에 대한 설명으로 옳은 것은?

① 콘크리트 부재 표면에는 압축응력이 발생한다.

② 건조수축의 진행속도는 외부 환경의 상대습도와 무관하다.

③ 물과 시멘트의 비율이 높을수록 크리프는 작게 발생한다.

④ 잔골재의 사용량을 줄이고 굵은골재의 사용량을 늘려 건조수축을 억제할 수 있다.

⑤ 흡수율이 높은 골재를 사용하여 건조수축을 억제할 수 있다.

| 토목일반

16 다음 그림과 같이 포물선형 아치에 집중하중이 작용하고 있다. C지점에서의 수평반력의 크기는?

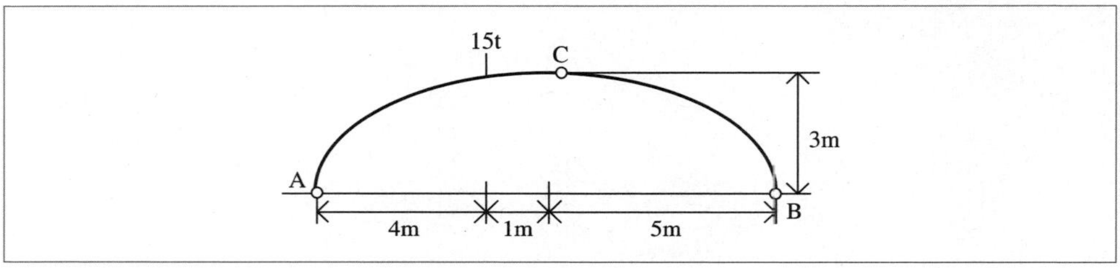

① 5t

② 7.5t

③ 10t

④ 12.5t

⑤ 15t

| 토목일반

17 한 변의 길이가 a인 정삼각형 모양의 보에서 축을 기준으로 T의 크기만큼 토크가 발생하였다. 이때, 단면의 중심으로부터 발생한 전단응력의 크기는?

① $\dfrac{288T}{21b^3}$

② $\dfrac{144T}{21b^3}$

③ $\dfrac{288T}{7b^3}$

④ $\dfrac{144T}{7b^3}$

⑤ $\dfrac{288T}{3b^3}$

| 토목일반

18 어떤 직선 도로를 최대 10m까지 측정 가능한 줄자로 360m를 측정하였다. 1번 측정할 때마다 1cm의 오차가 발생하고 ±7.5mm의 우연오차가 발생할 때, 이 도로의 정확한 길이의 범위는?

① 360±0.45m
② 360.36±0.45m
③ 360±0.075m
④ 360.36±0.075m
⑤ 360±0.01m

PART 1

| 토목일반

19 다음 〈보기〉 중 GIS와 GPS에 대한 설명으로 옳은 것은 모두 몇 개인가?

보기

ㄱ. GIS는 지리적으로 참조 가능한 모든 형태의 정보를 컴퓨터 데이터로 변환한 정보 시스템이다.
ㄴ. GIS는 아직 기술적으로 3차원 이상의 지리정보를 알 수 없다.
ㄷ. GPS에서 1개의 GPS 위성만 있어도 사용자의 현재 위치를 정확하게 파악할 수 있다.
ㄹ. 각 GPS 위성의 신호 간 간섭이 발생할 수 있으므로 GPS 위성은 적을수록 정확하다.

① 없음
② 1개
③ 2개
④ 3개
⑤ 4개

| 토목일반

20 다음 중 한중콘크리트 공법에 대한 설명으로 옳지 않은 것은?

① 일평균 기온 4℃ 이하인 기상조건에서 이루어지는 콘크리트 공법이다.
② 시멘트를 직접 가열하면 안 된다.
③ 경화촉진제로 칼슘, 나트륨 등을 배합한다.
④ 물과 시멘트의 비율을 60% 이하로 설정한다.
⑤ 시멘트와 배합하는 물은 필요시 5℃ 이상으로 가열하여 사용한다.

| 토목일반

21 다음 중 흙의 다짐에 대한 설명으로 옳은 것은?

① 사질토에서는 함수비가 증가할수록 건조단위중량이 증가한다.
② 점토에서는 다짐에너지가 클수록 건조단위중량이 증가한다.
③ 점토에서는 함수비가 클수록 건조단위중량이 감소한다.
④ 강도 증가를 목적으로 다짐을 할 경우 최적함수비보다 큰 습윤측에서 다짐을 한다.
⑤ 차수를 목적으로 다짐을 할 경우 최적함수비보다 작은 건조측에서 다짐을 한다.

| 토목일반

22 폭이 400mm이고 유효깊이가 600mm인 철근콘크리트 단철근 직사각형 보의 균형철근비는?(단, $f_{ck}=23\text{MPa}$, $f_y=350\text{MPa}$, $E_c=200,000\text{MPa}$이다)

① 약 0.019
② 약 0.023
③ 약 0.027
④ 약 0.031
⑤ 약 0.035

| 기계일반

23 다음 중 저탄소 저유황 강제품에 규소를 확산침투하는 방법으로, 내마멸성, 내열성이 우수하여 펌프축, 실린더 내벽, 밸브 등에 이용하는 표면처리 방법은?

① 세라다이징
② 실리코나이징
③ 칼로라이징
④ 브로나이징
⑤ 크로나이징

❙ 기계일반

24 다음 중 기계재료의 정적시험 방법이 아닌 것을 〈보기〉에서 모두 고르면?

> **보기**
> ㄱ. 인장시험　　　　ㄴ. 피로시험
> ㄷ. 비틀림시험　　　ㄹ. 충격시험
> ㅁ. 마멸시험

① ㄱ, ㄷ, ㄹ　　② ㄱ, ㄷ, ㅁ
③ ㄴ, ㄷ, ㄹ　　④ ㄴ, ㄹ, ㅁ
⑤ ㄷ, ㄹ, ㅁ

❙ 기계일반

25 다음 중 Tr 20×4 나사에 대한 설명으로 옳지 않은 것은?

① 미터계가 30도인 사다리꼴 나사이다.
② 피치는 4mm이다.
③ 바깥지름은 20mm이다.
④ 안지름은 12mm이다.
⑤ 접촉 높이는 2mm이다.

❙ 기계일반

26 다음과 같은 외팔보에 2개의 집중하중이 작용하며 평형 상태에 있다. 이 외팔보에서 굽힘 모멘트의 값이 가장 큰 지점은 A로부터 몇 m 떨어진 곳이며, 그 크기는?(단, 보의 무게는 고려하지 않는다)

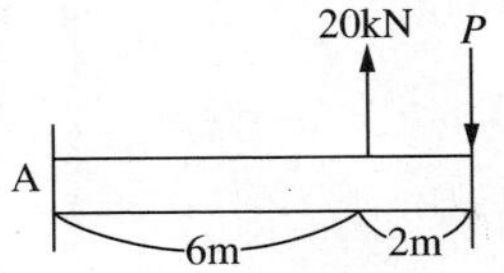

	A로부터 떨어진 거리	최대 굽힘 모멘트
①	6m	30N・m
②	6m	45N・m
③	6m	60N・m
④	8m	30N・m
⑤	8m	60N・m

PART 1

| 기계일반

27 다음 중 구름 베어링과 미끄럼 베어링을 비교한 내용으로 옳지 않은 것은?

① 구름 베어링은 미끄럼 베어링과는 달리 호환성이 높다.
② 구름 베어링은 미끄럼 베어링에 비해 가격이 비싸다.
③ 구름 베어링은 미끄럼 베어링과 마찬가지로 윤활 장치가 필요하다.
④ 구름 베어링은 미끄럼 베어링과는 달리 소음이 발생할 수 있다.
⑤ 구름 베어링은 미끄럼 베어링에 비해 마찰이 적다.

| 기계일반

28 어떤 탱크에 물이 3,000kg 저장되어 있다. 탱크 안 물의 온도를 10℃ 올리기 위해 필요한 열량은 몇 kJ인가?(단, 탱크 내부 기압은 대기압과 같다)

① 126,000kJ
② 136,000kJ
③ 146,000kJ
④ 156,000kJ
⑤ 166,000kJ

| 기계일반

29 다음 중 동력을 직접 전달하는 기계요소를 〈보기〉에서 모두 고르면?

보기

ㄱ. 체인
ㄴ. 레크와 피니언
ㄷ. V홈 마찰차
ㄹ. 벨트와 풀리

① ㄱ, ㄴ
② ㄱ, ㄷ
③ ㄴ, ㄷ
④ ㄴ, ㄹ
⑤ ㄷ, ㄹ

| 기계일반

30 다음 중 열량의 단위로 옳지 않은 것은?

① kcal
② BTU
③ CHU
④ kJ
⑤ slug

| 기계일반

31 안지름이 5cm인 어떤 관에 동점성계수가 $0.804\times10^{-4}cm^2/s$인 유체가 0.03L/s의 유량으로 흐르고 있다. 이 유체의 레이놀즈 수는?

① 약 17,600
② 약 18,400
③ 약 19,000
④ 약 19,600
⑤ 약 21,500

| 기계일반

32 반지름이 3mm이고 길이가 5m인 강봉에 하중이 30kN이 작용할 때, 이 강봉의 변형률은?(단, 강봉의 탄성계수는 350GPa이다)

① 약 0.009
② 약 0.012
③ 약 0.015
④ 약 0.018
⑤ 약 0.021

| 전기일반

33 다음 중 단상 유도 전동기에서 기동토크가 가장 큰 것과 가장 작은 것을 순서대로 바르게 나열한 것은?

① 반발 유도형, 콘덴서 기동형
② 반발 기동형, 셰이딩 코일형
③ 셰이딩 코일형, 콘덴서 기동형
④ 분상 기동형, 반발 기동형
⑤ 콘덴서 기동형, 셰이딩 코일형

| 전기일반

34 역률이 0.8, 출력이 300kW인 3상 평형유도부하가 3상 배전선로에 접속되어 있다. 부하단의 수전전압이 6,000V이고 배전선 1조의 저항 및 리액턴스가 각각 5Ω, 4Ω 일 때, 송전단 전압은 몇 V인가?

① 6,100V
② 6,200V
③ 6,300V
④ 6,400V
⑤ 6,500V

| 전기일반

35 1,000회의 코일을 감은 환상 철심 솔레노이드의 단면적이 4cm^2, 평균 길이가 $4\pi\text{cm}$이고 철심의 비투자율이 600일 때, 자기 인덕턴스의 크기는?

① 0.12H ② 0.24H
③ 1.2H ④ 2.4H
⑤ 24H

| 전기일반

36 길이가 30cm, 단면적의 반지름이 10cm인 원통이 길이 방향으로 균일하게 자화되어 자화의 세기가 300Wb/m^2일 때, 원통 양단에서의 전자극의 세기는 몇 Wb인가?

① πWb ② 2πWb
③ 3πWb ④ 4πWb
⑤ 5πWb

| 전기일반

37 3Ω 저항과 4Ω 유도 리액턴스가 직렬로 연결된 회로에 50V의 전압을 가했을 때, 전류의 세기는?

① 8A ② 10A
③ 11A ④ 13A
⑤ 15A

| 전기일반

38 3Ω 저항과 4Ω 유도 리액턴스가 직렬로 연결된 회로에 $v=10\sqrt{2}\sin wt$V의 전압을 가했을 때, 무효전력은?

① 13Var ② 14Var
③ 15Var ④ 16Var
⑤ 17Var

| 전기일반

39 다음은 연가에 대한 설명이다. 빈칸 ㉠, ㉡에 들어갈 말을 순서대로 바르게 나열한 것은?

> 연가란 전선로 각 상의 ___㉠___ 이/가 되도록 선로 전체의 길이를 ___㉡___ 등분하여 각 상의 위치를 개폐소나 연가철탑을 통하여 바꾸어주는 것이다. 3상 3선식 송전선을 연가할 경우 일반적으로 ___㉡___ 배수의 구간으로 등분하여 연가한다.

	㉠	㉡
①	선로정수를 평형	3
②	선로정수를 평형	4
③	선로정수를 평형	6
④	대지정전용량이 감소	3
⑤	대지정전용량이 감소	6

| 전기일반

40 어떤 변압기의 단락시험에서 %저항강하 3.8%와 %리액턴스강하 4.9%를 얻었다. 부하역률이 80% 일 때, 뒤진 경우의 전압변동률은?

① 5.98%
② 6.12%
③ 7.09%
④ −5.98%
⑤ −6.12%

| 전기일반

41 다음 〈보기〉 중 같은 함수인 것을 모두 고르면?

> 보기
> ㄱ. 임펄스 함수
> ㄴ. 단위계단 함수
> ㄷ. 단위포물선응답
> ㄹ. 하중 함수

① ㄱ, ㄴ
② ㄱ, ㄹ
③ ㄴ, ㄷ
④ ㄴ, ㄹ
⑤ ㄷ, ㄹ

| 전기일반

42 다음 중 비정현파의 구성으로 옳은 것은?

① 기본파, 왜형파, 고조파
② 직류분, 기본파, 고조파
③ 직류분, 기본파, 왜형파
④ 기본파, 왜형파
⑤ 직류분, 고조파

| 전기일반

43 가공전선로의 경간이 200m, 전선의 자체무게가 20N/m, 인장하중이 50,000N, 안전율이 2.5인 경우, 전선의 이도는 얼마인가?

① 5m
② 6m
③ 7m
④ 8m
⑤ 9m

| 전기일반

44 자기회로의 자기저항이 일정할 때 코일의 권선수를 4배 하면 자기 인덕턴스는 원래의 몇 배가 되는가?

① 4배
② 8배
③ 16배
④ $\frac{1}{4}$배
⑤ $\frac{1}{16}$배

| 전기일반

45 다음 중 가공지선의 설치 목적으로 옳은 것을 〈보기〉에서 모두 고르면?

보기

ㄱ. 직격뢰로부터의 차폐
ㄴ. 선로정수의 평형
ㄷ. 유도뢰로부터의 차폐
ㄹ. 통신선유도장애 경감

① ㄴ, ㄹ
② ㄱ, ㄴ, ㄹ
③ ㄱ, ㄷ, ㄹ
④ ㄴ, ㄷ, ㄹ
⑤ ㄱ, ㄴ, ㄷ, ㄹ

| 전기일반

46 설비용량이 500kW, 부등률이 1.2, 수용율이 60%일 때, 변전시설 용량은 최소 몇 kVA 이상이어야 하는가?(단, 역률은 90% 이상 유지되어야 한다)

① 약 254kVA
② 약 278kVA
③ 약 289kVA
④ 약 312kVA
⑤ 약 324kVA

| 전기일반

47 다음 중 직류 직권전동기에 대한 설명으로 옳은 것을 〈보기〉에서 모두 고르면?

보기

ㄱ. 부하에 따라 속도가 심하게 변한다.
ㄴ. 전동차, 기중기 크레인 등 기동토크가 큰 곳에 사용된다.
ㄷ. 무여자로 운전할 시 위험속도에 달한다.
ㄹ. 공급전원 방향을 반대로 해도 회전 방향이 바뀌지 않는다.

① ㄱ, ㄴ
② ㄷ, ㄹ
③ ㄱ, ㄴ, ㄷ
④ ㄴ, ㄷ, ㄹ
⑤ ㄱ, ㄴ, ㄷ, ㄹ

2022년 하반기 기출복원문제

정답 및 해설 p.044

❙ 의사소통능력

01 다음 글의 주제로 가장 적절한 것은?

> 이제 2023년 6월부터 민법과 행정 분야에서 나이를 따질 때 기존 계산하는 방식에 따라 1 ~ 2살까지 차이가 났던 우리나라 특유의 나이 계산법이 국제적으로 통용되는 '만 나이'로 일원화된다. 이는 태어난 해를 0살로 보고 정확하게 1년이 지날 때마다 한 살씩 더하는 방식을 말한다.
> 이에 대해 여론은 대체적으로 긍정적이나, 일각에서는 모두에게 익숙한 관습을 벗어나 새로운 방식에 적응해야 한다는 점을 우려하고 있다. 특히 지금 받고 있는 행정서비스에 급격한 변화가 일어나 혹시라도 손해를 보거나 미리 따져 봐야 할 부분이 있는 건 아닌지, 또 다른 혼선이 야기되는 건 아닌지 하는 것들이 이에 해당한다.
> 한국의 나이 기준은 우리가 관습적으로 쓰는 '세는 나이'와 민법 등에서 법적으로 규정한 '만 나이', 일부 법령이 적용하고 있는 '연 나이' 등 세 가지로 되어 있다. 이처럼 국회가 법적 나이 규정을 만 나이로 정비한 이유는 한 사람의 나이가 계산 방식에 따라 최대 2살이 달라져 '나이 불일치'로 인한 각종 행정서비스 이용과 계약체결 과정에서 혼선과 법적 다툼이 발생했기 때문이다.
> 더군다나 법적 나이를 규정한 민법에서조차 표현상으로 만 나이와 일반 나이가 혼재되어 있어 문구를 통일해야 한다는 지적이 나왔다. 표현상 '만 ○○세'로 돼 있지 않아도 기본적으로 만 나이로 보는 게 관례이지만, 법적 분쟁 발생 시 이는 해석의 여지를 줄 수 있기 때문이다. 다른 법에서 특별히 나이의 기준을 따로 두지 않았다면 민법의 나이 규정을 따르도록 되어 있는데, 실상은 민법도 명확하지 않았던 것이다.
> 정부는 내년부터 개정된 법이 시행되면 우선 그동안 문제로 지적됐던 법적·사회적 분쟁이 크게 줄어들 것으로 기대하고 있지만, 국민 전체가 일상적으로 체감하는 변화는 크지 않을 것으로 보고 있다. 이번 법 개정의 취지 자체가 나이 계산법 혼용에 따른 분쟁을 해소하는 데 맞춰져 있고, 오랜 세월 확립된 나이에 대한 사회적 인식이 법 개정으로 단번에 바뀔 수 있는 건 아니기 때문이다.
> 또한 여야와 정부는 연 나이를 채택해 또래 집단과 동일한 기준을 적용하는 것이 오히려 혼선을 막을 수 있고 법 집행의 효율성이 담보된다고 합의한 병역법, 청소년보호법, 민방위기본법 등 52개 법령에 대해서는 연 나이 규정의 필요성이 크다면 굳이 만 나이 적용을 하지 않겠다고 밝혔다.

① 연 나이 계산법 유지의 필요성
② 우리나라 나이 계산법의 문제점
③ 기존 나이 계산법 개정의 필요성
④ 나이 계산법 혼용에 따른 분쟁 해소 방안
⑤ 나이 계산법의 변화로 달라지는 행정서비스

02 다음 글의 내용으로 가장 적절한 것은?

미디어 플랫폼의 다변화로 콘텐츠 이용에 대한 선택권이 다양해졌지만, 장애인은 OTT로 콘텐츠 하나 보기가 어려운 현실이다.
지난 장애인 미디어 접근 콘퍼런스에서 한국시각장애인연합회 정책팀장은 “올해 한 기사를 보니 한 시각장애인 분이 OTT는 넷플릭스나 유튜브로 보고 있다고 되어 있었는데, 두 가지가 다 외국 플랫폼이었다는 것이 마음이 아팠다. 외국과 우리나라에서 장애인을 바라보는 시각의 차이가 바로 이런 것이구나 생각했다.”라며 “장애인을 소비자로 보느냐 시혜대상으로 보느냐, 사업자가 어떤 생각을 갖고 있느냐에 따라 콘텐츠를 어떻게 제작할 것인가의 차이가 있다고 본다.”라고 말했다.
실제 시각장애인은 OTT의 기본 기능도 이용하기 어렵다. 국내 OTT에서는 동영상 재생 버튼을 설명하는 대체 텍스트(문구)가 제공되지 않아 시각장애인들이 재생 버튼을 선택할 수 없었으며, 동영상 시청 중에는 일시 정지할 수 있는 버튼, 음량 조정 버튼, 설정 버튼 등이 화면에서 사라졌다. 재생 버튼에 대한 설명이 제공되는 넷플릭스도 영상 재생 시점을 10초 앞으로 또는 뒤로 이동하는 버튼은 이용하기 어렵다.
이에 국내 OTT 업계의 경우 장애인 이용을 위한 기술을 개발 및 확대한다는 계획을 밝히며 정부 지원이 필요하다고 덧붙였다. 정부도 규제와 의무보다는 사업자의 자율적인 부분을 인정해 주고 사업자 노력을 드라이브 걸 수 있는 지원책을 마련하여야 한다. 이는 OTT 시장이 철저한 자본에 의한 경쟁시장이며, 자본이 있는 만큼 서비스가 고도화되고 그 고도화를 통해 이용자 편의성을 높일 수 있기 때문이다.

① 외국 OTT 플랫폼은 장애인을 위한 서비스를 활발히 제공하고 있다.
② 국내 OTT 플랫폼은 장애인을 위한 서비스를 제공하고 있지 않다.
③ 외국 OTT 플랫폼은 국내 플랫폼보다 장애인을 시혜대상으로 바라보고 있다.
④ 우리나라 장애인의 경우 외국 장애인보다 상대적으로 OTT 플랫폼의 이용이 어렵다.
⑤ 정부는 OTT 플랫폼에 장애인 편의 기능을 마련할 것을 촉구했지만 지원책은 미비했다.

03 다음 글의 빈칸 ㉠～㉤에 들어갈 내용으로 가장 적절한 것은?

> 추석 연휴 첫날이던 지난 9일은 장기 기증의 날이었다. 한 명의 장기 기증으로 9명의 생명을 살릴 수 있다는 의미로, 사랑의장기기증운동본부가 매년 9월 9일을 기념하고 있다. 하지만 장기 기증의 필요성에 비해 제도적 지원은 여전히 미흡한 실정이다. 특히 국내 장기 기증의 상당수를 차지하는 ___㉠___ 공여자에 대한 지원이 절실하다는 지적이 나온다.
> 2020년 질병관리청이 공개한 연구 결과에 따르면 신장이나 간을 기증한 공여자에게서 만성 신・간 부전의 위험이 확인됐다. 그러나 관련 지원은 여전히 부족한 실정이다. 기증 후 1년간 정기 검진 진료비를 지원하는 제도가 있긴 하지만, ___㉡___이/가 있는데다 가족 등에 의한 기증은 여기에서도 제외된다. 아무 조건 없이 ___㉢___에게 기증하는 '순수 기증'만 해당되는데, 정작 국내 순수 기증은 2019년 1건을 마지막으로 맥이 끊긴 상태이다.
> 장기를 이식받은 환자와 공여자를 아우르는 통합적 정신건강 관리가 필요하다는 목소리도 꾸준히 나온다. 기증 전 단계의 고민은 물론이고 막상 기증한 뒤에 ___㉣___와/과 관계가 소원해지거나 우울감에 빠질 수 있기 때문이다.
> 공여자들은 해마다 늘어가는 장기 이식 대기 문제를 해결하기 위해서는 제도적 개선이 필요하다고 입을 모은다. 뇌사・사후 기증만으로는 당장 ___㉤___을/를 감당할 수 없다는 것이다. 한국장기조직기증원이 뇌사 기증을 전담 관리하듯 생체 공여도 별도 기관을 통해 심도 있게 관리 및 지원해야 한다는 목소리도 나온다.

① ㉠ : 사체
② ㉡ : 하한액
③ ㉢ : 특정인
④ ㉣ : 수혜자
⑤ ㉤ : 공급

04 다음 글을 읽고 밑줄 친 부분에 해당하는 내용으로 적절하지 않은 것은?

> 우리나라가 양성평등의 사회로 접어든 후 과거에 비해 여성의 지위가 많이 향상되고 여성이 경제활동에 참여하는 비율은 꾸준히 높아졌지만, 여전히 노동 현장에서 여성은 사회적으로 불평등의 대상이 되고 있다.
> 여성 노동자가 노동 시장에서 남성에 비해 차별받는 원인은 갈등론적 측면에서 볼 때, 남성 노동자들이 자신이 누리고 있던 자원의 독점과 기득권을 빼앗기지 않기 위해 여성에게 경제적 자원을 나누어 주지 않으려는 기존 기득권층의 횡포에 의한 것이라고 할 수 있다.
> 또한 여성 노동자에 대한 편견으로 인해서도 차별의 원인이 나타난다. 여성 노동자가 제대로 일하지 못한다거나 결혼과 출산, 임신을 한 여성 노동자는 조직 전체에 부정적인 영향을 준다고 인식하는 경향이 강한데, 이러한 편견들이 여성 노동자에 대한 차별로 이어지게 된 것이다.
> 여성 노동자를 차별한 결과 여성들은 남성 노동자들보다 저임금을 받아야 하고 비교적 질이 좋지 않은 일자리에서 일해야 하며 고위직으로 올라가는 것 역시 힘들고 임금 차별이 나타나게 된다. 여성 노동자가 많이 근무하는 서비스업 등의 직업군의 경우 임금 자체가 상당히 낮게 책정되어 있어 남성에 비하여 많은 임금을 받지 못하는 구조로 되어 있는 것이다.
> 또한 여성 노동자들을 노동자 그 자체로 보기보다는 여성으로 바라보는 남성들의 잘못된 시선으로 인해 여성 노동자는 신성한 노동의 현장에서 성희롱을 당하고 있으며, 취업과 승진 등 모든 인적자원관리 측면에서 불이익을 경험하는 경우가 많다. 특히 여성들이 임신과 출산을 경험하는 경우 같은 직장의 노동자들에게 따가운 시선을 받는 것을 감수해야 한다.
> 이와 같은 여성 노동자가 경험하는 차별 문제를 해결하기 위해서는 여성 노동자 역시 남성 노동자와 마찬가지의 권리를 가지고 있다는 점을 사회 전반에 인식할 수 있도록 해야 하고, 여성이라는 이유만으로 취업과 승진 등에 불이익을 받지 않도록 <u>인식과 정책을 개선</u>해야 한다.

① 결혼과 출산, 임신과 같은 가족 계획을 지지하는 환경을 만들어야 한다.
② 여성 노동자가 주로 종사하는 직종의 임금체계를 합리적으로 변화시켜야 한다.
③ 여성들이 종사하는 다양한 직업군에서 양질의 정규직 일자리를 만들어야 한다.
④ 임신으로 인한 공백 문제 등이 발생하지 않도록 공백 기간에 대한 법을 개정 및 규제하여야 한다.
⑤ 여성 노동자들을 여성이 아닌 정당하게 노동력을 제공하고 그에 맞는 임금을 받을 권리를 가진 노동자로 바라보아야 한다.

05 다음 문단을 논리적 순서대로 바르게 나열한 것은?

(가) 물론 이전과 달리 노동 시장에서 여성이라서 채용하지 않는 식의 직접적 차별은 많이 감소했지만, 실질적으로 고학력 여성들이 면접 과정에서 많이 탈락하거나 회사에 들어간 후에도 승진을 잘 하지 못하고 있다. 이는 여성이 육아 휴직 등을 사용하는 경우가 많아 회사가 여성을 육아와 가사를 신경 써야 하는 존재로 간주해 여성의 생산성을 낮다고 판단하고 있기 때문이다.

(나) 한국은 직종(Occupation), 직무(Job)와 사업장(Establishment)이 같은 남녀 사이의 임금 격차 또한 다른 국가들에 비해 큰 것으로 나타났는데, 영국의 한 보고서의 따르면 한국은 조사국 14개국 중 직종, 직무, 사업장별 남녀 임금 격차에서 상위권에 속했다. 즉, 한국의 경우 같은 직종에 종사하며 같은 직장에 다니면서 같은 업무를 수행하더라도 성별에 따른 임금 격차가 다른 국가들에 비해 상대적으로 높다는 이야기다.

(다) OECD가 공개한 '성별 간 임금 격차(Gender Wage Gap)'에 따르면 지난해 기준 OECD 38개 회원국들의 평균 성별 임금 격차는 12%였다. 이 중 한국의 성별 임금 격차는 31.1%로 조사국들 중 가장 컸으며, 이는 남녀 근로자를 각각 연봉 순으로 줄 세울 때 정중앙인 중위 임금을 받는 남성이 여성보다 31.1%를 더 받았다는 뜻에 해당한다. 한국은 1996년 OECD 가입 이래 26년 동안 줄곧 회원국들 중 성별 임금 격차 1위를 차지해 왔다.

(라) 이처럼 한국의 남녀 간 성별 임금 격차가 크게 유지되는 이유로 노동계와 여성계는 연공서열제와 여성 경력 단절을 꼽고 있다. 이에 대해 A교수는 노동 시장 문화에는 여성 경력 단절이 일어나도록 하는 여성 차별이 있어 여성이 중간에 떨어져 나가거나 승진을 못하는 것이 너무나 자연스러운 일처럼 보인다고 말했다.

이에 정부는 여성 차별적 노동 문화의 체질을 바꾸기 위해서는 정책적으로 여성에게만 혜택을 더 주는 것으로 보이는 시혜적 정책은 지양하되, 여성 정책이 여성한테 무언가를 해 주기보다는 남녀 간 평등을 촉진하는 방향으로 나아갈 수 있도록 해야 할 것이다.

① (나) – (가) – (다) – (라)
② (나) – (다) – (가) – (라)
③ (나) – (다) – (라) – (가)
④ (다) – (나) – (가) – (라)
⑤ (다) – (나) – (라) – (가)

| 의사소통능력

06 다음 글의 빈칸에 들어갈 내용으로 가장 적절한 것은?

> 제주 한라산 천연보호구역에 있는 한 조립식 건물에서 불이 나 3명의 사상자가 발생했다. 이 건물은 무속 신을 모시는 신당으로, 수십 년 동안 운영된 곳이었으나 실상은 허가 없이 지은 불법 건축물에 해당되었다. 특히 해당 건물은 조립식 샌드위치 패널로 지어져 있어 이번 화재는 자칫 대형 산불로 이어져 한라산까지 타버릴 아찔한 사고였으나 행정당국은 불이 난 뒤에야 이 건축물의 존재를 파악했다. 해당 건물에서의 화재는 30여 분 만에 빠르게 진화되었지만, 건물 안에 있던 40대 남성이 숨지고, 60대 여성 2명이 화상을 입어 병원으로 이송되었다. 이는 해당 건물이 ______________ ______________ 불이 삽시간에 번져 나갔기 때문이었다.
>
> 행정당국은 서귀포시는 산림이 울창하고 인적이 드문 곳이어서 관련 신고가 접수되지 않는 등 단속에 한계가 있다고 밝히며 행정의 손이 미치지 않는 취약한 지역, 산지나 으슥한 지역은 관련 부서와 협의를 거쳐 점검할 필요가 있다고 말했다.

① 화재에 취약한 구조로 지어져 있어
② 산지에 위치해 기후가 건조했기 때문에
③ 안정성을 검증받지 못한 가건물에 해당되어
④ 소방시설과 거리가 있는 곳에 위치하고 있어
⑤ 인적이 드문 지역에 위치하여 발견이 쉽지 않아

| 수리능력

07 세현이의 몸무게는 체지방량과 근육량을 합하여 65kg이었다. 세현이는 운동을 하여 체지방량을 20% 줄이고, 근육량은 25% 늘려서 전체적으로 몸무게를 4kg 줄였다. 운동을 한 후 세현이의 체지방량과 근육량을 각각 구하면?

① 36kg, 25kg　　② 34kg, 25kg
③ 36kg, 23kg　　④ 32kg, 23kg
⑤ 36kg, 22kg

| 수리능력

08 가로의 길이가 140m, 세로의 길이가 100m인 직사각형 모양의 공터 둘레에 일정한 간격으로 꽃을 심기로 했다. 네 모퉁이에 반드시 꽃을 심고 심는 꽃의 수를 최소로 하고자 할 때, 꽃은 몇 송이를 심어야 하는가?

① 21송이　　② 22송이
③ 23송이　　④ 24송이
⑤ 25송이

09 K공장에서 생산되는 제품은 50개 중 1개의 불량품이 발생한다고 한다. 이 공장에서 생산되는 제품 중 2개를 고른다고 할 때, 2개 모두 불량품일 확률은?

① $\frac{1}{25}$ ② $\frac{1}{50}$

③ $\frac{1}{250}$ ④ $\frac{1}{1,250}$

⑤ $\frac{1}{2,500}$

10 두 비커 A, B에는 각각 농도가 6%, 8%인 소금물 300g씩 들어 있다. A비커에서 소금물 100g을 퍼서 B비커에 옮겨 담고, 다시 B비커에서 소금물 80g을 퍼서 A비커에 옮겨 담았다. 이때, A비커에 들어 있는 소금물의 농도는?(단, 소수점 둘째 자리에서 반올림한다)

① 5.2% ② 5.6%

③ 6.1% ④ 6.4%

⑤ 7.2%

11 1 ~ 5의 숫자가 각각 적힌 5장의 카드에서 3장을 뽑아 세 자리 정수를 만들 때, 216보다 큰 정수는 모두 몇 가지인가?

① 41가지 ② 42가지

③ 43가지 ④ 44가지

⑤ 45가지

12 손난로 생산 공장에서 생산한 20개의 제품 중 2개의 제품이 불량품이라고 한다. 20개의 제품 중 3개를 꺼낼 때, 적어도 1개가 불량품일 확률은?

① $\frac{24}{95}$ ② $\frac{27}{95}$

③ $\frac{11}{111}$ ④ $\frac{113}{121}$

⑤ $\frac{49}{141}$

2022년 상반기 기출복원문제

정답 및 해설 p.047

❙ 의사소통능력

01 다음 글을 참고할 때, 문법적 형태소가 가장 많이 포함된 문장은?

> 문법형태소(文法形態素)는 문법적 의미가 있는 형태소로, 어휘형태소와 함께 쓰여 그들 사이의 관계를 나타내는 기능을 하는 형태소를 말한다. 한국어에서는 조사와 어미가 이에 해당한다. 의미가 없고 문장의 형식 구성을 보조한다는 의미에서 형식형태소(形式形態素)라고도 한다.

① 동생이 나 몰래 사탕을 먹었다.
② 우리 오빠는 키가 작았다.
③ 봄이 오니 산과 들에 꽃이 피었다.
④ 나는 가게에서 김밥과 돼지고기를 샀다.
⑤ 지천에 감자꽃이 가득 피었다.

❙ 의사소통능력

02 다음 중 밑줄 친 단어가 문맥상 적절하지 않은 것은?

① 효율적인 회사 운영을 위해 회의를 정례화(定例化)해야 한다는 주장이 나왔다.
② 그 계획은 아무래도 중장기적(中長期的)으로 봐야 할 필요가 있다.
③ 그 문제를 해결하기 위해서는 표면적이 아닌 피상적(皮相的)인 이해가 필요하다.
④ 환경을 고려한 신제품을 출시하는 기업들의 친환경(親環境) 마케팅이 유행이다.
⑤ 인생의 중대사를 정할 때는 충분한 숙려(熟慮)가 필요하다.

❙ 의사소통능력

03 다음 문장 중 어법상 옳은 것은?

① 오늘은 날씨가 추우니 옷의 지퍼를 잘 잠거라.
② 우리 집은 매년 김치를 직접 담궈 먹는다.
③ 그는 다른 사람의 만류에도 서슴지 않고 악행을 저질렀다.
④ 염치 불구하고 이렇게 부탁드리겠습니다.
⑤ 우리집 뒷뜰에 개나리가 예쁘게 피었다.

04 다음 문단을 논리적 순서대로 바르게 나열한 것은?

(가) 천일염 안전성 증대 방안 5가지가 '2022 K-농산어촌 한마당'에서 소개됐다. 첫째, 함수(농축한 바닷물)의 청결도를 높이기 위해 필터링(여과)을 철저히 하고, 둘째, 천일염전에 생긴 이끼 제거를 위해 염전의 증발지를 목제 도구로 완전히 뒤집는 것이다. 그리고 셋째, 염전의 밀대·운반 도구 등을 식품 용기에 사용할 수 있는 소재로 만들고, 넷째, 염전 수로 재료로 녹 방지 기능이 있는 천연 목재를 사용하는 것이다. 마지막으로 다섯째, 염전 결정지의 바닥재로 장판 대신 타일(타일염)이나 친환경 바닥재를 쓰는 것이다.

(나) 한편, 천일염과 찰떡궁합인 김치도 주목을 받았다. 김치를 담글 때 천일염을 사용하면 김치의 싱싱한 맛이 오래 가고 식감이 아삭아삭해지는 등 음식궁합이 좋다. 세계김치연구소는 '발효과학의 중심, 김치'를 주제로 관람객을 맞았다. 세계김치연구소 박사는 "김치는 중국·일본 등 다른 나라의 채소 절임 식품과 채소를 절이는 단계 외엔 유사성이 전혀 없는 매우 독특한 식품이자 음식 문화"라고 설명했다.

(다) K-농산어촌 한마당은 헬스경향·K농수산식품유통공사에서 공동 주최한 박람회이다. 해양수산부 소속 국립수산물품질관리원은 천일염 부스를 운영했다. 대회장을 맡은 국회 농림축산식품해양수산위원회 소속 의원은 "갯벌 명품 천일염 생산지인 전남 신안을 비롯해 우리나라의 천일염 경쟁력은 세계 최고 수준"이라며 "이번 한마당을 통해 국산 천일염의 우수성이 더 많이 알려지기를 기대한다."라고 말했다.

① (가) - (나) - (다)
② (가) - (다) - (나)
③ (나) - (다) - (가)
④ (다) - (가) - (나)
⑤ (다) - (나) - (가)

05 K교수는 실험 수업을 진행하기 위해 화학과 학생들을 실험실에 배정하려고 한다. 실험실 한 곳에 20명씩 입실시키면 30명이 들어가지 못하고, 25명씩 입실시키면 실험실 2개가 남는다. 이를 만족하기 위한 최소한의 실험실은 몇 개인가?(단, 실험실의 개수는 홀수이다)

① 11개 ② 13개
③ 15개 ④ 17개
⑤ 19개

| 수리능력

06 2022년 새해를 맞아 K공사에서는 직사각형의 사원증을 새롭게 제작하려고 한다. 기존의 사원증은 개당 제작비가 2,800원이고 가로와 세로의 비율이 1 : 2이다. 기존의 디자인에서 크기를 변경할 경우, 가로의 길이가 0.1cm 증감할 때마다 제작비용은 12원이 증감하고, 세로의 길이가 0.1cm 증감할 때마다 제작비용은 22원이 증감한다. 새로운 사원증의 길이가 가로 6cm, 세로 9cm이고, 제작비용은 2,420원일 때, 디자인을 변경하기 전인 기존 사원증의 둘레는 얼마인가?

① 30cm ② 31cm
③ 32cm ④ 33cm
⑤ 34cm

| 수리능력

07 K사는 동일한 제품을 A공장과 B공장에서 생산한다. A공장에서는 시간당 1,000개의 제품을 생산하고, B공장에서는 시간당 1,500개의 제품을 생산하며, 이 중 불량품은 A공장과 B공장에서 매시간 45개씩 발생한다. 지난 한 주간 A공장에서는 45시간, B공장에서는 20시간 동안 이 제품을 생산하였을 때, 생산된 제품 중 불량품의 비율은 얼마인가?

① 3.7% ② 3.8%
③ 3.9% ④ 4.0%
⑤ 4.1%

| 수리능력

08

K강사는 월요일부터 금요일까지 매일 4시간 동안 수업을 진행한다. 다음 〈조건〉에 따라 주간 NCS 강의 시간표를 짤 때, 가능한 경우의 수는 모두 몇 가지인가?(단, 4교시 수업과 다음날 1교시 수업은 연속된 수업으로 보지 않는다)

조건

- 문제해결능력 수업은 4시간 연속교육으로 진행해야 하며, 주간 총 교육시간은 4시간이다.
- 수리능력 수업은 3시간 연속교육으로 진행해야 하며, 주간 총 교육시간은 9시간이다.
- 자원관리능력 수업은 2시간 연속교육으로 진행해야 하며, 주간 총 교육시간은 4시간이다.
- 의사소통능력 수업은 1시간 교육으로 진행해야 하며, 주간 총 교육시간은 3시간이다.

① 40가지
② 80가지
③ 120가지
④ 160가지
⑤ 200가지

| 수리능력

09

어느 공연장은 1층 200석, 2층 100석으로 이루어져 있으며, 이 공연장의 주말 매표 가격은 평일 매표 가격의 1.5배로 판매되고 있다. 지난 일주일간 진행된 공연에서 1층 주말 매표 가격은 6만 원으로 책정되었으며, 모든 좌석이 매진되어 총 매표 수익만 8,800만 원에 달하였다고 할 때, 지난 주 2층 평일 매표 가격은 얼마인가?

① 2만 원
② 3만 원
③ 4만 원
④ 5만 원
⑤ 6만 원

| 수리능력

10

K사는 본사 A팀의 직원 9명 중 동일한 성별의 2명을 뽑아 지사로 출장을 보내기로 하였다. A팀의 남자 직원이 여자 직원의 두 배라고 할 때, 가능한 경우의 수는 모두 몇 가지인가?

① 18가지
② 36가지
③ 45가지
④ 72가지
⑤ 180가지

11 다음 〈조건〉에 따를 때, K사 채용공고 지원자 120명 중 회계부서 지원자는 몇 명인가?

조건
- K사는 기획, 영업, 회계부서에서 채용모집을 공고하였으며, 전체 지원자 중 신입직은 경력직의 2배였다.
- 신입직 중 기획부서에 지원한 사람은 30%이다.
- 신입직 중 영업부서와 회계부서에 지원한 사람의 비율은 3 : 1이다.
- 기획부서에 지원한 경력직은 전체의 5%이다.
- 전체 지원자 중 50%는 영업부서에 지원하였다.

① 14명 ② 16명
③ 28명 ④ 30명
⑤ 34명

12 강원도에서 시작된 장마전선이 시속 32km의 속도로 304km 떨어진 인천을 향해 이동하고 있다. 이때, 인천에 장마전선이 도달한 시각이 오후 9시 5분이라면 강원도에서 장마전선이 시작된 시각은 언제인가?(단, 장마전선은 강원도에서 발생과 동시에 이동하였다)

① 오전 10시 35분 ② 오전 11시
③ 오전 11시 35분 ④ 오후 12시
⑤ 오후 12시 35분

13 어느 물놀이 용품 제조공장에서 기계 A와 기계 B를 가동하여 튜브를 생산하고 있는데, 기계 A는 하루 최대 200개를 생산할 수 있고 불량률은 3%이며, 기계 B는 하루 최대 300개를 생산할 수 있고 불량률은 x%이다. 기계 A와 B를 동시에 가동하여 총 1,000개의 튜브를 만들었을 때 발생한 불량품이 39개라면, 기계 B의 불량률은 얼마인가?(단, 기계 A와 기계 B는 계속하여 가동하였다)

① 0.9% ② 4.5%
③ 4.8% ④ 5.25%
⑤ 11%

14 어느 강의실에 벤치형 의자를 배치하려고 하는데, 7인용 의자를 배치할 경우 4명이 착석하지 못하고, 10인용 의자를 배치할 경우 의자 2개가 남는다. 이때, 가능한 최대 인원과 최소 인원의 차이는 얼마인가?(단, 7인용 의자에는 각 의자 모두 7인이 앉아있으며, 10인용 의자 중 한 개의 의자에는 10인 미만의 인원이 앉아있고, 2개의 의자는 비어있다)

① 7명
② 14명
③ 21명
④ 28명
⑤ 70명

15 갑은 월요일부터 목요일 동안 1시부터 6시까지 학생들의 과외를 다음 〈조건〉에 따라 진행하려고 한다. 이때, 가능한 경우의 수는 모두 몇 가지인가?

조건

- 매 수업은 정각에 시작하며, 첫 수업은 1시에 시작하고, 모든 수업은 6시 이전에 종료한다.
- 모든 학생은 주 1회 수업을 한다.
- 초등학생은 1시간, 중학생은 2시간, 고등학생은 3시간을 연속하여 수업을 진행한다.
- 갑이 담당하는 학생은 초등학생 3명, 중학생 3명, 고등학생 2명이다.
- 각 학년의 수업과 수업 사이에는 1시간의 휴게시간을 가지며, 휴게시간은 연속하여 가질 수 없다.

① 48가지
② 864가지
③ 1,728가지
④ 3,456가지
⑤ 10,368가지

16 다음 기사의 내용으로 미루어 볼 때, 청년 고용시장에 대한 〈보기〉의 정부 관계자들의 태도로 가장 적절한 것은?

> 정부가 향후 3 ~ 4년을 청년실업 위기로 판단한 것은 에코세대(1991 ~ 1996년생 · 베이비부머의 자녀세대)의 노동시장 진입 때문이었다. 에코세대가 본격적으로 취업전선에 뛰어들면서 일시적으로 청년실업 상황이 더 악화될 것이라고 생각했다.
>
> 2021년을 기점으로 청년인구가 감소하기 시작하면 청년실업 문제가 일부 해소될 것이라는 정부의 전망도 이런 맥락에서 나왔다. 고용노동부 고용정책실장은 "2021년 이후 인구문제와 맞물리면 청년 고용시장 여건은 좀 더 나아질 것이라 생각한다."라고 말했다.
>
> 그러나 청년인구 감소가 청년실업 문제 완화로 이어질 것이란 생각은 지나치게 낙관적이라는 지적도 나오고 있다. 한국노동연구원 부연구위원은 "지금의 대기업과 중소기업, 정규직과 비정규직 간 일자리 질의 격차를 해소하지 않는 한 청년실업 문제는 더 심각해질 수 있다."라고 우려했다. 일자리 격차가 메워지지 않는 한 질 좋은 직장을 구하기 위해 자발적 실업상황조차 감내하는 현 청년들의 상황이 개선되지 않을 것이기 때문이다.
>
> 한국보다 먼저 청년실업 사태를 경험한 일본을 비교 대상으로 거론하는 것도 적절하지 않다는 지적이 나온다. 일본의 경우 청년인구가 줄면서 청년실업 문제는 상당 부분 해결됐다. 하지만 이는 '단카이 세대(1947 ~ 1949년에 태어난 일본의 베이비부머)'가 노동시장에서 빠져나오는 시점과 맞물렸기 때문에 가능했다. 베이비부머가 1 ~ 2차에 걸쳐 넓게 포진된 한국과는 상황이 다르다는 것이다. 한국노동연구원 부연구위원은 "일본에서도 (일자리) 질적 문제는 나타나고 있다."라며 "일자리 격차가 큰 한국에선 문제가 더 심각하게 나타날 수 있어 중장기적 대책이 필요하다."라고 말했다.

> **보기**
>
> • 기재부 1차관 : '구구팔팔(국내 사업체 중 중소기업 숫자가 99%, 중기 종사자가 88%란 뜻)'이란 말이 있다. 중소기업을 새로운 성장 동력으로 만들어야 한다. 취업에서 중소기업 선호도는 높지 않다. 여러 가지 이유 중 임금 격차도 있다. 청년에게 중소기업에 취업하고자 하는 유인을 줄 수 있는 수단이 없다. 그 격차를 메워 의사 결정의 패턴을 바꾸자는 것이다. 앞으로 에코세대가 노동시장에 진입하는 4년 정도가 중요한 시기이다.
>
> • 고용노동부 고용정책실장 : 올해부터 3 ~ 4년은 인구 문제가 크고, 그로 인한 수요 · 공급 문제가 있다. 개선되는 방향으로 가더라도 '에코세대' 대응까지 맞추기 쉽지 않다. 때문에 집중투자를 해야 한다. 3 ~ 4년 후에는 격차를 줄여가기 위한 대책도 병행하겠다. 이후부터는 청년의 공급이 줄어들기 때문에 인구 측면에서 노동시장에 유리한 조건이 된다.

① 올해를 가장 좋지 않은 시기로 평가하고 있다.
② 현재 회복국면에 있다고 판단하고 있다.
③ 실제 전망은 어둡지만, 밝은 면을 강조하여 말하고 있다.
④ 에코세대의 노동시장 진입을 통해 청년실업 위기가 해소될 것으로 기대하고 있다.
⑤ 한국의 상황이 일본보다 낫다고 평가하고 있다.

17 다음 중 보도자료의 내용으로 가장 적절한 것은?

이용자도 보행자도 안전하게, 전동킥보드 관련 규정 강화

개인형 이동장치 관련 강화된 도로교통법 시행
무면허 운전 10만 원, 안전모 미착용 2만 원, 2인 이상 탑승 4만 원 범칙금 부과
안전한 이용 문화 정착 위해 캠페인·교육 등 집중홍보 및 단속 실시

국무조정실, 국토부, 행안부, 교육부, 경찰청은 전동킥보드 등 개인형 이동장치 운전자의 안전을 강화한 도로교통법개정안이 시행됨에 따라, 개인형 이동장치의 안전한 이용문화 정착을 위해 범정부적으로 안전단속 및 홍보활동 등을 강화해 나간다고 밝혔습니다.

정부는 개인형 이동장치(PM; Personal Mobility)가 최근 새로운 교통수단으로 이용자가 증가함에 따라 안전한 운행을 유도하기 위해 지난해부터 안전기준을 충족한 개인형 이동장치에 한해 자전거도로통행을 허용했고, 그에 맞춰 자전거와 동일한 통행방법과 운전자 주의의무 등을 적용해 왔습니다. 다만, 청소년들의 개인형 이동장치 이용 증가에 대한 우려와 운전자 주의의무 위반에 대한 제재가 없어 실효성이 없다는 문제 제기가 있었고, 지난해 강화된 도로교통법이 국회를 통과하였습니다.

이번에 시행되는 개인형 이동장치와 관련된 법률의 세부 내용은 다음과 같습니다.

- (운전 자격 강화) 원동기 면허 이상 소지한 운전자에 대해서만 개인형 이동장치를 운전할 수 있도록 하고, 무면허 운전 시 10만 원의 범칙금을 부과합니다.
- (처벌 규정 신설) 인명 보호 장구 미착용(범칙금 2만 원), 승차정원 초과 탑승(범칙금 4만 원) 및 어린이(13세 미만) 운전 시 보호자(과태료 10만 원)에게 범칙금·과태료를 부과함으로써 개인형 이동장치 운전자 주의의무에 대한 이행력을 강화하였습니다.

정부는 강화된 법률의 시행을 계기로 안전한 개인형 이동장치 이용문화가 정착될 수 있도록 단속 및 캠페인 등 대국민 홍보를 강화해 나갈 계획입니다. 관계부처 – 지자체 – 유관기관 등과 함께 개인형 이동장치 이용이 많은 지하철 주변, 대학교, 공원 등을 중심으로 안전 캠페인을 실시하고, 경찰청을 중심으로 보도 통행 금지, 인명 보호 장구 미착용, 승차정원 초과 등 주요 법규 위반 행위에 대해 단속과 계도를 병행함과 동시에 홍보 활동을 진행할 예정입니다. 그리고 초·중·고 학생을 대상으로 '찾아가는 맞춤형 교육'을 실시하고, 학부모 대상 안내문을 발송하는 등 학생들이 강화된 도로교통법을 준수할 수 있도록 학교·가정에서 교육을 강화해 나갈 계획입니다. 또한, 공유 개인형 이동장치 어플 내에 안전수칙 팝업 공지, 주·정차 안내 등 개인형 이동장치 민·관 협의체와의 협력을 강화해 나갈 예정입니다. 아울러, 개인형 이동장치 안전 공익광고 영상을 TV·라디오 등에 송출하고, 카드뉴스·웹툰 등 온라인 홍보물을 제작하여 유튜브·SNS 등을 통해 확산해 나가는 한편, KTX·SRT역, 전광판, 아파트 승강기 모니터 등 국민 생활 접점 매체를 활용한 홍보도 추진해 나갈 예정입니다.

정부 관계자는 새로운 교통수단으로 개인형 이동장치의 이용객이 증가함에 따라 관련 사고*도 지속적으로 증가하는 만큼 반드시 안전수칙을 준수할 것을 당부하였습니다. 특히, 개인형 이동장치는 친환경적이고 편리한 교통수단으로, 앞으로도 지속해서 이용자가 증가할 것으로 전망되는 만큼 개인형 이동장치의 안전한 이용문화 확립이 무엇보다 중요하며, 올바른 문화가 정착할 수 있도록 국민들의 많은 관심과 참여를 강조하였습니다.

*최근 3년 PM 관련 사고(사망) 건수 : 2018년 – 225건(4명) → 2019년 – 447건(8명) → 2020년 – 897건(10명)

① 산업부는 지난해부터 안전기준을 충족한 개인형 이동장치의 자전거도로 주행을 허용하였다.
② 개인형 이동장치 중 전동킥보드는 제약 없이 자전거도로를 자유롭게 이용할 수 있다.
③ 개인형 이동장치로 인한 사망사고는 점차 감소하고 있다.
④ 13세 이상인 사람은 모두 개인형 이동장치를 운전할 수 있다.
⑤ 일반인을 대상으로 한 전동킥보드 운행 규정 관련 홍보를 진행할 예정이다.

| 전기일반

18 **다음 중 송전선에 복도체 또는 다도체를 사용하는 경우 같은 단면적의 단도체를 사용하는 경우와 비교하여 장점으로 옳지 않은 것은?**

① 코로나 방지에 가장 효과적인 방법이다.
② 전선표면의 전위경도가 감소한다.
③ 선로의 허용전류 및 송전용량이 감소한다.
④ 코로나 임계전압이 증가한다.
⑤ 인덕턴스는 감소하고 정전용량은 증가한다.

| 전기일반

19 **다음 중 가공전선로의 지지물에 시설하는 지선의 시설기준에 대한 설명으로 옳은 것은?**

① 지선에 연선을 사용할 경우에는 소선 3가닥 이상의 연선일 것
② 지선의 안전율은 2.0 이상일 것
③ 지중 부분 및 지표상 50cm까지의 부분은 내식성이 있는 것 또는 아연도금 철봉을 사용할 것
④ 지선의 허용 인장하중의 최저는 5.31kN일 것
⑤ 도로를 횡단하여 시설하는 지선의 높이는 지표상 5.5m 이상으로 할 것

| 전기일반

20 **무한장 직선 전류에 의한 자계는 전류에서의 거리에 대하여 어떤 형태로 감소하는가?**

① 쌍곡선　　② 원
③ 직선　　④ 포물선
⑤ 타원

ㅣ전기일반

21 다음 중 영구자석의 재료에 대한 설명으로 옳은 것은?

① 잔류 자속 밀도가 작고 보자력이 커야 한다.
② 잔류 자속 밀도와 보자력이 모두 커야 한다.
③ 잔류 자속 밀도가 작고 보자력이 커야 한다.
④ 잔류 자속 밀도와 보자력이 모두 작아야 한다.
⑤ 잔류 자속 밀도와 보자력과 상관이 없다.

ㅣ전기일반

22 가공전선로의 경간이 200m, 전선의 자체무게가 2kg/m이고 인장하중이 5,000kg, 안전율이 2인 경우, 전선의 이도는 몇 m인가?

① 4m ② 5m
③ 6m ④ 7m
⑤ 8m

ㅣ전기일반

23 다음 중 직류 발전기의 전기자 반작용에 의하여 나타나는 현상으로 옳지 않은 것은?

① 코일이 자극의 중심축에 있을 때도 브러시 사이에 전압을 유기시켜 불꽃을 발생시킨다.
② 직류 전압이 감소한다.
③ 자기저항을 크게 한다.
④ 주자속을 감속시켜 유도 전압을 감소시킨다.
⑤ 주자속 분포를 찌그러뜨려 중성 축을 고정시킨다.

ㅣ전기일반

24 3,000kw, 역률 75%(늦음)부하에 전력을 공급하고 있는 변전소에 콘덴서를 설치하여 역률을 93%로 향상시키고자 한다. 이때 필요한 전력용 콘덴서의 용량은 약 몇 kVA인가?

① 1,340kVA ② 1,460kVA
③ 1,570kVA ④ 1,680kVA
⑤ 1,790kVA

| 전기일반

25 무한장 직선 도체가 있다. 이 도체로부터 수직으로 0.1m 떨어진 점의 자계의 세기가 150AT/m일 때, 이 도체로부터 수직으로 0.3m 떨어진 점의 자계의 세기는 몇 AT/m인가?

① 20AT/m
② 30AT/m
③ 40AT/m
④ 50AT/m
⑤ 60AT/m

PART 1

| 전기이론

26 각변조된 신호 $s(t)=20\cos(800\pi t+10\pi\cos 7t)$가 있다. 이 신호 $s(t)$의 순시 주파수(Hz)로 옳은 것은?[단, 신호 $s(t)$는 전압이고 단위는 V이며, t의 단위는 초이다]

① $800\pi t-35\sin 7t$
② $400+35\sin 7t$
③ $400-35\sin 7t$
④ $800\pi t-20\cos 7t$
⑤ $800\pi t+20\cos 7t$

| 전기이론

27 다음 중 $f(s)=\dfrac{2s+3}{s^2+3s+2}$의 시간 함수로 옳은 것은?

① e^t-e^{-2t}
② e^t+e^{-2t}
③ $e^{-2t}-e^{-2t}$
④ $e^{-t}-e^{-2t}$
⑤ $e^{-t}+e^{-2t}$

| 전기이론

28 어떤 전기설비로 역률 0.8, 용량 200kVA인 3상 평형유도부하가 사용되고 있다. 이 부하에 병렬로 전력용 콘덴서를 설치하여 합성역률을 0.95로 개선하고자 할 때, 필요한 전력용 콘덴서의 용량은 몇 kVA인가?(단, 소수점 첫째 자리에서 반올림한다)

① 57kVA
② 62kVA
③ 67kVA
④ 72kVA
⑤ 77kVA

29 **구 내부의 전하량이 Q[C]일 때, 전속수는 몇 개인가?**

① Q

② $\frac{Q}{\varepsilon_0}$

③ $\frac{Q}{\varepsilon}$

④ 0

⑤ 4π

30 **다음 중 역률 개선으로 얻을 수 있는 효과로 옳지 않은 것은?**

① 전압변동률이 감소한다.

② 변압기 및 배전선의 부하 부담이 증가한다.

③ 설비 투자비가 경감된다.

④ 전압이 안정되므로 생산성이 증가한다.

⑤ 전기요금이 인하된다.

31 **다음 중 AWGN(Additive White Gaussian Noise)의 특징으로 옳지 않은 것은?**

① 평균값이 무한대인 비주기 신호이다.

② 전 주파수 대역에 걸쳐 전력 스펙트럼 밀도가 일정하다.

③ 통계적 성질이 시간에 따라 변하지 않는다.

④ 가우시안 분포를 형성한다.

⑤ 백색잡음에 가장 근접한 잡음으로 열잡음이 있다.

32 이상적인 변압기의 조건을 만족하는 상호 유도 회로에서 결합계수 k의 값은?(단, M은 상호 인덕턴스, L_1, L_2는 자기 인덕턴스이다)

① $k=\sqrt{ML_1L_2}$ ② $k=L_1L_2+M$

③ $k=M\sqrt{L_1L_2}$ ④ $k=\frac{M}{\sqrt{L_1L_2}}$

⑤ $k=\frac{\sqrt{L_1L_2}}{M}$

PART 1

| 전기이론

33 다음 중 이상적인 연산증폭기의 특징으로 옳지 않은 것은?

① 전압이득은 무한대이다.
② 개방상태에서 입력 임피던스가 무한대이다.
③ 출력 임피던스가 0이다.
④ 두 입력 전압이 같을 때, 출력 전압이 무한대이다.
⑤ 대역폭이 무한대이다.

| 전기이론

34 다음 중 위상의 불연속이 발생하지 않는 변조 방식은?

① MSK ② PSK
③ FSKCF ④ QAM
⑤ ASK

| 전기이론

35 다음 중 기저대역 전송(Baseband Transmission)의 조건으로 옳지 않은 것은?

① 전송에 필요로 하는 전송 대역폭이 적어야 한다.
② 타이밍 정보가 충분히 포함되어야 한다.
③ 저주파 및 고주파 성분이 제한되어야 한다.
④ 전송로상에서 발생한 에러 검출 및 정정이 가능해야 한다.
⑤ 전송 부호는 직류 성분이 포함되어야 한다.

| 전기이론

36 전기 회로에서 전류를 25% 증가시키면 저항값은 어떻게 변하는가?

① 0.5R
② 0.8R
③ 1.2R
④ 1.25R
⑤ 1.5R

| 전기이론

37 다음 중 자유공간에서 전하의 속도로 옳은 것은?

① 3×10^5m/s
② 3×10^6m/s
③ 3×10^7m/s
④ 3×10^8m/s
⑤ 3×10^9m/s

38 어떤 부하에 $e=10\sin\left(100\pi t+\frac{\pi}{6}\right)$V의 기전력을 인가하니 $i=10\cos\left(100\pi t-\frac{\pi}{3}\right)$인 전류가 흘렀다. 이 부하의 유효전력은 몇 W인가?

① 35W
② 40W
③ 45W
④ 50W
⑤ 55W

| 전기이론

39 뒤진 역률 51%, 1,000kW의 3상 부하가 있다. 여기에 콘덴서를 설치하여 역률을 72% 이상으로 개선하려고 할 때, 콘덴서의 용량은 몇 kVA인가?(단, $\sqrt{1-0.51^2}=0.86$, $\sqrt{1-0.72^2}=0.69$로 대입한다)

① 약 728kVA
② 약 738kVA
③ 약 748kVA
④ 약 758kVA
⑤ 약 768kVA

| 전기이론

40 8종류의 위상과 2종류의 진폭을 이용하는 8위상 2진폭 직교 진폭변조(QAM) 모뎀이 보율(Baud – Rate) 1,200으로 동작하고 있다면 데이터율은 몇 bps인가?

① 2,400bps
② 3,600bps
③ 4,800bps
④ 7,200bps
⑤ 9,600bps

M E M O

PART 2

직업기초능력평가

CHAPTER 01 의사소통능력

합격 CHEAT KEY

의사소통능력은 평가하지 않는 공사·공단이 없을 만큼 필기시험에서 중요도가 높은 영역으로, 세부 유형은 문서 이해, 문서 작성, 의사 표현, 경청, 기초 외국어로 나눌 수 있다. 문서 이해·문서 작성과 같은 지문에 대한 주제 찾기, 내용 일치 문제의 출제 비중이 높으며, 문서의 특성을 파악하는 문제도 출제되고 있다.

01 문제에서 요구하는 바를 먼저 파악하라!

의사소통능력에서 가장 중요한 것은 제한된 시간 안에 빠르고 정확하게 답을 찾아내는 것이다. 의사소통능력에서는 지문이 아니라 문제가 주인공이므로 지문을 보기 전에 문제를 먼저 파악해야 하며, 문제에 따라 전략적으로 빠르게 풀어내는 연습을 해야 한다.

02 잠재되어 있는 언어 능력을 발휘하라!

세상에 글은 많고 우리가 학습할 수 있는 시간은 한정적이다. 이를 극복할 수 있는 방법은 다양한 글을 접하는 것이다. 실제 시험장에서 어떤 내용의 지문이 나올지 아무도 예측할 수 없으므로 평소에 신문, 소설, 보고서 등 여러 글을 접하는 것이 필요하다.

03 상황을 가정하라!

업무 수행에 있어 상황에 따른 언어 표현은 중요하다. 같은 말이라도 상황에 따라 다르게 해석될 수 있기 때문이다. 그런 의미에서 자신의 의견을 효과적으로 전달할 수 있는 능력을 평가하는 것이다. 업무를 수행하면서 발생할 수 있는 여러 상황을 가정하고 그에 따른 올바른 언어표현을 정리하는 것이 필요하다.

04 말하는 이의 입장에서 생각하라!

잘 듣는 것 또한 하나의 능력이다. 상대방의 이야기에 귀 기울이고 공감하는 태도는 업무를 수행하는 관계 속에서 필요한 요소이다. 그런 의미에서 다양한 상황에서 듣는 능력을 평가하는 것이다. 말하는 이가 요구하는 듣는 이의 태도를 파악하고, 이에 따른 판단을 할 수 있도록 언제나 말하는 사람의 입장이 되는 연습이 필요하다.

대표기출유형

01 문서 내용 이해

| 유형분석 |

- 주어진 지문을 읽고 선택지를 고르는 전형적인 독해 문제이다.
- 지문은 주로 신문기사(보도자료 등)나 업무 보고서, 시사 등이 제시된다.
- 공사공단에 따라 자사와 관련된 내용의 기사나 법조문, 보고서 등이 출제되기도 한다.

다음 글의 내용으로 적절하지 않은 것은?

수소와 산소는 H_2와 O_2의 분자 상태로 존재한다. 수소와 산소가 화합해서 둘 분자가 되려면 이 두 분자가 충돌해야 하는데, 충돌하는 횟수가 많으면 많을수록 물 분자가 생기는 확률은 높아진다. 또한 반응하기 위해서는 분자가 원자로 분해되어야 한다. 좀 더 정확히 말한다면, 각각의 분자가 산소 원자끼리 그리고 수소 원자끼리의 결합력이 약해져야 한다. 높은 온도는 분자 간의 충돌 횟수를 증가시킬 뿐 아니라 분자를 강하게 진동시켜 분자의 결합력을 약하게 한다. 그리하여 수소와 산소는 이전까지 결합하고 있던 자신과 동일한 원자와 떨어져, 산소 원자 하나에 수소 원자 두 개가 결합한 물(H_2O)이라는 새로운 화합물이 되는 것이다.

① 수소 분자와 산소 분자가 충돌해야 물 분자가 생긴다.
② 수소 분자와 산소 분자가 원자로 분해되어야 반응을 할 수 있다.
③ 높은 온도는 분자를 강하게 진동시켜 결합력을 약하게 한다.
④ 산소 분자와 수소 분자가 각각 물(H_2O)이라는 새로운 화합물이 된다.
⑤ 산소 분자와 수소 분자의 충돌 횟수가 많아지면 물 분자가 될 확률이 높다.

정답 ④

제시문은 분자 상태의 수소와 산소가 결합하여 물이 되는 과정을 설명하는 글이다. 제시문에 따르면 수소 분자와 산소 분자가 원자로 분해되고, 분해된 산소 원자 하나와 수소 원자 두 개가 결합하여 물이라는 화합물이 생성되므로 산소 분자와 수소 분자가 각각 새로운 화합물이 된다는 내용은 적절하지 않다.

풀이 전략!

주어진 선택지에서 키워드를 체크한 후, 지문의 내용과 비교해 가면서 내용의 일치 유무를 빠르게 판단한다.

대표기출유형 01 기출응용문제

01 다음 글의 내용으로 적절하지 않은 것을 〈보기〉에서 모두 고르면?

> 찬 공기가 따뜻한 공기 쪽으로 이동하면 상대적으로 밀도가 낮은 따뜻한 공기는 찬 공기 위로 상승하게 된다. 이때 상승하는 공기가 충분한 수분을 포함하고 있다면 공기 중의 수증기가 냉각되어 작은 물방울이나 얼음 알갱이로 응결되면서 구름이 형성된다. 이 과정에서 열이 외부로 방출된다. 이때 방출된 열이 상승하는 공기에 공급되어 공기가 더 높은 고도로 상승할 수 있게 한다. 그런데 공기에 포함된 수증기의 양이 충분하지 않으면 상승하던 공기는 더 이상 열을 공급받지 못하게 되면서 주변의 대기보다 차가워지게 되고, 그렇게 되면 공기가 더 이상 상승하지 못하고 구름도 발달하기 어렵게 된다. 만일 상승하는 공기가 일반적인 공기에 비해 매우 따뜻하고 습한 공기일 경우에는 상승 과정에서 수증기가 냉각 응결하며 방출하는 열이 그 공기에 지속적으로 공급되면서 일반적인 공기보다 더 높은 고도에서도 계속 새로운 구름들을 만들어 낼 수 있다. 그렇기 때문에 따뜻하고 습한 공기는 상승하는 과정에서 구름을 생성하고 그 구름들이 아래쪽부터 연직으로 차곡차곡 쌓이게 되어 두터운 구름층을 형성하게 된다. 이렇게 형성된 구름을 적란운이라고 한다.

보기

㉠ 구름은 공기에 충분한 수분이 있을 때 생길 가능성이 높다.
㉡ 구름이 생성될 때 공기의 온도는 높아진다.
㉢ 공기가 따뜻하고 습할수록 구름을 생성하기 어렵다.
㉣ 적란운은 가로로 넓게 퍼진 형태를 띤다.

① ㉠　　② ㉣
③ ㉠, ㉡　　④ ㉡, ㉢
⑤ ㉢, ㉣

02 다음 글의 내용으로 적절하지 않은 것은?

경제학에서는 가격이 한계비용과 일치할 때를 가장 이상적인 상태라고 본다. '한계비용'이란 재화의 생산량을 한 단위 증가시킬 때 추가되는 비용을 말한다. 한계비용 곡선과 수요 곡선이 만나는 점에서 가격이 정해지면 재화의 생산 과정에 들어가는 자원이 낭비 없이 효율적으로 배분되며, 이때 사회 전체의 만족도가 가장 커진다. 가격이 한계비용보다 높아지면 상대적으로 높은 가격으로 인해 수요량이 줄면서 거래량이 따라 줄고, 결과적으로 생산량도 감소한다. 이는 사회 전체의 관점에서 볼 때 자원이 효율적으로 배분되지 못하는 상황이므로 사회 전체의 만족도가 떨어지는 결과를 낳는다.

위에서 설명한 일반 재화와 마찬가지로 수도, 전기, 철도와 같은 공익 서비스도 자원배분의 효율성을 생각하면 한계비용 수준으로 가격, 즉 공공요금을 결정하는 것이 바람직하다. 대부분의 공익 서비스는 초기 시설 투자비용은 막대한 반면 한계비용은 매우 적다. 이러한 경우, 한계비용으로 공공요금을 결정하면 공익 서비스를 제공하는 기업은 손실을 볼 수 있다.

예컨대 초기 시설 투자비용이 6억 달러이고, 톤당 1달러의 한계비용으로 수돗물을 생산하는 상수도 서비스를 가정해 보자. 이때 수돗물 생산량을 '1톤, 2톤, 3톤, …'으로 늘리면 총비용은 '6억 1달러, 6억 2달러, 6억 3달러, …'로 늘어나고, 톤당 평균비용은 '6억 1달러, 3억 1달러, 2억 1달러, …'로 지속적으로 줄어든다. 그렇지만 평균비용이 계속 줄어들더라도 한계비용 아래로는 결코 내려가지 않는다. 따라서 한계비용으로 수도 요금을 결정하면 총비용보다 총수입이 적으므로 수도 사업자는 손실을 보게 된다.

이를 해결하는 방법에는 크게 두 가지가 있다. 하나는 정부가 공익 서비스 제공 기업에 손실분만큼 보조금을 주는 것이고, 다른 하나는 공공요금을 평균비용 수준으로 정하는 것이다. 전자의 경우 보조금을 세금으로 충당한다면 다른 부문에 들어갈 재원이 줄어드는 문제가 있다. 평균비용 곡선과 수요 곡선이 교차하는 점에서 요금을 정하는 후자의 경우에는 총수입과 총비용이 같아져 기업이 손실을 보지는 않는다. 그러나 요금이 한계비용보다 높기 때문에 사회 전체의 관점에서 자원의 효율적 배분에 문제가 생긴다.

① 자원이 효율적으로 배분될 때 사회 전체의 만족도가 극대화된다.
② 정부는 공공요금을 한계비용 수준으로 유지하기 위하여 보조금 정책을 펼 수 있다.
③ 공익 서비스와 일반 재화의 생산 과정에서 자원을 효율적으로 배분하기 위한 조건은 서로 같다.
④ 가격이 한계비용보다 높은 경우에는 한계비용과 같은 경우에 비해 결국 그 재화의 생산량이 줄어든다.
⑤ 평균비용이 한계비용보다 큰 경우, 공공요금을 평균비용 수준에서 결정하면 자원의 낭비를 방지할 수 있다.

03 다음 글의 내용으로 가장 적절한 것은?

> 특허출원이란 발명자가 자신의 발명을 개인 또는 변리사를 통해 특허출원 명세서에 기재한 후 특허청에 등록 여부 판단을 받기 위해 신청하는 행위의 전반을 의미한다. 특허출원은 주로 경쟁자로부터 자신의 제품이나 서비스를 지키기 위해 이루어진다. 그러나 선두업체로 기술적 우위를 표시하기 위해 또는 벤처기업 등의 인증을 받기 위해 이루어지기도 한다. 단순하게 발명의 보호를 받아 타인의 도용을 막는 것뿐만 아니라 다양한 이유로 진행되고 있는 것이다.
>
> 특허출원 시에는 특허출원서와 특허명세서를 제출해야 한다. 특허출원서는 출원인 정보, 발명자 정보 등의 서지사항을 기재하는 문서이며, 특허명세서는 발명의 구체적인 내용을 기재하는 문서이다. 특허명세서에는 발명의 명칭, 발명의 효과, 발명의 실시를 위한 구체적인 내용, 청구범위, 도면 등의 항목들을 작성하는데, 이때 권리로 보호받고자 하는 사항을 기재하는 청구범위가 명세서의 가장 핵심적인 부분이 된다. 청구범위를 별도로 구분하는 이유는 특허등록 후 권리 범위가 어디까지인지 명확히 구분하기 위한 것이다. 청구범위가 존재하지 않는다면 상세한 설명으로 권리 범위를 판단해야 하는데, 권리 범위가 다양하게 해석된다면 분쟁의 원인이 될 수 있다.
>
> 특허를 출원할 때 많은 부분을 보호받고 싶은 마음에 청구범위를 넓게 설정하는 경우가 있다. 그러나 이는 다른 선행기술들과 저촉되는 일이 발생하게 되므로 특허가 거절될 가능성이 매우 높아진다. 그렇다고 특허등록 가능성을 높이기 위해 청구범위를 너무 좁게 설정해서도 안 된다. 청구범위가 좁을 경우 특허등록 가능성은 높아지지만, 보호 범위가 좁아져 제3자가 특허 범위를 회피할 가능성이 높아지게 된다. 따라서 기존에 존재하는 선행기술에 저촉되지 않는 범위 내에서 청구범위를 설정하는 것이 중요하다.

① 자신의 발명을 특허청에 등록하기 위해서는 반드시 본인이 특허출원 명세서를 기재해야 한다.
② 청구범위가 넓을 경우 제3자가 특허 범위를 회피할 가능성이 높아지게 된다.
③ 특허출원서는 발명의 명칭, 발명의 효과, 청구범위 등의 항목을 모두 작성하여야 한다.
④ 청구범위가 넓으면 특허등록의 가능성이 낮아지고, 좁으면 특허등록의 가능성이 높아진다.
⑤ 기업체의 특허출원은 타사로부터의 기술 도용을 방지하기 위한 것일 뿐 이를 통해 기술적 우위를 나타낼 순 없다.

대표기출유형

02 글의 주제 · 제목

| 유형분석 |

- 주어진 지문을 파악하여 전달하고자 하는 핵심 주제를 고르는 문제이다.
- 정보를 종합하고 중요한 내용을 구별하는 능력이 필요하다.
- 설명문부터 주장, 반박문까지 다양한 성격의 지문이 제시되므로 글의 성격별 특징을 알아두는 것이 좋다.

다음 글의 주제로 가장 적절한 것은?

표준화된 언어는 의사소통을 효과적으로 하기 위하여 의도적으로 선택해야 할 공용어로서의 가치가 있다. 반면에 방언은 지역이나 계층의 언어와 문화를 보존하고 드러냄으로써 국가 전체의 언어와 문화를 다양하게 발전시키는 토대로서의 가치가 있다. 이러한 의미에서 표준화된 언어와 방언은 상호 보완적인 관계에 있다. 표준화된 언어가 있기에 정확한 의사소통이 가능하며, 방언이 있기에 개인의 언어생활에서나 언어 예술 활동에서 자유롭고 창의적인 표현이 가능하다. 결국 우리는 표준화된 언어와 방언 둘 다의 가치를 인정해야 하며, 발화(發話) 상황(狀況)을 잘 고려해서 표준화된 언어와 방언을 잘 가려서 사용할 줄 아는 능력을 길러야 한다.

① 창의적인 예술 활동에서는 방언의 기능이 중요하다.
② 표준화된 언어와 방언에는 각각 독자적인 가치와 역할이 있다.
③ 정확한 의사소통을 위해서는 표준화된 언어가 꼭 필요하다.
④ 표준화된 언어와 방언을 구분할 줄 아는 능력을 길러야 한다.
⑤ 표준화된 언어는 방언보다 효용가치가 있다.

정답 ②

마지막 문장의 '표준화된 언어와 방언 둘 다의 가치를 인정'하고, '잘 가려서 사용할 줄 아는 능력을 길러야 한다.'는 내용을 바탕으로 ②와 같은 주제를 이끌어 낼 수 있다.

풀이 전략!

'결국', '즉', '그런데', '그러나', '그러므로' 등의 접속어 뒤에 주제가 드러나는 경우가 많다는 것에 주의하면서 지문을 읽는다.

01 다음 (가) ~ (마) 문단의 핵심 주제로 적절하지 않은 것은?

(가) 한 아이가 길을 가다가 골목에서 갑자기 튀어나온 큰 개에게 발목을 물렸다. 아이는 이 일을 겪은 뒤 개에 대한 극심한 불안에 시달렸다. 멀리 있는 강아지만 봐도 몸이 경직되고 호흡 곤란을 느꼈으며 심한 경우 응급실을 찾기도 하였다. 이것은 한 번의 부정적인 경험이 공포증으로 이어진 경우라고 할 수 있다.

(나) '공포증'이란 위의 경우에서 보듯이 특정 대상에 대한 과도한 두려움으로 그 대상을 계속해서 피하게 되는 증세를 말한다. 특정한 동물, 높은 곳, 비행기나 엘리베이터 등이 공포증을 유발하는 대상이 될 수 있다. 물론 일반적인 사람들도 이런 대상을 접하여 부정적인 경험을 할 수 있지만 공포증으로까지 이어지는 경우는 드물다.

(다) 심리학자 와이너는 부정적인 경험을 한 상황을 어떻게 해석하느냐에 따라 이러한 공포증이 생길 수도 있고 그렇지 않을 수도 있으며, 공포증이 지속될 수도 있고 극복될 수도 있다고 했다. 그는 상황을 해석하는 방식을 설명하기 위해 상황의 원인을 어디에서 찾느냐, 상황의 변화 가능성에 대해 어떻게 인식하느냐의 두 가지 기준을 제시했다. 상황의 원인을 자신에게서 찾으면 '내부적'으로 해석한 것이고, 자신이 아닌 다른 것에서 찾으면 '외부적'으로 해석한 것이다. 또 상황이 바뀔 가능성이 전혀 없다고 생각하면 '고정적'으로 인식한 것이고, 상황이 충분히 바뀔 수 있다고 생각하면 '가변적'으로 인식한 것이다.

(라) 와이너에 의하면, 큰 개에게 물렸지만 공포증에 시달리지 않는 사람들은 개에게 물린 상황에 대해 '내 대처 방식이 잘못되었어.'라며 내부적이고 가변적으로 해석한다. 이것은 나의 대처 방식에 따라 상황이 충분히 바뀔 수 있다고 생각하는 것이므로 이들은 개와 마주치는 상황을 굳이 피하지 않는다. 그 후 개에게 물리지 않는 상황이 반복되면 '나도 어떤 경우라도 개를 감당할 수 있어.'라며 내부적이고 고정적으로 해석하는 단계로 나아가게 된다.

(마) 반면에 공포증을 겪는 사람들은 개에 물린 상황에 대해 '나는 약해서 개를 감당하지 못해.'라며 내부적이고 고정적으로 해석하거나 '개는 위험한 동물이야.'라며 외부적이고 고정적으로 해석한다. 자신의 힘이 개보다 약하다고 생각하거나 개를 맹수로 여기는 것이므로 이들은 자신이 개에게 물린 것을 당연한 일로 받아들인다. 하지만 공포증에 시달리지 않는 사람들처럼 상황을 해석하고 개를 피하지 않는 노력을 기울이면 공포증에서 벗어날 수 있다.

① (가) : 공포증이 생긴 구체적 상황
② (나) : 공포증의 개념과 공포증을 유발하는 대상
③ (다) : 와이너가 제시한 상황 해석의 기준
④ (라) : 공포증을 겪지 않는 사람들의 상황 해석 방식
⑤ (마) : 공포증을 겪는 사람들의 행동 유형

02 다음 글의 제목으로 가장 적절한 것은?

> 제4차 산업혁명은 인공지능이 기존의 자동화 시스템과 연결되어 효율이 극대화되는 산업 환경의 변화를 의미한다.
> 2016년 세계경제포럼에서 언급되어, 유행처럼 번지는 용어가 되었다. 학자에 따라 바라보는 견해는 다르지만 대체로 기계학습과 인공지능의 발달이 그 수단으로 꼽힌다.
> 2010년대 중반부터 드러나기 시작한 제4차 산업혁명은 현재진행형이며, 그 여파는 사회 곳곳에서 드러나고 있다. 현재도 기계와 인공지능이 사람을 대체하고 있으며, 현재 일자리의 80 ~ 99%까지 대체될 것이라고 보는 견해도 있다.
> 만약 우리가 현재의 경제 구조를 유지한 채로 이와 같은 극단적인 노동 수요 감소를 맞게 된다면, 전후 미국의 대공황 등과는 차원이 다른 끔찍한 대공황이 발생할 것이다. 일자리가 줄어들수록 중·하위 계층은 사회에서 밀려날 수밖에 없는데, 자본주의 사회의 특성상 많은 비용을 수반하는 과학기술의 연구는 자본에 종속될 수밖에 없기 때문이다. 물론 지금도 이러한 현상이 없는 것은 아니지만, 아직까지는 단순노동이 필요하기 때문에 노동력을 제공하는 중·하위층들도 불합리한 부분들에 파업과 같은 실력 행사를 할 수 있었다. 그러나 앞으로 자동화가 더욱 진행되어 노동의 필요성이 사라진다면 그들을 배려해야 할 당위성은 법과 제도가 아닌 도덕이나 인권과 같은 윤리적인 영역에만 남게 되는 것이다.
> 반면에 이를 긍정적으로 생각한다면 이처럼 일자리가 없어졌을 때 극소수에 해당하는 경우를 제외한 나머지 사람들은 노동에서 완전히 해방되어, 인공지능이 제공하는 무제한적인 자원을 마음껏 향유할 수도 있을 것이다. 하지만 이러한 미래는 지금의 자본주의보다는 사회주의 경제 체제에 가깝다. 이 때문에 많은 경제학자와 미래학자들은 제4차 산업혁명 이후의 미래를 장밋빛으로 바꿔나가기 위해 기본소득제 도입 등과 같은 고민들을 이어가고 있다.

① 제4차 산업혁명의 의의
② 제4차 산업혁명의 빛과 그늘
③ 제4차 산업혁명의 위험성
④ 제4차 산업혁명에 대한 준비
⑤ 제4차 산업혁명의 시작

03 다음 글을 읽고 '한국인의 수면 시간'과 관련된 글을 쓴다고 할 때, 글의 주제로 적절하지 않은 것은?

> 인간은 평생 3분의 1 정도를 잠으로 보낸다. 잠은 낮에 사용한 에너지를 보충하고, 피로를 회복하는 중요한 과정이다. 하지만 한국인은 잠이 부족하다. 한국인의 수면 시간은 7시간 41분밖에 되지 않으며, 2016년 기준 경제협력개발기구(OECD) 회원국 가운데 꼴찌를 차지했다. 한 조사에 따르면, 전 국민의 17% 정도가 주 3회 이상 불면 증상을 갖고 있으며, 이는 연령이 높아짐에 따라 늘어났다. 이에 따라 불면증, 기면증, 수면무호흡증 등 수면장애로 병원을 찾는 사람은 2016년 기준 291만 8,976명으로 5년 사이에 13% 증가했다. 수면장애를 방치하면 삶의 질 저하는 물론 만성 두통, 심혈관계질환 등이 발생할 수 있다. 불면증은 수면 질환의 대명사로, 가장 흔하고 복합적인 질환이다. 불면증은 면역기능 저하, 인지 감퇴뿐만 아니라 일상생활에 장애를 초래할 수 있으며, 우울증, 인지장애 등을 유발할 수 있다.
>
> 코를 골며 자다가 몇 초에서 몇 분 동안 호흡을 멈추는 수면무호흡증도 있다. 이 역시 인지기능 저하와 심혈관계질환 등 합병증을 일으킨다. 특히 수면무호흡증은 비만과 관계가 깊고, 졸음운전의 원인이 되기도 한다.
>
> 최근 고령 인구 증가로 뇌 퇴행성 질환인 렘수면 행동장애(RBD; Rem Sleep Behavior Disorder)도 늘고 있다. 이 병은 잠자는 동안 악몽을 꾸면서 소리를 지르고, 팔다리를 움직이고, 벽을 치고, 침대에서 뛰어내리는 등 난폭한 행동을 한다. 이 병을 앓는 상당수는 파킨슨병, 치매 환자로 이어진다. 또한, 잠들기 전에 다리에 이상 감각이나 통증이 생기는 하지불안증후군도 수면의 질을 떨어뜨리는 병이다. 낮 동안 졸리는 기면증(嗜眠症) 역시 일상생활에 심각한 장애를 초래한다.
>
> 한 정신건강의학과 교수는 "수면 문제는 결국 심혈관계질환, 치매와 파킨슨병 등의 퇴행성 질환, 우울증, 졸음운전의 원인이 되므로 전문적인 치료를 받아야 한다."라고 했다.

① 수면장애의 종류
② 수면장애의 심각성
③ 수면 마취제의 부작용
④ 한국인의 부족한 수면 시간
⑤ 전문 치료가 필요한 수면장애

대표기출유형

03 문단 나열

| 유형분석 |

- 각 문단의 내용을 파악하고 논리적 순서에 맞게 나열하는 복합적인 문제이다.
- 전체적인 글의 흐름을 이해하는 것이 중요하며, 각 문장의 지시어나 접속어에 주의한다.

다음 문단을 논리적 순서대로 바르게 나열한 것은?

(가) 여기에 반해 동양에서는 보름달에 좋은 이미지를 부여한다. 예를 들어, 우리나라의 처녀귀신이나 도깨비는 달빛이 흐린 그믐 무렵에나 활동하는 것이다. 그런데 최근에는 동서양의 개념이 마구 뒤섞여 보름달을 배경으로 악마의 상징인 늑대가 우는 광경이 동양의 영화에 나오기도 한다.

(나) 동양에서 달은 '음(陰)'의 기운을, 해는 '양(陽)'의 기운을 상징한다는 통념이 자리를 잡았다. 그래서 달을 '태음', 해를 '태양'이라고 불렀다. 동양에서는 해와 달의 크기가 같은 덕에 음과 양도 동등한 자격을 갖춘다. 즉, 음과 양은 어느 하나가 좋고 다른 하나는 나쁜 것이 아니라 서로 보완하는 관계를 이루는 것이다.

(다) 옛날부터 형성된 이러한 동서양 간의 차이는 오늘날까지 영향을 끼치고 있다. 동양에서는 달이 밝으면 달맞이를 하는데, 서양에서는 달맞이를 자살 행위처럼 여기고 있다. 특히 보름달은 서양인들에게 거의 공포의 상징과 같은 존재이다. 예를 들어, 13일의 금요일에 보름달이 뜨게 되면 사람들이 외출조차 꺼린다.

(라) 하지만 서양의 경우는 다르다. 서양에서 낮은 신이, 밤은 악마가 지배한다는 통념이 자리를 잡았다. 따라서 밤의 상징인 달에 좋지 않은 이미지를 부여하게 되었다. 이는 해와 달의 명칭을 보면 알 수 있다. 라틴어로 해를 'Sol', 달을 'Luna'라고 하는데 정신병을 뜻하는 단어 'Lunacy'의 어원이 바로 'Luna'이다.

① (가) – (나) – (라) – (다)
② (나) – (라) – (가) – (다)
③ (나) – (라) – (다) – (가)
④ (다) – (가) – (나) – (라)
⑤ (다) – (나) – (라) – (가)

정답 ③

제시문은 동양과 서양에서 서로 다른 의미를 부여하고 있는 달에 대해 설명하고 있는 글이다. 따라서 (나) 동양에서 나타나는 해와 달의 의미 – (라) 동양과 상반되는 서양에서의 해와 달의 의미 – (다) 최근까지 지속되고 있는 달에 대한 서양의 부정적 의미 – (가) 동양에서의 변화된 달의 이미지의 순서대로 나열하는 것이 적절하다.

풀이 전략!

상대적으로 시간이 부족하다고 느낄 때는 선택지를 참고하여 문장의 순서를 생각해 본다.

대표기출유형 03 기출응용문제

※ 다음 문단을 논리적 순서대로 바르게 나열한 것을 고르시오. [1~3]

01

(가) 그러나 캐넌과 바드는 신체 반응 이후 정서가 나타난다는 제임스와 랑에의 이론에 대해 다른 의견을 제시한다. 첫째, 그들은 정서와 신체 반응은 거의 동시에 나타난다고 주장한다. 즉, 정서를 일으키는 외부 자극이 대뇌에 입력되는 것과 동시에 우리 몸의 신경계가 자극되므로, 정서와 신체 반응은 거의 동시에 발생한다는 것이다.

(나) 둘째, 특정한 신체 반응에 하나의 정서가 일대일로 대응되어 연결되는 것이 아니라고 주장한다. 즉, 특정한 신체 반응이 여러 가지 정서들에 대응되기도 한다는 것이다. 따라서 특정한 신체 반응 이후에 특정한 정서가 유발된다고 한 제임스와 랑에의 이론은 한계가 있다고 본 것이다.

(다) 이 이론에 따르면 외부자극은 인간의 신체 내부에 자율신경계의 반응을 일으키고, 정서는 이러한 신체 반응의 결과로 나타난다는 것이다. 이는 만약 우리가 인위적으로 신체 반응을 유발할 수 있다면 정서를 바꿀 수도 있다는 것을 시사해 주기도 한다.

(라) 인간의 신체 반응은 정서에 의해 유발되는 것일까? 이에 대해 제임스와 랑에는 정서에 의해 신체 반응이 유발되는 것이 아니라, 신체 반응이 오히려 정서보다 앞서 나타난다고 주장한다. 즉, 웃으니까 기쁜 감정이 생기고, 우니까 슬픈 감정이 생긴다는 것이다. 이는 외부자극에 대한 자율 신경계의 반응으로 신체의 변화가 먼저 일어나고, 이러한 변화에 대한 자각을 한 이후 공포감이나 놀라움이라는 정서를 느끼게 되었음을 보여준다.

③ (나) – (다) – (가) – (라)
① (다) – (가) – (나) – (라)
③ (다) – (라) – (나) – (가)
④ (라) – (가) – (다) – (나)
⑤ (라) – (다) – (가) – (나)

02

(가) 닭 한 마리가 없어져서 뒷집 식구들이 모두 나서서 찾았다. 그런데 앞집 부엌에서 고기 삶는 냄새가 났다. 왜 우리 닭을 잡아먹었느냐고 따지자 주인은 아니라고 잡아뗐다. 부엌에서 나는 고기 냄새는 무어냐고 물었더니, 냄새가 날 리 없다고, 아마도 네가 오랫동안 고기 맛을 보지 못해서 환장했을 거라고 면박을 줬다. 너희 집 두엄 더미에 버려진 닭 털은 어찌된 거냐고 들이대자 오리 발을 들고 나와 그것은 네 집 닭 털이 아니라 우리 집 오리털이라고 변명한다. 네 집 닭을 훔쳐 먹은 것이 아니라 우리 집 오리를 내가 잡은 것인데, 그게 무슨 죄가 되냐고 오히려 큰소리쳤다.

(나) 남의 닭을 훔쳐다 잡아먹고서 부인할 수는 있다. 그러나 뭐 뀐 놈이 성내는 것도 분수가 있지, 피해자를 가해자로 몰아 처벌하게 하는 것은 말문이 막힐 수밖에 없는 일이 아닌가. 적반하장도 유분수지, 도둑이 주인을 도둑으로 처벌해 달라고 고소하는 일은 별로 흔하지 않을 것이다.

(다) 뒷집 사람은 원님에게 불려 가게 되었다. 뒷집에서 우리 닭을 훔쳐다 잡아먹었으니 처벌해 달라고 앞집 사람이 고소했던 것이다. 이번에는 증거물이 있었다. 바로 앞집 사람이 잡아먹고 남은 닭발이었는데, 그것을 뒷집 두엄 더미에 넣어 두었던 것이다. 뒷집 사람은 앞집에서는 증조부 때 이후로 닭을 기른 적이 없다고 항변했지만 그것을 입증해 줄 만한 사람은 없었다. 뒷집 사람은 어쩔 수 없이 앞집에 닭 한 마리 값을 물어 주었다.

(라) '닭 잡아먹고 오리 발 내민다.'라는 속담이 있다. 제가 저지른 나쁜 일이 드러나게 되니 어떤 수단을 써서 남을 속이려 한다는 뜻이다. 남을 속임으로써 난감한 처지에서 벗어나고자 하는 약삭빠른 사람의 행위를 이렇게 비유해서 말하는 것이다.

① (나) – (가) – (라) – (다)
② (나) – (라) – (다) – (가)
③ (라) – (가) – (다) – (나)
④ (라) – (나) – (다) – (가)
⑤ (라) – (다) – (나) – (가)

03

(가) 결국 이를 다시 생각하면, 과거와 현재의 문화 체계와 당시 사람들의 의식 구조, 생활상 등을 역추적할 수 있다는 말이 된다. 즉, 동물의 상징적 의미가 문화를 푸는 또 하나의 열쇠이자 암호가 되는 것이다. 그리고 동물의 상징적 의미를 통해 인류의 총체인 문화의 실타래를 푸는 것은 우리는 어떤 존재인가라는 정체성에 대한 답을 하는 과정이 될 수 있다.

(나) 인류는 선사시대부터 생존을 위한 원초적 본능에서 동굴이나 바위에 그림을 그리는 일종의 신앙 미술을 창조했다. 신앙 미술은 동물에게 여러 의미를 부여하기 시작했고, 동물의 상징적 의미는 현재까지도 이어지고 있다. 1억 원 이상 복권 당첨자의 23%가 돼지꿈을 꿨다거나, 황금 돼지해에 태어난 아이는 만복을 타고난다는 속설 때문에 결혼과 출산이 줄을 이었고, 대통령 선거에서 후보들은 '두 돼지가 나타나 두 뱀을 잡아 먹는다.'라는 식으로 홍보를 하기도 했다. 이렇게 동물의 상징적 의미는 우리 시대에도 여전히 유효한 관념으로 남아 있다.

(다) 동물의 상징적 의미는 시대나 나라에 따라 변하고 새로운 역사성을 담기도 했다. 예를 들면, 뱀은 다산의 상징이자 불사의 존재이기도 했지만, 사악하고 차가운 간사한 동물로 여겨지기도 했다. 하지만 그리스에서 뱀은 지혜의 신이자, 아테네의 상징물이었고, 논리학의 상징이었다. 그리고 과거에 용은 숭배의 대상이었으나, 상상의 동물일 뿐이라는 현대의 과학적 사고는 지금의 용에 대한 믿음을 약화시키고 있다.

(라) 동물의 상징적 의미가 이렇게 다양하게 변하는 것은 문화가 살아 움직이기 때문이다. 문화는 인류의 지식, 신념, 행위의 총체로, 동물의 상징적 의미 또한 문화에 속한다. 문화는 항상 현재진행형이기 때문에 현재의 생활이 바로 문화이며, 이것은 미래의 문화로 전이된다. 문화는 과거, 현재, 미래가 따로 떨어진 게 아니라 뫼비우스의 띠처럼 연결되어 있는 것이다. 다시 말하면 그 속에 포함된 동물의 상징적 의미 또한 거미줄처럼 얽히고설켜 형성된 것으로, 그 시대의 관념과 종교, 사회·정치적 상황에 따라 의미가 달라질 수밖에 없다.

① (가) – (다) – (라) – (나)
② (나) – (다) – (라) – (가)
③ (나) – (라) – (다) – (가)
④ (다) – (나) – (라) – (가)
⑤ (다) – (라) – (가) – (나)

04 내용 추론

| 유형분석 |

- 주어진 지문을 바탕으로 도출할 수 있는 내용을 찾는 문제이다.
- 선택지의 내용을 정확하게 확인하고 지문의 정보와 비교하여 추론하는 능력이 필요하다.

다음 글을 읽고 추론한 내용으로 가장 적절한 것은?

> '쓰는 문화'가 책의 문화에서 가장 우선이다. 쓰는 이가 없이는 책이 나올 수가 없다. 그러나 지혜를 많이 갖고 있다는 것과 그것을 글로 옮길 줄 아는 것은 별개의 문제이다. 엄격하게 이야기해서 지혜는 어떤 한 가지 일에 지속적으로 매달린 사람이라면 누구나 머릿속에 쌓아두고 있는 것이다. 하지만 그것을 글로 옮기기 위해서는 특별하고도 고통스러운 훈련이 필요하다. 생각을 명료하게 정리하고, 글 맥을 이어갈 줄 알아야 하며, 그리고 줄기찬 노력을 바칠 준비가 되어 있어야 한다. 모든 국민이 책 한 권을 남길 수 있을 만큼 쓰는 문화가 발달한 사회가 도래하면, 그때에는 지혜의 르네상스가 가능할 것이다.
> '읽는 문화'의 실종, 그것이 바로 현대의 특징이다. 신문의 판매 부수가 날로 떨어져 가는 반면에 텔레비전의 시청률은 날로 증가하고 있다. 깨알 같은 글로 구성된 200쪽 이상의 책보다 그림과 여백이 압도적으로 많이 들어간 만화책 같은 것이 늘어나고 있다. 보는 문화가 읽는 문화를 대체해 가고 있다. 읽는 일에는 피로가 동반되지만 보는 놀이에는 휴식이 따라온다. 일을 저버리고 놀이만 좇는 문화가 범람하고 있지 않는가. 보는 놀이가 머리를 비게 하는 것은 너무나 당연하다. 읽는 일이 장려되지 않는 한 생각 없는 사회로 치달을 수밖에 없다. 책의 문화는 바로 읽는 일과 직결되며, 생각하는 사회를 만드는 지름길이다.

① 지혜로운 사람이 그렇지 않은 사람보다 더 논리적으로 글을 쓸 수 있다.
② 고통스러운 훈련을 견뎌야 지혜로운 사람이 될 수 있다.
③ 텔레비전을 많이 보는 사람은 그렇지 않은 사람보다 신문을 적게 읽는다.
④ 만화책은 내용과 관계없이 그림의 수준이 높을수록 더 많이 판매된다.
⑤ 사람들이 텔레비전을 많이 볼수록 생각하는 시간이 적어진다.

정답 ⑤

현대에는 텔레비전이나 만화책을 보는 문화가 신문이나 두꺼운 책을 읽는 문화를 대체하고 있다. 이처럼 휴식이 따라오는 보는 놀이는 사람들의 머리를 비게 하여 생각 없는 사회로 치닫게 한다. 따라서 사람들은 텔레비전을 보는 동안 휴식을 취하며 생각을 하지 않으므로 텔레비전을 많이 볼수록 생각하는 시간이 적어짐을 추론할 수 있다.

풀이 전략!

주어진 지문이 어떠한 내용을 다루고 있는지 파악한 후 선택지의 키워드를 확실하게 체크하고, 지문의 정보에서 도출할 수 있는 내용을 찾는다.

대표기출유형 04 기출응용문제

01 **다음 글을 읽고 보인 반응으로 가장 적절한 것은?**

> 캔 음료의 대부분은 원기둥 모양과 함께 밑바닥이 오목한 아치 형태를 이루고 있다는 것을 우리는 잘 알고 있다. 삼각기둥도 있고, 사각기둥도 있는데 왜 굳이 원기둥 모양에 밑면이 오목한 아치 형태를 고집하는 것일까? 그 이유는 수학과 과학으로 설명할 수 있다.
> 먼저, 삼각형, 사각형, 원이 있을 때 각각의 둘레의 길이가 같다면 어느 도형의 넓이가 가장 넓을까? 바로 원의 넓이이다. 즉, 같은 높이의 삼각기둥, 사각기둥, 원기둥이 있다면 이 중 원기둥의 부피가 가장 크다는 것이다. 이것은 원기둥이 음료를 많이 담을 수 있으면서도, 캔을 만들 때 사용되는 재료인 알루미늄은 가장 적게 사용된다는 것이고, 이는 생산 비용을 절감시키는 효과로 이어진다.
> 다음으로 캔의 밑바닥을 살펴보면, 같은 원기둥 모양의 캔이라도 음료 캔과 달리 참치 통조림의 경우는 밑면이 평평하다. 이 두 캔의 밑면이 다른 이유는 내용물에 '기체가 포함되느냐, 아니냐?'와 관련이 있다. 탄산음료의 경우, 이산화탄소가 팽창하면 캔 내부의 압력이 커져 폭발할 우려가 있는데, 이것을 막기 위해 캔의 밑바닥을 아치형으로 만드는 것이다. 밑바닥이 안쪽으로 오목하게 들어가면 캔의 내용물이 팽창하여 위에서 누르는 힘을 보다 효과적으로 견딜 수 있기 때문이다.

① 교량을 평평하게 만들면 차량의 하중을 보다 잘 견딜 수 있을 거야.
② 집에서 사용하는 살충제 캔의 바닥이 오목하게 들어간 것은 과학적인 이유가 있었던 거야.
③ 원기둥 모양의 음료 캔은 과학적으로 제작해서 경제성과는 관련이 없구나.
④ 우리의 갈비뼈는 체내의 압력을 견디기 위해서 활처럼 둥글게 생겼구나.
⑤ 삼각기둥 모양의 캔을 만들면 생산 비용은 원기둥보다 낮아지겠구나.

02 다음 중 밑줄 친 ㉠의 주장으로 가장 적절한 것은?

문화가 발전하려면 저작자의 권리 보호와 저작물의 공정 이용이 균형을 이루어야 한다. 저작물의 공정 이용이란 저작권자의 권리를 일부 제한하여 저작권자의 허락이 없어도 저작물을 자유롭게 이용하는 것을 말한다. 비영리적인 사적 복제를 허용하는 것이 그 예이다. 우리나라의 저작권법에서는 오래전부터 공정 이용으로 볼 수 있는 저작권 제한 규정을 두었다.
그런데 디지털 환경에서 저작물의 공정 이용은 여러 장애에 부딪혔다. 디지털 환경에서는 저작물을 원본과 동일하게 복제할 수 있고 용이하게 개작할 수 있다. 따라서 저작물이 개작되더라도 그것이 원래 창작물인지 2차적 저작물인지 알기 어렵다. 그 결과 디지털화된 저작물의 이용 행위가 공정 이용의 범주에 드는 것인지 가늠하기가 더 어려워졌고 그에 따른 처벌 위험도 커졌다.
이러한 문제를 해소하기 위한 시도의 하나로 포괄적으로 적용할 수 있는 '저작물의 정한 이용' 규정이 저작권법에 별도로 신설되었다. 그리하여 저작권자의 동의가 없어도 저작물을 공정하게 이용할 수 있는 영역이 확장되었다. 그러나 공정 이용 여부에 대한 시비가 자율적으로 해소되지 않으면 예나 지금이나 법적인 절차를 밟아 갈등을 해소해야 한다.
저작물 이용자들이 처벌에 대한 불안감을 여전히 느낀다는 점에서 저작물의 자유 이용 허락 제도와 같은 '저작물의 공유' 캠페인이 주목을 받고 있다. 이 캠페인은 저작권자들이 자신의 저작물에 일정한 이용 허락 조건을 표시해서 이용자들에게 무료로 개방하는 것을 말한다. 캠페인 참여자들은 저작권자와 이용자들의 자발적인 참여를 통해 자유롭게 활용할 수 있는 저작물의 양과 범위를 확대하려고 노력한다. 이들은 저작물의 공유가 확산되면 디지털 저작물의 이용이 활성화되고 그 결과 인터넷이 더욱 창의적이고 풍성한 정보 교류의 장이 될 것이라고 본다. 그러나 캠페인에 참여한 저작물을 이용할 때 허용된 범위를 벗어난 경우 법적 책임을 질 수 있다.
한편 ㉠ <u>다른 시각을 가진 사람</u>들도 있다. 이들은 저작물의 공유 캠페인이 확산되면 저작물을 창조하려는 사람들의 동기가 크게 감소할 것이라고 우려한다. 이들은 결과적으로 활용 가능한 저작물이 줄어들게 되어 이용자들도 피해를 당하게 된다고 주장한다. 또한 디지털 환경에서는 사용료 지불 절차 등이 간단해져서 '저작물의 공정한 이용' 규정을 별도로 신설할 필요가 없었다고 본다. 이들은 저작물의 공유 캠페인과 신설된 공정 이용 규정으로 인해 저작권자들의 정당한 권리가 침해받고 있으므로 이를 시정하는 것이 오히려 공익에 더 도움이 된다고 말한다.

① 이용 허락 조건을 저작물에 표시하면 창작 활동이 더욱 활성화된다.
② 저작권자의 정당한 권리 보호를 위해 저작물의 공유 캠페인이 확산되어야 한다.
③ 비영리적인 경우 저작권자의 동의가 없어도 복제가 허용되는 영역을 확대해야 한다.
④ 저작권자가 자신들의 노력에 상응하는 대가를 정당하게 받을수록 창작 의욕이 더 커진다.
⑤ 자신의 저작물을 자유롭게 이용하도록 양보하는 것은 다른 저작권자의 저작권 개방을 유도하여 공익을 확장시킨다.

03 다음 글을 토대로 〈보기〉에서 추론할 수 있는 내용으로 가장 적절한 것은?

독립신문은 우리나라 최초의 민간 신문이다. 사장 겸 주필(신문의 최고 책임자)은 서재필 선생이, 국문판 편집과 교정은 최고의 국어학자로 유명한 주시경 선생이, 그리고 영문판 편집은 선교사 호머 헐버트가 맡았다. 창간 당시 독립신문은 이들 세 명에 기자 두 명과 몇몇 인쇄공들이 합쳐 단출하게 시작했다.

신문은 우리가 흔히 사용하는 'A4 용지'보다 약간 큰 '국배판(218×304mm)' 크기로 제작됐고, 총 4면 중 3면은 순 한글판으로, 나머지 1면은 영문판으로 발행했다. 제1호는 '독닙신문'이고 영문판은 'Independent(독립)'로 조판했고, 내용을 살펴보면 제1면에는 대체로 논설과 광고가 실렸으며, 제2면에는 관보・외국통신・잡보가, 제3면에는 물가・우체시간표・제물포 기선 출입항 시간표와 광고가 게재됐다.

독립신문은 민중을 개화시키고 교육하기 위해 발간된 것이지만, 그 이름에서부터 알 수 있듯 스스로 우뚝 서는 독립국을 만들고자 자주적 근대화 사상을 강조했다. 창간호 표지에는 '데일권 데일호. 조선 서울 건양 원년 사월 초칠일 금요일'이라고 표기했는데, '건양(建陽)'은 조선의 연호이고, 한성 대신 서울을 표기한 점과 음력 대신 양력을 쓴 점 모두 중국 사대주의에서 벗어난 자주독립을 꾀한 것으로 볼 수 있다.

독립신문이 발행되자 사람들은 모두 깜짝 놀랄 수밖에 없었다. 순 한글로 만들어진 것은 물론 유려한 편집 솜씨에 조판과 내용까지 완벽했기 때문이다. 무엇보다 제4면을 영어로 발행해 국내 사정을 외국에 알린다는 점은 호시탐탐 한반도를 노리던 일본 당국에 큰 부담을 안겨주었고, 더는 일본 마음대로 조선의 사정을 왜곡하여 보도할 수 없게 되었다.

날이 갈수록 독립신문을 구독하려는 사람은 늘어났고, 처음에 300부씩 인쇄되던 신문이 곧 500부로, 나중에는 3,000부까지 확대되었다. 오늘날에는 한 사람이 신문 한 부를 읽으면 폐지 처리하지만, 과거에는 돌려가며 읽는 경우가 많았고 시장이나 광장에서 글을 아는 사람이 낭독해 주는 일도 빈번했기에 한 부의 독자 수는 50명에서 100명에 달했다. 이런 점을 감안해 보면 실제 독립신문의 독자 수는 10만 명을 넘어섰다고 가늠해 볼 수 있다.

보기

우리 신문이 한문은 아니 쓰고 다만 국문으로만 쓰는 것은 상하귀천이 다 보게 함이라. 또 국문을 이렇게 구절을 떼어 쓴즉 아무라도 이 신문을 보기가 쉽고 신문 속에 있는 말을 자세히 알아보게 함이라.

① 민중을 개화시키고 교육하기 위해 발간된 것으로, 역사적・정치적으로 큰 의의를 가진다.
② 교통수단도 발달하지 않던 과거에는 활자 매체인 신문이 소식 전달에 있어 절대적인 역할을 차지했다.
③ 일본이 한반도를 집어삼키려 하던 혼란기에 우리만의 신문을 펴낼 수 있었다는 것에 큰 의의가 있다.
④ 중국의 지배에서 벗어나 자주독립을 꾀하고 스스로 우뚝 서는 독립국을 만들고자 자주적 사상을 강조했다.
⑤ 한글을 사용해야 누구나 읽을 수 있다는 점을 인식해 한문우월주의에 영향을 받지 않고, 소신 있는 행보를 했다.

05 빈칸 삽입

| 유형분석 |

- 주어진 지문을 바탕으로 빈칸에 들어갈 내용을 찾는 문제이다.
- 선택지의 내용을 정확하게 확인하고 빈칸 앞뒤 문맥을 파악하는 능력이 필요하다.

다음 글의 빈칸에 들어갈 내용으로 가장 적절한 것은?

미세먼지와 황사는 여러모로 비슷하면서도 뚜렷한 차이점을 지니고 있다. 삼국사기에도 기록되어 있는 황사는 중국 내륙 내몽골 사막에 강풍이 불면서 날아오는 모래와 흙먼지를 일컫는데, 장단점이 존재했던 과거와 달리 중국 공업지대를 지난 황사에 미세먼지와 중금속 물질이 더해지며 심각한 환경문제로 대두되었다. 이와 달리 미세먼지는 일반적으로는 대기오염물질이 공기 중에 반응하여 형성된 황산염이나 질산염 등 이온 성분, 석탄・석유 등에서 발생한 탄소화합물과 검댕, 흙먼지 등 금속화합물의 유해성분으로 구성된다. 미세먼지의 경우 통념적으로는 먼지를 미세먼지와 초미세먼지로 구분하고 있지만, 대기환경과 환경 보전을 목적으로 하는 환경정책기본법에서는 미세먼지를 PM(Particulate Matter)이라는 단위로 구분한다. 즉, 미세먼지(PM_{10})의 경우 입자의 크기가 $10\mu m$ 이하인 먼지이고, 미세먼지($PM_{2.5}$)는 입자의 크기가 $2.5\mu m$ 이하인 먼지로 정의하고 있다. 이에 비해 황사는 통념적으로는 입자 크기로 구분하지 않으나 주로 지름 $20\mu m$ 이하의 모래로 구분하고 있다. 때문에 ________________

① 미세먼지의 역할 또한 분명히 존재함을 기억해야 할 것이다.
② 황사와 미세먼지의 차이를 입자의 크기만으로 구분하기는 어렵다.
③ 황사와 미세먼지의 근본적인 구별법은 그 역할에서 찾아야 할 것이다.
④ 황사 문제를 해결하기 위해서는 근본적으로 황사의 발생 자체를 억제할 필요가 있다.
⑤ 초미세먼지를 차단할 수 있는 마스크라 해도 황사와 초미세먼지를 동시에 차단하긴 어렵다.

정답 ②

미세먼지의 경우 최소 $10\mu m$ 이하의 먼지로 정의되고 있지만, 황사의 경우 주로 지름 $20\mu m$ 이하의 모래로 구분하되 통념적으로는 입자 크기로 구분하지 않는다. 따라서 $10\mu m$ 이하의 황사의 입자의 크기만으로 미세먼지와 구분하기는 어렵다.

오답분석

① 미세먼지의 역할에 대한 설명을 찾을 수 없다.
③ 제시문에서 설명하는 황사와 미세먼지의 근본적인 구별법은 구성성분의 차이이다.
④・⑤ 제시문을 통해서 알 수 없는 내용이다.

풀이 전략!

빈칸 앞뒤의 문맥을 파악한 후 선택지에서 가장 어울리는 내용을 찾는다. 빈칸 앞에 접속사가 있다면 이를 활용한다.

대표기출유형 05 기출응용문제

※ 다음 글의 빈칸에 들어갈 내용으로 가장 적절한 것을 고르시오. [1~3]

01

전통문화는 근대화의 과정에서 해체되는 것인가, 아니면 급격한 사회 변동의 과정에서도 유지될 수 있는 것인가? 전통문화의 연속성과 재창조는 왜 필요하며, 어떻게 이루어지는가? 외래문화의 토착화(土着化), 한국화(韓國化)는 사회 변동과 문화 변화의 과정에서 무엇을 의미하는가? 이상과 같은 의문들은 오늘날 한국 사회에서 논란의 대상이 되고 있으며, 입장에 따라 상당한 견해 차이도 드러내고 있다.

전통의 유지와 변화에 대한 견해 차이는 오늘날 한국 사회에서 단순하게 보수주의와 진보주의의 차이로 이해될 성질의 것이 아니다. 한국 사회의 근대화는 이미 한 세기의 역사를 가지고 있으며, 앞으로도 계속되어야 할 광범하고 심대(深大)한 사회 구조적 변동이다. 그렇기 때문에, 보수주의적 성향을 가진 사람들도 전통문화의 변질을 어느 정도 수긍하지 않을 수 없는가 하면, 사회 변동의 강력한 추진 세력 또한 문화적 전통의 확립을 주장하지 않을 수 없다.

또한 한국 사회에서 전통문화의 변화에 관한 논의는 단순히 외래문화이냐 전통문화이냐의 양자택일적인 문제가 될 수 없다는 것도 명백하다. 근대화는 전통문화의 연속성과 변화를 다 같이 필요로 하며, 외래문화의 수용과 그 토착화 등을 다 같이 요구하는 것이기 때문이다. 그러므로 전통을 계승하고 외래문화를 수용할 때에 무엇을 취하고 무엇을 버릴 것이냐 하는 문제도 단순히 문화의 보편성(普遍性)과 특수성(特殊性)이라고 하는 기준에서만 다룰 수 없다. 근대화라고 하는 사회 구조적 변동이 문화 변화를 결정지을 것이기 때문에, 전통문화의 변화 문제를 __________에서 다루어 보는 분석이 매우 중요하리라고 생각한다.

① 보수주의의 시각
② 진보주의의 시각
③ 사회 변동의 시각
④ 외래와 전통의 시각
⑤ 보편성과 특수성의 시각

02

> 동물들은 홍채에 있는 근육의 수축과 이완을 통해 눈동자를 크게 혹은 작게 만들어 눈으로 들어오는 빛의 양을 조절하므로 눈동자 모양이 원형인 것이 가장 무난하다. 그런데 고양이와 늑대와 같은 육식동물은 세로로, 양이나 염소와 같은 초식동물은 가로로 눈동자 모양이 길쭉하다. 특별한 이유가 있는 것일까?
> 육상동물 중 모든 육식동물의 눈동자가 세로로 길쭉한 것은 아니다. 주로 매복형 육식동물의 눈동자가 세로로 길쭉하다. 이는 숨어서 기습을 하는 사냥 방식과 밀접한 관련이 있는데, 세로로 길쭉한 눈동자가 ______________________________
> 일반적으로 매복형 육식동물은 양쪽 눈으로 초점을 맞춰 대상을 보는 양안시로, 각 눈으로부터 얻는 영상의 차이인 양안시차를 하나의 입체 영상으로 재구성하면서 물체와의 거리를 파악한다. 그런데 이러한 양안시차뿐만 아니라 거리지각에 대한 정보를 주는 요소로 심도 역시 중요하다. 심도란 초점이 맞는 공간의 범위를 말하며, 심도는 눈동자의 크기에 따라 결정된다. 즉, 눈동자의 크기가 커져 빛이 많이 들어오게 되면, 커지기 전보다 초점이 맞는 범위가 좁아진다. 이렇게 초점의 범위가 좁아진 경우를 '심도가 얕다.'고 하며, 반대인 경우를 '심도가 깊다.'고 한다.

① 사냥감의 주변 동태를 정확히 파악하는 데 효과적이기 때문이다.
② 사냥감의 움직임을 정확히 파악하는 데 효과적이기 때문이다.
③ 사냥감의 위치를 정확히 파악하는 데 효과적이기 때문이다.
④ 사냥감과의 거리를 정확히 파악하는 데 효과적이기 때문이다.
⑤ 사냥감과의 경로를 정확히 파악하는 데 효과적이기 때문이다.

03

오늘날 인류가 왼손보다 오른손을 선호하는 경향은 어디서 비롯되었을까? 오른손을 귀하게 여기고 왼손을 천대하는 현상은 어쩌면 산업화 이전 사회에서 배변 후 사용할 휴지가 없었다는 사실과 관련이 있을 법하다. 맨손으로 배변 뒤처리를 하는 것은 불쾌할 뿐더러 병균을 옮길 위험을 수반하는 일이었다. 이러한 위험성을 낮추는 간단한 방법은 음식을 먹거나 인사할 때 다른 손을 사용하는 것이었다. 기술 발달 이전의 사회에서는 대개 왼손을 배변 뒤처리에, 오른손을 먹고 인사하는 일에 사용했다.

이러한 배경은 인간 사회에 널리 나타나는 '오른쪽'에 대한 긍정과 '왼쪽'에 대한 반감을 어느 정도 설명해 줄 수 있으리라고 생각되었다. 그러나 이 설명은 왜 애초에 오른손이 먹는 일에, 그리고 왼손이 배변 처리에 사용되었는지 설명해 주지 못한다. ______________________________ 따라서 근본적인 설명은 다른 곳에서 찾아야 할 것이다.

한쪽 손을 주로 쓰는 경향은 뇌의 좌우반구의 기능 분화와 관련되어 있는 것으로 보인다. 보고된 증거에 따르면, 왼손잡이는 읽기와 쓰기, 개념적·논리적 사고 같은 좌반구 기능에서 오른손잡이보다 상대적으로 미약한 대신 상상력, 패턴 인식, 창의력 등 전형적인 우반구 기능에서는 상대적으로 기민한 경우가 많다.

이성 대 직관의 힘겨루기, 뇌의 두 반구 사이의 힘겨루기가 오른손과 왼손의 힘겨루기로 표면화된 것이 아닐까 생각해 볼 수 있다. 즉, 오른손이 원래 왼손보다 더 능숙했기 때문이 아니라 뇌의 좌반구가 인간의 행동을 지배하는 권력을 갖게 되었기 때문에 오른손 선호에 이르렀다는 것이다.

① 기능적으로 왼손이 오른손보다 섬세하기 때문이다.
② 현대사회에 들어서 왼손잡이가 늘어나고 있기 때문이다.
③ 모든 사람들이 오른쪽을 선호하는 것이 아니기 때문이다.
④ 동서양을 막론하고 왼손잡이 사회는 확인된 바가 없기 때문이다.
⑤ 양손의 기능을 분담시키지 않는 사람이 존재할 수도 있기 때문이다.

대표기출유형

06 맞춤법 · 어휘

| 유형분석 |

- 맞춤법에 맞는 단어를 찾거나 주어진 지문의 내용에 어울리는 단어를 찾는 문제가 주로 출제된다.
- 단어 사이의 관계에 대한 문제가 출제되므로 뜻이 비슷하거나 반대되는 단어를 함께 학습하는 것이 좋다.
- 자주 출제되는 단어나 헷갈리는 단어에 대한 학습을 꾸준히 하는 것이 좋다.

다음 중 밑줄 친 부분의 맞춤법이 옳은 것은?

① 그는 손가락으로 북쪽을 가르켰다.

② 뚝배기에 담겨 나와서 시간이 지나도 식지 않았다.

③ 열심히 하는 것은 좋은데 촛점이 틀렸다.

④ 세영이는 몸이 너무 약해서 보약을 다려 먹어야겠다.

⑤ 벽을 가득 덮고 있는 덩쿨 덕에 여름 분위기가 난다.

정답 ②

'찌개 따위를 끓이거나 설렁탕 따위를 담을 때 쓰는 그릇'을 뜻하는 어휘는 '뚝배기'이다.

오답분석

① '손가락 따위로 어떤 방향이나 대상을 집어서 보이거나 말하거나 알리다.'의 의미를 가진 어휘는 '가리키다'이다.

③ '사람들의 관심이나 주의가 집중되는 사물의 중심 부분'의 의미를 가진 어휘는 '초점'이다.

④ '액체 따위를 끓여서 진하게 만들다, 약재 따위에 물을 부어 우러나도록 끓이다.'의 의미를 가진 어휘는 '달이다'이다(다려 → 달여).

⑤ '길게 뻗어 나가면서 다른 물건을 감기도 하고 땅바닥에 퍼지기도 하는 식물의 줄기'의 의미를 가진 어휘는 '넝쿨' 또는 '덩굴'이다.

풀이 전략!

문제에서 물어보는 단어를 정확히 확인해야 하고, 문제에서 다루고 있는 단어의 앞뒤 내용을 읽고 글의 전체적 흐름을 생각하며 문제에 접근해야 한다.

대표기출유형 06 기출응용문제

01 다음 밑줄 친 단어의 맞춤법이 옳지 않은 것은?

① 우리는 첨단산업을 개발하고 육성해야 한다.
② 기술자가 없어서 고가의 장비를 썩이고 있다.
③ 생선 장수들이 좌판을 벌이고 손님을 맞아들였다.
④ 메모지를 벽에 덕지덕지 붙여 놓아 지저분해 보인다.
⑤ 언제인지 모르게 그 아이가 자신과 맞먹고 있다는 걸 느꼈다.

02 다음 중 밑줄 친 부분의 띄어쓰기가 옳지 않은 것은?

① 휴가철 비행기 값이 너무 비싼데 그냥 헤엄쳐 갈까 보다.
② 그 문제를 깊이 파고들어보면 다양한 조건들이 얽혀 있음을 알 수 있다.
③ 감독은 처음부터 그 선수를 마음에 들어 했다.
④ 지나가는 사람을 붙잡고 그를 보았는지 물어도 보았다.
⑤ 모르는 것을 아는체하지 말고, 아는 것에 만족해하지 마라.

03 다음 밑줄 친 ㉠~㉤의 쓰임이 적절하지 않은 것은?

> 현행 수입화물의 프로세스는 ㉠ 적하(積荷) 목록 제출, 입항, 하선, 보세운송, 보세구역 반입, 수입신고, 수입신고 수리, ㉡ 반출(搬出)의 절차를 이행하고 있다. 입항 전 수입신고는 5% 내외에 머무르고, 대부분의 수입신고가 보세구역 반입 후에 행해짐에 따라 보세운송 절차와 보세구역 반입 절차가 반드시 ㉢ 인도(引導)되어야 했다. 하지만 새로운 제도가 도입되면 해상화물의 적하 목록 제출 시기가 ㉣ 적재(積載) 24시간 전(근거리 출항 전)으로 앞당겨져 입항 전 수입신고가 일반화될 수 있는 여건이 조성될 것이다. 따라서 수입화물 프로세스가 적하 목록 제출, 수입신고, 수입신고 수리, 입항, 반출의 절차를 거침에 따라 화물반출을 위한 세관 절차가 입항 전에 종료되므로 보세운송, 보세구역 반입이 생략되어 수입화물을 신속하게 ㉤ 화주(貨主)에게 인도할 수 있게 된다.

① ㉠ 적하(積荷)
② ㉡ 반출(搬出)
③ ㉢ 인도(引導)
④ ㉣ 적재(積載)
⑤ ㉤ 화주(貨主)

CHAPTER 02

수리능력

합격 CHEAT KEY

수리능력은 사칙 연산 · 통계 · 확률의 의미를 정확하게 이해하고 이를 업무에 적용하는 능력으로, 기초 연산과 기초 통계, 도표 분석 및 작성의 문제 유형으로 출제된다. 수리능력 역시 채택하지 않는 공사 · 공단이 거의 없을 만큼 필기시험에서 중요도가 높은 영역이다.

특히, 난이도가 높은 공사 · 공단의 시험에서는 도표 분석, 즉 자료 해석 유형의 문제가 많이 출제되고 있고, 응용 수리 역시 꾸준히 출제하는 공사 · 공단이 많기 때문에 기초 연산과 기초 통계에 대한 공식의 암기와 자료 해석 능력을 기를 수 있는 꾸준한 연습이 필요하다.

01 응용 수리의 공식은 반드시 암기하라!

응용 수리는 공사 · 공단마다 출제되는 문제는 다르지만, 사용되는 공식은 비슷한 경우가 많으므로 자주 출제되는 공식을 반드시 암기하여야 한다. 문제에서 묻는 것을 정확하게 파악하여 그에 맞는 공식을 적절하게 적용하는 꾸준한 노력과 공식을 암기하는 연습이 필요하다.

02 자료의 해석은 자료에서 즉시 확인할 수 있는 지문부터 확인하라!

수리능력 중 도표 분석, 즉 자료 해석 능력은 많은 시간을 필요로 하는 문제가 출제되므로, 증가・감소 추이와 같이 눈으로 확인이 가능한 지문을 먼저 확인한 후 복잡한 계산이 필요한 지문을 확인하는 방법으로 문제를 풀이한다면 시간을 조금이라도 아낄 수 있다. 또한, 여러 가지 보기가 주어진 문제 역시 지문을 잘 확인하고 문제를 풀이한다면 불필요한 계산을 생략할 수 있으므로 항상 지문부터 확인하는 습관을 들여야 한다.

03 도표 작성에서 지문에 작성된 도표의 제목을 반드시 확인하라!

도표 작성은 하나의 자료 혹은 보고서와 같은 수치가 표현된 자료를 도표로 작성하는 형식으로 출제되는데, 대체로 표보다는 그래프를 작성하는 형태로 많이 출제된다. 지문을 살펴보면 각 지문에서 주어진 도표에도 소제목이 있는 경우가 대부분이다. 이때, 자료의 수치와 도표의 제목이 일치하지 않는 경우 함정이 존재하는 문제일 가능성이 높으므로 도표의 제목을 반드시 확인하는 것이 중요하다.

대표기출유형

01 응용 수리

| 유형분석 |

- 문제에서 제공하는 정보를 파악한 뒤, 사칙연산을 활용하여 계산하는 전형적인 수리문제이다.
- 문제를 풀기 위한 정보가 산재되어 있는 경우가 많으므로 주어진 조건 등을 꼼꼼히 확인해야 한다.

종욱이는 25,000원짜리 피자 두 판과 8,000원짜리 샐러드 세 개를 주문했다. 통신사 멤버십 혜택으로 피자는 15%, 샐러드는 25%를 할인받았고, 이벤트로 총금액의 10%를 추가 할인받았다고 한다. 종욱이가 할인받은 금액은 얼마인가?

① 12,150원　　② 13,500원

③ 15,700원　　④ 18,600원

⑤ 19,550원

정답 ⑤

할인받기 전 종욱이가 내야 할 금액은 25,000×2+8,000×3=74,000원이다.

통신사 할인과 이벤트 할인을 적용한 금액은 (25,000×2×0.85+8,000×3×0.75)×0.9=54,450원이다.

따라서 종욱이가 할인받은 금액은 74,000−54,450=19,550원이다.

풀이 전략!

문제에서 묻는 바를 정확하게 확인한 후, 필요한 조건 또는 정보를 구분하여 신속하게 풀어 나간다. 단, 계산에 착오가 생기지 않도록 유의한다.

대표기출유형 01 기출응용문제

01 둘레가 6km인 공원을 나래는 자전거를 타고, 진혁이는 걷기로 했다. 두 사람이 같은 방향으로 돌면 1시간 30분 후에 다시 만나고, 서로 반대 방향으로 돌면 1시간 후에 만난다. 이때, 나래의 속력은?

① 4.5km/h
② 5km/h
③ 5.5km/h
④ 6km/h
⑤ 6.5km/h

02 농도가 10%인 소금물 200g에 농도가 15%인 소금물을 섞어서 농도가 13%인 소금물을 만들려고 한다. 이때, 농도가 15%인 소금물은 몇 g이 필요한가?

① 150g
② 200g
③ 250g
④ 300g
⑤ 350g

03 전체 인원이 1,000명인 고등학교에서 성별에 따른 학력평가점수 평균을 알아보니 남학생은 45점, 여학생은 60점이었다. 남학생과 여학생 전체 평균점수가 51점일 때, 여학생은 총 몇 명인가?

① 400명
② 450명
③ 500명
④ 550명
⑤ 600명

04 다음 〈조건〉을 참고할 때, 가능한 乙의 나이는?

조건

- 甲과 乙은 부부이다. a는 甲의 동생, b, c는 아들과 딸이다.
- 甲은 乙보다 나이가 많거나 동갑이다.
- a, b, c 나이의 곱은 2,450이다.
- a, b, c 나이의 합은 46이다.
- a의 나이는 19 ~ 34세 중 하나이다.
- 甲과 乙의 나이의 합은 아들과 딸 나이의 합의 4배이다.

① 42세
② 43세
③ 44세
④ 45세
⑤ 46세

05 김대리 혼자 프로젝트를 진행하면 16일이 걸리고 최사원 혼자 프로젝트를 진행하면 48일이 걸릴 때, 두 사람이 함께 프로젝트를 진행하는 데 소요되는 기간은?

① 12일
② 13일
③ 14일
④ 15일
⑤ 16일

06 1, 1, 1, 2, 2, 3을 가지고 여섯 자릿수를 만들 때, 가능한 경우의 수는 모두 몇 가지인가?

① 30가지
② 60가지
③ 120가지
④ 240가지
⑤ 480가지

07 테니스 동아리에서 테니스장 사용료를 내려고 한다. 모두 같은 금액으로 한 명당 5,500원씩 내면 3,000원이 남고 5,200원씩 내면 300원이 부족하다. 이때, 테니스장 사용료는 얼마인가?

① 37,500원
② 47,500원
③ 57,500원
④ 67,500원
⑤ 77,500원

08 어느 황색 점멸 신호등은 6초 점등 후 4초 소등되고, 맞은편 신호등은 8초 점등 후 6초 소등된다고 한다. 두 신호등이 동시에 켜진 후 다시 처음으로 동시에 점등될 때는 몇 초 후인가?

① 40초
② 50초
③ 60초
④ 70초
⑤ 80초

09 철수는 다음과 같은 길을 따라 A에서 C까지 최단 거리로 이동하려고 한다. 이때, 최단 거리로 이동하는 동안 점 B를 거쳐서 이동하는 경우의 수는?

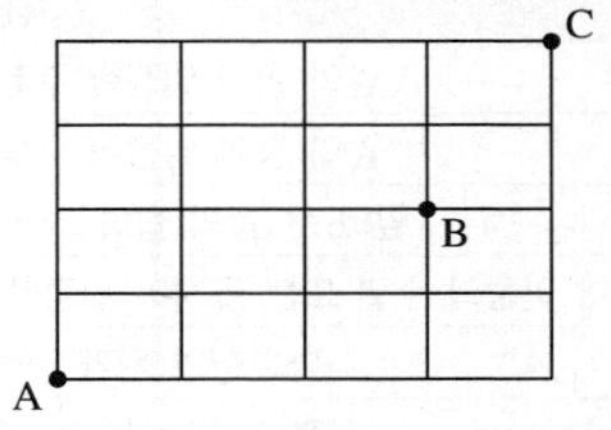

① 15가지
② 24가지
③ 28가지
④ 30가지
⑤ 32가지

02 수열 규칙

| 유형분석 |

- 나열된 수의 규칙을 찾아 해결하는 문제이다.
- 등차·등비수열 등 다양한 수열 규칙에 대한 사전 학습이 요구된다.

다음과 같이 일정한 규칙으로 수를 나열할 때, 빈칸에 들어갈 수는 무엇인가?

0　3　5　10　17　29　48　(　)

① 55　　② 60
③ 71　　④ 79
⑤ 82

정답 ④

제시된 수열은 n을 자연수라 하면 $(n+1)$항에서 n항을 더하고 $+2$를 한 값이 $(n+2)$항이 되는 수열이다.
따라서 (　)$=48+29+2=79$이다.

풀이 전략!

- 수열을 풀이할 때는 다음과 같은 규칙이 적용되는지를 순차적으로 판단한다.
  1) 각 항에 일정한 수를 사칙연산(+, −, ×, ÷)하는 규칙
  2) 홀수 항, 짝수 항 규칙
  3) 피보나치 수열과 같은 계차를 이용한 규칙
  4) 군수열을 활용한 규칙
  5) 항끼리 사칙연산을 하는 규칙

주요 수열 규칙

구분	내용
등차수열	앞의 항에 일정한 수를 더해 이루어지는 수열
등비수열	앞의 항에 일정한 수를 곱해 이루어지는 수열
피보나치 수열	앞의 두 항의 합이 그 다음 항의 수가 되는 수열
건너뛰기 수열	두 개 이상의 수열 또는 규칙이 일정한 간격을 두고 번갈아가며 적용되는 수열
계차수열	앞의 항과 차가 일정하게 증가하는 수열
군수열	일정한 규칙성으로 몇 항씩 묶어 나눈 수열

대표기출유형 02 기출응용문제

※ 다음과 같이 일정한 규칙으로 수를 나열할 때, 빈칸에 들어갈 수를 고르시오. [1~2]

01

3　−10　−4　−7　10　−1　(　)　8

① 4
② −12
③ 8
④ −18
⑤ 20

02

3　5　11　21　43　(　)　171　341　683

① 85
② 90
③ 95
④ 100
⑤ 105

03 다음과 같이 일정한 규칙으로 수를 나열할 때, B−A를 구하면?

1　2　A　5　8　13　21　B

① 22
② 25
③ 28
④ 30
⑤ 31

대표기출유형

03 자료 계산

| 유형분석 |

- 제시된 자료를 통해 문제에서 주어진 특정한 값을 계산하거나 자료의 변동량을 구할 수 있는지 평가하는 유형이다.
- 자료상에 주어진 공식을 활용하는 계산문제와 증감률, 비율, 합, 차 등을 활용한 문제가 출제된다.
- 출제 비중은 낮지만, 숫자가 큰 경우가 많으므로 제시된 수치와 조건을 꼼꼼히 확인하여 정확하게 계산하는 것이 중요하다.

다음 자료를 토대로 하루 동안 고용할 수 있는 최대 인원은?

총예산	본예산	500,000원
	예비비	100,000원
인건비	1인당 수당	50,000원
	산재보험료	(수당)×0.504%
	고용보험료	(수당)×1.3%

① 10명 ② 11명
③ 12명 ④ 13명
⑤ 14명

정답 ②

- (1인당 하루 인건비)=(1인당 수당)+(산재보험료)+(고용보험료)
  =50,000+50,000×0.504%+50,000×1.3%
  =50,000+252+650=50,902원
- (하루에 고용할 수 있는 인원수)=[(본예산)+(예비비)]÷(하루 1인당 인건비)
  =600,000÷50,902≒11.8

따라서 하루 동안 고용할 수 있는 최대 인원은 11명이다.

풀이 전략!

계산을 위해 필요한 정보를 도표에서 확인하도록 하며, 복잡한 계산을 하기 전에 조건을 꼼꼼하게 확인하여 실수를 줄일 수 있도록 한다.

01 다음은 농구 경기에서 갑 ~ 정 4개 팀의 월별 득점에 대한 자료이다. 빈칸에 들어갈 수치로 옳은 것은?(단, 각 수치는 매월 일정한 규칙으로 변화한다)

〈월별 득점 현황〉

(단위 : 점)

구분	1월	2월	3월	4월	5월	6월	7월	8월	9월	10월
갑	1,024	1,266	1,156	1,245	1,410	1,545	1,205	1,365	1,875	2,012
을	1,352	1,702	2,000	1,655	1,320	1,307	1,232	1,786	1,745	2,100
병	1,078	1,423	( )	1,298	1,188	1,241	1,357	1,693	2,041	1,988
정	1,298	1,545	1,658	1,602	1,542	1,611	1,080	1,458	1,579	2,124

① 1,358
② 1,397
③ 1,450
④ 1,498
⑤ 1,522

02 다음은 연령대별 경제활동 인구에 대한 자료이다. 경제활동 참가율이 가장 높은 연령대와 가장 낮은 연령대의 차이는 얼마인가?(단, 경제활동 참가율은 소수점 둘째 자리에서 반올림한다)

〈연령대별 경제활동 인구〉

(단위 : 천 명)

구분	전체 인구	경제활동 인구	취업자	실업자	비경제활동 인구	실업률(%)
15 ~ 19세	2,944	265	242	23	2,679	8.7
20 ~ 29세	6,435	4,066	3,724	342	2,369	8.3
30 ~ 39세	7,519	5,831	5,655	176	1,688	3
40 ~ 49세	8,351	6,749	6,619	130	1,602	1.9
50 ~ 59세	8,220	6,238	6,124	114	1,982	1.8
60세 이상	10,093	3,885	3,804	81	6,208	2.1
합계	43,562	27,034	26,168	866	16,528	25.8

※ $[\text{경제활동 참가율}(\%)]=\frac{(\text{경제활동 인구})}{(\text{전체 인구})}\times 100$

① 54.2%p
② 66.9%p
③ 68.6%p
④ 71.8%p
⑤ 80.8%p

대표기출유형

04 자료 이해

| 유형분석 |

- 제시된 자료를 분석하여 선택지의 정답 유무를 판단하는 문제이다.
- 자료의 수치 등을 통해 변화량이나 증감률, 비중 등을 비교하여 판단하는 문제가 자주 출제된다.
- 지원하고자 하는 기업이나 산업과 관련된 자료 등이 문제의 자료로 많이 다뤄진다.

다음은 도시폐기물량 상위 10개국의 도시폐기물량지수와 한국의 도시폐기물량을 나타낸 자료이다. 이에 대한 설명으로 옳은 것을 〈보기〉에서 모두 고르면?

〈도시폐기물량 상위 10개국의 도시폐기물량지수〉

순위	2021년		2022년		2023년		2024년	
	국가	지수	국가	지수	국가	지수	국가	지수
1	미국	12.05	미국	11.94	미국	12.72	미국	12.73
2	러시아	3.40	러시아	3.60	러시아	3.87	러시아	4.51
3	독일	2.54	브라질	2.85	브라질	2.97	브라질	3.24
4	일본	2.53	독일	2.61	독일	2.81	독일	2.78
5	멕시코	1.98	일본	2.49	일본	2.54	일본	2.53
6	프랑스	1.83	멕시코	2.06	멕시코	2.30	멕시코	2.35
7	영국	1.76	프랑스	1.86	프랑스	1.96	프랑스	1.91
8	이탈리아	1.71	영국	1.75	이탈리아	1.76	터키	1.72
9	터키	1.50	이탈리아	1.73	영국	1.74	영국	1.70
10	스페인	1.33	터키	1.63	터키	1.73	이탈리아	1.40

※ $(\text{도시폐기물량지수})=\frac{(\text{해당 연도 해당 국가의 도시폐기물량})}{(\text{해당 연도 한국의 도시폐기물량})}$

〈한국의 도시폐기물량〉

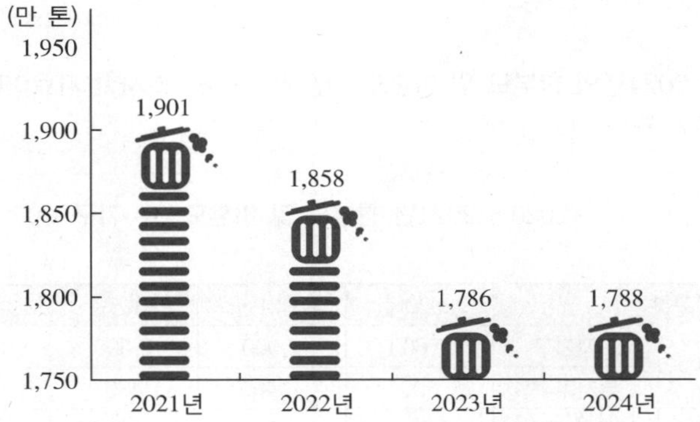

보기

㉠ 2024년 도시폐기물량은 미국이 일본의 4배 이상이다.
㉡ 2023년 러시아의 도시폐기물량은 8,000만 톤 이상이다.
㉢ 2024년 스페인의 도시폐기물량은 2021년에 비해 감소하였다.
㉣ 영국의 도시폐기물량은 터키의 도시폐기물량보다 매년 많다.

① ㉠, ㉢　　② ㉠, ㉣
③ ㉡, ㉢　　④ ㉡, ㉣
⑤ ㉢, ㉣

정답 ①

㉠ 제시된 자료의 각주에 의해 같은 해의 각국의 도시폐기물량지수는 그 해 한국의 도시폐기물량을 기준하여 도출된다. 즉, 같은 해의 여러 국가의 도시폐기물량을 비교할 때 도시폐기물량지수로도 비교가 가능하다. 따라서 2024년 미국과 일본의 도시폐기물량지수는 각각 12.73, 2.530이며, $2.53\times4=10.12<12.73$이므로 옳은 설명이다.

㉢ 2021년 한국의 도시폐기물량은 1,901만 톤이므로 2021년 스페인의 도시폐기물량은 $1,901\times1.33=2,528.33$만 톤이다. 도시폐기물량 상위 10개국의 도시폐기물량지수 자료를 보면 2024년 스페인의 도시폐기물량지수는 상위 10개국에 포함되지 않았음을 확인할 수 있다. 즉, 스페인의 도시폐기물량은 도시폐기물량지수 10위인 이탈리아의 도시폐기물량보다 적다. 2024년 한국의 도시폐기물량은 1,788만 톤이므로 이탈리아의 도시폐기물량은 $1,788\times1.40=2,503.2$만 톤이다. 즉, 2024년 이탈리아의 도시폐기물량은 2021년 스페인의 도시폐기물량보다 적다. 따라서 2024년 스페인의 도시폐기물량은 2021년에 비해 감소했다.

오답분석

㉡ 2023년 한국의 도시폐기물량은 1,786만 톤이므로 2023년 러시아의 도시폐기물량은 $1,786\times3.87=6,911.82$만 톤이다.
㉣ 2024년의 경우 터키의 도시폐기물량지수는 영국보다 높다. 따라서 2024년 영국의 도시폐기물량은 터키의 도시폐기물량보다 적다.

풀이 전략!

평소 변화량이나 증감률, 비중 등을 구하는 공식을 알아두고 있어야 하며, 지원하는 기업이나 산업에 관한 자료 등을 확인하여 비교하는 연습 등을 해야 한다.

대표기출유형 04 기출응용문제

01 다음은 2020 ~ 2024년의 한부모 및 미혼모·부 가구 수를 조사한 자료이다. 이에 대한 설명으로 옳지 않은 것은?

〈2020 ~ 2024년 한부모 및 미혼모·부 가구 수〉

(단위 : 천 명)

구분		2020년	2021년	2022년	2023년	2024년
한부모 가구	모자가구	1,600	2,000	2,500	3,600	4,500
	부자가구	300	340	480	810	990
미혼모·부 가구	미혼모 가구	80	68	55	72	80
	미혼부 가구	28	17	22	27	30

① 한부모 가구 중 모자가구 수는 2023년을 제외하고 매년 1.25배씩 증가한다.
② 한부모 가구에서 부자가구가 모자가구 수의 20%를 초과한 연도는 2023년과 2024년이다.
③ 2023년 미혼모 가구 수는 모자가구 수의 2%이다.
④ 2021 ~ 2024년 전년 대비 미혼모 가구와 미혼부 가구 수의 증감 추이가 바뀌는 연도는 동일하다.
⑤ 2021년 부자가구 수는 미혼부 가구 수의 20배이다.

02 다음은 주요 5개국의 경제 및 사회 지표이다. 이에 대한 설명으로 옳지 않은 것은?

〈주요 5개국의 경제 및 사회 지표〉

구분	1인당 GDP(달러)	경제성장률(%)	수출(백만 달러)	수입(백만 달러)	총인구(백만 명)
A국	27,214	2.6	526,757	436,499	50.6
B국	32,477	0.5	624,787	648,315	126.6
C국	55,837	2.4	1,504,580	2,315,300	321.8
D국	25,832	3.2	277,423	304,315	46.1
E국	56,328	2.3	188,445	208,414	24.0

※ (총 GDP)=(1인당 GDP)×(총인구)

① 경제성장률이 가장 큰 나라는 총 GDP가 가장 작다.
② 총 GDP는 가장 큰 나라가 가장 작은 나라보다 10배 이상 더 크다.
③ 5개국을 수출 및 수입의 규모에 따라 나열한 순위는 서로 일치한다.
④ A국이 E국보다 총 GDP가 더 크다.
⑤ 1인당 GDP에 따른 순위와 총 GDP에 따른 순위는 서로 일치한다.

03 다음은 기계 100대의 업그레이드 전·후 성능지수에 대한 자료이다. 이에 대한 설명으로 옳은 것은?

〈업그레이드 전·후 성능지수별 대수〉

(단위 : 대)

구분 \ 성능지수	65	79	85	100
업그레이드 전	80	5	0	15
업그레이드 후	0	60	5	35

※ 성능지수는 네 가지 값(65, 79, 85, 100)만 존재하고, 그 값이 클수록 성능지수가 향상됨을 의미함

〈성능지수 향상 폭 분포〉

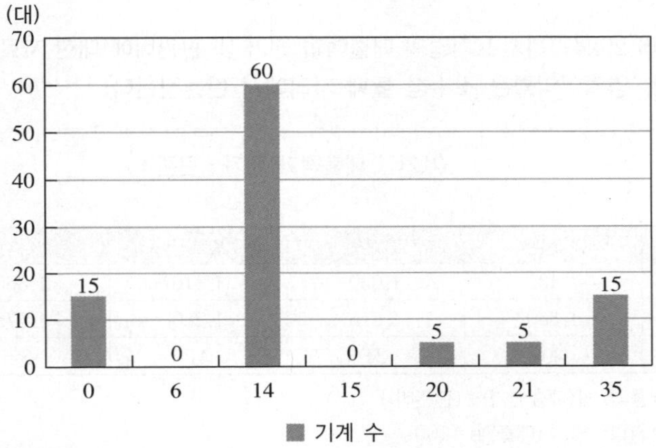

※ 업그레이드를 통한 성능 감소는 없음

※ (성능지수 향상 폭)=(업그레이드 후 성능지수)−(업그레이드 전 성능지수)

① 업그레이드 후 1대당 성능지수는 20 이상 향상되었다.

② 업그레이드 전 성능지수가 65였던 기계의 15%가 업그레이드 후 성능지수 100이 되었다.

③ 업그레이드 전 성능지수가 79였던 모든 기계가 업그레이드 후 성능지수 100이 된 것은 아니다.

④ 업그레이드 전 성능지수가 100이 아니었던 기계 중 업그레이드를 통한 성능지수 향상 폭이 0인 기계가 있다.

⑤ 업그레이드를 통한 성능지수 향상 폭이 35인 기계 대수는 업그레이드 전 성능지수가 100이었던 기계 대수와 같다.

05 자료 변환

| 유형분석 |

- 문제에 주어진 자료를 도표로 변환하는 문제이다.
- 주로 자료에 있는 수치와 그래프 또는 표에 있는 수치가 서로 일치하는지의 여부를 판단한다.

다음은 2020년부터 2024년까지 K기업의 매출액과 원가 및 판관비에 대한 자료이다. 이를 나타낸 그래프로 옳은 것은?(단, 영업이익률은 소수점 둘째 자리에서 반올림한다)

〈K기업 매출액과 원가 · 판관비〉

(단위 : 억 원)

구분	2020년	2021년	2022년	2023년	2024년
매출액	1,485	1,630	1,410	1,860	2,055
매출원가	1,360	1,515	1,280	1,675	1,810
판관비	30	34	41	62	38

※ (영업이익)=(매출액)−[(매출원가)+(판관비)]

※ (영업이익률)=(영업이익)÷(매출액)×100

① 2020 ~ 2024년 영업이익

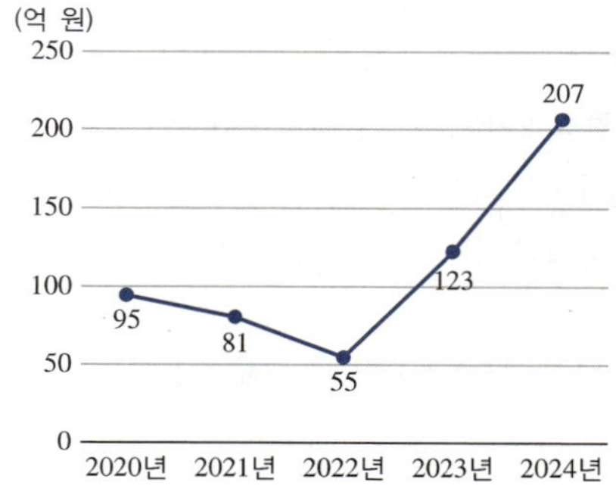

② 2020 ~ 2024년 영업이익

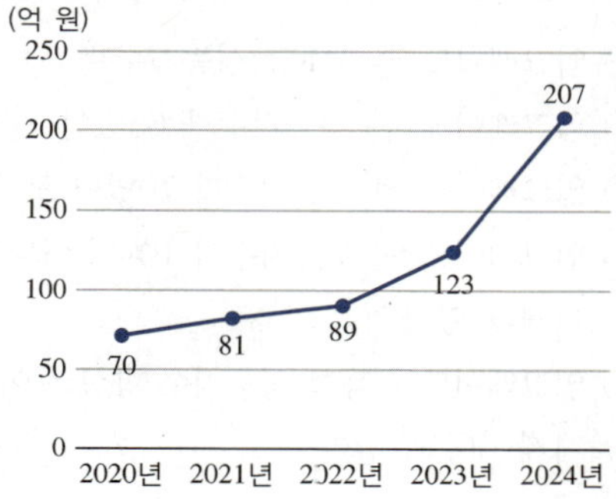

③ 2020 ~ 2024년 영업이익률

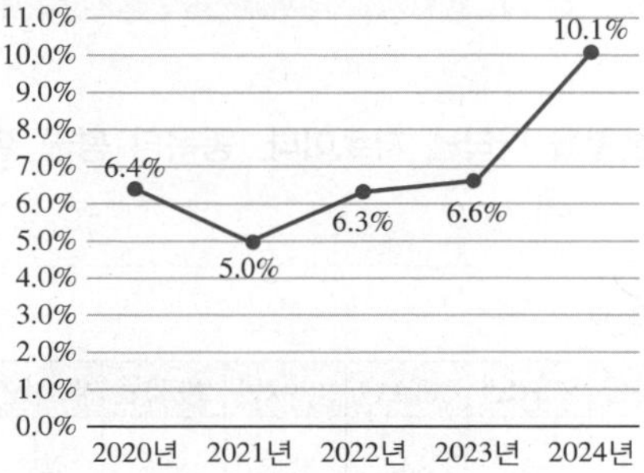

④ 2020 ~ 2024년 영업이익률

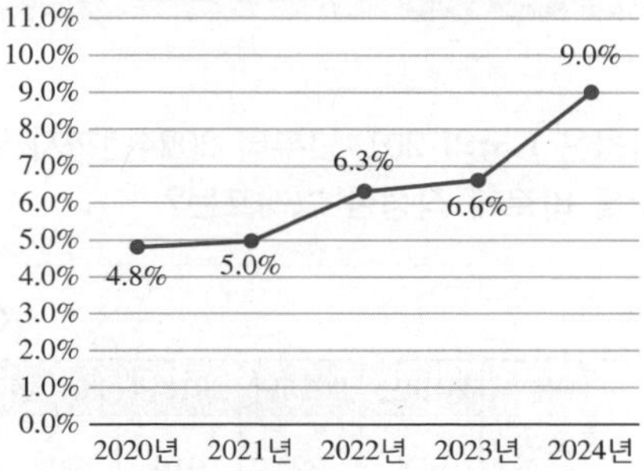

⑤ 2020 ~ 2024년 영업이익률

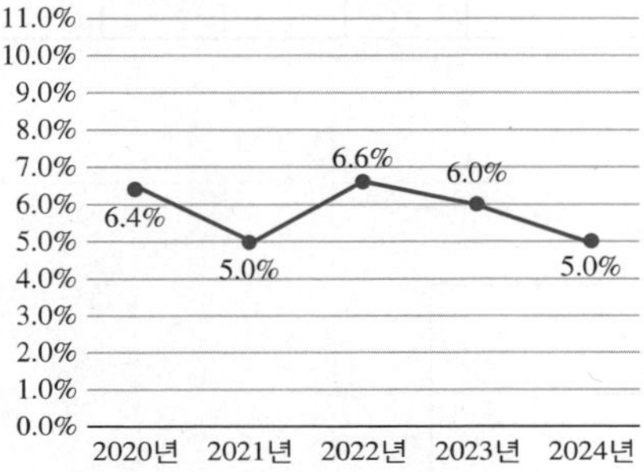

정답 ③

연도별 영업이익과 영업이익률은 다음과 같다.

구분	2020년	2021년	2022년	2023년	2024년
매출액	1,485억 원	1,630억 원	1,410억 원	1,860억 원	2,055억 원
매출원가	1,360억 원	1,515억 원	1,280억 원	1,675억 원	1,810억 원
판관비	30억 원	34억 원	41억 원	62억 원	38억 원
영업이익	95억 원	81억 원	89억 원	123억 원	207억 원
영업이익률	6.4%	5.0%	6.3%	6.6%	10.1%

따라서 주어진 자료를 나타낸 그래프로 옳은 것은 ③이다.

풀이 전략!

각 선택지에 있는 도표의 제목을 먼저 확인한다. 그다음 제목에서 어떠한 정보가 필요한지 확인한 후, 문제에서 주어진 자료를 빠르게 확인하여 일치 여부를 판단한다.

PART 2

01 다음은 K국의 2014년부터 2024년까지 주식시장의 현황을 나타낸 자료이다. 종목당 평균 주식 수를 바르게 작성한 그래프는?

〈주식시장 현황〉

구분	2014년	2015년	2016년	2017년	2018년	2019년	2020년	2021년	2022년	2023년	2024년
종목 수 (종목)	958	925	916	902	884	861	856	844	858	885	906
주식 수 (억 주)	90	114	193	196	196	265	237	234	232	250	282

※ (종목당 평균 주식 수)$=\frac{(\text{주식 수})}{(\text{종목 수})}$

①
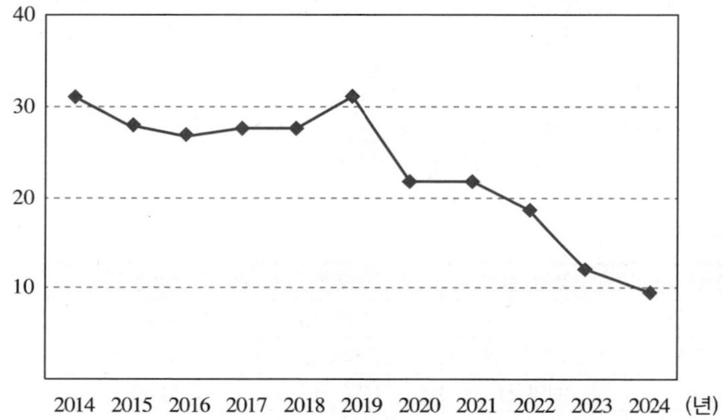

②
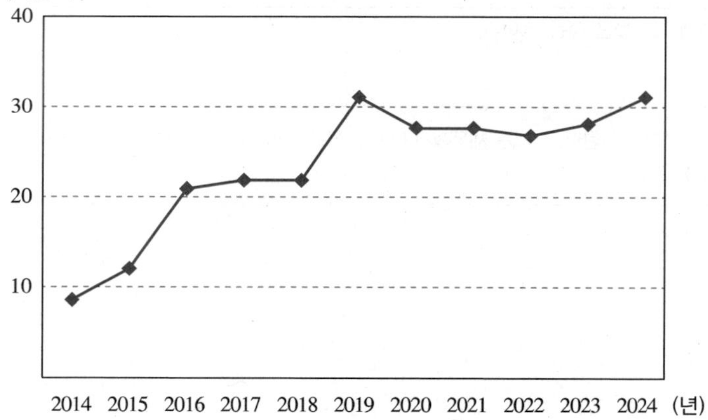

③
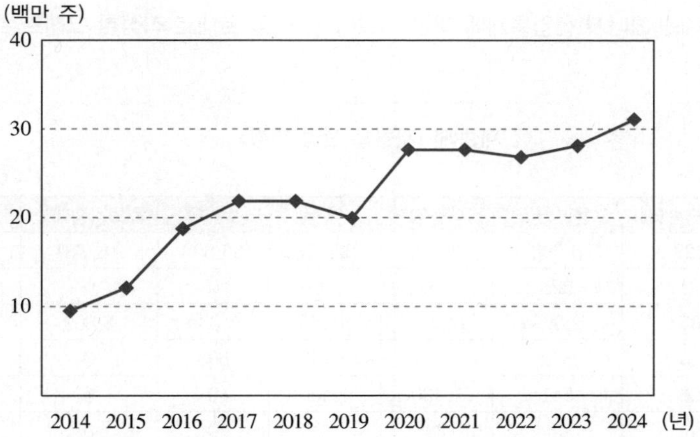
(백만 주)
40
30
20
10
2014
2015
2016
2017
2018
2019
2020
2021
2022
2023
2024
(년)

④
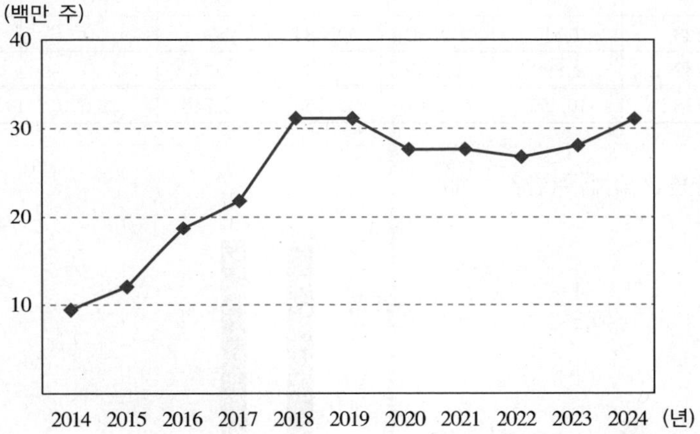
(백만 주)
40
30
20
10
2014
2015
2016
2017
2018
2019
2020
2021
2022
2023
2024
(년)

⑤
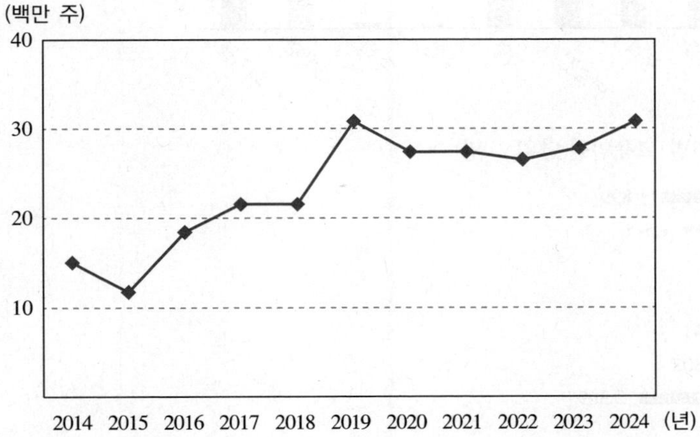
(백만 주)
40
30
20
10
2014
2015
2016
2017
2018
2019
2020
2021
2022
2023
2024
(년)

02 다음은 2024년 신재생에너지 산업통계에 대한 자료이다. 이를 토대로 작성한 그래프로 옳지 않은 것은?

〈신재생에너지원별 산업 현황〉

(단위 : 억 원)

구분	기업체 수(개)	고용인원(명)	매출액	내수	수출액	해외공장매출	투자액
태양광	127	8,698	75,637	22,975	33,892	18,770	5,324
태양열	21	228	290	290	0	0	1
풍력	37	2,369	14,571	5,123	5,639	3,809	583
연료전지	15	802	2,837	2,143	693	0	47
지열	26	541	1,430	1,430	0	0	251
수열	3	46	29	29	0	0	0
수력	4	83	129	116	13	0	0
바이오	128	1,511	12,390	11,884	506	0	221
폐기물	132	1,899	5,763	5,763	0	0	1,539
합계	493	16,177	113,076	49,753	40,743	22,579	7,966

① 신재생에너지원별 기업체 수(단위 : 개)

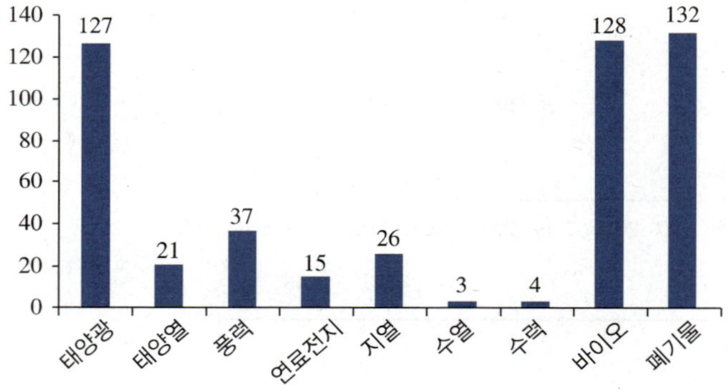

② 신재생에너지원별 고용인원(단위 : 명)

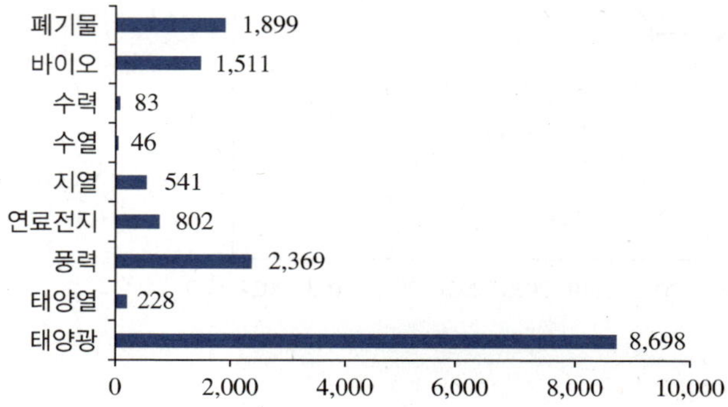

③ 신재생에너지원별 고용인원 비율

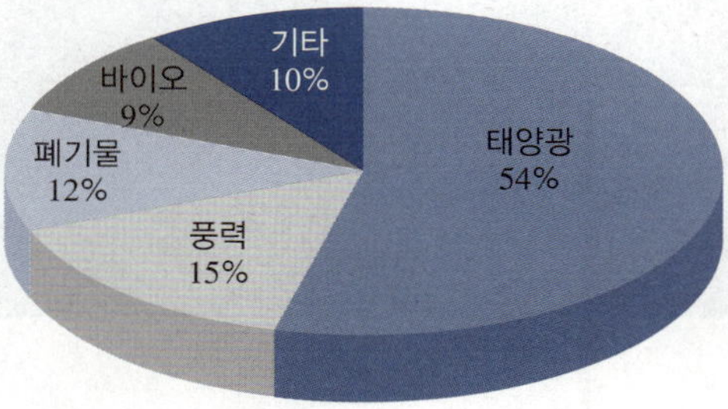

④ 신재생에너지원별 내수 현황(단위 : 억 원)

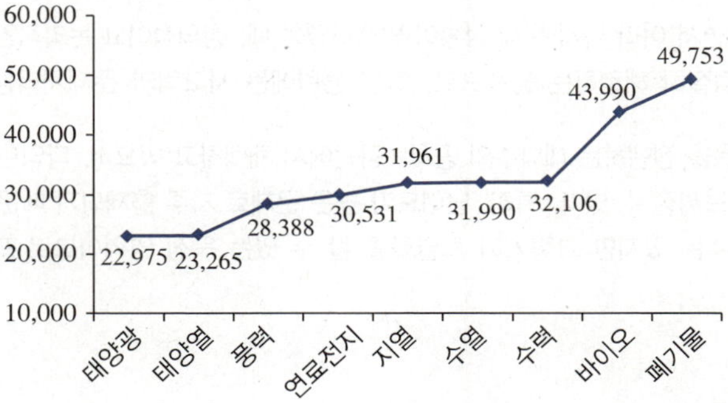

⑤ 신재생에너지원별 해외공장매출 비율

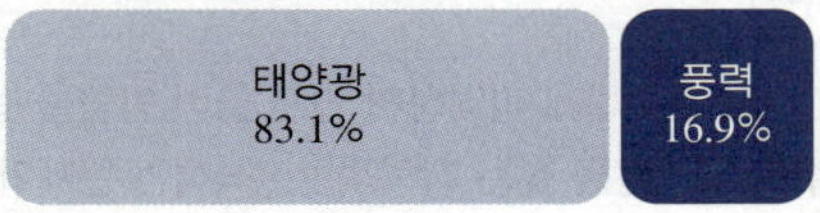

CHAPTER 03

문제해결능력

합격 CHEAT KEY

문제해결능력은 업무를 수행하면서 여러 가지 문제 상황이 발생하였을 때, 창의적이고 논리적인 사고를 통하여 이를 올바르게 인식하고 적절히 해결하는 능력으로, 하위 능력에는 사고력과 문제처리능력이 있다.

문제해결능력은 NCS 기반 채용을 진행하는 대다수의 공사・공단에서 채택하고 있으며, 다양한 자료와 함께 출제되는 경우가 많아 어렵게 느껴질 수 있다. 특히, 난이도가 높은 문제로 자주 출제되기 때문에 다른 영역보다 더 많은 노력이 필요할 수는 있지만 그렇기에 차별화를 할 수 있는 득점 영역이므로 포기하지 말고 꾸준하게 노력해야 한다.

01 질문의 의도를 정확하게 파악하라!

문제해결능력은 문제에서 무엇을 묻고 있는지 정확하게 파악하여 먼저 풀이 방향을 설정하는 것이 가장 효율적인 방법이다. 특히, 조건이 주어지고 답을 찾는 창의적・분석적인 문제가 주로 출제되고 있기 때문에 처음에 정확한 풀이 방향이 설정되지 않는다면 문제를 제대로 풀지 못하게 되므로 첫 번째로 출제 의도 파악에 집중해야 한다.

02 중요한 정보는 반드시 표시하라!

출제 의도를 정확히 파악하기 위해서는 문제의 중요한 정보를 반드시 표시하거나 메모하여 하나의 조건, 단서도 잊고 넘어가는 일이 없도록 해야 한다. 실제 시험에서는 시간의 압박과 긴장감으로 정보를 잘못 적용하거나 잊어버리는 실수가 많이 발생하므로 사전에 충분한 연습이 필요하다.

03 반복 풀이를 통해 취약 유형을 파악하라!

문제해결능력은 특히 시간관리가 중요한 영역이다. 따라서 정해진 시간 안에 고득점을 할 수 있는 효율적인 문제 풀이 방법을 찾아야 한다. 이때, 반복적인 문제 풀이를 통해 자신이 취약한 유형을 파악하는 것이 중요하다. 정확하게 풀 수 있는 문제부터 빠르게 풀고 취약한 유형은 나중에 푸는 효율적인 문제 풀이를 통해 최대한 고득점을 맞는 것이 중요하다.

대표기출유형

01 명제 추론

| 유형분석 |

- 주어진 문장을 토대로 논리적으로 추론하여 참 또는 거짓을 구분하는 문제이다.
- 대체로 연역추론을 활용한 명제 문제가 출제된다.
- 자료를 제시하고 새로운 결과나 자료에 주어지지 않은 내용을 추론해 가는 형식의 문제가 출제된다.

다음 〈조건〉에 근거하여 판단할 때, 항상 옳은 것은?

조건

- 기획팀 사람인데 컴퓨터 자격증이 없는 사람은 기혼자이다.
- 영업팀 사람은 컴퓨터 자격증이 있고 귤을 좋아한다.
- 경상도 출신인 사람은 컴퓨터 자격증이 없다.
- 경기도에 사는 사람은 지하철을 이용한다.
- 통근버스를 이용하는 사람은 기획팀 사람이 아니다.

① 영업팀 사람 중 경상도 출신이 있다.
② 경기도에 사는 사람은 기획팀 사람이다.
③ 경상도 출신인 사람이 기획팀에 소속되어 있다면 기혼자이다.
④ 기획팀 사람 중 통근버스를 이용하는 사람이 있다.
⑤ 기획팀 사람 중 미혼자는 귤을 좋아한다.

정답 ③

경상도 출신인 사람은 컴퓨터 자격증이 없고, 기획팀 사람인데 컴퓨터 자격증이 없는 사람은 기혼자이다. 따라서 경상도 출신인 사람이 기획팀에 소속되어 있다면 기혼자이다.

오답분석

① 세 번째 조건의 대우는 '컴퓨터 자격증이 있으면 경상도 출신이 아니다.'이다. 따라서 영업팀 사람은 컴퓨터 자격증이 있으므로 경상도 출신은 없다.
② 다섯 번째 조건의 대우는 '기획팀 사람은 통근버스를 이용하지 않는다.'이다. 경기도에 사는 사람은 지하철을 이용하지만 교통수단이 통근버스와 지하철만 있는 것은 아니므로 항상 옳은지 알 수 없다.
④ 다섯 번째 조건의 대우는 '기획팀 사람은 통근버스를 이용하지 않는다.'이다. 따라서 기획팀 사람 중 통근버스를 이용하는 사람은 한 명도 없다.
⑤ 영업팀 사람은 컴퓨터 자격증이 있고 귤을 좋아하지만, 기획팀 사람이 컴퓨터 자격증이 있다고 귤을 좋아하는지는 알 수 없다.

풀이 전략!

명제와 관련한 기본적인 논법에 대해서는 미리 학습해 두며, 이를 바탕으로 각 문장에 있는 핵심단어 또는 문구를 기호화하여 정리한 후, 선택지와 비교하여 참 또는 거짓을 판단한다.

01 K사의 직원 갑 ~ 정은 각각 다른 팀에 근무하고 있으며, 각 팀은 2층, 3층, 4층, 5층에 위치하고 있다. 다음 〈조건〉을 참고할 때, 항상 참인 것은?

> 조건
> - 갑, 을, 병, 정 중 2명은 부장, 1명은 과장, 1명은 대리이다.
> - 대리의 사무실은 을보다 높은 층에 있다.
> - 을은 과장이다.
> - 갑은 대리가 아니다.
> - 갑의 사무실이 가장 높다.

① 부장 중 한 명은 반드시 2층에 근무한다.
② 갑은 부장이다.
③ 대리는 4층에 근무한다.
④ 을은 2층에 근무한다.
⑤ 병은 대리이다.

02 K는 서점에서 소설, 에세이, 만화, 잡지, 수험서를 구매했다. 다음 〈조건〉이 모두 참일 때, K가 세 번째로 구매한 책으로 옳은 것은?

> 조건
> - 만화와 소설보다 잡지를 먼저 구매했다.
> - 수험서를 가장 먼저 구매하지 않았다.
> - 에세이와 만화를 연달아 구매하지 않았다.
> - 수험서를 구매한 다음 곧바로 에세이를 구매했다.
> - 에세이나 소설을 마지막에 구매하지 않았다.

① 소설　② 에세이
③ 만화　④ 잡지
⑤ 수험서

대표기출유형

02 SWOT 분석

| 유형분석 |

- 상황에 대한 환경 분석 결과를 통해 주요 과제를 도출하는 문제이다.
- 주로 3C 분석 또는 SWOT 분석을 활용한 문제들이 출제되고 있으므로 해당 분석도구에 대한 사전 학습이 요구된다.

다음은 한 분식점에 대한 SWOT 분석 결과이다. 이에 대한 대응 방안으로 가장 적절한 것은?

S(강점)	W(약점)
• 좋은 품질의 재료만 사용 • 청결하고 차별화된 이미지	• 타 분식점에 비해 한정된 메뉴 • 배달서비스를 제공하지 않음
O(기회)	**T(위협)**
• 분식점 앞에 곧 학교가 들어설 예정 • 최근 TV프로그램 섭외 요청을 받음	• 프랜차이즈 분식점들로 포화상태 • 저렴한 길거리 음식으로 취급하는 경향이 있음

① ST전략 : 비싼 재료들을 사용하여 가격을 올려 저렴한 길거리 음식이라는 인식을 바꾼다.
② WT전략 : 다른 분식점들과 차별화된 전략을 유지하기 위해 배달서비스를 시작한다.
③ SO전략 : TV프로그램에 출연해 좋은 품질의 재료만 사용한다는 점을 부각시킨다.
④ WO전략 : TV프로그램 출연용으로 다양한 메뉴를 일시적으로 개발한다.
⑤ WT전략 : 포화 상태의 시장에서 살아남기 위해 다른 가게보다 저렴한 가격으로 판매한다.

정답 ③

SO전략은 강점을 살려 기회를 포착하는 전략이므로 TV프로그램에 출연하여 좋은 품질의 재료만 사용한다는 점을 홍보하는 것이 적절하다.

풀이 전략!

문제에 제시된 분석도구를 확인한 후, 분석 결과를 종합적으로 판단하여 각 선택지의 전략 과제와 일치 여부를 판단한다.

01 K라면회사에 근무하는 S대리는 최근 라면시장이 3년 만에 마이너스 성장한 것으로 나타남에 따라 신제품 개발을 착수하기 전에 라면시장에 대한 환경 분석과 관련된 보고서를 제출하라는 업무지시를 받았다. 다음 중 S대리가 조사한 SWOT 분석 결과에서 기회요인으로 적절하지 않은 것은?

〈SWOT 분석 결과〉

강점(Strength)	약점(Weakness)
• 식품그룹으로서의 시너지 효과 • 그룹 내 위상 · 역할 강화 • A제품의 성공적인 개발 경험	• 유통업체의 영향력 확대 • 과도한 신제품 개발 • 신상품의 단명 • 유사상품의 영역침범 • 경쟁사의 공격적인 마케팅 대응 부족
기회(Opportunity)	**위협(Threat)**
	• 저출산, 고령화로 취식인구 감소 • 소득증가 • 언론, 소비단체의 부정적인 이미지 이슈화 • 정보의 관리 · 감독 강화

① 1인 가구의 증대(간편식, 편의식)
② 라면을 이용한 조리법 확산
③ 조미료의 무해성 관련 연구결과 발표
④ 난공불락의 N사
⑤ 세계화로 인한 식품 시장의 확대

02 K공사에서 근무하는 A사원은 경제자유구역사업에 대한 SWOT 분석 결과 자료를 토대로 경영전략을 세웠다. 다음 〈보기〉 중 SWOT 분석에 의한 경영전략의 내용으로 적절하지 않은 것을 모두 고르면?

〈경제자유구역사업에 대한 SWOT 분석 결과〉

구분	분석 결과
강점(Strength)	• 성공적인 경제자유구역 조성 및 육성 경험 • 다양한 분야의 경제자유구역 입주희망 국내기업 확보
약점(Weakness)	• 과다하게 높은 외자금액 비율 • 외국계 기업과 국내기업 간의 구조 및 운영상 이질감
기회(Opportunity)	• 국제경제 호황으로 인하여 타국 사업지구 입주를 희망하는 해외시장부문의 지속적 증가 • 국내진출 해외기업 증가로 인한 동형화 및 협업 사례 급증
위협(Threat)	• 국내거주 외국인 근로자에 대한 사회적 포용심 부족 • 대대적 교통망 정비로 인한 기성 대도시의 흡수효과 확대

〈SWOT 분석에 의한 경영전략〉

- SO전략 : 강점을 활용하여 기회를 선점하는 전략
- ST전략 : 강점을 활용하여 위협을 최소화하거나 극복하는 전략
- WO전략 : 기회를 활용하여 약점을 보완하는 전략
- WT전략 : 약점을 최소화하고 위협을 회피하는 전략

보기

ㄱ. 성공적인 경제자유구역 조성 노하우를 활용하여 타국 사업지구로의 진출을 희망하는 해외기업을 유인 및 유치하는 전략은 SO전략에 해당한다.
ㄴ. 다수의 풍부한 경제자유구역 성공 사례를 바탕으로 외국인 근로자를 국내주민과 문화적으로 동화시킴으로써 원활한 지역발전의 토대를 조성하는 전략은 ST전략에 해당한다.
ㄷ. 기존에 국내에 입주한 해외기업의 동형화 사례를 활용하여 국내기업과 외국계 기업의 운영상 이질감을 해소하여 생산성을 증대시키는 전략은 WO전략에 해당한다.
ㄹ. 경제자유구역 인근 대도시와의 연계를 활성화하여 경제자유구역 내 국내·외 기업 간의 이질감을 해소하는 전략은 WT전략에 해당한다.

① ㄱ, ㄴ
② ㄱ, ㄷ
③ ㄴ, ㄷ
④ ㄴ, ㄹ
⑤ ㄷ, ㄹ

03 K공사에 근무하는 A대리는 국내 신재생에너지 산업에 대한 SWOT 분석 결과 자료를 토대로 경영전략을 〈보기〉와 같이 판단하였다. 다음 〈보기〉 중 SWOT 분석에 의한 경영전략과 그 내용이 잘못 연결된 것을 모두 고르면?

〈국내 신재생에너지 산업에 대한 SWOT 분석 결과〉

구분	분석 결과
강점(Strength)	• 해외 기관과의 협업을 통한 풍부한 신재생에너지 개발 경험 • 에너지 분야의 우수한 연구개발 인재 확보
약점(Weakness)	• 아직까지 화석연료 대비 낮은 전력 효율성 • 도입 필요성에 대한 국민적 인식 저조
기회(Opportunity)	• 신재생에너지에 대한 연구가 세계적으로 활발히 추진 • 관련 정부부처로부터 충분한 예산 확보
위협(Threat)	• 신재생에너지 산업 특성상 설비 도입 시의 높은 초기 비용

보기

㉠ SO전략 : 개발 경험을 통해 쌓은 기술력을 바탕으로 향후 효과적인 신재생에너지 연구 추진
㉡ ST전략 : 우수한 연구개발 인재들을 활용하여 초기 비용 감축방안 연구 추진
㉢ WO전략 : 확보한 예산을 토대로 우수한 연구원 채용
㉣ WT전략 : 세계의 신재생에너지 연구를 활용한 전력 효율성 개선

① ㉠, ㉡
② ㉠, ㉢
③ ㉡, ㉢
④ ㉡, ㉣
⑤ ㉢, ㉣

03 자료 해석

| 유형분석 |

- 주어진 자료를 해석하고 활용하여 풀어가는 문제이다.
- 꼼꼼하고 분석적인 접근이 필요한 다양한 자료들이 출제된다.

A고객은 3일 후 떠날 3주간의 제주도 여행에 대비하여 가족 모두 여행자 보험에 가입하기 위해 K은행에 방문하였다. B사원이 A고객에게 여행자 보험 상품을 추천하고자 할 때, B사원의 설명으로 옳지 않은 것은?(단, A고객 가족의 나이는 만 14세, 17세, 45세, 51세, 75세이다)

〈K은행 여행자 보험〉

- 가입연령 : 만 1 ~ 79세(인터넷 가입은 만 19 ~ 70세에 한함)
- 납입방법 : 일시납
- 납입기간 : 일시납
- 보험기간 : 2일 ~ 최대 1개월
- 보장내용

보장의 종류	보험금 지급사유	지급금액
상해사망 및 후유장해	여행 중 사고로 상해를 입고 그 직접적인 결과로 사망하거나 후유장해상태가 되었을 때	- 사망 시 가입금액 전액 지급 - 후유장해 시 장해 정도에 따라 가입금액의 30 ~ 100% 지급
질병사망	여행 중 발생한 질병으로 사망 또는 장해지급률 80% 이상의 후유장해가 남았을 경우	가입금액 전액 지급
휴대품 손해	여행 중 우연한 사고로 휴대품이 도난 또는 파손되어 손해를 입은 경우	가입금액 한도 내에서 보상하되 휴대품 1개 또는 1쌍에 대하여 20만 원 한도로 보상(단, 자기부담금 1만 원 공제)

- 유의사항
  - 보험계약 체결일 기준 만 15세 미만자의 경우 사망은 보장하지 않음
  - 보장금액과 상해, 질병 의료실비에 관한 보장내용은 홈페이지 참조

① 고객님, 가족 모두 가입하시려면 반드시 은행에 방문해 주셔야 합니다.
② 고객님, 만 14세 자녀의 경우 본 상품에 가입하셔도 사망보험금은 지급되지 않습니다.
③ 고객님, 보험가입 시 보험금은 한 번만 납입하시면 됩니다.
④ 고객님, 후유장해 시 보험금은 장해 정도에 따라 차등 지급됩니다.
⑤ 고객님, 여행 도중 휴대폰을 분실하실 경우 분실 수량과 관계없이 최대 20만 원까지 보상해 드립니다.

정답 ⑤

휴대품 손해로 인한 보상 시 휴대품 1개 또는 1쌍에 대해서만 20만 원 한도로 보상한다. 따라서 휴대폰을 분실할 경우 분실 수량과 관계없이 보상한다는 것은 옳지 않은 설명이다.

오답분석

① 인터넷 가입이 가능한 연령대는 만 19 ~ 70세이므로 A고객의 가족 중 만 14세와 만 17세, 만 75세에 해당하는 사람은 은행에 방문해야 한다. 따라서 A고객의 가족이 모두 가입하려면 반드시 은행에 방문해야 한다.

② 유의사항에 따르면 보험계약 체결일 기준 만 15세 미만자의 경우 사망을 보장하지 않으므로 만 14세 자녀는 사망보험금이 지급되지 않는다.

③ 보험금 납입방법 및 납입기간이 일시납이므로 보험금은 한 번만 납입하면 된다.

④ 후유장애 시 지급금액의 경우 장해 정도에 따라 가입금액의 30 ~ 100%를 지급한다고 하였으므로 장해 정도에 따라 차등 지급됨을 알 수 있다.

풀이 전략!

문제 해결을 위해 필요한 정보가 무엇인지 먼저 파악한 후, 제시된 자료를 분석적으로 읽고 해석한다.

01 K공사에 근무하는 S사원은 부서 워크숍을 진행하기 위하여 다음과 같이 워크숍 장소를 선정하였다. 〈조건〉을 참고할 때, 워크숍 장소로 가장 적절한 곳은?

〈K공사 워크숍 장소 후보〉

후보	거리(K공사 기준)	수용 가능 인원	대관료	이동 시간(편도)
A호텔	40km	100명	40만 원/일	1시간 30분
B연수원	40km	80명	50만 원/일	2시간
C세미나	20km	40명	30만 원/일	1시간
D리조트	60km	80명	80만 원/일	2시간 30분
E호텔	100km	120명	100만 원/일	3시간 30분

조건

- 워크숍은 1박 2일로 진행한다.
- S사원이 속한 부서의 직원은 모두 80명이며, 전원 참석한다.
- 거리는 K공사 기준 60km 이하인 곳으로 선정한다.
- 대관료는 100만 원 이하인 곳으로 선정한다.
- 이동 시간은 왕복으로 3시간 이하인 곳으로 선정한다.

① A호텔
② B연수원
③ C세미나
④ D리조트
⑤ E호텔

02 **귀하는 점심식사 중 식당에 있는 TV에서 정부의 정책에 대한 뉴스가 나오는 것을 보았다. 다음 중 함께 점심을 먹는 동료들과 뉴스를 보고 나눈 대화의 내용으로 적절하지 않은 것은?**

〈뉴스〉

앵커 : 저소득층에게 법률서비스를 제공하는 정책을 구상 중입니다. 정부는 무료로 법률자문을 하겠다고 자원하는 변호사를 활용하는 자원봉사제도, 정부에서 법률 구조공단 등의 기관을 신설하고 변호사를 유급으로 고용하여 법률서비스를 제공하는 유급법률구조제도, 정부가 법률서비스의 비용을 대신 지불하는 법률보호제도 등의 세 가지 정책대안 중 하나를 선택할 계획입니다.

이 정책대안을 비교하는 데 고려해야 할 정책목표는 비용저렴성, 접근용이성, 정치적 실현가능성, 법률서비스의 전문성입니다. 정책대안과 정책목표의 상관관계는 화면으로 보여드립니다. 각 대안이 정책목표를 달성하는 데 유리한 경우는 (+)로, 불리한 경우는 (−)로 표시하였으며, 유·불리 정도는 같습니다. 정책목표에 대한 가중치의 경우, '0'은 해당 정책목표를 무시하는 것을, '1'은 해당 정책목표를 고려하는 것을 의미합니다.

〈정책대안과 정책목표의 상관관계〉

정책목표	가중치		정책대안		
	A안	B안	자원봉사제도	유급법률구조제도	법률보호제도
비용저렴성	0	0	+	−	−
접근용이성	1	0	−	+	−
정치적 실현가능성	0	0	+	−	+
전문성	1	1	−	+	−

① 비용저렴성을 달성하기에 가장 유리한 정책대안은 자원봉사제도로군.

② A안에 가중치를 적용할 경우 유급법률구조제도가 가장 적절한 정책대안으로 평가받게 되지 않을까?

③ 반대로 B안에 가중치를 적용할 경우 자원봉사제도가 가장 적절한 정책대안으로 평가받게 될 것 같아.

④ 아마도 전문성 면에서는 유급법률구조제도가 자원봉사제도보다 더 좋은 정책 대안으로 평가받게 되겠군.

⑤ A안과 B안 중 어떤 것을 적용하더라도 정책대안 비교의 결과는 달라지지 않을 것으로 보여.

03 부산에 사는 어느 고객이 버스터미널에서 근무하는 A씨에게 버스 정보에 대해 문의를 해 왔다. 다음 〈보기〉의 대화에서 A씨가 고객에게 바르게 안내한 것을 모두 고르면?

〈부산 터미널〉

도착지	서울 종합 버스터미널
출발 시간	매일 15분 간격(06:00 ~ 23:00)
소요 시간	4시간 30분 소요
운행 요금	우등 29,000원 / 일반 18,000원

〈부산 동부 터미널〉

도착지	서울 종합 버스터미널
출발 시간	06:30, 08:15, 13:30, 17:15, 19:30
소요 시간	4시간 30분 소요
운행 요금	우등 30,000원 / 일반 18,000원

※ 도로 교통 상황에 따라 소요시간에 차이가 있을 수 있음

보기

고객 : 안녕하세요. 제가 서울에 볼일이 있어 버스를 타고 가려고 하는데요. 어떻게 하면 되나요?
(가) : 네, 고객님 부산에서 서울로 출발하는 버스 터미널은 부산 터미널과 부산 동부 터미널이 있는데요. 고객님 댁이랑 어느 터미널이 더 가깝나요?
고객 : 부산 동부 터미널이 더 가까운 것 같아요.
(나) : 부산 동부보다 부산 터미널에 더 많은 버스들이 배차되고 있거든요. 새벽 6시부터 밤 11시까지 15분 간격으로 운행되고 있으니 부산 터미널을 이용하시는 것이 좋을 것 같습니다.
고객 : 그럼 서울에 1시까지는 도착해야 하는데 몇 시 버스를 이용하는 것이 좋을까요?
(다) : 부산에서 서울까지 4시간 30분 정도 소요되므로 1시 이전에 여유 있게 도착하시려면 오전 8시 또는 8시 15분 출발 버스를 이용하시면 될 것 같습니다.
고객 : 4시간 30분보다 더 소요되는 경우도 있나요?
(라) : 네, 도로 교통 상황에 따라 소요시간에 차이가 있을 수 있습니다.
고객 : 그럼 운행 요금은 어떻게 되나요?
(마) : 부산 터미널 출발 서울 종합 버스터미널 도착 운행 요금은 29,000원입니다.

① (가), (나)
② (가), (다)
③ (가), (다), (라)
④ (다), (라), (마)
⑤ (나), (다), (라), (마)

04 K회사는 창립 10주년을 맞이하여 전 직원 단합대회를 준비하고 있다. 이를 위해 사장인 B씨는 여행상품 중 한 가지를 선정하려 하는데, 직원 투표 결과를 통해 결정하려고 한다. 직원 투표 결과와 여행지별 1인당 경비는 다음과 같고, 부서별 고려사항을 참고하여 선택하려고 할 때, 〈보기〉 중 옳은 것을 모두 고르면?

〈직원 투표 결과〉

상품내용		투표 결과(표)					
여행상품	1인당 비용(원)	총무팀	영업팀	개발팀	홍보팀	공장1	공장2
A	500,000	2	1	2	0	15	6
B	750,000	1	2	1	1	20	5
C	600,000	3	1	0	1	10	4
D	1,000,000	3	4	2	1	30	10
E	850,000	1	2	0	2	5	5

〈여행상품별 혜택 정리〉

상품	날짜	장소	식사제공	차량지원	편의시설	체험시설
A	5/10 ~ 5/11	해변	○	○	×	×
B	5/10 ~ 5/11	해변	○	○	○	×
C	6/7 ~ 6/8	호수	○	○	○	×
D	6/15 ~ 6/17	도심	○	×	○	○
E	7/10 ~ 7/13	해변	○	○	○	×

〈부서별 고려사항〉

- 총무팀 : 행사 시 차량 지원이 가능함
- 영업팀 : 6월 초순에 해외 바이어와 가격 협상 회의 일정이 있음
- 공장1 : 3일 연속 공장 비가동 시 제품의 품질 저하가 예상됨
- 공장2 : 7월 중순 공장 이전 계획이 있음

보기

㉠ 필요한 여행상품 비용은 총 1억 500만 원이다.
㉡ 투표 결과 가장 인기가 좋은 여행상품은 B이다.
㉢ 공장1의 A, B 투표 결과가 바뀐다면 여행상품 선택은 변경된다.

① ㉠ ② ㉠, ㉡
③ ㉠, ㉢ ④ ㉡, ㉢
④ ㉠, ㉡, ㉢

대표기출유형

04 창의적 사고

| 유형분석 |

- 창의적 사고에 대한 개념을 묻는 문제가 출제된다.
- 창의적 사고 개발 방법에 대한 암기가 필요한 문제가 출제되기도 한다.

다음 중 창의적 사고에 대한 설명으로 옳지 않은 것은?

① 창의적 사고 능력은 누구나 할 수 있는 일반적 사고와 달리 일부 사람만이 할 수 있는 능력이다.
② 정보와 정보의 조합으로 사회나 개인에게 새로운 가치를 창출하도록 하게 한다.
③ 무에서 유를 만들어 내는 것이 아니라 끊임없이 참신한 아이디어를 산출하는 것이다.
④ 이미 알고 있는 경험과 지식을 다시 결합함으로써 참신한 아이디어를 산출하는 것이다.
⑤ 창의적 사고를 하기 위해서는 고정관념을 버리고, 문제의식을 가져야 한다.

정답 ①

흔히 우리는 창의적 사고가 특별한 사람들만이 할 수 있는 대단한 능력이라고 생각하지만, 우리는 일상생활에서 창의적 사고를 끊임없이 하고 있으며, 이러한 창의적 사고는 누구에게나 있는 능력이다. 예를 들어 어떠한 일을 할 때 더 쉬운 방법이 없을까 고민하는 것 역시 창의적 사고 중 하나로 볼 수 있다.

풀이 전략!

모듈이론에 대한 전반적인 학습을 미리 해두어야 하며, 이를 주어진 문제에 적용하여 빠르게 풀이한다.

01 다음 사례에서 유과장이 최대리에게 해줄 수 있는 조언으로 적절하지 않은 것은?

> 최대리는 오늘도 기분이 별로다. 팀장에게 오전부터 싫은 소리를 들었기 때문이다. 늘 하던 일을 하던 방식으로 처리한 것이 빌미였다. 관행에 매몰되지 말고 창의적이고 발전적인 모습을 보여 달라는 게 팀장의 주문이었다. '창의적인 일처리'라는 말을 들을 때마다 주눅이 드는 자신을 발견할 때면 더욱 의기소침해지고 자신감이 없어진다. 어떻게 해야 창의적인 인재가 될 수 있을까 고민도 해보지만 뾰족한 수가 보이지 않는다. 자기만 뒤처지는 것 같아 불안하기도 하고 남들은 어떤지 궁금하기도 하다.

① 창의적인 사람은 새로운 경험을 찾아 나서는 사람을 말하는 것 같아.
② 그래, 그들의 독특하고 기발한 재능은 선천적으로 타고나는 것이라 할 수 있어.
③ 창의적인 사고는 후천적 노력에 의해서도 개발이 가능하다고 생각해.
④ 창의력은 본인 스스로 자신의 틀에서 벗어나도록 노력해야 한다고 생각해.
⑤ 창의적 사고는 전문지식이 중요하지 않으니 자신의 경험을 바탕으로 생각해 봐.

02 다음과 같은 특징을 가지고 있는 창의적 사고 개발 방법은?

> 일정한 주제에 관하여 회의를 하고, 참가하는 인원이 자유발언을 통해 아이디어를 제시하는 것으로, 다른 사람의 발언에 비판하지 않는다.

① 스캠퍼 기법
② 여섯 가지 색깔 모자
③ 브레인스토밍
④ TRIZ
⑤ Logic Tree 기법

대표기출유형

05 논리적 오류

| 유형분석 |

- 논리적 오류에 대한 이론을 바탕으로 하는 문제이다.
- 주로 상황이나 대화를 읽고 나타나는 논리적 오류를 찾는 형식으로 출제된다.

다음 글에서 나타나는 논리적 오류는 무엇인가?

> "여러분, 분열은 우리의 화합으로 극복할 수 있습니다. 화합한 사회에서는 분열이 일어나지 않습니다."

① 순환논증의 오류
② 무지의 오류
③ 논점 일탈의 오류
④ 대중에 호소하는 오류
⑤ 인신공격의 오류

정답 ①

제시문에서는 논증의 결론 자체를 전제의 일부로 받아들이는 순환논증의 오류가 나타나고 있다.

오답분석

② 무지의 오류 : 증명할 수 없거나 알 수 없음을 이유로 하여 거짓이라고 추론하는 오류이다.
③ 논점 일탈의 오류 : 논점과 관계없는 것을 제시하여 무관한 결론에 이르게 되는 오류이다.
④ 대중에 호소하는 오류 : 군중심리를 자극하여 논지를 받아들이게 하는 오류이다.
⑤ 인신공격의 오류 : 상대방의 주장이 아닌 상대방의 인격을 공격하는 오류이다.

풀이 전략!

주어진 상황이나 대화를 꼼꼼하게 읽고 문제에서 묻는 오류가 무엇인지 빠르게 찾아야 한다. 이때 자주 틀리거나 헷갈리는 오류는 따로 정리하여 반드시 암기하도록 하자.

대표기출유형 05 기출응용문제

01 다음 대화에서 나타난 논리적 오류로 옳은 것은?

> A : 내가 어제 귀신과 싸워서 이겼다.
> B : 귀신이 있어야 귀신과 싸우지.
> A : 내가 봤다니까. 귀신 없는 거 증명할 수 있어?

① 성급한 일반화의 오류
② 무지의 오류
③ 거짓 딜레마의 오류
④ 대중에 호소하는 오류
⑤ 인신공격의 오류

02 다음 중 성급한 일반화의 오류를 범한 사례로 적절한 것을 〈보기〉에서 모두 고르면?

> 보기
> ㄱ. 진호는 성철이보다 크고, 성철이는 상현이보다 크므로 진호는 상현이보다 클 것이다.
> ㄴ. C동굴에 박쥐가 있으므로 모든 박쥐는 C동굴에서만 살 것이다.
> ㄷ. 그 갈색 음료수는 커피이므로, 모든 갈색 음료수는 커피일 것이다.
> ㄹ. 수연이는 점심에 햄버거를 먹었으므로 주말에 늦잠을 잘 것이다.

① ㄱ, ㄴ
② ㄱ, ㄹ
③ ㄴ, ㄷ
④ ㄴ, ㄹ
⑤ ㄷ, ㄹ

M E M O

PART 3

직무수행능력평가

CHAPTER

01 토목일반 핵심이론

1. 세장비(λ)

기둥이 하중을 견디는 정도를 나타낸 값으로, 기둥의 유효길이를 최소 단면 2차 반지름으로 나누어 구하는데, 이 값이 작을수록 큰 하중을 견딘다.

$$\lambda = \frac{l_k(\text{기둥의 유효길이})}{r\min(\text{최소 단면 2차 반지름})}$$

2. 바리뇽(Varignnon)의 정리

같은 평면 위에 있는 한 점에 작용하는 나란한 여러 힘에 대해 평면의 임의의 점에서의 모멘트 대수합은 동일점에 대한 이들 힘의 합력 모멘트와 같다[(분력의 모멘트의 합)=(합력 모멘트)].

- [여러 힘들의 합력(R)]$=P_1+P_2+P_3$
- [O점에 대한 모멘트(M_O)]$=P_1x_1+P_2x_2+P_3x_3$ … ⓐ
- [R의 O점에 대한 모멘트(M)]$=Rx$ … ⓑ

∴ ⓐ=ⓑ이므로 $M_O=Rx=P_1x_1+P_2x_2+P_3x_3$

∴ [합력의 작용 위치(x)]$=\dfrac{P_1x_1+P_2x_2+P_3x_3}{R}$

3. 철근콘크리트의 성립 이유

- 철근과 콘크리트 사이의 부착강도가 크다.
- 철근과 콘크리트의 열팽창 계수는 거의 같다.
- 콘크리트 속의 철근은 부식되지 않는다.
- 철근은 인장에 강하고, 콘크리트는 압축에 강하다.

4. 하중계수

- 하중의 크기를 예측할 때 확실성에 기초해 정해지는 것으로, 고정하중의 하중계수는 1.2, 활하중의 하중계수는 1.6으로 정한다.
- $U=1.2D+1.6L \geq 1.4D$(여기서 $D=$고정하중, $L=$활하중)

5. 균형보

인장철근이 항복강도(f_y)에 도달함과 동시에 콘크리트도 극한변형률(0.003)에 도달하는 보이며, 이러한 균형보의 파괴 형태를 균형파괴 또는 평형파괴라 부른다. 그러나 이러한 파괴는 이론으로만 가능하며 실제로 발생하지 않는다.

- [균형보의 중립축 위치(C_b)] $= \dfrac{0.003}{0.003+\varepsilon_y} \times d = \dfrac{600}{600+f_y} \times d$
- [균형철근비(ρ_b)] $= \dfrac{0.085 f_{ck}\beta_1}{f_y} \times \dfrac{600}{600+f_y}$

6. 최대철근비와 최소철근비

- 최대철근비($\rho_{\max}$)
  - 사용철근비가 균형철근비보다 작으면 과소철근으로 연성파괴를 유도할 수 있다.
  - $\left(\dfrac{0.003+\varepsilon_y}{0.003+0.004}\right) \times \rho_b$ 이하
- 최소철근비($\rho_{\min}$)
  - 철근을 적게 사용하면 콘크리트에 균열이 생기는 순간 철근이 끊어져 갑작스런 파괴가 발생하는데, 이러한 취성파괴를 방지하기 위해 최소철근비를 적용한다.
  - $\dfrac{0.25\sqrt{f_{ck}}}{f_y}$ 또는 $\dfrac{1.4}{f_y}$ 중에 값이 큰 것을 적용

7. 정착길이

콘크리트에 묻힌 철근이 뽑히거나 미끄러지지 않고 철근의 인장항복에 이르기까지의 응력을 발휘할 수 있는 최소의 묻힘길이를 뜻하며, 기본정착길이(l_{db})에 모든 보정계수를 곱해서 구한다.

- 압축이형철근의 기본정착길이 : $l_{db} = \dfrac{0.25 d_b f_y}{\lambda\sqrt{f_{ck}}} \geq 0.043 d_b f_y$
- 인장이형철근의 기본정착길이 : $l_{db} = \dfrac{0.6 d_b f_y}{\lambda\sqrt{f_{ck}}}$
- 표준갈고리가 있는 인장이형철근의 기본정착길이 : $l_{db} = \dfrac{0.24\beta d_b f_y}{\lambda\sqrt{f_{ck}}}$

8. PCS의 기본 3개념

- 제1개념(응력 개념, 균등질 보의 개념) : 탄성 이론에 의한 해석(압축 +, 인장 −)이다.
  - 프리스트레스가 도입되면 콘크리트 부재를 탄성체로 해석할 수 있다는 개념이다.
  - 강재가 직선으로 도심에 배치된 경우

    $f=\frac{P}{A}\pm\frac{M}{I}y \quad \therefore f_{\substack{상연\\하연}}=\frac{P}{A}\pm\frac{M}{Z}$(여기서 $P=$축방향력, $M=$하중에 의한 모멘트)
  - 강재가 직선으로 편심에 배치된 경우

    $f=\frac{P}{A}\mp\frac{Pe}{I}y\pm\frac{M}{I}y \quad \therefore f_{\substack{상연\\하연}}=\frac{P}{A}\mp\frac{Pe}{Z}\pm\frac{M}{Z}$(여기서 $Pe=$편심 모멘트)
- 제2개념(강도 개념, 내력 모멘트 개념) : 철근콘크리트와 같이 압축력은 콘크리트가 받고 인장력은 PS 강재가 받는 것으로 하여 두 힘에 의한 내력 모멘트가 외력 모멘트에 저항한다는 개념이다.
- 제3개념(하중평형 개념, 등가하중 개념)
  - 프리스트레싱에 의한 작용과 부재에 작용하는 하중을 평형이 되도록 하자는 개념이다.
  - PS 강재가 포물선으로 지간 중앙에 새그(Sag) s로 배치되어 있다면

    프리스트레스 P에 의한 등분포상향력은 $\frac{ul^2}{8}=Ps$(단, $P\cos\theta \fallingdotseq P$) $\therefore u=\frac{8Ps}{l^2}$

9. PSC의 장단점

- 장점
  - 콘크리트의 전단면을 유효하게 이용할 수 있다.
  - PSC 구조물은 취성파괴의 위험이 적어 안전성이 높다.
  - 하중이 과다해 일시적인 균열이 생겨도 하중을 제거하면 복원된다(탄력성과 복원성이 우수함).
  - 인장응력을 상쇄해 균열이 생기지 않게 설계하므로 강재가 부식될 위험이 낮고, 내구성은 높다.
  - 강재를 곡선배치하면 전단력이 감소되어 복부를 얇게 할 수 있으며, 고강도 재료를 사용함으로써 단면을 감소시킬 수 있어 일반적인 철근콘크리트 부재보다 경간을 길게 할 수 있다.
- 단점
  - 내화성이 약하고, 강성이 낮아 변형이 크며, 진동하기 쉽다.
  - 일반적인 철근콘크리트보다 단가가 비싸고, 보조 재료가 추가되므로 공사비가 상승한다.

10. 흙의 성분별 단위중량($\gamma_{sub}<\gamma_d<\gamma_t<\gamma_{sat}$)

- 습윤단위(전체단위)중량 공식 : $\gamma_t=\dfrac{(\text{흙 전체의 무게})}{(\text{흙 전체의 부피})}=\dfrac{W}{V}$

$$=\frac{G_s\times\left(1+\dfrac{w}{100}\right)}{1+e}\gamma_w=\frac{G_s+\dfrac{S\times e}{100}}{1+e}\gamma_w$$

(여기서 e = 간극비, γ_w = 물의 단위중량, G_s = 흙 입자의 비중)

- 건조단위중량($S=0$) 공식 : $\gamma_d=\dfrac{(\text{흙 전체의 무게})}{(\text{흙 전체의 부피})}=\dfrac{W_s}{V}=\dfrac{G_s}{1+e}\gamma_w$
- 포화단위중량($S=1$) 공식 : $\gamma_{sat}=\dfrac{G_s+e}{1+e}\gamma_w$
- 수중(유효)단위중량 공식 : $\gamma_{sub}=\gamma_{sat}-\gamma_w=\dfrac{G_s-1}{1+e}\gamma_w$

PART 3

11. 상대밀도(D_r)

- 사질토의 조밀하거나 느슨한 정도를 백분율로 나타낸다. 즉, $\dfrac{e_{\max}-e}{e_{\max}-e_{\min}}\times 100$

(여기서 $e_{\max}$ = 가장 느슨한 상태의 간극비, $e_{\min}$ = 가장 조밀한 상태의 간극비)

- $D_r=\dfrac{\gamma_{d\max}}{\gamma_d}\times\dfrac{(\gamma_d-\gamma_{d\min})}{(\gamma_{d\max}-\gamma_{d\min})}\times 100$

12. 압밀도

- 압밀도(U)의 의미 : 과잉간극수압이 감소한 비율 또는 그 결과로 압밀침하가 일어난 비율이다.
- 압밀도 : $U=\dfrac{(\text{현재의 압밀량})}{(\text{최종 압밀침하량})}\times 100=\dfrac{\Delta H_t}{H}\times 100$(여기서 ΔH_t = 임의의 시간 t에서의 침하량)

13. 시간계수

$$U=f(T_v)\propto\frac{C_v\times t}{d^2}$$

- 압밀도는 시간계수의 함수이다.
- 압밀도는 압밀계수(C_v), 압밀시간(t) 등에 비례한다.
- 압밀도는 배수거리의 제곱(d^2)에 반비례한다.

14. 압밀침하량($\triangle H$)의 산정

$$\triangle H = m_v \times \triangle\sigma \times H = \frac{C_c}{1+e_1} \times \log\left(\frac{\sigma_2}{\sigma_1}\right) \times H \text{ (여기서 } C_c = \text{압축지수)}$$

15. 얕은 기초의 지지력

- 극한지지력 : 소성파괴가 일어날 때의 기초하중을 말하므로 완전소성평형 상태를 이룬 경우로, 지반이 최대로 지지할(버틸) 수 있는 저항력을 의미한다.
  - 얕은 기초 : 확대기초, 전면기초 등 지표면 가까운 깊이에 양질의 지지층이 있는 경우에 사용되는 기초
  - 극한지지력 : $q_u = \alpha \times c \times N_c + \beta \times \gamma_1 \times B \times N_r + \gamma_2 \times D_f \times N_q$

    α, β = 기초 모양에 따른 형상계수

    c = 기초바닥 아래 흙의 점착력[t/m^2]

    N_c, N_r, N_q = 지지력계수

    γ_1 = 기초바닥 아래 흙의 단위중량[t/m^3]

    γ_2 = 근입깊이 흙의 단위중량[t/m^3]

    B = 기초의 최소폭[m]

    D_f = 근입깊이[m]
- 허용지지력 : 항복하중강도와 극한지지력에 안전율을 고려해 결정된 지지력을 의미한다.
  - 허용지지력 : $q_a = \frac{q_u}{F_s}$ (여기서 q_u = 극한지지력, F_s = 안전율)

CHAPTER

01 토목일반 적중예상문제

정답 및 해설 p.068

01 다음 중 장애물이 없고 비교적 좁은 구역을 측량할 때 적합한 평판측량 방법은?

① 전방교회법 ② 후방교회법
③ 측방교회법 ④ 방사법
⑤ 전진법

02 다음 중 흙의 다짐에 대한 설명으로 옳지 않은 것은?

① 다짐에너지가 클수록 최대건조 단위중량($\gamma_{d\max}$)은 증가한다.
② 다짐에너지가 클수록 최적함수비(W_{opt})는 증가한다.
③ 점토를 최적함수비(W_{opt})보다 작은 함수비로 다지면 면모구조를 갖는다.
④ 투수계수는 최적함수비(W_{opt}) 근처에서 거의 최소값을 나타낸다.
⑤ 다짐함수비가 커질수록 일축압축강도는 감소한다.

03 다음 중 지성선에 해당하지 않는 것은?

① 구조선 ② 능선
③ 계곡선 ④ 경사변환선
⑤ 최대 경사선

04 **계수 전단강도 $V_u = 60\text{kN}$을 받을 수 있는 직사각형 단면이 최소 전단철근 없이 견딜 수 있는 콘크리트의 유효깊이 d는 최소 얼마 이상이어야 하는가?[단, $f_{ck} = 24\text{MPa}$, 단면의 폭(b)= 350mm이다]**

① 560mm
② 525mm
③ 434mm
④ 328mm
④ 246mm

05 **다음 중 강도설계법의 개념에 대한 설명으로 옳지 않은 것은?**

① 재료의 탄성 범위를 넘지 않는 한도 내에서 선형 탄성이론을 적용한다.
② 설계기본 개념이 응력 개념 위주가 아니라 강도 개념 위주의 설계법이다.
③ 설계하중은 사용하중에 하중계수를 곱한 극한 하중을 사용하고 있다.
④ 안전을 확보하는 방법으로 구조물 종류에 따라 강도 감소계수를 적용한다.
⑤ 철근 및 콘크리트의 변형률은 중립축으로부터의 거리에 비례한다.

06 **다음 중 철근콘크리트 구조물의 단점으로 옳지 않은 것은?**

① 중량이 비교적 크다.
② 균열이 발생하기 쉽다.
③ 개조, 보강, 해체가 어렵다.
④ 내구성과 내화성이 좋지 않다.
⑤ 내부 결함 유무를 검사하기 어렵다.

07 **다음 중 분기기의 요구조건으로 옳지 않은 것은?**

① 탄성, 내충격성, 완충성, 내구성 등이 풍부하여야 한다.
② 레일을 견고하게 체결할 수 있어야 한다.
③ 유지관리가 용이하며 내구연한이 짧아야 한다.
④ 시공성이 좋고 재료수급이 용이하여야 한다.
⑤ 신호체계와의 호환성이 있어야 한다.

PART 3

08 **축척 1/10,000의 지형도에서 경사가 12%인 등경사선의 주곡선간 도상거리는?(단, 주곡선간 거리는 20m이며, 소수점 넷째 자리에서 반올림한다)**

① 0.013m
② 0.014m
③ 0.015m
④ 0.016m
⑤ 0.017m

09 **다음 중 표준관입시험에 대한 설명으로 옳지 않은 것은?**

① 표준관입시험의 N값으로 모래지반의 상대밀도를 추정할 수 있다.
② N값으로 점토지반의 연경도에 대한 추정이 가능하다.
③ 지층의 변화를 판단할 수 있는 시료를 얻을 수 있다.
④ 모래지반에 대해서도 흐트러지지 않은 시료를 얻을 수 있다.
⑤ KSF 2307 규정에 의거한 시험방법에 따라 실시한다.

10 **다음 중 터널에 대한 설명으로 옳지 않은 것은?**

① 최근에 건설되는 대부분의 터널은 난형을 채택하고 있다.
② 터널은 암반의 탄성파 속도의 대소에 따라 굴착공법을 선정하는 것이 일반적이다.
③ 원형은 구조적으로 가장 안전하며, 시공이 쉽고 굴착면적이 작아 경제적이다.
④ 터널을 굴착하게 되면 터널 주변에 응력과 변형이 발생하므로 이를 위하여 복공이 필요하게 된다.
⑤ 터널의 굴착 중에는 먼지, 매연, 지열, 기계의 열기, 산소결핍 등이 발생하므로 집중방식이나 직렬방식에 의해 환기를 해야 한다.

11 **다음 중 아치(Arch)의 특성으로 옳지 않은 것은?**

① 아치는 통상 수평반력이 생긴다.
② 부재 단면은 주로 축방향력을 받는 구조이다.
③ 수평반력은 각 단면에서의 휨모멘트를 감소시킨다.
④ 휨모멘트나 압축에는 저항이 불가능하며 오직 장력에만 견딘다.
⑤ 굽힘 응력을 적게 하기 위해 하중이 작용하는 방향을 볼록 곡선형으로 만든 구조이다.

12 **다음 중 지간이 10m이고 지름이 2cm인 원형 단면 단순보에 $w_x = 200$kg/m의 등분포하중이 작용할 때, 최대 전단응력 τ_{max}의 값은?**

① 약 375kg/cm^2
② 약 425kg/cm^2
③ 약 550kg/cm^2
④ 약 600kg/cm^2
⑤ 약 625kg/cm^2

13 **수준측량의 야장 기입법 중 가장 간단한 방법으로, 전시와 후시만 있으면 되는 것은?**

① 고차식
② 교호식
③ 기고식
④ 승강식
⑤ 계수식

14 도심을 지나는 X, Y축에 대한 단면 상승 모멘트의 값으로 옳은 것은?

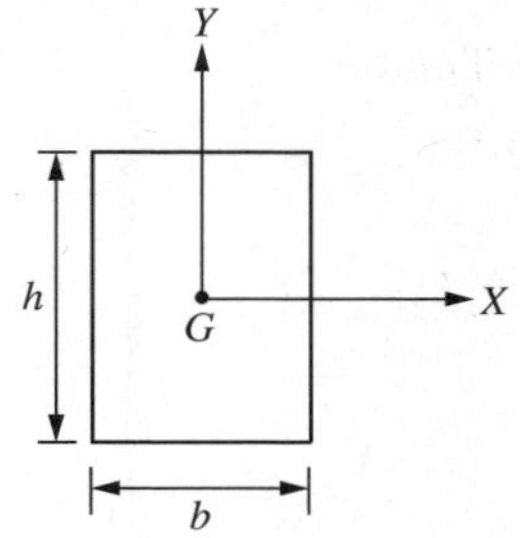

① 0

② $\dfrac{b^2h^2}{2}$

③ $\dfrac{b^2h^2}{4}$

④ $\dfrac{b^2h^2}{6}$

⑤ $\dfrac{b^2h^2}{8}$

15 다음 중 철근콘크리트가 성립하는 이유에 대한 설명으로 옳지 않은 것은?

① 철근과 콘크리트의 부착력이 크다.

② 콘크리트 속에 묻힌 철근은 녹슬지 않고, 내구성을 갖는다.

③ 철근과 콘크리트의 무게가 거의 같으며, 내구성이 같다.

④ 철근과 콘크리트는 열에 대한 팽창계수가 거의 같다.

⑤ 철근은 인장에 강하고, 콘크리트는 압축에 강하다.

16 다음 중 UTM 좌표에 대한 설명으로 옳지 않은 것은?

① 중앙 자오선의 축척 계수는 0.9996이다.

② 좌표계는 경도 6°, 위도 8° 간격으로 나눈다.

③ 우리나라는 40구역(Zone)과 43구역(Zone)에 위치하고 있다.

④ 경도의 원점은 중앙자오선에 있으며 위도의 원점은 적도상에 있다.

⑤ 남북·동서의 양선이 만나는 정방형의 망상구조를 보인다.

17 **다음 중 두 개의 규소판 사이에 한 개의 알루미늄판이 결합된 3층 구조가 무수히 많이 연결되어 형성된 점토고아물로, 각 3층 구조 사이에는 칼륨이온(K^+)으로 결합되어 있는 것은?**

① 몬모릴로나이트(Montmorillonite)
② 할로이사이트(Halloysite)
③ 고령토(Kaolin)
④ 일라이트(Illite)
⑤ 벤토나이트(Bentonite)

18 **다음 중 트래버스 측량에 관한 일반적인 사항에 대한 설명으로 옳지 않은 것은?**

① 트래버스 종류 중 결합트래버스는 가장 높은 정확도를 얻을 수 있다.
② 관측 방법 중 방위각법은 한 번 오차가 발생하면 그 영향이 끝까지 미친다.
③ 폐합오차 조정방법 중 컴퍼스 법칙은 관측의 정밀도가 거리 관측의 정밀도보다 높을 때 실시한다.
④ 폐합트래버스에서 편각의 총합은 반드시 360°가 되어야 한다.
⑤ 트랜싯 법칙은 위거 및 경거의 오차를 각 측선의 위거 및 경거의 길이에 비례하여 배분하면 된다는 법칙이다.

19 **다음 〈조건〉의 경량콘크리트를 사용할 때 경량콘크리트계수(λ)로 옳은 것은?**

조건

- 콘크리트 설계기준 압축강도(f_{ck}) : 24MPa
- 콘크리트 인장강도(f_{sp}) : 2.17MPa

① 0.72
② 0.75
③ 0.79
④ 0.85
⑤ 0.92

20 20m 줄자로 두 지점의 거리를 측정한 결과가 320m이었다. 1회 측정마다 ±3mm의 우연오차가 발생한다면 두 지점 간의 우연오차는?

① ±12mm
② ±14mm
③ ±24mm
④ ±36mm
⑤ ±48mm

21 다음 축방향 압축력을 받는 기둥을 설계할 때 허용압축응력도를 판단하기 위하여 고려하여야 할 여러 사항 중 가장 중요한 요소로 판단되는 것은?

① 단면적
② 기둥의 길이
③ 세장비
④ 기둥의 단면 1차 모멘트
⑤ 기둥의 단면 2차 모멘트

PART 3

22 다음 중 폭 $b=20$cm, 높이 $h=30$cm인 직사각형 단면보의 적당한 저항 휨모멘트는?(단, 허용 휨응력도는 80kg/cm^{2}이다)

① 0.6t · m
② 1.2t · m
③ 2.4t · m
④ 3.6t · m
⑤ 4.8t · m

23 탄성계수 $E=2.1\times10^6$kg/cm^{2}이고 푸아송 비 $v=0.25$일 때, 전단탄성계수의 값은 얼마인가?

① 8.4×10^5kg/cm^2
② 10.5×10^5kg/cm^2
③ 16.8×10^5kg/cm^2
④ 21.0×10^5kg/cm^2
⑤ 23.6×10^5kg/cm^2

24 다음 중 용존산소 부족곡선(DO Sag Curve)에서 산소의 복귀율(회복속도)이 최대로 되었다가 감소하기 시작하는 점은?

① 임계점
② 변곡점
③ 삼중점
④ 오염 직후 점
⑤ 포화 직전 점

25 다음은 자갈도상과 콘크리트도상의 장단점을 나타낸 자료이다. 이를 비교한 내용으로 옳지 않은 것은?

구분		자갈도상	콘크리트도상
①	탄성	양호	불량
②	전기절연성	양호	불량
③	충격 및 소음	작다	크다
④	도상진동	크다	작다
⑤	건설비	고가	저렴

26 다음 중 사진측량의 특수 3점에 대한 설명으로 옳은 것은?

① 사진상에서 등각점을 구하는 것이 가장 쉽다.
② 사진의 경사각이 0°인 경우에는 특수 3점이 일치한다.
③ 기복변위는 주점에서 0이며, 연직점에서 최대이다.
④ 카메라 경사에 의한 사선방향의 변위는 등각점에서 최대이다.
⑤ 렌즈 중심으로부터 지표면에 내린 수선의 발을 주점이라 한다.

27 실제 면적이 $51.84km^2$인 어느 논이 축척이 1 : A인 지도에서 $576cm^2$일 때, 같은 지도에서 $838cm^2$인 밭의 실제 면적은?(단, 오차는 0이다)

① $68.84km^2$
② $75.42km^2$
③ $81.92km^2$
④ $88.76km^2$
⑤ $91.25km^2$

28 다음 중 기둥의 좌굴하중에 대한 설명으로 옳지 않은 것은?

① 기둥의 탄성계수에 비례한다.

② 유효좌굴계수와 반비례한다.

③ 기둥의 휨강도에 반비례한다.

④ 기둥 길이의 제곱에 반비례한다.

⑤ 기둥 단면의 단면 2차 모멘트에 정비례한다.

29 어떤 굳은 점토층을 깊이 7m까지 연직절토하였다. 이 점토층의 일축압축강도가 $1.4kg/cm^2$, 흙의 단위중량이 $2t/m^3$라 할 때, 파괴에 대한 안전율은?(단, 내부마찰각은 30°이다)

① 0.5
② 1.0
③ 1.5
④ 2.0
⑤ 2.5

30 다음 중 토질조사에 대한 설명으로 옳지 않은 것은?

① 사운딩(Sounding)이란 지중에 저항체를 삽입하여 토층의 성상을 파악하는 현장 시험이다.

② 불교란 시료를 얻기 위해서 Foil Sampler, Thin Wall Tube Sampler 등이 사용된다.

③ 표준관입시험은 로드(Rod)의 길이가 길어질수록 N값이 작게 나온다.

④ 베인 시험은 정적인 사운딩이다.

⑤ 지층의 상태, 흙의 성질, 내력, 지하수의 상황을 살펴서 설계 및 시공의 자료로 하는 조사이다.

핵심이론

1. 열역학의 제1법칙(에너지 보존의 법칙)

- 에너지가 다른 형태로 전환될 때 에너지의 총합은 항상 같다. 즉, 에너지의 생성이나 소멸은 없으며, 단지 다른 형태로 바뀔 뿐이다.
- 공급된 에너지는 내부에너지와 사용한 일의 합과 같다.
- $Q = \delta q + W$(여기서 δq = 열량, W = 일량)

2. 보일 – 샤를의 법칙

기체의 부피는 압력에 반비례하고, 절대온도에 비례한다.

$\dfrac{P_1 V_1}{T_1} = \dfrac{P_2 V_2}{T_2}$ = 일정(Const)(여기서 T = 온도, P = 압력, V = 부피)

3. 카르노 사이클

- 카르노 사이클(Carnot Cycle) : 단열변화와 등온변화의 과정으로 이루어지는 이상적인 열기관의 사이클이다.
- 카르노 사이클의 일반적인 특성
  - 열의 전달은 등온과 단열과정에서 모두 발생할 수 있다.
  - 2개의 가역단열과정과 2개의 가역등온과정으로 구성된다.
  - 총엔트로피의 변화는 없으며, 열의 전달은 등온과정에서만 이루어진다.
- 카르노 사이클의 열효율 : $\eta = 1 - \dfrac{T_2(\text{저온, 절대온도})}{T_1(\text{고온, 절대온도})} = 1 - \dfrac{273 + T_2[°C]}{273 + T_1[°C]}$

4. 냉동 사이클의 성적계수(ε_r, 성능계수, CoP)

• 냉동 효과를 나타내는 기준이 되는 수치

• $\varepsilon_r = \dfrac{(\text{저온체에서 흡수한 열량})}{(\text{공급 열량})} = \dfrac{Q_2}{Q_1 - Q_2} = \dfrac{T_2}{T_1 - T_2} = \dfrac{(\text{증발기})}{(\text{응축기})-(\text{증발기})}$

(여기서 T_1 = 고온, T_2 = 저온)

5. 표면장력과 모세관 현상

• 표면장력(γ 또는 σ) : 유체 입자 간 응집력으로 인해 유체의 자유표면이 서로 잡아당기면서 얇은 탄성막이 형성되는 성질이다.

– 표면장력 : $\gamma = \dfrac{F}{A} = \dfrac{ma}{A} = \dfrac{[\text{kg} \cdot \text{m/s}^2]}{[\text{m}]} = [\text{kg/s}^2]$

– 표면장력의 차원 : MT^{-2}

• 모세관 현상 : 물 속에 모세관을 세로로 넣으면 관 내부의 액체 표면이 외부 액체의 표면보다 높거나 낮아지는 현상이다. 물 분자와 유리벽 사이의 접착력이 액체의 응집력보다 더 클 때 발생한다.

액면으로부터의 모세관 높이 $h = \dfrac{4\sigma\cos\theta}{\gamma d}$

(여기서 γ = 물의 비중량, σ = 표면장력, θ = 모세관에 의해 올라간 각도, d = 모세관 지름)

6. 베르누이의 정리

• 베르누이의 정리 : 유체 에너지 보존의 법칙을 적용한 법칙이며, 오일러 방정식을 적분하면 베르누이의 정리가 된다. 베르누이의 정리는 유체의 유동 관련식을 수두의 형태로 표현한 방정식으로 다음과 같다.

$\dfrac{P_1}{\gamma} + \dfrac{{v_1}^2}{2g} + z_1 = \dfrac{P_2}{\gamma} + \dfrac{{v_2}^2}{2g} + z_2$(여기서 $\dfrac{P_1}{\gamma}$ = 압력수두, $\dfrac{{v_1}^2}{2g}$ = 속도수두, z_1 = 위치수두)

• 베르누이 방정식을 충족시키기 위해 가정한 조건

– 정상 유동이다.

– 비점성 유동이다.

– 비압축성 유동이다.

– 유체 입자는 유선을 따라서 유동한다.

7. 선반 작업 시의 3분력과 절삭 칩

- 선반 가공 3분력 : 주분력, 배분력, 이송분력
- 선반 작업 시 발생하는 3분력의 크기 순서 : 주분력 > 배분력 > 이송분력

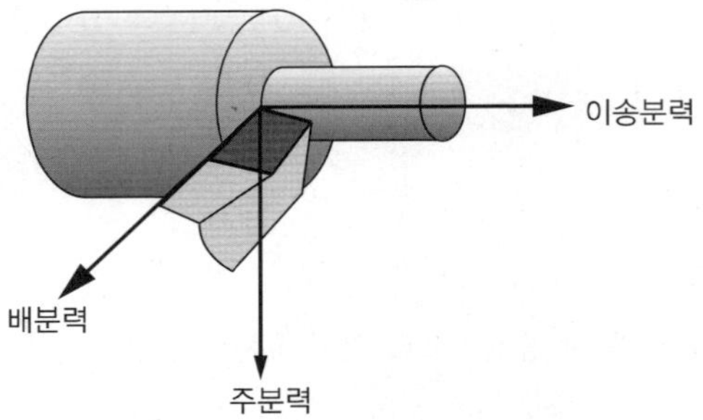

8. 절삭속도와 회전수

- 절삭속도(v) : 공구가 공작물을 절삭하면서 절삭 칩이 나오는 속도이다.

$v=\frac{\pi dn}{1,000}$ [m/min](여기서 v = 절삭속도[m/min], d = 공작물의 지름[mm], n = 주축 회전수)

- 회전수(n) : 주축의 회전수로, $n=\frac{1,000v}{\pi d}$ [rpm]

9. 밀링머신의 테이블 이송 속도(f)

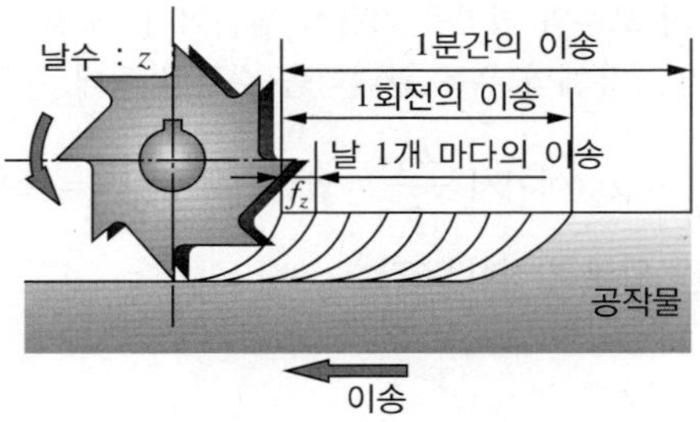

$f=f_z \times z \times n$(여기서 f = 테이블의 이송 속도[mm/min], f_z = 밀링 커터날 1개의 이송[mm], z = 밀링 커터날의 수, n = 밀링 커터의 회전수 $=\frac{1,000v}{\pi d}$ [rpm])

10. 드릴 구멍 가공 시간

$T=\dfrac{l\times i}{n\times s}$[min]

(여기서 $l=$구멍 가공 길이[mm], $i=$구멍 수, $n=$주축 회전속도[rpm], $s=$1회전당 이송량[mm])

11. 기어의 지름(피치원 지름, $PCD=D$)

$D=m$(모듈)$\times Z$(잇수)

여기서 모듈(m)은 이의 크기를 나타내는 기준으로, $m=\dfrac{PCD(=D)}{Z}$

12. 속도비(i) 일반식

$$i=\frac{n_2}{n_1}=\frac{w_2}{w_1}=\frac{D_1}{D_2}=\frac{z_1}{z_2}$$

13. 벨트의 전체 길이, 유효장력

- 벨트의 전체 길이(L)
  - 바로걸기(Open) : $L=2C+\dfrac{\pi(D_1+D_2)}{2}+\dfrac{(D_2-D_1)^2}{4C}$
  - 엇걸기(Cross) : $L=2C+\dfrac{\pi(D_1+D_2)}{2}+\dfrac{(D_2+D_1)^2}{4C}$
- 벨트의 유효장력 : $P_e=T_t$(긴장측 장력)$-T_s$(이완측 장력)
  - 긴장측 장력 : $T_t=\dfrac{P_e e^{\mu\theta}}{e^{\mu\theta}-1}$(여기서 $P_e=T_e$)
  - 이완측 장력 : $T_s=\dfrac{P_e}{e^{\mu\theta}-1}$

PART 3

14. 모멘트

- 모멘트 : $M=F$(작용 힘)$\times L$(작용점과의 직선거리)
- 비틀림 모멘트(T) : 회전을 일으키려는 힘으로, 토크라고도 한다.
- 모멘트 관련식
  - 최대 굽힘 모멘트 : $M_{max}=\sigma_{max}\times Z$(여기서 $\sigma_{max}=$최대 굽힘응력, $Z=$단면계수)
  - 비틀림 모멘트 : $T=\tau\times Z_P$, $\tau=\dfrac{T}{Z_P}=\dfrac{T}{\dfrac{\pi d^3}{16}}=\dfrac{16T}{\pi d^3}$(여기서 $\tau=$전단응력, $Z_P=$극단면계수)
  - 상당 굽힘 모멘트 : $M_e=\dfrac{1}{2}\left(M+\sqrt{M^2+T^2}\right)$
  - 상당 비틀림 모멘트 : $T_e=\sqrt{M^2+T^2}$

15. 변형률

- 변형률(인장변형률, 연신율) : 재료가 축방향의 인장하중을 받으면 길이가 늘어나는데, 처음 길이에 비해 늘어난 길이의 비율이다.

  $\varepsilon=\dfrac{(\text{변형된 길이})}{(\text{처음의 길이})}=\dfrac{\Delta l}{l}\times 100$
- 전단변형률(γ) : 미소의 직사각형 단면이 전단응력을 받아 변형된 각도를 라디안(rad)으로 나타낸 것이다.

  $\gamma=\dfrac{\Delta\lambda}{l}=\tan\theta$(여기서 $\theta=$전단변형각)
- 가로변형률(ε', 단면수축률) : $\varepsilon'=\dfrac{\Delta A}{A}=\dfrac{A_1-A_2}{A_1}=\dfrac{\dfrac{\pi d_1^2}{4}-\dfrac{\pi d_2^2}{4}}{\dfrac{\pi d_1^2}{4}}=\dfrac{d_1^2-d_2^2}{d_1^2}$

CHAPTER

02 기계일반 적중예상문제

정답 및 해설 p.073

01 다음 중 강의 담금질 열처리에서 냉각속도가 가장 느린 경우에 나타나는 조직은?

① 소르바이트
② 잔류 오스테나이트
③ 트루스타이트
④ 마텐자이트
⑤ 베이나이트

02 다음 중 2개의 단열과정과 1개의 정적과정, 1개의 정압과정으로 이루어진 가스터빈 이상 사이클은?

① 에릭슨 사이클(Ericsson Cycle)
② 사바테 사이클(Sabathé Cycle)
③ 앳킨슨 사이클(Atkinson Cycle)
④ 브레이턴 사이클(Brayton Cycle)
⑤ 카르노 사이클(Carnot Cycle)

03 다음 중 산화철분말과 알루미늄분말의 혼합물을 이용하는 용접 방법은?

① 플러그 용접
② 스터드 용접
③ TIG 용접
④ 테르밋 용접
⑤ 전자빔 용접

04 다음 중 빈칸 ㉠, ㉡에 들어갈 내용을 바르게 짝지은 것은?

> ___㉠___은 금속 혹은 세라믹 분말과 폴리머나 왁스 결합제를 혼합한 후 금형 내로 빠르게 사출하여 생형을 제작하고, 가열 혹은 용제를 사용하여 결합제를 제거한 후 높은 온도로 ___㉡___하여 최종적으로 금속 혹은 세라믹 제품을 생산하는 공정이다.

	㉠	㉡
①	인베스트먼트 주조법	소결
②	분말야금법	경화
③	금속사출성형법	경화
④	분말사출성형법	소결
⑤	압출성형법	경화

05 다음 〈보기〉 중 상온에서 금속결정의 단위격자가 면심입방격자(FCC)인 것을 모두 고르면?

> **보기**
> ㄱ. Pt　　ㄴ. Cr
> ㄷ. Ag　　ㄹ. Zn
> ㅁ. Cu

① ㄱ, ㄴ, ㄷ
② ㄱ, ㄷ, ㅁ
③ ㄱ, ㄹ, ㅁ
④ ㄴ, ㄷ, ㄹ
⑤ ㄷ, ㄹ, ㅁ

06 다음 중 와이어컷 방전가공에 대한 설명으로 옳지 않은 것은?

① 가공액은 일반적으로 수용성 절삭유를 물에 희석하여 사용한다.
② 와이어 전극재료로는 동, 황동 등이 사용되고 재사용이 가능하다.
③ 와이어는 일정한 장력을 걸어주어야 하는데 보통 와이어 파단력의 $\frac{1}{2}$ 정도로 한다.
④ 복잡하고 미세한 형상가공이 용이하다.
⑤ 와이어는 보통 0.05～0.25mm 정도의 동선 또는 황동선을 이용한다.

07 **다음 중 연삭가공 및 특수가공에 대한 설명으로 옳지 않은 것은?**

① 방전가공에서 방전액은 냉각제의 역할을 한다.
② 전해가공은 공구의 소모가 크다.
③ 초음파가공 시 공작물은 연삭입자에 의해 미소치핑이나 침식작용을 받는다.
④ 전자빔가공은 전자의 운동에너지로부터 얻는 열에너지를 이용한다.
⑤ 레이저가공은 특수한 빛을 가진 에너지를 열에너지로 변환시켜 공작물을 국부적으로 가열한다.

PART 3

08 **다음 중 유체의 누설을 막기 위한 너트로 가장 적합한 것은?**

① 나비 너트
② 캡 너트
③ 사각 너트
④ 아이 너트
⑤ 터클 너트

09 **압력용기 내의 게이지압력이 30kPa로 측정되었다. 대기압력이 100kPa일 때 압력용기 내의 절대압력은?**

① 130kPa
② 70kPa
③ 30kPa
④ 15kPa
⑤ 0kPa

10 **다음 중 속이 찬 봉재로부터 길이방향으로 이음매가 없는 긴 강관(鋼管)을 제조하는 방법은?**

① 프레스가공
② 전조가공
③ 만네스만가공
④ 드로잉가공
⑤ 전해가공

11 알루미늄 합금인 두랄루민은 기계적 성질이 탄소강과 비슷하며 무게를 중시하고 강도가 큰 것을 요구하는 항공기, 자동차, 유람선 등에 사용된다. 다음 중 두랄루민의 주요 성분은?

① Al – Cu – Ni
② Al – Cu – Cr
③ Al – Cu – Mg – Mn
④ Al – Cu – Mg – Ni
⑤ Al – Si – Ni – Cr

12 다음 중 인장강도에 해당하는 것은?

① 최대항복응력
② 최대공칭응력
③ 최대진응력
④ 최대전단응력
⑤ 최대비틀림응력

13 다음 중 가솔린 기관의 노킹현상에 대한 설명으로 옳은 것은?

① 공기 – 연료혼합기가 어느 온도 이상 가열되어 점화하지 않아도 연소하기 시작하는 현상이다.
② 흡입공기의 압력을 높여 기관의 출력을 증가시키는 현상이다.
③ 가솔린과 공기의 혼합비를 조절하여 혼합기를 발생시키는 현상이다.
④ 연소 후반에 미연소가스의 급격한 연소에 의한 충격파로 실린더 내 금속을 타격하는 현상이다.
⑤ 피스톤, 실린더헤드, 크랭크축의 손상을 가져오는 현상이다.

14 점성계수가 μ인 유체가 지름이 D인 원형 직관 안에서 Q의 유량으로 흐르고 있다. 길이 L을 지나는 동안 발생한 압력손실의 크기는?

① $\dfrac{32\mu QL}{\pi D^4}$
② $\dfrac{48\mu QL}{\pi D^4}$
③ $\dfrac{64\mu QL}{\pi D^4}$
④ $\dfrac{128\mu QL}{\pi D^4}$
⑤ $\dfrac{256\mu QL}{\pi D^4}$

15 다음 중 미끄럼 베어링의 특징으로 옳지 않은 것은?

① 비교적 낮은 회전속도에 사용한다.
② 윤활성이 좋지 않다.
③ 시동할 때 마찰저항이 작다.
④ 진동과 소음이 작다.
⑤ 구조가 간단하며 수리가 쉽다.

16 다음 중 재결정온도에 대한 설명으로 옳은 것은?

① 1시간 안에 95% 이상의 재결정이 이루어지는 온도이다.
② 재결정이 시작되는 온도이다.
③ 시간에 상관없이 재결정이 완결되는 온도이다.
④ 재결정이 완료되어 결정립성장이 시작되는 온도이다.
⑤ 가공도가 클수록 높아지는 온도이다.

17 선반을 이용하여 지름이 50mm인 공작물을 절삭속도 196m/min로 절삭할 때 필요한 주축의 회전수는?(단, π는 3.14로 계산하고, 회전수는 일의 자리에서 반올림한다)

① 1,000rpm
② 1,250rpm
③ 3,120rpm
④ 3,920rpm
⑤ 4,320rpm

18 다음 중 리벳작업에서 코킹을 하는 목적으로 옳은 것은?

① 패킹재료를 삽입하기 위해
② 파손재료를 수리하기 위해
③ 부식을 방지하기 위해
④ 기밀을 유지하기 위해
⑤ 구멍을 뚫기 위해

19 다음 중 펌프(Pump)에 대한 설명으로 옳지 않은 것은?

① 송출량 및 송출압력이 주기적으로 변화하는 현상을 수격현상(Water Hammering)이라 한다.
② 왕복펌프는 회전수에 제한을 받지 않아 고양정에 적합하다.
③ 원심펌프는 회전차가 케이싱 내에서 회전할 때 발생하는 원심력을 이용한다.
④ 축류펌프는 유량이 크고 저양정인 경우에 적합하다.
⑤ 회전펌프는 운동부분이 등속회전을 하기 때문에 토출량의 변동이 적다.

20 다음 중 구성인선(Built Up Edge)에 대한 설명으로 옳지 않은 것은?

① 구성인선은 일반적으로 연성재료에서 많이 발생한다.
② 구성인선은 공구 윗면 사이의 경사면에 윤활을 하면 줄일 수 있다.
③ 구성인선에 의해 절삭된 가공면은 거칠게 된다.
④ 구성인선은 절삭속도를 느리게 하면 방지할 수 있다.
⑤ 구성인선은 절삭깊이를 작게 하여 방지할 수 있다.

21 다음 중 전기전도율이 가장 높은 금속은?

① Pb ② Sn
③ Ni ④ Ag
⑤ Fe

22 균일 분포하중 $\omega = 10\text{N/mm}$가 전 길이에 작용할 때, 길이가 50cm인 단순지지보에 생기는 최대 전단력은?

① 0.25kN ② 2.5kN
③ 25kN ④ 250kN
⑤ 2,500kN

23 **다음 중 보일러 효율을 향상시키는 부속장치인 절탄기(Econo Mizer)에 대한 설명으로 옳은 것은?**

① 연도에 흐르는 연소가스의 열을 이용하여 급수를 예열하는 장치이다.
② 석탄을 잘게 부수는 장치이다.
③ 연도에 흐르는 연소가스의 열을 이용하여 연소실에 들어가는 공기를 예열하는 장치이다.
④ 연도에 흐르는 연소가스의 열을 이용하여 고온의 증기를 만드는 장치이다.
⑤ 절탄기를 이용하여 굴뚝에서 배출되는 열량의 대부분을 회수할 수 있다.

PART 3

24 **다음 중 탄소강의 표면경화열처리법으로 옳지 않은 것은?**

① 어닐링법
② 질화법
③ 침탄법
④ 고주파경화법
⑤ 화염경화법

25 **다음 중 절삭가공에 대한 설명으로 옳은 것은?**

① 경질재료일수록 절삭저항이 감소하여 표면조도가 양호하다.
② 절삭속도를 증가시키면 유동형 칩이 생성되어 수명이 연장된다.
③ 절삭깊이를 감소시키면 구성인선이 감소하여 표면조도가 양호하다.
④ 절삭속도를 증가시키면 절삭저항이 증가하여 표면조도가 불량하다.
⑤ 절삭속도를 감소시키면 구성인선이 감소하여 표면조도가 양호하다.

26 다음 중 마그네슘(Mg)에 대한 설명으로 옳은 것은?

① 산소와 반응하지 않는다.
② 비중이 1.85로 공업용 금속 중 가장 가볍다.
③ 전기 화학적으로 전위가 높아서 내식성이 좋다.
④ 열전도율은 구리(Cu)보다 낮다.
⑤ 우주에서 9번째로 풍부한 원소이다.

27 지름이 30mm이고 길이가 100cm인 연강봉에 인장하중이 50kN이 작용할 때, 탄성에너지의 크기는?(단, 연강봉의 탄성계수는 303.8GPa이다)

① 약 1.59J
② 약 2.91J
③ 약 5.82J
④ 약 8.73J
⑤ 약 11.64J

28 두 열원으로 구성되는 사이클 중에서 열효율이 최대인 카르노 사이클로 작동되는 열기관이 고온체에서 200kJ의 열을 받아들인다. 이 기관의 열효율이 30%라면 방출되는 열량은?

① 30kJ
② 60kJ
③ 70kJ
④ 140kJ
⑤ 160kJ

29 **다음 중 상온에서 소성변형을 일으킨 후에 열을 가하면 원래의 모양으로 돌아가는 성질을 가진 재료는?**

① 비금속
② 내열금속
③ 비정질합금
④ 초소성 재료
⑤ 형상기억합금

30 **$V_1 = 4.0\text{m}^3$, $P_1 = 80\text{kPa}$인 공기 5kg가 $V_2 = 1.5\text{m}^3$로 압축되었고, $P_2 = 236\text{kPa}$로 증가하였다. 내부에너지가 68kJ/kg 증가했다면, 엔탈피 변화량은?**

① 152kJ
② 252kJ
③ 374kJ
④ 472kJ
⑤ 535kJ

PART 3

핵심이론

1. 쿨롱의 법칙

$$F=\frac{Q_1Q_2}{4\pi\varepsilon_0 r^2}=9\times10^9\times\frac{Q_1Q_2}{r^2}\,[\mathrm{N}]$$

※ Q : 전하량[C], r : 거리[m], ε_0(진공 유전율)$=8.855\times10^{-12}$F/m

2. 전계의 세기

- 단위 점전하(+1C)와 전하 사이에 미치는 쿨롱의 힘이다.

$$E=\frac{Q}{4\pi\varepsilon_0 r^2}\,[\mathrm{V/m}]=9\times10^9\cdot\frac{Q}{r^2}$$

- 전계의 세기 단위 표시

$$E=\frac{F}{Q}[\mathrm{V/m}]\ (\text{단위 : }[\mathrm{N/C}]=\left[\frac{N\cdot m}{C\cdot m}\right]=\left[\frac{J}{C\cdot m}\right]=[\mathrm{V/m}])$$

3. 전기쌍극자

$M=Q\cdot\delta[\mathrm{C\cdot m}]$ (쌍극자의 모멘트)

※ 미소전하 $\pm Q$[C], 미소거리 δ 떨어져서 배치

- 전기쌍극자의 전위

$$V=\frac{M}{4\pi\varepsilon_0 r^2}\cos\theta\,[\mathrm{V}]$$

[$\theta=0°$(최대), $90°$(최소)]

- 전기쌍극자의 전계

$$E=\frac{M}{4\pi\varepsilon_0 r^3}\sqrt{1+3\cos^2\theta}\,[\mathrm{V/m}]$$

[$\theta=0°$(최대), $90°$(최소)]

4. 표피효과

- 표피효과 : 도선의 중심부로 갈수록 전류밀도가 적어지는 현상이다.
- 침투깊이 : $\delta = \sqrt{\dfrac{2}{\omega \mu k}} = \sqrt{\dfrac{1}{\pi f \mu k}}$

※ 침투깊이가 작을수록(f, μ, k가 클수록), 표피효과가 커진다($w=2\pi f$).

5. 상호 인덕턴스

$M = k\sqrt{L_1 L_2}$ (여기서 M = 상호 인덕턴스, k = 결합계수, L_1, L_2 = 자기 인덕턴스)

6. 애자(Insulator)

- 기능 : 전선을 절연하여 지지물과의 고정 간격을 유지한다.
- 애자가 갖추어야 할 조건
  - 절연내력이 커야 한다.
  - 절연 저항이 커야 한다(누설 전류가 적을 것).
  - 기계적 강도가 커야 한다.
  - 온도 급변에 견디고 습기를 흡수하지 않아야 한다.
- 전압부담
  - 최대 : 전선에 가장 가까운 애자
  - 최소 : 철탑(접지측)에서 $\dfrac{1}{3}$ 또는 전선에서 $\dfrac{2}{3}$ 위치에 있는 애자
- 애자의 연효율(연능률)

  $\eta = \dfrac{V_n}{nV_1} \times 100$(여기서 V_n = 애자련의 전체 섬락전압, n = 애자의 개수, V_1 = 애자 1개의 섬락전압)

7. 동기 조상기

무부하로 운전하는 동기 전동기이다.

- 과여자 운전 : 콘덴서로 작용, 진상
- 부족 여자 운전 : 리액터로 작용, 지상
- 증설이 어려움, 손실 최대(회전기)

8. 경제적인 송전 전압의 결정(Still의 식)

$V_S = 5.5\sqrt{0.6l + \frac{P}{100}}$ [kV](여기서 l=송전 거리[km], P=송전 전력[kW])

9. 절연 협조

피뢰기의 제한전압< 변압기의 기준충격 절연강도(BIL)< 부싱, 차단기< 선로애자(피뢰기의 제1보호대상 : 변압기)

10. 보호 계전기의 종류

선로 보호용	• 거리 계전기(임피던스 계전기, Ohm 계전기, Mho 계전기) – 전압과 전류의 비가 일정 값 이하가 되면 동작 – 기억 작용(고장 후에도 고장 전 전압을 잠시 유지) • 지락 계전기 – 선택접지 계전기(병렬 2회선, 다회선) – 지락 방향 계전기
발전기 · 변압기 보호용	• 과전류 계전기(OCR) • 부흐홀츠 계전기(변압기 보호) – 변압기와 콘서베이터 연결관 도중에 설치 • 차동 계전기(양쪽 전류 차에 의해 동작) • 비율차동 계전기

11. 부하율, 수용률, 부등률

- F(부하율)$=\frac{(\text{평균 전력})}{(\text{최대 전력})}\times 100$
- (수용률)$=\frac{(\text{최대 전력})}{(\text{설비 용량})}\times 100$
- [부등률(전기 기구의 동시 사용 정도)]$=\frac{(\text{개별 최대수용 전력의 합})}{(\text{합성 최대 전력})}\geq 1$

  [단독 수용가일 때, (부등률)=1]

12. 병렬 운전 조건

- 극성, 권수비, 1, 2차 정격전압이 같아야 한다(용량은 무관).
- 각 변압기의 저항과 리액턴스비가 같아야 한다.
- 부하분담 시 용량에 비례하고 임피던스 강하에는 반비례해야 한다.
- 상회전 방향과 각 변위가 같아야 한다(3ϕ 변압기).

13. 변압기효율

• 전부하효율

$$\eta = \frac{P_n \cos\theta}{P_n \cos\theta + P_i + P_c} \times 100$$

• $\frac{1}{m}$ 부하 시 효율

$$\eta_{\frac{1}{m}} = \frac{\frac{1}{m} P_n \cos\theta}{\frac{1}{m} P_n \cos\theta + P_i + \left(\frac{1}{m}\right)^2 P_c} \times 100$$

• 최대 효율조건

– 전부하 시 : $P_i = P_c$ (철손 : 동손=1 : 1)

– $\frac{1}{m}$ 부하 시 : $P_i = \left(\frac{1}{m}\right)^2 P_c$, $\frac{1}{m} = \sqrt{\frac{P_i}{P_c}}$ [(철손) : (동손)=1 : 2]

– 최대 효율 : $\eta_{max} = \frac{\frac{1}{m} P_n \cos\theta}{\frac{1}{m} P_n \cos\theta + 2P_i} \times 100$

– 전일 효율 : $\eta_{day} = \frac{(24\text{시간 출력 전력량})}{(24\text{시간 입력 전력량})} \times 100$

14. 직 · 병렬회로 요약

직렬회로(전압분배)	병렬회로(전류분배)
• $R_0 = R_1 + R_2$ • $V_1 = R_1 I = \frac{R_1}{R_1 + R_2} V$ • $V_2 = R_2 I = \frac{R_2}{R_1 + R_2} V$	• $R_0 = \frac{R_1 R_2}{R_1 + R_2}$ • $I_1 = \frac{V}{R_1} = \frac{R_2}{R_1 + R_2} I$ • $I_2 = \frac{V}{R_2} = \frac{R_1}{R_1 + R_2} I$

15. 공진회로

구분	직렬공진	병렬공진(반공진)
공진조건	$\omega_r L = \frac{1}{\omega_r C}$	$\omega_r C = \frac{1}{\omega_r L}$
공진주파수	$f_r = \frac{1}{2\pi\sqrt{LC}}$	$f_r = \frac{1}{2\pi\sqrt{LC}}$
임피던스	최소	최대
전류	최대	최소

CHAPTER

03 전기일반 · 전기이론 적중예상문제

정답 및 해설 p.080

01 전기일반

01 다음 중 변압기의 부하와 전압이 일정하고, 주파수만 높아질 때 발생할 수 있는 현상으로 옳은 것은?

① 철손 감소
② 철손 증가
③ 동손 증가
④ 동손 감소
⑤ 마찰손 증가

02 다음 중 전력과 전력량에 대한 설명으로 옳지 않은 것은?

① 전력은 전력량과 다르다.
② 전력량은 와트로 환산된다.
③ 전력은 단위시간당 소비하는 전기에너지이다.
④ 전력은 칼로리 단위로 환산할 수 없다.
⑤ 전력량은 전력과 시간의 곱으로 계산할 수 있다.

03 다음 중 50Hz, 4극의 유도 전동기의 슬립이 4%일 때, 매분 회전수는?

① 1,410rpm
② 1,440rpm
③ 1,470rpm
④ 1,500rpm
⑤ 1,540rpm

04 다음 중 고압회로의 큰 전류를 작은 전류로 변성하여 사용하는 전류 변성기는?

① PT
② CT
③ OVR
④ OCR
⑤ DSR

05 평형 3상 전류를 측정하기 위해 변류비 60/5A의 변류기 두 대를 다음 그림과 같이 접속했더니 전류계에 2.5A가 흘렀다. 1차 전류는 약 몇 A인가?(단, 소수점 둘째 자리에서 반올림한다)

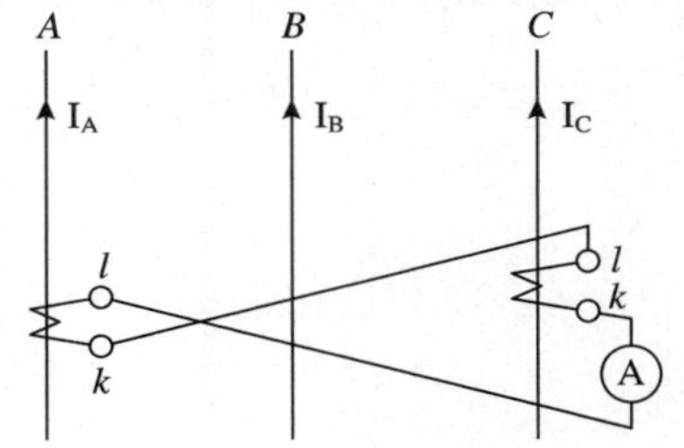

① 12.0A
② 17.3A
③ 30.0A
④ 51.9A
⑤ 53.8A

06 다음 중 부흐홀츠 계전기의 설치위치로 옳은 곳은?

① 콘서베이터 내부
② 변압기 고압측 부싱
③ 변압기 주 탱크 내부
④ 변압기 주 탱크와 콘서베이터 사이
⑤ 변압기 저압측 부싱

PART 3

07 다음 중 인코딩 기법을 평가하는 요소로 옳지 않은 것은?

① 데이터 전송률 ② 신호의 스펙트럼
③ 신호의 동기화 능력 ④ 에러 검출 능력
⑤ 잡음에 대한 면역성

08 다음 중 3상 동기 발전기의 상간 접속을 Y결선으로 하는 이유로 옳지 않은 것은?

① 중성점을 이용할 수 있다.
② 선간전압이 상전압의 $\sqrt{3}$ 배가 된다.
③ 선간전압에 제3고조파가 나타나지 않는다.
④ 같은 선간전압의 결선에 비하여 절연이 어렵다.
⑤ 지락이나 단락 발생 시 보호계전기가 즉각 동작될 수 있도록 접지할 수 있다.

09 다음 중 변압기가 무부하인 경우에 1차 권선에 흐르는 전류는?

① 정격 전류 ② 단락 전류
③ 부하 전류 ④ 여자 전류
⑤ 누설 전류

10 다음 중 황산구리($CuSO_4$) 전해액에 2개의 구리판을 넣고 전원을 연결하였을 때, 음극에서 나타나는 현상으로 옳은 것은?

① 변화가 없다.
② 구리판이 두꺼워진다.
③ 구리판이 얇아진다.
④ 수소 가스가 발생한다.
⑤ 검은색으로 바뀐다.

11 비투자율이 100인 철심을 코어로 하고 단위길이당 권선수가 100회인 이상적인 솔레노이드의 자속밀도가 $0.2\mathrm{Wb/m^2}$일 때, 솔레노이드에 흐르는 전류는?

① $\dfrac{20}{\pi}\mathrm{A}$　② $\dfrac{30}{\pi}\mathrm{A}$

③ $\dfrac{40}{\pi}\mathrm{A}$　④ $\dfrac{50}{\pi}\mathrm{A}$

⑤ $\dfrac{60}{\pi}\mathrm{A}$

12 8극 900rpm 동기 발전기로 병렬 운전하는 극수 6인 교류 발전기의 회전수는?

① 1,400rpm　② 1,200rpm

③ 1,000rpm　④ 900rpm

⑤ 800rpm

13 다음 중 비유전율이 6인 유전체 내에 전속밀도가 $2\times10^{-6}\mathrm{C/m^2}$인 점의 전기장의 세기는 얼마인가?

① 약 $3.764\times10^6\mathrm{V/m}$

② 약 $3.764\times10^5\mathrm{V/m}$

③ 약 $3.764\times10^4\mathrm{V/m}$

④ 약 $3.764\times10^3\mathrm{V/m}$

⑤ 약 $3.764\times10^2\mathrm{V/m}$

14 다음 중 동기 발전기를 계통에 접속하여 병렬 운전할 때 관계가 없는 것은?

① 주파수　② 전압

③ 위상　④ 전류

⑤ 파형

15 다음 그림과 같은 단상 전파 정류에서 직류 전압 100V를 얻는 데 필요한 변압기 2차 한상의 전압은 얼마인가?(단, 부하는 순저항으로 하고 변압기 내의 전압 강하는 무시하며, 정류기의 전압 강하는 10V로 한다)

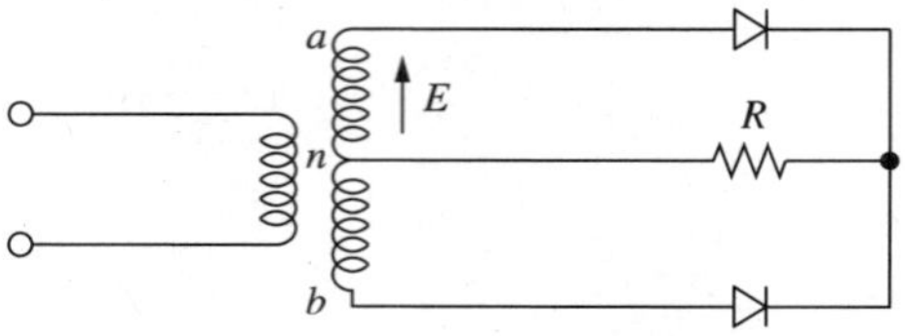

① 약 156V
② 약 144V
③ 약 122V
④ 약 100V
⑤ 약 80V

16 다음 그림과 같은 6상 반파 정류 회로에서 450V의 직류 전압을 얻는 데 필요한 변압기의 직류 권선 전압은 몇 V인가?

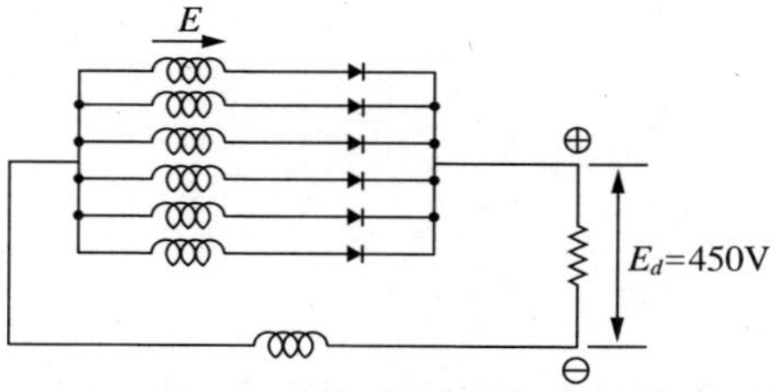

① 약 333V
② 약 348V
③ 약 356V
④ 약 375V
⑤ 약 382V

17 **다음 그림과 같이 3Ω, 7Ω, 10Ω의 세 개의 저항을 직렬로 접속하여 이 양단에 100V 직류 전압을 가했을 때, 세 개의 저항에 흐르는 전류는 얼마인가?**

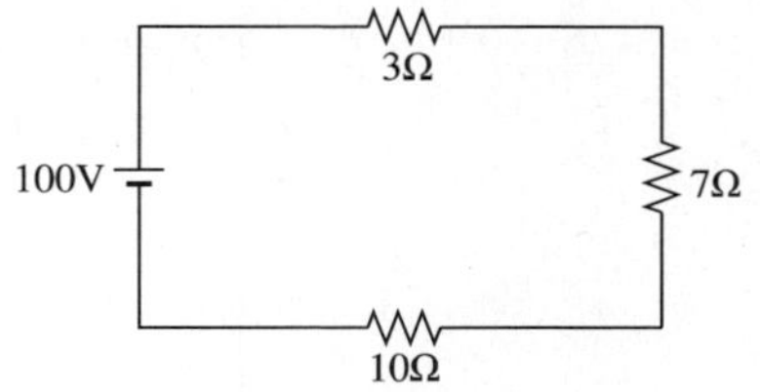

① 1A
② 5A
③ 8A
④ 15A
⑤ 18A

18 **다음 중 송전선로를 연가할 때의 주된 목적은 무엇인가?**

① 직격뢰의 방지
② 코로나의 방지
③ 선로정수의 평형
④ 유도뢰의 방지
⑤ 페란티효과의 방지

19 **다음 중 회전 변류기의 직류측 전압을 조정하는 방법으로 옳지 않은 것은?**

① 직렬 리액턴스에 의한 방법
② 여자 전류를 조정하는 방법
③ 동기 승압기를 사용하는 방법
④ 부하 시 전압 조정 변압기를 사용하는 방법
⑤ 유도 전압 조정기를 사용하는 방법

20 다음 중 동기 발전기에서 전기자 전류가 무부하 유도 기전력보다 $\frac{\pi}{2}$rad 앞서 있는 경우에 나타나는 전기자 반작용은?

① 증자 작용
② 감자 작용
③ 교차 자화 작용
④ 횡축 반작용
⑤ 종축 반작용

21 다음 중 직류기에서 전기자 반작용을 방지하기 위한 보상권선의 전류 방향은?

① 계자 전류의 방향과 같다.
② 계자 전류의 방향과 반대이다.
③ 정류자 전류 방향과 같다.
④ 전기자 전류 방향과 같다.
⑤ 전기자 전류 방향과 반대이다.

22 다음 그림과 같은 회로에서 전류는 몇 A인가?

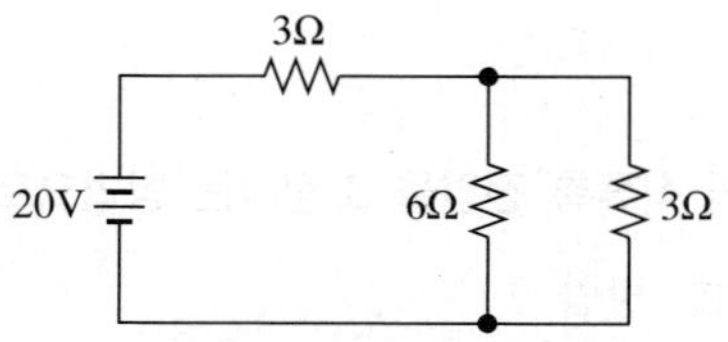

① 2A
② 3A
③ 4A
④ 5A
⑤ 6A

23 **다음 중 역률 개선의 효과로 볼 수 없는 것은?**

① 전력손실 감소
② 전압강하 감소
③ 감전사고 감소
④ 설비용량의 이용률 증가
⑤ 투자비 경감

24 **0.1H인 자체 인덕턴스 L에 5A의 전류가 흐를 때 L에 축적되는 에너지는 몇 J인가?**

① 0.75J
② 1.25J
③ 2.52J
④ 3.25J
⑤ 4.15J

25 **다음 중 3상 동기의 제동 권선의 역할로 옳은 것은?**

① 난조 방지
② 효율 증가
③ 출력 증가
④ 역률 개선
⑤ 응력 증가

26 **다음 중 3상 유도 전동기의 회전 방향을 바꾸기 위한 방법은?**

① 3상의 3선 접속을 모두 바꾼다.
② 3상의 3선 중 2선의 접속을 바꾼다.
③ 3상의 3선 중 1선에 리액턴스를 연결한다.
④ 3상의 3선 중 2선에 같은 값의 리액턴스를 연결한다.
⑤ 3상의 3선 중 1선의 접속을 바꾼다.

27 저항 강하가 1.8, 리액턴스 강하가 2.0인 변압기의 전압 변동률의 최댓값과 이때의 역률은 각각 몇 %인가?

① 약 7.2%, 약 27%
② 약 7.2%, 약 18%
③ 약 2.7%, 약 67%
④ 약 2.7%, 약 38%
⑤ 약 1.8%, 약 45%

28 0.5Ω의 컨덕턴스를 가진 저항체에 6A의 전류를 흘리려면 몇 V의 전압을 가해야 하는가?

① 10V
② 12V
③ 14V
④ 15V
⑤ 30V

29 다음 중 동기 조상기의 계자를 부족 여자로 하여 운전한 결과로 옳은 것은?

① 콘덴서로 작용
② 뒤진 역률 보상
③ 리액터로 작용
④ 저항손의 보상
⑤ 다이오드로 작용

30 자체 인덕턴스 L_1, L_2, 상호 인덕턴스 M인 두 코일의 결합 계수가 1이면 어떤 관계가 되겠는가?

① $L_1L_2 = M$
② $\sqrt{L_1L_2} = M$
③ $\sqrt{L_1L_2} > M$
④ $L_1L_2 < M$
⑤ $L_1L_2 > M$

02 전기이론

01 **자기장의 코일의 권수 $N=2{,}000$, 저항 $R=12\Omega$ 으로 전류 $I=10$A를 통했을 때의 자속이 $\Phi=6\times10^{-2}$Wb이다. 이 회로의 시상수는?**

① 0.01초
② 0.1초
③ 1초
④ 10초
⑤ 60초

02 **다음 중 자체 인덕턴스에 축적되는 에너지에 대한 설명으로 옳은 것은?**

① 자체 인덕턴스 및 전류에 비례한다.
② 자체 인덕턴스 및 전류에 반비례한다.
③ 자체 인덕턴스와 전류의 제곱에 반비례한다.
④ 자체 인덕턴스에 비례하고, 전류의 제곱에 비례한다.
⑤ 자체 인덕턴스에 반비례하고, 전류의 제곱에 반비례한다.

03 **다음 중 비사인파를 많은 사인파의 합성으로 표시하는 전개식은?**

① 패러데이(Faraday)
② 헤르츠(Hertz)
③ 노튼(Norton)
④ 푸리에(Fourier)
⑤ 라플라스(Laplace)

04 **다음 중 전기력선의 성질에 대한 설명으로 옳지 않은 것은?**

① 전기력선은 서로 교차하지 않는다.
② 전기력선은 도체의 표면에 수직이다.
③ 전기력선의 밀도는 전기장의 크기를 나타낸다.
④ 같은 전기력선은 서로 끌어당긴다.
⑤ 전기력선은 전위가 높은 점에서 낮은 점으로 향한다.

05 **다음 중 무한히 긴 직선 도선에 전류가 흐를 때 도선 주위에 생기는 자기장의 세기는?**

① 도선으로부터의 직선거리에 비례한다.
② 도선으로부터의 직선거리에 반비례한다.
③ 도선으로부터의 직선거리의 제곱에 비례한다.
④ 도선으로부터의 직선거리의 제곱에 반비례한다.
⑤ 도선으로부터의 직선거리와 무관하다.

06 **다음 〈보기〉 중 특이함수(스위칭 함수)에 대한 설명으로 옳은 것을 모두 고르면?**

보기

ㄱ. 특이함수는 그 함수가 불연속이거나 그 도함수가 불연속인 함수이다.
ㄴ. 단위계단함수 $u(t)$는 t가 음수일 때 -1, t가 양수일 때 1의 값을 갖는다.
ㄷ. 단위임펄스함수 $\delta(t)$는 $t=0$ 외에는 모두 0이다.
ㄹ. 단위램프함수 $r(t)$는 t의 값에 상관없이 단위 기울기를 갖는다.

① ㄱ, ㄴ
② ㄱ, ㄷ
③ ㄴ, ㄷ
④ ㄴ, ㄹ
⑤ ㄷ, ㄹ

07 **어떤 회로에 전압 100V를 인가하였다. 이때 유효전력이 300W이고 무효전력이 400Var라면 회로에 흐르는 전류는?**

① 2A
② 3A
③ 4A
④ 5A
⑤ 6A

08 **단상용 전류력계형 역률계에서 전압과 전류가 동위상일 경우 역률은?**

① 0 ② 1
③ 2 ④ $-\infty$
⑤ $+\infty$

09 **저항값이 같은 두 개의 도선을 병렬로 연결한 경우의 합성 저항은 얼마인가?**

① 한 도선 저항의 3배이다.
② 한 도선 저항의 2배이다.
③ 한 도선 저항의 $\frac{1}{2}$ 이다.
④ 한 도선 저항의 $\frac{2}{3}$ 이다.
⑤ 한 도선 저항과 같다.

10 **다음 중 정현파 교류 전압의 실횻값에 대한 물리적 의미로 옳은 것은?**

① 교류 전압의 최댓값을 나타낸다.
② 교류 전압 반주기에 대한 평균값이다.
③ 교류 전압의 최댓값과 평균값의 비율이다.
④ 교류 전압이 생성하는 전력 또는 에너지의 효능을 내포한 값이다.
⑤ 주어진 전압이 변화하거나 허용 오차가 있는 경우 대표적으로 나타내는 값이다.

11 **다음 중 플레밍의 왼손 법칙에서 엄지손가락이 나타내는 것은?**

① 자기장 ② 전류
③ 힘 ④ 기전력
⑤ 자속밀도

12 다음 중 유도 전류의 방향이 원래 자속의 증감을 방해하는 방향으로 나타나는 법칙은?

① 렌츠의 법칙
② 쿨롱의 법칙
③ 줄의 법칙
④ 앙페르의 법칙
⑤ 패러데이의 법칙

13 공진하고 있는 $R-L-C$ 직렬회로에 있어서 저항 R 양단의 전압은 인가 전압의 몇 배인가?

① 인가 전압과 같다.
② 인가 전압의 2배이다.
③ 인가 전압의 3배이다.
④ 인가 전압의 4배이다.
⑤ 인가 전압의 6배이다.

14 다음 중 위성 통신에서 원래 사용하는 대역보다 넓은 대역으로 신호를 변조한 여러 신호들을 동시에 전송하는 통신 방식은?

① FDMA
② TDMA
③ CDMA
④ SDMA
⑤ KDMA

15 다음 중 전자 유도 현상에 의하여 생기는 유도 기전력의 크기를 정의하는 법칙은?

① 렌츠의 법칙
② 패러데이의 법칙
③ 암페어의 법칙
④ 맥스웰의 법칙
⑤ 스넬의 법칙

16 평균 반지름이 10cm이고 감은 횟수가 10회인 원형 코일에 5A의 전류를 흐르게 할 때, 코일 중심에서 자기장의 세기는?

① 250AT/m
② 500AT/m
③ 750AT/m
④ 1,000AT/m
⑤ 1,250AT/m

17 저항 30Ω과 유도 리액턴스 40Ω을 병렬로 접속한 회로에 120V의 교류 전압을 가할 때의 전 전류는?

① 5A
② 6A
③ 8A
④ 10A
⑤ 12A

18 다음 중 이상적인 전압원과 전류원에 대한 설명으로 옳은 것은?

① 전압원의 내부저항은 ∞이고, 전류원의 내부저항은 0이다.
② 전압원의 내부저항은 0이고, 전류원의 내부저항은 ∞이다.
③ 전압원과 전류원의 내부저항은 흐르는 전류에 따라 변한다.
④ 전압원의 내부저항은 일정하고 전류원의 내부저항은 일정하지 않다.
⑤ 전압원의 내부저항은 일정하지 않고 전류원의 내부저항은 일정하다.

19 전기장 내의 한 점으로부터 다른 점까지 2C의 전하를 옮기는 데 1J의 일이 필요하였다. 이 두 점 사이의 전위차는?

① 0.25V
② 0.5V
③ 1V
④ 2V
⑤ 3V

20 **교류 회로에서 전압과 전류의 위상차를 θ[rad]라 할 때, $\cos\theta$는 무엇인가?**

① 전압변동률
② 왜곡률
③ 역률
④ 효율
⑤ 맥동률

21 **다음 중 전자기파에 대한 설명으로 옳은 것은?**

① 진공 중에서의 전파 속도는 파장에 따라 다르다.
② 음극선은 전자기파의 일종이다.
③ 전기장과 자기장의 방향은 평행이다.
④ 시간에 따른 전기장의 변화가 자기장을 유도한다.
⑤ 전자기파는 양자들의 집합이다.

22 **다음 중 자체 인덕턴스가 1H인 코일에 200V, 60Hz의 사인파 교류 전압을 가했을 때, 전류와 전압의 위상차는?(단, 저항성분은 무시한다)**

① 전류는 전압보다 위상이 $\frac{\pi}{2}$rad만큼 뒤진다.
② 전류는 전압보다 위상이 πrad만큼 뒤진다.
③ 전류는 전압보다 위상이 $\frac{\pi}{2}$rad만큼 앞선다.
④ 전류는 전압보다 위상이 πrad만큼 앞선다.
⑤ 전류는 전압보다 위상이 2πrad만큼 앞선다.

23 다음 중 다이오드를 사용한 정류 회로에서 다이오드를 여러 개 직렬로 연결하여 사용하는 경우에 대한 설명으로 옳은 것은?

① 다이오드를 과전류로부터 보호할 수 있다.
② 다이오드를 과전압으로부터 보호할 수 있다.
③ 다이오드를 합선으로부터 보호할 수 있다.
④ 부하 출력의 맥동률을 감소시킬 수 있다.
⑤ 낮은 전압 전류에 적합하다.

24 다음 중 전원 100V에 $R_1 = 5\Omega$ 과 $R_2 = 15\Omega$ 의 두 전열선을 직렬로 접속한 경우에 대한 설명으로 옳은 것은?

① R_1과 R_2에 걸리는 전압은 같다.
② R_2는 R_1보다 3배의 열을 발생시킨다.
③ R_1에는 R_2보다 3배의 전류가 흐른다.
④ R_1은 R_2보다 3배의 전력을 소비한다.
⑤ R_2는 R_1보다 3배의 전력을 소비한다.

25 다음 중 8상 QPSK 변조 방식에서 데이터 전송률이 2,400bps인 경우의 변조율은?

① 400baud
② 800baud
③ 1,200baud
④ 2,400baud
⑤ 3,600baud

26 다음 중 연선 결정에 있어서 중심 소선을 뺀 층수가 3층일 때, 전체 소선수는?

① 91개
② 61개
③ 45개
④ 37개
⑤ 19개

27 **다음 중 정현 대칭 푸리에 급수식에 나타나는 성분은?**

① 직류 성분만 존재
② cos성분만 존재
③ sin성분만 존재
④ 직류 성분과 sin성분만 존재
④ 직류 성분과 cos성분만 존재

28 **다음 중 파고율과 파형률이 모두 1인 파형은?**

① 사인파
② 고조파
③ 구형파
④ 삼각파
⑤ 고주파

29 **한 상의 임피던스가 $30+j40\Omega$ 인 Y결선 평형부하에 선간전압 200V를 인가할 때, 발생되는 무효 전력은?**

① 580Var
② 640Var
③ 968Var
④ 1,024Var
⑤ 1,246Var

30 **$R-L-C$ 직렬 회로에서 $L=0.1\text{mH}$, $C=0.1\mu\text{F}$, $R=100\Omega$ 일 때, 이 회로의 상태는?**

① 진동 상태이다.
② 비진동 상태이다.
③ 정현파로 진동한다.
④ 임계 상태이다.
⑤ 감쇠 상태이다.

PART 4

철도법령

CHAPTER 01

철도산업발전기본법

※ 수록 기준 : 법제처 법률 제18693호(시행 2022.7.5.)

01 총칙

1. 목적 및 정의

(1) 목적(제1조)

철도산업발전기본법은 철도산업의 경쟁력을 높이고 발전기반을 조성함으로써 철도산업의 효율성 및 공익성의 향상과 국민경제의 발전에 이바지함을 목적으로 한다.

(2) 적용범위(제2조)

철도산업발전기본법은 다음 각 호의 어느 하나에 해당하는 철도에 대하여 적용한다. 다만, 제2장의 규정은 모든 철도에 대하여 적용한다.

1. 국가 및 한국고속철도건설공단법에 의하여 설립된 한국고속철도건설공단("고속철도건설공단")이 소유·건설·운영 또는 관리하는 철도
2. 제20조 제3항에 따라 설립되는 국가철도공단 및 제21조 제3항에 따라 설립되는 한국철도공사가 소유·건설·운영 또는 관리하는 철도

(3) 정의(제3조)

철도산업발전기본법에서 사용하는 용어의 정의는 다음 각 호와 같다.

1. 철도 : 여객 또는 화물을 운송하는 데 필요한 철도시설과 철도차량 및 이와 관련된 운영·지원체계가 유기적으로 구성된 운송체계를 말한다.
2. 철도시설 : 다음 각 목의 어느 하나에 해당하는 시설(부지를 포함한다)을 말한다.
   가. 철도의 선로(선로에 부대되는 시설을 포함한다), 역시설(물류시설·환승시설 및 편의시설 등을 포함한다) 및 철도운영을 위한 건축물·건축설비
   나. 선로 및 철도차량을 보수·정비하기 위한 선로보수기지, 차량정비기지 및 차량유치시설
   다. 철도의 전철전력설비, 정보통신설비, 신호 및 열차제어설비
   라. 철도노선간 또는 다른 교통수단과의 연계운영에 필요한 시설
   마. 철도기술의 개발·시험 및 연구를 위한 시설
   바. 철도경영연수 및 철도전문인력의 교육훈련을 위한 시설
   사. 그 밖에 철도의 건설·유지보수 및 운영을 위한 시설로서 대통령령으로 정하는 시설

3. **철도운영** : 철도와 관련된 다음 각 목의 어느 하나에 해당하는 것을 말한다.
   가. 철도 여객 및 화물 운송
   나. 철도차량의 정비 및 열차의 운행관리
   다. 철도시설 · 철도차량 및 철도부지 등을 활용한 부대사업개발 및 서비스
4. **철도차량** : 선로를 운행할 목적으로 제작된 동력차 · 객차 · 화차 및 특수차를 말한다.
5. **선로** : 철도차량을 운행하기 위한 궤도와 이를 받치는 노반 또는 공작물로 구성된 시설을 말한다.
6. **철도시설의 건설** : 철도시설의 신설과 기존 철도시설의 직선화 · 전철화 · 복선화 및 현대화 등 철도시설의 성능 및 기능향상을 위한 철도시설의 개량을 포함한 활동을 말한다.
7. **철도시설의 유지보수** : 기존 철도시설의 현상유지 및 성능향상을 위한 점검 · 보수 · 교체 · 개량 등 일상적인 활동을 말한다.
8. **철도산업** : 철도운송 · 철도시설 · 철도차량 관련산업과 철도기술개발관련산업 그 밖에 철도의 개발 · 이용 · 관리와 관련된 산업을 말한다.
9. **철도시설관리자** : 철도시설의 건설 및 관리 등에 관한 업무를 수행하는 자로서 다음 각 목의 어느 하나에 해당하는 자를 말한다.
   가. 제19조에 따른 관리청
   나. 제20조 제3항에 따라 설립된 국가철도공단
   다. 제26조 제1항에 따라 철도시설관리권을 설정받은 자
   라. 가목부터 다목까지의 자로부터 철도시설의 관리를 대행 · 위임 또는 위탁받은 자
10. **철도운영자** : 제21조 제3항에 따라 설립된 한국철도공사 등 철도운영에 관한 업무를 수행하는 자를 말한다.
11. **공익서비스** : 철도운영자가 영리목적의 영업활동과 관계없이 국가 또는 지방자치단체의 정책이나 공공목적 등을 위하여 제공하는 철도서비스를 말한다.

02 철도산업 발전기반의 조성

1. 철도산업시책의 수립 및 추진체제

(1) 시책의 기본방향(제4조)

① 국가는 철도산업시책을 수립하여 시행하는 경우 **효율성과 공익적 기능**을 고려하여야 한다.

② 국가는 에너지이용의 효율성, 환경친화성 및 수송효율성이 높은 철도의 역할이 국가의 건전한 발전과 국민의 교통편익 증진을 위하여 필수적인 요소임을 인식하여 **적정한 철도수송분담의 목표**를 설정하여 유지하고 이를 위한 **철도시설을 확보**하는 등 철도산업발전을 위한 여러 시책을 마련하여야 한다.

③ 국가는 철도산업시책과 철도투자 · 안전 등 관련 시책을 효율적으로 추진하기 위하여 필요한 조직과 인원을 확보하여야 한다.

(2) 철도산업발전기본계획의 수립 등(제5조)

① **국토교통부장관**은 철도산업의 육성과 발전을 촉진하기 위하여 5년 단위로 **철도산업발전기본계획**("기본계획")을 수립하여 시행하여야 한다.

② **기본계획에 포함되어야 하는 사항**

1. 철도산업 육성시책의 기본방향에 관한 사항
2. 철도산업의 여건 및 동향전망에 관한 사항
3. 철도시설의 투자・건설・유지보수 및 이를 위한 재원확보에 관한 사항
4. 각종 철도 간의 연계수송 및 사업조정에 관한 사항
5. 철도운영체계의 개선에 관한 사항
6. 철도산업 전문인력의 양성에 관한 사항
7. 철도기술의 개발 및 활용에 관한 사항
8. 그 밖에 철도산업의 육성 및 발전에 관한 사항으로서 대통령령으로 정하는 사항

③ 기본계획은 국가통합교통체계효율화법 제4조에 따른 국가기간교통망계획, 같은 법 제6조에 따른 중기 교통시설투자계획 및 국토교통과학기술 육성법 제4조에 따른 국토교통과학기술 연구개발 종합계획과 조화를 이루도록 하여야 한다.

더 알아보기

국가기간교통망계획의 수립 등(국가통합교통체계효율화법 제4조 제1항)
국토교통부장관은 국가의 균형발전 및 효율적인 교통체계 구축을 위하여 20년 단위로 국가기간교통망에 관한 계획("국가기간교통망계획")을 수립하여야 한다. 다만, 국토교통부장관은 5년마다 국가기간교통망계획을 검토하고, 필요한 경우 국가기간교통망계획을 변경하여야 한다.

중기 교통시설투자계획의 수립(국가통합교통체계효율화법 제6조 제1항)
국토교통부장관은 국가기간교통망계획에서 정한 국가기간교통시설 개발사업과 이와 연계되는 지방자치단체 소관 교통시설의 신설・확장 또는 정비사업("지방교통시설 개발사업") 등을 효과적으로 추진하기 위하여 5년 단위로 중기 교통시설투자계획("중기투자계획")을 수립하여야 한다.

종합계획의 수립・시행(국토교통과학기술 육성법 제4조 제1항)
국토교통부장관은 국토교통과학기술의 효율적・체계적 육성을 위하여 10년 단위의 국토교통과학기술 연구개발 종합계획("종합계획")을 5년마다 수립・시행하여야 한다.

④ **기본계획의 수립** : 국토교통부장관은 기본계획을 수립하고자 하는 때에는 미리 기본계획과 관련이 있는 행정기관의 장과 협의한 후 제6조에 따른 **철도산업위원회의 심의**를 거쳐야 한다. 수립된 기본계획을 변경(대통령령으로 정하는 경미한 변경은 제외한다)하고자 하는 때에도 또한 같다.

⑤ **공표 방법** : 국토교통부장관은 제4항에 따라 기본계획을 수립 또는 변경한 때에는 이를 **관보에 고시**하여야 한다.

⑥ **시행계획의 제출** : 관계 행정기관의 장은 수립・고시된 기본계획에 따라 연도별 시행계획을 수립・추진하고, **해당 연도의 계획 및 전년도의 추진실적**을 **국토교통부장관에게 제출**하여야 한다.

⑦ 제6항에 따른 연도별 시행계획의 수립 및 시행절차에 관하여 필요한 사항은 **대통령령**으로 정한다.

(3) 철도산업위원회(제6조)

① 철도산업에 관한 기본계획 및 중요정책 등을 심의·조정하기 위하여 **국토교통부**에 **철도산업위원회**(“**위원회**”)를 둔다.

② **위원회가 심의·조정하는 사항**

1. 철도산업의 육성·발전에 관한 중요정책 사항
2. 철도산업구조개혁에 관한 중요정책 사항
3. 철도시설의 건설 및 관리 등 철도시설에 관한 중요정책 사항
4. 철도안전과 철도운영에 관한 중요정책 사항
5. 철도시설관리자와 철도운영자 간 상호협력 및 조정에 관한 사항
6. 철도산업발전기본법 또는 다른 법률에서 위원회의 심의를 거치도록 한 사항
7. 그 밖에 철도산업에 관한 중요한 사항으로서 위원장이 회의에 부치는 사항

③ **위원회의 구성** : 위원회는 위원장을 포함한 25인 **이내의 위원**으로 구성한다.

④ **분과위원회** : 위원회에 상정할 안건을 미리 검토하고 위원회가 위임한 안건을 심의하기 위하여 위원회에 **분과위원회**를 둔다.

⑤ 철도산업발전기본법에서 규정한 사항 외에 위원회 및 분과위원회의 구성·기능 및 운영에 관하여 필요한 사항은 **대통령령**으로 정한다.

2. 철도산업의 육성

(1) 철도시설 투자의 확대(제7조)

① 국가는 철도시설 투자를 추진하는 경우 **사회적·환경적 편익**을 고려하여야 한다.

② 국가는 각종 국가계획에 **철도시설 투자의 목표치**와 **투자계획**을 반영하여야 하며, 매년 교통시설 투자예산에서 **철도시설 투자예산의 비율이 지속적으로 높아지도록** 노력하여야 한다.

(2) 철도산업의 지원(제8조)

국가 및 지방자치단체는 철도산업의 육성·발전을 촉진하기 위하여 **철도산업에 대한 재정·금융·세제·행정상의 지원**을 할 수 있다.

(3) 철도산업전문인력의 교육·훈련 등(제9조)

① 국토교통부장관은 철도산업에 종사하는 자의 자질향상과 새로운 철도기술 및 그 운영기법의 향상을 위한 교육·훈련방안을 마련하여야 한다.

② 국토교통부장관은 **국토교통부령**으로 정하는 바에 의하여 **철도산업전문연수기관과 협약**을 체결하여 철도산업에 종사하는 자의 교육·훈련프로그램에 대한 **행정적·재정적 지원** 등을 할 수 있다.

③ 제2항에 따른 철도산업전문연수기관은 매년 **전문인력수요조사**를 실시하고 그 결과와 전문인력의 수급에 관한 의견을 **국토교통부장관에게 제출**할 수 있다.

④ 국토교통부장관은 새로운 철도기술과 운영기법의 향상을 위하여 특히 필요하다고 인정하는 때에는 정부투자기관·정부출연기관 또는 정부가 출자한 회사 등으로 하여금 새로운 철도기술과 운영기법의 연구·개발에 투자하도록 권고할 수 있다.

(4) 철도산업교육과정의 확대 등(제10조)

① 국토교통부장관은 철도산업전문인력의 수급의 변화에 따라 철도산업교육과정의 확대 등 필요한 조치를 관계 중앙행정기관의 장에게 요청할 수 있다.

② 국가는 철도산업종사자의 자격제도를 다양화하고 질적 수준을 유지·발전시키기 위하여 필요한 시책을 수립·시행하여야 한다.

③ 국토교통부장관은 철도산업 전문인력의 원활한 수급 및 철도산업의 발전을 위하여 특성화된 대학 등 교육기관을 운영·지원할 수 있다.

(5) 철도기술의 진흥 등(제11조)

① 국토교통부장관은 철도기술의 진흥 및 육성을 위하여 철도기술전반에 대한 연구 및 개발에 노력하여야 한다.

② 국토교통부장관은 제1항에 따른 연구 및 개발을 촉진하기 위하여 이를 전문으로 연구하는 기관 또는 단체를 지도·육성하여야 한다.

③ 국가는 철도기술의 진흥을 위하여 철도시험·연구개발시설 및 부지 등 **국유재산**을 과학기술분야정부출연연구기관 등의 설립·운영 및 육성에 관한 법률에 의한 **한국철도기술연구원**에 **무상으로 대부·양여**하거나 **사용·수익**하게 할 수 있다.

(6) 철도산업의 정보화 촉진(제12조)

① **철도산업정보화기본계획** : 국토교통부장관은 철도산업에 관한 정보를 효율적으로 처리하고 원활하게 유통하기 위하여 **대통령령**으로 정하는 바에 의하여 **철도산업정보화기본계획을 수립·시행**하여야 한다.

② **철도산업정보센터** : 국토교통부장관은 철도산업에 관한 정보를 효율적으로 수집·관리 및 제공하기 위하여 **대통령령**으로 정하는 바에 의하여 **철도산업정보센터를 설치·운영**하거나 철도산업에 관한 정보를 수집·관리 또는 제공하는 자 등에게 필요한 지원을 할 수 있다.

(7) 국제협력 및 해외진출 촉진(제13조)

① 국토교통부장관은 철도산업에 관한 **국제적 동향을 파악**하고 **국제협력을 촉진**하여야 한다.

② 국가는 철도산업의 국제협력 및 해외시장 진출을 추진하기 위하여 다음 각 호의 사업을 지원할 수 있다.

1. 철도산업과 관련된 기술 및 인력의 국제교류
2. 철도산업의 국제표준화와 국제공동연구개발
3. 그 밖에 국토교통부장관이 철도산업의 국제협력 및 해외시장 진출을 촉진하기 위하여 필요하다고 인정하는 사업

(8) 협회의 설립(제13조의2)

① 철도산업에 관련된 기업, 기관 및 단체와 이에 관한 업무에 종사하는 자는 철도산업의 건전한 발전과 해외진출을 도모하기 위하여 **철도협회**("협회")를 설립할 수 있다.

② 협회는 **법인**으로 한다.

③ 협회는 **국토교통부장관**의 **인가**를 받아 주된 사무소의 소재지에 **설립등기**를 함으로써 성립한다.

④ 협회의 업무 : 협회는 철도 분야에 관한 다음 각 호의 업무를 한다.
1. 정책 및 기술개발의 지원
2. 정보의 관리 및 공동활용 지원
3. 전문인력의 양성 지원
4. 해외철도 진출을 위한 현지조사 및 지원
5. 조사·연구 및 간행물의 발간
6. 국가 또는 지방자치단체 위탁사업
7. 그 밖에 정관으로 정하는 업무

⑤ 국가, 지방자치단체 및 공공기관의 운영에 관한 법률에 따른 철도 분야 공공기관은 협회에 위탁한 업무의 수행에 **필요한 비용의 전부 또는 일부를 예산의 범위에서 지원**할 수 있다.

⑥ 협회의 정관은 **국토교통부장관의 인가**를 받아야 하며, 정관의 기재사항과 협회의 운영 등에 필요한 사항은 **대통령령**으로 정한다.

⑦ 협회에 관하여 철도산업발전기본법에 규정한 것 외에는 **민법 중 사단법인에 관한 규정**을 준용한다.

PART 4

03 철도안전 및 이용자 보호

1. 철도안전

(1) 철도안전(제14조)

① 국가는 **국민의 생명·신체 및 재산을 보호**하기 위하여 철도안전에 필요한 **법적·제도적 장치**를 마련하고 이에 필요한 재원을 확보하도록 노력하여야 한다.

② 철도시설관리자는 그 시설을 설치 또는 관리할 때에 법령에서 정하는 바에 따라 해당 시설의 **안전한 상태를 유지**하고, 해당 시설과 이를 이용하려는 철도차량 간의 **종합적인 성능 검증 및 안전상태 점검** 등 안전확보에 필요한 조치를 하여야 한다.

③ 철도운영자 또는 철도차량 및 장비 등의 제조업자는 법령에서 정하는 바에 따라 철도의 안전한 운행 또는 그 제조하는 철도차량 및 장비 등의 **구조·설비 및 장치의 안전성을 확보**하고 이의 향상을 위하여 노력하여야 한다.

④ 국가는 객관적이고 공정한 철도사고조사를 추진하기 위한 **전담기구**와 **전문인력**을 확보하여야 한다.

2. 이용자 보호

(1) 철도서비스의 품질 개선 등(제15조)

① 철도운영자는 제공하는 철도서비스의 품질을 개선하기 위하여 노력하여야 한다.

② 국토교통부장관은 철도서비스의 품질을 개선하고 이용자의 편익을 높이기 위하여 철도서비스의 품질을 **평가**하여 **시책에 반영**하여야 한다.

③ 제2항에 따른 철도서비스 품질평가의 절차 및 활용 등에 관하여 필요한 사항은 **국토교통부령**으로 정한다.

(2) 철도이용자의 권익보호 등(제16조)

국가는 철도이용자의 권익보호를 위하여 다음 각 호의 시책을 강구하여야 한다.

1. 철도이용자의 권익보호를 위한 홍보·교육 및 연구
2. 철도이용자의 생명·신체 및 재산상의 위해 방지
3. 철도이용자의 불만 및 피해에 대한 신속·공정한 구제조치
4. 그 밖에 철도이용자 보호와 관련된 사항

04 철도산업구조개혁의 추진

1. 기본시책

(1) 철도산업구조개혁의 기본방향(제17조)

① 국가는 철도산업의 경쟁력을 강화하고 발전기반을 조성하기 위하여 **철도시설 부문과 철도운영 부문을 분리하는 철도산업의 구조개혁**을 추진하여야 한다.

② 국가는 **철도시설 부문과 철도운영 부문 간의 상호 보완적 기능**이 발휘될 수 있도록 **대통령령**으로 정하는 바에 의하여 상호협력체계 구축 등 필요한 조치를 마련하여야 한다.

(2) 철도산업구조개혁기본계획의 수립 등(제18조)

① 국토교통부장관은 철도산업의 구조개혁을 효율적으로 추진하기 위하여 **철도산업구조개혁기본계획**(**"구조개혁계획"**)을 수립하여야 한다.

② **구조개혁계획에 포함되어야 할 사항**

1. 철도산업구조개혁의 목표 및 기본방향에 관한 사항
2. 철도산업구조개혁의 추진방안에 관한 사항
3. 철도의 소유 및 경영구조의 개혁에 관한 사항
4. 철도산업구조개혁에 따른 대내외 여건조성에 관한 사항
5. 철도산업구조개혁에 따른 자산·부채·인력 등에 관한 사항
6. 철도산업구조개혁에 따른 철도관련 기관·단체 등의 정비에 관한 사항
7. 그 밖에 철도산업구조개혁을 위하여 필요한 사항으로서 대통령령으로 정하는 사항

③ **구조개혁계획의 수립** : 국토교통부장관은 구조개혁계획을 수립하고자 하는 때에는 미리 구조개혁계획과 관련이 있는 **행정기관의 장과 협의**한 후 제6조에 따른 **위원회의 심의**를 거쳐야 한다. 수립한 구조개혁계획을 변경(대통령령으로 정하는 경미한 변경은 제외한다)하고자 하는 경우에도 또한 같다.

④ **공표 방법** : 국토교통부장관은 제3항에 따라 구조개혁계획을 수립 또는 변경한 때에는 이를 **관보에 고시**하여야 한다.

⑤ **시행계획의 제출** : 관계 행정기관의 장은 수립·고시된 구조개혁계획에 따라 **연도별 시행계획**을 수립·추진하고, **해당 연도의 계획 및 전년도의 추진실적**을 **국토교통부장관**에게 **제출**하여야 한다.

⑥ 제5항에 따른 연도별 시행계획의 수립 및 시행 등에 관하여 필요한 사항은 **대통령령**으로 정한다.

(3) 관리청(제19조)

① 철도의 **관리청**은 **국토교통부장관**으로 한다.

② **관리업무의 대행** : 국토교통부장관은 철도산업발전기본법과 그 밖의 철도에 관한 법률에 규정된 철도시설의 건설 및 관리 등에 관한 그의 업무의 일부를 대통령령으로 정하는 바에 의하여 제20조 제3항에 따라 설립되는 **국가철도공단으로 하여금 대행**하게 할 수 있다. 이 경우 대행하는 업무의 범위·권한의 내용 등에 관하여 필요한 사항은 **대통령령**으로 정한다.

③ 제20조 제3항에 따라 설립되는 국가철도공단은 제2항에 따라 국토교통부장관의 업무를 대행하는 경우에 그 **대행하는 범위 안에서** 철도산업발전기본법과 그 밖의 철도에 관한 법률을 적용할 때에는 그 철도의 **관리청으로 본다.**

(4) 철도시설(제20조)

① **철도시설의 소유** : 철도산업의 **구조개혁을 추진**하는 경우 철도시설은 **국가가 소유**하는 것을 원칙으로 한다.

② **철도시설의 수립·시행** : 국토교통부장관은 철도시설에 대한 다음 각 호의 시책을 수립·시행한다.
1. 철도시설에 대한 투자 계획수립 및 재원조달
2. 철도시설의 건설 및 관리
3. 철도시설의 유지보수 및 적정한 상태 유지
4. 철도시설의 안전관리 및 재해대책
5. 그 밖에 다른 교통시설과의 연계성 확보 등 철도시설의 공공성 확보에 필요한 사항

③ **국가철도공단** : 국가는 철도시설 관련 업무를 체계적이고 효율적으로 추진하기 위하여 그 **집행조직**으로서 철도청 및 고속철도건설공단의 관련 조직을 통·폐합하여 특별법에 의하여 **국가철도공단**(**"국가철도공단"**)을 설립한다.

(5) 철도운영(제21조)

① **철도운영의 영위** : 철도산업의 구조개혁을 추진하는 경우 철도운영 관련 사업은 시장경제원리에 따라 **국가 외의 자가 영위**하는 것을 원칙으로 한다.

② **철도운영의 수립·시행** : 국토교통부장관은 철도운영에 대한 다음 각 호의 시책을 수립·시행한다.
1. 철도운영 부문의 경쟁력 강화
2. 철도운영서비스의 개선
3. 열차운영의 안전진단 등 예방조치 및 사고조사 등 철도운영의 안전 확보
4. 공정한 경쟁여건의 조성
5. 그 밖에 철도이용자 보호와 열차운행원칙 등 철도운영에 필요한 사항

③ **한국철도공사** : 국가는 철도운영 관련 사업을 효율적으로 경영하기 위하여 철도청 및 고속철도건설공단의 관련 조직을 전환하여 특별법에 의하여 **한국철도공사**(**"철도공사"**)를 설립한다.

2. 자산 · 부채 및 인력의 처리

(1) 철도자산의 구분 등(제22조)

① **철도자산의 구분** : 국토교통부장관은 철도산업의 구조개혁을 추진하는 경우 철도청과 고속철도건설공단의 철도자산을 다음 각 호와 같이 구분하여야 한다.

1. **운영자산** : 철도청과 고속철도건설공단이 철도운영 등을 주된 목적으로 취득하였거나 관련 법령 및 계약 등에 의하여 취득하기로 한 재산 · 시설 및 그에 관한 권리
2. **시설자산** : 철도청과 고속철도건설공단이 철도의 기반이 되는 시설의 건설 및 관리를 주된 목적으로 취득하였거나 관련 법령 및 계약 등에 의하여 취득하기로 한 재산 · 시설 및 그에 관한 권리
3. **기타자산** : 제1호 및 제2호의 철도자산을 제외한 자산

② 국토교통부장관은 제1항에 따라 철도자산을 구분하는 때에는 **기획재정부장관과 미리 협의**하여 그 기준을 정한다.

(2) 철도자산의 처리(제23조)

① **철도자산의 처리계획 수립** : 국토교통부장관은 **대통령령**으로 정하는 바에 의하여 철도산업의 구조개혁을 추진하기 위한 **철도자산의 처리계획("철도자산처리계획")**을 **위원회의 심의**를 거쳐 수립하여야 한다.

② 국가는 국유재산법에도 불구하고 철도자산처리계획에 의하여 철도공사에 운영자산을 **현물출자**한다.

③ 철도공사는 제2항에 따라 현물출자받은 운영자산과 관련된 **권리와 의무를 포괄하여 승계**한다.

④ 국토교통부장관은 철도자산처리계획에 의하여 철도청장으로부터 다음 각 호의 철도자산을 이관받으며, 그 관리업무를 **국가철도공단, 철도공사, 관련 기관 및 단체** 또는 **대통령령으로 정하는 민간법인**에 **위탁**하거나 **그 자산을 사용 · 수익**하게 할 수 있다.

1. 철도청의 시설자산(건설 중인 시설자산은 제외한다)
2. 철도청의 기타자산

⑤ 국가철도공단은 철도자산처리계획에 의하여 다음 각 호의 철도자산과 그에 관한 **권리와 의무를 포괄하여 승계**한다. 이 경우 제1호 및 제2호의 철도자산이 완공된 때에는 국가에 귀속된다.

1. 철도청이 건설 중인 시설자산
2. 고속철도건설공단이 건설 중인 시설자산 및 운영자산
3. 고속철도건설공단의 기타자산

⑥ 철도청장 또는 고속철도건설공단 이사장이 제2항부터 제5항까지의 규정에 의하여 철도자산의 인계 · 이관 등을 하고자 하는 때에는 그에 관한 서류를 작성하여 **국토교통부장관의 승인**을 얻어야 한다.

⑦ 제6항에 따른 철도자산의 인계 · 이관 등의 시기와 해당 철도자산 등의 평가방법 및 평가기준일 등에 관한 사항은 **대통령령**으로 정한다.

(3) 철도부채의 처리(제24조)

① **철도부채의 구분** : 국토교통부장관은 기획재정부장관과 미리 협의하여 철도청과 고속철도건설공단의 철도부채를 다음 각 호로 구분하여야 한다.

1. **운영부채** : 제22조 제1항 제1호에 따른 운영자산과 직접 관련된 부채
2. **시설부채** : 제22조 제1항 제2호에 따른 시설자산과 직접 관련된 부채

3. 기타부채 : 제1호 및 제2호의 철도부채를 제외한 부채로서 철도사업특별회계가 부담하고 있는 철도부채 중 공공자금관리기금에 대한 부채

② **철도부채의 승계 : 운영부채는 철도공사**가, **시설부채는 국가철도공단**이 각각 포괄하여 승계하고, 기타부채는 **일반회계**가 포괄하여 승계한다.

③ 제1항 및 제2항에 따라 철도청장 또는 고속철도건설공단 이사장이 철도부채를 인계하고자 하는 때에는 인계에 관한 서류를 작성하여 **국토교통부장관의 승인**을 얻어야 한다.

④ 제3항에 따라 철도부채를 인계하는 시기와 인계하는 철도부채 등의 평가방법 및 평가기준일 등에 관한 사항은 **대통령령**으로 정한다.

(4) 고용승계 등(제25조)

① 철도공사 및 국가철도공단은 철도청 직원 중 **공무원 신분을 계속 유지하는 자를 제외한 철도청 직원 및 고속철도건설공단 직원의 고용을 포괄하여 승계**한다.

② 국가는 제1항에 따라 철도청 직원 중 철도공사 및 국가철도공단 직원으로 고용이 승계되는 자에 대하여는 근로여건 및 퇴직급여의 불이익이 발생하지 않도록 필요한 조치를 한다.

3. 철도시설관리권 등

(1) 철도시설관리권(제26조)

① 국토교통부장관은 철도시설을 관리하고 그 철도시설을 사용하거나 이용하는 자로부터 **사용료를 징수할 수 있는 권리**("철도시설관리권")를 설정할 수 있다.

② 제1항에 따라 철도시설관리권의 설정을 받은 자는 대통령령으로 정하는 바에 따라 **국토교통부장관에게 등록**하여야 한다. 등록한 사항을 변경하고자 하는 때에도 또한 같다.

(2) 철도시설관리권의 성질(제27조)

철도시설관리권은 이를 **물권**으로 보며, 이 법에 특별한 규정이 있는 경우를 제외하고는 **민법 중 부동산에 관한 규정**을 준용한다.

(3) 저당권 설정의 특례(제28조)

저당권이 설정된 철도시설관리권은 그 저당권자의 동의가 없으면 처분할 수 없다.

(4) 권리의 변동(제29조)

① 철도시설관리권 또는 철도시설관리권을 목적으로 하는 저당권의 설정·변경·소멸 및 처분의 제한은 국토교통부에 비치하는 **철도시설관리권등록부에 등록**함으로써 그 **효력이 발생**한다.

② 제1항에 따른 철도시설관리권의 등록에 관하여 필요한 사항은 **대통령령**으로 정한다.

(5) 철도시설 관리대장(제30조)

① 철도시설을 관리하는 자는 그가 관리하는 **철도시설의 관리대장**을 **작성·비치**하여야 한다.

② 철도시설 관리대장의 작성·비치 및 기재사항 등에 관하여 필요한 사항은 **국토교통부령**으로 정한다.

(6) 철도시설 사용료(제31조)

① 철도시설의 사용 : 철도시설을 사용하고자 하는 자는 대통령령으로 정하는 바에 따라 **관리청의 허가**를 받거나 **철도시설관리자와 시설사용계약을 체결**하거나 그 **시설사용계약을 체결한 자("시설사용계약자")의 승낙**을 얻어 사용할 수 있다.

② 철도시설의 사용료 : 철도시설관리자 또는 시설사용계약자는 제1항에 따라 철도시설을 사용하는 자로부터 사용료를 징수할 수 있다. 다만, 국유재산법 제34조에도 불구하고 지방자치단체가 직접 공용·공공용 또는 비영리 공익사업용으로 철도시설을 사용하고자 하는 경우에는 **대통령령**으로 정하는 바에 따라 그 **사용료의 전부 또는 일부를 면제**할 수 있다.

더 알아보기

사용료의 감면(국유재산법 제34조)

① 중앙관서의 장은 다음 각 호의 어느 하나에 해당하면 대통령령으로 정하는 바에 따라 그 사용료를 면제할 수 있다.

1. 행정재산으로 할 목적으로 기부를 받은 재산에 대하여 기부자나 그 상속인, 그 밖의 포괄승계인에게 사용허가하는 경우

1의2. 건물 등을 신축하여 기부채납을 하려는 자가 신축기간에 그 부지를 사용하는 경우

2. 행정재산을 직접 공용·공공용 또는 비영리 공익사업용으로 사용하려는 지방자치단체에 사용허가하는 경우
3. 행정재산을 직접 비영리 공익사업용으로 사용하려는 대통령령으로 정하는 공공단체에 사용허가하는 경우

② 사용허가를 받은 행정재산을 천재지변이나 재난 및 안전관리 기본법 제3조 제1호의 재난으로 사용하지 못하게 되면 그 사용하지 못한 기간에 대한 사용료를 면제할 수 있다.

③ 중앙관서의 장은 행정재산의 형태·규모·내용연수 등을 고려하여 활용성이 낮거나 보수가 필요한 재산 등 대통령령으로 정하는 행정재산을 사용 허가하는 경우에는 대통령령으로 정하는 바에 따라 사용료를 감면할 수 있다.

③ 제2항에 따라 철도시설 사용료를 징수하는 경우 **철도의 사회경제적 편익**과 **다른 교통수단과의 형평성** 등이 고려되어야 한다.

④ 철도시설 사용료의 징수기준 및 절차 등에 관하여 필요한 사항은 **대통령령**으로 정한다.

4. 공익적 기능의 유지

(1) 공익서비스비용의 부담(제32조)

① 철도운영자의 **공익서비스 제공으로 발생하는 비용("공익서비스비용")**은 대통령령으로 정하는 바에 따라 **국가** 또는 해당 **철도서비스를 직접 요구한 자("원인제공자")**가 부담하여야 한다.

② **원인제공자가 부담하는 공익서비스비용의 범위**

1. 철도운영자가 다른 법령에 의하거나 국가정책 또는 공공목적을 위하여 철도운임·요금을 감면할 경우 그 감면액
2. 철도운영자가 경영개선을 위한 적절한 조치를 취하였음에도 불구하고 철도이용수요가 적어 수지균형의 확보가 극히 곤란하여 벽지의 노선 또는 역의 철도서비스를 제한 또는 중지하여야 되는 경우로서 공익목적을 위하여 기초적인 철도서비스를 계속함으로써 발생되는 경영손실
3. 철도운영자가 국가의 특수목적사업을 수행함으로써 발생되는 비용

(2) 공익서비스 제공에 따른 보상계약의 체결(제33조)

① 원인제공자는 철도운영자와 공익서비스비용의 보상에 관한 계약("보상계약")을 체결하여야 한다.

② 공익서비스비용의 보상계약에 포함되어야 할 사항

1. 철도운영자가 제공하는 철도서비스의 기준과 내용에 관한 사항
2. 공익서비스 제공과 관련하여 원인제공자가 부담하여야 하는 보상내용 및 보상방법 등에 관한 사항
3. 계약기간 및 계약기간의 수정·갱신과 계약의 해지에 관한 사항
4. 그 밖에 원인제공자와 철도운영자가 필요하다고 합의하는 사항

③ 원인제공자는 철도운영자와 보상계약을 체결하기 전에 계약내용에 관하여 **국토교통부장관 및 기획재정부장관과 미리 협의**하여야 한다.

④ **산정 및 평가 등의 업무** : 국토교통부장관은 공익서비스비용의 객관성과 공정성을 확보하기 위하여 필요한 때에는 국토교통부령으로 정하는 바에 의하여 **전문기관을 지정**하여 그 기관으로 하여금 **공익서비스비용의 산정 및 평가 등의 업무**를 담당하게 할 수 있다.

⑤ **협의 조정** : 보상계약체결에 관하여 원인제공자와 철도운영자의 협의가 성립되지 아니하는 때에는 원인제공자 또는 철도운영자의 신청에 의하여 **위원회가 이를 조정**할 수 있다.

(3) 특정노선 폐지 등의 승인(제34조)

① **철도시설관리자와 철도운영자("승인신청자")**는 다음 각 호의 어느 하나에 해당하는 경우에 **국토교통부장관의 승인**을 얻어 **특정노선 및 역의 폐지와 관련 철도서비스의 제한 또는 중지** 등 필요한 조치를 취할 수 있다.

1. 승인신청자가 철도서비스를 제공하고 있는 노선 또는 역에 대하여 철도의 경영개선을 위한 적절한 조치를 취하였음에도 불구하고 수지균형의 확보가 극히 곤란하여 경영상 어려움이 발생한 경우
2. 제33조에 따른 보상계약체결에도 불구하고 공익서비스비용에 대한 적정한 보상이 이루어지지 아니한 경우
3. 원인제공자가 공익서비스비용을 부담하지 아니한 경우
4. 원인제공자가 제33조 제5항에 따른 조정에 따르지 아니한 경우

② **승인신청서의 제출** : 승인신청자는 다음 각 호의 사항이 포함된 **승인신청서를 국토교통부장관에게 제출**하여야 한다.

1. 폐지하고자 하는 특정노선 및 역 또는 제한·중지하고자 하는 철도서비스의 내용
2. 특정노선 및 역을 계속 운영하거나 철도서비스를 계속 제공하여야 할 경우의 원인제공자의 비용부담 등에 관한 사항
3. 그 밖에 특정노선 및 역의 폐지 또는 철도서비스의 제한·중지 등과 관련된 사항

③ **공표 방법** : 국토교통부장관은 제2항에 따라 승인신청서가 제출된 경우 원인제공자 및 관계 행정기관의 장과 협의한 후 **위원회의 심의를 거쳐 승인여부를 결정**하고 그 **결과를 승인신청자에게 통보**하여야 한다. 이 경우 승인하기로 결정된 때에는 그 사실을 **관보에 공고**하여야 한다.

④ **대체수송수단의 마련** : 국토교통부장관 또는 관계 행정기관의 장은 승인신청자가 제1항에 따라 특정노선 및 역을 폐지하거나 철도서비스의 제한·중지 등의 조치를 취하고자 하는 때에는 **대통령령**으로 정하는 바에 의하여 **대체수송수단의 마련** 등 필요한 조치를 하여야 한다.

(4) 승인의 제한 등(제35조)

① 국토교통부장관은 제34조 제1항 각 호의 어느 하나에 해당되는 경우에도 다음 각 호의 어느 하나에 해당하는 경우에는 같은 조 제3항에 따른 승인을 하지 아니할 수 있다.

1. 제34조에 따른 노선 폐지 등의 조치가 공익을 현저하게 저해한다고 인정하는 경우
2. 제34조에 따른 노선 폐지 등의 조치가 대체교통수단 미흡 등으로 교통서비스 제공에 중대한 지장을 초래한다고 인정하는 경우

② 국토교통부장관은 제1항 각 호에 따라 승인을 하지 아니함에 따라 철도운영자인 승인신청자가 경영상 중대한 영업손실을 받은 경우에는 그 **손실을 보상**할 수 있다.

(5) 비상사태 시 처분(제36조)

① 국토교통부장관은 천재·지변·전시·사변, 철도교통의 심각한 장애, 그 밖에 이에 준하는 사태의 발생으로 인하여 **철도서비스에 중대한 차질이 발생**하거나 **발생할 우려가 있다고 인정하는 경우**에는 필요한 범위 안에서 철도시설관리자·철도운영자 또는 철도이용자에게 다음 각 호의 사항에 관한 조정·명령 등의 그 밖의 필요한 조치를 할 수 있다.

1. 지역별·노선별·수송대상별 수송 우선순위 부여 등 수송 통제
2. 철도시설·철도차량 또는 설비의 가동 및 조업
3. 대체수송수단 및 수송로의 확보
4. 임시열차의 편성 및 운행
5. 철도서비스 인력의 투입
6. 철도이용의 제한 또는 금지
7. 그 밖에 철도서비스의 수급안정을 위하여 대통령령으로 정하는 사항

② 국토교통부장관은 제1항에 따른 조치의 시행을 위하여 **관계 행정기관의 장**에게 필요한 **협조를 요청**할 수 있으며, 관계 행정기관의 장은 이에 협조하여야 한다.

③ 국토교통부장관은 제1항에 따른 조치를 한 **사유가 소멸**되었다고 인정하는 때에는 지체 없이 이를 해제하여야 한다.

05 보칙

1. 비용부담

(1) 철도건설 등의 비용부담(제37조)

① 비용의 부담 : 철도시설관리자는 지방자치단체·특정한 기관 또는 단체가 철도시설건설사업으로 인하여 현저한 이익을 받는 경우에는 **국토교통부장관의 승인**을 얻어 **그 이익을 받는 자**("수익자")로 하여금 그 비용의 일부를 부담하게 할 수 있다.

② 협의 조정 : 제1항에 따라 수익자가 부담하여야 할 비용은 **철도시설관리자와 수익자가 협의**하여 정한다. 이 경우 협의가 성립되지 아니하는 때에는 철도시설관리자 또는 수익자의 신청에 의하여 위원회가 이를 조정할 수 있다.

2. 권한의 위임 및 위탁

(1) 권한의 위임 및 위탁(제38조)

국토교통부장관은 철도산업발전기본법에 따른 권한의 일부를 대통령령으로 정하는 바에 따라 **특별시장·광역시장·도지사·특별자치도지사** 또는 **지방교통관서의 장**에 **위임**하거나 **관계 행정기관·국가철도공단·철도공사·정부출연연구기관**에게 **위탁**할 수 있다. 다만, **철도시설유지보수 시행업무**는 **철도공사**에 위탁한다.

3. 청문

(1) 청문(제39조)

국토교통부장관은 제34조에 따른 **특정노선 및 역의 폐지**와 이와 관련된 **철도서비스의 제한 또는 중지**에 대한 승인을 하고자 하는 때에는 **청문**을 실시하여야 한다.

06 벌칙

1. 벌칙

(1) 벌칙(제40조)

① 제34조의 규정을 위반하여 국토교통부장관의 승인을 얻지 아니하고 특정노선 및 역을 폐지하거나 철도서비스를 제한 또는 중지한 자는 **3년 이하의 징역 또는 5천만 원 이하의 벌금**에 처한다.

② 다음 각 호의 어느 하나에 해당하는 자는 **2년 이하의 징역** 또는 **3천만 원 이하의 벌금**에 처한다.

1. 거짓이나 그 밖의 부정한 방법으로 제31조 제1항에 따른 허가를 받은 자
2. 제31조 제1항에 따른 허가를 받지 아니하고 철도시설을 사용한 자
3. 제36조 제1항 제1호부터 제5호까지 또는 제7호에 따른 조정·명령 등의 조치를 위반한 자

더 알아보기

철도시설 사용료(철도산업발전기본법 제31조 제1항)
철도시설을 사용하고자 하는 자는 대통령령으로 정하는 바에 따라 관리청의 허가를 받거나 철도시설관리자와 시설사용계약을 체결하거나 그 시설사용계약을 체결한 자("시설사용계약자")의 승낙을 얻어 사용할 수 있다.

비상사태 시 처분(철도산업발전기본법 제36조 제1항)
국토교통부장관은 천재·지변·전시·사변, 철도교통의 심각한 장애, 그 밖에 이에 준하는 사태의 발생으로 인하여 철도서비스에 중대한 차질이 발생하거나 발생할 우려가 있다고 인정하는 경우에는 필요한 범위 안에서 철도시설관리자·철도운영자 또는 철도이용자에게 다음 각 호의 사항에 관한 조정·명령 등의 그 밖의 필요한 조치를 할 수 있다.
1. 지역별·노선별·수송대상별 수송 우선순위 부여 등 수송 통제
2. 철도시설·철도차량 또는 설비의 가동 및 조업
3. 대체수송수단 및 수송로의 확보
4. 임시열차의 편성 및 운행
5. 철도서비스 인력의 투입
6. 철도이용의 제한 또는 금지
7. 그 밖에 철도서비스의 수급안정을 위하여 대통령령으로 정하는 사항

2. 양벌규정 및 과태료

(1) 양벌규정(제41조)

법인의 대표자나 법인 또는 개인의 대리인, 사용인, 그 밖의 종업원이 그 법인 또는 개인의 업무에 관하여 제40조의 위반행위를 하면 그 행위자를 벌하는 외에 그 법인 또는 개인에게도 해당 조문의 벌금형을 과(科)한다. 다만, 법인 또는 개인이 그 위반행위를 방지하기 위하여 해당 업무에 관하여 상당한 주의와 감독을 게을리 하지 아니한 경우에는 그러하지 아니하다.

(2) 과태료(제42조)

① 제36조 제1항 제6호의 규정을 위반한 자에게는 **1천만 원 이하의 과태료**를 부과한다.

더 알아보기

비상사태 시 처분(철도산업발전기본법 제36조 제1항 제6호)
국토교통부장관은 천재·지변·전시·사변, 철도교통의 심각한 장애, 그 밖에 이에 준하는 사태의 발생으로 인하여 철도서비스에 중대한 차질이 발생하거나 발생할 우려가 있다고 인정하는 경우에는 필요한 범위 안에서 철도시설관리자·철도운영자 또는 철도이용자에게 다음 각 호의 사항에 관한 조정·명령 등의 그 밖의 필요한 조치를 할 수 있다.
6. 철도이용의 제한 또는 금지

② 제1항에 따른 과태료는 대통령령으로 정하는 바에 따라 **국토교통부장관**이 부과·징수한다.

철도산업발전기본법 시행령

※ 수록 기준 : 법제처 대통령령 제32759호(시행 2022.7.5.)

1. 목적 및 철도산업발전기본계획

(1) 목적(제1조)

이 영은 철도산업발전기본법에서 위임된 사항과 그 시행에 관하여 필요한 사항을 규정함을 목적으로 한다.

(2) 철도시설(제2조)

철도산업발전기본법("법") 제3조 제2호 사목에서 "대통령령이 정하는 시설"이라 함은 다음 각 호의 시설을 말한다.

1. 철도의 건설 및 유지보수에 필요한 자재를 가공·조립·운반 또는 보관하기 위하여 당해 사업기간 중에 사용되는 시설
2. 철도의 건설 및 유지보수를 위한 공사에 사용되는 진입도로·주차장·야적장·토석채취장 및 사토장과 그 설치 또는 운영에 필요한 시설
3. 철도의 건설 및 유지보수를 위하여 당해 사업기간 중에 사용되는 장비와 그 정비·점검 또는 수리를 위한 시설
4. 그 밖에 철도안전관련시설·안내시설 등 철도의 건설·유지보수 및 운영을 위하여 필요한 시설로서 국토교통부장관이 정하는 시설

(3) 철도산업발전기본계획의 내용(제3조)

법 제5조 제2항 제8호에서 "대통령령이 정하는 사항"이라 함은 다음 각 호의 사항을 말한다.

1. 철도수송분담의 목표
2. 철도안전 및 철도서비스에 관한 사항
3. 다른 교통수단과의 연계수송에 관한 사항
4. 철도산업의 국제협력 및 해외시장 진출에 관한 사항
5. 철도산업시책의 추진체계
6. 그 밖에 철도산업의 육성 및 발전에 관한 사항으로서 국토교통부장관이 필요하다고 인정하는 사항

(4) 철도산업발전기본계획의 경미한 변경(제4조)

법 제5조 제4항 후단에서 "대통령령이 정하는 경미한 변경"이라 함은 다음 각 호의 변경을 말한다.

1. 철도시설투자사업 규모의 100분의 1의 범위 안에서의 변경
2. 철도시설투자사업 총투자비용의 100분의 1의 범위 안에서의 변경
3. 철도시설투자사업 기간의 2년의 기간 내에서의 변경

(5) 철도산업발전시행계획의 수립절차 등(제5조)

① 당해 연도의 시행계획 : 관계행정기관의 장은 법 제5조 제6항의 규정에 의한 당해 연도의 시행계획을 전년도 11월 말까지 국토교통부장관에게 제출하여야 한다.

② 전년도 시행계획 : 관계행정기관의 장은 전년도 시행계획의 추진실적을 매년 2월 말까지 국토교통부장관에게 제출하여야 한다.

2. 철도산업위원회

(1) 철도산업위원회의 구성(제6조)

① 법 제6조의 규정에 의한 철도산업위원회("위원회")의 위원장은 국토교통부장관이 된다.

② 위원회의 위원 : 위원회의 위원은 다음 각 호의 자가 된다.

1. 기획재정부차관 · 교육부차관 · 과학기술정보통신부차관 · 행정안전부차관 · 산업통상자원부차관 · 고용노동부차관 · 국토교통부차관 · 해양수산부차관 및 공정거래위원회부위원장
2. 법 제20조 제3항의 규정에 따른 국가철도공단("국가철도공단")의 이사장
3. 법 제21조 제3항의 규정에 의한 한국철도공사("한국철도공사")의 사장
4. 철도산업에 관한 전문성과 경험이 풍부한 자 중에서 위원회의 위원장이 위촉하는 자

③ 위원의 임기 : 제2항 제4호의 규정에 의한 위원의 임기는 2년으로 하되, 연임할 수 있다.

(2) 위원의 해촉(제6조의2)

위원회의 위원장은 제6조 제2항 제4호에 따른 위원이 다음 각 호의 어느 하나에 해당하는 경우에는 해당 위원을 해촉(解囑)할 수 있다.

1. 심신장애로 인하여 직무를 수행할 수 없게 된 경우
2. 직무와 관련된 비위사실이 있는 경우
3. 직무태만, 품위손상이나 그 밖의 사유로 인하여 위원으로 적합하지 아니하다고 인정되는 경우
4. 위원 스스로 직무를 수행하는 것이 곤란하다고 의사를 밝히는 경우

(3) 위원회의 위원장의 직무(제7조)

① 위원장의 직무 : 위원회의 위원장은 위원회를 대표하며, 위원회의 업무를 총괄한다.

② 직무의 대행 : 위원회의 위원장이 부득이한 사유로 직무를 수행할 수 없는 때에는 위원회의 위원장이 미리 지명한 위원이 그 직무를 대행한다.

(4) 회의(제8조)

① 회의 소집 : 위원회의 위원장은 위원회의 회의를 소집하고, 그 의장이 된다.

② 의결 정족수 : 위원회의 회의는 재적위원 과반수의 출석과 출석위원 과반수의 찬성으로 의결한다.

③ 회의록 : 위원회는 회의록을 작성 · 비치하여야 한다.

(5) 간사(제9조)

위원회에 간사 1인을 두되, 간사는 국토교통부장관이 국토교통부 소속 공무원 중에서 지명한다.

(6) 실무위원회의 구성 등(제10조)

① 실무위원회 : 위원회의 심의·조정사항과 위원회에서 위임한 사항의 실무적인 검토를 위하여 위원회에 실무위원회를 둔다.

② 실무위원회의 구성 : 실무위원회는 위원장을 포함한 20인 이내의 위원으로 구성한다.

③ 위원장 : 실무위원회의 위원장은 국토교통부장관이 국토교통부의 3급 공무원 또는 고위공무원단에 속하는 일반직공무원 중에서 지명한다.

④ 실무위원회의 위원 : 실무위원회의 위원은 다음 각 호의 자가 된다.

1. 기획재정부·교육부·과학기술정보통신부·행정안전부·산업통상자원부·고용노동부·국토교통부·해양수산부 및 공정거래위원회의 3급 공무원, 4급 공무원 또는 고위공무원단에 속하는 일반직공무원 중 그 소속기관의 장이 지명하는 자 각 1인
2. 국가철도공단의 임직원 중 국가철도공단 이사장이 지명하는 자 1인
3. 한국철도공사의 임직원 중 한국철도공사 사장이 지명하는 자 1인
4. 철도산업에 관한 전문성과 경험이 풍부한 자중에서 실무위원회의 위원장이 위촉하는 자

⑤ 임기 : 제4항 제4호의 규정에 의한 위원의 임기는 2년으로 하되, 연임할 수 있다.

⑥ 간사 : 실무위원회에 간사 1인을 두되, 간사는 국토교통부장관이 국토교통부 소속 공무원 중에서 지명한다.

⑦ 제8조의 규정은 실무위원회의 회의에 관하여 이를 준용한다.

PART 4

(7) 실무위원회 위원의 해촉 등(제10조의2)

① 제10조 제4항 제1호부터 제3호까지의 규정에 따라 위원을 지명한 자는 위원이 다음 각 호의 어느 하나에 해당하는 경우에는 그 지명을 철회할 수 있다.

1. 심신장애로 인하여 직무를 수행할 수 없게 된 경우
2. 직무와 관련된 비위사실이 있는 경우
3. 직무태만, 품위손상이나 그 밖의 사유로 인하여 위원으로 적합하지 아니하다고 인정되는 경우
4. 위원 스스로 직무를 수행하는 것이 곤란하다고 의사를 밝히는 경우

② 실무위원회의 위원장은 제10조 제4항 제4호에 따른 위원이 제1항 각 호의 어느 하나에 해당하는 경우에는 해당 위원을 해촉할 수 있다.

(8) 철도산업구조개혁기획단의 구성 등(제11조)

① 철도산업구조개혁기획단의 업무 : 위원회의 활동을 지원하고 철도산업의 구조개혁 그 밖에 철도정책과 관련되는 다음 각 호의 업무를 지원·수행하기 위하여 국토교통부장관 소속하에 철도산업구조개혁기획단("기획단")을 둔다.

1. 철도산업구조개혁기본계획 및 분야별 세부추진계획의 수립
2. 철도산업구조개혁과 관련된 철도의 건설·운영주체의 정비
3. 철도산업구조개혁과 관련된 인력조정·재원확보대책의 수립
4. 철도산업구조개혁과 관련된 법령의 정비
5. 철도산업구조개혁추진에 따른 철도운임·철도시설 사용료·철도수송시장 등에 관한 철도산업정책의 수립
6. 철도산업구조개혁추진에 따른 공익서비스비용의 보상, 세제·금융지원 등 정부지원정책의 수립

7. 철도산업구조개혁추진에 따른 철도시설건설계획 및 투자재원조달대책의 수립
8. 철도산업구조개혁추진에 따른 전기·신호·차량 등에 관한 철도기술개발정책의 수립
9. 철도산업구조개혁추진에 따른 철도안전기준의 정비 및 안전정책의 수립
10. 철도산업구조개혁추진에 따른 남북철도망 및 국제철도망 구축정책의 수립
11. 철도산업구조개혁에 관한 대외협상 및 홍보
12. 철도산업구조개혁추진에 따른 각종 철도의 연계 및 조정
13. 그 밖에 철도산업구조개혁과 관련된 철도정책 전반에 관하여 필요한 업무

② 구성 : 기획단은 **단장 1인**과 **단원**으로 구성한다.

③ 기획단의 단장 : 기획단의 단장은 **국토교통부장관**이 **국토교통부**의 **3급 공무원** 또는 **고위공무원단**에 속하는 **일반직공무원** 중에서 **임명**한다.

④ 파견 : 국토교통부장관은 기획단의 업무수행을 위하여 필요하다고 인정하는 때에는 관계 행정기관, 한국철도공사 등 관련 공사, 국가철도공단 등 특별법에 의하여 설립된 공단 또는 관련 연구기관에 대하여 소속 공무원·임직원 또는 연구원을 **기획단으로 파견**하여 줄 것을 요청할 수 있다.

⑤ 기획단의 조직 및 운영에 관하여 필요한 세부적인 사항은 **국토교통부장관**이 정한다.

(9) 관계 행정기관 등에의 협조요청 등(제12조)

위원회 및 실무위원회는 그 업무를 수행하기 위하여 필요한 때에는 관계 행정기관 또는 단체 등에 대하여 자료 또는 **의견**의 **제출** 등의 **협조**를 **요청**하거나 **관계 공무원** 또는 **관계 전문가** 등을 **위원회 및 실무위원회**에 **참석**하게 하여 의견을 들을 수 있다.

(10) 수당 등(제13조)

위원회와 실무위원회의 위원 중 **공무원**이 **아닌 위원** 및 **위원회**와 **실무위원회**에 **출석하는 관계 전문가**에 대하여는 예산의 범위 안에서 수당·여비 그 밖의 필요한 경비를 지급할 수 있다.

(11) 운영세칙(제14조)

이 영에서 규정한 사항 외에 위원회 및 실무위원회의 운영에 관하여 필요한 사항은 **위원회**의 **의결**을 거쳐 **위원회**의 **위원장**이 정한다.

3. 철도산업정보화기본계획

(1) 철도산업정보화기본계획의 내용 등(제15조)

① 법 제12조 제1항의 규정에 의한 철도산업정보화기본계획에는 다음 각 호의 사항이 포함되어야 한다.
1. 철도산업정보화의 여건 및 전망
2. 철도산업정보화의 목표 및 단계별 추진계획
3. 철도산업정보화에 필요한 비용
4. 철도산업정보의 수집 및 조사계획
5. 철도산업정보의 유통 및 이용활성화에 관한 사항
6. 철도산업정보화와 관련된 기술개발의 지원에 관한 사항
7. 그 밖에 국토교통부장관이 필요하다고 인정하는 사항

② 국토교통부장관은 법 제12조 제1항의 규정에 의하여 철도산업정보화기본계획을 수립 또는 변경하고자 하는 때에는 **위원회의 심의**를 거쳐야 한다.

(2) 철도산업정보센터의 업무 등(제16조)

① 법 제12조 제2항의 규정에 의한 철도산업정보센터는 다음 각 호의 업무를 행한다.

1. 철도산업정보의 수집·분석·보급 및 홍보
2. 철도산업의 국제동향 파악 및 국제협력사업의 지원

② 국토교통부장관은 법 제12조 제2항의 규정에 의하여 철도산업에 관한 **정보를 수집·관리** 또는 **제공하는 자**에게 예산의 범위 안에서 운영에 소요되는 **비용을 지원**할 수 있다.

※ 제17～22조 삭제 〈2008.10.20.〉

4. 철도산업구조개혁

(1) 업무절차서의 교환 등(제23조)

① **업무절차서의 교환** : 철도시설관리자와 철도운영자는 법 제17조 제2항의 규정에 의하여 철도시설관리와 철도운영에 있어 상호협력이 필요한 분야에 대하여 **업무절차서**를 작성하여 정기적으로 이를 교환하고, 이를 변경한 때에는 **즉시 통보**하여야 한다.

② **합동점검** : 철도시설관리자와 철도운영자는 상호협력이 필요한 분야에 대하여 **정기적으로 합동점검**을 하여야 한다.

(2) 선로배분지침의 수립 등(제24조)

① **선로배분지침의 수립** : 국토교통부장관은 법 제17조 제2항의 규정에 의하여 철도시설관리자와 철도운영자가 안전하고 효율적으로 선로를 사용할 수 있도록 하기 위하여 **선로용량의 배분에 관한 지침**(**"선로배분지침"**)을 수립·고시하여야 한다.

② **선로배분지침에 포함되어야 하는 사항**

1. 여객열차와 화물열차에 대한 선로용량의 배분
2. 지역 간 열차와 지역 내 열차에 대한 선로용량의 배분
3. 선로의 유지보수·개량 및 건설을 위한 작업시간
4. 철도차량의 안전운행에 관한 사항
5. 그 밖에 선로의 효율적 활용을 위하여 필요한 사항

③ 철도시설관리자·철도운영자 등 선로를 관리 또는 사용하는 자는 제1항의 규정에 의한 선로배분지침을 준수하여야 한다.

④ **철도교통관제시설** : 국토교통부장관은 철도차량 등의 운행정보의 제공, 철도차량 등에 대한 운행통제, 적법운행 여부에 대한 지도·감독, 사고발생시 사고복구 지시 등 철도교통의 안전과 질서를 유지하기 위하여 필요한 조치를 할 수 있도록 **철도교통관제시설을 설치·운영**하여야 한다.

(3) 철도산업구조개혁기본계획의 내용(제25조)

법 제18조 제2항 제7호에서 "대통령령이 정하는 사항"이라 함은 다음 각 호의 사항을 말한다.

1. 철도서비스 시장의 구조개편에 관한 사항
2. 철도요금 · 철도시설 사용료 등 가격정책에 관한 사항
3. 철도안전 및 서비스 향상에 관한 사항
4. 철도산업구조개혁의 추진체계 및 관계기관의 협조에 관한 사항
5. 철도산업구조개혁의 중장기 추진방향에 관한 사항
6. 그 밖에 국토교통부장관이 철도산업구조개혁의 추진을 위하여 필요하다고 인정하는 사항

(4) 철도산업구조개혁기본계획의 경미한 변경(제26조)

법 제18조 제3항 후단에서 "대통령령이 정하는 경미한 변경"이라 함은 철도산업구조개혁기본계획 추진기간의 1년의 기간 내에서의 변경을 말한다.

(5) 철도산업구조개혁시행계획의 수립절차 등(제27조)

① **당해 연도의 시행계획** : 관계 행정기관의 장은 법 제18조 제5항의 규정에 의한 **당해 연도의 시행계획을 전년도 11월 말까지 국토교통부장관**에게 제출하여야 한다.

② **전년도 시행계획** : 관계 행정기관의 장은 **전년도 시행계획의 추진실적을 매년 2월 말까지 국토교통부장관**에게 제출하여야 한다.

(6) 관리청 업무의 대행범위(제28조)

국토교통부장관이 법 제19조 제2항의 규정에 의하여 국가철도공단으로 하여금 대행하게 하는 경우 그 대행업무는 다음 각 호와 같다.

1. 국가가 추진하는 철도시설 건설사업의 집행
2. 국가 소유의 철도시설에 대한 사용료 징수 등 관리업무의 집행
3. 철도시설의 안전유지, 철도시설과 이를 이용하는 철도차량간의 종합적인 성능검증 · 안전상태점검 등 철도시설의 안전을 위하여 국토교통부장관이 정하는 업무
4. 그 밖에 국토교통부장관이 철도시설의 효율적인 관리를 위하여 필요하다고 인정한 업무

5. 자산 · 부채 및 인력의 처리

(1) 철도자산처리계획의 내용(제29조)

법 제23조 제1항의 규정에 의한 철도자산처리계획에는 다음 각 호의 사항이 포함되어야 한다.

1. 철도자산의 개요 및 현황에 관한 사항
2. 철도자산의 처리방향에 관한 사항
3. 철도자산의 구분기준에 관한 사항
4. 철도자산의 인계 · 이관 및 출자에 관한 사항
5. 철도자산처리의 추진일정에 관한 사항
6. 그 밖에 국토교통부장관이 철도자산의 처리를 위하여 필요하다고 인정하는 사항

(2) 철도자산 관리업무의 민간위탁계획(제30조)

① 민간법인 : 법 제23조 제4항 각 호 외의 부분에서 "대통령령이 정하는 민간법인"이라 함은 민법에 의하여 설립된 비영리법인과 상법에 의하여 설립된 주식회사를 말한다.

② 민간위탁계획의 수립 : 국토교통부장관은 법 제23조 제4항의 규정에 의하여 철도자산의 관리업무를 민간법인에 위탁하고자 하는 때에는 위원회의 심의를 거쳐 민간위탁계획을 수립하여야 한다.

③ 민간위탁계획에 포함되어야 하는 사항

1. 위탁대상 철도자산
2. 위탁의 필요성・범위 및 효과
3. 수탁기관의 선정절차

④ 국토교통부장관이 제2항의 규정에 의하여 민간위탁계획을 수립한 때에는 이를 고시하여야 한다.

(3) 민간위탁계약의 체결(제31조)

① 위탁계약의 체결 : 국토교통부장관은 법 제23조 제4항의 규정에 의하여 철도자산의 관리업무를 위탁하고자 하는 때에는 제30조 제4항의 규정에 의하여 고시된 민간위탁계획에 따라 사업계획을 제출한 자 중에서 당해 철도자산을 관리하기에 적합하다고 인정되는 자를 선정하여 위탁계약을 체결하여야 한다.

② 위탁계약에 포함되어야 하는 사항

1. 위탁대상 철도자산
2. 위탁대상 철도자산의 관리에 관한 사항
3. 위탁계약기간(계약기간의 수정・갱신 및 위탁계약의 해지에 관한 사항을 포함한다)
4. 위탁대가의 지급에 관한 사항
5. 위탁업무에 대한 관리 및 감독에 관한 사항
6. 위탁업무의 재위탁에 관한 사항
7. 그 밖에 국토교통부장관이 필요하다고 인정하는 사항

(4) 철도자산의 인계・이관 등의 절차 및 시기(제32조)

① 서류의 제출 : 철도청장 또는 한국고속철도건설공단 이사장은 법 제23조 제6항의 규정에 의하여 철도자산의 인계・이관 등에 관한 승인을 얻고자 하는 때에는 인계・이관 자산의 범위・목록 및 가액이 기재된 승인신청서에 인계・이관에 필요한 서류를 첨부하여 국토교통부장관에게 제출하여야 한다.

② 철도자산의 인계・이관 시기 : 법 제23조 제7항의 규정에 의한 철도자산의 인계・이관 등의 시기는 다음 각 호와 같다.

1. 한국철도공사가 법 제23조 제2항의 규정에 의한 철도자산을 출자받는 시기 : 한국철도공사의 설립등기일
2. 국토교통부장관이 법 제23조 제4항의 규정에 의한 철도자산을 이관받는 시기 : 2004년 1월 1일
3. 국가철도공단이 법 제23조 제5항의 규정에 의한 철도자산을 인계받는 시기 : 2004년 1월 1일

③ 평가기준일 : 인계・이관 등의 대상이 되는 철도자산의 평가기준일은 제2항의 규정에 의한 인계・이관 등을 받는 날의 전일로 한다. 다만, 법 제23조 제2항의 규정에 의하여 한국철도공사에 출자되는 철도자산의 평가기준일은 국유재산법이 정하는 바에 의한다.

④ **평가가액** : 인계·이관 등의 대상이 되는 철도자산의 평가가액은 제3항의 규정에 의한 **평가기준일의 자산의 장부가액**으로 한다. 다만, 법 제23조 제2항의 규정에 의하여 한국철도공사에 출자되는 철도자산의 평가방법은 국유재산법이 정하는 바에 의한다.

(5) 철도부채의 인계절차 및 시기(제33조)

① **서류의 제출** : 철도청장 또는 한국고속철도건설공단 이사장이 법 제24조 제3항의 규정에 의하여 철도부채의 인계에 관한 승인을 얻고자 하는 때에는 **인계 부채의 범위·목록 및 가액이 기재된 승인신청서에 인계에 필요한 서류를 첨부하여 국토교통부장관**에게 제출하여야 한다.

② **철도부채의 인계 시기** : 법 제24조 제4항의 규정에 의한 철도부채의 인계 시기는 다음 각 호와 같다.

1. **한국철도공사**가 법 제24조 제2항의 규정에 의하여 **운영부채를 인계받는** 시기 : **한국철도공사의 설립등기일**
2. **국가철도공단**이 법 제24조 제2항의 규정에 의하여 **시설부채를 인계받는** 시기 : 2004년 **1월 1일**
3. **일반회계**가 법 제24조 제2항의 규정에 의하여 **기타부채를 인계받는** 시기 : 2004년 **1월 1일**

③ **평가기준일** : 인계하는 철도부채의 평가기준일은 제2항의 규정에 의한 **인계일의 전일**로 한다.

④ **평가가액** : 인계하는 철도부채의 평가가액은 **평가기준일의 부채의 장부가액**으로 한다.

(6) 철도시설의 사용허가(제34조)

법 제31조 제1항에 따른 관리청의 허가 기준·방법·절차·기간 등에 관한 사항은 국유재산법에 따른다.

(7) 사용허가에 따른 철도시설의 사용료 등(제34조의2)

① 철도시설을 사용하려는 자가 법 제31조 제1항에 따라 관리청의 허가를 받아 철도시설을 사용하는 경우 같은 조 제2항 본문에 따라 관리청이 징수할 수 있는 철도시설의 사용료는 국유재산법 제32조에 따른다.

더 알아보기

사용료(국유재산법 제32조)

① 행정재산을 사용허가한 때에는 대통령령으로 정하는 요율(料率)과 산출방법에 따라 매년 사용료를 징수한다. 다만, 연간 사용료가 대통령령으로 정하는 금액 이하인 경우에는 사용허가기간의 사용료를 일시에 통합 징수할 수 있다.

② 제1항의 사용료는 대통령령으로 정하는 바에 따라 나누어 내게 할 수 있다. 이 경우 연간 사용료가 대통령령으로 정하는 금액 이상인 경우에는 사용허가(허가를 갱신하는 경우를 포함한다)할 때에 그 허가를 받는 자에게 대통령령으로 정하는 금액의 범위에서 보증금을 예치하게 하거나 이행보증조치를 하도록 하여야 한다.

③ 중앙관서의 장이 제30조에 따른 사용허가에 관한 업무를 지방자치단체의 장에게 위임한 경우에는 제42조 제6항을 준용한다.

④ 제1항 단서에 따라 사용료를 일시에 통합 징수하는 경우에 사용허가기간 중의 사용료가 증가 또는 감소되더라도 사용료를 추가로 징수하거나 반환하지 아니한다.

② **사용료의 면제** : 관리청은 법 제31조 제2항 단서에 따라 지방자치단체가 직접 공용·공공용 또는 비영리 공익사업용으로 철도시설을 사용하려는 경우에는 다음 각 호의 구분에 따른 기준에 따라 사용료를 면제할 수 있다.

1. 철도시설을 취득하는 조건으로 사용하려는 경우로서 사용허가기간이 1년 이내인 사용허가의 경우 : **사용료의 전부**
2. 제1호에서 정한 사용허가 외의 사용허가의 경우 : 사용료의 **100분의 60**

③ 사용허가에 따른 철도시설 사용료의 징수기준 및 절차 등에 관하여 이 영에서 규정된 것을 제외하고는 국유재산법에 따른다.

(8) 철도시설의 사용계약(제35조)

① 법 제31조 제1항에 따른 철도시설의 사용계약에는 다음 각 호의 사항이 포함되어야 한다.

1. 사용기간·대상시설·사용조건 및 사용료
2. 대상시설의 제3자에 대한 사용승낙의 범위·조건
3. 상호책임 및 계약위반 시 조치사항
4. 분쟁 발생 시 조정절차
5. 비상사태 발생 시 조치
6. 계약의 갱신에 관한 사항
7. 계약내용에 대한 비밀누설금지에 관한 사항

② 법 제3조 제2호 가목부터 라목까지에서 규정한 **철도시설("선로 등")**에 대한 법 제31조 제1항에 따른 **사용계약("선로 등 사용계약")**을 체결하려는 경우에는 다음 각 호의 기준을 모두 충족해야 한다.

1. 해당 선로 등을 여객 또는 화물운송 목적으로 사용하려는 경우일 것
2. 사용기간이 5년을 초과하지 않을 것

③ 선로 등에 대한 제1항 제1호에 따른 사용조건에는 다음 각 호의 사항이 포함되어야 하며, 그 사용조건은 제24조 제1항에 따른 선로배분지침에 위반되는 내용이어서는 안 된다.

1. 투입되는 철도차량의 종류 및 길이
2. 철도차량의 일일운행횟수·운행개시시각·운행종료시각 및 운행간격
3. 출발역·정차역 및 종착역
4. 철도운영의 안전에 관한 사항
5. 철도여객 또는 화물운송서비스의 수준

④ 철도시설관리자는 법 제31조 제1항에 따라 철도시설을 사용하려는 자와 사용계약을 체결하여 철도시설을 사용하게 하려는 경우에는 **미리 그 사실을 공고**해야 한다.

(9) 사용계약에 따른 선로 등의 사용료 등(제36조)

① 철도시설관리자는 제35조 제1항 제1호에 따른 선로 등의 사용료를 정하는 경우에는 다음 각 호의 한도를 초과하지 않는 범위에서 선로 등의 유지보수비용 등 관련 비용을 회수할 수 있도록 해야 한다. 다만, 사회기반시설에 대한 민간투자법 제26조에 따라 사회기반시설관리운영권을 설정받은 철도시설관리자는 같은 법에서 정하는 바에 따라 선로 등의 사용료를 정해야 한다.

1. 국가 또는 지방자치단체가 건설사업비의 전액을 부담한 선로 등 : 해당 선로 등에 대한 **유지보수비용의 총액**
2. 제1호의 선로 등 외의 선로 등 : 해당 선로 등에 대한 **유지보수비용 총액**과 **총건설사업비**(조사비·설계비·공사비·보상비 및 그 밖에 건설에 소요된 비용의 합계액에서 국가·지방자치단체 또는 법 제37조 제1항에 따라 수익자가 부담한 비용을 제외한 금액을 말한다)의 **합계액**

더 알아보기

사회기반시설의 관리운영권(사회기반시설에 대한 민간투자법 제26조)

① 주무관청은 제4조 제1호 또는 제2호에 따른 방식으로 사회기반시설사업을 시행한 사업시행자가 제22조에 따라 준공확인을 받은 경우에는 제25조 제1항에 따라 무상으로 사용·수익할 수 있는 기간 동안 해당 시설을 유지·관리하고 시설사용자로부터 사용료를 징수할 수 있는 사회기반시설관리운영권("관리운영권")을 그 사업시행자에게 설정할 수 있다.

② 제1항에 따라 사업시행자가 관리운영권을 설정받았을 때에는 대통령령으로 정하는 바에 따라 주무관청에 등록하여야 한다.

③ 제1항 및 제2항에 따라 관리운영권을 등록한 사업시행자는 해당 시설의 적절한 유지·관리에 관하여 책임을 진다.

④ 제3항에 따른 유지·관리에 필요한 사항은 대통령령으로 정한다.

② 철도시설관리자는 제1항 각 호 외의 부분 본문에 따라 선로 등의 사용료를 정하는 경우에는 다음 각 호의 사항을 고려할 수 있다.

1. 선로등급·선로용량 등 선로 등의 상태
2. 운행하는 철도차량의 종류 및 중량
3. 철도차량의 운행시간대 및 운행횟수
4. 철도사고의 발생빈도 및 정도
5. 철도서비스의 수준
6. 철도관리의 효율성 및 공익성

(10) 선로 등 사용계약 체결의 절차(제37조)

① **서류의 제출** : 제35조 제2항의 규정에 의한 **선로 등 사용계약을 체결하고자 하는 자("사용신청자")**는 선로 등의 사용목적을 기재한 선로 등 사용계약신청서에 다음 각 호의 서류를 첨부하여 철도시설관리자에게 제출하여야 한다.

1. 철도여객 또는 화물운송사업의 자격을 증명할 수 있는 서류
2. 철도여객 또는 화물운송사업계획서
3. 철도차량·운영시설의 규격 및 안전성을 확인할 수 있는 서류

② **협의일정의 통보** : 철도시설관리자는 제1항의 규정에 의하여 **선로 등 사용계약신청서를 제출받은 날부터 1월 이내**에 사용신청자에게 선로 등 사용계약의 체결에 관한 **협의일정을 통보**하여야 한다.

③ **자료의 제공** : 철도시설관리자는 사용신청자가 철도시설에 관한 자료의 제공을 요청하는 경우에는 특별한 이유가 없는 한 이에 응하여야 한다.

④ **승인** : 철도시설관리자는 사용신청자와 선로 등 사용계약을 체결하고자 하는 경우에는 **미리 국토교통부장관의 승인**을 받아야 한다. 선로 등 사용계약의 내용을 변경하는 경우에도 또한 같다.

(11) 선로 등 사용계약의 갱신(제38조)

① **신청 기간** : 선로 등 사용계약을 체결하여 **선로 등을 사용하고 있는 자("선로 등 사용계약자")**는 그 선로 등을 계속하여 사용하고자 하는 경우에는 **사용기간이 만료되기 10월 전까지** 선로 등 사용계약의 **갱신을 신청**하여야 한다.

② 협의 : 철도시설관리자는 제1항의 규정에 의하여 선로 등 사용계약자가 선로 등 사용계약의 갱신을 신청한 때에는 특별한 사유가 없는 한 그 선로 등의 사용에 관하여 우선적으로 협의하여야 한다. 이 경우 제35조 제4항의 규정은 이를 적용하지 아니한다.

③ 제35조 제1항 내지 제3항, 제36조 및 제37조의 규정은 선로 등 사용계약의 갱신에 관하여 이를 준용한다.

(12) 철도시설의 사용승낙(제39조)

① 협의 : 제35조 제1항의 규정에 의한 철도시설의 사용계약을 체결한 자("시설사용계약자")는 그 사용계약을 체결한 철도시설의 일부에 대하여 법 제31조 제1항의 규정에 의하여 제3자에게 그 사용을 승낙할 수 있다. 이 경우 철도시설관리자와 미리 협의하여야 한다.

② 사용승낙의 통보 : 시설사용계약자는 제1항의 규정에 의하여 제3자에게 사용승낙을 한 경우에는 그 내용을 철도시설관리자에게 통보하여야 한다.

6. 공익적 기능

(1) 공익서비스비용 보상예산의 확보(제40조)

① 서류의 제출 : 철도운영자는 매년 3월 말까지 국가가 법 제32조 제1항의 규정에 의하여 다음 연도에 부담하여야 하는 공익서비스비용("국가부담비용")의 추정액, 당해 공익서비스의 내용 그 밖의 필요한 사항을 기재한 국가부담비용추정서를 국토교통부장관에게 제출하여야 한다. 이 경우 철도운영자가 국가부담비용의 추정액을 산정함에 있어서는 법 제33조 제1항의 규정에 의한 보상계약 등을 고려하여야 한다.

② 국토교통부장관은 제1항의 규정에 의하여 국가부담비용추정서를 제출받은 때에는 관계 행정기관의 장과 협의하여 다음 연도의 국토교통부소관 일반회계에 국가부담비용을 계상하여야 한다.

③ 국토교통부장관은 제2항의 규정에 의한 국가부담비용을 정하는 때에는 제1항의 규정에 의한 국가부담비용의 추정액, 전년도에 부담한 국가부담비용, 관련법령의 규정 또는 법 제33조 제1항의 규정에 의한 보상계약 등을 고려하여야 한다.

(2) 국가부담비용의 지급(제41조)

① 서류의 제출 : 철도운영자는 국가부담비용의 지급을 신청하고자 하는 때에는 국토교통부장관이 지정하는 기간 내에 국가부담비용지급신청서에 다음 각 호의 서류를 첨부하여 국토교통부장관에게 제출하여야 한다.

1. 국가부담비용지급신청액 및 산정내역서
2. 당해 연도의 예상수입·지출명세서
3. 최근 2년간 지급받은 국가부담비용내역서
4. 원가계산서

② 국가부담비용의 지급 : 국토교통부장관은 제1항의 규정에 의하여 국가부담비용지급신청서를 제출받은 때에는 이를 검토하여 반기마다 반기 초에 국가부담비용을 지급하여야 한다.

(3) 국가부담비용의 정산(제42조)

① **서류의 제출** : 제41조 제2항의 규정에 의하여 국가부담비용을 지급받은 철도운영자는 **당해 반기가 끝난 후 30일 이내**에 국가부담비용정산서에 다음 각 호의 서류를 첨부하여 **국토교통부장관**에게 **제출**하여야 한다.

1. 수입·지출명세서
2. 수입·지출증빙서류
3. 그 밖에 현금흐름표 등 회계관련 서류

② **전문기관의 확인** : 국토교통부장관은 제1항의 규정에 의하여 국가부담비용정산서를 제출받은 때에는 법 제33조 제4항의 규정에 의한 전문기관 등으로 하여금 이를 확인하게 할 수 있다.

(4) 회계의 구분 등(제43조)

① **다른 회계와의 구분** : 국가부담비용을 지급받는 철도운영자는 법 제32조 제2항 제2호의 규정에 의한 노선 및 역에 대한 회계를 **다른 회계와 구분하여 경리**하여야 한다.

② **회계연도** : 국가부담비용을 지급받는 철도운영자의 회계연도는 **정부의 회계연도**에 따른다.

(5) 특정노선 폐지 등의 승인신청서의 첨부서류(제44조)

철도시설관리자와 철도운영자가 법 제34조 제2항의 규정에 의하여 국토교통부장관에게 승인신청서를 제출하는 때에는 다음 각 호의 사항을 기재한 서류를 첨부하여야 한다.

1. 승인신청 사유
2. 등급별·시간대별 철도차량의 운행빈도, 역수, 종사자수 등 운영현황
3. 과거 6월 이상의 기간 동안의 1일 평균 철도서비스 수요
4. 과거 1년 이상의 기간 동안의 수입·비용 및 영업손실액에 관한 회계보고서
5. 향후 5년 동안의 1일 평균 철도서비스 수요에 대한 전망
6. 과거 5년 동안의 공익서비스비용의 전체규모 및 법 제32조 제1항의 규정에 의한 원인제공자가 부담한 공익서비스 비용의 규모
7. 대체수송수단의 이용가능성

(6) 실태조사(제45조)

① **실태조사의 실시** : 국토교통부장관은 법 제34조 제2항의 규정에 의한 승인신청을 받은 때에는 당해 노선 및 역의 운영현황 또는 철도서비스의 제공현황에 관하여 **실태조사를 실시**하여야 한다.

② **실태조사의 참여** : 국토교통부장관은 필요한 경우에는 **관계 지방자치단체** 또는 **관련 전문기관**을 제1항의 규정에 의한 **실태조사에 참여**시킬 수 있다.

③ **실태조사의 보고** : 국토교통부장관은 제1항의 규정에 의한 실태조사의 결과를 **위원회에 보고**하여야 한다.

(7) 특정노선 폐지 등의 공고(제46조)

국토교통부장관은 법 제34조 제3항의 규정에 의하여 승인을 한 때에는 그 **승인이 있은 날부터 1월 이내**에 폐지되는 특정노선 및 역 또는 제한·중지되는 철도서비스의 내용과 그 사유를 **국토교통부령**이 정하는 바에 따라 **공고**하여야 한다.

(8) 특정노선 폐지 등에 따른 수송대책의 수립(제47조)

국토교통부장관 또는 관계 행정기관의 장은 특정노선 및 역의 폐지 또는 철도서비스의 제한·중지 등의 조치로 인하여 영향을 받는 지역 중에서 **대체수송수단이 없거나 현저히 부족하여 수송서비스에 심각한 지장이 초래되는 지역**에 대하여는 법 제34조 제4항의 규정에 의하여 다음 각 호의 사항이 포함된 수송대책을 수립·시행하여야 한다.

1. 수송여건 분석
2. 대체수송수단의 운행횟수 증대, 노선조정 또는 추가 투입
3. 대체수송에 필요한 재원조달
4. 그 밖에 수송대책의 효율적 시행을 위하여 필요한 사항

(9) 철도서비스의 제한 또는 중지에 따른 신규운영자의 선정(제48조)

① **신규운영자의 선정** : 국토교통부장관은 철도운영자인 **승인신청자("기존운영자")**가 법 제34조 제1항의 규정에 의하여 제한 또는 중지하고자 하는 특정노선 및 역에 관한 철도서비스를 **새로운 철도운영자("신규운영자")**로 하여금 제공하게 하는 것이 타당하다고 인정하는 때에는 법 제34조 제4항의 규정에 의하여 신규운영자를 선정할 수 있다.

② **선정 방법** : 국토교통부장관은 제1항의 규정에 의하여 신규운영자를 선정하고자 하는 때에는 법 제32조 제1항의 규정에 의한 원인제공자와 협의하여 **경쟁에 의한 방법**으로 신규운영자를 선정하여야 한다.

③ **서류의 제공** : 원인제공자는 신규운영자와 법 제33조의 규정에 의한 보상계약을 체결하여야 하며, 기존운영자는 당해 철도서비스 등에 관한 **인수인계서류를 작성**하여 **신규운영자에게 제공**하여야 한다.

④ 제2항 및 제3항의 규정에 의한 신규운영자 선정의 구체적인 방법, 인수인계절차 그 밖의 필요한 사항은 **국토교통부령**으로 정한다.

(10) 비상사태 시 처분(제49조)

법 제36조 제1항 제7호에서 "대통령령이 정하는 사항"이라 함은 다음 각 호의 사항을 말한다.

1. 철도시설의 임시사용
2. 철도시설의 사용제한 및 접근 통제
3. 철도시설의 긴급복구 및 복구지원
4. 철도역 및 철도차량에 대한 수색 등

7. 보칙

(1) 권한의 위탁(제50조)

① 국토교통부장관은 법 제38조 본문의 규정에 의하여 법 제12조 제2항의 규정에 의한 철도산업정보센터의 설치·운영업무를 다음 각 호의 자 중에서 **국토교통부령**이 정하는 자에게 위탁한다.

1. 정부출연연구기관 등의 설립·운영 및 육성에 관한 법률 또는 과학기술분야정부출연연구기관 등의 설립·운영 및 육성에 관한 법률에 의한 정부출연연구기관
2. 국가철도공단

② 국토교통부장관은 법 제38조 본문의 규정에 의하여 **철도시설유지보수 시행업무**를 **철도청장**에게 위탁한다.

③ 국토교통부장관은 법 제38조 본문의 규정에 의하여 제24조 제4항의 규정에 의한 철도교통관제시설의 관리업무 및 철도교통관제업무를 다음 각 호의 자 중에서 **국토교통부령이 정하는 자**에게 위탁한다.

1. 국가철도공단
2. 철도운영자

8. 벌칙

(1) 과태료(제51조)

① **통지 방법** : 국토교통부장관이 법 제42조 제2항의 규정에 의하여 과태료를 부과하는 때에는 당해 위반행위를 조사·확인한 후 위반사실·과태료 금액·이의제기의 방법 및 기간 등을 **서면으로 명시**하여 이를 납부할 것을 과태료처분대상자에게 **통지**하여야 한다.

② **의견진술** : 국토교통부장관은 제1항의 규정에 의하여 과태료를 부과하고자 하는 때에는 **10일 이상의 기간**을 정하여 과태료처분대상자에게 **구술 또는 서면에 의한 의견진술의 기회**를 주어야 한다. 이 경우 지정된 기일까지 의견진술이 없는 때에는 의견이 없는 것으로 본다.

③ **금액 산정** : 국토교통부장관은 과태료의 금액을 정함에 있어서는 당해 위반행위의 **동기·정도·횟수** 등을 참작하여야 한다.

④ **징수절차** : 과태료의 징수절차는 **국토교통부령**으로 정한다.

CHAPTER

03 한국철도공사법

※ 수록 기준 : 법제처 법률 제15460호(시행 2019.3.14.)

1. 목적 및 법인격, 사무소

(1) 목적(제1조)

한국철도공사법은 한국철도공사를 설립하여 철도 운영의 전문성과 효율성을 높임으로써 철도산업과 국민경제의 발전에 이바지함을 목적으로 한다.

(2) 법인격(제2조)

한국철도공사("공사")는 법인으로 한다.

(3) 사무소(제3조)

① 공사의 주된 사무소의 소재지는 **정관**으로 정한다.
② 공사는 업무수행을 위하여 필요하면 **이사회의 의결**을 거쳐 필요한 곳에 **하부조직**을 둘 수 있다.

2. 자본금 및 등기

(1) 자본금 및 출자(제4조)

① 공사의 자본금은 **22조 원**으로 하고, 그 전부를 **정부가 출자**한다.
② 제1항에 따른 자본금의 납입 시기와 방법은 **기획재정부장관**이 정하는 바에 따른다.
③ 국가는 국유재산법에도 불구하고 철도산업발전기본법 제22조 제1항 제1호에 따른 운영자산을 공사에 **현물로 출자**한다.
④ 제3항에 따라 국가가 공사에 출자를 할 때에는 국유재산의 현물출자에 관한 법률에 따른다.

(2) 등기(제5조)

① 공사는 주된 **사무소의 소재지**에서 **설립등기**를 함으로써 성립한다.
② 제1항에 따른 공사의 설립등기와 하부조직의 설치・이전 및 변경 등기, 그 밖에 공사의 등기에 필요한 사항은 **대통령령**으로 정한다.
③ 공사는 등기가 필요한 사항에 관하여는 등기하기 전에는 제3자에게 대항하지 못한다.

3. 대리 · 대행 및 금지

(1) 대리 · 대행(제7조)

정관으로 정하는 바에 따라 사장이 지정한 공사의 직원은 사장을 대신하여 공사의 업무에 관한 재판상 또는 재판 외의 모든 행위를 할 수 있다.

(2) 비밀 누설 · 도용의 금지(제8조)

공사의 임직원이거나 임직원이었던 사람은 그 직무상 알게 된 비밀을 누설하거나 도용하여서는 아니 된다.

(3) 유사명칭의 사용금지(제8조의2)

한국철도공사법에 따른 공사가 아닌 자는 한국철도공사 또는 이와 유사한 명칭을 사용하지 못한다.

4. 사업 및 자산

(1) 사업(제9조)

① 한국철도공사의 사업 내용

1. 철도여객사업, 화물운송사업, 철도와 다른 교통수단의 연계운송사업
2. 철도 장비와 철도용품의 제작 · 판매 · 정비 및 임대사업
3. 철도차량의 정비 및 임대사업
4. 철도시설의 유지 · 보수 등 국가 · 지방자치단체 또는 공공법인 등으로부터 위탁받은 사업
5. 역세권 및 공사의 자산을 활용한 개발 · 운영 사업으로서 대통령령으로 정하는 사업
6. 철도의 건설 및 철도시설 유지관리에 관한 법률 제2조 제6호 가목의 역시설 개발 및 운영사업으로서 대통령령으로 정하는 사업
7. 물류정책기본법에 따른 물류사업으로서 대통령령으로 정하는 사업
8. 관광진흥법에 따른 관광사업으로서 대통령령으로 정하는 사업
9. 제1호부터 제8호까지의 사업과 관련한 조사 · 연구, 정보화, 기술 개발 및 인력 양성에 관한 사업
10. 제1호부터 제9호까지의 사업에 딸린 사업으로서 대통령령으로 정하는 사업

더 알아보기

철도시설(철도의 건설 및 철도시설 유지관리에 관한 법률 제2조 제6호 가목)
"철도시설"이란 다음 각 목의 어느 하나에 해당하는 시설(부지를 포함한다)을 말한다.
가. 철도의 선로(선로에 딸리는 시설을 포함한다), 역시설(물류시설, 환승 시설 및 역사(驛舍)와 같은 건물에 있는 판매시설 · 업무시설 · 근린생활시설 · 숙박시설 · 문화 및 집회시설 등을 포함한다) 및 철도 운영을 위한 건축물 · 건축설비

② 공사는 **국외**에서 제1항 각 호의 사업을 할 수 있다.

③ 공사는 **이사회의 의결**을 거쳐 예산의 범위에서 공사의 업무와 관련된 사업에 **투자 · 융자 · 보조** 또는 **출연**할 수 있다.

(2) 손익금의 처리(제10조)

① 공사는 매 사업연도 결산 결과 이익금이 생기면 다음 각 호의 순서로 처리하여야 한다.

1. 이월결손금의 보전(補塡)
2. **자본금의 2분의 1**이 될 때까지 이익금의 **10분의 2 이상**을 **이익준비금**으로 적립
3. **자본금과 같은 액수**가 될 때까지 이익금의 **10분의 2 이상**을 **사업확장적립금**으로 적립
4. 국고에 납입

② 공사는 매 사업연도 결산 결과 **손실금이 생기면** 제1항 제3호에 따른 **사업확장적립금**으로 보전하고 그 적립금으로도 부족하면 같은 항 제2호에 따른 **이익준비금으로 보전**하되, **보전미달액**은 다음 사업 연도로 이월(移越)한다.

③ 제1항 제2호 및 제3호에 따른 이익준비금과 사업확장적립금은 **대통령령**으로 정하는 바에 따라 **자본금으로 전입**할 수 있다.

(3) 사채의 발행 등(제11조)

① **사채의 발행** : 공사는 **이사회의 의결**을 거쳐 사채를 발행할 수 있다.

② **발행액의 범위** : 사채의 발행액은 공사의 **자본금과 적립금을 합한 금액**의 **5배**를 초과하지 못한다.

③ **보증** : 국가는 공사가 발행하는 사채의 원리금 상환을 **보증**할 수 있다.

④ **소멸시효** : 사채의 소멸시효는 **원금은 5년**, **이자는 2년**이 지나면 완성한다.

⑤ **승인** : 공사는 공공기관의 운영에 관한 법률 제40조 제3항에 따라 예산이 확정되면 **2개월 이내**에 해당 연도에 발행할 사채의 목적·규모·용도 등이 포함된 사채발행 운용계획을 수립하여 이사회의 의결을 거쳐 **국토교통부장관의 승인**을 받아야 한다. 운용계획을 변경하려는 경우에도 또한 같다.

더 알아보기

예산의 편성(공공기관의 운영에 관한 법률 제40조 제3항)

기관장은 신규 투자사업 및 자본출자에 대한 예산을 편성하기 위하여 대통령령으로 정하는 바에 따라 미리 예비타당성조사를 실시하여야 한다. 다만, 다음 각 호의 어느 하나에 해당하는 경우에는 예비타당성조사 대상에서 제외한다.

1. 정부예산이 지원되는 사업 중 국가재정법 제38조에 따라 예비타당성조사를 실시하는 사업
2. 남북교류협력에 관계되거나 국가 간 협약·조약에 따라 추진하는 사업
3. 도로 유지보수, 노후 상수도 개량 등 기존 시설의 효용 증진을 위한 단순개량 및 유지보수 사업
4. 재난 및 안전관리 기본법 제3조 제1호에 따른 재난("재난")복구 지원, 시설 안정성 확보, 보건 식품 안전 문제 등으로 시급한 추진이 필요한 사업
5. 재난예방을 위하여 시급한 추진이 필요한 사업으로서 국회 소관 상임위원회의 동의를 받은 사업
6. 법령에 따라 추진하여야 하는 사업
7. 지역균형발전, 긴급한 경제적·사회적 상황 대응 등을 위하여 국가 정책적으로 추진이 필요한 사업으로서 다음 각 목의 요건을 모두 갖춘 사업. 이 경우, 예비타당성조사 면제 사업의 내역 및 사유를 지체 없이 국회 소관 상임위원회에 보고하여야 한다.
   가. 사업 목적 및 규모, 추진방안 등 구체적인 사업계획이 수립된 사업
   나. 국가 정책적으로 추진이 필요하여 국무회의를 거쳐 확정된 사업

(4) 보조금 등(제12조)

국가는 공사의 경영 안정 및 철도차량·장비의 현대화 등을 위하여 재정 지원이 필요하다고 인정하면 예산의 범위에서 사업에 필요한 비용의 일부를 보조하거나 재정자금의 융자 또는 사채 인수를 할 수 있다.

(5) 역세권 개발사업(제13조)

공사는 철도사업과 관련하여 일반업무시설, 판매시설, 주차장, 여객자동차터미널 및 화물터미널 등 철도 이용자에게 편의를 제공하기 위한 **역세권 개발사업**을 할 수 있고, 정부는 필요한 경우에 **행정적·재정적 지원**을 할 수 있다.

(6) 국유재산의 무상대부 등(제14조)

① **국유재산의 무상대부** : 국가는 다음 각 호의 어느 하나에 해당하는 공사의 사업을 효율적으로 수행하기 위하여 국토교통부장관이 필요하다고 인정하면 국유재산법에도 불구하고 공사에 **국유재산**(물품을 포함한다. 이하 같다)을 **무상으로 대부(貸付)**하거나 **사용·수익**하게 할 수 있다.

1. 제9조 제1항 제1호부터 제4호까지의 규정에 따른 사업
2. 철도산업발전기본법 제3조 제2호 가목의 역시설의 개발 및 운영사업

② 국가는 국유재산법에도 불구하고 제1항에 따라 대부하거나 사용·수익을 허가한 국유재산에 **건물이나 그 밖의 영구시설물**을 **축조**하게 할 수 있다.

③ 제1항에 따른 대부 또는 사용·수익 허가의 조건 및 절차에 관하여 필요한 사항은 **대통령령**으로 정한다.

(7) 국유재산의 전대 등(제15조)

① **국유재산의 전대** : 공사는 제9조에 따른 사업을 효율적으로 수행하기 위하여 필요하면 제14조에 따라 대부받거나 사용·수익을 허가받은 **국유재산을 전대(轉貸)**할 수 있다.

② **승인** : 공사는 제1항에 따른 전대를 하려면 **미리 국토교통부장관의 승인**을 받아야 한다. 이를 변경하려는 경우에도 또한 같다.

③ 제1항에 따라 전대를 받은 자는 재산을 다른 사람에게 대부하거나 사용·수익하게 하지 못한다.

④ 제1항에 따라 전대를 받은 자는 해당 재산에 건물이나 그 밖의 영구시설물을 축조하지 못한다. 다만, 국토교통부장관이 행정 목적 또는 공사의 사업 수행에 필요하다고 인정하는 시설물의 축조는 그러하지 아니하다.

5. 지도·감독 및 자료제공, 등기 촉탁

(1) 지도·감독(제16조)

국토교통부장관은 공사의 업무 중 다음 각 호의 사항과 그와 관련되는 업무에 대하여 지도·감독한다.

1. 연도별 사업계획 및 예산에 관한 사항
2. 철도서비스 품질 개선에 관한 사항
3. 철도사업계획의 이행에 관한 사항
4. 철도시설·철도차량·열차운행 등 철도의 안전을 확보하기 위한 사항
5. 그 밖에 다른 법령에서 정하는 사항

(2) 자료제공의 요청(제17조)

① 자료제공의 요청 : 공사는 업무상 필요하다고 인정하면 관계 행정기관이나 철도사업과 관련되는 기관·단체 등에 자료의 제공을 요청할 수 있다.

② 제1항에 따라 자료의 제공을 요청받은 자는 특별한 사유가 없으면 그 요청에 따라야 한다.

(3) 등기 촉탁의 대위(제18조)

공사가 제9조 제1항 제4호에 따라 국가 또는 지방자치단체로부터 위탁받은 사업과 관련하여 국가 또는 지방자치단체가 취득한 부동산에 관한 권리를 부동산등기법 제98조에 따라 등기하여야 하는 경우 공사는 국가 또는 지방자치단체를 대위(代位)하여 등기를 촉탁할 수 있다.

더 알아보기

관공서의 촉탁에 따른 등기(부동산등기법 제98조)

① 국가 또는 지방자치단체가 등기권리자인 경우에는 국가 또는 지방자치단체는 등기의무자의 승낙을 받아 해당 등기를 지체 없이 등기소에 촉탁하여야 한다.

② 국가 또는 지방자치단체가 등기의무자인 경우에는 국가 또는 지방자치단체는 등기권리자의 청구에 따라 지체 없이 해당 등기를 등기소에 촉탁하여야 한다.

6. 벌칙

(1) 벌칙(제19조)

제8조를 위반한 자는 2년 이하의 징역 또는 2천만 원 이하의 벌금에 처한다.

더 알아보기

비밀 누설·도용의 금지(한국철도공사법 제8조)

공사의 임직원이거나 임직원이었던 사람은 그 직무상 알게 된 비밀을 누설하거나 도용하여서는 아니 된다.

(2) 과태료(제20조)

① 제8조의2를 위반한 자에게는 500만 원 이하의 과태료를 부과한다.

더 알아보기

유사명칭의 사용금지(한국철도공사법 제8조의2)

공사가 아닌 자는 한국철도공사 또는 이와 유사한 명칭을 사용하지 못한다.

② 제1항에 따른 과태료는 국토교통부장관이 부과·징수한다.

CHAPTER

04 한국철도공사법 시행령

※ 수록 기준 : 법제처 대통령령 제35228호(시행 2025.1.31.)

1. 목적 및 등기

(1) 목적(제1조)

이 영은 한국철도공사법에서 위임된 사항과 그 시행에 관하여 필요한 사항을 규정함을 목적으로 한다.

(2) 설립등기(제2조)

한국철도공사법("법") 제5조 제2항의 규정에 의한 **한국철도공사**("공사")의 설립등기사항은 다음 각 호와 같다.

1. 설립목적
2. 명칭
3. 주된 사무소 및 하부조직의 소재지
4. 자본금
5. 임원의 성명 및 주소
6. 공고의 방법

(3) 하부조직의 설치등기(제3조)

공사는 하부조직을 설치한 경우에는 설치 후 2주일 이내에 주된 사무소의 소재지에서 설치된 하부조직의 명칭, 소재지 및 설치 연월일을 등기해야 한다.

(4) 이전등기(제4조)

① 공사는 주된 사무소를 이전한 경우에는 이전 후 2주일 이내에 종전 소재지 또는 새 소재지에서 새 소재지와 이전 연월일을 등기해야 한다.

② 공사는 하부조직을 이전한 경우에는 이전 후 2주일 이내에 주된 사무소의 소재지에서 새 소재지와 이전 연월일을 등기해야 한다.

(5) 변경등기(제5조)

공사는 제2조 각 호 또는 제3조의 등기사항이 변경된 경우(제4조에 따른 이전등기에 해당하는 경우는 제외한다)에는 변경 후 2주일 이내에 주된 사무소의 소재지에서 변경사항을 등기해야 한다.

(6) 대리 · 대행인의 선임등기(제6조)

① 공사는 사장이 법 제7조에 따라 사장을 대신해 공사의 업무에 관한 재판상 또는 재판 외의 행위를 할 수 있는 직원("대리 · 대행인")을 선임한 경우에는 선임 후 2주일 이내에 주된 사무소의 소재지에서 다음 각 호의 사항을 등기해야 한다. 등기한 사항이 변경된 경우에도 또한 같다.

1. 대리 · 대행인의 성명 및 주소
2. 대리 · 대행인을 둔 주된 사무소 또는 하부조직의 명칭 및 소재지
3. 대리 · 대행인의 권한을 제한한 때에는 그 제한의 내용

② 공사는 사장이 법 제7조에 따라 선임한 대리 · 대행인을 해임한 경우에는 해임 후 2주일 이내에 주된 사무소의 소재지에서 그 해임한 뜻을 등기해야 한다.

(7) 등기신청서의 첨부서류(제7조)

제2조 내지 제6조의 규정에 의한 각 등기의 신청서에는 다음 각 호의 구분에 따른 서류를 첨부하여야 한다.

1. 제2조의 규정에 의한 공사의 설립등기의 경우에는 공사의 정관, 자본금의 납입액 및 임원의 자격을 증명하는 서류
2. 제3조의 규정에 의한 하부조직의 설치등기의 경우에는 하부조직의 설치를 증명하는 서류
3. 제4조의 규정에 의한 이전등기의 경우에는 주된 사무소 또는 하부조직의 이전을 증명하는 서류
4. 제5조의 규정에 의한 변경등기의 경우에는 그 변경된 사항을 증명하는 서류
5. 제6조의 규정에 의한 대리 · 대행인의 선임 · 변경 또는 해임의 등기의 경우에는 그 선임 · 변경 또는 해임이 법 제7조의 규정에 의한 것임을 증명하는 서류와 대리 · 대행인이 제6조 제1항 제3호의 규정에 의하여 그 권한이 제한된 때에는 그 제한을 증명하는 서류

PART 4

2. 사업 및 자산

(1) 역세권 개발 · 운영 사업 등(제7조의2)

① 법 제9조 제1항 제5호에서 "대통령령으로 정하는 사업"이란 다음 각 호에 따른 사업을 말한다.

1. 역세권 개발 · 운영 사업 : 역세권의 개발 및 이용에 관한 법률 제2조 제2호에 따른 역세권 개발사업 및 운영 사업
2. 공사의 자산을 활용한 개발 · 운영 사업 : 철도이용객의 편의를 증진하기 위한 시설의 개발 · 운영 사업

더 알아보기

역세권 개발사업(역세권의 개발 및 이용에 관한 법률 제2조 제2호)
"역세권 개발사업"이란 역세권 개발구역에서 철도역 등 철도시설 및 주거 · 교육 · 보건 · 복지 · 관광 · 문화 · 상업 · 체육 등의 기능을 가지는 단지 조성 및 시설 설치를 위하여 시행하는 사업을 말한다.

② 법 제9조 제1항 제6호에서 "대통령령으로 정하는 사업"이란 다음 각 호의 시설을 개발·운영하는 사업을 말한다.

1. 물류정책기본법 제2조 제1항 제4호의 물류시설 중 철도운영이나 철도와 다른 교통수단과의 연계운송을 위한 시설
2. 도시교통정비 촉진법 제2조 제3호에 따른 환승시설
3. 역사와 같은 건물 안에 있는 시설로서 건축법 시행령 제3조의5에 따른 건축물 중 제1종 근린생활시설, 제2종 근린생활시설, 문화 및 집회시설, 판매시설, 운수시설, 의료시설, 운동시설, 업무시설, 숙박시설, 창고시설, 자동차관련시설, 관광휴게시설과 그 밖에 철도이용객의 편의를 증진하기 위한 시설

더 알아보기

물류시설(물류정책기본법 제2조 제1항 제4호)

"물류시설"이란 물류에 필요한 다음 각 목의 시설을 말한다.

가. 화물의 운송·보관·하역을 위한 시설

나. 화물의 운송·보관·하역 등에 부가되는 가공·조립·분류·수리·포장·상표부착·판매·정보통신 등을 위한 시설

다. 물류의 공동화·자동화 및 정보화를 위한 시설

라. 가목부터 다목까지의 시설이 모여 있는 물류터미널 및 물류단지

환승시설(도시교통정비 촉진법 제2조 제3호)

"환승시설"이란 교통수단의 이용자가 다른 교통수단을 편리하게 이용할 수 있게 하기 위하여 철도역·도시철도역·정류소·여객자동차터미널 및 화물터미널 등의 기능을 복합적으로 제공하는 시설을 말한다.

③ 법 제9조 제1항 제7호에서 "대통령령으로 정하는 사업"이란 물류정책기본법 제2조 제1항 제2호의 물류사업 중 다음 각 호의 사업을 말한다.

1. 철도운영을 위한 사업
2. 철도와 다른 교통수단과의 연계운송을 위한 사업
3. 다음 각 목의 자산을 이용하는 사업으로서 물류정책기본법 시행령 별표 1의 물류시설운영업 및 물류서비스업

   가. 철도산업발전기본법 제3조 제2호의 철도시설("철도시설") 또는 철도부지

   나. 그 밖에 공사가 소유하고 있는 시설, 장비 또는 부지

더 알아보기

물류사업(물류정책기본법 제2조 제1항 제2호)
"물류사업"이란 화주(貨主)의 수요에 따라 유상(有償)으로 물류활동을 영위하는 것을 업(業)으로 하는 것으로 다음 각 목의 사업을 말한다.
가. 자동차 · 철도차량 · 선박 · 항공기 또는 파이프라인 등의 운송수단을 통하여 화물을 운송하는 화물운송업
나. 물류터미널이나 창고 등의 물류시설을 운영하는 물류시설운영업
다. 화물운송의 주선(周旋), 물류장비의 임대, 물류정보의 처리 또는 물류컨설팅 등의 업무를 하는 물류서비스업
라. 가목부터 다목까지의 물류사업을 종합적 · 복합적으로 영위하는 종합물류서비스업

물류시설운영업 및 물류서비스업(물류정책기본법 시행령 별표 1 일부)

물류시설운영업	창고업 (공동집배송센터운영업 포함)	일반창고업, 냉장 및 냉동 창고업, 농 · 수산물 창고업, 위험물품보관업, 그 밖의 창고업
	물류터미널운영업	복합물류터미널, 일반물류터미널, 해상터미널, 공항화물터미널, 화물차전용터미널, 컨테이너화물조작장(CFS), 컨테이너장치장(CY), 물류단지, 집배송단지 등 물류시설의 운영업
물류서비스업	화물취급업(하역업 포함)	화물의 하역, 포장, 가공, 조립, 상표부착, 프로그램 설치, 품질검사 등 부가적인 물류업
	화물주선업	국제물류주선업, 화물자동차운송주선사업
	물류장비임대업	운송장비임대업, 산업용 기계 · 장비 임대업, 운반용기 임대업, 화물자동차임대업, 화물선박임대업, 화물항공기임대업, 운반 · 적치 · 하역장비 임대업, 컨테이너 · 파렛트 등 포장용기 임대업, 선박대여업
	물류정보처리업	물류정보 데이터베이스 구축, 물류지원 소프트웨어 개발 · 운영, 물류 관련 전자문서 처리업
	물류컨설팅업	물류 관련 업무프로세스 개선 관련 컨설팅, 자동창고, 물류자동화 설비 등 도입 관련 컨설팅, 물류 관련 정보시스템 도입 관련 컨설팅
	해운부대사업	해운대리점업, 해운중개업, 선박관리업
	항만운송관련업	항만용역업, 선용품공급업, 선박연료공급업, 선박수리업, 컨테이너 수리업, 예선업
	항만운송사업	항만하역사업, 검수사업, 감정사업, 검량사업

④ 법 제9조 제1항 제8호에서 "대통령령으로 정하는 사업"이란 관광진흥법 제3조에서 정한 관광사업(카지노업은 제외한다)으로서 철도운영과 관련된 사업을 말한다.

더 알아보기

관광사업의 종류(관광진흥법 제3조)
관광사업의 종류는 다음 각 호와 같다.
1. 여행업 : 여행자 또는 운송시설·숙박시설, 그 밖에 여행에 딸리는 시설의 경영자 등을 위하여 그 시설 이용 알선이나 계약 체결의 대리, 여행에 관한 안내, 그 밖의 여행 편의를 제공하는 업
2. 관광숙박업 : 다음 각 목에서 규정하는 업
   가. 호텔업 : 관광객의 숙박에 적합한 시설을 갖추어 이를 관광객에게 제공하거나 숙박에 딸리는 음식·운동·오락·휴양·공연 또는 연수에 적합한 시설 등을 함께 갖추어 이를 이용하게 하는 업
   나. 휴양 콘도미니엄업 : 관광객의 숙박과 취사에 적합한 시설을 갖추어 이를 그 시설의 회원이나 소유자 등, 그 밖의 관광객에게 제공하거나 숙박에 딸리는 음식·운동·오락·휴양·공연 또는 연수에 적합한 시설 등을 함께 갖추어 이를 이용하게 하는 업
3. 관광객 이용시설업 : 다음 각 목에서 규정하는 업
   가. 관광객을 위하여 음식·운동·오락·휴양·문화·예술 또는 레저 등에 적합한 시설을 갖추어 이를 관광객에게 이용하게 하는 업
   나. 대통령령으로 정하는 2종 이상의 시설과 관광숙박업의 시설("관광숙박시설") 등을 함께 갖추어 이를 회원이나 그 밖의 관광객에게 이용하게 하는 업
   다. 야영장업 : 야영에 적합한 시설 및 설비 등을 갖추고 야영편의를 제공하는 시설(청소년활동 진흥법 제10조 제1호 마목에 따른 청소년야영장은 제외한다)을 관광객에게 이용하게 하는 업
4. 국제회의업 : 대규모 관광 수요를 유발하여 관광산업 진흥에 기여하는 국제회의(세미나·토론회·전시회·기업회의 등을 포함한다. 이하 같다)를 개최할 수 있는 시설을 설치·운영하거나 국제회의의 기획·준비·진행 및 그 밖에 이와 관련된 업무를 위탁받아 대행하는 업
5. 카지노업 : 전문 영업장을 갖추고 주사위·트럼프·슬롯머신 등 특정한 기구 등을 이용하여 우연의 결과에 따라 특정인에게 재산상의 이익을 주고 다른 참가자에게 손실을 주는 행위 등을 하는 업
6. 유원시설업(遊園施設業) : 유기시설(遊技施設)이나 유기기구(遊技機具)를 갖추어 이를 관광객에게 이용하게 하는 업(다른 영업을 경영하면서 관광객의 유치 또는 광고 등을 목적으로 유기시설이나 유기기구를 설치하여 이를 이용하게 하는 경우를 포함한다)
7. 관광 편의시설업 : 제1호부터 제6호까지의 규정에 따른 관광사업 외에 관광진흥에 이바지할 수 있다고 인정되는 사업이나 시설 등을 운영하는 업

⑤ 법 제9조 제1항 제10호에서 "대통령령으로 정하는 사업"이란 다음 각 호의 사업을 말한다.
1. 철도시설 또는 철도부지나 같은 조 제4호의 철도차량 등을 이용하는 광고사업
2. 철도시설을 이용한 정보통신 기반시설 구축 및 활용 사업
3. 철도운영과 관련한 엔지니어링 활동
4. 철도운영과 관련한 정기간행물 사업, 정보매체 사업
5. 다른 법령의 규정에 따라 공사가 시행할 수 있는 사업
6. 그 밖에 철도운영의 전문성과 효율성을 높이기 위하여 필요한 사업

(2) 이익준비금 등의 자본금전입(제8조)

① **승인** : 법 제10조 제3항의 규정에 의하여 이익준비금 또는 사업확장적립금을 자본금으로 전입하고자 하는 때에는 **이사회의 의결**을 거쳐 **기획재정부장관의 승인**을 얻어야 한다.

② **보고** : 제1항의 규정에 의하여 이익준비금 또는 사업확장적립금을 자본금에 전입한 때에는 공사는 그 사실을 **국토교통부장관에게 보고**하여야 한다.

(3) 사채의 발행방법(제9조)

공사가 법 제11조 제1항의 규정에 의하여 사채를 발행하고자 하는 때에는 **모집·총액인수** 또는 **매출**의 **방법**에 의한다.

(4) 사채의 응모 등(제10조)

① **사채청약서의 작성** : 사채의 모집에 응하고자 하는 자는 **사채청약서 2통**에 그 인수하고자 하는 **사채**의 **수·인수가액**과 **청약자의 주소**를 기재하고 **기명날인**하여야 한다. 다만, **사채의 최저가액**을 **정하여 발행하는 경우**에는 그 **응모가액**을 기재하여야 한다.

② **사채청약서의 기재사항** : 사채청약서는 **사장**이 이를 **작성**하고 다음 각 호의 사항을 기재해야 한다.

1. 공사의 명칭
2. 사채의 발행총액
3. 사채의 종류별 액면금액
4. 사채의 이율
5. 사채상환의 방법 및 시기
6. 이자지급의 방법 및 시기
7. 사채의 발행가액 또는 그 최저가액
8. 이미 발행한 사채 중 상환되지 아니한 사채가 있는 때에는 그 총액
9. 사채모집의 위탁을 받은 회사가 있을 때에는 그 상호 및 주소

PART 4

(5) 사채의 발행총액(제11조)

공사가 법 제11조 제1항의 규정에 의하여 사채를 발행함에 있어서 실제로 응모된 총액이 사채청약서에 기재한 **사채발행총액**에 **미달하는 때에도** 사채를 발행한다는 뜻을 **사채청약서에 표시**할 수 있다. 이 경우 그 **응모총액**을 **사채의 발행총액**으로 한다.

(6) 총액인수의 방법 등(제12조)

공사가 계약에 의하여 특정인에게 사채의 총액을 인수시키는 경우에는 제10조의 규정을 적용하지 아니한다. 사채모집의 위탁을 받은 회사가 사채의 일부를 인수하는 경우에는 그 인수분에 대하여도 또한 같다.

(7) 매출의 방법(제13조)

공사가 매출의 방법으로 사채를 발행하는 경우에는 매출기간과 제10조 제2항 제1호·제3호 내지 제7호의 사항을 미리 공고하여야 한다.

(8) 사채인수가액의 납입 등(제14조)

① **사채의 납입** : 공사는 사채의 **응모가 완료된 때**에는 **지체 없이** 응모자가 인수한 **사채의 전액**을 **납입**시켜야 한다.

② 사채모집의 위탁을 받은 회사는 자기명의로 공사를 위하여 제1항 및 제10조 제2항의 규정에 의한 행위를 할 수 있다.

(9) 채권의 발행 및 기재사항(제15조)

① 채권의 발행 : 채권은 사채의 인수가액 전액이 납입된 후가 아니면 이를 발행하지 못한다.

② 채권의 기재사항 : 채권에는 다음 각 호의 사항을 기재하고, 사장이 기명날인하여야 한다. 다만, 매출의 방법에 의하여 사채를 발행하는 경우에는 제10조 제2항 제2호의 사항은 이를 기재하지 아니한다.

1. 제10조 제2항 제1호 내지 제6호의 사항
2. 채권번호
3. 채권의 발행연월일

(10) 채권의 형식(제16조)

채권은 무기명식으로 한다. 다만, 응모자 또는 소지인의 청구에 의하여 기명식으로 할 수 있다.

(11) 사채원부(제17조)

① 사채원부의 기재사항 : 공사는 주된 사무소에 사채원부를 비치하고, 다음 각 호의 사항을 기재해야 한다.

1. 채권의 종류별 수와 번호
2. 채권의 발행연월일
3. 제10조 제2항 제2호 내지 제6호 및 제9호의 사항

② 채권이 기명식인 때에는 사채원부에 제1항 각 호의 사항 외에 다음 각 호의 사항을 기재해야 한다.

1. 채권소유자의 성명과 주소
2. 채권의 취득연월일

③ 채권의 소유자 또는 소지인은 공사의 근무시간 중 언제든지 사채원부의 열람을 요구할 수 있다.

(12) 이권흠결의 경우의 공제(제18조)

① 이권(利券)이 있는 무기명식의 사채를 상환하는 경우에 이권이 흠결된 때에는 그 이권에 상당한 금액을 상환액으로부터 공제한다.

② 제1항의 규정에 의한 이권소지인은 그 이권과 상환으로 공제된 금액의 지급을 청구할 수 있다.

(13) 사채권자 등에 대한 통지 등(제19조)

① 사채를 발행하기 전의 그 응모자 또는 사채를 교부받을 권리를 가진 자에 대한 통지 또는 최고는 사채청약서에 기재된 주소로 하여야 한다. 다만, 따로 주소를 공사에 통지한 경우에는 그 주소로 하여야 한다.

② 기명식채권의 소유자에 대한 통지 또는 최고는 사채원부에 기재된 주소로 하여야 한다. 다만, 따로 주소를 공사에 통지한 경우에는 그 주소로 하여야 한다.

③ 무기명식채권의 소지자에 대한 통지 또는 최고는 공고의 방법에 의한다. 다만, 그 소재를 알 수 있는 경우에는 이에 의하지 아니할 수 있다.

(14) 국유재산의 무상대부 등(제20조)

① 법 제14조 제1항의 규정에 의한 국유재산의 무상사용·수익은 당해 **국유재산관리청의 허가**에 의하며, 무상대부의 조건 및 절차 등에 관하여는 당해 **국유재산관리청과 공사 간의 계약**에 의한다.

② 국유재산의 무상대부 또는 무상사용·수익에 관하여 법 및 이 영에 규정된 것 외에는 국유재산법의 규정에 의한다.

(15) 국유재산의 전대의 절차 등(제21조)

공사는 법 제14조 제1항의 규정에 의하여 대부받거나 사용·수익의 허가를 받은 국유재산을 법 제15조 제1항의 규정에 의하여 전대(轉貸)하고자 하는 경우에는 다음 각 호의 사항이 기재된 **승인신청서**를 **국토교통부장관에게 제출**하여야 한다.

1. 전대재산의 표시(도면을 포함한다)
2. 전대를 받을 자의 전대재산 사용목적
3. 전대기간
4. 사용료 및 그 산출근거
5. 전대를 받을 자의 사업계획서

CHAPTER

05 철도사업법

※ 수록 기준 : 법제처 법률 제20702호(시행 2025.1.21.)

01 총칙

1. 목적 및 정의

(1) 목적(제1조)

철도사업법은 **철도사업에 관한 질서를 확립하고 효율적인 운영 여건을** 조성함으로써 철도사업의 건전한 발전과 철도이용자의 편의를 도모하여 **국민경제의 발전에 이바지함**을 목적으로 한다.

(2) 정의(제2조)

철도사업법에서 사용하는 용어의 뜻은 다음과 같다.

1. **철도** : 철도산업발전기본법 제3조 제1호에 따른 철도를 말한다.
2. **철도시설** : 철도산업발전기본법 제3조 제2호에 따른 철도시설을 말한다.
3. **철도차량** : 철도산업발전기본법 제3조 제4호에 따른 철도차량을 말한다.
4. **사업용철도** : 철도사업을 목적으로 설치하거나 운영하는 철도를 말한다.
5. **전용철도** : 다른 사람의 수요에 따른 영업을 목적으로 하지 아니하고 자신의 수요에 따라 특수 목적을 수행하기 위하여 설치하거나 운영하는 철도를 말한다.
6. **철도사업** : 다른 사람의 수요에 응하여 철도차량을 사용하여 유상(有償)으로 여객이나 화물을 운송하는 사업을 말한다.
7. **철도운수종사자** : 철도운송과 관련하여 승무(乘務, 동력차 운전과 열차 내 승무를 말한다. 이하 같다) 및 역무서비스를 제공하는 직원을 말한다.
8. **철도사업자** : 한국철도공사법에 따라 설립된 **한국철도공사("철도공사")** 및 제5조에 따라 철도사업 면허를 받은 자를 말한다.
9. **전용철도운영자** : 제34조에 따라 전용철도 등록을 한 자를 말한다.

(3) 다른 법률과의 관계(제3조)

철도사업에 관하여 다른 법률에 특별한 규정이 있는 경우를 제외하고는 철도사업법에서 정하는 바에 따른다.

(4) 조약과의 관계(제3조의2)

국제철도(대한민국을 포함한 둘 이상의 국가에 걸쳐 운행되는 철도를 말한다)를 이용한 화물 및 여객 운송에 관하여 대한민국과 **외국 간 체결된 조약**에 철도사업법과 다른 규정이 있는 때에는 그 조약의 규정에 따른다.

02 철도사업의 관리

1. 철도차량의 유형 및 면허

(1) 사업용철도노선의 고시 등(제4조)

① **고시 내용** : 국토교통부장관은 사업용철도노선의 **노선번호, 노선명, 기점(起點), 종점(終點), 중요 경과지**(정차역을 포함한다)와 그 밖에 필요한 사항을 **국토교통부령**으로 정하는 바에 따라 **지정·고시**하여야 한다.

② **분류 방법** : 국토교통부장관은 제1항에 따라 사업용철도노선을 지정·고시하는 경우 사업용철도노선을 다음 각 호의 구분에 따라 분류할 수 있다.

1. 운행지역과 운행거리에 따른 분류
   가. 간선(幹線)철도
   나. 지선(支線)철도
2. 운행속도에 따른 분류
   가. 고속철도노선
   나. 준고속철도노선
   다. 일반철도노선

③ 제2항에 따른 사업용철도노선 분류의 기준이 되는 **운행지역, 운행거리 및 운행속도**는 **국토교통부령**으로 정한다.

(2) 철도차량의 유형 분류(제4조의2)

국토교통부장관은 철도 운임 상한의 산정, 철도차량의 효율적인 관리 등을 위하여 철도차량을 국토교통부령으로 정하는 운행속도에 따라 다음 각 호의 구분에 따른 유형으로 분류할 수 있다.

1. 고속철도차량
2. 준고속철도차량
3. 일반철도차량

(3) 면허 등(제5조)

① **면허** : 철도사업을 경영하려는 자는 제4조 제1항에 따라 지정·고시된 사업용철도노선을 정하여 **국토교통부장관의 면허**를 받아야 한다. 이 경우 국토교통부장관은 철도의 공공성과 안전을 강화하고 이용자 편의를 증진시키기 위하여 **국토교통부령**으로 정하는 바에 따라 필요한 부담을 붙일 수 있다.

② **서류의 제출** : 제1항에 따른 면허를 받으려는 자는 국토교통부령으로 정하는 바에 따라 사업계획서를 첨부한 **면허신청서**를 **국토교통부장관**에게 **제출**하여야 한다.

③ 철도사업의 면허를 받을 수 있는 자는 **법인**으로 한다.

(4) 면허의 기준(제6조)

철도사업의 면허기준은 다음 각 호와 같다.

1. 해당 사업의 시작으로 철도교통의 안전에 지장을 줄 염려가 없을 것
2. 해당 사업의 운행계획이 그 운행 구간의 철도 수송 수요와 수송력 공급 및 이용자의 편의에 적합할 것

3. 신청자가 해당 사업을 수행할 수 있는 재정적 능력이 있을 것
4. 해당 사업에 사용할 철도차량의 대수(臺數), 사용연한 및 규격이 국토교통부령으로 정하는 기준에 맞을 것

(5) 결격사유(제7조)

다음 각 호의 어느 하나에 해당하는 법인은 철도사업의 면허를 받을 수 없다.

1. 법인의 임원 중 다음 각 목의 어느 하나에 해당하는 사람이 있는 법인
   가. 피성년후견인 또는 피한정후견인
   나. 파산선고를 받고 복권되지 아니한 사람
   다. 철도사업법 또는 대통령령으로 정하는 철도 관계 법령을 위반하여 금고 이상의 실형을 선고받고 그 집행이 끝나거나(끝난 것으로 보는 경우를 포함한다) 면제된 날부터 2년이 지나지 아니한 사람
   라. 철도사업법 또는 대통령령으로 정하는 철도 관계 법령을 위반하여 금고 이상의 형의 집행유예를 선고받고 그 유예 기간 중에 있는 사람
2. 제16조 제1항에 따라 철도사업의 면허가 취소된 후 그 **취소일로부터 2년이 지나지 아니한 법인**. 다만, 제1호 가목 또는 나목에 해당하여 철도사업의 면허가 취소된 경우는 제외한다.

2. 운임 · 요금

(1) 운송 시작의 의무(제8조)

철도사업자는 **국토교통부장관이 지정하는 날 또는 기간**에 운송을 시작하여야 한다. 다만, 천재지변이나 그 밖의 불가피한 사유로 철도사업자가 국토교통부장관이 지정하는 날 또는 기간에 운송을 시작할 수 없는 경우에는 **국토교통부장관의 승인**을 받아 **날짜**를 **연기**하거나 기간을 **연장**할 수 있다.

(2) 여객 운임 · 요금의 신고 등(제9조)

① **신고** : 철도사업자는 **여객에 대한 운임**(여객운송에 대한 직접적인 대가를 말하며, 여객운송과 관련된 설비 · 용역에 대한 대가는 제외한다. 이하 같다) **· 요금("여객 운임 · 요금")**을 **국토교통부장관에게 신고**하여야 한다. 이를 변경하려는 경우에도 같다.

② **고려 사항** : 철도사업자는 여객 운임 · 요금을 정하거나 변경하는 경우에는 원가(原價)와 버스 등 **다른 교통수단의 여객 운임 · 요금과의 형평성 등을 고려**하여야 한다. 이 경우 여객에 대한 운임은 제4조 제2항에 따른 사업용철도노선의 분류, 제4조의2에 따른 철도차량의 유형 등을 고려하여 **국토교통부장관이 지정 · 고시한 상한**을 초과하여서는 아니 된다.

③ **여객 운임의 상한** : 국토교통부장관은 제2항에 따라 여객 운임의 상한을 지정하려면 미리 **기획재정부장관과 협의**하여야 한다.

④ **통지** : 국토교통부장관은 제1항에 따른 **신고 또는 변경신고를 받은 날부터 3일 이내**에 신고수리 여부를 신고인에게 통지하여야 한다.

⑤ **공표 방법** : 철도사업자는 제1항에 따라 신고 또는 변경신고를 한 여객 운임 · 요금을 그 **시행 1주일 이전에 인터넷 홈페이지, 관계 역 · 영업소 및 사업소 등 일반인이 잘 볼 수 있는 곳에 게시하여야** 한다.

(3) 여객 운임 · 요금의 감면(제9조의2)

① 감면 : 철도사업자는 재해복구를 위한 긴급지원, 여객 유치를 위한 기념행사, 그 밖에 철도사업의 경영상 필요하다고 인정되는 경우에는 일정한 기간과 대상을 정하여 제9조 제1항에 따라 신고한 여객 운임 · 요금을 감면할 수 있다.

② 공표 방법 : 철도사업자는 제1항에 따라 여객 운임 · 요금을 감면하는 경우에는 그 시행 3일 이전에 감면 사항을 인터넷 홈페이지, 관계 역 · 영업소 및 사업소 등 일반인이 잘 볼 수 있는 곳에 게시하여야 한다. 다만, 긴급한 경우에는 미리 게시하지 아니할 수 있다.

(4) 부가 운임의 징수(제10조)

① 열차 이용의 부가 운임 : 철도사업자는 열차를 이용하는 여객이 정당한 운임 · 요금을 지급하지 아니하고 열차를 이용한 경우에는 승차 구간에 해당하는 운임 외에 그의 30배의 범위에서 부가 운임을 징수할 수 있다.

② 화물의 부가 운임 : 철도사업자는 송하인(送荷人)이 운송장에 적은 화물의 품명 · 중량 · 용적 또는 개수에 따라 계산한 운임이 정당한 사유 없이 정상 운임보다 적은 경우에는 송하인에게 그 부족 운임 외에 그 부족 운임의 5배의 범위에서 부가 운임을 징수할 수 있다.

③ 신고 : 철도사업자는 제1항 및 제2항에 따른 부가 운임을 징수하려는 경우에는 사전에 부가 운임의 징수 대상 행위, 열차의 종류 및 운행 구간 등에 따른 부가 운임 산정기준을 정하고 제11조에 따른 철도사업약관에 포함하여 국토교통부장관에게 신고하여야 한다.

④ 통지 : 국토교통부장관은 제3항에 따른 신고를 받은 날부터 3일 이내에 신고수리 여부를 신고인에게 통지하여야 한다.

⑤ 제1항 및 제2항에 따른 부가 운임의 징수 대상자는 이를 성실하게 납부하여야 한다.

(5) 승차권 등 부정판매의 금지(제10조의2)

철도사업자 또는 철도사업자로부터 승차권 판매위탁을 받은 자가 아닌 자는 철도사업자가 발행한 승차권 또는 할인권 · 교환권 등 승차권에 준하는 증서를 상습 또는 영업으로 자신이 구입한 가격을 초과한 금액으로 다른 사람에게 판매하거나 이를 알선하여서는 아니 된다.

3. 철도사업

(1) 철도사업약관(제11조)

① 신고 : 철도사업자는 철도사업약관을 정하여 국토교통부장관에게 신고하여야 한다. 이를 변경하려는 경우에도 같다.

② 제1항에 따른 철도사업약관의 기재 사항 등에 필요한 사항은 국토교통부령으로 정한다.

③ 통지 : 국토교통부장관은 제1항에 따른 신고 또는 변경신고를 받은 날부터 3일 이내에 신고수리 여부를 신고인에게 통지하여야 한다.

(2) 사업계획의 변경(제12조)

① 신고 : 철도사업자는 사업계획을 변경하려는 경우에는 국토교통부장관에게 신고하여야 한다. 다만, 대통령령으로 정하는 중요 사항을 변경하려는 경우에는 국토교통부장관의 인가를 받아야 한다.

② 변경의 제한 : 국토교통부장관은 철도사업자가 다음 각 호의 어느 하나에 해당하는 경우에는 제1항에 따른 사업계획의 변경을 제한할 수 있다.

1. 제8조에 따라 국토교통부장관이 지정한 날 또는 기간에 운송을 시작하지 아니한 경우
2. 제16조에 따라 노선 운행중지, 운행제한, 감차(減車) 등을 수반하는 사업계획 변경명령을 받은 후 1년이 지나지 아니한 경우
3. 제21조에 따른 개선명령을 받고 이행하지 아니한 경우
4. 철도사고(철도안전법 제2조 제11호에 따른 철도사고를 말한다. 이하 같다)의 규모 또는 발생 빈도가 대통령령으로 정하는 기준 이상인 경우

더 알아보기

철도사고(철도안전법 제2조 제11호)
"철도사고"란 철도운영 또는 철도시설관리와 관련하여 사람이 죽거나 다치거나 물건이 파손되는 사고로, 국토교통부령으로 정하는 것을 말한다.

③ 제1항과 제2항에 따른 사업계획 변경의 절차·기준과 그 밖에 필요한 사항은 국토교통부령으로 정한다.

④ 통지 : 국토교통부장관은 제1항 본문에 따른 신고를 받은 날부터 3일 이내에 신고수리 여부를 신고인에게 통지하여야 한다.

(3) 공동운수협정(제13조)

① 신고 : 철도사업자는 다른 철도사업자와 공동경영에 관한 계약이나 그 밖의 운수에 관한 협정("공동운수협정")을 체결하거나 변경하려는 경우에는 국토교통부령으로 정하는 바에 따라 국토교통부장관의 인가를 받아야 한다. 다만, 국토교통부령으로 정하는 경미한 사항을 변경하려는 경우에는 국토교통부령으로 정하는 바에 따라 국토교통부장관에게 신고하여야 한다.

② 국토교통부장관은 제1항 본문에 따라 공동운수협정을 인가하려면 미리 공정거래위원회와 협의하여야 한다.

③ 통지 : 국토교통부장관은 제1항 단서에 따른 신고를 받은 날부터 3일 이내에 신고수리 여부를 신고인에게 통지하여야 한다.

(4) 사업의 양도·양수 등(제14조)

① 양도·양수의 인가 : 철도사업자는 그 철도사업을 양도·양수하려는 경우에는 국토교통부장관의 인가를 받아야 한다.

② 합병의 인가 : 철도사업자는 다른 철도사업자 또는 철도사업 외의 사업을 경영하는 자와 합병하려는 경우에는 국토교통부장관의 인가를 받아야 한다.

③ 지위의 승계 : 제1항이나 제2항에 따른 인가를 받은 경우 철도사업을 양수한 자는 철도사업을 양도한 자의 철도사업자로서의 지위를 승계하며, 합병으로 설립되거나 존속하는 법인은 합병으로 소멸되는 법인의 철도사업자로서의 지위를 승계한다.

④ 제1항과 제2항의 인가에 관하여는 제7조를 준용한다.

(5) 사업의 휴업 · 폐업(제15조)

① **신고** : 철도사업자가 그 사업의 전부 또는 일부를 **휴업 또는 폐업**하려는 경우에는 국토교통부령으로 정하는 바에 따라 **국토교통부장관의 허가**를 받아야 한다. 다만, **선로 또는 교량의 파괴, 철도시설의 개량, 그 밖의 정당한 사유**로 휴업하는 경우에는 국토교통부령으로 정하는 바에 따라 **국토교통부장관에게 신고**하여야 한다.

② **휴업기간** : 제1항에 따른 휴업기간은 **6개월**을 넘을 수 없다. 다만, 제1항 단서에 따른 휴업의 경우에는 예외로 한다.

③ **휴업 사유의 소멸** : 제1항에 따라 허가를 받거나 신고한 휴업기간 중이라도 **휴업 사유가 소멸된 경우**에는 **국토교통부장관에게 신고**하고 **사업을 재개(再開)**할 수 있다.

④ **통지** : 국토교통부장관은 제1항 단서 및 제3항에 따른 **신고를 받은 날부터 60일 이내**에 신고수리 여부를 신고인에게 통지하여야 한다.

⑤ **공표 방법** : 철도사업자는 철도사업의 전부 또는 일부를 휴업 또는 폐업하려는 경우에는 **대통령령**으로 정하는 바에 따라 **휴업 또는 폐업하는 사업의 내용과 그 기간** 등을 **인터넷 홈페이지, 관계 역 · 영업소 및 사업소** 등 **일반인이 잘 볼 수 있는 곳**에 게시하여야 한다.

4. 처분 및 책임

(1) 면허취소 등(제16조)

① 국토교통부장관은 철도사업자가 다음 각 호의 어느 하나에 해당하는 경우에는 **면허를 취소**하거나 **6개월 이내**의 기간을 정하여 **사업의 전부 또는 일부의 정지**를 명하거나, 노선 운행중지 · 운행제한 · 감차 등을 수반하는 **사업계획의 변경**을 명할 수 있다. 다만, 제4호 및 제7호의 경우에는 면허를 취소하여야 한다.

1. 면허받은 사항을 정당한 사유 없이 시행하지 아니한 경우
2. 사업 경영의 불확실 또는 자산상태의 현저한 불량이나 그 밖의 사유로 사업을 계속하는 것이 적합하지 아니할 경우
3. 고의 또는 중대한 과실에 의한 철도사고로 대통령령으로 정하는 다수의 사상자(死傷者)가 발생한 경우
4. 거짓이나 그 밖의 부정한 방법으로 제5조에 따른 철도사업의 면허를 받은 경우
5. 제5조 제1항 후단에 따라 면허에 붙인 부담을 위반한 경우
6. 제6조에 따른 철도사업의 면허기준에 미달하게 된 경우. 다만, 3개월 이내에 그 기준을 충족시킨 경우에는 예외로 한다.
7. 철도사업자의 임원 중 제7조 제1호 각 목의 어느 하나의 결격사유에 해당하게 된 사람이 있는 경우. 다만, 3개월 이내에 그 임원을 바꾸어 임명한 경우에는 예외로 한다.
8. 제8조를 위반하여 국토교통부장관이 지정한 날 또는 기간에 운송을 시작하지 아니한 경우
9. 제15조에 따른 휴업 또는 폐업의 허가를 받지 아니하거나 신고를 하지 아니하고 영업을 하지 아니한 경우
10. 제20조 제1항에 따른 준수사항을 1년 이내에 3회 이상 위반한 경우
11. 제21조에 따른 개선명령을 위반한 경우
12. 제23조에 따른 명의 대여 금지를 위반한 경우

② 제1항에 따른 처분의 기준 및 절차와 그 밖에 필요한 사항은 **국토교통부령**으로 정한다.
③ 국토교통부장관은 제1항에 따라 철도사업의 **면허를 취소**하려면 **청문**을 하여야 한다.

(2) 과징금 처분(제17조)

① 국토교통부장관은 제16조 제1항에 따라 철도사업자에게 사업정지처분을 하여야 하는 경우로서 그 사업정지처분이 그 철도사업자가 제공하는 철도서비스의 이용자에게 심한 불편을 주거나 그 밖에 공익을 해칠 우려가 있을 때에는 그 사업정지처분을 갈음하여 **1억 원 이하의 과징금**을 부과·징수할 수 있다.
② 제1항에 따라 과징금을 부과하는 위반행위의 종류, 과징금의 부과기준·징수방법 등 필요한 사항은 **대통령령**으로 정한다.
③ 국토교통부장관은 제1항에 따라 과징금 부과처분을 받은 자가 납부기한까지 과징금을 내지 아니하면 **국세 체납처분의 예**에 따라 징수한다.
④ 제1항에 따라 징수한 과징금은 다음 각 호 외의 용도로는 사용할 수 없다.
1. 철도사업 종사자의 양성·교육훈련이나 그 밖의 자질향상을 위한 시설 및 철도사업 종사자에 대한 지도업무의 수행을 위한 시설의 건설·운영
2. 철도사업의 경영개선이나 그 밖에 철도사업의 발전을 위하여 필요한 사업
3. 제1호 및 제2호의 목적을 위한 보조 또는 융자

⑤ 국토교통부장관은 과징금으로 징수한 금액의 **운용계획을 수립**하여 **시행**하여야 한다.
⑥ 제4항과 제5항에 따른 과징금 사용의 절차, 운용계획의 수립·시행에 관한 사항과 그 밖에 필요한 사항은 **국토교통부령**으로 정한다.

(3) 철도차량 표시(제18조)

철도사업자는 철도사업에 사용되는 철도차량에 **철도사업자의 명칭**과 그 밖에 **국토교통부령**으로 정하는 사항을 표시하여야 한다.

(4) 우편물 등의 운송(제19조)

철도사업자는 **여객 또는 화물 운송에 부수(附隨)**하여 우편물과 신문 등을 운송할 수 있다.

(5) 철도사업자의 준수사항(제20조)

① 철도사업자는 철도안전법 제21조에 따른 요건을 갖추지 아니한 사람을 운전업무에 종사하게 하여서는 아니 된다.
② 철도사업자는 사업계획을 성실하게 이행하여야 하며, 부당한 운송 조건을 제시하거나 정당한 사유 없이 운송계약의 체결을 거부하는 등 철도운송 질서를 해치는 행위를 하여서는 아니 된다.
③ 철도사업자는 **여객 운임표, 여객 요금표, 감면 사항 및 철도사업약관**을 인터넷 홈페이지에 게시하고 관계 역·영업소 및 사업소 등에 갖추어 두어야 하며, 이용자가 요구하는 경우에는 제시하여야 한다.
④ 제1항부터 제3항까지에 따른 준수사항 외에 운송의 안전과 여객 및 화주(貨主)의 편의를 위하여 철도사업자가 준수하여야 할 사항은 **국토교통부령**으로 정한다.

더 알아보기

운전업무 실무수습(철도안전법 제21조)
철도차량의 운전업무에 종사하려는 사람은 국토교통부령으로 정하는 바에 따라 실무수습을 이수하여야 한다.

(6) 사업의 개선명령(제21조)

국토교통부장관은 원활한 철도운송, 서비스의 개선 및 운송의 안전과 그 밖에 공공복리의 증진을 위하여 필요하다고 인정하는 경우에는 철도사업자에게 다음 각 호의 사항을 명할 수 있다.

1. 사업계획의 변경
2. 철도차량 및 운송관련 장비·시설의 개선
3. 운임·요금 징수 방식의 개선
4. 철도사업약관의 변경
5. 공동운수협정의 체결
6. 철도차량 및 철도사고에 관한 손해배상을 위한 보험에의 가입
7. 안전운송의 확보 및 서비스의 향상을 위하여 필요한 조치
8. 철도운수종사자의 양성 및 자질향상을 위한 교육

PART 4

(7) 철도운수종사자의 준수사항(제22조)

철도사업에 종사하는 철도운수종사자는 다음 각 호의 어느 하나에 해당하는 행위를 하여서는 아니 된다.

1. 정당한 사유 없이 여객 또는 화물의 운송을 거부하거나 여객 또는 화물을 중도에서 내리게 하는 행위
2. 부당한 운임 또는 요금을 요구하거나 받는 행위
3. 그 밖에 안전운행과 여객 및 화주의 편의를 위하여 철도운수종사자가 준수하여야 할 사항으로서 국토교통부령으로 정하는 사항을 위반하는 행위

(8) 명의 대여의 금지(제23조)

철도사업자는 타인에게 자기의 성명 또는 상호를 사용하여 철도사업을 경영하게 하여서는 아니 된다.

(9) 철도화물 운송에 관한 책임(제24조)

① **손해배상책임** : 철도사업자의 화물의 멸실·훼손 또는 인도(引導)의 지연에 대한 손해배상책임에 관하여는 상법 제135조를 준용한다.

② **화물의 멸실 기준** : 제1항을 적용할 때에 화물이 인도 기한을 지난 후 **3개월 이내**에 인도되지 아니한 경우에는 그 화물은 멸실된 것으로 본다.

더 알아보기

손해배상책임(상법 제135조)
운송인은 자기 또는 운송주선인이나 사용인, 그 밖에 운송을 위하여 사용한 자가 운송물의 수령, 인도, 보관 및 운송에 관하여 주의를 게을리 하지 아니하였음을 증명하지 아니하면 운송물의 멸실, 훼손 또는 연착으로 인한 손해를 배상할 책임이 있다.

03 민자철도 운영의 감독 · 관리 등

1. 민자철도의 운영

(1) 민자철도의 유지 · 관리 및 운영에 관한 기준 등(제25조)

① 기준의 고시 : 국토교통부장관은 철도의 건설 및 철도시설 유지관리에 관한 법률 제2조 제2호부터 제4호까지에 따른 고속철도, 광역철도 및 일반철도로서 사회기반시설에 대한 민간투자법 제2조 제6호에 따른 민간투자사업으로 건설된 철도("민자철도")의 관리운영권을 사회기반시설에 대한 민간투자법 제26조 제1항에 따라 설정받은 자("민자철도사업자")가 해당 민자철도를 안전하고 효율적으로 유지 · 관리할 수 있도록 민자철도의 유지 · 관리 및 운영에 관한 기준을 정하여 고시하여야 한다.

더 알아보기

고속철도 및 광역철도, 일반철도(철도의 건설 및 철도시설 유지관리에 관한 법률 제2조 제2호부터 제4호)

2. "고속철도"란 열차가 주요 구간을 시속 200km 이상으로 주행하는 철도로서 국토교통부장관이 그 노선을 지정 · 고시하는 철도를 말한다.
3. "광역철도"란 대도시권 광역교통관리에 관한 특별법 제2조 제2호 나목에 따른 철도를 말한다.
4. "일반철도"란 고속철도와 도시철도법에 따른 도시철도를 제외한 철도를 말한다.

민간투자사업(사회기반시설에 대한 민간투자법 제2조 제6호)

"민간투자사업"이란 제9조에 따라 민간부문이 제안하는 사업 또는 제10조에 따른 민간투자시설사업기본계획에 따라 제8호에 따른 사업시행자가 시행하는 사회기반시설사업을 말한다. 다만, 국가재정법 제23조에 따른 계속비에 의한 정부발주사업 중 초과시공(국가와 계약상대자가 미리 협의한 한도액 범위에서 해당 연도 사업비를 초과하여 시공하는 것을 말한다. 이하 같다)되는 부분은 민간투자사업으로 본다.

민자철도사업자(사회기반시설에 대한 민간투자법 제26조 제1항)

주무관청은 제4조 제1호 또는 제2호에 따른 방식으로 사회기반시설사업을 시행한 사업시행자가 제22조에 따라 준공확인을 받은 경우에는 제25조 제1항에 따라 무상으로 사용 · 수익할 수 있는 기간 동안 해당 시설을 유지 · 관리하고 시설사용자로부터 사용료를 징수할 수 있는 사회기반시설관리운영권("관리운영권")을 그 사업시행자에게 설정할 수 있다.

② 민자철도사업자는 민자철도의 안전하고 효율적인 유지 · 관리와 이용자 편의를 도모하기 위하여 제1항에 따라 고시된 기준을 준수하여야 한다.

③ 운영평가 : 국토교통부장관은 제1항에 따른 민자철도의 유지 · 관리 및 운영에 관한 기준에 따라 매년 소관 민자철도에 대하여 운영평가를 실시하여야 한다.

④ 국토교통부장관은 제3항에 따른 운영평가 결과에 따라 민자철도에 관한 유지 · 관리 및 체계 개선 등 필요한 조치를 민자철도사업자에게 명할 수 있다.

⑤ 보고 : 민자철도사업자는 제4항에 따른 명령을 이행하고 그 결과를 국토교통부장관에게 보고하여야 한다.

⑥ 제3항에 따른 운영평가의 절차, 방법 및 그 밖에 필요한 사항은 국토교통부령으로 정한다.

(2) 민자철도사업자에 대한 과징금 처분(제25조의2)

① 국토교통부장관은 민자철도사업자가 다음 각 호의 어느 하나에 해당하는 경우에는 **1억 원 이하의 과징금**을 부과·징수할 수 있다.

1. 제25조 제2항을 위반하여 민자철도의 유지·관리 및 운영에 관한 기준을 준수하지 아니한 경우
2. 제25조 제5항을 위반하여 명령을 이행하지 아니하거나 그 결과를 보고하지 아니한 경우

② 제1항에 따라 과징금을 부과하는 위반행위의 종류와 위반 정도 등에 따른 과징금의 금액 및 징수방법 등에 필요한 사항은 **대통령령**으로 정한다.

③ 국토교통부장관은 제1항에 따라 과징금 부과처분을 받은 자가 납부기한까지 과징금을 내지 아니하면 **국세강제징수의 예**에 따라 징수한다.

④ 제1항에 따라 징수한 과징금의 용도 등에 관하여는 제17조 제4항부터 제6항까지를 준용한다.

(3) 사정변경 등에 따른 실시협약의 변경 요구 등(제25조의3)

① **소명 및 해소 대책의 요구** : 국토교통부장관은 중대한 사정변경 또는 민자철도사업자의 위법한 행위 등 다음 각 호의 어느 하나에 해당하는 사유가 발생한 경우 민자철도사업자에게 그 **사유를 소명**하거나 **해소 대책을 수립**할 것을 요구할 수 있다.

1. 민자철도사업자가 사회기반시설에 대한 민간투자법 제2조 제7호에 따른 **실시협약**(**"실시협약"**)에서 정한 자기자본의 비율을 대통령령으로 정하는 기준 미만으로 변경한 경우. 다만, 같은 조 제5호에 따른 주무관청의 승인을 받아 변경한 경우는 제외한다.
2. 민자철도사업자가 대통령령으로 정하는 기준을 초과한 이자율로 자금을 차입한 경우
3. 교통여건이 현저히 변화되는 등 실시협약의 기초가 되는 사실 또는 상황에 중대한 변경이 생긴 경우로서 대통령령으로 정하는 경우

더 알아보기

실시협약(사회기반시설에 대한 민간투자법 제2조 제7호)
"실시협약"이란 이 법에 따라 주무관청과 민간투자사업을 시행하려는 자 간에 사업시행의 조건 등에 관하여 체결하는 계약을 말한다.

② **소명 및 해소 대책의 기간** : 제1항에 따른 요구를 받은 민자철도사업자는 국토교통부장관이 요구한 날부터 **30일 이내**에 그 사유를 소명하거나 해소 대책을 수립하여야 한다.

③ **실시협약의 변경** : 국토교통부장관은 다음 각 호의 어느 하나에 해당하는 경우 제25조의5에 따른 **민자철도 관리지원센터의 자문**을 거쳐 **실시협약의 변경** 등을 요구할 수 있다.

1. 민자철도사업자가 제2항에 따른 소명을 하지 아니하거나 그 소명이 충분하지 아니한 경우
2. 민자철도사업자가 제2항에 따른 해소 대책을 수립하지 아니한 경우
3. 제2항에 따른 해소 대책으로는 제1항에 따른 사유를 해소할 수 없거나 해소하기 곤란하다고 판단되는 경우

④ 국토교통부장관은 민자철도사업자가 제3항에 따른 요구에 따르지 아니하는 경우 정부지급금, 실시협약에 따른 보조금 및 재정지원금의 전부 또는 일부를 지급하지 아니할 수 있다.

(4) 민자철도사업자에 대한 지원(제25조의4)

국토교통부장관은 정책의 변경 또는 법령의 개정 등으로 인하여 민자철도사업자가 부담하여야 하는 비용이 추가로 발생하는 경우 그 비용의 전부 또는 일부를 지원할 수 있다.

(5) 민자철도 관리지원센터의 지정 등(제25조의5)

① 민자철도 관리지원센터의 지정 : 국토교통부장관은 민자철도에 대한 감독 업무를 효율적으로 수행하기 위하여 다음 각 호의 어느 하나에 해당하는 기관을 민자철도에 대한 전문성을 고려하여 민자철도 관리지원센터("관리지원센터")로 지정할 수 있다.

1. 정부출연연구기관 등의 설립·운영 및 육성에 관한 법률에 따른 정부출연연구기관
2. 공공기관의 운영에 관한 법률에 따른 공공기관

② 민자지원 관리지원센터의 업무 내용

1. 민자철도의 교통수요 예측, 적정 요금 또는 운임 및 운영비 산출과 관련한 자문 및 지원
2. 제25조 제1항에 따른 민자철도의 유지·관리 및 운영에 관한 기준과 관련한 자문 및 지원
3. 제25조 제3항에 따른 운영평가와 관련한 자문 및 지원
4. 제25조의3 제3항에 따른 실시협약 변경 등의 요구와 관련한 자문 및 지원
5. 제5항에 따라 국토교통부장관이 위탁하는 업무
6. 그 밖에 철도사업법에 따른 민자철도에 관한 감독 지원을 위하여 국토교통부령으로 정하는 업무

③ 업무의 지원 : 국토교통부장관은 관리지원센터가 업무를 수행하는 데에 필요한 비용을 예산의 범위에서 지원할 수 있다.

④ 지정의 취소 : 국토교통부장관은 관리지원센터가 다음 각 호의 어느 하나에 해당하는 경우에는 지정을 취소할 수 있다. 다만, 제1호에 해당하는 경우에는 지정을 취소하여야 한다.

1. 거짓이나 그 밖의 부정한 방법으로 지정을 받은 경우
2. 지정받은 사항을 위반하여 업무를 수행한 경우

⑤ 업무의 위탁 : 국토교통부장관은 민자철도와 관련하여 철도사업법과 사회기반시설에 대한 민간투자법에 따른 업무로서 국토교통부령으로 정하는 업무를 관리지원센터에 위탁할 수 있다.

(6) 국회에 대한 보고 등(제25조의6)

① 보고서의 제출 : 국토교통부장관은 사회기반시설에 대한 민간투자법 제53조에 따라 국가가 재정을 지원한 민자철도의 건설 및 유지·관리 현황에 관한 보고서를 작성하여 매년 5월 31일까지 국회 소관 상임위원회에 제출하여야 한다.

더 알아보기

재정지원(사회기반시설에 대한 민간투자법 제53조)
국가 또는 지방자치단체는 귀속시설사업을 원활하게 시행하기 위하여 필요하면 대통령령으로 정하는 경우에 한정하여 사업시행자에게 보조금을 지급하거나 장기대부를 할 수 있다.

② 자료의 제출 : 국토교통부장관은 제1항에 따른 보고서를 작성하기 위하여 민자철도사업자에게 필요한 자료의 제출을 요구할 수 있다.

04 철도서비스 향상 등

1. 철도서비스의 평가

(1) 철도서비스의 품질평가 등(제26조)

① **품질평가** : 국토교통부장관은 **공공복리의 증진**과 **철도서비스 이용자의 권익보호**를 위하여 철도사업자가 제공하는 철도서비스에 대하여 적정한 **철도서비스 기준**을 정하고, 그에 따라 철도사업자가 제공하는 **철도서비스의 품질을 평가**하여야 한다.

② 제1항에 따른 철도서비스의 기준, 품질평가의 항목·절차 등에 필요한 사항은 **국토교통부령**으로 정한다.

(2) 평가 결과의 공표 및 활용(제27조)

① **공표 방법** : 국토교통부장관은 제26조에 따른 철도서비스의 품질을 평가한 경우에는 그 평가 결과를 **대통령령**으로 정하는 바에 따라 **신문 등 대중매체를 통하여 공표**하여야 한다.

② 국토교통부장관은 철도서비스의 품질평가 결과에 따라 제21조에 따른 사업 개선명령 등 필요한 조치를 할 수 있다.

(3) 우수 철도서비스 인증(제28조)

① **우수 철도서비스 인증** : 국토교통부장관은 공정거래위원회와 협의하여 철도사업자 간 경쟁을 제한하지 아니하는 범위에서 철도서비스의 질적 향상을 촉진하기 위하여 **우수 철도서비스에 대한 인증**을 할 수 있다.

② **인증 사실의 홍보** : 제1항에 따라 인증을 받은 철도사업자는 그 **인증의 내용을 나타내는 표지**("우수서비스마크")를 철도차량, 역시설 또는 철도 용품 등에 붙이거나 **인증 사실을 홍보**할 수 있다.

③ 제1항에 따라 인증을 받은 자가 아니면 우수서비스마크 또는 이와 유사한 표지를 철도차량, 역시설 또는 철도 용품 등에 붙이거나 인증 사실을 홍보하여서는 아니 된다.

④ 우수 철도서비스 인증의 절차, 인증기준, 우수서비스마크, 인증의 사후관리에 관한 사항과 그 밖에 인증에 필요한 사항은 **국토교통부령**으로 정한다.

(4) 평가업무 등의 위탁(제29조)

국토교통부장관은 효율적인 철도 서비스 품질평가 체제를 구축하기 위하여 필요한 경우에는 **관계 전문기관 등에 철도서비스 품질에 대한 조사·평가·연구 등의 업무**와 제28조 제1항에 따른 **우수 철도서비스 인증에 필요한 심사업무를 위탁**할 수 있다.

(5) 자료 등의 요청(제30조)

① **실지조사** : 국토교통부장관이나 제29조에 따라 평가업무 등을 위탁받은 자는 철도서비스의 평가 등을 할 때 철도사업자에게 **관련 자료 또는 의견 제출 등을 요구**하거나 철도서비스에 대한 **실지조사(實地調査)**를 할 수 있다.

② **자료 및 의견의 제출** : 제1항에 따라 자료 또는 의견 제출 등을 요구받은 관련 철도사업자는 특별한 사유가 없으면 이에 따라야 한다.

PART 4

2. 철도서비스의 운영

(1) 철도시설의 공동 활용(제31조)

공공교통을 목적으로 하는 선로 및 다음 각 호의 공동 사용시설을 관리하는 자는 철도사업자가 그 시설의 공동 활용에 관한 요청을 하는 경우 협정을 체결하여 이용할 수 있게 하여야 한다.

1. 철도역 및 역시설(물류시설, 환승시설 및 편의시설 등을 포함한다)
2. 철도차량의 정비·검사·점검·보관 등 유지관리를 위한 시설
3. 사고의 복구 및 구조·피난을 위한 설비
4. 열차의 조성 또는 분리 등을 위한 시설
5. 철도 운영에 필요한 정보통신 설비

(2) 회계의 구분(제32조)

① 철도사업자는 철도사업 외의 사업을 경영하는 경우에는 **철도사업에 관한 회계와 철도사업 외의 사업에 관한 회계를 구분**하여 경리하여야 한다.

② 철도사업자는 철도운영의 효율화와 회계처리의 투명성을 제고하기 위하여 국토교통부령으로 정하는 바에 따라 **철도사업의 종류별·노선별로 회계를 구분하여** 경리하여야 한다.

(3) 벌칙 적용 시의 공무원 의제(제33조)

제29조에 따라 위탁받은 업무에 종사하는 관계 전문기관 등의 임원 및 직원은 형법 제129조부터 제132조까지의 규정을 적용할 때에는 공무원으로 본다.

더 알아보기

수뢰, 사전수뢰(형법 제129조)

① 공무원 또는 중재인이 그 직무에 관하여 뇌물을 수수, 요구 또는 약속한 때에는 5년 이하의 징역 또는 10년 이하의 자격정지에 처한다.

② 공무원 또는 중재인이 될 자가 그 담당할 직무에 관하여 청탁을 받고 뇌물을 수수, 요구 또는 약속한 후 공무원 또는 중재인이 된 때에는 3년 이하의 징역 또는 7년 이하의 자격정지에 처한다.

제3자뇌물제공(형법 제130조)

공무원 또는 중재인이 그 직무에 관하여 부정한 청탁을 받고 제3자에게 뇌물을 공여하게 하거나 공여를 요구 또는 약속한 때에는 5년 이하의 징역 또는 10년 이하의 자격정지에 처한다.

수뢰후부정처사, 사후수뢰(형법 제131조)

① 공무원 또는 중재인이 전 2조의 죄를 범하여 부정한 행위를 한 때에는 1년 이상의 유기징역에 처한다.

② 공무원 또는 중재인이 그 직무상 부정한 행위를 한 후 뇌물을 수수, 요구 또는 약속하거나 제3자에게 이를 공여하게 하거나 공여를 요구 또는 약속한 때에도 전항의 형과 같다.

③ 공무원 또는 중재인이었던 자가 그 재직 중에 청탁을 받고 직무상 부정한 행위를 한 후 뇌물을 수수, 요구 또는 약속한 때에는 5년 이하의 징역 또는 10년 이하의 자격정지에 처한다.

④ 전 3항의 경우에는 10년 이하의 자격정지를 병과할 수 있다.

알선수뢰(형법 제132조)

공무원이 그 지위를 이용하여 다른 공무원의 직무에 속한 사항의 알선에 관하여 뇌물을 수수, 요구 또는 약속한 때에는 3년 이하의 징역 또는 7년 이하의 자격정지에 처한다.

05 전용철도

1. 전용철도의 운영

(1) 등록(제34조)

① 전용철도를 운영하려는 자는 국토교통부령으로 정하는 바에 따라 **전용철도의 건설·운전·보안 및 운송에 관한 사항**이 포함된 **운영계획서**를 첨부하여 **국토교통부장관**에게 **등록**을 하여야 한다. 등록사항을 변경하려는 경우에도 같다. 다만 대통령령으로 정하는 경미한 변경의 경우에는 예외로 한다.

② 전용철도의 등록기준과 등록절차 등에 관하여 필요한 사항은 **국토교통부령**으로 정한다.

③ 국토교통부장관은 제2항에 따른 등록기준을 적용할 때에 **환경오염, 주변 여건 등 지역적 특성**을 고려할 필요가 있거나 그 밖에 **공익상 필요하다고 인정**하는 경우에는 **등록을 제한하거나 부담을 붙일** 수 있다.

(2) 결격사유(제35조)

다음 각 호의 어느 하나에 해당하는 자는 전용철도를 등록할 수 없다. 법인인 경우 그 임원 중에 다음 각 호의 어느 하나에 해당하는 자가 있는 경우에도 같다.

1. 제7조 제1호 각 목의 어느 하나에 해당하는 사람
2. 철도사업법에 따라 전용철도의 등록이 취소된 후 그 취소일로부터 1년이 지나지 아니한 자

(3) 전용철도 운영의 양도·양수 등(제36조)

① **양도·양수의 신고** : 전용철도의 운영을 **양도·양수**하려는 자는 국토교통부령으로 정하는 바에 따라 **국토교통부장관**에게 **신고**하여야 한다.

② **합병의 신고** : 전용철도의 등록을 한 법인이 **합병**하려는 경우에는 국토교통부령으로 정하는 바에 따라 **국토교통부장관**에게 **신고**하여야 한다.

③ **통지** : 국토교통부장관은 제1항 및 제2항에 따른 **신고를 받은 날부터 30일 이내**에 신고수리 여부를 신고인에게 통지하여야 한다.

④ **지위의 승계** : 제1항 또는 제2항에 따른 신고가 수리된 경우 **전용철도의 운영을 양수한 자**는 전용철도의 운영을 양도한 자의 **전용철도운영자로서의 지위를 승계**하며, **합병으로 설립되거나 존속하는 법인**은 **합병으로 소멸되는 법인의 전용철도운영자로서의 지위를 승계**한다.

⑤ 제1항과 제2항의 신고에 관하여는 제35조를 준용한다.

(4) 전용철도 운영의 상속(제37조)

① **운영 상속의 신고** : 전용철도운영자가 사망한 경우 상속인이 그 **전용철도의 운영을 계속하려는 경우**에는 피상속인이 사망한 날부터 **3개월 이내**에 **국토교통부장관**에게 **신고**하여야 한다.

② **통지** : 국토교통부장관은 제1항에 따른 **신고를 받은 날부터 10일 이내**에 신고수리 여부를 신고인에게 통지하여야 한다.

③ 제1항에 따른 신고가 수리된 경우 **상속인**은 피상속인의 **전용철도운영자로서의 지위를 승계**하며, 피상속인이 **사망한 날부터 신고가 수리된 날까지의 기간** 동안은 피상속인의 전용철도 등록은 **상속인의** 등록으로 본다.

④ 제1항의 신고에 관하여는 제35조를 준용한다. 다만, 제35조 각 호의 어느 하나에 해당하는 상속인이 피상속인이 사망한 날부터 3개월 이내에 그 전용철도의 운영을 다른 사람에게 양도한 경우 피상속인의 사망일부터 양도일까지의 기간에 있어서 피상속인의 전용철도 등록은 상속인의 등록으로 본다.

(5) 전용철도 운영의 휴업 · 폐업(제38조)

전용철도운영자가 그 운영의 전부 또는 일부를 휴업 또는 폐업한 경우에는 1개월 이내에 국토교통부장관에게 신고하여야 한다.

(6) 전용철도 운영의 개선명령(제39조)

국토교통부장관은 전용철도 운영의 건전한 발전을 위하여 필요하다고 인정하는 경우에는 전용철도운영자에게 다음 각 호의 사항을 명할 수 있다.

1. 사업장의 이전
2. 시설 또는 운영의 개선

(7) 등록의 취소 · 정지(제40조)

국토교통부장관은 전용철도운영자가 다음 각 호의 어느 하나에 해당하는 경우에는 그 등록을 취소하거나 1년 이내의 기간을 정하여 그 운영의 전부 또는 일부의 정지를 명할 수 있다. 다만, 제1호에 해당하는 경우에는 등록을 취소하여야 한다.

1. 거짓이나 그 밖의 부정한 방법으로 제34조에 따른 등록을 한 경우
2. 제34조 제2항에 따른 등록기준에 미달하거나 같은 조 제3항에 따른 부담을 이행하지 아니한 경우
3. 휴업신고나 폐업신고를 하지 아니하고 3개월 이상 전용철도를 운영하지 아니한 경우

(8) 준용규정(제41조)

전용철도에 관하여는 제16조 제3항과 제23조를 준용한다. 이 경우 "철도사업의 면허"는 "전용철도의 등록"으로, "철도사업자"는 "전용철도운영자"로, "철도사업"은 "전용철도의 운영"으로 본다.

06 국유철도시설의 활용 · 지원 등

1. 점용허가

(1) 점용허가(제42조)

① **점용허가** : 국토교통부장관은 국가가 소유·관리하는 철도시설에 **건물이나 그 밖의 시설물**("시설물")을 설치하려는 자에게 국유재산법 제18조에도 불구하고 대통령령으로 정하는 바에 따라 시설물의 종류 및 기간 등을 정하여 점용허가를 할 수 있다.

더 알아보기

영구시설물의 축조 금지(국유재산법 제18조)

① 국가 외의 자는 국유재산에 건물, 교량 등 구조물과 그 밖의 영구시설물을 축조하지 못한다. 다만, 다음 각 호의 어느 하나에 해당하는 경우에는 그러하지 아니하다.

1. 기부를 조건으로 축조하는 경우
2. 다른 법률에 따라 국가에 소유권이 귀속되는 공공시설을 축조하는 경우

2의2. 제50조 제2항에 따라 매각대금을 나누어 내고 있는 일반재산으로서 대통령령으로 정하는 경우

3. 지방자치단체나 지방공기업법에 따른 지방공기업("지방공기업")이 사회기반시설에 대한 민간투자법 제2조 제1호의 사회기반시설 중 주민생활을 위한 문화시설, 생활체육시설 등 기획재정부령으로 정하는 사회기반시설을 해당 국유재산 소관 중앙관서의 장과 협의를 거쳐 총괄청의 승인을 받아 축조하는 경우
4. 제59조의2에 따라 개발하는 경우
5. 법률 제4347호 지방교육자치에 관한 법률 시행 전에 설립한 초등학교·중학교·고등학교 및 특수학교에 총괄청 및 관련 중앙관서의 장과 협의를 거쳐 교육부장관의 승인을 받아 학교시설사업 촉진법 제2조 제1호에 따른 학교시설을 증축 또는 개축하는 경우
6. 그 밖에 국유재산의 사용 및 이용에 지장이 없고 국유재산의 활용가치를 높일 수 있는 경우로서 대부계약의 사용목적을 달성하기 위하여 중앙관서의 장 등이 필요하다고 인정하는 경우

② 제1항 단서에 따라 영구시설물의 축조를 허용하는 경우에는 대통령령으로 정하는 기준 및 절차에 따라 그 영구시설물의 철거 등 원상회복에 필요한 비용의 상당액에 대하여 이행을 보증하는 조치를 하게 하여야 한다.

② **점용허가의 기준** : 제1항에 따른 점용허가는 **철도사업자와 철도사업자가 출자·보조 또는 출연한 사업을 경영하는 자**에게만 하며, 시설물의 종류와 경영하려는 사업이 철도사업에 지장을 주지 아니하여야 한다.

(2) 점용허가의 취소(제42조의2)

① **점용허가의 취소** : 국토교통부장관은 제42조 제1항에 따른 점용허가를 받은 자가 다음 각 호의 어느 하나에 해당하면 그 점용허가를 취소할 수 있다.

1. 점용허가 목적과 다른 목적으로 철도시설을 점용한 경우
2. 제42조 제2항을 위반하여 시설물의 종류와 경영하는 사업이 철도사업에 지장을 주게 된 경우
3. 점용허가를 받은 날부터 1년 이내에 해당 점용허가의 목적이 된 공사에 착수하지 아니한 경우. 다만, 정당한 사유가 있는 경우에는 1년의 범위에서 공사의 착수기간을 연장할 수 있다.
4. 제44조에 따른 점용료를 납부하지 아니하는 경우
5. 점용허가를 받은 자가 스스로 점용허가의 취소를 신청하는 경우

② 제1항에 따른 점용허가 취소의 절차 및 방법은 **국토교통부령**으로 정한다.

(3) 시설물 설치의 대행(제43조)

국토교통부장관은 제42조에 따라 점용허가를 받은 자("점용허가를 받은 자")가 설치하려는 시설물의 전부 또는 일부가 철도시설 관리에 관계되는 경우에는 점용허가를 받은 자의 부담으로 그의 위탁을 받아 시설물을 직접 설치하거나 국가철도공단법에 따라 설립된 국가철도공단으로 하여금 설치하게 할 수 있다.

(4) 점용료(제44조)

① 점용료의 부과 : 국토교통부장관은 대통령령으로 정하는 바에 따라 점용허가를 받은 자에게 점용료를 부과한다.

② 점용료의 감면 : 제1항에도 불구하고 점용허가를 받은 자가 다음 각 호에 해당하는 경우에는 대통령령으로 정하는 바에 따라 점용료를 감면할 수 있다.

1. 국가에 무상으로 양도하거나 제공하기 위한 시설물을 설치하기 위하여 점용허가를 받은 경우
2. 제1호의 시설물을 설치하기 위한 경우로서 공사기간 중에 점용허가를 받거나 임시 시설물을 설치하기 위하여 점용허가를 받은 경우
3. 공공주택 특별법에 따른 공공주택을 건설하기 위하여 점용허가를 받은 경우
4. 재해, 그 밖의 특별한 사정으로 본래의 철도 점용 목적을 달성할 수 없는 경우
5. 국민경제에 중대한 영향을 미치는 공익사업으로서 대통령령으로 정하는 사업을 위하여 점용허가를 받은 경우

③ 점용료 징수 업무의 위탁 : 국토교통부장관이 철도산업발전기본법 제19조 제2항에 따라 철도시설의 건설 및 관리 등에 관한 업무의 일부를 국가철도공단법에 따른 국가철도공단으로 하여금 대행하게 한 경우 제1항에 따른 점용료 징수에 관한 업무를 위탁할 수 있다.

④ 국토교통부장관은 점용허가를 받은 자가 제1항에 따른 점용료를 내지 아니하면 국세 체납처분의 예에 따라 징수한다.

(5) 변상금의 징수(제44조의2)

국토교통부장관은 제42조 제1항에 따른 점용허가를 받지 아니하고 철도시설을 점용한 자에 대하여 제44조 제1항에 따른 점용료의 100분의 120에 해당하는 금액을 변상금으로 징수할 수 있다. 이 경우 변상금의 징수에 관하여는 제44조 제3항을 준용한다.

(6) 권리와 의무의 이전(제45조)

제42조에 따른 점용허가로 인하여 발생한 권리와 의무를 이전하려는 경우에는 대통령령으로 정하는 바에 따라 국토교통부장관의 인가를 받아야 한다.

(7) 원상회복의무(제46조)

① **원상회복의무** : 점용허가를 받은 자는 **점용허가기간이 만료**되거나 제42조의2 제1항에 따라 **점용허가가 취소**된 경우에는 **점용허가된 철도 재산을 원상(原狀)으로 회복**하여야 한다. 다만, 국토교통부장관은 원상으로 회복할 수 없거나 원상회복이 부적당하다고 인정하는 경우에는 원상회복의무를 면제할 수 있다.

② 국토교통부장관은 점용허가를 받은 자가 제1항 본문에 따른 원상회복을 하지 아니하는 경우에는 행정대집행법에 따라 시설물을 철거하거나 그 밖에 필요한 조치를 할 수 있다.

③ 국토교통부장관은 제1항 단서에 따라 **원상회복의무를 면제하는 경우**에는 해당 **철도 재산**에 **설치된 시설물 등의 무상 국가귀속**을 조건으로 할 수 있다.

(8) 국가귀속 시설물의 사용허가기간 등에 관한 특례(제46조의2)

① **사용허가의 기간** : 제46조 제3항에 따라 국가 귀속된 시설물을 국유재산법에 따라 사용허가하려는 경우 그 허가의 기간은 같은 법 제35조에도 불구하고 10년 **이내**로 한다.

② **사용허가의 갱신** : 제1항에 따른 허가기간이 끝난 시설물에 대해서는 10년을 **초과하지 아니하는** 범위에서 1회에 한하여 **종전의 사용허가를 갱신**할 수 있다.

③ 제1항에 따른 사용허가를 받은 자는 국유재산법 제30조 제2항에도 불구하고 그 사용허가의 용도나 목적에 위배되지 않는 범위에서 **국토교통부장관의 승인**을 받아 해당 시설물의 일부를 다른 사람에게 사용·수익하게 할 수 있다.

더 알아보기

사용허가(국유재산법 제30조)

① 중앙관서의 장은 다음 각 호의 범위에서만 행정재산의 사용허가를 할 수 있다.
1. 공용·공공용·기업용 재산 : 그 용도나 목적에 장애가 되지 아니하는 범위
2. 보존용 재산 : 보존목적의 수행에 필요한 범위

② 제1항에 따라 사용허가를 받은 자는 그 재산을 다른 사람에게 사용·수익하게 하여서는 아니 된다. 다만, 다음 각 호의 어느 하나에 해당하는 경우에는 중앙관서의 장의 승인을 받아 다른 사람에게 사용·수익하게 할 수 있다.
1. 기부를 받은 재산에 대하여 사용허가를 받은 자가 그 재산의 기부자이거나 그 상속인, 그 밖의 포괄승계인인 경우
2. 지방자치단체나 지방공기업이 행정재산에 대하여 제18조 제1항 제3호에 따른 사회기반시설로 사용·수익하기 위한 사용허가를 받은 후 이를 지방공기업 등 대통령령으로 정하는 기관으로 하여금 사용·수익하게 하는 경우

③ 중앙관서의 장은 제2항 단서에 따른 사용·수익이 그 용도나 목적에 장애가 되거나 원상회복이 어렵다고 인정되면 승인하여서는 아니 된다.

07 보칙

1. 보고 및 검사

(1) 보고 · 검사 등(제47조)

① 보고 및 서류의 제출 : 국토교통부장관은 필요하다고 인정하면 철도사업자와 전용철도운영자에게 해당 철도사업 또는 전용철도의 운영에 관한 사항이나 철도차량의 소유 또는 사용에 관한 사항에 대하여 보고나 서류 제출을 명할 수 있다.

② 공무원의 검사 : 국토교통부장관은 필요하다고 인정하면 소속 공무원으로 하여금 철도사업자 및 전용철도운영자의 장부, 서류, 시설 또는 그 밖의 물건을 검사하게 할 수 있다.

③ 공무원의 증표 : 제2항에 따라 검사를 하는 공무원은 그 권한을 표시하는 증표를 지니고 이를 관계인에게 보여 주어야 한다.

④ 제3항에 따른 증표에 관하여 필요한 사항은 국토교통부령으로 정한다.

(2) 정보 제공 요청(제47조의2)

① 국토교통부장관은 제10조의2에 따른 승차권 등 부정판매의 금지를 위하여 필요한 경우 관계 중앙행정기관의 장, 지방자치단체의 장, 공공기관의 운영에 관한 법률 제4조에 따른 공공기관의 장, 법인·단체의 장, 개인에게 승차권 등 부정판매의 금지 의무를 위반하였거나, 위반하였다고 의심할만한 상당한 이유가 있는 자에 대한 다음 각 호의 정보 제공을 요청할 수 있다.

1. 성명, 주민등록법 제7조의2 제1항에 따른 주민등록번호, 주소 및 전화번호(휴대전화번호를 포함한다) 등 인적사항
2. 승차권 구매이력

② 제1항에 따른 정보 제공 요청을 받은 자는 정당한 사유가 없으면 이에 따라야 한다.

2. 수수료 및 규제의 재검토

(1) 수수료(제48조)

철도사업법에 따른 면허·인가를 받으려는 자, 등록·신고를 하려는 자, 면허증·인가서·등록증·인증서 또는 허가서의 재발급을 신청하는 자는 국토교통부령으로 정하는 수수료를 내야 한다.

(2) 규제의 재검토(제48조의2)

국토교통부장관은 다음 각 호의 사항에 대하여 2014년 1월 1일을 기준으로 3년마다(매 3년이 되는 해의 기준일과 같은 날 전까지를 말한다) 그 타당성을 검토하여 개선 등의 조치를 하여야 한다.

1. 제9조에 따른 여객 운임·요금의 신고 등
2. 제10조 제1항 및 제2항에 따른 부가 운임의 상한
3. 제21조에 따른 사업의 개선명령
4. 제39조에 따른 전용철도 운영의 개선명령

08 벌칙

1. 벌칙

(1) 벌칙(제49조)

① 다음 각 호의 어느 하나에 해당하는 자는 2년 이하의 징역 또는 2천만 원 이하의 벌금에 처한다.

1. 제5조 제1항에 따른 면허를 받지 아니하고 철도사업을 경영한 자
2. 거짓이나 그 밖의 부정한 방법으로 제5조 제1항에 따른 철도사업의 면허를 받은 자

더 알아보기

면허 등(철도사업법 제5조 제1항)
철도사업을 경영하려는 자는 제4조 제1항에 따라 지정·고시된 사업용철도노선을 정하여 국토교통부장관의 면허를 받아야 한다. 이 경우 국토교통부장관은 철도의 공공성과 안전을 강화하고 이용자 편의를 증진시키기 위하여 국토교통부령으로 정하는 바에 따라 필요한 부담을 붙일 수 있다.

3. 제16조 제1항에 따른 사업정지처분기간 중에 철도사업을 경영한 자
4. 제16조 제1항에 따른 사업계획의 변경명령을 위반한 자

더 알아보기

면허취소 등(철도사업법 제16조 제1항)
국토교통부장관은 철도사업자가 다음 각 호의 어느 하나에 해당하는 경우에는 면허를 취소하거나, 6개월 이내의 기간을 정하여 사업의 전부 또는 일부의 정지를 명하거나, 노선 운행중지·운행제한·감차 등을 수반하는 사업계획의 변경을 명할 수 있다. 다만, 제4호 및 제7호의 경우에는 면허를 취소하여야 한다.

1. 면허받은 사항을 정당한 사유 없이 시행하지 아니한 경우
2. 사업 경영의 불확실 또는 자산상태의 현저한 불량이나 그 밖의 사유로 사업을 계속하는 것이 적합하지 아니할 경우
3. 고의 또는 중대한 과실에 의한 철도사고로 대통령령으로 정하는 다수의 사상자(死傷者)가 발생한 경우
4. 거짓이나 그 밖의 부정한 방법으로 제5조에 따른 철도사업의 면허를 받은 경우
5. 제5조 제1항 후단에 따라 면허에 붙인 부담을 위반한 경우
6. 제6조에 따른 철도사업의 면허기준에 미달하게 된 경우. 다만, 3개월 이내에 그 기준을 충족시킨 경우에는 예외로 한다.
7. 철도사업자의 임원 중 제7조 제1호 각 목의 어느 하나의 결격사유에 해당하게 된 사람이 있는 경우. 다만, 3개월 이내에 그 임원을 바꾸어 임명한 경우에는 예외로 한다.
8. 제8조를 위반하여 국토교통부장관이 지정한 날 또는 기간에 운송을 시작하지 아니한 경우
9. 제15조에 따른 휴업 또는 폐업의 허가를 받지 아니하거나 신고를 하지 아니하고 영업을 하지 아니한 경우
10. 제20조 제1항에 따른 준수사항을 1년 이내에 3회 이상 위반한 경우
11. 제21조에 따른 개선명령을 위반한 경우
12. 제23조에 따른 명의 대여 금지를 위반한 경우

5. 제23조(제41조에서 준용하는 경우를 포함한다)를 위반하여 타인에게 자기의 성명 또는 상호를 대여하여 철도사업을 경영하게 한 자

더 알아보기

명의 대여의 금지(철도사업법 제23조)
철도사업자는 타인에게 자기의 성명 또는 상호를 사용하여 철도사업을 경영하게 하여서는 아니 된다.

6. 제31조를 위반하여 철도사업자의 공동 활용에 관한 요청을 정당한 사유 없이 거부한 자

더 알아보기

철도시설의 공동 활용(철도사업법 제31조)
공공교통을 목적으로 하는 선로 및 다음 각 호의 공동 사용시설을 관리하는 자는 철도사업자가 그 시설의 공동 활용에 관한 요청을 하는 경우 협정을 체결하여 이용할 수 있게 하여야 한다.
1. 철도역 및 역시설(물류시설, 환승시설 및 편의시설 등을 포함한다)
2. 철도차량의 정비·검사·점검·보관 등 유지관리를 위한 시설
3. 사고의 복구 및 구조·피난을 위한 설비
4. 열차의 조성 또는 분리 등을 위한 시설
5. 철도 운영에 필요한 정보통신 설비

② 다음 각 호의 어느 하나에 해당하는 자는 **1년 이하의 징역** 또는 **1천만 원 이하의 벌금**에 처한다.
1. 제34조 제1항을 위반하여 등록을 하지 아니하고 전용철도를 운영한 자
2. 거짓이나 그 밖의 부정한 방법으로 제34조 제1항에 따른 전용철도의 등록을 한 자

더 알아보기

등록(철도사업법 제34조 제1항)
전용철도를 운영하려는 자는 국토교통부령으로 정하는 바에 따라 전용철도의 건설·운전·보안 및 운송에 관한 사항이 포함된 운영계획서를 첨부하여 국토교통부장관에게 등록을 하여야 한다. 등록사항을 변경하려는 경우에도 같다. 다만 대통령령으로 정하는 경미한 변경의 경우에는 예외로 한다.

③ 다음 각 호의 어느 하나에 해당하는 자는 **1천만 원 이하의 벌금**에 처한다.
1. 제13조를 위반하여 국토교통부장관의 인가를 받지 아니하고 공동운수협정을 체결하거나 변경한 자

더 알아보기

공동운수협정(철도사업법 제13조)
① 철도사업자는 다른 철도사업자와 공동경영에 관한 계약이나 그 밖의 운수에 관한 협정("공동운수협정")을 체결하거나 변경하려는 경우에는 국토교통부령으로 정하는 바에 따라 국토교통부장관의 인가를 받아야 한다. 다만, 국토교통부령으로 정하는 경미한 사항을 변경하려는 경우에는 국토교통부령으로 정하는 바에 따라 국토교통부장관에게 신고하여야 한다.
② 국토교통부장관은 제1항 본문에 따라 공동운수협정을 인가하려면 미리 공정거래위원회와 협의하여야 한다.
③ 국토교통부장관은 제1항 단서에 따른 신고를 받은 날부터 3일 이내에 신고수리 여부를 신고인에게 통지하여야 한다.

2. 삭제
3. 제28조 제3항을 위반하여 우수서비스마크 또는 이와 유사한 표지를 철도차량 등에 붙이거나 인증 사실을 홍보한 자

더 알아보기

> 우수 철도서비스 인증(철도사업법 제28조 제3항)
> 철도사업법 제28조 제1항에 따라 인증을 받은 자가 아니면 우수서비스마크 또는 이와 유사한 표지를 철도차량, 역시설 또는 철도 용품 등에 붙이거나 인증 사실을 홍보하여서는 아니 된다.

2. 양벌규정 및 과태료

(1) 양벌규정(제50조)

법인의 대표자나 법인 또는 개인의 대리인, 사용인, 그 밖의 종업원이 그 법인 또는 개인의 업무에 관하여 제49조의 위반행위를 하면 그 행위자를 벌하는 외에 그 법인 또는 개인에게도 해당 조문의 벌금형을 과(科)한다. 다만, 법인 또는 개인이 그 위반행위를 방지하기 위하여 해당 업무에 관하여 상당한 주의와 감독을 게을리 하지 아니한 경우에는 그러하지 아니하다.

PART 4

(2) 과태료(제51조)

① 다음 각 호의 어느 하나에 해당하는 자에게는 **1천만 원 이하의 과태료**를 부과한다.
1. 제9조 제1항에 따른 여객 운임・요금의 신고를 하지 아니한 자

더 알아보기

> 여객 운임・요금의 신고 등(철도사업법 제9조 제1항)
> 철도사업자는 여객에 대한 운임(여객운송에 대한 직접적인 대가를 말하며, 여객운송과 관련된 설비・용역에 대한 대가는 제외한다. 이하 같다)・요금("여객 운임・요금")을 국토교통부장관에게 신고하여야 한다. 이를 변경하려는 경우에도 같다.

2. 제11조 제1항에 따른 철도사업약관을 신고하지 아니하거나 신고한 철도사업약관을 이행하지 아니한 자

더 알아보기

> 철도사업약관(철도사업법 제11조 제1항)
> 철도사업자는 철도사업약관을 정하여 국토교통부장관에게 신고하여야 한다. 이를 변경하려는 경우에도 같다.

3. 제12조에 따른 인가를 받지 아니하거나 신고를 하지 아니하고 사업계획을 변경한 자

더 알아보기

사업계획의 변경(철도사업법 제12조)

① 철도사업자는 사업계획을 변경하려는 경우에는 국토교통부장관에게 신고하여야 한다. 다만, 대통령령으로 정하는 중요 사항을 변경하려는 경우에는 국토교통부장관의 인가를 받아야 한다.

② 국토교통부장관은 철도사업자가 다음 각 호의 어느 하나에 해당하는 경우에는 제1항에 따른 사업계획의 변경을 제한할 수 있다.

1. 제8조에 따라 국토교통부장관이 지정한 날 또는 기간에 운송을 시작하지 아니한 경우
2. 제16조에 따라 노선 운행중지, 운행제한, 감차(減車) 등을 수반하는 사업계획 변경명령을 받은 후 1년이 지나지 아니한 경우
3. 제21조에 따른 개선명령을 받고 이행하지 아니한 경우
4. 철도사고(철도안전법 제2조 제11호에 따른 철도사고를 말한다. 이하 같다)의 규모 또는 발생 빈도가 대통령령으로 정하는 기준 이상인 경우

③ 제1항과 제2항에 따른 사업계획 변경의 절차·기준과 그 밖에 필요한 사항은 국토교통부령으로 정한다.

④ 국토교통부장관은 제1항 본문에 따른 신고를 받은 날부터 3일 이내에 신고수리 여부를 신고인에게 통지하여야 한다.

4. 제10조의2를 위반하여 상습 또는 영업으로 승차권 또는 이에 준하는 증서를 자신이 구입한 가격을 초과한 금액으로 다른 사람에게 판매하거나 이를 알선한 자

더 알아보기

승차권 등 부정판매의 금지(철도사업법 제10조의2)

철도사업자 또는 철도사업자로부터 승차권 판매위탁을 받은 자가 아닌 자는 철도사업자가 발행한 승차권 또는 할인권·교환권 등 승차권에 준하는 증서를 상습 또는 영업으로 자신이 구입한 가격을 초과한 금액으로 다른 사람에게 판매하거나 이를 알선하여서는 아니 된다.

② 다음 각 호의 어느 하나에 해당하는 자에게는 500만 원 이하의 과태료를 부과한다.

1. 제18조에 따른 사업용철도차량의 표시를 하지 아니한 철도사업자

더 알아보기

철도차량 표시(철도사업법 제18조)

철도사업자는 철도사업에 사용되는 철도차량에 철도사업자의 명칭과 그 밖에 국토교통부령으로 정하는 사항을 표시하여야 한다.

2. 삭제
3. 제32조 제1항 또는 제2항을 위반하여 회계를 구분하여 경리하지 아니한 자

더 알아보기

회계의 구분(철도사업법 제32조)

① 철도사업자는 철도사업 외의 사업을 경영하는 경우에는 철도사업에 관한 회계와 철도사업 외의 사업에 관한 회계를 구분하여 경리하여야 한다.

② 철도사업자는 철도운영의 효율화와 회계처리의 투명성을 제고하기 위하여 국트교통부령으로 정하는 바에 따라 철도사업의 종류별·노선별로 회계를 구분하여 경리하여야 한다.

4. 정당한 사유 없이 제47조 제1항에 따른 명령을 이행하지 아니하거나 제47조 제2항에 따른 검사를 거부·방해 또는 기피한 자

더 알아보기

보고·검사 등(철도사업법 제47조)

① 국토교통부장관은 필요하다고 인정하면 철도사업자와 전용철도운영자에게 해당 철도사업 또는 전용철도의 운영에 관한 사항이나 철도차량의 소유 또는 사용에 관한 사항에 대하여 보고나 서류 제출을 명할 수 있다.
② 국토교통부장관은 필요하다고 인정하면 소속 공무원으로 하여금 철도사업자 및 전용철도운영자의 장부, 서류, 시설 또는 그 밖의 물건을 검사하게 할 수 있다.
③ 제2항에 따라 검사를 하는 공무원은 그 권한을 표시하는 증표를 지니고 이를 관계인에게 보여 주어야 한다.
④ 제3항에 따른 증표에 관하여 필요한 사항은 국토교통부령으로 정한다.

③ 다음 각 호의 어느 하나에 해당하는 자에게는 **100만 원 이하의 과태료**를 부과한다.

1. 제20조 제2항부터 제4항까지에 따른 준수사항을 위반한 자

더 알아보기

철도사업자의 준수사항(철도사업법 제20조)

① 철도사업자는 철도안전법 제21조에 따른 요건을 갖추지 아니한 사람을 운전업무에 종사하게 하여서는 아니 된다.
② 철도사업자는 사업계획을 성실하게 이행하여야 하며, 부당한 운송 조건을 제시하거나 정당한 사유 없이 운송계약의 체결을 거부하는 등 철도운송 질서를 해치는 행위를 하여서는 아니 된다.
③ 철도사업자는 여객 운임표, 여객 요금표, 감면 사항 및 철도사업약관을 인터넷 홈페이지에 게시하고 관계 역·영업소 및 사업소 등에 갖추어 두어야 하며, 이용자가 요구하는 경우에는 제시하여야 한다.
④ 제1항부터 제3항까지에 따른 준수사항 외에 운송의 안전과 여객 및 화주(貨主)의 편의를 위하여 철도사업자가 준수하여야 할 사항은 국토교통부령으로 정한다.

2. 삭제

④ 제22조를 위반한 철도운수종사자 및 그가 소속된 철도사업자에게는 **50만 원 이하의 과태료**를 부과한다.

더 알아보기

철도운수종사자의 준수사항(철도사업법 제22조)

철도사업에 종사하는 철도운수종사자는 다음 각 호의 어느 하나에 해당하는 행위를 하여서는 아니 된다.
1. 정당한 사유 없이 여객 또는 화물의 운송을 거부하거나 여객 또는 화물을 중도에서 내리게 하는 행위
2. 부당한 운임 또는 요금을 요구하거나 받는 행위
3. 그 밖에 안전운행과 여객 및 화주의 편의를 위하여 철도운수종사자가 준수하여야 할 사항으로서 국토교통부령으로 정하는 사항을 위반하는 행위

⑤ 제1항부터 제4항까지의 규정에 따른 과태료는 **대통령령**으로 정하는 바에 따라 **국토교통부장관**이 부과·**징수**한다.

PART 4

CHAPTER

06 철도사업법 시행령

※ 수록 기준 : 법제처 대통령령 제33795호(시행 2024.1.1.)

1. 목적 및 관계 법령

(1) 목적(제1조)

이 영은 철도사업법에서 위임된 사항과 그 시행에 관하여 필요한 사항을 규정함을 목적으로 한다.

(2) 철도 관계 법령(제2조)

철도사업법("법") 제7조 제1호 다목 및 라목에서 "대통령령으로 정하는 철도 관계 법령"이란 각각 다음 각 호의 법령을 말한다.

1. 철도산업발전기본법
2. 철도안전법
3. 도시철도법
4. 국가철도공단법
5. 한국철도공사법

2. 운임 · 요금

(1) 여객 운임 · 요금의 신고(제3조)

① **서류의 제출** : 철도사업자는 법 제9조 제1항에 따라 **여객에 대한 운임 · 요금("여객 운임 · 요금")**의 신고 또는 변경신고를 하려는 경우에는 국토교통부령으로 정하는 **여객 운임 · 요금신고서** 또는 **변경신고서**에 다음 각 호의 서류를 첨부하여 **국토교통부장관**에게 **제출**하여야 한다.

1. 여객 운임 · 요금표
2. 여객 운임 · 요금 신 · 구대비표 및 변경사유를 기재한 서류(여객 운임 · 요금을 변경하는 경우에 한정한다)

② **협의** : 철도사업자는 사업용철도를 도시철도법에 의한 도시철도운영자가 운영하는 도시철도와 연결하여 운행하려는 때에는 법 제9조 제1항에 따라 여객 운임 · 요금의 신고 또는 변경신고를 하기 전에 여객 운임 · 요금 및 그 변경시기에 관하여 **미리 당해 도시철도운영자**와 **협의**하여야 한다.

(2) 여객 운임의 상한지정 등(제4조)

① **상한지정기준 및 공표 방법** : 국토교통부장관은 법 제9조 제2항 후단에 따라 **여객에 대한 운임("여객 운임")**의 상한을 지정하는 때에는 **물가상승률**, **원가수준**, **다른 교통수단과의 형평성**, 법 제4조 제2항에 따른 **사업용철도노선("사업용철도노선")**의 **분류**와 법 제4조의2에 따른 **철도차량의 유형** 등을 고려하여야 하며, 여객 운임의 상한을 지정한 경우에는 이를 **관보**에 **고시**하여야 한다.

② **의견** : 국토교통부장관은 제1항에 따라 여객 운임의 상한을 지정하기 위하여 철도산업발전기본법 제6조에 따른 **철도산업위원회** 또는 **철도나 교통 관련 전문기관 및 전문가의 의견**을 들을 수 있다.
③ 삭제
④ 삭제
⑤ **서류의 제출** : 국토교통부장관이 여객 운임의 상한을 지정하려는 때에는 철도사업자로 하여금 **원가계산 그 밖에 여객 운임의 산출기초를 기재한 서류**를 제출하게 할 수 있다.
⑥ 국토교통부장관은 사업용철도노선과 도시철도법에 의한 도시철도가 연결되어 운행되는 구간에 대하여 제1항에 따른 여객 운임의 상한을 지정하는 경우에는 도시철도법 제31조 제1항에 따라 **특별시장 · 광역시장 · 특별자치시장 · 도지사** 또는 **특별자치도지사**가 정하는 **도시철도 운임의 범위**와 조화를 이루도록 하여야 한다.

더 알아보기

운임의 신고 등(도시철도법 제31조)
① 도시철도운송사업자는 도시철도의 운임을 정하거나 변경하는 경우에는 원가(原價)와 버스 등 다른 교통수단 운임과의 형평성 등을 고려하여 시 · 도지사가 정한 범위에서 운임을 정하여 시 · 도지사에게 신고하여야 하며, 신고를 받은 시 · 도지사는 그 내용을 검토하여 이 법에 적합하면 신고를 받은 날부터 국토교통부령으로 정하는 기간 이내에 신고를 수리하여야 한다.
② 도시철도운영자는 도시철도의 운임을 정하거나 변경하는 경우 그 사항을 시행 1주일 이전에 예고하는 등 도시철도 이용자에게 불편이 없도록 필요한 조치를 하여야 한다.

3. 철도사업

(1) 사업계획의 중요한 사항의 변경(제5조)

법 제12조 제1항 단서에서 "대통령령으로 정하는 중요 사항을 변경하려는 경우"란 다음 각 호의 어느 하나에 해당하는 경우를 말한다.
1. 철도이용수요가 적어 수지균형의 확보가 극히 곤란한 벽지 노선으로서 철도산업발전기본법 제33조 제1항에 따라 공익서비스비용의 보상에 관한 계약이 체결된 노선의 **철도운송서비스**(철도여객운송서비스 또는 철도화물운송서비스를 말한다)의 **종류를 변경**하거나 **다른 종류의 철도운송서비스를 추가**하는 경우
2. 운행구간의 변경(여객열차의 경우에 한한다)
3. 사업용철도노선별로 여객열차의 **정차역**을 **신설** 또는 **폐지**하거나 **10분의 2 이상 변경**하는 경우
4. 사업용철도노선별로 **10분의 1 이상의 운행횟수의 변경**(여객열차의 경우에 한한다). 다만, 공휴일 · 방학기간 등 수송수요와 열차운행계획상의 수송력과 현저한 차이가 있는 경우로서 **3월 이내의 기간** 동안 운행횟수를 변경하는 경우를 제외한다.

(2) 사업계획의 변경을 제한할 수 있는 철도사고의 기준(제6조)

법 제12조 제2항 제4호에서 "대통령령으로 정하는 기준"이란 사업계획의 변경을 신청한 날이 포함된 연도의 직전 연도의 열차운행거리 **100만 km당** 철도사고(철도사업자 또는 그 소속 종사자의 고의 또는 과실에 의한 철도사고를 말한다. 이하 같다)로 인한 사망자 수 또는 철도사고의 발생횟수가 최근(직전연도를 제외한다) **5년간 평균**보다 **10분의 2 이상 증가**한 경우를 말한다.

(3) 사업의 휴업·폐업 내용의 게시(제7조)

철도사업자는 법 제15조 제1항에 따라 철도사업의 휴업 또는 폐업의 허가를 받은 때에는 그 허가를 받은 날부터 7일 이내에 법 제15조 제4항에 따라 다음 각 호의 사항을 철도사업자의 인터넷 홈페이지, 관계 역·영업소 및 사업소 등 일반인이 잘 볼 수 있는 곳에 게시하여야 한다. 다만, 법 제15조 제1항 단서에 따라 휴업을 신고하는 경우에는 해당 사유가 발생한 때에 즉시 다음 각 호의 사항을 게시하여야 한다.

1. 휴업 또는 폐업하는 철도사업의 내용 및 그 사유
2. 휴업의 경우 그 기간
3. 대체교통수단 안내
4. 그 밖에 휴업 또는 폐업과 관련하여 철도사업자가 공중에게 알려야 할 필요성이 있다고 인정하는 사항이 있는 경우 그에 관한 사항

4. 면허취소 및 과징금

(1) 면허취소 또는 사업정지 등의 처분대상이 되는 사상자 수(제8조)

법 제16조 제1항 제3호에서 "대통령령으로 정하는 다수의 사상자(死傷者)가 발생한 경우"란 1회 철도사고로 사망자 5명 이상이 발생하게 된 경우를 말한다.

(2) 철도사업자에 대한 과징금의 부과기준(제9조)

법 제17조 제1항에 따라 사업정지처분에 갈음하여 과징금을 부과하는 위반행위의 종류와 정도에 따른 과징금의 금액은 별표 1과 같다.

1. 일반기준
   가. 국토교통부장관은 철도사업자의 사업규모, 사업지역의 특수성, 철도사업자 또는 그 종사자의 과실의 정도와 위반행위의 내용 및 횟수 등을 고려하여 제2호에 따른 과징금 금액의 2분의 1 범위에서 그 금액을 줄이거나 늘릴 수 있다.
   나. 가목에 따라 과징금을 늘리는 경우 과징금 금액의 총액은 법 제17조 제1항에 따른 과징금 금액의 상한을 넘을 수 없다.

2. 개별기준

(단위 : 만 원)

위반행위	근거 법조문	과징금 금액
가. 면허를 받은 사항을 정당한 사유 없이 시행하지 않은 경우	법 제16조 제1항 제1호	300
나. 사업경영의 불확실 또는 자산상태의 현저한 불량이나 그 밖의 사유로 사업을 계속하는 것이 적합하지 않은 경우	법 제16조 제1항 제2호	500
다. 철도사업자 또는 그 소속 종사자의 고의 또는 중대한 과실에 의하여 다음 각 목의 사고가 발생한 경우	법 제16조 제1항 제3호	
1) 1회의 철도사고로 인한 사망자가 40명 이상인 경우		5,000
2) 1회의 철도사고로 인한 사망자가 20명 이상 40명 미만인 경우		2,000
3) 1회의 철도사고로 인한 사망자가 10명 이상 20명 미만인 경우		1,000
4) 1회의 철도사고로 인한 사망자가 5명 이상 10명 미만인 경우		500
라. 법 제5조 제1항 후단에 따라 면허에 붙인 부담을 위반한 경우	법 제16조 제1항 제5호	1,000
마. 법 제6조에 따른 철도사업의 면허기준에 미달하게 된 때부터 3개월이 경과된 후에도 그 기준을 충족시키지 않은 경우	법 제16조 제1항 제6호	1,000
바. 법 제8조를 위반하여 국토교통부장관이 지정한 날 또는 기간에 운송을 시작하지 않은 경우	법 제16조 제1항 제8호	300
사. 법 제15조에 따른 휴업 또는 폐업의 허가를 받지 않거나 신고를 하지 않고 영업을 하지 않은 경우	법 제16조 제1항 제9호	300
아. 법 제20조 제1항에 따른 준수사항을 1년 이내에 3회 이상 위반한 경우	법 제16조 제1항 제10호	500
자. 법 제21조에 따른 개선명령을 위반한 경우	법 제16조 제1항 제11호	300
차. 법 제23조에 따른 명의대여 금지를 위반한 경우	법 제16조 제1항 제12호	300

(3) 과징금의 부과 및 납부(제10조)

① **통지** : 국토교통부장관은 법 제17조 제1항의 규정에 의하여 과징금을 부과하고자 하는 때에는 그 위반행위의 종별과 해당 **과징금의 금액** 등을 명시하여 이를 납부할 것을 **서면으로 통지**하여야 한다.

② **납부기한** : 제1항에 따른 통지를 받은 자는 **20일 이내**에 과징금을 **국토교통부장관이 지정한 수납기관**에 납부해야 한다.

③ **영수증** : 제2항의 규정에 의하여 과징금의 납부를 받은 수납기관은 납부자에게 **영수증을 교부**하여야 한다.

④ **과징금 수납의 통보** : 과징금의 수납기관은 제2항의 규정에 의하여 과징금을 수납한 때에는 지체 없이 그 사실을 **국토교통부장관**에게 **통보**하여야 한다.

(4) 민자철도사업자에 대한 과징금의 부과기준(제10조의2)

법 제25조의2 제1항에 따라 과징금을 부과하는 위반행위의 종류와 위반 정도 등에 따른 과징금의 금액 등 부과기준은 별표 1의2와 같다.

1. 일반기준

가. 하나의 행위가 둘 이상의 위반행위에 해당하는 경우에는 그중 무거운 과징금의 부과기준에 따른다.

나. 부과권자는 다음의 어느 하나에 해당하는 경우에는 제2호의 개별기준에 따른 과징금의 2분의 1 범위에서 그 금액을 줄여 부과할 수 있다. 다만, 과징금을 체납하고 있는 위반행위자에 대해서는 그렇지 않다.

1) 위반행위가 사소한 부주의나 오류로 인한 것으로 인정되는 경우

2) 위반행위자가 위반행위를 바로 정정하거나 시정하여 법 위반상태를 해소한 경우

3) 그 밖에 위반행위의 내용·정도, 위반행위 동기와 그 결과 등을 고려하여 과징금 금액을 줄일 필요가 있다고 인정되는 경우

다. 부과권자는 다음의 어느 하나에 해당하는 경우에는 제2호의 개별기준에 따른 과징금의 2분의 1 범위에서 그 금액을 늘려 부과할 수 있다. 다만, 늘려 부과하는 경우에도 법 제25조의2 제1항에 따른 과징금의 상한을 넘을 수 없다.

1) 위반의 내용·정도가 중대하여 이용자 등에게 미치는 피해가 크다고 인정되는 경우

2) 법 위반상태의 기간이 6개월 이상인 경우

3) 그 밖에 위반행위의 정도, 위반행위 동기와 그 결과 등을 고려하여 과징금 금액을 늘릴 필요가 있다고 인정되는 경우

2. 개별기준

(단위 : 만 원)

위반행위	근거 법조문	과징금 금액
가. 법 제25조 제2항을 위반하여 민자철도의 유지·관리 및 운영에 관한 기준을 준수하지 않은 경우	법 제25조의2 제1항 제1호	
1) 철도의 일부 또는 전체의 기능을 상실한 경우		
가) 철도의 일부 또는 전체의 기능을 상실한 기간이 1일 이상 7일 미만인 경우		2,000
나) 철도의 일부 또는 전체의 기능을 상실한 기간이 7일 이상 15일 미만인 경우		4,000
다) 철도의 일부 또는 전체의 기능을 상실한 기간이 15일 이상인 경우		10,000
2) 해당 철도에서 사고가 발생했거나 운행에 위험을 초래하는 결과가 발생한 경우		1,000
나. 법 제25조 제5항을 위반하여 명령을 이행하지 않거나 그 결과를 보고하지 않은 경우	법 제25조의2 제1항 제2호	1,000

(5) 과징금의 부과 및 납부(제10조의3)

법 제25조 제1항에 따른 민자철도사업자("민자철도사업자")에 대한 과징금의 부과 및 납부에 관하여는 제10조를 준용한다. 이 경우 "법 제17조 제1항"은 "법 제25조의2 제1항"으로 본다.

(6) 사정변경 등에 따른 실시협약의 변경 요구 등(제10조의4)

① 법 제25조의3 제1항 제1호 본문에서 "대통령령으로 정하는 기준"이란 사회기반시설에 대한 민간투자법 제7조에 따른 민간투자사업기본계획에 따라 **민자철도사업자가 유지해야 하는 자기자본의 비율**을 말한다.

더 알아보기

> **민간투자사업기본계획의 수립·공고 등(사회기반시설에 대한 민간투자법 제7조)**
> ① 정부는 국토의 균형개발과 산업의 경쟁력 강화 및 국민생활의 편익 증진을 도모할 수 있도록 사회기반시설에 대한 민간투자사업기본계획을 수립하고, 이를 공고(인터넷에 게재하는 방식에 의하는 경우를 포함한다)하여야 한다. 공고한 사항이 변경된 경우에도 또한 같다.
> ② 제1항의 민간투자사업기본계획은 사회기반시설과 관련된 중기·장기계획 및 국가투자사업의 우선순위에 부합되도록 하여야 하며, 민간의 창의와 효율이 발휘될 수 있는 여건을 조성하면서 공공성이 유지되도록 노력하여야 한다.
> ③ 민간투자사업기본계획의 수립·변경 및 확정 절차에 관하여 필요한 사항은 대통령령으로 정한다.

② 법 제25조의3 제1항 제2호에서 "대통령령으로 정하는 기준을 초과한 이자율"이란 다음 각 호의 이자율 중 **가장 낮은 이자율을 초과한 이자율**을 말한다.

1. 대부업 등의 등록 및 금융이용자 보호에 관한 법률 시행령 제5조 제2항에 따른 이자율
2. 이자제한법 제2조 제1항의 최고이자율에 관한 규정에 따른 최고이자율
3. 민자철도사업자가 자금을 차입하는 때의 최고이자율에 관하여 국토교통부장관과 합의가 있는 경우에는 그 이자율

더 알아보기

> **이자율의 제한(대부업 등의 등록 및 금융이용자 보호에 관한 법률 시행령 제5조 제2항)**
> 법 제8조 제1항에서 "대통령령으로 정하는 율"이란 연 100분의 20을 말한다.
>
> **이자의 최고한도(이자제한법 제2조 제1항)**
> 금전대차에 관한 계약상의 최고이자율은 연 25퍼센트를 초과하지 아니하는 범위 안에서 대통령령으로 정한다.

③ 법 제25조의3 제1항 제3호에서 "대통령령으로 정하는 경우"란 사회기반시설에 대한 민간투자법 제2조 제7호에 따른 **실시협약("실시협약")**의 체결 이후 다음 각 호의 경우로 인하여 연간 실제 교통량이 실시협약에서 정한 교통량의 **100분의 30 이상 변경**된 경우를 말한다.

1. 해당 민자철도의 실시협약 체결 당시 예상되지 않았던 다른 철도가 연결되는 경우
2. 해당 민자철도의 운영 여건 변화로 이용자의 안전 및 편의 등 민자철도의 기능에 심각한 지장이 초래된 경우
3. 해당 민자철도가 국가통합교통체계효율화법 시행령 제36조 제1항에 따른 연계교통체계 영향권의 설정 범위에 포함된 경우
4. 관련 법령이 개정되거나 민자철도에 관한 정책이 변경된 경우
5. 그 밖에 제1호부터 제4호까지에 준하는 사유로 교통 여건이 현저히 변화된 경우

더 알아보기

연계교통체계 영향권의 설정 범위(국가통합교통체계효율화법 시행령 제36조 제1항)
법 제40조 제1항에 따른 연계교통체계 영향권의 설정 범위는 다음 각 호와 같다. 다만, 관계 행정기관의 장은 개발사업의 성격 또는 개발사업 시행지역의 여건 등을 고려하여 필요한 경우에는 연계교통체계 영향권을 10km 이내의 범위에서 조정할 수 있다.
1. 항만법 제2조 제1호에 따른 항만 : 같은 법 제2조 제4호에 따른 항만구역으로부터 40km 이내의 권역
2. 공항시설법 제2조 제3호에 따른 공항 : 같은 법 제2조 제4호에 따른 공항구역으로부터 40km 이내의 권역
3. 물류시설의 개발 및 운영에 관한 법률 제2조 제2호에 따른 물류터미널 중 복합물류터미널 : 해당 시설로부터 40km 이내의 권역
4. 물류시설의 개발 및 운영에 관한 법률 제2조 제6호에 따른 물류단지 : 해당 단지로부터 40km 이내의 권역
5. 산업입지 및 개발에 관한 법률 제2조 제8호에 따른 산업단지 : 해당 단지로부터 40km 이내의 권역
6. 제32조 제1항 각 호의 어느 하나에 해당하는 대규모 개발사업 : 해당 사업지로부터 30km 이내의 권역

5. 철도서비스

(1) 평가결과의 공표(제11조)

① **품질평가결과의 공표 내용** : 국토교통부장관이 법 제27조의 규정에 의하여 철도서비스의 품질평가결과를 공표하는 경우에는 다음 각 호의 사항을 포함하여야 한다.
1. 평가지표별 평가결과
2. 철도서비스의 품질 향상도
3. 철도사업자별 평가순위
4. 그 밖에 철도서비스에 대한 품질평가결과 국토교통부장관이 공표가 필요하다고 인정하는 사항

② 국토교통부장관은 철도서비스의 품질평가결과가 우수한 철도사업자 및 그 소속 종사자에게 **예산의 범위** 안에서 **포상 등 지원시책**을 시행할 수 있다.

(2) 전용철도 등록사항의 경미한 변경 등(제12조)

① 법 제34조 제1항 단서에서 "대통령령으로 정하는 경미한 변경의 경우"란 다음 각 호의 어느 하나에 해당하는 경우를 말한다.
1. 운행시간을 연장 또는 단축한 경우
2. 배차간격 또는 운행횟수를 단축 또는 연장한 경우
3. **10분의 1의 범위** 안에서 철도차량 대수를 변경한 경우
4. 주사무소 · 철도차량기지를 제외한 운송관련 부대시설을 변경한 경우
5. 임원을 변경한 경우(법인에 한한다)
6. **6월의 범위** 안에서 전용철도 건설기간을 조정한 경우

② 전용철도운영자는 법 제38조에 따라 전용철도 운영의 전부 또는 일부를 **휴업 또는 폐업**하는 경우 다음 각 호의 조치를 하여야 한다.
1. 휴업 또는 폐업으로 인하여 철도운행 및 철도운행의 안전에 지장을 초래하지 아니하도록 하는 조치
2. 휴업 또는 폐업으로 인하여 자연재해 · 환경오염 등이 가중되지 아니하도록 하는 조치

6. 점용허가

(1) 점용허가의 신청 및 점용허가기간(제13조)

① **서류의 제출** : 법 제42조 제1항의 규정에 의하여 국가가 소유・관리하는 철도시설의 점용허가를 받고자 하는 자는 **국토교통부령이 정하는 점용허가신청서**에 다음 각 호의 서류를 첨부하여 **국토교통부장관**에게 **제출**하여야 한다. 이 경우 국토교통부장관은 전자정부법 제36조 제1항에 따른 행정정보의 공동이용을 통하여 법인 등기사항증명서(법인인 경우로 한정한다)를 확인하여야 한다.

1. 사업개요에 관한 서류
2. 시설물의 건설계획 및 사용계획에 관한 서류
3. 자금조달계획에 관한 서류
4. 수지전망에 관한 서류
5. 법인의 경우 정관
6. 설치하고자 하는 시설물의 설계도서(시방서・위치도・평면도 및 주단면도를 말한다)
7. 그 밖에 참고사항을 기재한 서류

더 알아보기

행정정보의 효율적 관리 및 이용(전자정부법 제36조 제1항)
행정기관 등의 장은 수집・보유하고 있는 행정정보를 필요로 하는 다른 행정기관 등과 공동으로 이용하여야 하며, 다른 행정기관 등으로부터 신뢰할 수 있는 행정정보를 제공받을 수 있는 경우에는 같은 내용의 정보를 따로 수집하여서는 아니 된다.

② **점용허가의 기간** : 국토교통부장관은 법 제42조 제1항의 규정에 의하여 국가가 소유・관리하는 철도시설에 대한 점용허가를 하고자 하는 때에는 다음 각 호의 기간을 초과하여서는 아니 된다. 다만, 건물 그 밖의 시설물을 설치하는 경우 그 공사에 소요되는 기간은 이를 산입하지 아니한다.

1. **철골조・철근콘크리트조・석조 또는 이와 유사한 견고한 건물**의 축조를 목적으로 하는 경우 : 50년
2. **제1호 외의 건물**의 축조를 목적으로 하는 경우 : 15년
3. **건물 외의 공작물**의 축조를 목적으로 하는 경우 : 5년

(2) 점용료(제14조)

① **점용료의 기준** : 법 제44조 제1항의 규정에 의한 점용료는 점용허가를 할 **철도시설의 가액**과 **점용허가를 받아 행하는 사업의 매출액을 기준**으로 하여 산출하되, 구체적인 점용료 산정기준에 대하여는 **국토교통부장관**이 정한다.

② **가액의 산출 및 적용** : 제1항의 규정에 의한 철도시설의 가액은 국유재산법 시행령 제42조를 준용하여 산출하되, 당해 철도시설의 가액은 산출 후 **3년 이내**에 한하여 적용한다.

③ **점용료의 감면** : 법 제44조 제2항에 따른 점용료의 감면은 다음 각 호의 구분에 따른다.

1. 법 제44조 제2항 제1호 및 제2호에 해당하는 경우 : 전체 시설물 중 **국가에 무상으로 양도하거나 제공하기 위한 시설물의 비율**에 해당하는 점용료를 감면
2. 법 제44조 제2항 제3호에 해당하는 경우 : 해당 철도시설의 부지에 대하여 **국토교통부령**으로 정하는 기준에 따른 점용료를 감면

3. 법 제44조 제2항 제4호에 해당하는 경우 : 다음 각 목의 구분에 따른 점용료를 감면
가. 점용허가를 받은 시설의 전부를 사용하지 못한 경우 : 해당 기간의 점용료 전액을 감면
나. 점용허가를 받은 시설의 일부를 사용하지 못한 경우 : 전체 점용허가 면적에서 사용하지 못한 시설의 면적 비율에 따라 해당 기간 동안의 점용료를 감면

④ 납부기한 : 점용료는 매년 1월 말까지 당해 연도 해당분을 선납하여야 한다. 다만, 국토교통부장관은 부득이한 사유로 선납이 곤란하다고 인정하는 경우에는 그 납부기한을 따로 정할 수 있다.

(3) 권리와 의무의 이전(제15조)

① 서류의 제출 : 법 제42조의 규정에 의하여 점용허가를 받은 자가 법 제45조의 규정에 의하여 그 권리와 의무의 이전에 대하여 인가를 받고자 하는 때에는 국토교통부령이 정하는 신청서에 다음 각 호의 서류를 첨부하여 권리와 의무를 이전하고자 하는 날 3월 전까지 국토교통부장관에게 제출하여야 한다.
1. 이전계약서 사본
2. 이전가격의 명세서

② 점용허가기간 : 법 제45조의 규정에 의하여 국토교통부장관의 인가를 받아 철도시설의 점용허가로 인하여 발생한 권리와 의무를 이전한 경우 당해 권리와 의무를 이전받은 자의 점용허가기간은 권리와 의무를 이전한 자가 받은 점용허가기간의 잔여기간으로 한다.

(4) 원상회복의무(제16조)

① 원상회복기간 : 법 제42조 제1항의 규정에 의하여 철도시설의 점용허가를 받은 자는 점용허가기간이 만료되거나 점용을 폐지한 날부터 3월 이내에 점용허가받은 철도시설을 원상으로 회복하여야 한다. 다만, 국토교통부장관은 불가피하다고 인정하는 경우에는 원상회복 기간을 연장할 수 있다.

② 서류의 제출 : 점용허가를 받은 자가 그 점용허가기간의 만료 또는 점용의 폐지에도 불구하고 법 제46조 제1항 단서의 규정에 의하여 당해 철도시설의 전부 또는 일부에 대한 원상회복의무를 면제받고자 하는 경우에는 그 점용허가기간의 만료일 또는 점용폐지일 3월 전까지 그 사유를 기재한 신청서를 국토교통부장관에게 제출하여야 한다.

③ 원상회복 면제의 통보 : 국토교통부장관은 제2항의 규정에 의한 점용허가를 받은 자의 면제신청을 받은 경우 또는 직권으로 철도시설의 일부 또는 전부에 대한 원상회복의무를 면제하고자 하는 경우에는 원상회복의무를 면제하는 부분을 명시하여 점용허가를 받은 자에게 점용허가기간의 만료일 또는 점용 폐지일까지 서면으로 통보하여야 한다.

(5) 민감정보 및 고유식별정보의 처리(제16조의2)

국토교통부장관은 다음 각 호의 사무를 수행하기 위하여 불가피한 경우 개인정보 보호법 시행령 제18조 제2호에 따른 범죄경력자료에 해당하는 정보나 같은 영 제19조 제1호, 제2호 또는 제4호에 따른 주민등록번호, 여권번호 또는 외국인등록번호가 포함된 자료를 처리할 수 있다.
1. 법 제5조에 따른 면허에 관한 사무
2. 법 제14조에 따른 사업의 양도·양수 등에 관한 사무
3. 법 제16조에 따른 면허취소 등에 관한 사무
4. 법 제34조에 따른 전용철도 등록에 관한 사무
5. 법 제36조에 따른 전용철도 운영의 양도·양수 등에 관한 사무

6. 법 제37조에 따른 전용철도 운영의 상속에 관한 사무
7. 법 제40조에 따른 전용철도 등록의 취소에 관한 사무

더 알아보기

민감정보의 범위(개인정보 보호법 시행령 제18조)
법 제23조 제1항 각 호 외의 부분 본문에서 "대통령령으로 정하는 정보"란 다음 각 호의 어느 하나에 해당하는 정보를 말한다. 다만, 공공기관이 법 제18조 제2항 제5호부터 제9호까지의 규정에 따라 다음 각 호의 어느 하나에 해당하는 정보를 처리하는 경우의 해당 정보는 제외한다.
1. 유전자 검사 등의 결과로 얻어진 유전정보
2. 형의 실효 등에 관한 법률 제2조 제5호에 따른 범죄경력자료에 해당하는 정보
3. 개인의 신체적, 생리적, 행동적 특징에 관한 정보로서 특정 개인을 알아볼 목적으로 일정한 기술적 수단을 통해 생성한 정보
4. 인종이나 민족에 관한 정보

고유식별정보의 범위(개인정보 보호법 시행령 제19조)
법 제24조 제1항 각 호 외의 부분에서 "대통령령으로 정하는 정보"란 다음 각 호의 어느 하나에 해당하는 정보를 말한다. 다만, 공공기관이 법 제18조 제2항 제5호부터 제9호까지의 규정에 따라 다음 각 호의 어느 하나에 해당하는 정보를 처리하는 경우의 해당 정보는 제외한다.
1. 주민등록법 제7조의2 제1항에 따른 주민등록번호
2. 여권법 제7조 제1항 제1호에 따른 여권번호
3. 도로교통법 제80조에 따른 운전면허의 면허번호
4. 출입국관리법 제31조 제5항에 따른 외국인등록번호

7. 과태료

(1) 과태료의 부과기준(제17조)

법 제51조 제1항부터 제4항까지의 규정에 따른 과태료의 부과기준은 별표 2와 같다.

1. 일반기준
   가. 국토교통부장관은 다음의 어느 하나에 해당하는 경우에는 제2호의 개별기준에 따른 과태료 금액의 **2분의 1 범위**에서 그 금액을 줄일 수 있다. 다만, 과태료를 체납하고 있는 위반행위자의 경우에는 그렇지 않다.
      1) 위반행위자가 질서위반행위규제법 시행령 제2조의2 제1항 각 호의 어느 하나에 해당하는 경우
      2) 위반행위가 사소한 부주의나 오류 등 과실로 인한 것으로 인정되는 경우
      3) 위반행위자가 법 위반상태를 시정하거나 해소하기 위하여 노력한 사실이 인정되는 경우
      4) 그 밖에 위반행위의 정도, 횟수, 동기와 그 결과 등을 고려하여 과태료의 금액을 줄일 필요가 있다고 인정되는 경우
   나. 국토교통부장관은 다음의 어느 하나에 해당하는 경우에는 제2호의 개별기준에 따른 과태료 금액의 **2분의 1 범위**에서 그 금액을 늘릴 수 있다. 다만, 과태료 금액의 총액은 법 제51조 제1항부터 제4항까지의 규정에 따른 과태료 금액의 상한을 넘을 수 없다.
      1) 위반의 내용·정도가 중대하여 소비자 등에게 미치는 피해가 크다고 인정되는 경우
      2) 법 위반상태의 기간이 **6개월 이상**인 경우
      3) 그 밖에 위반행위의 정도, 위반행위의 동기와 그 결과 등을 고려하여 가중할 필요가 있다고 인정되는 경우

2. 개별기준

(단위 : 만 원)

위반행위	근거 법조문	과징금 금액
가. 법 제9조 제1항에 따른 여객 운임·요금의 신고를 하지 않은 경우	법 제51조 제1항 제1호	500
나. 법 제10조의2를 위반하여 상습 또는 영업으로 승차권 또는 이에 준하는 증서를 자신이 구입한 가격을 초과한 금액으로 다른 사람에게 판매한 경우	법 제51조 제1항 제4호	500
다. 법 제10조의2를 위반하여 상습 또는 영업으로 승차권 또는 이에 준하는 증서를 자신이 구입한 가격을 초과한 금액으로 다른 사람에게 판매하는 행위를 알선한 경우	법 제51조 제1항 제4호	500
라. 법 제11조 제1항에 따른 철도사업약관을 신고하지 않거나 신고한 철도사업약관을 이행하지 않은 경우	법 제51조 제1항 제2호	500
마. 법 제12조에 따른 인가를 받지 않거나 신고를 하지 않고 사업계획을 변경한 경우	법 제51조 제1항 제3호	500
바. 법 제18조에 따른 사업용철도차량의 표시를 하지 않은 경우	법 제51조 제2항 제1호	200
사. 법 제20조 제2항부터 제4항까지의 규정에 따른 철도사업자의 준수사항을 위반한 경우	법 제51조 제3항 제1호	100
아. 법 제22조에 따른 철도운수종사자의 준수사항을 위반한 경우	법 제51조 제4항	50
자. 삭제		
차. 삭제		
카. 법 제32조 제1항 또는 제2항을 위반하여 회계를 구분하여 경리하지 않은 경우	법 제51조 제2항 제3호	200
타. 정당한 사유 없이 법 제47조 제1항에 따른 명령을 이행하지 않거나, 법 제47조 제2항에 따른 검사를 거부·방해 또는 기피한 경우	법 제51조 제2항 제4호	300

더 알아보기

과태료 감경(질서위반행위규제법 시행령 제2조의2 제1항)

행정청은 법 제16조에 따른 사전통지 및 의견 제출 결과 당사자가 다음 각 호의 어느 하나에 해당하는 경우에는 해당 과태료 금액의 100분의 50의 범위에서 과태료를 감경할 수 있다. 다만, 과태료를 체납하고 있는 당사자에 대해서는 그러하지 아니하다.

1. 국민기초생활 보장법 제2조에 따른 수급자
2. 한부모가족 지원법 제5조 및 제5조의2 제2항·제3항에 따른 보호대상자
3. 장애인복지법 제2조에 따른 장애인 중 장애의 정도가 심한 장애인
4. 국가유공자 등 예우 및 지원에 관한 법률 제6조의4에 따른 1급부터 3급까지의 상이등급 판정을 받은 사람
5. 미성년자

철도법령 적중예상문제

정답 및 해설 p.090

01 다음 중 한국철도공사의 임직원이었던 사람이 직무상 알게 된 비밀을 누설한 경우 부과할 수 있는 벌금은 얼마인가?

① 2,000만 원
② 2,500만 원
③ 3,000만 원
④ 4,000만 원
⑤ 5,000만 원

02 다음 중 한국철도공사법상 한국철도공사의 등기에 대한 설명으로 옳은 것은?

① 주된 사무소의 소재지에서 설립등기를 함으로써 성립한다.
② 공사의 설립등기에 필요한 사항은 행정안전부장관이 정한다.
③ 공사는 등기가 필요한 사항에 관하여는 등기한 후에는 제3자에게 대항하지 못한다.
④ 공사의 변경 등기 및 그 밖에 공사의 등기에 필요한 사항은 국토교통부장관이 정한다.
⑤ 공사의 하부조직의 설치·이전에 필요한 사항은 이사회에서 정한다.

03 다음 중 철도사업법상 철도시설에 대한 설명으로 옳지 않은 것은?

① 철도기술의 개발·시험 및 연구를 위한 시설
② 철도경영연수 및 철도전문인력의 교육훈련을 위한 시설
③ 철도노선 간 또는 다른 교통수단과의 연계운영에 필요한 시설
④ 철도의 선로, 역시설(편의시설 제외) 및 철도운영을 위한 건축물·건축설비
⑤ 선로 및 철도차량을 보수·정비하기 위한 선로보수기지, 차량정비기지 및 차량유치시설

04 다음은 철도산업발전기본법상 철도의 적용범위에 대한 설명이다. 빈칸에 들어갈 수 있는 조직을 〈보기〉에서 모두 고르면?

______이/가 소유 · 건설 · 운영 또는 관리하는 철도

보기

ㄱ. 국가철도공단

ㄴ. 한국고속철도건설공단

ㄷ. 지방자치단체

ㄹ. 한국철도공사

① ㄱ, ㄴ

② ㄴ, ㄷ

③ ㄴ, ㄹ

④ ㄱ, ㄴ, ㄹ

⑤ ㄴ, ㄷ, ㄹ

05 다음 중 철도산업발전기본법령상 철도시설관리자와 철도운영자가 특정노선 폐지 등의 승인신청서를 제출할 때의 첨부서류로 옳은 것은?

① 승인신청 사유

② 과거 10년 동안의 공익서비스비용의 전체 규모

③ 향후 3년 동안의 1일 평균 철도서비스 수요에 대한 전망

④ 과거 6월 이상의 기간 동안의 1달 평균 철도서비스 수요

⑤ 과거 5년 이상의 기간 동안의 수입 · 비용 및 영업손실액에 관한 회계보고서

06 다음 중 철도사업법령상 철도사업자가 사업용철도를 도시철도와 연결하여 운행하려는 때에 여객 운임 · 요금 및 그 변경시기에 관하여 미리 협의해야 하는 사람은?

① 도시철도운영자

② 철도시설관리자

③ 국토교통부장관

④ 한국철도공사 사장

⑤ 고속철도건설공사 이사장

07 **다음은 철도산업발전기본법에 대한 설명이다. 빈칸에 들어갈 내용을 순서대로 바르게 나열한 것은?**

> • 국가는 철도시설 투자를 추진하는 경우 사회적 · ________ 편익을 고려하여야 한다.
> • 국가 및 지방자치단체는 철도산업의 육성 · 발전을 촉진하기 위하여 철도산업에 대한 재정 · 금융 · 세제 · 행정상의 ________을/를 할 수 있다.

① 경제적, 보조
② 문화적, 연구
③ 기술적, 투자
④ 자연적, 개발
⑤ 환경적, 지원

PART 4

08 **다음 중 한국철도공사법령상 한국철도공사의 사업 중 역시설 개발 및 운영사업에 속하지 않는 것은?**

① 환승시설
② 종교시설
③ 운동시설
④ 창고시설
⑤ 관광휴게시설

09 **다음 중 한국철도공사법상 한국철도공사의 사채 소멸시효 기간으로 옳은 것은?**

	원금	이자
①	5년	2년
②	5년	3년
③	5년	5년
④	10년	5년
⑤	10년	7년

10 다음 〈보기〉 중 철도사업법상 사업용철도노선을 지정·고시하는 경우 운행지역과 운행거리에 따른 분류로 옳은 것을 모두 고르면?

보기	
ㄱ. 간선(幹線)철도	ㄴ. 고속철도노선
ㄷ. 지선(支線)철도	ㄹ. 일반철도노선
ㅁ. 준고속철도노선	

① ㄱ, ㄷ
② ㄱ, ㄹ
③ ㄴ, ㄷ
④ ㄷ, ㅁ
⑤ ㄹ, ㅁ

11 다음 중 철도사업법령상 민자철도사업자에 대한 과징금을 2분의 1의 범위에서 감액할 수 없는 경우는?

① 과징금을 체납하고 있는 위반행위자의 경우
② 위반행위가 오류로 인한 것으로 인정된 경우
③ 위반행위가 사소한 부주의에 의한 것으로 인정된 경우
④ 위반행위의 동기와 그 결과를 고려할 때 과징금을 줄일 필요가 인정된 경우
⑤ 위반행위자가 위반행위를 바로 정정하여 철도사업법 위반상태를 해소한 경우

12 다음 중 철도산업발전기본법령에서 철도자산의 관리업무를 민간위탁하고자 할 때 계약에 포함되지 않는 것은?

① 위탁대가의 지급에 관한 사항
② 위탁계약기간의 수정에 관한 사항
③ 위탁대상시설의 재위탁에 관한 사항
④ 위탁대상 철도자산의 관리에 관한 사항
⑤ 위탁업무에 대한 관리 및 감독에 관한 사항

13 **다음 중 한국철도공사법의 내용으로 옳지 않은 것은?**

① 한국철도공사는 법인으로 한다.

② 국가가 공사에 출자를 할 때에는 국유재산법에 따른다.

③ 국가는 철도산업발전기본법에 따른 운영자산을 공사에 현물로 출자한다.

④ 공사가 아닌 자는 한국철도공사 또는 이와 유사한 명칭을 사용하지 못한다.

⑤ 공사의 임직원은 그 직무상 알게 된 비밀을 누설하거나 도용하여서는 아니 된다.

14 **다음 중 철도산업발전기본법상 공익서비스 제공에 따른 보상계약의 내용이 아닌 것은?**

① 계약기간 및 계약기간의 수정・갱신과 계약의 해지에 관한 사항

② 원인제공자와 철도운영자가 필요하다고 합의하는 사항

③ 철도운영자가 제공하는 철도서비스의 기준과 내용에 관한 사항

④ 철도운영자가 국가의 특수목적사업을 수행함으로써 발생되는 비용

⑤ 공익서비스 제공과 관련하여 원인제공자가 부담하여야 하는 보상내용

15 **다음 중 한국철도공사법령상 한국철도공사의 등기에 대한 설명으로 옳은 것은?**

① 공사는 주된 사무소를 이전한 경우에는 이전 후 3주일 이내에 종전 소재지 또는 새 소재지에서 새 소재지와 이전 연월일을 등기해야 한다.

② 공사가 하부조직을 이전한 경우에는 이전 후 1주일 이내에 주된 사무소의 소재지에서 새 소재지와 이전 연월일을 등기해야 한다.

③ 공사는 설립등기 각 호의 등기사항이 변경된 때에는 변경 후 3주일 이내에 주된 사무소의 소재지에서 변경사항을 등기해야 한다.

④ 공사는 하부조직을 설치한 경우에는 설치 후 2주일 이내에 주된 사무소의 소재지에서 설치된 하부조직의 명칭, 소재지 및 설치 연월일을 등기하여야 한다.

⑤ 공사는 하부조직의 설치에 대한 등기사항이 변경된 경우에는 변경 후 1주일 이내에 하부조직의 소재지에서 변경사항을 등기해야 한다.

16 **다음 중 철도사업법상 국토교통부장관이 철도사업자의 면허를 취소해야 하는 경우는?**

① 철도사업의 면허기준에 미달하게 된 경우

② 면허받은 사항을 정당한 사유 없이 시행하지 아니한 경우

③ 거짓이나 그 밖의 부정한 방법으로 철도사업의 면허를 받은 경우

④ 고의 또는 중대한 과실에 의해 다수의 사상자(死傷者)가 발생한 경우

⑤ 국토교통부장관이 지정한 날 또는 기간에 운송을 시작하지 아니한 경우

17 **다음 중 철도사업법령상 국토교통부장관이 여객운임의 상한을 지정할 때 고려해야 할 내용이 아닌 것은?**

① 원가수준
② 물가상승률
③ 철도차량의 유형
④ 철도이용수요
⑤ 다른 교통수단과의 형평성

18 **다음 중 철도산업발전기본계획에서 대통령령으로 정한 철도산업의 육성 및 발전에 관한 사항이 아닌 것은?**

① 철도산업시책의 추진체계
② 철도수송분담 인력의 교육
③ 철도안전 및 철도서비스에 관한 사항
④ 다른 교통수단과의 연계수송에 관한 사항
⑤ 철도산업의 국제협력 및 해외시장 진출에 관한 사항

19 **다음 중 한국철도공사법상 국토교통부장관이 한국철도공사의 업무와 관련하여 지도 · 감독할 사항이 아닌 것은?**

① 철도사업계획의 이행에 관한 사항
② 철도서비스 품질 개선에 관한 사항
③ 연도별 사업계획 및 예산에 관한 사항
④ 역시설의 개발 및 운영사업에 관한 사항
⑤ 철도시설 · 철도차량 · 열차운행 등 철도의 안전을 확보하기 위한 사항

20 **다음은 철도사업법령상 사업계획 변경을 제한할 수 있는 철도사고의 기준이다. 빈칸에 들어갈 내용을 순서대로 바르게 나열한 것은?**

사업계획의 변경을 신청한 날이 포함된 연도의 직전 연도의 열차운행거리 _______ km당 철도사고(철도사업자 또는 그 소속 종사자의 고의 또는 과실에 의한 철도사고)로 인한 사망자 수 또는 철도사고의 발생횟수가 최근(직전연도를 제외) 5년간 평균보다 _______ 이상 증가한 경우를 말한다.

① 5만, 10분의 1
② 10만, 10분의 1
③ 10만, 10분의 2
④ 100만, 10분의 1
⑤ 100만, 10분의 2

PART 5

최종점검 모의고사

제1회

최종점검 모의고사

※ 코레일 한국철도공사 최종점검 모의고사는 2025년 채용공고 및 후기를 기준으로 구성한 것으로 실제 시험과 다를 수 있습니다.

※ 모바일 OMR 답안채점 / 성적분석 서비스

토목일반 기계일반 전기일반 전기이론

■ 취약영역 분석

| 01 | 직업기초능력평가

번호	O/×	영역	번호	O/×	영역	번호	O/×	영역
01		의사소통능력	11		수리능력	21		문제해결능력
02			12			22		
03			13			23		
04			14			24		
05			15			25		
06			16			26		
07			17			27		
08			18			28		
09			19			29		
10			20			30		

| 02 | 직무수행능력평가

번호	31	32	33	34	35	36	37	38	39	40
영역	토목일반 / 기계일반 / 전기일반 / 전기이론									

번호	41	42	43	44	45	46	47	48	49	50
영역	토목일반 / 기계일반 / 전기일반 / 전기이론									

번호	51	52	53	54	55	56	57	58	59	60
영역	토목일반 / 기계일반 / 전기일반 / 전기이론									

| 03 | 철도법령

번호	61	62	63	64	65	66	67	68	69	70
영역	철도법령									

평가문항	70문항	평가시간	70분
시작시간	:	종료시간	:
취약영역			

제1회 최종점검 모의고사

문항 수 : 70문항　응시시간 : 70분

정답 및 해설 p.096

01 직업기초능력평가

01 다음 글의 중심 내용으로 가장 적절한 것은?

> 전국의 많은 근대건축물은 그동안 제도적 지원과 보호로부터 배제되고 대중과 소유주의 무관심 등으로 방치되어 왔다. 일부를 제외한 다수의 근대건축물이 철거와 멸실의 위기에 처해 있는 것이 사실이다.
>
> 국민이 이용하기 편리한 공간으로 용도를 바꾸면서도, 물리적인 본 모습은 유지하려는 노력을 일반적으로 '보전 가치'로 규정한다. 근대건축물의 보전 가치를 높이기 위해서는 자산의 상태를 합리적으로 진단하고, 소유자 및 이용자가 건물을 효율적으로 활용할 수 있도록 지원하는 관리체계가 필수적이다.
>
> 하지만 지금까지 건축자산의 등록, 진흥계획 수립 등을 통해 관리주체를 공공화하려는 노력은 있었으나 구체적인 관리 기법이나 모니터링에 대한 고민은 부족했다. 즉, 기초조사를 통해 현황을 파악하고 기본적인 관리를 하는 수준에만 그치고 있었던 것이다. 그중에는 오랜 시간이 지나 기록도 없이 건물만 존재하는 경우가 많다.
>
> 근대건축물은 현대 건물과는 다른 건축양식과 특성을 지니고 있어 단순 정보의 수집으로는 건물의 현황을 제대로 관리하기가 어렵다. 그렇다면 보전 가치를 높이기 위해서는 어떤 대책이 필요할까? 먼저 일반인이 개별 소유하고 있는 건축물의 현황정보를 통합하여 관리하기 위해서는 중립적이고 객관적인 공공의 참여와 지속적인 지원이 전제되어야 한다. 특히, 근대건축물은 현행 건축・도시 관련 법률 등과 관련되어 다양한 민원과 행정업무가 수반되므로 법률 위반과 재정 지원 여부 등을 판단하는 데 있어 객관성과 중립성이 요구된다. 또한 근대건축물 관리는 도시재생, 문화관광 등의 분야에서 개별 사업으로 추진될 가능성이 높아 일원화된 관리기준도 필요하다. 만약 그렇지 못하면 사업이 일회성으로 전개될 우려가 크기 때문이다. 근대건축물이 그 정체성을 유지하고 가치를 증진하기 위해서 공공이 주축이 된 체계화・선진화된 관리방법론이 요구되는 이유이다.

① 근대건축물의 정의와 종류
② 근대건축물을 공공에 의해 체계적으로 관리해야 하는 이유
③ 근대건축물의 가치와 중요성
④ 현대 시민에게 요구되는 근대건축물에 대한 태도
⑤ 현시대에 근대건축물이 지니고 있는 문제점

02 다음 중 광자(Photon)에 대한 설명으로 가장 적절한 것은?

빛의 회절 및 간섭현상은 빛의 파동성으로 설명된다. 하지만 직진성을 가지는 입자의 성질로는 파동의 원형으로 퍼져나가는 회절 및 간섭현상을 설명할 수 없다. 반면에 콤프턴 산란과 같은 현상은 빛을 여러 개의 입자, 즉 광자(Photon)로 구성된 것으로 생각해야 한다. 이 중 한 개의 입자가 물질 내 전자와 부딪친다. 부딪친 후 광자는 전자에 에너지를 주고, 자신은 에너지가 낮아져서 나온다. 이렇게 빛을 입자의 성질을 띤 광자로 보는 입장은 원자처럼 아주 작은 단위의 자연계현상에서 관측이 된다.

빛을 입자로 이해할 때, 광자 한 개의 에너지는 hv이고(h – 플랑크 상수, v – 진동수) 광속으로 이동하는 빛의 입자를 광자라 한다. 광자는 많은 에너지를 가진 감마선과 X선부터 가시광선을 거쳐 적은 에너지를 가진 적외선과 라디오파에 이르기까지 모든 에너지 상태에 걸쳐 존재한다. 광자의 개념은 1905년 알버트 아인슈타인(Albert Einstein)이 광전 효과를 설명하기 위해 도입했는데, 그는 빛이 전파되는 동안 불연속적인 에너지 다발이 존재한다는 광양자설(光量子說)을 제안했다. 1923년 미국의 물리학자 아서 콤프턴(Arthur Compton)이 X선의 입자성(粒子性)을 밝힌 뒤 이 개념이 널리 사용되었으나, '광자'라는 용어는 1926년에 와서야 사용되었다. 광자에너지는 복사 진동수에 비례하는 특정의 값을 단위로 해서 그 정수배로 된다. 즉, 광자에너지는 $hv=hc\div\lambda$(h – 플랑크 상수, v – 진동수, c – 광속, λ – 파장)의 에너지 다발로 나가고 임의의 비율로 분할되지 않는다. 이것은 마치 물질이 원자로 구성되어 있는 것과 비슷해서, 거시적인 전자기파의 취급에서는 두드러지지 않으나 원자의 차원에서 그 움직임을 생각할 경우에는 그 입자적인 성격이 중요한 뜻을 가지게 됨을 의미한다. 결국 '광자'라는 개념의 도입으로 전자기파로서의 빛(파동성)과 광자로서의 빛(입자성)이라는 물질의 이중성을 인식하게 되는 계기가 되었다. 모든 광자는 광속으로 움직이며, 원자 구성입자 범주에서 생각할 때 광자는 전하(電荷)와 정지질량을 갖지 않는 전자기장의 운반자로 취급된다.

① 일부 광자는 광속으로 움직이지 않는다.
② 광자의 개념은 광전 효과를 설명하기 위해 미국의 물리학자 아서 콤프턴이 도입하였다.
③ 광자는 모든 에너지 상태에 걸쳐 존재하지는 않는다.
④ 빛을 입자의 성질을 띤 광자로 보는 입장은 원자처럼 아주 작은 단위의 자연계현상에서 관측이 된다.
⑤ 직진성을 가지는 입자의 성질로는 파동의 원형으로 퍼져나가는 회절 및 간섭현상을 설명할 수 있다.

03 다음 중 밑줄 친 부분의 맞춤법이 옳지 않은 것은?

① 그는 목이 메어 한동안 말을 잇지 못했다.
② 어제는 종일 아이를 치다꺼리하느라 잠시도 쉬지 못했다.
③ 왠일로 선물까지 준비했는지 모르겠다.
④ 노루가 나타난 것은 나무꾼이 도끼로 나무를 베고 있을 때였다.
⑤ 그는 입술을 지그시 깨물었다.

PART 5

04 다음 글의 제목으로 가장 적절한 것은?

> 우리는 처음 만난 사람의 외모를 보고, 그를 어떤 방식으로 대우해야 할지를 결정할 때가 많다. 그가 여자인지 남자인지, 얼굴색이 흰지 검은지, 나이가 많은지 적은지 혹은 그의 스타일이 조금은 상류층의 모습을 띠고 있는지 아니면 너무나 흔해서 별 특징이 드러나 보이지 않는 외모를 하고 있는지 등을 통해 그들과 나의 차이를 재빨리 감지한다. 일단 감지가 되면 우리는 둘 사이의 지위 차이를 인식하고 우리가 알고 있는 방식으로 그를 대하게 된다. 한 개인이 특정 집단에 속한다는 것은 단순히 다른 집단의 사람과 다르다는 것뿐만 아니라, 그 집단이 다른 집단보다는 지위가 높거나 우월하다는 믿음을 갖게 한다. 모든 인간은 평등하다는 우리의 신념에도 불구하고 왜 인간들 사이의 이러한 위계화(位階化)를 당연한 것으로 받아들일까? 위계화란 특정 부류의 사람들은 자원과 권력을 소유하고 다른 부류의 사람들은 낮은 사회적 지위를 갖게 되는 사회적이며 문화적인 체계이다.
> 이러한 불평등이 어떠한 방식으로 경험되고 조직화되는지를 살펴보기로 하자. 인간이 불평등을 경험하게 되는 방식은 여러 측면으로 나눌 수 있다. 산업 사회에서의 불평등은 계층과 계급의 차이를 통해서 정당화되는데, 이는 재산, 생산 수단의 소유 여부, 학력, 집안 배경 등등의 요소들의 결합에 의해 사람들 사이의 위계를 만들어 낸다. 또한 모든 사회에서 인간은 태어날 때부터 얻게 되는 인종, 성, 종족 등의 생득적 특성과 나이를 통해 불평등을 경험한다. 이러한 특성들은 단순히 생물학적인 차이를 지칭하는 것이 아니라, 개인의 열등성과 우등성을 가늠하게 만드는 사회적 개념이 되곤 한다.
> 한편 불평등이 재생산되는 다양한 사회적 기제들이 때로는 관습이나 전통이라는 이름 아래 특정 사회의 본질적인 문화적 특성으로 간주되고 당연시되는 경우가 많다. 불평등은 체계적으로 조직되고 개인에 의해 경험됨으로써 문화의 주요 부분이 되었고, 그 결과 같은 문화권 내의 구성원들 사이에 권력 차이와 그에 따른 폭력이나 비인간적인 행위들이 자연스럽게 수용될 때가 많다.
> 문화 인류학자들은 사회 집단의 차이와 불평등, 사회의 관습 또는 전통이라고 얘기되는 문화 현상에 대해 어떤 입장을 취해야 할지 고민을 한다. 문화 인류학자가 이러한 문화 현상은 고유한 역사적 산물이므로 나름대로 가치를 지닌다는 입장만을 반복하거나 단순히 관찰자로서의 입장에 안주한다면, 이러한 차별의 형태를 제거하는 데 도움을 줄 수 없다. 실제로 문화 인류학 연구는 기존의 권력 관계를 유지시켜주는 다양한 문화적 이데올로기를 분석하고, 인간 간의 차이가 우등성과 열등성을 구분하는 지표가 아니라 동등한 다름일 뿐이라는 것을 일깨우는 데 기여해 왔다.

① 차이와 불평등
② 차이의 감지 능력
③ 문화 인류학의 역사
④ 위계화의 개념과 구조
⑤ 관습과 전통의 계승과 창조

05 다음 글의 빈칸에 들어갈 내용으로 가장 적절한 것은?

> 중세 이전에는 예술가와 장인의 경계가 분명하지 않았다. 화가들도 당시에는 왕족과 귀족의 주문을 받아 제작하는 일종의 장인 취급을 받아왔다. 근대에 접어들면서 예술은 독창적인 창조 활동으로 존중받게 되었고, 아름다움의 가치를 만들어 내는 예술가들의 독창성이 인정받게 된 것이다. 그리고 이 가치의 중심에 작가가 있다. 작가가 담으려 했던 의도, 그것이 바로 아름다움을 창조하는 예술의 가치인 셈이다. 예술작품은 작가의 의도를 담고 있고, 작가의 의도가 없다면 작품은 만들어질 수 없다. 이것이 작품에 포함된 작가의 권위를 인정해야 하는 이유이다.
> 또한, 예술은 예술가가 표현하고자 하는 것을 창작해 내는 그 과정 자체로 완성되는 것이지 독자의 해석으로 완성되는 게 아니다. 설사 작품을 감상하고 해석해 줄 독자가 없어도 예술은 그 자체로 가치 있는 법이다. 예술가는 독자를 위해 작품을 창작하는 것이 아니라 자신의 열정과 열망으로 표현하고자 하는 바를 표현해 내는 것이다. 물론 예술작품을 해석하고 이해하는 데에 독자의 역할도 분명 존재하고 필요한 것이 사실이다. 하지만 그렇다고 해도 이는 예술적 가치가 있는 작품에서 파생된 2차적인 활동이지 작품을 새롭게 완성하는 창조적 활동이라고 보기 어렵다. 따라서 독자의 수용과 이해는 ____________________

① 독자가 가지고 있는 작품에 대한 사전 정보에 따라 다르게 나타날 것이다.
② 작품에 담긴 아름다움의 가치를 독자가 나름대로 해석하는 활동으로 볼 수 있다.
③ 권위가 높은 작가의 작품에서 더욱 다양하게 나타난다.
④ 작가의 의도와 작품을 왜곡하지 않는 범위에서 이루어져야 한다.
⑤ 작품이 만들어진 시대적 배경과 문화적 배경을 고려하여야 한다.

PART 5

06 김팀장은 이사원에게 다음과 같은 업무지시를 내렸고, 이사원은 김팀장의 업무지시에 따라 홍보 자료를 작성하려고 한다. 다음 중 이사원이 작성 과정에서 고려해야 할 사항으로 적절하지 않은 것은?

> 근로자들에게 NCS 기반의 신직업자격을 알리기 위한 홍보 자료를 제작해야 합니다. 먼저, 신직업자격의 개념과 기능에 대한 설명이 있어야 할 것 같군요. 그리고 기존 국가기술자격에 비해 무엇이 달라졌는지 알려주는 것도 좋을 것 같네요. 마지막으로 신직업자격 체계도를 한 눈에 볼 수 있었으면 좋겠네요. 참! 관련 문의는 이메일로만 받을 예정이므로 참고 바랍니다.

① 모든 근로자들의 이해를 돕기 위해 개념은 핵심 용어 중심으로 쉽게 설명해야겠어.
② 기업과 근로자 두 가지 측면에서의 기능으로 나누어 필요성을 강조해야겠어.
③ 기존 국가기술자격과의 차이점을 표로 비교하여 나타내야겠어.
④ 펼칠 수 있는 신직업자격 체계도 맵을 만들어 한 눈에 볼 수 있게 해야지.
⑤ 궁금한 점은 별도로 문의할 수 있도록 자격설계팀 이메일 주소를 넣어야겠어.

07 다음 문단을 논리적 순서대로 바르게 나열한 것은?

(가) 베커는 “주말이나 저녁에는 회사들이 문을 닫기 때문에 활용할 수 있는 시간의 길이가 길어지고 이에 따라 특정 행동의 시간 비용이 줄어든다.”라고도 지적한다. 시간의 비용이 가변적이라는 개념은 기대수명이 늘어나서 사람들에게 더 많은 시간이 주어지는 것이 시간의 비용에 영향을 미칠 수 있다는 점에서 의미가 있다.

(나) 베커와 린더는 사람들에게 주어진 시간을 고정된 양으로 전제했다. 1965년 당시의 기대수명은 약 70세였다. 하루 24시간 중 8시간을 수면에 쓰고 나머지 시간에 활동이 가능하다면, 평생 408,800시간의 활동가능 시간이 주어지는 셈이다. 하지만 이 방정식에서 변수 하나가 바뀌면 어떻게 될까? 기대수명이 크게 늘어난다면 시간의 가치 역시 달라져서, 늘 시간에 쫓기는 조급한 마음에도 영향을 주게 되지 않을까?

(다) 시간의 비용이 가변적이라고 생각한 이는 베커만이 아니었다. 스웨덴의 경제학자 스테판 린더는 서구인들이 엄청난 경제성장을 이루고도 여유를 누리지 못하는 이유를 논증한다. 경제가 성장하면 사람들의 시간을 쓰는 방식도 달라진다. 임금이 상승하면 직장 밖 활동에 들어가는 시간의 비용이 늘어난다. 일하는 데 쓸 수 있는 시간을 영화나 책을 보는 데 소비하면 그만큼의 임금을 포기하는 것이다. 따라서 임금이 늘어난 만큼 일 이외의 활동에 들어가는 시간의 비용도 함께 늘어난다는 것이다.

(라) 1965년 노벨 경제학상 수상자 게리 베커는 ‘시간의 비용’이 시간을 소비하는 방식에 따라 변화한다고 주장하였다. 예를 들어 수면이나 식사 활동은 영화 관람에 비해 단위 시간당 시간의 비용이 작다. 그 이유는 수면과 식사가 생산적인 활동에 기여하기 때문이다. 잠을 못 자거나 식사를 제대로 하지 못해 체력이 떨어진다면, 생산적인 활동에 제약을 받기 때문에 수면과 식사 활동에 들어가는 시간의 비용이 영화관람에 비해 작다고 할 수 있다.

① (가) – (다) – (나) – (라)
② (가) – (라) – (다) – (나)
③ (라) – (가) – (다) – (나)
④ (라) – (나) – (다) – (가)
⑤ (라) – (다) – (가) – (나)

08 다음 글에서 설명한 '즉흥성'과 관련 있는 내용을 <보기>에서 모두 고르면?

우리나라의 전통 음악은 대체로 크게 정악과 속악으로 나뉜다. 정악은 왕실이나 귀족들이 즐기던 음악이고, 속악은 일반 민중들이 가까이 하던 음악이다. 개성을 중시하고 자유분방한 감정을 표출하는 한국인의 예술 정신은 정악보다는 속악에 잘 드러나 있다. 우리 속악의 특징은 한 마디로 즉흥성이라는 개념으로 집약될 수 있다. 판소리나 산조에 '유파(流派)'가 자꾸 형성되는 것은 모두 즉흥성이 강하기 때문이다. 즉흥으로 나왔던 것이 정형화되면 그 사람의 대표 가락이 되는 것이고, 그것이 독특한 것이면 새로운 유파가 형성되기도 하는 것이다.

물론 즉흥이라고 해서 음악가가 제멋대로 하는 것은 아니다. 곡의 일정한 틀은 유지하면서 그 안에서 변화를 주는 것이 즉흥 음악의 특색이다. 판소리 명창이 무대에 나가기 전에 "오늘 공연은 몇 분으로 할까요?" 하고 묻는 것이 그런 예다. 이때 창자는 상황에 맞추어 얼마든지 곡의 길이를 조절할 수 있다. 이것은 서양 음악에서는 어림없는 일이다. 그나마 서양 음악에서 융통성을 발휘할 수 있다면 네 악장 가운데 한 악장만 연주하는 것 정도이지 각 악장에서 조금씩 뽑아 한 곡을 만들어 연주할 수는 없다. 그러나 한국 음악에서는, 특히 속악에서는 연주 장소나 주문자의 요구 혹은 연주자의 상태에 따라 악기도 하나면 하나로만, 둘이면 둘로 연주해도 별문제가 없다. 거문고나 대금 하나만으로도 얼마든지 연주할 수 있다. 전혀 이상하지도 않다. 그렇지만 베토벤의 운명 교향곡을 바이올린이나 피아노만으로 연주하는 경우는 거의 없을 뿐만 아니라, 연주를 하더라도 어색하게 들릴 수밖에 없다.

즉흥과 개성을 중시하는 한국의 속악 가운데 대표적인 것이 시나위다. 현재의 시나위는 19세기 말에 완성되었으나 원형은 19세기 훨씬 이전부터 연주되었을 것으로 추정된다. 시나위의 가장 큰 특징은 악보 없는 즉흥곡이라는 것이다. 연주자들이 모여 아무 사전 약속도 없이 "시작해 볼까." 하고 연주하기 시작한다. 그러니 처음에는 불협음 일색이다. 그렇게 진행되다가 중간에 호흡이 맞아 떨어지면 협음을 낸다. 그러다가 또 각각 제 갈 길로 가서 혼자인 것처럼 연주한다. 이게 시나위의 묘미다. 불협음과 협음이 오묘하게 서로 들어맞는 것이다.

그런데 이런 음악은 아무나 하는 게 아니다. 즉흥곡이라고 하지만 '초보자(初步者)'들은 꿈도 못 꾸는 음악이다. 기량이 뛰어난 경지에 이르러야 가능한 음악이다. 그래서 요즈음은 시나위를 잘할 수 있는 사람이 별로 없다고 한다. 요즘에는 악보로 정리된 시나위를 연주하는 경우가 대부분인데, 이것은 시나위 본래의 취지에 어긋난다. 악보로 연주하면 박제된 음악이 되기 때문이다.

요즘 음악인들은 시나위 가락을 보통 '허튼 가락'이라고 한다. 이 말은 말 그대로 '즉흥 음악'으로 이해된다. 미리 짜 놓은 일정한 형식이 없이 주어진 장단과 연주 분위기에 몰입해 그때그때의 감흥을 자신의 음악성과 기량을 발휘해 연주하는 것이다. 이럴 때 즉흥이 튀어 나온다. 시나위는 이렇듯 즉흥적으로 흐드러져야 맛이 난다. 능청거림, 이것이 시나위의 음악적 모습이다.

보기

㉠ 주어진 상황에 따라 임의로 곡의 길이를 조절하여 연주한다.
㉡ 장단과 연주 분위기에 몰입해 새로운 가락으로 연주한다.
㉢ 연주자들 간에 사전 약속 없이 연주하지만 악보의 지시는 따른다.
㉣ 감흥을 자유롭게 표현하기 위해 일정한 틀을 철저히 무시한 채 연주한다.

① ㉠, ㉡
② ㉠, ㉢
③ ㉡, ㉢
④ ㉠, ㉣
⑤ ㉢, ㉣

PART 5

09 다음 글을 통해 알 수 있는 내용으로 적절하지 않은 것은?

> 사물인터넷이 산업 현장에 적용되고, 디지털 관련 도구가 통합됨에 따라 일관된 전력 시스템의 필요성이 높아지고 있다. 다양한 산업시설 및 업무 현장에서의 예기치 못한 정전이나 낙뢰 등 급격한 전원 환경의 변화는 큰 손실과 피해로 이어질 수 있다. 이제 전원 보호는 데이터센터뿐만 아니라 반도체, 석유, 화학 및 기계 등 모든 분야에서 필수적인 존재가 되었다.
> UPS(Uninterruptible Power Supply : 무정전 전원 장치)는 일종의 전원 저장소로, 갑작스럽게 정전이 발생하더라도 전원이 끊기지 않고 계속해서 공급되도록 하는 장치이다. 갑작스러운 전원 환경의 변화로부터 기업의 핵심 인프라인 서버를 보호함으로써 기업의 연속성 유지에 도움을 준다.
> UPS를 구매할 때는 용량을 우선적으로 고려해야 한다. 너무 적은 용량의 UPS를 구입하면 설비 사용량이 초과되어 제대로 작동조차 하지 않는 상황이 나타날 수 있다. 따라서 설비에 필요한 용량의 1.5배 정도인 UPS를 구입해야 한다.
> 또한, UPS 사용 시에는 주기적인 점검이 필요하다. 특히 실질적으로 에너지를 저장하고 있는 배터리는 일정 시점마다 교체가 필요하다. 일반적으로 UPS에 사용되는 MF배터리의 수명은 1년 정도로, 납산배터리 특성상 방전 사이클을 돌 때마다 용량이 급감하기 때문이다.

① UPS 배터리 교체 방법
② UPS의 역할
③ UPS 구매 시 고려사항
④ UPS 배터리 교체 주기
⑤ UPS의 필요성

10 다음 빈칸에 들어갈 단어로 가장 적절한 것은?

> 정부는 선거와 관련하여 신고자에 대한 ________을/를 대폭 강화하기로 하였다.

① 보훈(報勳)
② 공훈(功勳)
③ 공로(功勞)
④ 포상(褒賞)
⑤ 공적(功績)

※ 다음과 같이 일정한 규칙으로 수를 나열할 때, 빈칸에 들어갈 수를 고르시오. **[11~12]**

11

5　10　4　11　3　(　)　2　13　1

① 10　② 12
③ 15　④ 16
⑤ 17

12

5　35　24　168　157　1,099　(　)　7,616

① 1,088　② 1,110
③ 1,190　④ 2,148
⑤ 2,450

13

한 연예인에 대한 선호도 조사를 실시한 결과 A사이트에서는 평균 4.5점을, B사이트에서는 평균 6.5점을 기록하였다. 전체 평균점수는 5.1점이고 설문에 참여한 총인원이 2,100명일 때, A사이트에서 조사에 참여한 인원은?(단, A, B사이트의 참여자 중 중복 참여자는 없다)

① 1,320명　② 1,370명
③ 1,420명　④ 1,470명
⑤ 1,520명

14 다음은 2024년 우리나라의 LPCD(Liter Per Capital Day)에 대한 자료이다. 1인 1일 사용량에서 영업용 사용량이 차지하는 비중과 1인 1일 가정용 사용량의 하위 두 항목이 차지하는 비중을 순서대로 바르게 나열한 것은?(단, 소수점 셋째 자리에서 반올림한다)

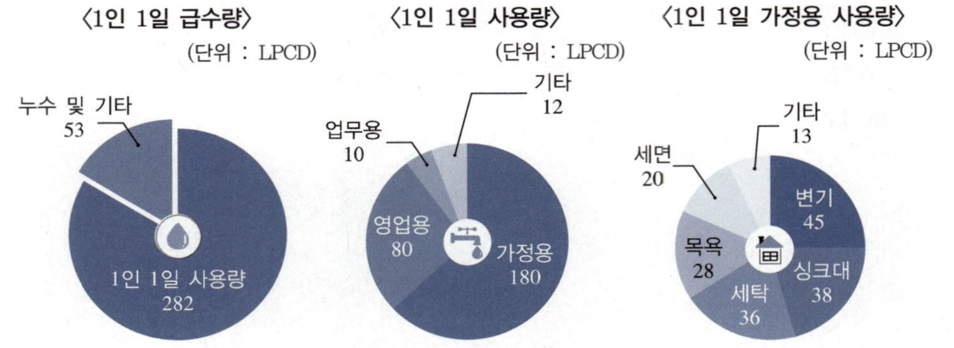

※ LPCD(Liter Per Capital Day) : 1인 1일 물 사용량으로 지역·국가 간 물 사용량을 비교할 수 있게 하고, 수자원을 효율적으로 활용할 수 있게 하는 지표

① 27.57%, 16.25%
② 27.57%, 19.24%
③ 28.37%, 18.33%
④ 28.37%, 19.24%
⑤ 30.56%, 20.78%

15 출장을 가는 K사원은 오후 2시에 출발하는 KTX를 타기 위해 오후 12시 30분에 역에 도착하였다. K사원은 남은 시간을 이용하여 음식을 포장해 오려고 한다. 역에서 음식점까지의 거리는 다음과 같으며, 음식을 포장하는 데 15분이 걸린다고 한다. K사원이 시속 3km로 걸어서 갔다 올 때, 구입할 수 있는 음식의 종류는?

음식점	G김밥	P빵집	N버거	M만두	B도시락
거리	2km	1.9km	1.8km	1.95km	1.7km

① 도시락
② 도시락, 햄버거
③ 도시락, 햄버거, 빵
④ 도시락, 햄버거, 빵, 만두
⑤ 도시락, 햄버거, 빵, 만두, 김밥

16 다음은 지식경제부에서 2024년 11월에 발표한 산업경제지표 추이이다. 이에 대한 설명으로 옳지 않은 것은?

〈산업경제지표 추이〉

주가(Pt)	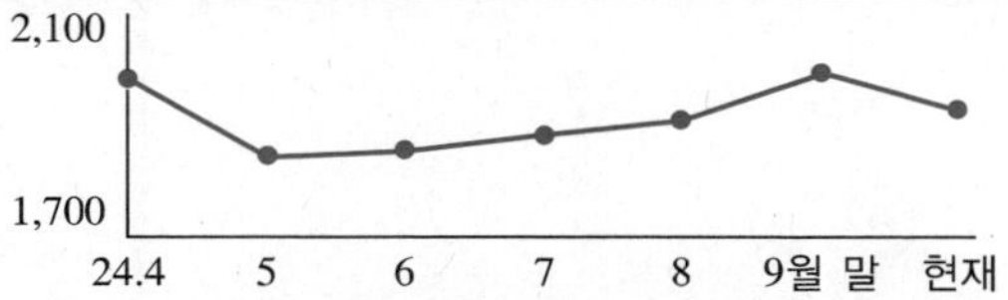
환율(원/$)	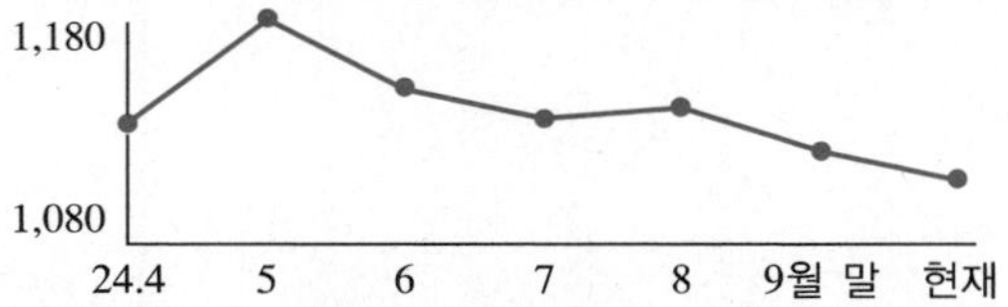
유가($/B)	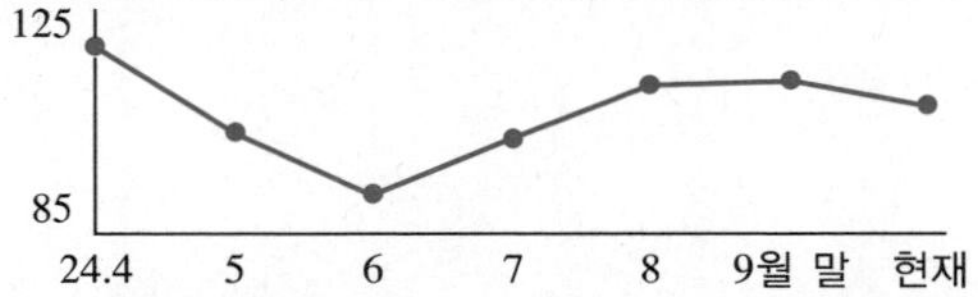

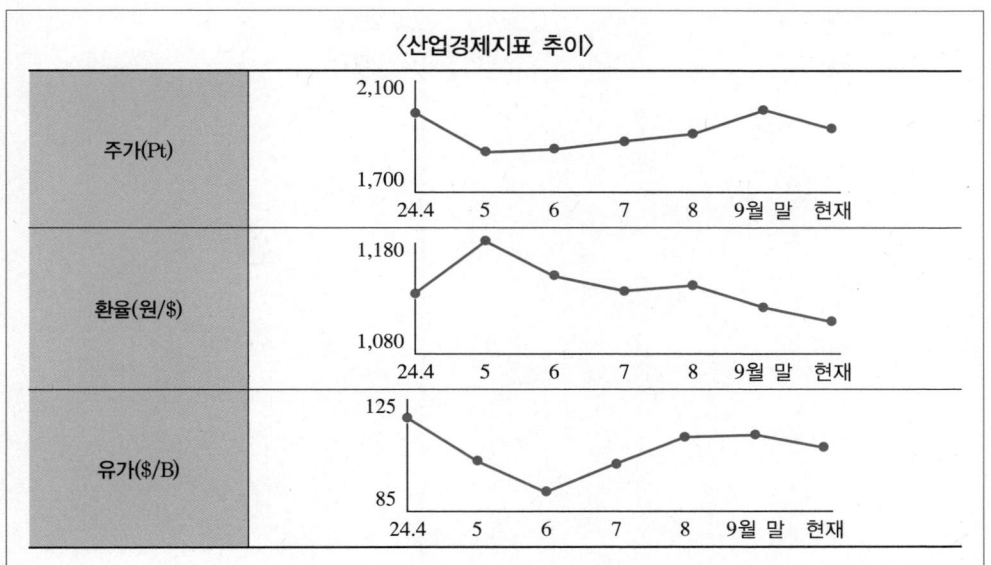

① 2024년 8월을 기점으로 위 세 가지 지표는 모두 하락세를 보이고 있다.
② 환율은 5월 이후 하락세에 있으므로 원화가치는 높아질 것이다.
③ 유가는 6월까지는 큰 폭으로 하락했으나, 그 이후 9월까지 서서히 상승세를 보이고 있다.
④ 숫자상의 변동 폭이 가장 작은 것은 유가이다.
⑤ 주가는 5월에 급락했다가 9월 말까지 서서히 회복세를 보였으나, 현재는 다시 하락해서 2024년 4월선을 회복하지 못하고 있다.

17 화창한 어느 날 낮에 농도 3%의 설탕물 400g이 들어있는 컵을 창가에 놓아두었다. 저녁에 살펴보니 물이 증발하여 농도가 5%가 되었다. 이때 남아있는 설탕물의 양은 몇 g인가?

① 220g
② 230g
③ 240g
④ 250g
⑤ 260g

18 다음은 K공사의 모집단위별 지원자 수 및 합격자 수를 나타낸 자료이다. 이에 대한 설명으로 옳지 않은 것은?

〈모집단위별 지원자 수 및 합격자 수〉

(단위 : 명)

모집단위	남성		여성		합계	
	합격자 수	지원자 수	합격자 수	지원자 수	모집정원	지원자 수
A집단	512	825	89	108	601	933
B집단	353	560	17	25	370	585
C집단	138	417	131	375	269	792
합계	1,003	1,802	237	508	1,240	2,310

※ $[\text{경쟁률}(\%)]=\frac{(\text{지원자 수})}{(\text{모집정원})}\times 100$

※ 경쟁률은 소수점 첫째 자리에서 반올림함

① 세 개의 모집단위 중 총 지원자 수가 가장 많은 집단은 A집단이다.
② 세 개의 모집단위 중 합격자 수가 가장 적은 집단은 C집단이다.
③ K공사의 남성 합격자 수는 여성 합격자 수의 5배 이상이다.
④ B집단의 경쟁률은 158%이다.
⑤ C집단에서는 남성의 경쟁률이 여성의 경쟁률보다 높다.

19 다음은 K기업의 콘텐츠 유형별 매출액을 나타낸 자료이다. 이에 대한 설명으로 옳은 것은?

〈K기업의 콘텐츠 유형별 매출액〉

(단위 : 억 원)

구분	SNS	영화	음원	게임	전체
2017년	30	371	108	235	744
2018년	45	355	175	144	719
2019년	42	391	186	178	797
2020년	59	508	184	269	1,020
2021년	58	758	199	485	1,500
2022년	308	1,031	302	470	2,111
2023년	104	1,148	411	603	2,266
2024년	341	1,510	419	689	2,959

① 영화 매출액은 매년 전체 매출액의 30% 이상이다.
② 2018 ~ 2019년 게임과 음원의 전년 대비 매출액의 증감추이는 같다.
③ 2017 ~ 2024년 동안 매년 음원 매출액은 SNS 매출액의 2배 이상이다.
④ 2019년에는 모든 콘텐츠 유형의 매출액이 전년에 비해 증가하였다.
⑤ 2022년에 전년 대비 매출액 증가율이 가장 큰 콘텐츠 유형은 영화이다.

20 다음은 K국 국회의원의 SNS(소셜네트워크서비스) 이용자 수 현황에 대한 자료이다. 이를 토대로 작성한 그래프로 옳지 않은 것은?(단, 소수점 둘째 자리에서 반올림한다)

〈K국 국회의원의 SNS 이용자 수 현황〉

(단위 : 명)

구분	정당	당선 횟수별				당선 유형별		성별	
		초선	2선	3선	4선 이상	지역구	비례대표	남자	여자
여당	A	82	29	22	12	126	19	123	22
야당	B	29	25	13	6	59	14	59	14
	C	7	3	1	1	7	5	10	2
합계		118	57	36	19	192	38	192	38

① 국회의원의 여야별 SNS 이용자 수

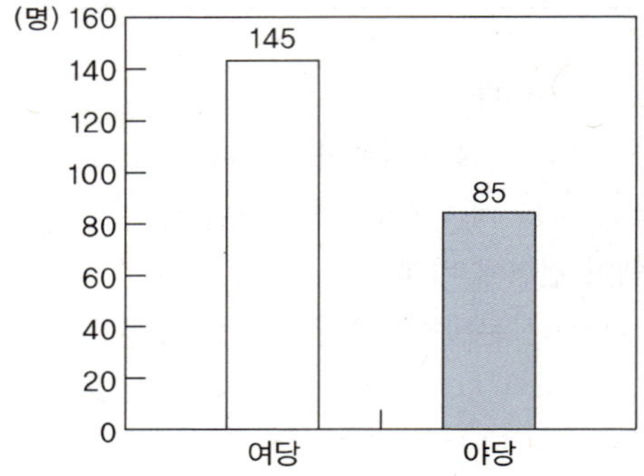

② 남녀 국회의원의 여야별 SNS 이용자 구성비

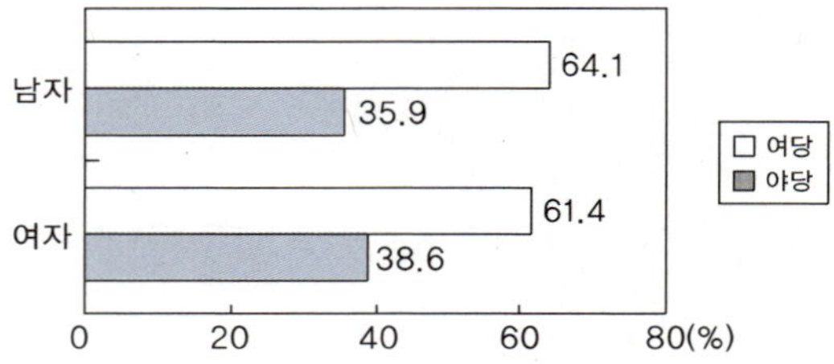

③ 야당 국회의원의 당선 횟수별 SNS 이용자 구성비

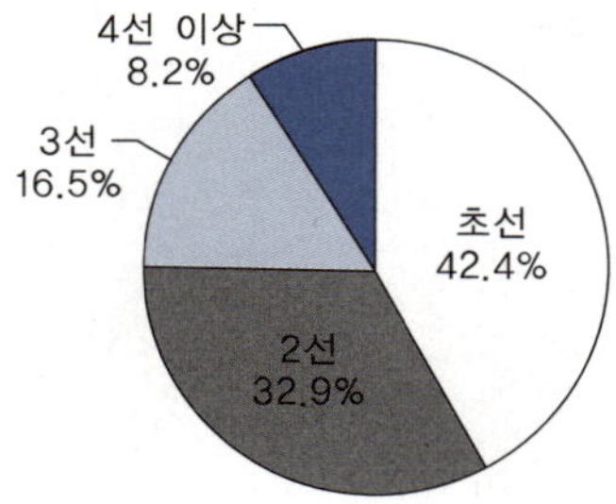

④ 2선 이상 국회의원의 정당별 SNS 이용자 수

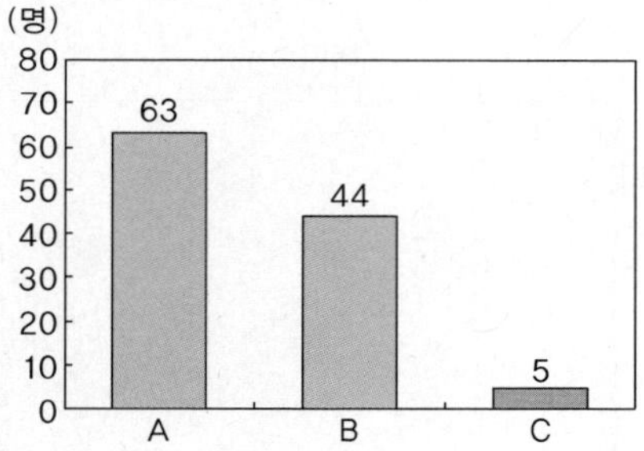

⑤ 여당 국회의원의 당선 유형별 SNS 이용자 구성비

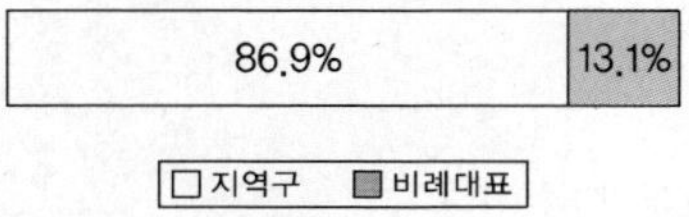

21 다음 빈칸에 들어갈 말로 적절하지 않은 것은?

> 창의적 사고는 창조적인 가능성이다. 여기에는 '문제를 사전에 찾아내는 힘', '문제해결에 있어서 다각도로 힌트를 찾아내는 힘', 그리고 '문제해결을 위해 끈기 있게 도전하는 태도' 등이 포함된다. 다시 말해서 창의적 사고에는 사고력을 비롯하여 성격, 태도에 걸친 전인격적인 가능성까지도 포함된다. 이러한 창의적 사고는 창의력 교육훈련을 통해 개발할 수 있으며, ________일수록 높은 창의력을 보인다.

① 모험적
② 적극적
③ 예술적
④ 객관적
⑤ 자유분방적

22 갑 ~ 병이 다음 〈조건〉에 따라 주사위를 던져 나온 주사위의 눈의 수만큼 점수를 획득한다고 할 때, 항상 참이 아닌 것은?

조건

- 세 사람이 주사위를 던진 횟수는 총 10회이다.
- 세 사람이 획득한 점수는 47점이다.
- 갑은 가장 많은 횟수를 던졌다.
- 을이 얻은 점수는 16점이다.
- 병이 가장 많은 점수를 얻었다.

① 을은 주사위를 세 번 던졌다.
② 갑은 주사위를 네 번 던졌다.
③ 병은 6이 나온 적이 있다.
④ 을이 주사위를 던져서 얻은 주사위 눈의 수는 모두 짝수이다.
⑤ 갑이 얻을 수 있는 최소 점수는 13점이다.

23 아마추어 야구 리그에서 활동하는 A ~ D팀은 빨간색, 노란색, 파란색, 보라색 중에서 매년 상징하는 색을 바꾸고 있다. 다음 〈조건〉을 참고할 때, 반드시 참인 것은?

조건

- 하나의 팀은 하나의 상징색을 갖는다.
- 이전에 사용했던 상징색을 다시 사용할 수는 없다.
- A팀과 B팀은 빨간색을 사용한 적이 있다.
- B팀과 C팀은 보라색을 사용한 적이 있다.
- D팀은 노란색을 사용한 적이 있고, 올해는 파란색을 선택하였다.

① A팀은 파란색을 사용한 적이 있어 다른 색을 골라야 한다.
② A팀의 상징색은 노란색이 될 것이다.
③ C팀은 파란색을 사용한 적이 있다.
④ C팀의 상징색은 빨간색이 될 것이다.
⑤ D팀은 보라색을 사용한 적이 있다.

※ 다음은 K사 제품의 공정순서와 공정에 따른 〈조건〉에 대한 자료이다. 이어지는 질문에 답하시오. [24~25]

〈K사 공정표〉

공정	선행공정	소요시간(분)
가	준비단계	30
나	없음	15
다	가	60
라	나	35
마	다	20
바	라 또는 마	45

조건

- 준비단계는 공정을 시작하기 전 기계 점검 및 작동 예열 시간으로 20분이 소요된다(단, 가 공정을 할 때마다 준비단계를 먼저 시행한다).
- 나 공정은 준비단계 없이 바로 시작할 수 있다.
- 공정 사이 제품의 이동시간은 무시한다.
- 가, 나 공정은 동시 시작이 가능하고, 공정 과정은 두 가지이다.
- 가 공정으로 시작하는 제품은 7개, 나 공정으로 시작하는 제품은 3개 생산이 가능하다.
- 공정 과정은 선행공정에 따라 정해지고, 마지막 공정인 바 공정에서는 동시가동이 가능하다.

24 공장에서 10시간 동안 기계를 작동했을 때, 가 공정으로 시작하는 공정 과정의 완제품 개수와 나 공정으로 시작하여 만들어지는 완제품 개수의 차이는 몇 개인가?

① 9개 ② 7개
③ 5개 ④ 3개
⑤ 1개

25 두 가지 공정과정을 동시에 가동시켜 150개의 제품을 생산한다고 할 때, 최소 소요시간은 몇 시간인가?

① 21시간 ② 26시간
③ 28시간 ④ 30시간
⑤ 35시간

26 K공사에 근무하는 A대리는 국내 자율주행자동차 산업에 대한 SWOT 분석 결과에 따라 국내 자율주행자동차 산업 발달을 위한 방안을 고안하는 중이다. A대리가 SWOT 분석에 의한 경영전략에 따라 판단하였다고 할 때, 다음 〈보기〉 중 SWOT 분석에 의한 경영전략에 따른 판단으로 적절하지 않은 것을 모두 고르면?

〈국내 자율주행자동차 산업에 대한 SWOT 분석 결과〉

구분	분석 결과
강점(Strength)	• 민간 자율주행기술 R&D지원을 위한 대규모 예산 확보 • 국내외에서 우수한 평가를 받는 국내 자동차기업 존재
약점(Weakness)	• 국내 민간기업의 자율주행기술 투자 미비 • 기술적 안전성 확보 미비
기회(Opportunity)	• 국가의 지속적 자율주행자동차 R&D 지원법안 본회의 통과 • 완성도 있는 자율주행기술을 갖춘 외국 기업들의 등장
위협(Threat)	• 자율주행차에 대한 국민들의 심리적 거부감 • 자율주행차에 대한 국가의 과도한 규제

〈SWOT 분석에 의한 경영전략〉

- SO전략 : 기회를 이용해 강점을 활용하는 전략
- ST전략 : 강점을 활용하여 위협을 최소화하거나 극복하는 전략
- WO전략 : 기회를 활용하여 약점을 보완하는 전략
- WT전략 : 약점을 최소화하고 위협을 회피하는 전략

보기

ㄱ. 자율주행기술 수준이 우수한 외국 기업과의 기술이전협약을 통해 국내 우수 자동차기업들의 자율주행기술 연구 및 상용화 수준을 향상시키려는 전략은 SO전략에 해당한다.

ㄴ. 민간의 자율주행기술 R&D를 적극 지원하여 자율주행기술의 안전성을 높이려는 전략은 ST전략에 해당한다.

ㄷ. 자율주행자동차 R&D를 지원하는 법률을 토대로 국내 기업의 기술개발을 적극 지원하여 안전성을 확보하려는 전략은 WO전략에 해당한다.

ㄹ. 자율주행기술개발에 대한 국내기업의 투자가 부족하므로 국가기관이 주도하여 기술개발을 추진하는 전략은 WT전략에 해당한다.

① ㄱ, ㄴ　② ㄱ, ㄷ

③ ㄴ, ㄷ　④ ㄴ, ㄹ

⑤ ㄱ, ㄴ, ㄷ

27 다음 대화에서 나타난 논리적 오류로 가장 적절한 것은?

의사 : 음주와 흡연은 고혈압과 당뇨를 유발할 수 있으니 조절하십시오.
환자 : 에이, 의사선생님도 술, 담배 하시잖아요.

① 성급한 일반화의 오류
② 피장파장의 오류
③ 군중에 호소하는 오류
④ 인신공격의 오류
⑤ 흑백사고의 오류

28 K기업은 현재 모든 사원과 연봉 협상을 하는 중이다. 연봉은 전년도 성과지표에 따라서 결정되며 사원들의 성과지표 결과가 다음과 같을 때, 가장 많은 연봉을 받을 사람은 누구인가?

〈성과지표별 가중치〉

(단위 : 원)

성과지표	수익 실적	업무 태도	영어 실력	동료 평가	발전 가능성
가중치	3,000,000	2,000,000	1,000,000	1,500,000	1,000,000

〈사원별 성과지표 결과〉

(단위 : 점)

구분	수익 실적	업무 태도	영어 실력	동료 평가	발전 가능성
A사원	3	3	4	4	4
B사원	3	3	3	4	4
C사원	5	2	2	3	2
D사원	3	3	2	2	5
E사원	4	2	5	3	3

※ (당해 연도 연봉)=3,000,000원+(성과급)
※ 성과급은 각 성과지표와 그에 해당하는 가중치를 곱한 뒤 모두 더함
※ 성과지표의 평균이 3.5점 이상인 경우 당해 연도 연봉에 1,000,000원이 추가됨

① A사원
② B사원
③ C사원
④ D사원
⑤ E사원

29 K공사의 기획팀은 A팀장, B과장, C대리, D주임, E사원으로 구성되어 있다. 다음 〈조건〉과 같이 출근한다고 할 때, 기획팀 팀원들을 출근한 순서대로 바르게 나열한 것은?

조건

- E사원은 항상 A팀장보다 먼저 출근한다.
- B과장보다 일찍 출근하는 팀원은 한 명뿐이다.
- D주임보다 늦게 출근하는 직원은 두 명 있다.
- C대리는 팀원 중 가장 일찍 출근한다.

① C대리 – B과장 – D주임 – E사원 – A팀장
② C대리 – B과장 – E사원 – D주임 – A팀장
③ D주임 – A팀장 – B과장 – E사원 – C대리
④ E사원 – A팀장 – B과장 – D주임 – C대리
⑤ E사원 – B과장 – D주임 – C대리 – A팀장

30 K공사의 기획팀 B팀장은 C사원에게 K공사에 대한 마케팅 전략 보고서를 요청하였다. C사원이 B팀장에게 제출한 SWOT 분석 결과가 다음과 같을 때, 밑줄 친 ㉠~㉤ 중 적절하지 않은 것은?

강점(Strength)	• 새롭고 혁신적인 서비스 • ㉠ 직원들에게 가치를 더하는 K공사의 다양한 측면 • 특화된 마케팅 전문 지식
약점(Weakness)	• 낮은 품질의 서비스 • ㉡ 경쟁자의 시장 철수로 인한 새로운 시장 진입 가능성
기회(Opportunity)	• ㉢ 합작회사를 통한 전략적 협력 구축 가능성 • 글로벌 시장으로의 접근성 향상
위협(Threat)	• ㉣ 주력 시장에 나타난 신규 경쟁자 • ㉤ 경쟁 기업의 혁신적 서비스 개발 • 경쟁 기업과의 가격 전쟁

① ㉠
② ㉡
③ ㉢
④ ㉣
⑤ ㉤

| 01 | 토목일반

31 **다음 중 연약지반 개량공법에서 일시적인 개량공법은?**

① 웰 포인트 공법
② 치환 공법
③ 페이퍼드레인 공법
④ 모래다짐말뚝 공법
⑤ 주입 공법

32 **폭이 b, 높이가 h인 구형 단면에서 중립축의 단면 2차 모멘트를 I_A, 밑면의 단면 2차 모멘트를 I_B라 할 때 $\dfrac{I_A}{I_B}$는?**

① 1
② $\dfrac{1}{2}$
③ $\dfrac{1}{3}$
④ $\dfrac{1}{4}$
⑤ $\dfrac{1}{5}$

33 **다음 중 트래버스 측량의 관측 방법에서 방위각법에 대한 설명으로 옳지 않은 것은?**

① 진북을 기준으로 어느 측선까지 시계 방향으로 측정하는 방법이다.
② 험준하고 복잡한 지역에서는 적합하지 않다.
③ 노선측량 또는 지형측량에 널리 쓰인다.
④ 각 관측값의 계산과 제도가 편리하고 신속히 관측할 수 있다.
⑤ 각이 독립적으로 관측되므로 오차 발생 시 개별각의 오차는 이후의 측량에 영향이 없다.

34 단순보의 A단에 작용하는 모멘트를 M_A라고 할 때, 다음 중 처짐각 θ_B는?(단, EI는 일정하다)

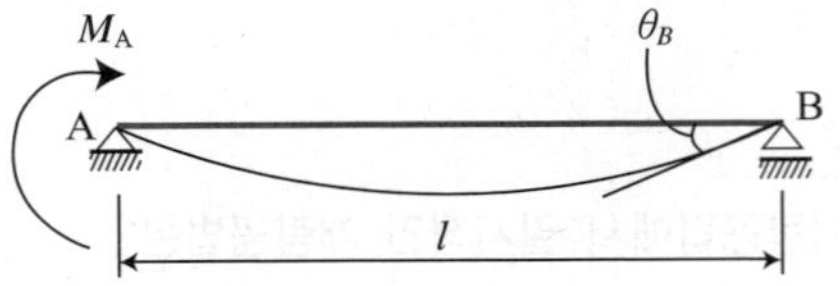

① $\dfrac{M_A l}{3EI}$
② $\dfrac{M_A l}{4EI}$
③ $\dfrac{M_A l}{5EI}$
④ $\dfrac{M_A l}{6EI}$
⑤ $\dfrac{M_A l}{7EI}$

35 다음 중 DGPS(Differential GPS)에 대한 설명으로 옳지 않은 것은?

① 후처리 DGPS는 반송파를 이용하여 정밀도가 낮은 편이다.
② DGPS의 이동국은 보정치를 사용하여 보정 가능한 오차를 제거한다.
③ DGPS는 실시간 또는 후처리방식으로 가능하며, 코드측정법이라 한다.
④ DGPS는 기준국에서 추적 가능한 모든 위성의 의사거리 보정치를 계산한다.
⑤ 실시간 DGPS는 보정자료를 실시간으로 제공하고, 현장인력이 필요하지 않다.

36 반지름이 30cm인 원형 재하판을 사용하여 평판재하시험을 한 결과 항복하중이 5t, 극한하중이 9t일 때, 이 기초지반의 허용지지력은?

① 8.84t/m^2
② 10.61t/m^2
③ 14.88t/m^2
④ 17.69t/m^2
⑤ 18.21t/m^2

37 다음 중 표준관입시험에 대한 설명으로 옳지 않은 것은?

① 고정 Piston 샘플러를 사용한다.

② 질량(63.5±0.5)kg인 해머를 사용한다.

③ 해머의 낙하높이는 (760±10)mm이다.

④ 샘플러를 지반에 300mm 박아 넣는 데 필요한 타격횟수를 N값이라고 한다.

⑤ 사질토의 경우에는 N값에서 전단 강도나 모래의 압축성 등을 판정할 수 있다.

38 다음 중 단순보 상하부재의 처짐에 대한 설명으로 옳지 않은 것은?

① 보의 형태에 따라 처짐에 영향을 줄 수 있다.

② 보의 강도는 보의 처짐에 영향을 주지 않는다.

③ 보의 재질에 따라 열팽창 특성이 변할 수 있다.

④ 상하부재 사이의 온도 차이가 클수록 처짐량은 증가한다.

⑤ 길이가 긴 보일수록 자체적으로 처지는 정도가 더 크다.

PART 5

39 다음 중 최대 휨모멘트가 일어나지 않는 단면에서는 1방향 슬래브의 정부 철근의 중심 간격이 얼마인가?

① 슬래브 두께의 3배 이하 또는 450mm 이하

② 슬래브 두께의 2배 이하 또는 500mm 이하

③ 슬래브 두께의 3배 이하 또는 400mm 이하

④ 슬래브 두께의 2배 이하 또는 450mm 이하

⑤ 슬래브 두께의 3배 이하 또는 300mm 이하

40 한 변의 길이가 10m인 정사각형 토지를 축척 1 : 600인 도상에서 관측한 결과, 도상의 변 관측 오차가 0.2mm씩 발생하였다. 다음 중 실제 면적에 대한 오차 비율은?

① 1.2%　　② 2.4%

③ 4.8%　　④ 6.0%

⑤ 7.2%

41 다음 중 비접착식 포스트텐션 공법에 대한 설명으로 옳지 않은 것은?

① 그라우팅 작업이 필요 없다.
② 보강 철근량이 상대적으로 적다.
③ 정착구는 응력을 상시로 전달한다.
④ PC강선과 콘크리트가 서로 접촉하지 않는 공법이다.
⑤ 일반 건물, 주차장 등의 슬래브나 보에 적합한 공법이다.

42 다음 단순보에 하중 $P=10\text{t}$이 보의 중앙에 작용한다. 이때 보 중앙에 생기는 처짐은?(단, 보의 길이 $l=8\text{m}$, 휨 강성계수 $EI=1,205\times10^4\text{t}\cdot\text{cm}^2$이다)

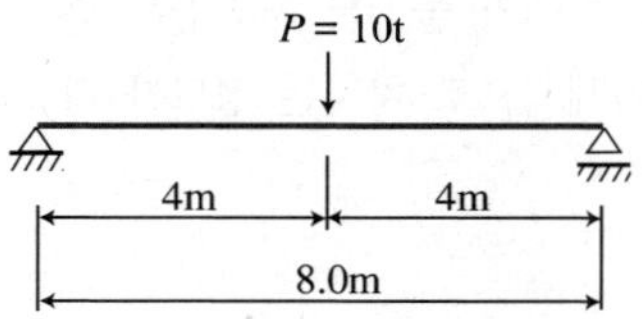

① 약 5.459cm
② 약 8.852cm
③ 약 11.542cm
④ 약 15.472cm
⑤ 약 17.352cm

43 다음 그림에서 휨모멘트가 최대가 되는 단면의 위치는 B점에서 얼마만큼 떨어져 있는가?

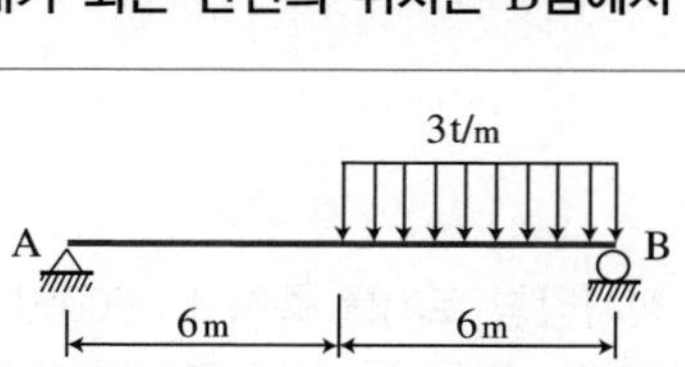

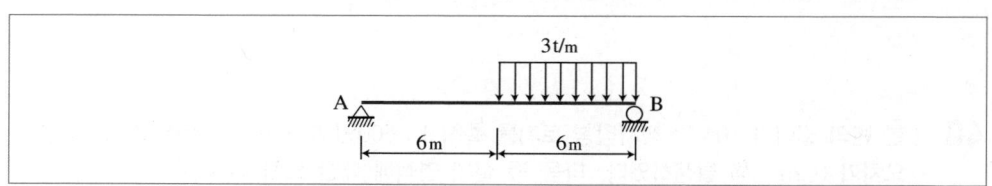

① 4.2m
② 4.5m
③ 4.8m
④ 5.2m
⑤ 5.5m

44 콘크리트의 설계기준강도가 38MPa일 때, 콘크리트의 탄성계수는?(단, 보통골재를 사용한다)

① 2.6452×10^4MPa
② 2.7104×10^4MPa
③ 2.9546×10^4MPa
④ 3.0952×10^4MPa
⑤ 3.1856×10^4MPa

45 다음 중 입경이 균일한 포화된 사질지반에 지진이나 진동 등 동적하중이 작용할 때, 지반에서 일시적으로 전단강도를 상실하게 되는 현상은?

① 분사(Quick Sand) 현상
② 틱소트로피(Thixotropy) 현상
③ 히빙(Heaving) 현상
④ 파이핑(Piping) 현상
⑤ 액상화(Liquefaction) 현상

46 다음 중 철근 콘크리트 휨부재에서 최소철근비를 규정한 이유로 옳은 것은?

① 부재의 경제적인 단면 설계를 위해서
② 부재의 사용성을 증진시키기 위해서
③ 부재의 시공 편의를 위해서
④ 부재의 급작스런 파괴를 방지하기 위해서
⑤ 부재의 하중을 줄이기 위해서

47 **다음 중 다각측량의 순서로 옳은 것은?**

① 계획 – 답사 – 선점 – 조표 – 관측
② 계획 – 답사 – 선점 – 관측 – 조표
③ 계획 – 선점 – 답사 – 관측 – 조표
④ 계획 – 선점 – 답사 – 조표 – 관측
⑤ 계획 – 관측 – 답사 – 선점 – 조표

48 **양단힌지로 된 장주의 좌굴하중이 $P_b = 10\text{t}$일 때, 조건이 같은 양단고정인 장주의 좌굴하중은?**

① 5t ② 10t
③ 20t ④ 30t
⑤ 40t

49 **촬영고도 800m의 연직사진에서 높이 20m에 대한 시차차의 크기는?(단, 초점거리는 21cm, 사진 크기는 23×23cm, 종중복도는 60%이다)**

① 0.8mm ② 1.3mm
③ 1.8mm ④ 2.3mm
⑤ 2.8mm

50 **다음 중 GNSS 측량에서 상대측위 방법에 대한 설명으로 옳은 것은?**

① 수신기 1대만을 사용하여 측위를 실시한다.
② 위성과 수신기 간의 거리는 전파의 파장 개수를 이용하여 계산할 수 있다.
③ 위상차의 계산은 단일차, 이중차, 삼중차와 같은 차분기법으로는 해결하기 어렵다.
④ 전파의 위상차를 관측하는 방식이나 절대측위 방법보다 정확도가 낮다.
⑤ 미지점을 제외한 두 각 및 그 사이 변의 길이를 측량하는 것이다.

51 **다음 중 오픈케이슨 공법의 장점으로 옳지 않은 것은?**

① 침하깊이에 제한이 없다.
② 기계설비가 비교적 간단하다.
③ 공사비가 일반적으로 저렴하다.
④ 무진동 시공을 할 수 있어 시가지 공사에도 적합하다.
⑤ 수중타설 시 콘크리트의 품질이 향상된다.

52 **점성토를 다지면 함수비의 증가에 따라 입자의 배열이 달라진다. 최적함수비의 습윤측에서 다짐을 실시하면 흙은 어떤 구조로 되는가?**

① 단립구조
② 봉소구조
③ 분산구조
④ 면모구조
⑤ 구상구조

53 **다음 중 얕은 기초 아래의 접지압력 분포 및 침하량에 대한 설명으로 옳지 않은 것은?**

① 접지압력의 분포는 기초의 강성, 흙의 종류, 형태 및 깊이 등에 따라 다르다.
② 점성토 지반에 강성기초 아래의 접지압 분포는 기초의 모서리 부분이 중앙 부분보다 작다.
③ 사질토 지반에서 강성기초인 경우 중앙 부분이 모서리 부분보다 큰 접지압을 나타낸다.
④ 사질토 지반에서 유연성기초인 경우 침하량은 중심 부분보다 모서리 부분이 더 크다.
⑤ 접지압력의 분포는 기초 바닥면과 지반과의 접촉면에 생기는 압력, 즉 지반 압력으로 볼 수 있다.

54 **다음 중 단면적이 같은 정사각형과 원의 단면계수비는?(단, 정사각형 단면의 일변은 h이고, 원형 단면의 지름은 D이다)**

① 1 : 0.46
② 1 : 0.85
③ 1 : 1.18
④ 1 : 2.24
⑤ 1 : 3.58

55 설계기준압축강도(f_{ck})가 25MPa이고, 쪼갬인장강도(f_{sp})가 2.4MPa인 경량골재콘크리트에 적용하는 경량콘크리트계수(λ)는?

① 약 0.857
② 약 0.867
③ 약 0.878
④ 약 0.881
⑤ 약 0.893

56 다음 중 사진측량의 특징에 대한 설명으로 옳지 않은 것은?

① 측량의 정확도가 균일하다.
② 정성적 관측이 가능하다.
③ 정량적 관측이 가능하다.
④ 기상의 제약 없이 측량이 가능하다.
⑤ 비교적 비용이 많이 든다.

57 다음 중 가상일의 원리에 대한 설명으로 옳지 않은 것은?

① 단위하중법이라고 한다.
② 가상변위는 임의로 선정할 수 없다.
③ 에너지 불변의 법칙이 성립한다.
④ 재료는 탄성한도 내에서 거동한다고 가정한다.
⑤ 구속조건 적용과 해석에 유리하다.

58 촬영고도 3,000m에서 초점거리 153mm의 카메라를 사용하여 고도 600m의 평지를 촬영할 경우 사진축척은?

① $\frac{1}{18,762}$
② $\frac{1}{17,568}$
③ $\frac{1}{16,766}$
④ $\frac{1}{15,686}$
⑤ $\frac{1}{14,865}$

59 다음 캔틸레버보 선단 B의 처짐각(Slope, 요각)은?(단, EI는 일정하다)

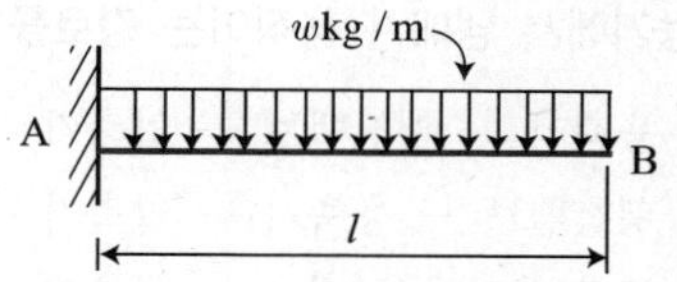

① $\dfrac{wl^3}{3EI}$　　② $\dfrac{wl^3}{6EI}$

③ $\dfrac{wl^3}{8EI}$　　④ $\dfrac{2wl^3}{3EI}$

⑤ $\dfrac{2wl^3}{6EI}$

60 다음 그림과 같은 직사각형 단면의 소성 단면계수(Plastic Section Modulus)는?

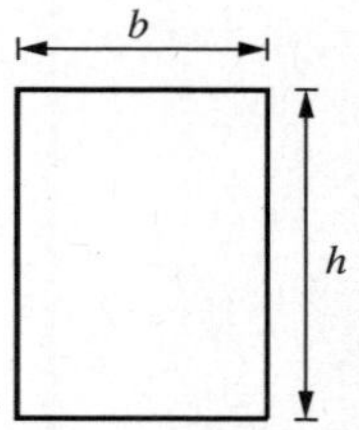

① $\dfrac{bh^2}{6}$　　② $\dfrac{bh^2}{5}$

③ $\dfrac{bh^2}{4}$　　④ $\dfrac{bh^2}{3}$

⑤ $\dfrac{bh^2}{2}$

PART 5

| 02 | 기계일반

31 **다음 중 증기압축식 냉동기에서 냉매가 움직이는 경로를 순서대로 바르게 나열한 것은?**

① 압축기 → 증발기 → 응축기 → 팽창밸브 → 압축기
② 압축기 → 증발기 → 팽창밸브 → 응축기 → 압축기
③ 압축기 → 응축기 → 증발기 → 팽창밸브 → 압축기
④ 압축기 → 응축기 → 팽창밸브 → 증발기 → 압축기
⑤ 압축기 → 팽창밸브 → 증발기 → 응축기 → 압축기

32 **다음 중 공작물의 회전운동에 의하여 절삭이 이루어지는 공작기계는?**

① 선반
② 슬로터
③ 프레스
④ 플레이너
⑤ 드릴링 머신

33 **다음 중 탄성계수 E, 전단탄성계수 G, 푸아송 비 ν 사이의 관계식으로 옳은 것은?**

① $G = \dfrac{E}{1+2\nu}$
② $G = \dfrac{3E}{2(1+\nu)}$
③ $G = \dfrac{2E}{1+\nu}$
④ $G = \dfrac{E}{2(1+\nu)}$
⑤ $G = \dfrac{2(1+\nu)}{E}$

34 **다음 중 주조성이 좋은 주철을 용해하여 열처리를 함으로써 견인성을 높인 주철은?**

① 합금주철
② 구상흑연주철
③ 칠드주철
④ 가단주철
⑤ 백주철

35 **다음 중 재료의 원래 성질을 유지하면서 내마멸성을 강화시키는 목적의 열처리 공정은?**

① 풀림(Annealing)
② 뜨임(Tempering)
③ 담금질(Quenching)
④ 고주파경화법(Induction Hardening)
⑤ 피닝(Peening)

PART 5

36 **다음 중 스테인리스강에 대한 설명으로 옳지 않은 것은?**

① 12 ~ 18%의 Cr을 함유한 내식성이 아주 강한 강이다.
② 스테인리스강에서 탄소량이 많을수록 내식성이 향상된다.
③ 스테인리스강은 뛰어난 내식성과 높은 인장강도의 특성을 갖는다.
④ 스테인리스강은 산소와 접하면 얇고 단단한 크롬산화막을 형성한다.
⑤ 오스테나이트계 스테인리스강은 주로 크롬, 니켈이 철과 합금된 것으로, 연성이 크다.

37 **다음 중 금속과 결정 구조가 바르게 연결된 것은?**

① 알루미늄(Al) : 체심입방격자
② 금(Au) : 조밀육방격자
③ 크롬(Cr) : 체심입방격자
④ 마그네슘(Mg) : 면심입방격자
⑤ 구리(Cu) : 조밀육방격자

38 **다음 중 경도 시험의 종류와 〈보기〉의 경도 시험의 명칭을 바르게 짝지은 것은?**

(가) 원뿔형 다이아몬드 및 강구를 누르는 방법이다.
(나) 낙하시킨 추의 반발높이를 이용하는 방법이다.
(다) 구형 누르개를 일정한 시험하중으로 압입하는 방법이다.

보기

ㄱ. 쇼어 경도(H_S)
ㄴ. 브리넬 경도(H_B)
ㄷ. 로크웰 경도(H_R)

	(가)	(나)	(다)
①	ㄱ	ㄴ	ㄷ
②	ㄴ	ㄱ	ㄷ
③	ㄴ	ㄷ	ㄱ
④	ㄷ	ㄱ	ㄴ
⑤	ㄷ	ㄴ	ㄱ

39 **다음 중 헬리컬기어(Helical Gear)의 특징으로 옳지 않은 것은?**

① 원통기어의 하나이다.
② 스퍼기어(평기어)보다 큰 힘을 전달한다.
③ 기어 제작이 쉽다.
④ 주로 동력 전달 장치나 감속기에 사용한다.
⑤ 2중 헬리컬기어는 서로 방향이 다른 기어를 조합한 것을 말한다.

40 **다음 중 열역학 제2법칙에 대한 설명으로 옳은 것은?**

① 물질 변화 과정의 방향성을 제시한다.
② 에너지의 양을 결정한다.
③ 에너지의 종류를 판단할 수 있다.
④ 공학적 장치의 크기를 알 수 있다.
⑤ 에너지 보존 법칙을 알 수 있다.

41 **다음 중 심냉처리의 목적으로 옳은 것은?**

① 자경강에 인성을 부여하기 위함
② 항온 담금질하여 베이나이트 조직을 얻기 위함
③ 급열, 급냉 시 온도 이력현상을 관찰하기 위함
④ 담금질 후 일정한 시간동안 온도를 유지하기 위함
⑤ 담금질 후 시효변형을 방지하기 위해 잔류 오스테나이트를 마텐자이트 조직으로 얻기 위함

42 **다음 중 금속의 접촉부를 상온 또는 가열한 상태에서 압력을 가하여 결합시키는 용접은?**

① 가스 용접 ② 아크 용접
③ 전자빔 용접 ④ 저항 용접
⑤ 초음파 용접

43 **다음 중 베어링 메탈이 갖추어야 할 조건으로 옳지 않은 것은?**

① 내식성이 클 것
② 압축강도가 클 것
③ 열전도율이 높을 것
④ 유막 형성이 용이할 것
⑤ 베어링에 흡입된 먼지 등이 흡착되지 않을 것

44 **다음 중 선반 가공 작업에서 공구의 절삭속도에 대한 설명으로 옳은 것은?**

① 절삭속도가 느리면 전단형 칩이 생성된다.
② 절삭속도가 빠를수록 절삭저항력은 증가한다.
③ 절삭속도가 빠르면 표면 거칠기는 거칠어진다.
④ 공작물의 재질에 따라 적절한 절삭속도가 있다.
⑤ 절삭속도는 절삭 공구가 공작물을 통과하여 이동하는 속도이다.

45 다음 중 사출성형품의 불량원인과 대책에 대한 설명으로 옳지 않은 것은?

① 플래싱(Flashing) : 고분자 수지가 금형의 분리면(Parting Line)의 틈으로 흘러나와 고화 또는 경화된 것으로, 금형 자체의 체결력을 높임으로써 해결할 수 있다.
② 주입부족(Short Shot) : 용융수지가 금형공동을 완전히 채우기 전에 고화되어 발생하는 결함으로, 성형 압력을 높임으로써 해결할 수 있다.
③ 수축(Shrinkage) : 수지가 금형공동에서 냉각되는 동안 발생하는 수축에 의한 치수 및 형상 변화로, 성형수지의 온도를 낮춰 해결할 수 있다.
④ 용접선(Weld Line) : 용융수지가 금형공동의 코어 등의 주위를 흐르면서 반대편에서 서로 만나는 경계 부분의 기계적 성질이 떨어지는 결함으로, 게이트의 위치변경 등으로 개선할 수 있다.
⑤ 번 마크(Burn Mark) : 과도하게 가열된 수지의 유입으로 성형품의 표면에 탄 모양이 생긴 결함으로, 용융 수지 및 금형의 온도를 낮춰 개선할 수 있다.

46 다음 중 직각인 두 축 간에 운동을 전달하고 잇수가 같은 한 쌍의 원추형 기어는?

① 스퍼기어
② 마이터기어
③ 나사기어
④ 헬리컬기어
⑤ 헤링본기어

47 다음 중 브레이크블록이 확장되면서 원통형 회전체의 내부에 접촉하여 제동하는 브레이크는?

① 블록브레이크
② 밴드브레이크
③ 나사브레이크
④ 원판브레이크
⑤ 드럼브레이크

48 다음 중 제품과 같은 모양의 모형을 양초나 합성수지로 만든 후 내화재료로 도포하여 가열경화시키는 주조방법은?

① 셸몰드법
② 인베스트먼트주조법
③ 원심주조법
④ 다이캐스팅법
⑤ 풀몰드법

49 전단탄성계수가 80GPa인 강봉에 전단응력이 1kPa이 발생했다면 이 부재에 발생한 전단변형률 γ은?

① 12.5×10^{-3}
② 12.5×10^{-6}
③ 12.5×10^{-9}
④ 12.5×10^{-12}
⑤ 12.5×10^{-15}

50 다음 중 V벨트의 특징으로 옳은 것은?

① 평벨트보다는 잘 벗겨진다.
② 고속운전에는 적합하지 않다.
③ 미끄럼이 작고 속도비가 높다.
④ 효율이 크지만 구조가 복잡하다.
⑤ 접촉 면적이 작아서 큰 동력 전달에는 불리하다.

PART 5

51 다음 중 배관에서 역류를 방지하고 압력을 통해 자동으로 작동하는 밸브는?

① 셔틀밸브(Shuttle Valve)
② 로터리밸브(Rotary Valve)
③ 스풀밸브(Spool Valve)
④ 체크밸브(Check Valve)
⑤ 스톱밸브(Stop Valve)

52 다음 중 유압 회로 내의 압력이 설정 압을 넘으면 유압에 의하여 막이 파열되어 유압유를 탱크로 귀환시키며 압력 상승을 막아 기기를 보호하는 역할을 하는 유압요소는?

① 압력 스위치
② 감압 밸브
③ 유체 퓨즈
④ 포핏 밸브
⑤ 카운터 밸런스 밸브

53 다음 중 사각형의 단면계수를 구하는 식으로 옳은 것은?

① $Z=\dfrac{bh^2}{3}$

② $Z=\dfrac{bh^3}{30}$

③ $Z=\dfrac{\pi d^3}{32}$

④ $Z=\dfrac{bh^2}{6}$

⑤ $Z=\dfrac{bh^3}{36}$

54 다음 중 유압 작동유의 점도가 높을 때 발생할 수 있는 현상으로 옳지 않은 것은?

① 온도가 상승한다.
② 더 빨리 마모된다.
③ 동력손실이 커진다.
④ 공동현상이 발생한다.
⑤ 내부 마찰력이 커진다.

55 역카르노 사이클로 작동하는 냉동기의 증발기 온도가 250K, 응축기 온도가 350K일 때 냉동사이클의 성적계수는 얼마인가?

① 0.25
② 0.4
③ 2.5
④ 3.5
⑤ 4.5

56 카르노 사이클로 작동되는 열기관이 400kJ의 열을 300℃에서 공급받아 50℃에서 방출한다면 이 기관의 일은 몇 kJ인가?

① 약 85.5kJ
② 약 123.4kJ
③ 약 152.8kJ
④ 약 174.5kJ
⑤ 약 181.2kJ

57 **다음 유압기기 중 작동유가 가지고 있는 에너지를 잠시 저축했다가 사용하며, 갑작스러운 충격에 대한 완충작용을 할 수 있는 것은?**

① 축압기
② 유체 커플링
③ 스테이터
④ 토크 컨버터
⑤ 임펠러

58 **다음 중 홈이 깊게 가공되어 축의 강도가 약해지는 결점이 있으나 가공하기 쉽고, 60mm 이하의 작은 축에 사용되며, 특히 테이퍼축에 사용하면 편리한 키는 무엇인가?**

① 평행키
② 경사키
③ 반달키
④ 평키
⑤ 새들키

PART 5

59 **다음 중 절대압력을 정하는 데 기준(영점)이 되는 것은?**

① 게이지압력
② 표준대기압
③ 국소대기압
④ 완전진공상태
⑤ 공기압력

60 **밑변이 20cm이고 높이가 30cm인 삼각형 단면이 있다. 이 삼각형의 밑변과 평행하고 도심을 지나는 축에 대한 단면 2차 모멘트의 크기는?**

① 5,000cm^4
② 15,000cm^4
③ 25,000cm^4
④ 35,000cm^4
⑤ 45,000cm^4

| 03 | 전기일반

31 10kVA, 2,000/100V인 변압기에서 1차에 환산한 등가 임피던스는 $6.2+j7\Omega$ 이다. 이 변압기의 %리액턴스 강하는?

① 3.5%
② 1.75%
③ 0.35%
④ 0.175%
⑤ 0.035%

32 다음 그림과 같은 회로에서 2Ω 에 흐르는 전류의 세기는?

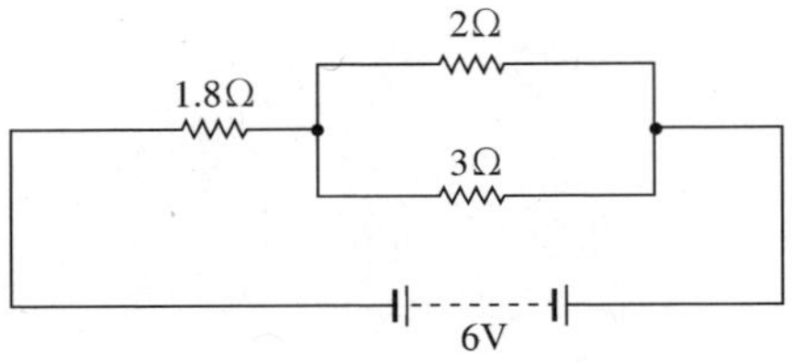

① 0.8A
② 1.2A
③ 1.8A
④ 2A
⑤ 3A

33 어떤 커패시터에 가하는 전압을 2배로 늘릴 때 커패시터 용량의 변화는?(단, 전하량은 변하지 않는다)

① 4배 감소한다.
② 2배 감소한다.
③ 변하지 않는다.
④ 2배 증가한다.
⑤ 4배 증가한다.

34 기전력이 1.5V, 내부 저항이 3Ω 인 전지 3개를 같은 극끼리 병렬로 연결하고, 어떤 부하저항을 연결하였더니 부하에 0.5A의 전류가 흘렀다. 부하저항의 값을 두 배로 높였을 때, 부하에 흐르는 전류는?

① 0.3A
② 0.35A
③ 0.4A
④ 0.45A
⑤ 0.5A

35 권수가 N회, 단면적이 S, 길이가 l인 환상 코일에 I만큼의 전류가 흐를 때, 인덕턴스는 L이다. 권수를 절반으로 줄였을 때, 인덕턴스의 변화가 없도록 단면적, 길이, 전류의 세기를 조절한다면 어떻게 조절해야 하는가?

① 단면적, 전류의 세기를 유지하고 길이를 2배로 한다.
② 단면적, 전류의 세기를 유지하고 길이를 4배로 한다.
③ 길이, 전류의 세기를 유지하고 단면적을 2배로 한다.
④ 길이, 전류의 세기를 유지하고 단면적을 4배로 한다.
⑤ 길이, 단면적을 유지하고 전류의 세기를 2배로 한다.

36 직선 전류가 흐르는 무한히 긴 도체에서 80cm 떨어진 점의 자기장의 세기가 20AT/m일 때, 도체에 흐른 전류는 몇 A인가?

① 2πA
② 4πA
③ 8πA
④ 16πA
⑤ 32πA

37 직경이 3.2mm인 경동연선의 소선 총 가닥수가 37가닥일 때, 연선의 바깥지름은?

① 12.4mm
② 14.6mm
③ 18.7mm
④ 22.4mm
⑤ 25.5mm

38 전압과 역률이 일정할 때, 전력을 몇 % 증가시키면 전력손실이 3배로 되는가?

① 약 33%
② 약 43%
③ 약 53%
④ 약 63%
⑤ 약 73%

39 $R-L-C$ 병렬회로에서 저항 10Ω, 인덕턴스 100H, 정전용량 $10^4\mu F$일 때, 공진 현상이 발생하였다. 이때, 공진 주파수는?

① $\frac{1}{2\pi}\times 10^{-3}$Hz
② $\frac{1}{2\pi}$Hz
③ $\frac{1}{\pi}$Hz
④ $\frac{10}{\pi}$Hz
⑤ πHz

40 다음 중 동기발전기 전기자 반작용에 대한 설명으로 옳은 것은?

① 유기 기전력과 전기자 전류가 동상인 경우 직축 반작용을 한다.
② 뒤진역률일 경우, 즉 전류가 전압보다 90° 뒤질 때는 증자 작용을 한다.
③ 전기자 전류에 의해 발생한 자기장이 계자 자속에 영향을 주는 현상이다.
④ 계자 전류에 의한 자속이 전기자 전류에 의한 자속에 영향을 주는 현상이다.
⑤ 앞선역률일 경우, 즉 전류가 전압보다 90° 앞설 때는 교차 자화 작용을 한다.

41 15F의 정전용량을 가진 커패시터에 270J의 전기에너지를 저장할 때, 커패시터의 전압은?

① 3V
② 6V
③ 9V
④ 12V
⑤ 15V

42 다음 중 직류 발전기의 전기자 반작용을 없애는 방법으로 옳지 않은 것은?

① 보상권선 설치
② 보극 설치
③ 브러시 위치를 전기적 중성점으로 이동
④ 균압환 설치
⑤ 계자 기전력 강화

43 다음 중 전기기계의 철심을 성층하는 이유로 옳은 것은?

① 기계손을 작게 하기 위하여
② 표유부하손을 작게 하기 위하여
③ 히스테리시스손을 작게 하기 위하여
④ 와류손을 작게 하기 위하여
⑤ 저항을 작게 하기 위하여

44 역률 0.8인 부하 640kW를 공급하는 변전소에 전력용 콘덴서 200kVA을 설치하면 역률은 몇 %로 개선할 수 있는가?

① 90% ② 91%
③ 92% ④ 93%
⑤ 94%

45 다음 중 직류송전방식의 장점으로 옳지 않은 것은?

① 도체이용률이 좋다.
② 회전자계를 쉽게 얻을 수 있다.
③ 안정도가 좋으므로 송전 용량을 높일 수 있다.
④ 기기 및 선로의 절연에 요하는 비용이 절감된다.
⑤ 리액턴스가 없으므로, 리액턴스에 의한 전압강하가 없다.

46 다음 중 발전기의 정태안정 극한전력에 대한 설명으로 옳은 것은?

① 부하가 일정할 때의 극한전력이다.

② 부하에 사고가 났을 때의 극한전력이다.

③ 부하가 서서히 증가할 때의 극한전력이다.

④ 부하가 급격히 감소할 때의 극한전력이다.

⑤ 부하가 갑자기 크게 증가할 때의 극한전력이다.

47 역률 0.8, 출력 300kW인 3상 평형유도부하가 3상 배전선로에 접속되어 있다. 부하단의 수전전압이 6,000V, 배전선 1조의 저항 및 리액턴스가 각각 5Ω, 4Ω 이라고 하면 송전단 전압은 몇 V인가?

① 6,100V

② 6,200V

③ 6,300V

④ 6,400V

⑤ 6,500V

48 3상 변압기의 임피던스가 Z이고, 선간 전압이 V, 정격 용량이 P일 때 $\%Z$의 값은?

① $\dfrac{PZ}{V}$

② $\dfrac{10PZ}{V}$

③ $\dfrac{PZ}{10\,V^2}$

④ $\dfrac{PZ}{100\,V^2}$

⑤ $\dfrac{PZ}{1{,}000\,V^2}$

49 변압기의 2차측 부하 임피던스 Z가 20Ω 일 때 1차측에서 $18\text{k}\Omega$ 이 되었다면 이 변압기의 권수비는 얼마인가?(단, 변압기의 임피던스는 무시한다)

① 3

② 30

③ $\dfrac{1}{3}$

④ $\dfrac{1}{30}$

⑤ $\dfrac{1}{300}$

50 정격 출력 5kW, 정격 전압 100V의 직류 분권전동기를 전기 동력계를 사용하여 시험하였더니 전기 동력계의 저울이 5kg을 지시했을 때, 전동기의 출력은 약 얼마인가?(단, 동력계의 암의 길이는 0.6m이고, 전동기의 회전수는 1,500rpm으로 한다)

① 약 3.69kW
② 약 3.81kW
③ 약 4.62kW
④ 약 4.87kW
⑤ 약 4.92kW

51 다음 중 3상 유도전동기를 급속 정지할 때, 사용하는 제동방식은 무엇인가?

① 단상제동
② 회생제동
③ 발전제동
④ 저항제동
⑤ 역상제동

52 다음 동기기 손실 중 무부하손(No Load Loss)이 아닌 것은?

① 풍손
② 와류손
③ 전기자 동손
④ 베어링 마찰손
⑤ 히스테리시스손

53 다음 중 전류에 의한 자기장 현상에 대한 설명으로 옳지 않은 것은?

① 렌츠(Lenz)의 법칙으로 유도 기전력의 방향을 알 수 있다.
② 직선도체에 흐르는 전류 주위에는 원형의 자기력선이 발생한다.
③ 직선도체에 전류가 흐를 때 자기력선의 방향은 앙페르(Ampère)의 오른나사법칙을 따른다.
④ 플레밍(Fleming)의 오른손법칙은 직선도체에 흐르는 전류의 방향과 자기장의 방향이 수직인 경우 직선도체가 자기장에서 받는 힘의 방향을 알 수 있다.
⑤ 플레밍(Fleming)의 왼손법칙은 자기장의 방향과 도선에 흐르는 전류의 방향으로 도선이 받는 힘의 방향을 결정하는 규칙이다.

54 유도 전동기의 1차 접속을 Δ에서 Y로 바꾸면 기동 시의 1차 전류는?

① $\frac{1}{\sqrt{3}}$로 감소
② $\frac{1}{3}$로 감소
③ $\sqrt{3}$배로 증가
④ 3배로 증가
⑤ 4배로 증가

55 다음 중 상전압 300V의 3상 반파 정류 회로의 직류 전압은 몇 V인가?

① 420V
② 351V
③ 330V
④ 271V
⑤ 250V

56 $e = \sqrt{2}\,\mathrm{V}\sin\theta$V의 단상 전압을 SCR 한 개로 반파 정류하여 부하에 전력을 공급하는 경우, $\alpha =$ 60°에서 점호하면 직류분의 전압은?

① 0.338V
② 0.395V
③ 0.672V
④ 0.785V
④ 0.826V

57 다음 중 플레밍의 오른손법칙을 이용한 것은?

① 발전기
② 전동기
③ 계량기
④ 축전기
⑤ 계측기

58 다음 중 단상 유도(전동)기를 기동토크가 큰 순서대로 나열한 것은?

ㄱ. 반발기동형	ㄴ. 모노사이클릭형
ㄷ. 반발유도형	ㄹ. 콘덴서기동형
ㅁ. 셰이딩코일형	ㅂ. 분상기동형

① ㄱ－ㄴ－ㄷ－ㄹ－ㅁ－ㅂ
② ㄱ－ㄷ－ㄴ－ㅁ－ㄴ－ㅂ
③ ㄱ－ㄷ－ㄹ－ㅂ－ㅁ－ㄴ
④ ㄴ－ㄱ－ㅂ－ㅁ－ㄷ－ㄹ
⑤ ㄷ－ㅁ－ㅂ－ㄱ－ㄹ－ㄴ

59 다음은 교류 정현파의 최댓값과 다른 값들과의 상관관계를 나타낸 표이다. 실횻값(A)과 파고율(B)을 바르게 나열한 것은?

파형	최댓값	실횻값	파형률	파고율
교류 정현파	V_m	(A)	$\frac{\pi}{2\sqrt{2}}$	(B)

	(A)	(B)
①	$\frac{V_m}{\sqrt{2}}$	$\frac{1}{\sqrt{2}}$
②	$\frac{V_m}{\sqrt{2}}$	$\sqrt{2}$
③	$\sqrt{2}\,V_m$	$\frac{1}{\sqrt{2}}$
④	$\sqrt{2}\,V_m$	$\sqrt{2}$
⑤	$2\sqrt{2}\,V_m$	$\frac{1}{\sqrt{2}}$

60 다음 중 전압을 일정하게 유지하기 위해서 이용되는 다이오드는?

① 발광 다이오드
② 포토 다이오드
③ 제너 다이오드
④ 바리스터 다이오드
⑤ 쇼트키 다이오드

| 04 | 전기이론

31 $f(t)=e^{2t}\sin\omega t$일 때, $\mathcal{L}[f(t)]$의 값은?

① $\dfrac{2}{(s-2)^2+\omega^2}$

② $\dfrac{2}{s^2+(\omega-2)^2}$

③ $\dfrac{\omega}{(s-2)^2+\omega^2}$

④ $\dfrac{\omega}{s^2+(\omega-2)^2}$

⑤ $\dfrac{2\omega}{s^2+(\omega-2)^2}$

32 $R-L-C$ 직렬회로에서 $R : X_L : X_C = 1 : 2 : 1$일 때, 역률은?

① $\dfrac{1}{\sqrt{2}}$

② $\dfrac{1}{2}$

③ $\sqrt{2}$

④ 1

⑤ 2

33 다음의 3상 부하에서 소비되는 전력을 2전력계법으로 측정하였더니 전력계의 눈금이 $P_1=150\text{W}$, $P_2=50\text{W}$를 각각 지시하였다. 이때, 3상 부하의 소비전력은?(단, 부하역률은 0.9이다)

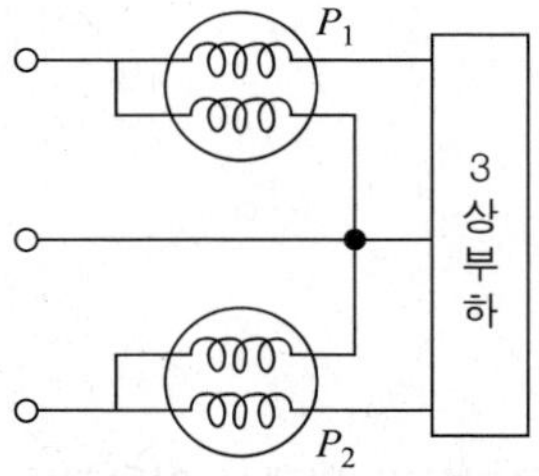

① 90W

② 100W

③ 180W

④ 200W

⑤ 220W

34 저항 $R_1[\Omega]$과 $R_2[\Omega]$을 직렬로 접속하고 V[V]의 전압을 가한 경우에 저항 R_1 양단의 전압은 어떻게 되는가?

① $\dfrac{R_2}{R_1+R_2}V$

② $\dfrac{R_1R_2}{R_1+R_2}V$

③ $\dfrac{R_1-R_2}{R_1R_2}V$

④ $\dfrac{R_1}{R_1+R_2}V$

⑤ $\dfrac{R_1+R_2}{R_1R_2}V$

35 다음 중 디지털 전송에서 사용되는 디지털 데이터 전송 장비는?

① 리피터

② DSU

③ 통신 제어 장치

④ 변복조기

⑤ 라우터

36 다음 직류회로에서 $t=0$인 순간에 스위치를 닫을 경우 스위치로 흐르는 전류 $i_s(0_+)$[A]는?

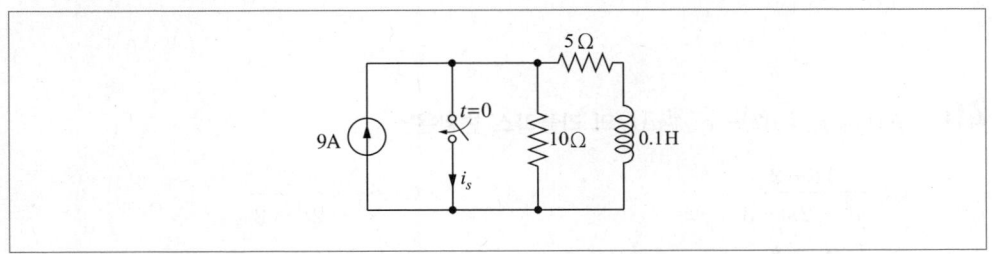

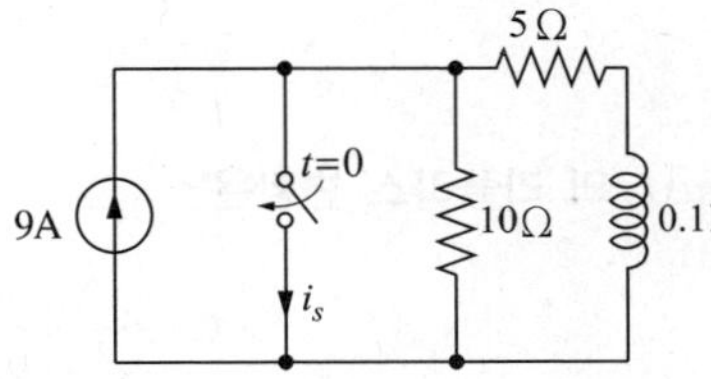

① 1A

② 3A

③ 6A

④ 9A

⑤ 11A

37 전장과 반대 방향으로 전하를 20cm 이동시키는 데 600J의 에너지가 소비되었다. 두 점 사이의 전위차가 100V일 때, 전하의 전기량은?

① 2C
② 4C
③ 6C
④ 8C
⑤ 10C

38 다음 중 정전계 내 도체가 있을 때, 이에 대한 설명으로 옳지 않은 것은?

① 도체표면은 등전위면이다.
② 도체내부의 정전계 세기는 0이다.
③ 등전위면의 간격이 좁을수록 정전계 세기가 크게 된다.
④ 도체표면상에서 정전계 세기는 모든 점에서 표면의 접선방향으로 향한다.
⑤ 도체에 작용하는 전기력선은 서로 교차하지 않으며, 양에서 음으로 향한다.

39 다음 중 신호파의 변화를 반송파의 주파수 변화로 변조하여 전송하는 변조 방식은?

① 위상 변조
② 진폭 변조
③ 델타 변조
④ 펄스 코드 변조
⑤ 주파수 변조

40 $F(t)=e^{-t}u(t)+e^{-2t}u(t)$의 라플라스 변환은?

① $\dfrac{3s+2}{s^2+2s+3}$
② $\dfrac{2s+2}{s^2+2s+2}$
③ $\dfrac{2s+3}{s^2+3s+2}$
④ $\dfrac{2s+1}{s^2+s+2}$
⑤ $\dfrac{2s+1}{s^2+s+3}$

41 다음 송전선로의 코로나 손실을 나타내는 Peek의 계산식에서 E_0가 의미하는 것은?

$$P=\frac{241}{\delta}(f+25)\sqrt{\frac{d}{2D}}(E-E_0)^2\times10^{-5}$$

① 송전단 전압
② 수전단 전압
③ 코로나 임계전압
④ 기준충격 절연강도 전압
⑤ 전선에 걸리는 대지전압

42 실횻값 7A, 주파수 fHz, 위상 60°인 전류의 순시값 i를 수식으로 바르게 표현한 것은?

① $7\sqrt{2}\sin\left(2\pi ft+\frac{\pi}{6}\right)$
② $7\sin\left(2\pi ft+\frac{\pi}{6}\right)$
③ $7\sqrt{2}\sin\left(2\pi ft-\frac{\pi}{3}\right)$
④ $7\sqrt{2}\sin\left(2\pi ft+\frac{\pi}{3}\right)$
⑤ $7\sin\left(2\pi ft+\frac{\pi}{3}\right)$

43 N회 감긴 환상코일의 단면적이 $S\text{m}^2$이고 평균길이가 lm일 때, 이 코일의 권수는 3배로 증가시키고 인덕턴스를 일정하게 유지하기 위한 조건으로 옳은 것은?

① 단면적을 $\frac{1}{9}$배로 좁힌다.
② 비투자율을 $\frac{1}{3}$배로 조정한다.
③ 비투자율을 3배로 조정한다.
④ 전류의 세기를 9배로 늘린다.
⑤ 길이를 3배로 늘린다.

PART 5

44 소모 전력이 150kW인 어떤 공장의 부하역률이 60%일 때, 역률을 90%로 개선하기 위해 필요한 전력용 콘덴서의 용량은?

① 약 67.1kVA
② 약 86.7kVA
③ 약 103.9kVA
④ 약 112.1kVA
⑤ 약 127.3kVA

45 $R=2\Omega$, $L=10\text{mH}$, $C=4\mu\text{F}$로 구성되는 직렬공진회로의 L과 C에서의 전압 확대율은?

① 3
② 6
③ 12
④ 16
⑤ 25

46 다음 중 정현파 교류 $i=I_m\sin\omega t$의 파형률은?

① 약 1.05
② 약 1.11
③ 약 1.25
④ 약 1.35
⑤ 약 2.11

47 서로 결합하고 있는 두 코일 A와 B를 같은 방향으로 감아서 직렬로 접속하면 합성 인덕턴스가 10mH가 되고, 반대로 연결하면 합성 인덕턴스가 40% 감소한다. A코일의 자기 인덕턴스가 5mH라면 B코일의 자기 인덕턴스는 몇 mH인가?

① 1mH
② 3mH
③ 5mH
④ 8mH
⑤ 10mH

48 다음 중 패러데이관의 특징으로 옳지 않은 것은?

① 진전하가 없는 점에서 패러데이관은 비연속적이다.
② 패러데이관 양단에는 정·부의 단위전하가 있다.
③ 패러데이관의 밀도는 전속밀도와 같다.
④ 패러데이관 내의 전속선 수는 일정하다.
⑤ 패러데이관 수와 전속선 수는 같다.

49 저항만으로 구성되어 있는 회로에 50V의 전압을 가했더니 2A의 전류가 흘렀다. 이 회로의 저항은 몇 Ω 인가?

① 15Ω ② 25Ω
③ 50Ω ④ 70Ω
⑤ 100Ω

50 다음 중 도전율 σ, 투자율 μ인 도체에 주파수가 f인 교류전류가 흐를 때, 표피효과에 대한 설명으로 옳은 것은?

① σ가 클수록, μ, f가 작을수록 표피효과는 커진다.
② μ가 클수록, σ, f가 작을수록 표피효과는 커진다.
③ μ, f가 클수록 σ가 작을수록 표피효과는 커진다.
④ σ, μ, f가 작을수록 표피효과는 커진다.
⑤ σ, μ, f가 클수록 표피효과는 커진다.

51 동일한 크기의 전류가 흐르고 있는 왕복 평행 도선에서 간격을 2배로 넓히면 작용하는 힘은 몇 배로 되는가?

① 반으로 감소한다. ② 변함이 없다.
③ 2배로 증가한다. ④ 3배로 증가한다.
⑤ 4배로 증가한다.

52 **다음 중 동기식 데이터 전송 방식의 특징에 대한 설명으로 옳지 않은 것은?**

① 문자나 비트에 시작 및 정지 비트를 사용한다.
② 송수신 간 동기화가 이루어져야 한다.
③ 데이터 블록이 큰 경우 비동기식 전송보다 훨씬 효율적이다.
④ 2단계 인코딩 동기화 기법을 사용한다.
⑤ 타이밍은 각 메시지 또는 데이터 블록의 출발점에 있는 동기 부호들에 의해 유도된다.

53 **샘플된 신호로부터 원래의 아날로그 신호를 에러 없이 복원하기 위해서는 샘플링 주파수와 샘플되는 신호의 주파수의 관계는 어떠해야 하는가?**

① 최고 주파수와 동일해야 한다.
② 최저 주파수와 동일해야 한다.
③ 최고 주파수의 2배 이상이어야 한다.
④ 최저 주파수의 2배 이상이어야 한다.
⑤ 최저 주파수의 3배 이상이어야 한다.

54 **다음 중 복합유전체의 경계면에 작용하는 힘에 대한 설명으로 옳지 않은 것은?**

① 유전율이 큰 쪽에서 작은 쪽으로 힘이 작용한다.
② 전속선은 유전율이 작은 쪽으로 모이려는 성질이 있다.
③ 전계는 유전율이 작은 쪽으로 모이려는 성질이 있다.
④ 전계가 경계면에 수평으로 입사할 때, 경계면에서는 압축응력이 작용한다.
⑤ 전계가 경계면과 수직으로 입사할 때, 경계면에서는 인장응력이 작용한다.

55 다음 회로는 저항과 축전기로 구성되어 있다. 직류 전압을 인가하고 충분한 시간이 지난 후 $R=100\Omega$ 에 흐르는 전류 I[A]는?

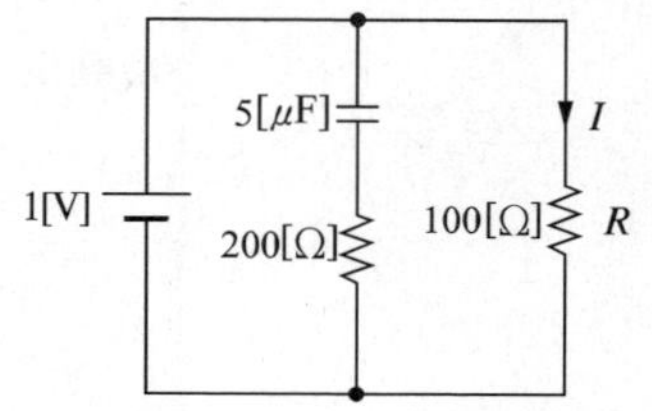

① 0.0001A
② 0.001A
③ 0.01A
④ 0.1A
⑤ 1A

PART 5

56 다음 중 전계 내부의 두 유전체가 경계면에서 받는 변형력은?

① 정전응력
② 톰슨 응력
③ 절연내력
④ 쿨롱의 힘
⑤ 맥스웰 응력

57 일정한 전류가 흐르는 코일 내부에 비투자율이 20인 철심을 넣으면 자속밀도는 철심을 넣기 전에 비해 몇 배가 증가하는가?

① 20배
② 10배
③ 5배
④ 3배
⑤ 2배

58 상호 인덕턴스가 10mH이고, 두 코일의 자기 인덕턴스가 각각 20mH, 80mH일 경우 상호 유도 회로에서의 결합계수 k는?

① 0.125
② 0.25
③ 0.375
④ 0.5
⑤ 0.625

59 권수가 600회인 코일에 3A의 전류를 흘렸을 때, 10^{-3}Wb의 자속이 코일과 쇄교하였다면 인덕턴스는?

① 200mH
② 300mH
③ 400mH
④ 500mH
⑤ 600mH

60 다음 중 반이중(Half－Duplex) 통신의 특징에 대한 설명으로 옳지 않은 것은?

① 실질적으로는 단방향 통신이므로 1개의 링크를 사용한다.
② 스테이션에서 송수신 전환을 위한 지연이 있다.
③ 전송할 수 있는 데이터의 전송량이 비교적 적다.
④ 통신 회선의 용량이 클 때 사용한다.
⑤ 대표적으로 휴대용 무전기가 있다.

03 철도법령

61 다음 중 철도산업발전기본법령상 철도산업위원회에 대한 설명으로 옳지 않은 것은?

① 철도산업위원회의 위원장은 국토교통부장관이 된다.
② 위원장은 위원이 직무와 관련된 비위사실이 있는 경우 해당 위원을 해촉할 수 있다.
③ 위원회의 회의는 재적위원 과반수의 출석과 과반수의 찬성으로 의결한다.
④ 위원회에는 간사 2인을 두며, 간사는 국토교통부장관이 국토교통부 소속 공무원 중에서 지명한다.
⑤ 위원장이 부득이한 사유로 직무를 수행할 수 없는 때에는 위원장이 미리 지명한 의원이 직무를 대행한다.

62 다음 중 철도산업발전기본법상 철도자산에 대한 설명으로 옳은 것은?

① 철도자산 중 기타자산은 운영자산과 시설자산을 포함한 자산이다.
② 국토교통부장관은 철도자산처리계획을 위원회의 심의를 거쳐 수립해야 한다.
③ 국토교통부장관은 현물출자받은 운영자산과 관련된 권리와 의무를 포괄하여 승계한다.
④ 철도청이 건설 중인 시설자산은 철도자산이 완공된 때에 철도시설관리자에게 귀속된다.
⑤ 철도청은 철도자산처리계획에 의하여 철도공사에 운영자산을 현물출자한다.

63 다음 중 철도사업법상 철도운수종사자의 준수사항이 아닌 것은?

① 부당한 운임 또는 요금을 요구하는 행위
② 정당한 사유 없이 여객 또는 화물의 운송을 거부한 행위
③ 안전운행을 위한 철도운수종사자가 준수사항을 위반한 행위
④ 정당한 사유 없이 여객 또는 화물을 중도에서 내리게 하는 행위
⑤ 타인에게 자기의 성명 또는 상호를 사용하여 철도사업을 경영하게 한 행위

64 다음 중 철도사업법령상 사업정지처분에 갈음하여 과징금 처분을 통지를 받은 철도사업자가 수납기관에 납부해야 하는 기간은?

① 7일 이내
② 10일 이내
③ 15일 이내
④ 20일 이내
⑤ 30일 이내

65 다음은 한국철도공사법의 일부이다. 빈칸에 들어갈 내용을 순서대로 바르게 나열한 것은?

> • 공사의 자본금은 22조 원으로 하고, 그 전부를 ______이/가 출자한다.
> • 자본금의 납입 시기와 방법은 ______이/가 정하는 바에 따른다.

① 철도청, 국토건설부장관
② 정부, 기획재정부장관
③ 한국철도공사, 대통령
④ 시설관리자, 행정안정부장관
⑤ 국가철도공사, 산업통상자원부장관

66 다음은 한국철도공사법령상 하부조직의 설치등기에 대한 설명이다. 빈칸에 들어갈 내용을 순서대로 바르게 나열한 것은?

> 공사는 하부조직을 설치한 경우에는 설치 후 2주일 이내에 ______의 소재지에서 설치된 하부조직의 명칭, 소재지 및 ______을/를 등기해야 한다.

① 주된 사무소, 설치 연원일
② 주된 사무소, 설립목표
③ 주된 사무소, 설립기준
④ 하부조직, 설치 연원일
⑤ 하부조직, 투자금

67 **다음 중 철도산업발전기본법상 철도의 관리청은?**

① 국가철도공단
② 한국철도공사
③ 국토교통부장관
④ 철도시설관리자
⑤ 고속철도건설공사

68 **다음 중 철도사업법상 2년 이하의 징역 또는 2천만 원 이하의 벌금에 해당하지 않는 것은?**

① 사업계획의 변경명령을 위반한 자
② 면허를 받지 아니하고 철도사업을 경영한 자
③ 사업정지처분기간 중에 철도사업을 경영한 자
④ 거짓이나 그 밖의 부정한 방법으로 전용철도의 등록을 한 자
⑤ 타인에게 자기의 성명 또는 상호를 대여하여 철도사업을 경영하게 한 자

PART 5

69 **다음 중 철도사업법령상 국가가 소유·관리하는 철도시설에 대한 점용허가를 하고자 할 때, 정해진 시설물의 종류와 기간으로 옳은 것은?**

① 철골조 건물의 축조를 목적으로 하는 경우 : 30년
② 건물 외 공작물의 축조를 목적으로 하는 경우 : 10년
③ 철근콘크리트조 건물의 축조를 목적으로 하는 경우 : 40년
④ 석조와 유사한 견고한 건물의 축조를 목적으로 하는 경우 : 50년
⑤ 철골조·철근콘크리트조·석조 외의 건물의 축조를 목적으로 하는 경우 : 30년

70 **다음 중 철도산업발전기본법령상 선로배분지침의 포함 사항이 아닌 것은?**

① 철도차량의 안전운행에 관한 사항
② 여객열차와 화물열차에 대한 선로용량의 배분
③ 선로의 유지보수·개량 및 건설을 위한 작업시간
④ 지역 간 열차와 지역 내 열차에 대한 선로용량의 배분
⑤ 그 밖에 철도차량의 효율적 활용을 위하여 필요한 사항

제2회
최종점검 모의고사

※ 코레일 한국철도공사 최종점검 모의고사는 2025년 채용공고 및 후기를 기준으로 구성한 것으로 실제 시험과 다를 수 있습니다.

※ 모바일 OMR 답안채점 / 성적분석 서비스

토목일반 기계일반 전기일반 전기이론

■ 취약영역 분석

| 01 | 직업기초능력평가

번호	O/×	영역	번호	O/×	영역	번호	O/×	영역
01		의사소통능력	11		수리능력	21		문제해결능력
02			12			22		
03			13			23		
04			14			24		
05			15			25		
06			16			26		
07			17			27		
08			18			28		
09			19			29		
10			20			30		

| 02 | 직무수행능력평가

번호	31	32	33	34	35	36	37	38	39	40
영역	토목일반 / 기계일반 / 전기일반 / 전기이론									

번호	41	42	43	44	45	46	47	48	49	50
영역	토목일반 / 기계일반 / 전기일반 / 전기이론									

번호	51	52	53	54	55	56	57	58	59	60
영역	토목일반 / 기계일반 / 전기일반 / 전기이론									

| 03 | 철도법령

번호	61	62	63	64	65	66	67	68	69	70
영역	철도법령									

평가문항	70문항	평가시간	70분
시작시간	:	종료시간	:
취약영역			

제2회 최종점검 모의고사

문항 수 : 70문항 응시시간 : 70분

정답 및 해설 p.130

01 직업기초능력평가

01 다음 문단을 논리적 순서대로 바르게 나열한 것은?

(가) 하지만 영화를 볼 때 소리를 없앤다면 어떤 느낌이 들까? 아마 내용이나 분위기, 인물의 심리 등을 파악하기 힘들 것이다. 이런 점을 고려할 때 영화 속 소리는 영상과 분리해서 생각할 수 없는 필수 요소라고 할 수 있다. 소리는 영상 못지않게 다양한 기능이 있기 때문에 현대 영화감독들은 영화 속 소리를 적극적으로 활용하고 있다.

(나) 이와 같이 영화 속 소리는 다양한 기능을 수행하기 때문에 영화의 예술적 상상력을 빼앗는 것이 아니라 오히려 더 풍부하게 해 준다. 그래서 현대 영화에서 소리를 빼고 작품을 완성한다는 것은 생각하기 어려운 일이 되었다.

(다) 영화의 소리에는 대사, 음향 효과, 음악 등이 있으며, 이러한 소리들은 영화에서 다양한 기능을 수행한다. 우선, 영화 속 소리는 다른 예술 장르의 표현 수단보다 더 구체적이고 분명하게 내용을 전달하는 데 도움을 줄 수 있다. 그리고 줄거리 전개에 도움을 주거나 작품의 상징적 의미를 전달할 뿐만 아니라 주제 의식을 강조하는 역할을 하기도 한다. 또 영상에 현실감을 줄 수 있으며, 영상의 시공간적 배경을 확인시켜 주는 역할도 한다. 또한 영화 속 소리는 영화의 분위기를 조성하고 인물의 내면 심리도 표현할 수 있다.

(라) 유성영화가 등장했던 1920년대 후반에 유럽의 표현주의나 형식주의 감독들은 영화 속의 소리에 대한 부정적인 견해가 컸다. 그들은 가장 영화다운 장면은 소리 없이 움직이는 그림으로만 이루어진 장면이라고 믿었다. 그래서 그들은 영화 속 소리가 시각 매체인 영화의 예술적 효과와 영화적 상상력을 빼앗을 것이라고 내다보았다.

① (가) – (다) – (라) – (나)
② (다) – (나) – (가) – (라)
③ (다) – (라) – (가) – (나)
④ (라) – (가) – (다) – (나)
⑤ (라) – (다) – (가) – (나)

02 다음 글의 내용으로 적절하지 않은 것은?

> 역사란 무엇인가 하는 대단히 어려운 물음에 아주 쉽게 답한다면, 그것은 인간 사회의 지난날에 일어난 사실(事實) 자체를 가리키기도 하고, 또 그 사실에 관해 적어 놓은 기록을 가리키기도 한다고 말할 수 있다. 그러나 지난날의 인간 사회에서 일어난 사실이 모두 역사가 되는 것은 아니다. 쉬운 예를 들면, 김 총각과 박 처녀가 결혼한 사실은 역사가 될 수 없고, 한글이 만들어진 사실이나 임진왜란이 일어난 사실 등은 역사가 된다.
>
> 이렇게 보면 사소한 일이나 일상적으로 반복되는 일은 역사가 될 수 없고, 거대한 사실이나 한 번만 일어나는 사실만이 역사가 될 것 같지만, 반드시 그런 것도 아니다. 고려 시대의 경우를 예로 들면, 주기적으로 일어나는 자연 현상인 일식과 월식은 모두 역사로 기록되었지만, 우리는 지금 세계 최고(最古)의 금속 활자를 누가 몇 년에 처음으로 만들었는지 모르고 있다. 일식과 월식은 자연 현상이면서도 하늘이 인간 세계의 부조리를 경고하는 것이라 생각했기 때문에 역사가 되었지만, 목판(木版)이나 목활자 인쇄술이 금속 활자로 넘어가는 중요성이 인식되지 않았기 때문에 금속 활자는 역사가 될 수 없었다. 이렇게 보면, 또 역사라는 것은 지난날의 인간 사회에서 일어난 사실 중에서 누군가에 의해 중요한 일이라고 인정되어 뽑힌 것이라 할 수 있다. 이 경우, 그것을 뽑은 사람은 기록을 담당한 사람, 곧 역사가라 할 수 있으며, 뽑힌 사실이란 곧 역사책을 비롯한 각종 기록에 남은 사실들이다. 다시 말하면 역사란 결국 기록에 남은 것이며, 기록에 남지 않은 것은 역사가 아니라 할 수 있다. 일식과 월식은 과학이 발달한 오늘날에는 역사로서 기록에 남지 않게 되었다. 금속 활자의 발견은 그 중요성을 안 훗날 사람들의 노력에 의해 최초로 발명한 사람과 정확한 연대(年代)는 모른 채 고려 말기의 중요한 역사로 추가 기록되었다. '지난날의 인간 사회에서 일어난 수많은 사실 중에서 누군가가 기록해 둘만한 중요한 일이라고 인정하여 기록한 것이 역사이다.'라고 생각해 보면, 여기에 좀 더 깊이 생각해 보아야 할 몇 가지 문제가 있다.
>
> 첫째는 '기록해 둘 만한 중요한 사실이란 무엇을 말하는 것인가?' 하는 문제이고, 둘째는 '과거에 일어난 일들 중에서 기록해 둘 만한 중요한 사실을 가려내는 사람의 생각과 처지'의 문제이다. 먼저 '무엇이 기록해 둘 만한 중요한 문제인가? 기록해 둘 만하다는 기준(基準)이 무엇인가?' 하고 생각해 보면, 후세(後世) 사람들에게 어떤 참고가 될 만한 일이라고 말할 수 있다. 즉, 오늘날의 역사책에 남아 있는 사실들은 모두 우리가 살아나가는 데 참고가 될 만한 일들이라 할 수 있다. 또한, 참고가 될 만한 일과 그렇지 않은 일을 가려내는 일은 사람에 따라 다를 수 있으며, 시대에 따라 다를 수 있다. 고려 시대나 조선 시대 사람들에게는 일식과 월식이 정치를 잘못한 왕이나 관리들에 대한 하늘의 노여움이라 생각되었기 때문에 역사에 기록되었지만, 오늘날에는 그렇지 않다는 것을 알게 되었기 때문에 역사에는 기록되지 않는다.

① 인간 사회에서 일어난 모든 사실이 역사가 될 수는 없다.
② 역사라는 것은 역사가의 관점에 의하여 선택된 사실이다.
③ 역사의 가치는 시대나 사회의 흐름과 무관한 절대적인 것이다.
④ 역사는 기록에 남은 것이며, 기록된 것은 가치가 있는 것이어야 한다.
⑤ 희소가치가 있는 것이나 거대한 사실이 반드시 역사가 되는 것은 아니다.

PART 5

※ 다음 글을 읽고 이어지는 질문에 답하시오. [3~4]

인공 지능을 면접에 활용하는 것은 바람직하지 않다. 인공 지능 앞에서 면접을 보느라 진땀을 흘리는 인간의 모습을 생각하면 너무 안타깝다. 사람들은 미래에는 인공 지능이 인간의 고유한 영역까지 대신할 것이라고 말하는데, ㉠ 인공 지능이 인간을 대신할 수 있을까? 인간과 인공 지능의 관계는 어떠해야 할까?
인공 지능은 인간의 삶을 편리하게 돕는 도구일 뿐이다. 인간이 만든 도구인 인공 지능이 인간을 평가할 수 있는지에 대해 생각해 볼 필요가 있다. 도구일 뿐인 기계가 인간을 평가하는 것은 정당하지 않다. 인간이 개발한 인공 지능이 인간을 판단한다면 ㉡ 주체와 객체가 뒤바뀌는 상황이 발생할 것이다.
인공 지능이 발전하더라도 인간과 같은 사고는 불가능하다. 인공 지능은 겉으로 드러난 인간의 말과 행동을 분석하지만, 인간은 말과 행동 이면의 의미까지 고려하여 사고한다. 인공 지능은 빅데이터를 바탕으로 결과를 도출해 내는 기계에 불과하므로 통계적 분석을 할 뿐 타당한 판단을 할 수 없다. 기계가 타당한 판단을 할 것이라는 막연한 기대를 한다면 머지않아 인간이 기계에 예속되는 상황이 벌어질지도 모른다.
또한, 인공 지능은 사회적 관계를 맺을 수 없다. 반면 인간은 사회에서 의사소통을 통해 관계를 형성한다. 이 과정에서 축적된 인간의 경험이 바탕이 되어야 타인의 잠재력을 발견할 수 있다.

03 다음 중 밑줄 친 ㉠에 대한 글쓴이의 주장으로 가장 적절한 것은?

① 인공 지능은 인간을 대신하여 인간의 말과 행동을 분석하고, 통계적 분석을 바탕으로 판단을 내린다. 즉, 인공 지능이 인간의 대리인 역할을 수행한다.

② 인공 지능은 인간을 온전히 대신할 수 없다. 다만, 인공 지능은 인간의 부족한 부분을 채워주며 인간과 상호 보완의 관계를 갖는다.

③ 현재의 인공 지능은 인간을 대체할 수 없다. 그러나 기술이 계속 발전한다면 미래의 인공 지능은 인간과 같은 사고를 하게 될 것이다.

④ 인공 지능이 인간을 대신한다는 것은 어불성설이다. 인간과의 사회적 의사소통을 통해 경험을 충분히 쌓은 뒤에야 인간과 대등한 관계를 맺을 수 있다.

⑤ 인공 지능은 인간을 대체할 수 없다. 인간의 삶을 결정하는 주체는 인간이고, 인공 지능은 인간이 이용하는 객체일 뿐이다.

04 다음 중 밑줄 친 ㉡에 해당하는 한자성어로 가장 적절한 것은?

① 괄목상대(刮目相對)
② 청출어람(靑出於藍)
③ 과유불급(過猶不及)
④ 당랑거철(螳螂拒轍)
⑤ 객반위주(客反爲主)

05 다음 중 밑줄 친 부분의 띄어쓰기가 모두 옳은 것은?

① 최선의 세계를 만들기 위해서 무엇 보다 이 세계에 있는 모든 대상이 지닌 성질을 정확하게 인식해야 만 한다.

② 일과 여가 두가지를 어떻게 조화시키느냐하는 문제는 항상 인류의 관심대상이 되어 왔다.

③ 내로라하는 영화배우 중 내 고향 출신도 상당수이다. 그래서 자연스럽게 영화배우를 꿈꿨고, 그러다 보니 영화는 내 생활의 일부가 되었다.

④ 실기시험은 까다롭게 심사하는만큼 준비를 철저히 해야 한다. 한 달 간 실전처럼 연습하면서 시험에 대비하자.

⑤ 우주의 삼라 만상은 우리에게 온갖 경험을 제공하지만 많은 경험의 결과들이 서로 모순 되는 때가 많다.

PART 5

06 다음 글의 주제로 가장 적절한 것은?

우리는 주변에서 신호등 음성 안내기, 휠체어 리프트, 점자 블록 등의 장애인 편의 시설을 많이 볼 수 있다. 우리는 이러한 편의 시설을 장애인들이 지니고 있는 국민으로서의 기본 권리를 인정한 것이라는 시각에서 바라보고 있다. 물론, 장애인의 일상생활 보장이라는 측면에서 이 시각은 당연한 것이다. 하지만 또 다른 시각이 필요하다. 그것은 바로 편의 시설이 장애인만을 위한 것이 아니라 일상생활에서 활동에 불편을 겪는 모두를 위한 것이라는 시각이다. 편리하고 안전한 시설은 장애인뿐만 아니라 우리 모두에게 유용하기 때문이다. 예를 들어, 건물의 출입구에 설치되어 있는 경사로는 장애인들의 휠체어만 다닐 수 있도록 설치해 놓은 것이 아니라, 몸이 불편해서 계단을 오르내릴 수 없는 노인이나 유모차를 끌고 다니는 사람들도 편하게 다닐 수 있도록 만들어 놓은 시설이다. 결국 이 경사로는 우리 모두에게 유용한 시설인 것이다.
그런 의미에서 근래에 대두되고 있는 '보편적 디자인', 즉 '유니버설 디자인(Universal Design)'이라는 개념은 우리에게 좋은 시사점을 제공해 준다. 보편적 디자인은 가능한 모든 사람이 이용할 수 있도록 제품, 건물, 공간을 디자인한다는 의미를 가지고 있다. 이러한 시각으로 바라본다면 장애인 편의 시설은 우리 모두에게 편리하고 안전한 시설로 인식될 것이다.

① 우리 주변에서는 장애인 편의 시설을 많이 볼 수 있다.

② 보편적 디자인은 근래에 대두되고 있는 중요한 개념이다.

③ 어떤 집단의 사람들이라도 이용할 수 있는 제품을 만들어야 한다.

④ 보편적 디자인이라는 관점에서 장애인 편의 시설을 바라볼 필요가 있다.

⑤ 장애인들의 기본 권리를 보장하기 위해 장애인 편의 시설을 확충해야 한다.

07 다음 중 ㉠～㉢에 들어갈 단어를 순서대로 바르게 나열한 것은?

> 약속은 시간과 장소가 정확해야 한다. 새내기 영업사원 시절의 일이다. 계약 문제로 고객을 만나기 위해, 많은 차량으로 ㉠ 혼잡(混雜) / 요란(搖亂)한 회사 부근을 간신히 빠져나와 약속장소로 갔다. 그러나 고객은 그곳에 없었다. 급히 휴대전화로 연락을 해 보니, 다른 곳에서 기다리고 있다는 것이었다. 큰 실수였다. 약속 장소를 ㉡ 소동(騷動) / 혼동(混同)하여 고객을 기다리게 한 것이다. 약속을 정할 때 전에 만났던 곳에서 만나자는 말에 별생각 없이 그렇게 하겠다고 하는 바람에 이런 ㉢ 혼선(混線) / 갈등(葛藤)이 빚어졌던 것이다.

	㉠	㉡	㉢
①	요란	소동	갈등
②	요란	소동	혼선
③	요란	혼동	갈등
④	혼잡	혼동	혼선
⑤	혼잡	소동	혼선

08 다음 글의 빈칸에 들어갈 내용으로 가장 적절한 것은?

> 발전은 항상 변화를 내포하고 있다. 그러나 모든 형태의 변화가 전부 발전에 해당하는 것은 아니다. 이를테면 교통신호등이 빨강에서 파랑으로, 파랑에서 빨강으로 바뀌는 변화를 발전으로 생각할 수는 없다. 즉 ______________________________ 좀 더 구체적으로 말해, 사태의 진전 과정에서 나중에 나타나는 것은 적어도 그 이전 단계에 내재적으로나마 존재했던 것의 전개에 해당한다는 것이다. 이렇게 볼 때, 발전은 선적(線的)인 특성이 있다. 순전한 반복의 과정으로 보이는 것을 발전이라고 규정하지 않는 이유는 그 때문이다. 반복과정에서는 최후에 명백히 나타나는 것이 처음에 존재했던 것과 거의 다르지 않다. 그러나 또 한편으로 우리는 비록 반복의 경우라도 때때로 그 과정 중의 특정 단계를 따로 떼어서 그것을 발견이라고 생각하기도 한다. 즉, 전체 과정에서 어떤 종류의 질이 그 시기에 특정의 수준까지 진전한 경우를 말한다.

① 변화는 특정한 방향으로 발전하는 것을 의미한다.
② 변화는 어떤 특정한 방향으로 일어나는 발전이라는 의미로 사용된다.
③ 발전은 어떤 특정한 반복으로 일어나는 변화라는 의미로 사용된다.
④ 발전은 어떤 특정한 방향으로 일어나는 변화라는 의미를 내포하고 있다.
⑤ 발전은 불특정 방향으로 일어나는 변모라는 의미이다.

09 다음 중 밑줄 친 부분의 맞춤법이 옳지 않은 것은?

① 선수들은 관객들의 우레와 같은 박수와 함성을 받으며 등장했다.
② 정부는 제도 개혁을 여러 차례 시도했지만, 야당의 반대로 번번이 실패했다.
③ 소방관은 생명의 위험을 무릎쓰고 위험에 처한 시민을 적극적으로 구조하였다.
④ 아버지는 무작정 서울로 올라와 사글세로 단칸방을 얻어 살림을 꾸렸다고 하셨다.
⑤ 가을을 맞이하여 축제가 지역 곳곳에서 잇달아 열리고 있다.

10 다음 글을 읽고 추론한 내용으로 가장 적절한 것은?

> 비자발적인 행위는 강제나 무지에서 비롯된 행위이다. 반면에 자발적인 행위는 그것의 실마리가 행위자 자신 안에 있다. 행위자 자신 안에 행위의 실마리가 있는 경우에는 행위를 할 것인지 말 것인지가 행위자 자신에게 달려 있다.
> 욕망이나 분노에서 비롯된 행위들을 모두 비자발적이라고 할 수는 없다. 그것들이 모두 비자발적이라면 인간 아닌 동물 중 어떤 것도 자발적으로 행위를 하는 게 아닐 것이며, 아이들조차 그럴 것이기 때문이다. 우리가 욕망하는 것 중에는 마땅히 욕망해야 할 것이 있는데, 그러한 욕망에 따른 행위는 비자발적이라고 할 수 없다. 실제로 우리는 어떤 것들에 대해서는 마땅히 화를 내야 하며, 건강이나 배움과 같은 것은 마땅히 욕망해야 한다. 따라서 욕망이나 분노에서 비롯된 행위를 모두 비자발적인 것으로 보아서는 안 된다.
> 합리적 선택에 따르는 행위는 모두 자발적인 행위지만 자발적인 행위의 범위는 더 넓다. 왜냐하면 아이들이나 동물들도 자발적으로 행위를 하긴 하지만 합리적 선택에 따라 행위를 하지는 못하기 때문이다. 또한 욕망이나 분노에서 비롯된 행위는 어떤 것도 합리적 선택을 따르는 행위가 아니다. 이성이 없는 존재는 욕망이나 분노에 따라 행위를 할 수 있지만, 합리적 선택에 따라 행위를 할 수는 없기 때문이다. 또 자제력이 없는 사람은 욕망 때문에 행위를 하지만 합리적 선택에 따라 행위를 하지는 않는다. 반대로 자제력이 있는 사람은 합리적 선택에 따라 행위를 하지, 욕망 때문에 행위를 하지는 않는다.

① 욕망에 따른 행위는 모두 자발적인 것이다.
② 자제력이 있는 사람은 자발적으로 행위를 한다.
③ 자제력이 없는 사람은 비자발적으로 행위를 한다.
④ 자발적인 행위는 모두 합리적 선택에 따른 것이다.
⑤ 마땅히 욕망해야 할 것을 하는 행위는 모두 합리적 선택에 따른 것이다.

11 지혜와 주헌이가 함께 기숙사에서 나와 회사를 향해 분당 150m의 속력으로 출근하고 있다. 30분 정도 걸었을 때, 지혜는 집에 두고 온 중요한 서류를 가지러 분당 300m의 속력으로 집에 갔다가 같은 속력으로 다시 회사를 향해 뛰어간다고 한다. 주헌이가 그 속력 그대로 20분 뒤에 회사에 도착할 때, 지혜는 주헌이가 회사에 도착하고 나서 몇 분 후에 회사에 도착하는가?

① 20분
② 25분
③ 30분
④ 35분
⑤ 40분

12 A～H 8명의 후보 선수 중 4명을 뽑을 때 A, B, C를 포함하여 뽑을 확률은?

① $\frac{1}{14}$
② $\frac{1}{5}$
③ $\frac{3}{8}$
④ $\frac{1}{2}$
⑤ $\frac{3}{5}$

13 다음은 과일의 종류별 무게에 따른 가격표이다. 이를 토대로 종류별 무게를 가중치로 적용하여 가격에 대한 가중평균을 구하면 42만 원이다. 이때, 빈칸 ㉠에 들어갈 수치로 옳은 것은?

〈과일 종류별 가격 및 무게〉

(단위 : 만 원, kg)

구분	(가)	(나)	(다)	(라)
가격	25	40	60	㉠
무게	40	15	25	20

① 40
② 45
③ 50
④ 55
⑤ 60

14 다음은 기술개발 투자 및 성과에 대한 자료이다. 이를 토대로 일본의 GDP 총액을 계산하면 얼마인가?(단, 소수점 이하는 버림한다)

〈기술개발 투자 및 성과〉

구분	한국	미국	일본
R&D 투자 총액(억 달러)	313	3,688	1,508
매율	1.0	11.78	4.82
GDP 대비(%)	3.37	2.68	3.44
(기술수출액)÷(기술도입액)	0.45	1.70	3.71

※ GDP 대비 : GDP 총액 대비 R&D 투자 총액의 비율

① 26,906억 달러
② 31,047억 달러
③ 37,208억 달러
④ 43,837억 달러
⑤ 45,326억 달러

15 다음은 K공사의 최근 4년간 청렴도 측정결과 추세를 나타낸 그래프이다. 이에 대한 설명으로 옳지 않은 것은?(단, 소수점 둘째 자리에서 반올림한다)

〈K공사의 청렴도 측정결과 추세〉

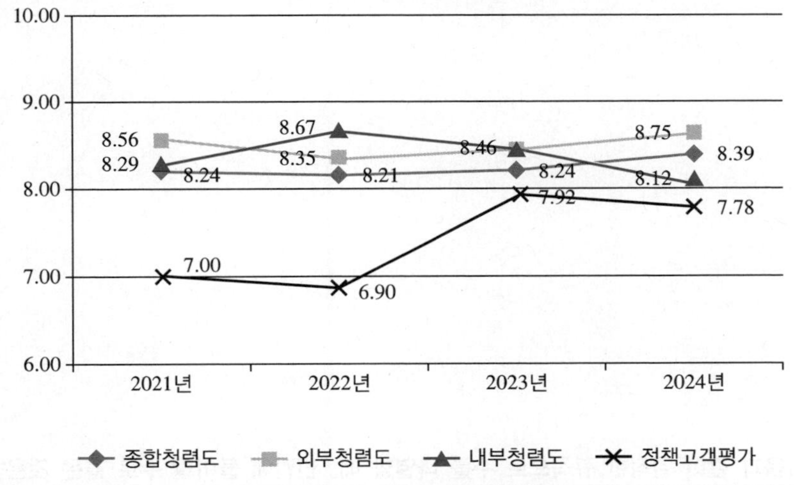

① 최근 4년간 내부청렴도의 평균은 외부청렴도 평균보다 낮다.
② 2022～2024년 외부청렴도와 종합청렴도의 증감 추이는 같다.
③ 정책고객평가에서 전년 대비 가장 높은 비율의 변화가 있던 것은 2023년이다.
④ 전년 대비 가장 크게 하락한 항목은 2023년의 내부청렴도이다.
⑤ 내부청렴도와 정책고객평가는 2024년에 하락하였다.

16 다음은 연도별 근로자 수 변화 추이에 대한 자료이다. 이에 대한 설명으로 옳지 않은 것은?

〈연도별 근로자 수 변화 추이〉

(단위 : 천 명)

구분	전체	남성		여성	
			비중		비중
2020년	14,290	9,061	63.4%	5,229	36.6%
2021년	15,172	9,467	62.4%	5,705	37.6%
2022년	15,536	9,633	62.0%	5,902	38.0%
2023년	15,763	9,660	61.3%	6,103	38.7%
2024년	16,355	9,925	60.7%	6,430	39.3%

① 매년 남성 근로자 수가 여성 근로자 수보다 많다.
② 2020년 대비 2024년 근로자 수의 증가율은 여성이 남성보다 높다.
③ 2020 ~ 2024년 동안 남성 근로자 수와 여성 근로자 수의 차이는 매년 증가한다.
④ 전체 근로자 중 여성 근로자 수의 비중이 가장 큰 해는 2024년이다.
⑤ 2024년 여성 근로자 수는 전년보다 약 5.4% 증가하였다.

17 다음과 같이 일정한 규칙으로 수를 나열할 때, 빈칸에 들어갈 수로 옳은 것은?

1	1	2	3	5	8	13	21	34	( )

① 52
② 53
③ 54
④ 55
⑤ 56

18 다음은 중국의 의료 빅데이터 시장 규모에 대한 자료이다. 이를 토대로 전년 대비 성장률을 나타낸 그래프로 옳은 것은?(단, 소수점 둘째 자리에서 반올림한다)

〈2016 ~ 2025년 중국 의료 빅데이터 시장 규모〉

(단위 : 억 위안)

구분	2016년	2017년	2018년	2019년	2020년	2021년	2022년	2023년	2024년	2025년
규모	9.6	15.0	28.5	45.8	88.5	145.9	211.6	285.6	371.4	482.8

※ 2025년 데이터는 예상 수치임

①
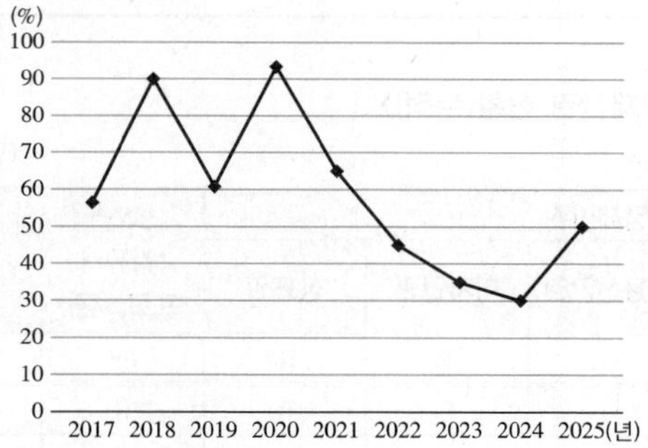

②
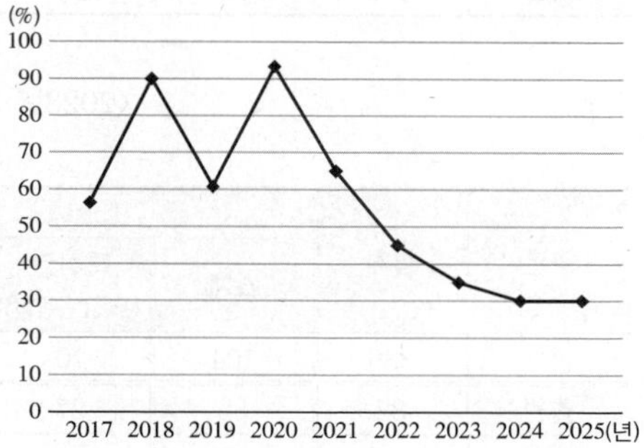

③
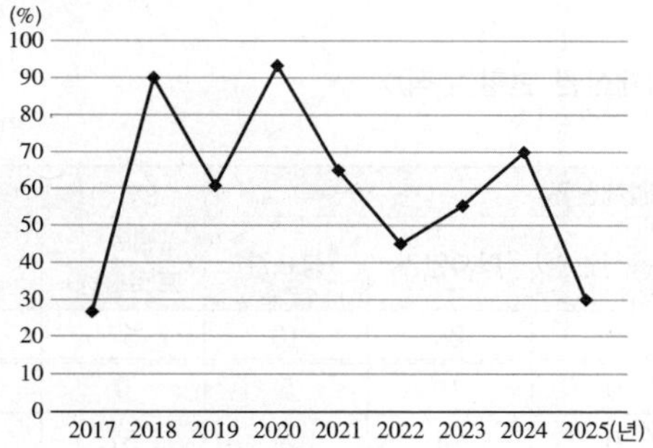

④
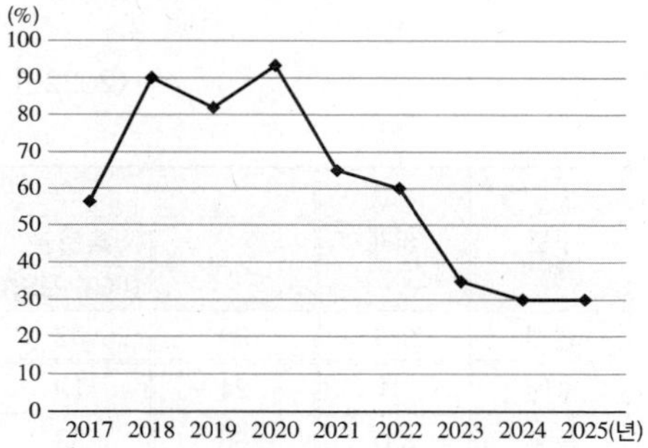

⑤
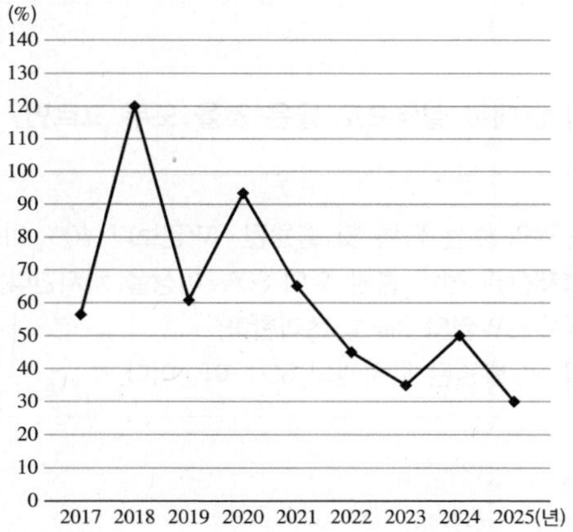

※ 다음은 K공사의 지식재산권 현황에 대한 자료이다. 이어지는 질문에 답하시오. **[19~20]**

〈2024년 지식재산권 현황(누적)〉

(단위 : 건)

구분	합계	산업재산권					SW권 (컴퓨터 프로그램)	저작권
		소계	특허권 (PCT 포함)	실용신안권	디자인권	상표권		
합계	385	100	66	0	24	10	71	214
출원	21	21	16	0	0	5	0	0
등록	364	79	50	0	24	5	71	214

〈2023년 지식재산권 현황(누적)〉

(단위 : 건)

구분	합계	산업재산권					SW권 (컴퓨터 프로그램)	저작권
		소계	특허권 (PCT 포함)	실용신안권	디자인권	상표권		
합계	386	104	70	0	24	10	68	214
출원	32	32	27	0	0	5	0	0
등록	354	72	43	0	24	5	68	214

〈2022년 지식재산권 현황(누적)〉

(단위 : 건)

구분	합계	산업재산권					SW권 (컴퓨터 프로그램)	저작권
		소계	특허권 (PCT 포함)	실용신안권	디자인권	상표권		
합계	361	90	52	0	28	10	57	214
출원	24	24	19	0	0	5	0	0
등록	337	66	33	0	28	5	57	214

19 다음 〈보기〉 중 2021년 지식재산권 현황에 대한 설명으로 옳은 것을 모두 고르면?

보기

ㄱ. 2024년까지 등록 및 출원된 산업재산권의 수는 등록 및 출원된 SW권보다 40% 이상 많다.
ㄴ. 2024년까지 출원된 특허권 수는 산업재산권 전체 출원 수의 80% 이상을 차지한다.
ㄷ. 2024년까지 등록된 저작권 수는 등록된 SW권의 3배를 초과한다.
ㄹ. 2024년까지 출원된 특허권 수는 등록 및 출원된 특허권의 50% 이상이다.

① ㄱ, ㄴ
② ㄱ, ㄷ
③ ㄴ, ㄷ
④ ㄴ, ㄹ
⑤ ㄷ, ㄹ

20 **다음 중 지식재산권 현황에 대한 설명으로 옳지 않은 것은?**

① 등록된 누적 특허권 수는 2023년과 2024년 모두 전년 대비 증가하였다.
② 전체 디자인권 수는 2022년 대비 2024년에 5% 이상 감소하였다.
③ 매년 모든 산업재산권에서 등록된 건수가 출원된 건수 이상이다.
④ 등록된 SW권 수는 2022년 대비 2024년에 20% 이상 증가하였다.
⑤ 등록된 지식재산권 중 2022년부터 2024년까지 건수에 변동이 없는 것은 2가지이다.

PART 5

21 **다음은 A～F 6명이 달리기 시합을 하고 난 뒤 나눈 대화 내용이다. 이를 토대로 할 때 항상 참은 아닌 것은?**

> A : C와 F가 내 앞에서 결승선에 들어가는 걸 봤어.
> B : D는 간발의 차로 바로 내 앞에서 결승선에 들어갔어.
> C : 나는 D보다는 빨랐는데, 1등은 아니야.
> D : C의 말이 맞아. 정확히 기억은 안 나는데 나는 3등 아니면 4등이었어.
> E : 내가 결승선에 들어오고, 나중에 D가 들어왔어.
> F : 나는 1등은 아니지만 꼴등도 아니었어.

① 제일 먼저 결승선에 들어온 사람은 E이다.
② 제일 나중에 결승선에 들어온 사람은 A이다.
③ C는 F보다 순위가 높다.
④ B는 C보다 순위가 낮다.
⑤ D가 3등이면 F는 5등이다.

22 김대리는 이번 분기의 판매동향에 대한 성과발표회 기획을 맡게 되었다. 성과발표회를 준비하는 과정에서 수행해야 될 업무를 모두 나열한 뒤 업무의 선후관계도를 만들었다. 다음 〈보기〉 중 옳은 것을 모두 고르면?

〈업무의 선후관계도〉

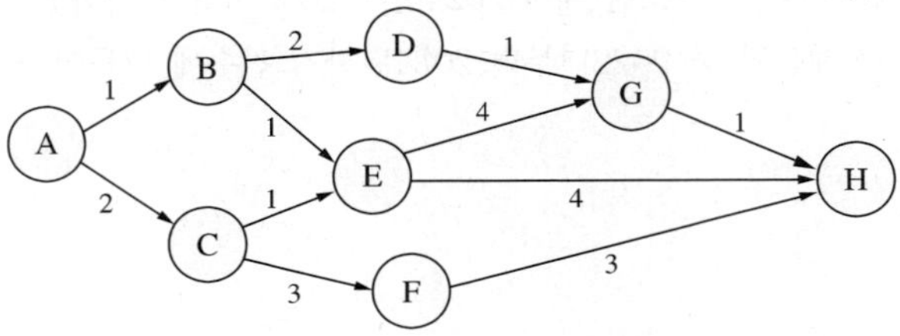

※ 화살표는 단위업무를 나타냄
※ 화살표 위의 숫자는 그 업무를 수행하는 데 소요되는 일수를 나타냄
※ 화살표 좌우의 알파벳은 각각 단위업무의 시작과 끝을 나타냄
※ 선행하는 화살표가 나타내는 업무는 후속하는 화살표가 나타내는 업무보다 먼저 수행되어야 함

보기

㉠ 성과발표 준비에는 최소 5일이 소요된다.
㉡ 단위작업 E → H를 3일로 단축하면 전체 준비 기간이 짧아진다.
㉢ 단위작업 A → C를 1일로 단축하는 것은 전체 준비 기간에 영향을 준다.
㉣ 단위작업 E → G에 소요되는 시간을 3일로 단축하면 전체 준비 기간이 짧아진다.
㉤ 성과발표 준비에는 적어도 8일이 소요된다.

① ㉠, ㉡
② ㉠, ㉢
③ ㉡, ㉣
④ ㉢, ㉤
⑤ ㉣, ㉤

23 문제해결에 어려움을 겪고 있는 A대리는 상사인 B부장에게 면담을 요청하였고 B부장은 다음과 같이 조언하였다. B부장이 A대리에게 제시한 문제해결 사고방식으로 옳은 것은?

> 현재 당면하고 있는 문제와 그 해결방법에만 집착하지 말고, 그 문제와 해결방법이 상위 시스템과 어떻게 연결되어 있는지를 생각해 보세요.

① 분석적 사고
② 발상의 전환
③ 내·외부자원의 활용
④ 창의적 사고
⑤ 전략적 사고

24 다음 명제에서 나타난 논리적 오류로 옳은 것은?

> • 밤에만 볼 수 있는 동물은 야행성 동물이다.
> • 고양이는 야행성 동물이다.
> • 따라서 고양이는 밤에만 볼 수 있는 동물이다.

① 후건긍정의 오류
② 전건부정의 오류
③ 논점 일탈의 오류
④ 허수아비 공격의 오류
⑤ 무지에 호소하는 오류

25 다음은 레저용 차량을 생산하는 K기업에 대한 SWOT 분석 결과이다. 이를 참고할 때 〈보기〉 중 SWOT 분석 전략으로 적절한 것을 모두 고르면?

SWOT 분석은 조직의 외부환경 분석을 통해 기회와 위협 요인을 파악하고, 조직의 내부 역량 분석을 통해서 조직의 강점과 약점을 파악하여, 이를 토대로 강점은 최대화하고 약점은 최소화하며, 기회는 최대한 활용하고 위협에는 최대한 대처하는 전략을 세우기 위한 분석 방법이다.

〈SWOT 분석 매트릭스〉

구분	강점(Strength)	약점(Weakness)
기회(Opportunity)	**SO전략 : 공격적 전략** 강점으로 기회를 살리는 전략	**WO전략 : 방향전환 전략** 약점을 보완하여 기회를 살리는 전략
위협(Threat)	**ST전략 : 다양화 전략** 강점으로 위협을 최소화하는 전략	**WT전략 : 방어적 전략** 약점을 보완하여 위협을 최소화하는 전략

〈K기업의 SWOT 분석 결과〉

강점(Strength)	약점(Weakness)
• 높은 브랜드 이미지 · 평판 • 훌륭한 서비스와 판매 후 보증수리 • 확실한 거래망, 딜러와의 우호적인 관계 • 막대한 R&D 역량 • 자동화된 공장 • 대부분의 차량 부품 자체 생산	• 한 가지 차종에만 집중 • 고도의 기술력에 대한 과도한 집중 • 생산설비에 막대한 투자 → 차량모델 변경의 어려움 • 한 곳의 생산 공장만 보유 • 전통적인 가족형 기업 운영
기회(Opportunity)	**위협(Threat)**
• 소형 레저용 차량에 대한 수요 증대 • 새로운 해외시장의 출현 • 저가형 레저용 차량에 대한 선호 급증	• 휘발유의 부족 및 가격의 급등 • 레저용 차량 전반에 대한 수요 침체 • 다른 회사들과의 경쟁 심화 • 차량 안전 기준의 강화

보기

ㄱ. ST전략 : 기술개발을 통하여 연비를 개선한다.
ㄴ. SO전략 : 대형 레저용 차량을 생산한다.
ㄷ. WO전략 : 규제 강화에 대비하여 보다 안전한 레저용 차량을 생산한다.
ㄹ. WT전략 : 생산량 감축을 고려한다.
ㅁ. WO전략 : 국내 다른 지역이나 해외에 공장들을 분산 설립한다.
ㅂ. ST전략 : 경유용 레저 차량 생산을 고려한다.
ㅅ. SO전략 : 해외 시장 진출보다는 내수 확대에 집중한다.

① ㄱ, ㄴ, ㅁ, ㅂ
② ㄱ, ㄹ, ㅁ, ㅂ
③ ㄴ, ㄷ, ㅂ, ㅅ
④ ㄴ, ㄹ, ㅁ, ㅅ
⑤ ㄷ, ㅁ, ㅂ, ㅅ

26 **회장실, 응접실, 탕비실과 재무회계팀, 홍보팀, 법무팀, 연구개발팀, 인사팀의 위치가 다음 〈조건〉에 따를 때, 인사팀의 위치는 어디인가?**

<table>
<tr><td></td><td>A</td><td>B</td><td>C</td><td>D</td><td>회의실1</td></tr>
<tr><td>출입문</td><td colspan="5">복도</td></tr>
<tr><td></td><td>E</td><td>F</td><td>G</td><td>H</td><td>회의실2</td></tr>
</table>

조건

- A ~ H에는 빈 곳 없이 회장실, 응접실, 탕비실, 모든 팀 중 하나가 위치해 있다.
- 회장실은 출입문과 가장 가까운 위치에 있다.
- 회장실 맞은편은 응접실이다.
- 재무회계팀은 회장실 옆에 있고, 응접실 옆에는 홍보팀이 있다.
- 법무팀은 항상 홍보팀 옆에 있다.
- 연구개발팀은 회의실2와 같은 줄에 있다.
- 탕비실은 법무팀 맞은편에 있다.

① B ② C

③ D ④ G

⑤ H

※ 귀하는 K사의 서비스 상담직원으로 근무하고 있으며, 다음 A/S 규정을 토대로 제품을 구매한 고객들의 문의를 응대하는 업무를 맡고 있다. 이어지는 질문에 답하시오. **[27~29]**

〈A/S 규정〉

■ **제품 보증기간**

- 제품의 보증기간은 제품 구매일을 기준으로 하며, 구매일을 증명할 수 있는 자료(구매영수증, 제품보증서 등)가 없을 경우에는 제품 생산일을 기준으로 산정한다.
- 단, 보증기간(1년 이내) 중 소비자 취급주의, 부적절한 설치, 자가 수리 또는 개조로 인한 고장 발생 및 천재지변(화재 및 수해 낙뢰 등)으로 인한 손상 또는 파손된 경우에는 보증기간 기준을 제외한다.

■ **A/S 처리기준**

- 제품보증기간 1년 이내 무상 A/S를 실시한다.
- 초기불량 및 파손의 경우를 제외한 사용 이후의 불량은 제품의 제조사 또는 판매자가 처리함을 원칙으로 한다.
- 당사는 제품의 미개봉 판매를 원칙으로 하며, 모든 사후처리는 당사의 A/S 규정과 원칙에 준한다.

■ **교환 · 환불 배송 정책**

- A/S에 관련된 운송비는 제품 초기불량일 경우에만 당사에서 부담한다.
- 당사의 교환 및 환불 정책은 수령한 날짜로부터 7일 이내 상품이 초기불량 및 파손일 경우에 한하며, 그 외의 경우에는 복구비용을 소비자가 부담하여야 한다.
- 당사에서 판매한 제품의 환불은 소비자법 시행령 제12조에 준한 사후처리를 원칙으로 한다.
- 제품의 온전한 상태를 기준으로 하며, 수령 후 제품을 사용하였을 경우에는 환불이 불가능하다.
- 단순변심으로는 미개봉 상태에서 3일 이내에 환불신청을 해야 한다.

■ **서비스 처리 비용**

구성	수리조치 사항		고객부담금(원)	비고
DVR 녹화기 관련	모델별 펌웨어 업그레이드 설치		20,000	회당
	하드 디스크 초기화 및 기능 점검		10,000	회당
	이전 설치로 인한 네트워크 관련 작업		20,000	–
	PC장착 카드형 DVR CD-Key		10,000	개당
	DVR 메인보드 파손		수리 시 50,000 교체 시 100,000	–
CCTV 카메라 관련	각종 카메라 이전 설치		건물 내 30,000 건물 외 50,000	–
	각종 카메라 추가 설치		건물 내 10,000 건물 외 20,000	제품 구매비 별도
	영상관련 불량	1) 기본 27만 화소 모듈	15,000	개당
		2) 27만 화소 IR 모듈	20,000	개당
		3) 41만 화소 IR 모듈	30,000	개당
	각종 카메라 전면 유리 파손 교체		3,000	개당
	카메라 전원 · 영상 배선 교체		8,000	–
	소비자 과실로 인한 내부 파손		수리 시 50,000 교체 시 100,000	–

27 **다음은 K사의 제품을 구매한 고객의 문의사항이다. 귀하의 답변으로 적절하지 않은 것은?**

고객 : 안녕하세요? 3일 전에 CCTV 제품을 구매해 설치하였습니다. 항상 켜두는 제품이라 고장이 쉽게 날 수 있을 것 같은데, A/S 규정이 어떻게 되는지 안내해 주실 수 있나요?
귀하 : 안녕하세요? 고객님. 저희 업체의 제품을 이용해 주셔서 감사합니다. 문의하신 A/S 규정에 대해서 간략하게 안내해 드리겠습니다.

① 단순변심으로는 미개봉 상태에서 3일 이내에 환불신청을 해야 합니다.
② 당사는 제품을 미개봉한 상태에서 판매하는 것을 원칙으로 하고 있습니다. 온전한 제품을 수령한 후 사용하였을 때에는 환불이 불가합니다.
③ 다만, 제품을 수령한 날로부터 7일 이내에 초기불량 및 파손이 있을 경우에는 당사에서 교환 또는 환불해 드리고 있으니 언제든지 연락 주시길 바랍니다.
④ 수령한 날짜로부터 7일 이내 상품이 초기불량 및 파손일 경우 외의 문제가 발생하면, 운송비를 제외한 복구 시 발행되는 모든 비용에 대해 고객님께서 부담하셔야 합니다.
⑤ 보증기간 1년 이내에 발생하는 고장에 대해서는 무상으로 수리해 드리고 있으나, 고객님의 취급 주의나 부적절한 설치, 자가 수리 또는 개조로 인하여 고장이 발생하였을 경우에는 무상 A/S를 받으실 수 없습니다.

PART 5

28 **다음 문의를 읽고 귀하가 고객에게 안내하여야 할 수리비용은 얼마인가?**

고객 : 안녕하세요? 재작년에 K사 DVR녹화기를 구매했었는데요. 사용 중에 문제가 생겨 연락드렸습니다. 며칠 전에 CCTV와 DVR을 다른 장소로 옮겨 설치했는데 네트워크 설정이 필요하다고 뜨면서 제대로 작동하지 않네요. 제가 제품을 구매한 후로 펌웨어 업그레이드를 한 번도 안 했었는데, 혹시 그것 때문일까요? 어찌 되었든 방문하는 수리기사에게 업그레이드뿐만 아니라 하드 디스크도 함께 점검해 달라고 요청해 주세요. 그럼 수리비용은 얼마나 나올까요?

① 60,000원
② 50,000원
③ 40,000원
④ 30,000원
⑤ 20,000원

29 **다음은 수리기사가 보내온 A/S 점검 결과이다. 이를 토대로 고객에게 청구하여야 할 비용은 얼마인가?**

〈A/S 점검표〉

점검일자 : 2025년 6월 23일(월)

대상제품		MD-RO439 model CCTV 카메라 1대
제품위치		건물 내부
점검항목		점검내용
외부	전면 헤드	전면 유리 파손 교체
	후면 고정대	이상 무
	본체	이상 무
내부	메인보드	이상 무, 클리너 사용(비용 ×)
	전원부	전원 배선 교체
	출력부	41만 화소 IR 교체
기타사항		로비 CCTV 1대 추가 설치(제품비 80,000원)

① 101,000원
② 111,000원
③ 121,000원
④ 131,000원
⑤ 141,000원

30 같은 해에 입사한 동기 A～E는 모두 K기업 소속으로 서로 다른 부서에서 일하고 있다. 다음은 근무 부서와 부서별 성과급에 대한 자료이다. 이를 참고했을 때 항상 옳은 것은?

〈부서별 성과급〉

비서실	영업부	인사부	총무부	홍보부
60만 원	20만 원	40만 원	60만 원	60만 원

※ 각 사원은 모두 각 부서의 성과급을 동일하게 받음

〈부서배치 조건〉

- A는 성과급이 평균보다 적은 부서에서 일한다.
- B와 D의 성과급을 더하면 나머지 세 명의 성과급 합과 같다.
- C의 성과급은 총무부보다는 적지만 A보다는 많다.
- C와 D 중 한 사람은 비서실에서 일한다.
- E는 홍보부에서 일한다.

〈휴가 조건〉

- 영업부 직원은 비서실 직원보다 휴가를 더 늦게 가야 한다.
- 인사부 직원은 첫 번째 또는 제일 마지막으로 휴가를 가야 한다.
- B의 휴가 순서는 이들 중 세 번째이다.
- E는 휴가를 반납하고 성과급을 2배로 받는다.

① A의 3개월 치 성과급은 C의 2개월 치 성과급보다 많다.
② C가 맨 먼저 휴가를 갈 경우, B가 맨 마지막으로 휴가를 가게 된다.
③ D가 C보다 성과급이 많다.
④ 휴가철이 끝난 직후, D와 E의 성과급 차이는 세 배이다.
⑤ B는 A보다 휴가를 먼저 출발한다.

PART 5

02 직무수행능력평가

| 01 | 토목일반

31 직사각형 두 변의 길이를 $\frac{1}{100}$ 정밀도로 관측하여 면적을 산출할 경우 산출된 면적의 정밀도는?

① $\frac{1}{50}$
② $\frac{1}{100}$
③ $\frac{1}{200}$
④ $\frac{1}{300}$
⑤ $\frac{1}{400}$

32 다음 중 밑변 b, 높이 h인 삼각형 단면의 밑변을 지나는 수평축에 대한 단면 2차 모멘트값은?

① $\frac{bh^3}{3}$
② $\frac{bh^3}{6}$
③ $\frac{bh^3}{12}$
④ $\frac{bh^3}{24}$
⑤ $\frac{bh^3}{36}$

33 다음 중 콘크리트 크리프에 대한 설명으로 옳지 않은 것은?

① 고강도 콘크리트일수록 크리프는 감소한다.
② 물 – 시멘트 비가 클수록 크리프가 증가한다.
③ 온도가 높을수록 크리프가 감소한다.
④ 상대습도가 높을수록 크리프가 감소한다.
⑤ 재하속도의 증가에 따라 크리프는 증가한다.

34 다음 중 직사각형에서의 핵거리 e의 값은?

① $\frac{h}{3}$　　② $\frac{h}{4}$

③ $\frac{h}{6}$　　④ $\frac{h}{8}$

⑤ $\frac{h}{10}$

35 다음 중 전단 철근에 대한 설명으로 옳지 않은 것은?(단, d : 유효높이, b_w : 복부의 폭, f_{ck} : 콘크리트의 설계 기준 강도, ϕ : 전단 및 비틀림에 대한 강도 감소 계수이다)

① 전단 철근의 설계 항복 강도는 400MPa를 초과할 수 없다.

② 부재축에 직각으로 설치되는 전단 철근의 간격은 $0.5d$ 이하 또는 30cm 이하이어야 한다.

③ 전단 철근이 부담하는 공칭 전단 강도 V_s는 $\frac{2}{3}\sqrt{f_{ck}}b_w d$ 이하이어야 한다.

④ $\frac{1}{2}\phi V_c < V_u \leq \phi V_c$인 경우는 최소 전단 철근을 배치해야 한다.

⑤ RC부재에 발생하는 사인장 응력으로 인한 균열의 발생방지를 목적으로 한다.

36 다음과 같은 보 구조물의 B지점에서의 모멘트는 얼마인가?

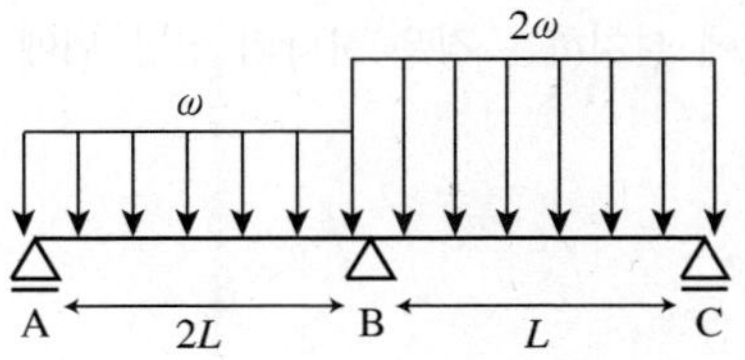

① $M_B = \frac{\omega L^2}{4}$　　② $M_B = \frac{3\omega L^2}{4}$

③ $M_B = \frac{5\omega L^2}{12}$　　④ $M_B = \frac{7\omega L^2}{12}$

⑤ $M_B = \frac{11\omega L^2}{12}$

37 다음 중 프리스트레스의 손실에 대한 설명으로 옳지 않은 것은?

① 콘크리트의 크리프와 건조 수축에 의한 손실은 프리텐션이나 포스트텐션에서 큰 몫을 차지한다.
② 포스트텐션에서는 탄성 손실을 극소화시킬 수 있다.
③ 마찰에 의한 손실은 통상 프리텐션에서 고려한다.
④ 일반적으로 프리텐션이 포스트텐션보다 손실이 크다.
⑤ 마찰에 의한 프리스트레스의 감소는 곡률마찰에 의한 감소와 파상마찰에 의한 감소 두 가지로 나뉜다.

38 최대 휨모멘트 8,000kg/m를 받는 목재보의 직사각형 단면에서 폭 b=25cm일 때, 높이 h는 얼마인가?(단, 자중은 무시하고, 허용 휨응력 σ_a=120kg/cm^{2}이다)

① 40cm
② 42cm
③ 44cm
④ 46cm
⑤ 48cm

39 다음 중 신축이음매의 설치 기준으로 옳지 않은 것은?

① 상호 간의 최소거리는 100m 이상으로 해야 한다.
② 분기기로부터 100m 이상 이격되어 설치하여야 한다.
③ 완화곡선의 시·종점으로부터 100m 이상 이격되어 설치하여야 한다.
④ 종곡선의 시·종점으로부터 100m 이상 이격되어 설치하여야 한다.
⑤ 부득이하게 교량상에 설치하는 경우 하나의 상판 위에 설치하여야 한다.

40 축척 1 : 600인 지도상의 면적을 축척 1 : 500으로 계산하여 38.675m^{2}를 얻었을 때, 실제 면적으로 옳은 것은?

① 61.346m^2
② 55.692m^2
③ 32.229m^2
④ 46.410m^2
⑤ 26.858m^2

41 다음 그림에서 빗금 친 부분의 X축에 대한 단면 1차 모멘트는?

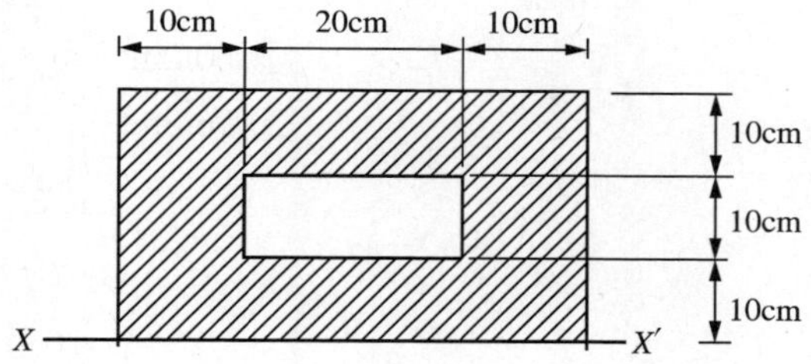

① 5,000cm³ ② 10,000cm³

③ 15,000cm³ ④ 20,000cm³

⑤ 25,000cm³

PART 5

42 다음 중 보의 탄성변형에서 내력이 한 일을 그 지점의 반력으로 1차 편미분한 것은 '0'이 된다는 정리는 무엇인가?

① 중첩의 원리 ② 맥스웰베티의 상반원리

③ 최소일의 원리 ④ 카스틸리아노의 제1정리

⑤ 테브난의 정리

43 다음 중 고성토의 제방에서 전단파괴가 발생하기 전에 제방의 외측에 흙을 돋우어 활동에 대한 저항모멘트를 증대시켜 전단파괴를 방지하는 공법은?

① 프리로딩 공법 ② 압성토 공법

③ 치환 공법 ④ 대기압 공법

⑤ 페이퍼드레인 공법

44 60m당 0.04m가 짧은 줄자를 사용하여 정사각형 토지의 한 변을 측정한 결과가 240m일 때, 면적에 대한 오차는 얼마인가?

① $42.3m^2$
② $50.2m^2$
③ $65.7m^2$
④ $76.8m^2$
⑤ $81.3m^2$

45 다음 중 재질, 단면적, 길이가 같은 장주에서 양단 활절 기둥의 좌굴하중과 양단 고정 기둥의 좌굴하중의 비는?

① 1 : 2
② 1 : 4
③ 1 : 8
④ 1 : 16
⑤ 1 : 32

46 다음 중 말뚝의 부마찰력(Negative Skin Friction)에 대한 설명으로 옳지 않은 것은?

① 말뚝의 허용지지력을 결정할 때 세심하게 고려해야 한다.
② 연약지반에 말뚝을 박은 후 그 위에 성토를 한 경우 일어나기 쉽다.
③ 연약한 점토에 있어서는 상대변위의 속도가 느릴수록 부마찰력은 크다.
④ 연약지반을 관통하여 견고한 지반까지 말뚝을 박은 경우 일어나기 쉽다.
⑤ 파일시공 전 연약지반 개량공법을 충분히 적용하여 방지할 수 있다.

47 길이가 4.0m이고 직사각형 단면을 가진 기둥의 세장비 λ는?(단, 기둥의 단면성질에서 $I_{max}=2,500cm^4$, $I_{min}=1,600cm^4$, $A=100cm^2$이다)

① 50
② 80
③ 100
④ 150
⑤ 160

48 다음 중 휨모멘트와 전단력을 받고 있는 보의 중립축에서의 최대 주응력과 최소 주응력의 차이는?

① τ
② 2τ
③ 3τ
④ 4τ
⑤ 5τ

49 단면이 250mm×300mm, 경간이 4m인 단순보의 중앙에 집중하중 25.0kN이 작용할 때 최대 휨응력은?

① 3.4MPa
② 4.1MPa
③ 5.8MPa
④ 6.7MPa
⑤ 8.1MPa

50 다음 그림과 같은 라멘에서 C점의 휨모멘트는?

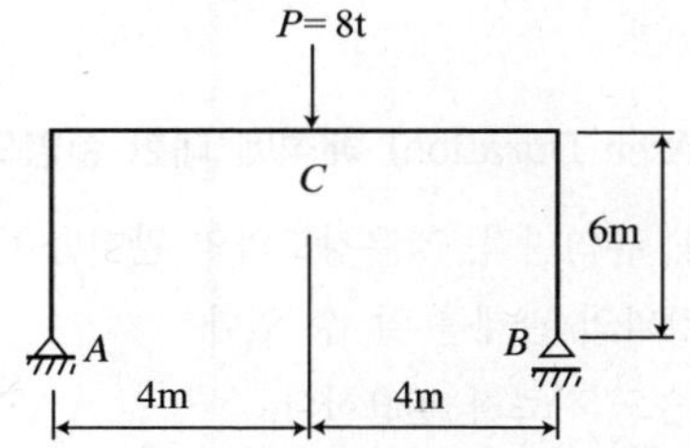

① 12t・m
② 16t・m
③ 24t・m
④ 32t・m
⑤ 40t・m

51 다음 중 도로의 아스팔트 포장에 대한 설명으로 옳지 않은 것은?

① 무거운 하중에 대한 내구성이 강하다.
② 수명이 콘크리트 포장에 비해 짧다.
③ 연약한 지반에서도 적용 가능하다.
④ 시공 초기에는 콘크리트 포장에 비해 마찰계수가 낮다.
⑤ 시공기간이 콘크리트 포장에 비해 짧다.

52 다음 중 최저좌굴축압에 대한 설명으로 옳은 것은?

① 차륜 하중에 의해 침목 밑에서 도상이 받는 압력이다.
② 압축부재에서 좌굴하중에 의하여 발생되는 단면의 평균 응력이다.
③ 도상자갈 중의 궤광을 궤도와 평행방향으로 수평이동하려 할 때 침목과 자갈 사이에 생기는 최대 저항력이다.
④ 도상자갈 중의 궤광을 궤도와 직각방향으로 수평이동하려 할 때 침목과 자갈 사이에 생기는 최대 저항력이다.
⑤ 레일의 국부틀림이 좌굴을 일으킬 수 있는 충분한 조건이 되었을 때 이론상 좌굴을 일으킬 수 있다고 생각되는 최저의 축압력이다.

53 다음 중 DAD(Depth Area Duration) 해석에 대한 설명으로 옳은 것은?

① 최대 평균 우량깊이, 유역면적, 강우강도와의 관계를 수립하는 작업이다.
② 유역면적과 증발산량과의 관계를 알 수 있다.
③ DAD 해석 시 상대습도 자료가 필요하다.
④ 유역면적을 대수축(Logarithmic Scale)에, 최대 평균강우량을 산술축(Arithmetic Scale)에 표시한다.
⑤ 일반적으로 강수의 계속시간이 짧을수록 또는 지역의 면적이 클수록 평균 유량의 최대치는 커진다.

54 지름이 10cm, 높이가 20cm인 모래시료에 정수위 투수시험을 진행한 결과 정수두 40cm로 하여 5초간의 유출량이 86.3cm^{3}가 되었다. 이 시료의 투수계수(k)는?

① 12.683×10^{-2}cm/sec
② 11.800×10^{-2}cm/sec
③ 10.988×10^{-2}cm/sec
④ 9.029×10^{-2}cm/sec
⑤ 8.683×10^{-2}cm/sec

55 다음 중 플레이트 보(Plate Girder)의 경제적인 높이는 어느 것에 의해 구해지는가?

① 전단력
② 지압력
③ 휨모멘트
④ 비틀림모멘트
⑤ 구속압력

56 시가지에서 5개의 측점으로 폐합 트래버스를 구성하여 내각을 측정한 결과 각관측 오차가 30″이었다. 각관측의 경중률이 동일할 때, 각오차의 처리방법으로 옳은 것은?(단, 시가지의 허용오차 범위는 $20''\sqrt{n} \sim 30''\sqrt{n}$ 이다)

① 재측량한다.
② 각의 크기에 관계없이 등배분한다.
③ 각의 크기에 비례하여 배분한다.
④ 각의 크기에 반비례하여 배분한다.
⑤ 처리할 수 없다.

57 30m에 대하여 3mm 늘어나 있는 줄자로 정사각형의 지역을 측정한 결과가 62,500m^2 이었다면, 실제 면적은 얼마인가?

① 약 62,503.3m^2
② 약 62,512.5m^2
③ 약 62,524.3m^2
④ 약 62,535.5m^2
⑤ 약 62,550.3m^2

58 **옹벽의 안정 조건 중 전도에 의한 저항 모멘트는 횡토압에 의한 전도 모멘트의 최소 몇 배 이상이어야 하는가?**

① 1.0배
② 1.5배
③ 2.0배
④ 2.5배
⑤ 3.0배

59 **다음 중 흙의 다짐시험에서 다짐에너지를 증가시킬 때 일어나는 결과는?**

① 최적함수비는 감소하고, 최대건조 단위중량은 증가한다.
② 최적함수비는 증가하고, 최대건조 단위중량은 감소한다.
③ 최적함수비와 최대건조 단위중량이 모두 감소한다.
④ 최적함수비와 최대건조 단위중량이 모두 증가한다.
⑤ 최적함수비와 최대건조 단위중량이 모두 변화하지 않는다.

60 **다음과 같은 단순보에서 최대 휨모멘트가 발생하는 위치는?(단, A점을 기준으로 한다)**

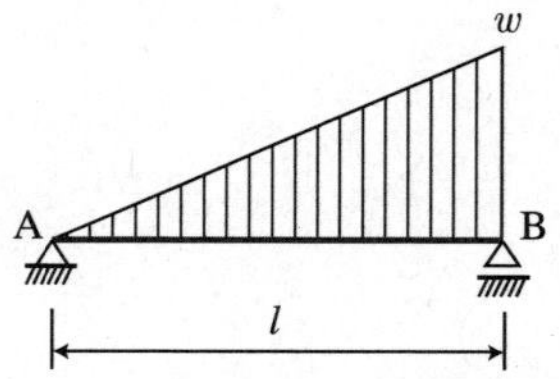

① $\frac{2}{3}l$
② $\frac{1}{\sqrt{3}}l$
③ $\frac{1}{\sqrt{2}}l$
④ $\frac{2}{\sqrt{5}}l$
⑤ $\frac{2}{\sqrt{2}}l$

| 02 | 기계일반

31 **다음 중 취성재료의 분리파손과 일치하는 이론은 무엇인가?**

① 최대주응력설
② 최대전단응력설
③ 최대변형률설
④ 변형률에너지설
⑤ 전단변형에너지설

32 **다음 중 2행정 사이클기관과 비교할 때 4행정 사이클기관의 장점으로 옳은 것은?**

① 매회전마다 폭발하므로 동일 배기량일 경우 출력이 2행정 사이클기관보다 크다.
② 마력당 기관중량이 가볍고 밸브기구가 필요 없어 구조가 간단하다.
③ 회전력이 균일하다.
④ 체적효율이 높다.
⑤ 윤활유 소비가 적다.

33 **다음 중 강의 표면처리 방법에 대한 설명으로 옳은 것은?**

① 아연(Zn)을 표면에 침투 확산시키는 방법을 칼로라이징(Calorizing)이라 한다.
② 고주파경화법은 열처리 과정이 필요하지 않다.
③ 청화법(Cyaniding)은 침탄과 질화가 동시에 일어난다.
④ 강철입자를 고속으로 분사하는 숏 피닝(Shot Peening)은 소재의 피로수명을 감소시킨다.
⑤ 침탄법(Carbonizing)은 표면에 탄소를 침투시켜 고탄소강으로 만든 다음 급랭시킨다.

34 다음 용접의 방법 중 고상용접으로 옳지 않은 것은?

① 확산 용접(Diffusion Welding)
② 초음파 용접(Ultrasonic Welding)
③ 일렉트로 슬래그 용접(Electro Slag Welding)
④ 마찰 용접(Friction Welding)
⑤ 폭발 용접(Explosive Welding)

35 단면적 $500mm^2$, 길이 100mm의 봉에 50kN의 길이방향 하중이 작용했을 때, 탄성영역에서 늘어난 길이는 2mm이다. 이 재료의 탄성계수는?

① 5GPa ② 2GPa
③ 10MPa ④ 5MPa
③ 2MPa

36 다음 〈보기〉 중 웜 기어에 대한 설명으로 옳은 것을 모두 고르면?

보기
ㄱ. 역전 방지를 할 수 없다.
ㄴ. 웜에 축방향 하중이 생긴다.
ㄷ. 부하용량이 크다.
ㄹ. 진입각(Lead Angle)이 작으면 효율이 높아진다.

① ㄱ, ㄴ ② ㄱ, ㄷ
③ ㄱ, ㄹ ④ ㄴ, ㄷ
⑤ ㄷ, ㄹ

37 다음 중 냉간가공에 대한 특징으로 옳지 않은 것은?

① 가공면이 아름답다.
② 제품의 치수를 정확하게 가공할 수 있다.
③ 가공방향에 따른 강도 변화가 거의 없다.
④ 재결정온도 이하에서 가공하는 소성가공이다.
⑤ 재결정온도 이상으로 어닐링하여 변형응력을 제거하는 과정을 거쳐야 한다.

38 다음 중 공기 스프링에 대한 설명으로 옳지 않은 것은?

① 2축 또는 3축 방향으로 동시에 작용할 수 있다.
② 감쇠특성이 커서 작은 진동을 흡수할 수 있다.
③ 하중과 변형의 관계가 비선형적이다.
④ 스프링 상수의 크기를 조절할 수 있다.
⑤ 고주파진동의 절연성이 좋아 소음이 적다.

PART 5

39 다음 중 어떤 액체에 물건을 놓았을 때, 발생하는 부력과 비례관계가 아닌 것은?

① 액체의 비중　　② 액체의 밀도
③ 물체의 밀도　　④ 액체의 비중량
⑤ 물체가 잠긴 부피

40 다음 중 호칭이 2N M8×1인 나사에 대한 설명으로 옳지 않은 것은?

① 리드는 2mm이다.
② 오른나사이다.
③ 피치는 1mm이다.
④ 유효지름은 8mm이다.
⑤ M은 미터나사를 말한다.

41 **다음 중 불활성가스 아크 용접법에 대한 설명으로 옳지 않은 것은?**

① 대기 중에서 용접 불가능한 티탄, 질코늄 등의 용접도 가능하다.
② 용접부가 불활성가스로 보호되어 용가재합금 성분의 용착효율은 거의 100%에 가깝다.
③ 불활성가스는 용접봉 지지기 내를 통과시켜 용접물에 분출시키며 보통의 아크 용접법보다 생산비가 고가이다.
④ 비소모성 텅스텐봉을 전극으로 사용하고 별도의 용가재를 사용하는 MIG 용접(불활성가스 금속 아크 용접)이 대표적이다.
⑤ 아르곤, 헬륨 등과 같이 고온에서도 금속과 반응하지 않는 불활성가스를 차폐가스로 하여 대기로부터 아크와 용융금속을 보호하며 행하는 아크 용접이다.

42 **다음 중 기준 치수에 대한 공차가 $\phi 150^{+0.04}_{\ \ 0}$mm인 구멍에 $\phi 150^{+0.03}_{-0.08}$mm인 축을 조립할 때 해당하는 끼워맞춤의 종류는?**

① 억지 끼워맞춤
② 아주 억지 끼워맞춤
③ 중간 끼워맞춤
④ 헐거운 끼워맞춤
⑤ 아주 헐거운 끼워맞춤

43 **다음 중 합금강에 첨가하는 원소와 얻을 수 있는 효과를 바르게 연결한 것은?**

① W : 경도를 낮추어 가공성을 강화한다.
② Ni : 내식성이 증가하고 크리프 저항을 증가시킨다.
③ Mn : 청열 메짐을 방지하고 내마모성을 증가시킨다.
④ Cr : 전자기적 성질을 개선하고 내마멸성을 증가시킨다
⑤ Mo : 담금질 깊이를 깊게 하고 크리프 저항을 증가시킨다.

44 **다음 기계가공 중에서 표면의 기공정밀도가 가장 우수한 것은?**

① 내면연삭가공
② 래핑가공
③ 평면연삭가공
④ 호닝가공
⑤ 슈퍼 피니싱

45 다음 중 관통하는 구멍을 뚫을 수 없는 경우에 사용하는 것으로, 볼트의 양쪽 모두 수나사로 가공되어 있는 머리 없는 볼트는?

① 스터드볼트
② 관통볼트
③ 아이볼트
④ 나비볼트
⑤ 탭볼트

46 다음 중 고압 증기터빈에서 저압 증기터빈으로 유입되는 증기의 건도를 높여 상대적으로 높은 보일러압력을 사용할 수 있게 하고, 터빈일을 증가시키며 터빈출구의 건도를 높이는 사이클은?

① 재열 사이클
② 재생 사이클
③ 과열 사이클
④ 스털링 사이클
⑤ 카르노 사이클

PART 5

47 다음 강의 열처리에서 생기는 조직 중 가장 경도가 높은 것은?

① 펄라이트(Pearlite)
② 소르바이트(Sorbite)
③ 마텐자이트(Martensite)
④ 트루스타이트(Troostite)
⑤ 페라이트(Ferrite)

48 다음 중 강의 탄소함유량이 증가함에 따라 나타나는 특성으로 옳은 것은?

① 인장강도가 증가한다.
② 항복점이 감소한다.
③ 경도가 감소한다.
④ 충격치가 증가한다.
⑤ 인성이 증가한다.

49 다음 중 압축공기를 이용하여 연마제를 노즐로 고속분사시켜 고운 다듬질면을 얻는 가공법은?

① 액체호닝
② 래핑
③ 호닝
④ 슈퍼 피니싱
⑤ 숏 피닝

50 **다음 중 SM35C, SC350으로 표현된 재료규격에 대한 설명으로 옳지 않은 것은?**

① SM35C에서 SM은 기계구조용 탄소강재라는 것이다.

② SM35C에서 35C는 탄소함유량이 3.5%라는 것이다.

③ SC350에서 SC는 탄소강 주강품이라는 것이다.

④ SC350에서 350은 인장강도 $350N/mm^2$ 이상을 나타낸다.

⑤ SM35C의 경우 평균 탄소량을 나타내는 숫자를 S(Steel)와 C(Carbon) 사이에 써서 표시한다.

51 **다음 중 경로함수로 나타나는 물리량은?**

① 엔탈피 ② 엔트로피

③ 내부에너지 ④ 일

⑤ 압력

52 **다음 중 강의 열처리 및 표면경화에 대한 설명으로 옳지 않은 것은?**

① 심랭처리 : 잔류 오스테나이트를 마텐자이트화하기 위한 공정이다.

② 질화법 : 질화용 강의 표면층에 질소를 확산시켜 표면층을 경화하는 방법이다.

③ 불림(Normalizing) : 가공의 영향을 제거하고 결정립을 조대화시켜 기계적 성질을 향상시키기 위해 수행된다.

④ 침탄법 : 표면은 내마멸성이 좋고 중심부는 인성이 있는 기계 부품을 만들기 위해 표면층만을 고탄소로 조성하는 방법이다.

⑤ 구상화 풀림(Spheroidizing Annealing) : 과공석강에서 초석탄화물이 석출되어 기계가공성이 저하되는 문제를 해결하기 위해 행하는 열처리 공정으로, 탄화물을 구상화하여 기계가공성 및 인성을 향상시키기 위해 수행된다.

53 **다음 중 금속재료의 기계적 성질과 그것을 평가하기 위한 시험을 바르게 짝지은 것은?**

① 종탄성계수 – 인장시험 ② 피로한도 – 압축시험

③ 전단항복응력 – 비틀림시험 ④ 경도 – 압입시험

⑤ 점성강도 – 충격시험

54 **다음 중 잔류응력(Residual Stress)에 대한 설명으로 옳지 않은 것은?**

① 변형 후 외력을 제거한 상태에서 소재에 남아 있는 응력을 말한다.
② 물체 내의 온도구배에 의해서도 발생할 수 있다.
③ 잔류응력은 추가적인 소성변형에 의해서도 감소될 수 있다.
④ 표면의 인장잔류응력은 소재의 피로수명을 향상시킨다.
⑤ 변태로 인해 생기는 응력은 표면에는 인장력이 나타나고 내부에는 압축잔류응력이 발생한다.

55 **다음 중 주물에 사용하는 주물사가 갖추어야 할 조건으로 옳지 않은 것은?**

① 열전도도가 낮아 용탕이 빨리 응고되지 않도록 한다.
② 주물표면과의 접합력이 좋아야 한다.
③ 열에 의한 화학적 변화가 일어나지 않도록 한다.
④ 통기성이 좋아야 한다.
⑤ 성형성이 있어야 한다.

56 **다음 중 기계요소를 설계할 때 응력집중 및 응력집중계수에 대한 설명으로 옳지 않은 것은?**

① 응력집중계수는 단면부의 평균응력에 대한 최대응력의 비율이다.
② 응력집중이란 단면이 급격히 변화하는 부위에서 힘의 흐름이 심하게 변화함으로 인해 발생하는 현상이다.
③ 응력집중계수는 탄성영역 내에서 부품의 형상효과와 재질이 모두 고려된 것으로, 형상이 같더라도 재질이 다르면 그 값이 다르다.
④ 응력집중을 완화하려면 단이 진 부분의 곡률반지름을 크게 하거나 단면이 완만하게 변화하도록 한다.
⑤ 응력집중은 일반적으로 구조요소의 파손·파괴의 원인이 되기 쉬우므로 설계할 때에는 탄소성 계산이나 광탄소성 해석, 스트레인미터에 의한 실험적 해석을 하여 충분히 검토해야 한다.

57 **다음 중 미끄럼을 방지하기 위하여 안쪽 표면에 이가 있는 벨트로, 정확한 속도가 요구되는 경우에 사용되는 전동벨트는?**

① 링크벨트 ② V벨트
③ 타이밍벨트 ④ 레이스벨트
⑤ 구동벨트

58 **실린더 내부의 유체가 외부로부터 68kJ/kg의 일을 받아 36kJ/kg의 열을 외부로 방출하였다. 이때, 유체의 내부에너지의 변화로 옳은 것은?**

① 내부에너지는 32kJ/kg 증가하였다.
② 내부에너지는 32kJ/kg 감소하였다.
③ 내부에너지는 36kJ/kg 증가하였다.
④ 내부에너지는 104kJ/kg 감소하였다.
⑤ 내부에너지는 104kJ/kg 증가하였다.

59 **다음 중 유압기기에 대한 설명으로 옳지 않은 것은?**

① 유압기기는 큰 출력을 낼 수 있다.
② 비용적형 유압 펌프로는 베인 펌프, 피스톤 펌프 등이 있다.
③ 유압기기에서 사용되는 작동유의 종류에는 석유 계통의 오일, 합성유 등이 있다.
④ 유압실린더는 작동유의 압력 에너지를 직선 왕복운동을 하는 기계적 일로 변환시키는 기기이다.
⑤ 터보형 유압 펌프로는 벌루트 펌프와 터빈 펌프 등이 있다.

60 **다음 오토 사이클의 P-V 선도에서 단열과정에 해당하는 과정을 모두 고르면?**

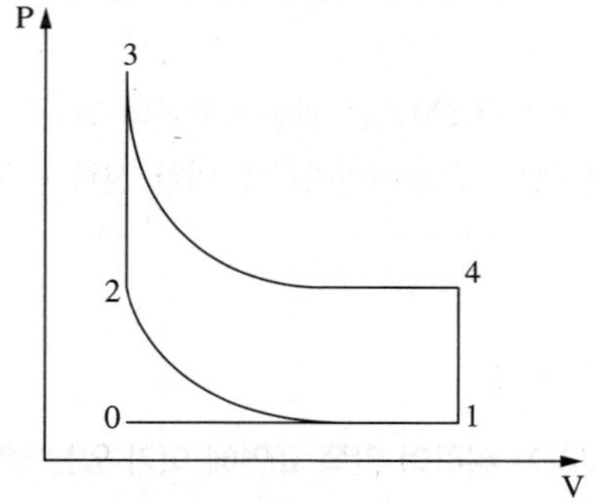

① 0 → 1, 1 → 0
② 1 → 2, 2 → 3
③ 1 → 2, 3 → 4
④ 2 → 3, 4 → 1
⑤ 3 → 4, 4 → 1

| 03 | 전기일반

31 어떤 전위 함수가 $V(x, y, z)=5x+6y^2$로 주어질 때, 점(2, −1, 3)에서 전계의 세기는?

① 10V/m
② 11V/m
③ 13V/m
④ 15V/m
⑤ 16V/m

32 다음 중 PN접합 다이오드의 역할로 옳은 것은?

① 증폭작용
② 발진작용
③ 정류작용
④ 변조작용
⑤ 승압작용

PART 5

33 10kW, 200V, 전기자 저항 0.15Ω 의 타 여자 발전기를 전동기로 사용하여 발전기의 경우와 같은 전류를 흘렸을 때 단자 전압은 몇 V로 하면 되는가?(단, 전기자 반작용은 무시하고 회전수는 같도록 한다)

① 200V
② 207.5V
③ 215V
④ 225.5V
⑤ 230V

34 가정용 전등선의 전압이 실횻값으로 220V로 승압되었다. 이 교류의 최댓값은 몇 V인가?(단, 소수점 둘째 자리에서 반올림한다)

① 381.1V
② 311.1V
③ 155.6V
④ 127.1V
⑤ 111.3V

35 다음 회로에서 저항 R은 몇 Ω 인가?

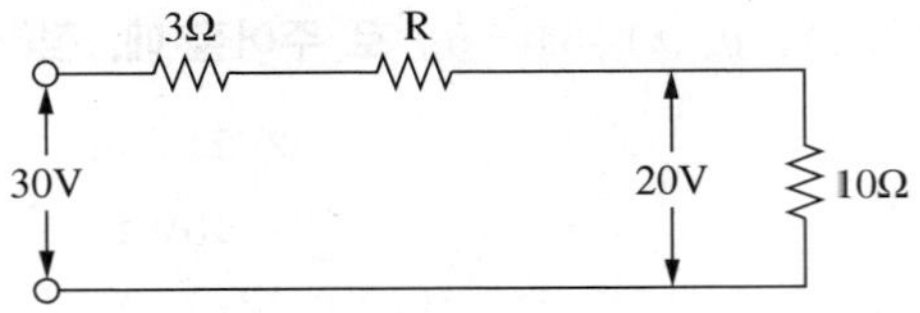

① 1Ω
② 2Ω
③ 3Ω
④ 4Ω
⑤ 5Ω

36 다음 중 전선의 절연 저항은 전선의 길이가 길수록 어떻게 변화하는가?

① 작아지다가 커진다.
② 작아진다.
③ 커진다.
④ 길이의 제곱에 비례하여 커진다.
⑤ 아무 변화가 없다.

37 다음 중 3상 교류 발전기의 기전력에 대하여 90° 늦은 전류가 통할 때 반작용 기자력은?

① 자극축과 일치하는 감자 작용
② 자극축보다 90° 빠른 증자 작용
③ 자극축보다 90° 늦은 감자 작용
④ 자극축과 직교하는 교차 자화 작용
⑤ 자극축과 일치하는 증자 작용

38 **다음 중 전기력선의 성질로 옳지 않은 것은?**

① 전기력선은 전위가 낮은 점에서 높은 점으로 향한다.

② 양전하에서 나와 음전하에서 끝나는 연속 곡선이다.

③ 전기력선은 서로 교차하지 않는다.

④ 도선 내부에는 전기력선이 없다.

⑤ 전기력선은 도체 표면에 수직으로 출입한다.

39 **다음 직류분권 전동기의 기동방법 중 기동토크를 크게 하기 위한 방법으로 옳은 것은?**

① 기동토크를 작게 한다.

② 기동토크를 크게 한다.

③ 계자 저항기의 저항값을 크게 한다.

④ 계자 저항기의 저항값을 0으로 한다.

⑤ 기동 저항기를 전기자와 병렬 접속한다.

40 **다음 중 쿨롱의 법칙에 대한 설명으로 옳지 않은 것은?**

① 힘의 크기는 두 전하량의 곱에 비례한다.

② 작용하는 힘의 방향은 두 전하를 연결하는 직선과 일치한다.

③ 작용하는 힘은 반발력과 흡인력이 있다.

④ 힘의 크기는 두 전하 사이의 거리에 반비례한다.

⑤ 정지해 있는 두 개의 점전하 사이에 작용하는 힘을 기술하는 물리법칙이다.

41 **면적이 100cm^2이고 간극이 1mm인 평행판 콘덴서 사이에 비유전율이 4인 유전체를 채우고 10kV의 전압을 가할 때, 극판에 저장되는 전하량은?**

① 1.05×10^{-4}C　　② 1.87×10^{-6}C

③ 2.23×10^{-4}C　　④ 3.54×10^{-6}C

⑤ 5.23×10^{-6}C

42 **다음 중 도체의 저항값에 대한 설명으로 옳지 않은 것은?**

① 저항값은 도체의 고유 저항에 비례한다.
② 저항값은 도체의 단면적에 비례한다.
③ 저항값은 도체의 길이에 비례한다.
④ 저항값은 도체의 단면적에 반비례한다.
⑤ 전기저항 $R=\rho\frac{l}{A}$ 이다.

43 **자기저항이 2×10^7AT/Wb인 철심이 있는 환상 솔레노이드에 5×10^{-5}Wb의 자속이 통과할 때, 철심의 기자력은?**

① 1,000AT
② 1,200AT
③ 1,400AT
④ 1,600AT
⑤ 1,700AT

44 **송전전력, 송전거리, 전선의 비중 및 전력손실률이 일정하다고 할 때, 전선의 단면적 A와 송전전압 V와의 관계로 옳은 것은?**

① $A\propto V$
② $A\propto \frac{1}{V^2}$
③ $A\propto V^2$
④ $A\propto \frac{1}{V}$
⑤ $A\propto \frac{1}{\sqrt{V}}$

45 **주파수 60Hz 회로에 접속되어 슬립 3%, 회전수 1,164rpm으로 회전하고 있는 유도 전동기의 극수는 얼마인가?**

① 5극
② 6극
③ 7극
④ 10극
⑤ 12극

46 **다음 중 2대의 동기 발전기의 병렬 운전 조건으로 같지 않아도 되는 것은?**

① 기전력의 위상
② 기전력의 주파수
③ 기전력의 임피던스
④ 기전력의 크기
⑤ 기전력의 파형

47 **충전된 대전체를 대지(大地)에 연결하면 대전체는 어떻게 되는가?**

① 방전한다.
② 반발한다.
③ 충전이 계속된다.
④ 반발과 흡인을 반복한다.
⑤ 대전한다.

48 **어떤 회로에 $V=200\sin\omega t$의 전압을 가했더니 $I=50\sin\left(\omega t+\frac{\pi}{2}\right)$의 전류가 흘렀다. 다음 중 이 회로는 무엇인가?**

① 저항회로
② 유도성회로
③ 임피던스회로
④ 용량성회로
⑤ 부성저항회로

49 **다음 중 유도 전동기 권선법에 대한 설명으로 옳지 않은 것은?**

① 홈 수는 24개 또는 36개이다.
② 고정자 권선은 3상 권선이 쓰인다.
③ 소형 전동기는 보통 4극이다.
④ 고정자 권선은 단층 파권이다.
⑤ 일반적으로 중권을 사용한다.

50 다음 중 단상 유도 전동기의 기동방법 중 기동토크가 가장 큰 것은?

① 반발 기동형
② 분상 기동형
③ 반발 유도형
④ 콘덴서 기동형
⑤ 셰이딩 코일형

51 일정한 속도로 운동하던 어떤 대전 입자가 균일한 자기장 속에 자기장의 방향과 수직으로 입사하였다. 이때 자기장 안에서 이 입자가 하는 운동으로 옳은 것은?

① 직선 운동을 한다.
② 일정한 운동 에너지를 갖는다.
③ 포물선 운동을 한다.
④ 힘을 받지 않는다.
⑤ 나선 운동을 한다.

52 다음 중 전류와 자속에 대한 설명으로 옳은 것은?

① 전류와 자속은 항상 폐회로를 이룬다.
② 전류와 자속은 항상 폐회로를 이루지 않는다.
③ 전류는 폐회로이나 자속은 아니다.
④ 자속은 폐회로이나 전류는 아니다.
⑤ 자속은 어떤 표면을 통과하는 자기력선의 수에 비례하는 양이다.

53 다음 그림에서 $R=10\Omega$, $L=0.1$H인 직렬 회로에 직류 전압 100V를 가했을 때 0.01초 후의 전류는 몇 A인가?

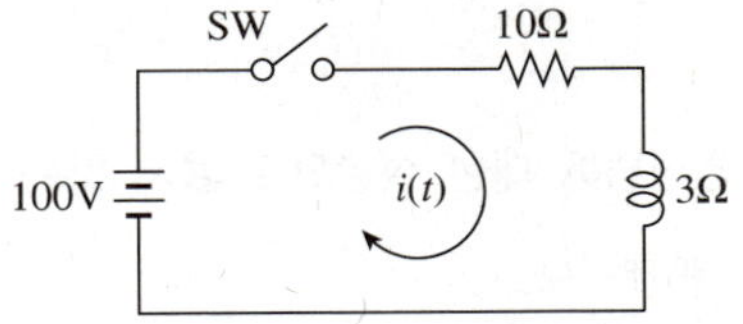

① 약 632A
② 약 63.2A
③ 약 6.32A
④ 약 0.632A
⑤ 약 0.0632A

54 입력 100V의 단상 교류를 SCR 4개를 사용하여 브리지 제어 정류하려 한다. 이때 사용할 SCR 1개의 최대 역전압(내압)은 몇 V 이상이어야 하는가?

① 약 25V
② 약 100V
③ 약 142V
④ 약 200V
⑤ 약 224V

55 다음 그림과 같은 유도 전동기가 있다. 고정자가 매초 100회전하고 회전자가 매초 95회전하고 있을 때, 회전자의 도체에 유기되는 기전력의 주파수는?

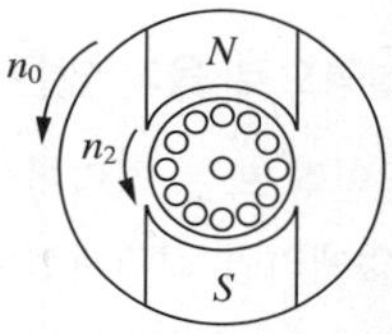

① 5Hz
② 10Hz
③ 15Hz
④ 20Hz
⑤ 25Hz

56 평행판 콘덴서에 전하량 Q가 충전되어 있다. 이 콘덴서의 내부 유전체의 유전율이 두 배로 변한다면 콘덴서 내부의 전속밀도는 어떻게 변하는가?

① 변화 없다.
② 2배가 된다.
③ 4배가 된다.
④ 6배가 된다.
⑤ 절반으로 감소한다.

57 전동기에 공급하는 간선의 굵기는 그 간선에 접속하는 전동기의 정격 전류의 합계가 50A를 초과하는 경우, 그 정격 전류 합계의 몇 배 이상의 허용 전류를 갖는 전선을 사용하여야 하는가?

① 1.1배
② 1.25배
③ 1.3배
④ 2.0배
⑤ 2.4배

PART 5

58 **보극이 없는 직류기의 운전 중 중성점의 위치가 변하지 않는 경우는?**

① 전부하
② 무부하
③ 중부하
④ 과부하
⑤ 기저부하

59 **다음 중 전하의 성질에 대한 설명으로 옳지 않은 것은?**

① 인접한 전하의 극성에 따라 인력 또는 척력이 작용한다.
② 대전체에 들어있는 전하를 없애려면 접지시킨다.
③ 대전체의 영향으로 비대전체에 전기가 유도된다.
④ 전하는 가장 안정한 상태를 유지하려는 성질이 있다.
⑤ 같은 종류의 전하는 끌어당기고 다른 종류의 전하끼리는 반발한다.

60 **다음 〈보기〉 중 전자기학에서 발생하는 효과에 대한 설명으로 옳은 것을 모두 고르면?**

보기

ㄱ. 제벡 효과는 재질이 서로 다른 두 금속을 맞대어 폐회로를 만들고 같은 온도를 유지하면 기전력이 발생하는 효과이다.
ㄴ. 펠티에 효과는 재질이 서로 다른 두 금속을 맞대고 전류를 흘려보내면 한 금속은 발열, 다른 금속은 흡열을 하는 효과이다.
ㄷ. 톰슨 효과는 한 금속의 양 끝에 온도차를 주고 전류를 흘려보내면 발열 또는 흡열을 하는 효과이다.
ㄹ. 핀치 효과는 도선에 전류가 흐를 때 전류가 도선의 바깥쪽으로 집중되어 흐르는 효과이다.

① ㄱ, ㄴ
② ㄱ, ㄷ
③ ㄴ, ㄷ
④ ㄴ, ㄹ
⑤ ㄷ, ㄹ

| 04 | 전기이론

31 **다음 중 10Ω 의 저항 회로에 $e=100\sin\left(377t+\frac{\pi}{3}\right)$[V]의 전압을 가했을 때, $t=0$에서의 순시 전류는?**

① 5A
② $5\sqrt{3}$ A
③ 10A
④ $10\sqrt{3}$ A
⑤ 15A

32 **다음 중 사인파 교류의 평균값은?**

① $\frac{2\sqrt{2}}{\pi}\times$(실횻값)
② $\frac{4}{\pi}\sqrt{2}\times$(최댓값)
③ $\frac{\sqrt{2}}{\pi}\times$(실횻값)
④ $\frac{\pi}{2\sqrt{2}}\times$(최댓값)
⑤ $\frac{4}{\pi}\sqrt{2}\times$(실횻값)

33 **다음 중 전이중 통신 방식에 대한 특성으로 옳지 않은 것은?**

① 하드와이어 전송의 경우 송수신에 4개의 회선을 사용한다.
② 아날로그 방식의 전송에서는 FDM으로 전이중 모드를 지원한다.
③ 데이터 전송량이 많고 통신 회선의 용량이 클 때 사용한다.
④ 송수신에 2개의 채널을 사용하며, 각 채널의 주파수는 서로 같다.
⑤ 다른 통신 방식에 비해 장비가 비싸고 더 많은 전송 매체가 필요하다.

34 공기 중에서 자속 밀도 1.5Wb/m^2의 평등 자장 내에 길이 40cm의 도선을 자장의 방향과 30°의 각도로 놓고 여기에 5A의 전류를 흐르게 하면 도선에 작용하는 힘은 얼마인가?

① 1.5N
② 3N
③ 4N
④ 5N
⑤ 6N

35 다음 중 코일에 발생하는 유기 기전력의 크기에 대한 설명으로 옳은 것은?

① 코일의 권수에 비례한다.
② 시간의 변화에 비례한다.
③ 시간의 변화에 반비례한다.
④ 코일에 쇄교하는 자속수에 비례한다.
⑤ 코일에 쇄교하는 자속수에 반비례한다.

36 공장의 어느 부하가 단상 220V/60Hz 전력선으로부터 0.5의 지상 역률로 22kW를 소비하고 있다. 이때 공장으로 유입되는 전류의 실횻값은?

① 50A
② 100A
③ 150A
④ 200A
⑤ 250A

37 다음 중 지수함수 e^{-at}를 z변환한 식으로 옳은 것은?

① $\dfrac{z}{z+e^{-at}}$
② $\dfrac{-z}{z-e^{-at}}$
③ $\dfrac{z}{z-e^{-at}}$
④ $\dfrac{-z}{z+e^{at}}$
⑤ $\dfrac{z}{z+e^{2at}}$

38 3상 4선식 방식에서 1선당 최대 전력은 얼마인가?(단, 상전압은 V, 선전류는 I라 한다)

① $0.3VI$
② $0.45VI$
③ $0.5VI$
④ $0.65VI$
⑤ $0.75VI$

39 다음 글에서 설명하는 이론으로 옳은 것은?

> 2개 이상의 기전력을 포함한 회로망 중에서 어떤 점의 전위 또는 전류는 각 기전력이 각각 단독으로 존재한다고 생각했을 경우 그 점의 전위 또는 전류의 합과 같다.

① 테브난의 정리
② 중첩의 정리
③ 노튼의 정리
④ 헤르츠의 정리
⑤ 밀만의 정리

40 다음 중 옳지 않은 것은?

① 같은 부호의 전하끼리는 반발력이 생긴다.
② 정전유도는 물체에 대전체를 가까이 하면 반대 극은 대전체의 반대쪽으로 이동한다.
③ 정전용량이란 콘덴서가 전하를 축적하는 능력을 말한다.
④ 콘덴서에 전압을 가하는 순간 콘덴서는 단락상태가 된다.
⑤ 전자유도는 코일과 도체에 기전력이 생기는 현상이다.

41 다음 그림과 같이 평행한 무한장 직선 도선에 각각 I[A], $8I$[A]의 전류가 흐른다. 두 도선 사이의 점 P에서 측정한 자계의 세기가 0[V/m]일 때, $\frac{b}{a}$는?

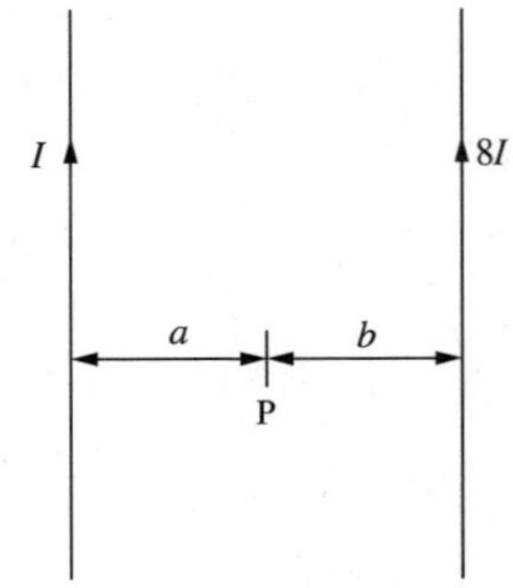

① $\frac{1}{8\pi}$
② $\frac{1}{8}$
③ 8π
④ 8
⑤ 16π

42 QPSK의 전송 대역폭 B_T는?(단, r_b는 비트율이다)

① $B_T \fallingdotseq r_b$
② $B_T \fallingdotseq \frac{r_b}{2}$
③ $B_T \fallingdotseq \frac{r_b}{4}$
④ $B_T \fallingdotseq 2r_b$
⑤ $B_T \fallingdotseq 3r_b$

43 다음 중 등전위면과 전기력선의 교차 관계는?

① 30°로 교차한다.
② 45°로 교차한다.
③ 60°로 교차한다.
④ 교차하지 않는다.
⑤ 직각으로 교차한다.

44 다음 중 저항 R의 크기에 대한 설명으로 옳은 것을 〈보기〉에서 모두 고르면?

보기

ㄱ. 저항은 고유저항에 비례한다.
ㄴ. 저항은 단면적의 넓이에 비례한다.
ㄷ. 저항은 길이에 비례한다.
ㄹ. 저항의 길이가 n배, 단면적의 넓이가 n배 증가하면 저항의 크기는 n^2배 증가한다.

① ㄱ, ㄷ
② ㄴ, ㄷ
③ ㄱ, ㄷ, ㄹ
④ ㄴ, ㄷ, ㄹ
⑤ ㄱ, ㄴ, ㄷ, ㄹ

PART 5

45 다음 〈보기〉 중 $R-L-C$ 병렬회로의 동작에 대한 설명으로 옳은 것을 모두 고르면?

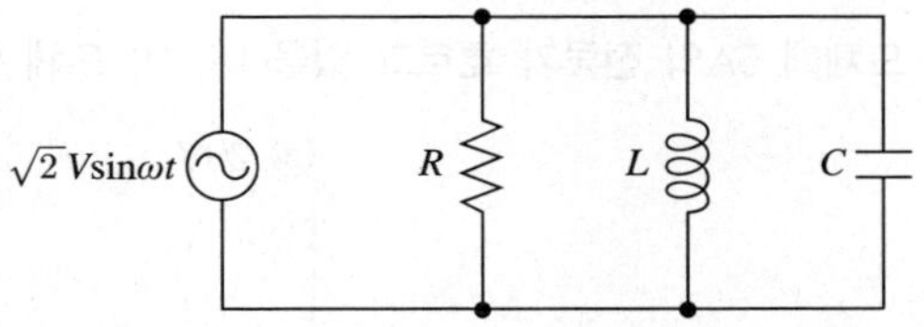

보기

ㄱ. 각 소자 R, L, C 양단에 걸리는 전압은 전원전압과 같다.
ㄴ. 회로의 어드미턴스 $\dot{Y}=\frac{1}{R}+j\left(\omega L-\frac{1}{\omega C}\right)$ 이다.
ㄷ. ω를 변화시켜 공진일 때 전원에서 흘러나오는 모든 전류는 R에만 흐른다.
ㄹ. L에 흐르는 전류와 C에 흐르는 전류는 동상(In Phase)이다.
ㅁ. 모든 에너지는 저항 R에서만 소비된다.

① ㄱ, ㅁ
② ㄱ, ㄴ, ㄹ
③ ㄱ, ㄷ, ㅁ
④ ㄴ, ㄷ, ㄹ
⑤ ㄴ, ㄹ, ㅁ

46 **다음 중 전기장에 대한 설명으로 옳지 않은 것은?**

① 전기장이 도체 표면에 평행으로 되지 않으면 전기장 성분이 생긴다.
② 대전된 무한히 긴 원통의 내부 전기장은 0이다.
③ 대전된 구의 내부 전기장은 0이다.
④ 대전된 도체 내부의 전하 및 전기장은 모두 0이다.
⑤ 전기장의 방향은 양전하에서 나가서 음전하로 들어오는 방향이다.

47 **다음 중 비동기식 데이터 전송에서 사용되는 에러 검출 방식은?**

① 짝수 패리티
② 홀수 패리티
③ 세로 중복 검사
④ 순환 중복 검사
⑤ 순환 잉여 검사

48 **저항이 20Ω 인 도체에 5A의 전류가 흐르고 있을 때, 이 도체 양단 간의 전압은 몇 V인가?**

① 10V
② 20V
③ 50V
④ 70V
⑤ 100V

49 **다음 중 전류가 전압에 비례하는 것은 어느 법칙과 관계가 있는가?**

① 키르히호프의 법칙
② 옴의 법칙
③ 줄의 법칙
④ 렌츠의 법칙
⑤ 앙페르의 법칙

50 5분 동안에 600C의 전기량이 이동했다면 전류의 크기는 얼마인가?

① 2A ② 5A
③ 10A ④ 15A
⑤ 20A

51 다음 중 1Ah는 몇 C인가?

① 600C ② 800C
③ 1,200C ④ 3,600C
④ 7,200C

52 다음 중 각주파수 $\omega = 100\pi$[rad/s]일 때, 주파수 f는?

① 50Hz ② 60Hz
③ 150Hz ④ 300Hz
⑤ 360Hz

53 어떤 전지에 접속된 외부 회로의 부하저항은 5Ω이고, 이때 전류는 8A가 흐른다. 외부 회로에 5Ω 대신 15Ω의 부하저항을 접속하면 전류가 4A로 변할 때, 전지의 기전력 및 내부저항은?

① 20V, 5Ω ② 40V, 5Ω
③ 40V, 10Ω ④ 80V, 5Ω
⑤ 80V, 20Ω

54 어느 가정집에서 40W LED등 10개, 1kW 전자레인지 1개, 100W 컴퓨터 세트 2대, 1kW 세탁기 1대를 사용한다. 하루 평균 사용시간이 LED등 5시간, 전자레인지 30분, 컴퓨터 5시간, 세탁기 1시간일 때, 1개월(30일)간의 사용 전력량은?

① 115kWh
② 135kWh
③ 155kWh
④ 175kWh
⑤ 195kWh

55 다음 중 1,600baud의 변조 속도로 4상차 분위상 변조된 데이터의 신호 속도는 몇 bps인가?

① 800bps
② 1,200bps
③ 3,200bps
④ 4,800bps
⑤ 6,400bps

56 길이가 l 인 도선을 잡아 늘여서 길이가 nl 인 도선으로 만들 때, 전기 저항은 몇 배로 되는가?

① n배
② n^2배
③ $\frac{1}{n^2}$배
④ $\frac{1}{n}$배
③ $\frac{1}{2n}$배

57 다음 중 광섬유의 특징에 대한 설명으로 옳지 않은 것은?

① 넓은 대역폭을 가진다.
② 신호의 감쇠가 적다.
③ 외부 전자기장에 의하여 영향을 받는다.
④ 고도의 통신 안전성이 보장된다.
⑤ 직경은 0.1mm 정도로 가늘다.

58 **다음 중 코드 분할 다중 액세스(CDMA) 방식에 대한 설명으로 옳지 않은 것은?**

① FDMA와 TDMA의 혼합된 형태이다.

② 전송 시간은 TDMA로, 각 시간 대역에서는 FDMA로 전송한다.

③ 전체 신호에 미치는 페이딩의 영향을 줄일 수 있다.

④ 전체적인 데이터 전송률을 증대시킬 수 있다.

⑤ 코드사용기법이기 때문에 자동적으로 프라이버시가 보장된다.

59 **균일한 자기장 속에 직선 도선이 자기장의 방향에 수직하게 놓여 있다. 이 도선의 길이가 2m이고 자기장의 세기(자속 밀도)가 $1Wb/m^2$일 때, 도선에 흐르는 전류가 3A라면 도선이 받는 힘은 몇 N인가?**

① 2N
② 3N
③ 5N
④ 6N
⑤ 10N

60 **선간전압이 200V인 평형 3상 전원에 1상의 저항이 100Ω 인 3상 델타(△)부하를 연결할 경우 선전류는?**

① $\frac{2}{\sqrt{3}}$A
② $\frac{\sqrt{2}}{3}$A
③ $\frac{\sqrt{3}}{2}$A
④ $2\sqrt{3}$A
⑤ 2A

61 **다음 중 한국철도공사법령상 사채원부에 기재해야 하는 사항이 아닌 것은?**

① 채권번호
② 채권의 종류별 수
③ 채권의 산출근거
④ 이자지급의 방법 및 시기
⑤ 사채의 발행총액

62 **다음 중 철도사업법상 용어의 정의가 바르게 연결된 것은?**

① 철도 : 철도사업을 목적으로 설치하거나 운영하는 철도이다.
② 철도차량 : 다른 사람의 수요에 따른 영업을 목적으로 하지 아니하고 자신의 수요에 따라 특수 목적을 수행하기 위하여 설치하거나 운영하는 철도이다.
③ 전용철도 : 여객 또는 화물을 운송하는 데 필요한 철도시설과 철도차량 및 이와 관련된 운영·지원체계가 유기적으로 구성된 운송체계이다.
④ 철도사업 : 다른 사람의 수요에 응하여 철도차량을 사용하여 유상(有償)으로 여객이나 화물을 운송하는 사업이다.
⑤ 사업용철도 : 선로를 운행할 목적으로 제작된 동력차·객차·화차 및 특수차여객 또는 화물을 운송하는 데 필요한 철도시설과 철도차량 및 이와 관련된 운영·지원체계가 유기적으로 구성된 운송체계이다.

63 **다음 중 철도산업발전기본법상 국가가 철도이용자의 권익보호를 위해 강구해야 할 시책이 아닌 것은?**

① 철도이용자의 재산상의 위해 방지
② 철도이용자의 권익보호를 위한 홍보
③ 철도이용자의 생명·신체의 위해 방지
④ 철도이용자의 피해에 대한 신속·공정한 구제조치
⑤ 철도이용자의 철도시설 관리를 위한 교육 및 연구

64 **다음은 철도산업발전기본계획의 수립에 대한 설명이다. 밑줄 친 부분의 내용으로 옳은 것은?**

> 국토교통부장관은 기본계획을 수립하고자 하는 때에는 미리 기본계획과 관련이 있는 행정기관의 장과 협의한 후 철도산업위원회의 심의를 거쳐야 한다. 수립된 기본계획을 변경(대통령령으로 정하는 경미한 변경은 제외한다)하고자 하는 때에도 또한 같다.

① 철도시설투자사업 시행업자의 변경
② 철도시설투자사업 운영체계에 관한 변경
③ 철도시설투자사업 기간의 2년의 기간 내에서의 변경
④ 철도시설투자사업 사업기술의 50분의 1의 범위 안에서의 변경
⑤ 철도시설투자사업 총투자비용의 50분의 1의 범위 안에서의 변경

65 **다음은 한국철도공사법령상 한국철도공사의 손익금의 처리에 대한 설명이다. 빈칸에 들어갈 내용으로 옳은 것은?**

> 한국철도공사가 이익준비금 또는 사업확장적립금을 자본금으로 전입하고자 하는 때에는 이사회의 ________을/를 거쳐 기획재정부장관의 승인을 얻어야 한다.

① 의결　　② 승인
③ 허락　　④ 협의
⑤ 보고

66 **다음 중 철도사업법령상 철도사업자의 면허취소 또는 사업정지 등의 처분대상이 되는 사상자의 수는?**

① 1회 철도사고로 사망자 3명 이상
② 1회 철도사고로 사망자 4명 이상
③ 1회 철도사고로 사망자 5명 이상
④ 1회 철도사고로 사망자 7명 이상
⑤ 1회 철도사고로 사망자 9명 이상

67 **다음 중 한국철도공사법령상 한국철도공사의 설립등기사항이 아닌 것은?**

① 명칭
② 자본금
③ 설립목적
④ 임원의 자격
⑤ 공고의 방법

68 **다음 중 철도사업법상 민자철도사업자가 민자철도의 유지·관리 및 운영에 관한 기준을 준수하지 아니한 경우에 부과·징수할 수 있는 과징금은?**

① 3천만 원 이하
② 5천만 원 이하
③ 7천만 원 이하
④ 1억 원 이하
⑤ 2억 원 이하

69 **다음 중 철도산업발전기본법령상 철도산업위원회의 위원이 될 수 없는 사람은?**

① 기획재정부차관
② 한국철도공사 사장
③ 산업통상자원부차관
④ 공정거래위원회위원장
⑤ 과학기술정보통신부차관

70 **다음 중 한국철도공사법상 한국철도공사의 손익금 처리 순서를 바르게 나열한 것은?**

ㄱ. 국고에 납입
ㄴ. 이월결손금의 보전(補塡)
ㄷ. 자본금의 2분의 1이 될 때까지 이익금의 10분의 2 이상을 이익준비금으로 적립
ㄹ. 자본금과 같은 액수가 될 때까지 이익금의 10분의 2 이상을 사업확장적립금으로 적립

① ㄴ－ㄷ－ㄹ－ㄱ
② ㄴ－ㄹ－ㄷ－ㄱ
③ ㄷ－ㄴ－ㄹ－ㄱ
④ ㄷ－ㄹ－ㄴ－ㄱ
⑤ ㄹ－ㄴ－ㄷ－ㄱ

PART 6

채용가이드

CHAPTER 01

블라인드 채용 소개

1. 블라인드 채용이란?

채용 과정에서 편견이 개입되어 불합리한 차별을 야기할 수 있는 출신지, 가족관계, 학력, 외모 등의 편견요인은 제외하고, 직무능력만을 평가하여 인재를 채용하는 방식입니다.

2. 블라인드 채용의 필요성

- 채용의 공정성에 대한 사회적 요구
  - 누구에게나 직무능력만으로 경쟁할 수 있는 균등한 고용기회를 제공해야 하나, 아직도 채용의 공정성에 대한 불신이 존재
  - 채용상 차별금지에 대한 법적 요건이 권고적 성격에서 처벌을 동반한 의무적 성격으로 강화되는 추세
  - 시민의식과 지원자의 권리의식 성숙으로 차별에 대한 법적 대응 가능성 증가
- 우수인재 채용을 통한 기업의 경쟁력 강화 필요
  - 직무능력과 무관한 학벌, 외모 위주의 선발로 우수인재 선발기회 상실 및 기업경쟁력 약화
  - 채용 과정에서 차별 없이 직무능력중심으로 선발한 우수인재 확보 필요
- 공정한 채용을 통한 사회적 비용 감소 필요
  - 편견에 의한 차별적 채용은 우수인재 선발을 저해하고 외모·학벌 지상주의 등의 심화로 불필요한 사회적 비용 증가
  - 채용에서의 공정성을 높여 사회의 신뢰수준 제고

3. 블라인드 채용의 특징

편견요인을 요구하지 않는 대신 직무능력을 평가합니다.

※ 직무능력중심 채용이란?
기업의 역량기반 채용, NCS기반 능력중심 채용과 같이 직무수행에 필요한 능력과 역량을 평가하여 선발하는 채용방식을 통칭합니다.

4. 블라인드 채용의 평가요소

직무수행에 필요한 지식, 기술, 태도 등을 과학적인 선발기법을 통해 평가합니다.

평가기준 = 직무수행에 필요한 직무능력

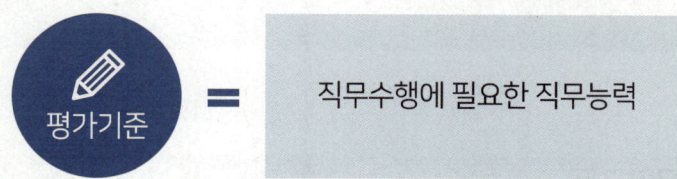

※ 과학적 선발기법이란?
직무분석을 통해 도출된 평가요소를 서류, 필기, 면접 등을 통해 체계적으로 평가하는 방법으로 입사지원서, 자기소개서, 직무수행능력평가, 구조화 면접 등이 해당됩니다.

5. 블라인드 채용 주요 도입 내용

- 입사지원서에 인적사항 요구 금지
  - 인적사항에는 출신지역, 가족관계, 결혼여부, 재산, 취미 및 특기, 종교, 생년월일(연령), 성별, 신장 및 체중, 사진, 전공, 학교명, 학점, 외국어 점수, 추천인 등이 해당
  - 채용 직무를 수행하는 데 있어 반드시 필요하다고 인정될 경우는 제외
    예 특수경비직 채용 시 : 시력, 건강한 신체 요구
    연구직 채용 시 : 논문, 학위 요구 등
- 블라인드 면접 실시
  - 면접관에게 응시자의 출신지역, 가족관계, 학교명 등 인적사항 정보 제공 금지
  - 면접관은 응시자의 인적사항에 대한 질문 금지

6. 블라인드 채용 도입의 효과성

- 구성원의 다양성과 창의성이 높아져 기업 경쟁력 강화
  - 편견을 없애고 직무능력 중심으로 선발하므로 다양한 직원 구성 가능
  - 다양한 생각과 의견을 통하여 기업의 창의성이 높아져 기업경쟁력 강화
- 직무에 적합한 인재선발을 통한 이직률 감소 및 만족도 제고
  - 사전에 지원자들에게 구체적이고 상세한 직무요건을 제시함으로써 허수 지원이 낮아지고, 직무에 적합한 지원자 모집 가능
  - 직무에 적합한 인재가 선발되어 직무이해도가 높아져 업무효율 증대 및 만족도 제고
- 채용의 공정성과 기업이미지 제고
  - 블라인드 채용은 사회적 편견을 줄인 선발 방법으로 기업에 대한 사회적 인식 제고
  - 채용과정에서 불합리한 차별을 받지 않고 실력에 의해 공정하게 평가를 받을 것이라는 믿음을 제공하고, 지원자들은 평등한 기회와 공정한 선발과정 경험

CHAPTER

02 서류전형 가이드

01 채용공고문

1. 채용공고문의 변화

기존 채용공고문	변화된 채용공고문
• 취업준비생에게 불충분하고 불친절한 측면 존재 • 모집분야에 대한 명확한 직무관련 정보 및 평가기준 부재 • 해당분야에 지원하기 위한 취업준비생의 무분별한 스펙 쌓기 현상 발생	• NCS 직무분석에 기반한 채용공고를 토대로 채용전형 진행 • 지원자가 입사 후 수행하게 될 업무에 대한 자세한 정보 공지 • 직무수행내용, 직무수행 시 필요한 능력, 관련된 자격, 직업기초능력 제시 • 지원자가 해당 직무에 필요한 스펙만을 준비할 수 있도록 안내
• 모집부문 및 응시자격 • 지원서 접수 • 전형절차 • 채용조건 및 처우 • 기타사항	• 채용절차 • 채용유형별 선발분야 및 예정인원 • 전형방법 • 선발분야별 직무기술서 • 우대사항

2. 지원 유의사항 및 지원요건 확인

채용 직무에 따른 세부사항을 공고문에 명시하여 지원자에게 적격한 지원 기회를 부여함과 동시에 채용과정에서의 공정성과 신뢰성을 확보합니다.

구성	내용	확인사항
모집분야 및 규모	고용형태(인턴 계약직 등), 모집분야, 인원, 근무지역 등	채용직무가 여러 개일 경우 본인이 해당되는 직무의 채용규모 확인
응시자격	기본 자격사항, 지원조건	지원을 위한 최소자격요건을 확인하여 불필요한 지원을 예방
우대조건	법정·특별·자격증 가점	본인의 가점 여부를 검토하여 가점 획득을 위한 사항을 사실대로 기재
근무조건 및 보수	고용형태 및 고용기간, 보수, 근무지	본인이 생각하는 기대수준에 부합하는지 확인하여 불필요한 지원을 예방
시험방법	서류·필기·면접전형 등의 활용방안	전형방법 및 세부 평가기법 등을 확인하여 지원전략 준비
전형일정	접수기간, 각 전형 단계별 심사 및 합격자 발표일 등	본인의 지원 스케줄을 검토하여 차질이 없도록 준비
제출서류	입사지원서(경력·경험기술서 등), 각종 증명서 및 자격증 사본 등	지원요건 부합 여부 및 자격 증빙서류 사전에 준비
유의사항	임용취소 등의 규정	임용취소 관련 법적 또는 기관 내부 규정을 검토하여 해당여부 확인

02 직무기술서

직무기술서란 직무수행의 내용과 필요한 능력, 관련 자격, 직업기초능력 등을 상세히 기재한 것으로 입사 후 수행하게 될 업무에 대한 정보가 수록되어 있는 자료입니다.

1. 채용분야

설명

NCS 직무분류 체계에 따라 직무에 대한 「대분류 – 중분류 – 소분류 – 세분류」 체계를 확인할 수 있습니다. 채용 직무에 대한 모든 직무기술서를 첨부하게 되며 실제 수행 업무를 기준으로 세부적인 분류정보를 제공합니다.

채용분야	분류체계			
사무행정	대분류	중분류	소분류	세분류
분류코드	02. 경영·회계·사무	03. 재무·회계	01. 재무	01. 예산
				02. 자금
			02. 회계	01. 회계감사
				02. 세무

2. 능력단위

설명

직무분류 체계의 세분류 하위능력단위 중 실질적으로 수행할 업무의 능력만 구체적으로 파악할 수 있습니다.

능력단위	(예산)	03. 연간종합예산수립 05. 확정예산 운영	04. 추정재무제표 작성 06. 예산실적 관리
	(자금)	04. 자금운용	
	(회계감사)	02. 자금관리 05. 회계정보시스템 운용 07. 회계감사	04. 결산관리 06. 재무분석
	(세무)	02. 결산관리 07. 법인세 신고	05. 부가가치세 신고

3. 직무수행내용

설명

세분류 영역의 기본정의를 통해 직무수행내용을 확인할 수 있습니다. 입사 후 수행할 직무내용을 구체적으로 확인할 수 있으며, 이를 통해 입사서류 작성부터 면접까지 직무에 대한 명확한 이해를 바탕으로 자신의 희망직무인지 아닌지, 해당 직무가 자신이 알고 있던 직무가 맞는지 확인할 수 있습니다.

직무수행내용	(예산) 일정기간 예상되는 수익과 비용을 편성, 집행하며 통제하는 일
	(자금) 자금의 계획 수립, 조달, 운용을 하고 발생 가능한 위험 관리 및 성과평가
	(회계감사) 기업 및 조직 내·외부에 있는 의사결정자들이 효율적인 의사결정을 할 수 있도록 유용한 정보를 제공, 제공된 회계정보의 적정성을 파악하는 일
	(세무) 세무는 기업의 활동을 위하여 주어진 세법범위 내에서 조세부담을 최소화시키는 조세전략을 포함하고 정확한 과세소득과 과세표준 및 세액을 산출하여 과세당국에 신고·납부하는 일

4. 직무기술서 예시

태도	(예산) 정확성, 분석적 태도, 논리적 태도, 타 부서와의 협조적 태도, 설득력
	(자금) 분석적 사고력
	(회계 감사) 합리적 태도, 전략적 사고, 정확성, 적극적 협업 태도, 법률준수 태도, 분석적 태도, 신속성, 책임감, 정확한 판단력
	(세무) 규정 준수 의지, 수리적 정확성, 주의 깊은 태도
우대 자격증	공인회계사, 세무사, 컴퓨터활용능력, 변호사, 워드프로세서, 전산회계운용사, 사회조사분석사, 재경관리사, 회계관리 등
직업기초능력	의사소통능력, 문제해결능력, 자원관리능력, 대인관계능력, 정보능력, 조직이해능력

5. 직무기술서 내용별 확인사항

항목	확인사항
모집부문	해당 채용에서 선발하는 부문(분야)명 확인 예 사무행정, 전산, 전기
분류체계	지원하려는 분야의 세부직무군 확인
주요기능 및 역할	지원하려는 기업의 전사적인 기능과 역할, 산업군 확인
능력단위	지원분야의 직무수행에 관련되는 세부업무사항 확인
직무수행내용	지원분야의 직무군에 대한 상세사항 확인
전형방법	지원하려는 기업의 신입사원 선발전형 절차 확인
일반요건	교육사항을 제외한 지원 요건 확인(자격요건, 특수한 경우 연령)
교육요건	교육사항에 대한 지원요건 확인(대졸 / 초대졸 / 고졸 / 전공 요건)
필요지식	지원분야의 업무수행을 위해 요구되는 지식 관련 세부항목 확인
필요기술	지원분야의 업무수행을 위해 요구되는 기술 관련 세부항목 확인
직무수행태도	지원분야의 업무수행을 위해 요구되는 태도 관련 세부항목 확인
직업기초능력	지원분야 또는 지원기업의 조직원으로서 근무하기 위해 필요한 일반적인 능력사항 확인

03 입사지원서

1. 입사지원서의 변화

기존지원서		능력중심 채용 입사지원서
직무와 관련 없는 학점, 개인신상, 어학점수, 자격, 수상경력 등을 나열하도록 구성	VS	해당 직무수행에 꼭 필요한 정보들을 제시할 수 있도록 구성

직무기술서	→	인적사항	성명, 연락처, 지원분야 등 작성 (평가 미반영)
직무수행내용		교육사항	직무지식과 관련된 학교교육 및 직업교육 작성
요구지식 / 기술		자격사항	직무관련 국가공인 또는 민간자격 작성
관련 자격증		경력 및 경험사항	조직에 소속되어 일정한 임금을 받거나(경력) 임금 없이(경험) 직무와 관련된 활동 내용 작성
사전직무경험			

2. 교육사항

- 지원분야 직무와 관련된 학교 교육이나 직업교육 혹은 기타교육 등 직무에 대한 지원자의 학습 여부를 평가하기 위한 항목입니다.
- 지원하고자 하는 직무의 학교 전공교육 이외에 직업교육, 기타교육 등을 기입할 수 있기 때문에 전공 제한 없이 직업교육과 기타교육을 이수하여 지원이 가능하도록 기회를 제공합니다.
  (기타교육 : 학교 이외의 기관에서 개인이 이수한 교육과정 중 지원직무와 관련이 있다고 생각되는 교육내용)

구분	교육과정(과목)명	교육내용	과업(능력단위)

3. 자격사항

- 채용공고 및 직무기술서에 제시되어 있는 자격 현황을 토대로 지원자가 해당 직무를 수행하는 데 필요한 능력을 가지고 있는지를 평가하기 위한 항목입니다.
- 채용공고 및 직무기술서에 기재된 직무관련 필수 또는 우대자격 항목을 확인하여 본인이 보유하고 있는 자격사항을 기재합니다.

자격유형	자격증명	발급기관	취득일자	자격증번호

4. 경력 및 경험사항

- 직무와 관련된 경력이나 경험 여부를 표현하도록 하여 직무와 관련한 능력을 갖추었는지를 평가하기 위한 항목입니다.
- 해당 기업에서 직무를 수행함에 있어 필요한 사항만을 기록하게 되어 있기 때문에 직무와 무관한 스펙을 갖추지 않아도 됩니다.
- 경력 : 금전적 보수를 받고 일정기간 동안 일했던 경우
- 경험 : 금전적 보수를 받지 않고 수행한 활동

※ 기업에 따라 경력 / 경험 관련 증빙자료 요구 가능

구분	조직명	직위 / 역할	활동기간(년 / 월)	주요과업 / 활동내용

Tip

입사지원서 작성 방법

○ 경력 및 경험사항 작성
- 직무기술서에 제시된 지식, 기술, 태도와 지원자의 교육사항, 경력(경험)사항, 자격사항과 연계하여 개인의 직무역량에 대해 스스로 판단 가능

○ 인적사항 최소화
- 개인의 인적사항, 학교명, 가족관계 등을 노출하지 않도록 유의

부적절한 입사지원서 작성 사례
- 학교 이메일을 기입하여 학교명 노출
- 거주지 주소에 학교 기숙사 주소를 기입하여 학교명 노출
- 자기소개서에 부모님이 재직 중인 기업명, 직위, 직업을 기입하여 가족관계 노출
- 자기소개서에 석·박사 과정에 대한 이야기를 언급하여 학력 노출
- 동아리 활동에 대한 내용을 학교명과 더불어 언급하여 학교명 노출

04 자기소개서

1. 자기소개서의 변화

- 기존의 자기소개서는 지원자의 일대기나 관심 분야, 성격의 장·단점 등 개괄적인 사항을 묻는 질문으로 구성되어 지원자가 자신의 직무능력을 제대로 표출하지 못합니다.
- 능력중심 채용의 자기소개서는 직무기술서에 제시된 직업기초능력(또는 직무수행능력)에 대한 지원자의 과거 경험을 기술하게 함으로써 평가 타당도의 확보가 가능합니다.

1. 우리 회사와 해당 지원 직무분야에 지원한 동기에 대해 기술해 주세요.

2. 자신이 경험한 다양한 사회활동에 대해 기술해 주세요.

3. 지원 직무에 대한 전문성을 키우기 위해 받은 교육과 경험 및 경력사항에 대해 기술해 주세요.

4. 인사업무 또는 팀 과제 수행 중 발생한 갈등을 원만하게 해결해 본 경험이 있습니까? 당시 상황에 대한 설명과 갈등의 대상이 되었던 상대방을 설득한 과정 및 방법을 기술해 주세요.

5. 과거에 있었던 일 중 가장 어려웠었던(힘들었었던) 상황을 고르고, 어떤 방법으로 그 상황을 해결했는지를 기술해 주세요.

PART 6

Tip

자기소개서 작성 방법

① 자기소개서 문항이 묻고 있는 평가 역량 추측하기

예시

- 팀 활동을 하면서 갈등 상황 시 상대방의 니즈나 의도를 명확히 파악하고 해결하여 목표 달성에 기여했던 경험에 대해서 작성해 주시기 바랍니다.
- 다른 사람이 생각해내지 못했던 문제점을 찾고 이를 해결한 경험에 대해 작성해 주시기 바랍니다.

② 해당 역량을 보여줄 수 있는 소재 찾기(시간×역량 매트릭스)

예시

시간 →

평가역량 ↓

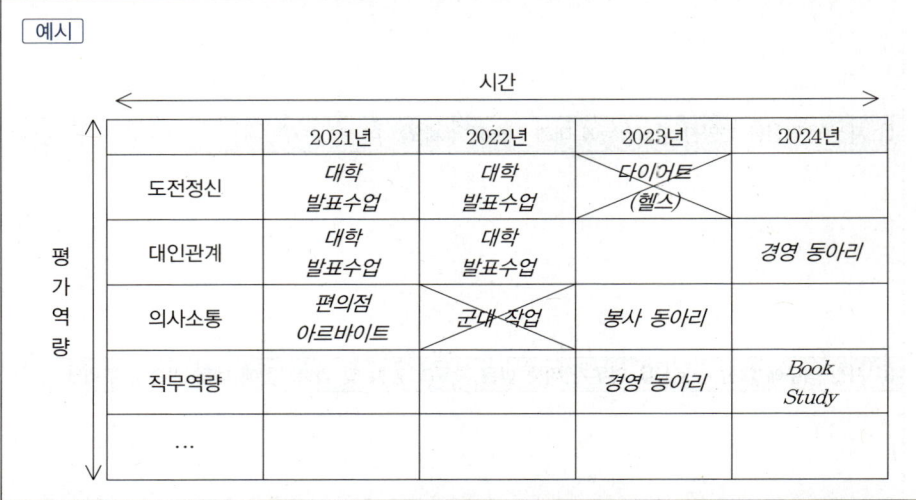

	2021년	2022년	2023년	2024년
도전정신	*대학 발표수업*	*대학 발표수업*	~~*다이어트(헬스)*~~	
대인관계	*대학 발표수업*	*대학 발표수업*		*경영 동아리*
의사소통	*편의점 아르바이트*	~~*군대 작업*~~	*봉사 동아리*	
직무역량			*경영 동아리*	*Book Study*
…				

③ 자기소개서 작성 Skill 익히기

- 두괄식으로 작성하기
- 구체적 사례를 사용하기
- '나'를 중심으로 작성하기
- 직무역량 강조하기
- 경험 사례의 차별성 강조하기

CHAPTER

03 인성검사 소개 및 모의테스트

01 인성검사 유형

인성검사는 지원자의 성격특성을 객관적으로 파악하고 그것이 각 기업에서 필요로 하는 인재상과 가치에 부합하는가를 평가하기 위한 검사입니다. 인성검사는 KPDI(한국인재개발진흥원), K-SAD(한국사회적성개발원), KIRBS(한국행동과학연구소), SHR(에스에이치알) 등의 전문기관을 통해 각 기업의 특성에 맞는 검사를 선택하여 실시합니다. 대표적인 인성검사의 유형에는 크게 다음과 같은 세 가지가 있으며, 채용 대행업체에 따라 달라집니다.

1. KPDI 검사

조직적응성과 직무적합성을 알아보기 위한 검사로 인성검사, 인성역량검사, 인적성검사, 직종별 인적성검사 등의 다양한 검사 도구를 구현합니다. KPDI는 성격을 파악하고 정신건강 상태 등을 측정하고, 직무검사는 해당 직무를 수행하기 위해 기본적으로 갖추어야 할 인지적 능력을 측정합니다. 역량검사는 특정 직무 역할을 효과적으로 수행하는 데 직접적으로 관련 있는 개인의 행동, 지식, 스킬, 가치관 등을 측정합니다.

2. KAD(Korea Aptitude Development) 검사

K-SAD(한국사회적성개발원)에서 실시하는 적성검사 프로그램입니다. 개인의 성향, 지적 능력, 기호, 관심, 흥미도를 종합적으로 분석하여 적성에 맞는 업무가 무엇인가 파악하고, 직무수행에 있어서 요구되는 기초능력과 실무능력을 분석합니다.

3. SHR 직무적성검사

직무수행에 필요한 종합적인 사고 능력을 다양한 적성검사(Paper and Pencil Test)로 평가합니다. SHR의 모든 직무능력검사는 표준화 검사입니다. 표준화 검사는 표본집단의 점수를 기초로 규준이 만들어진 검사이므로 개인의 점수를 규준에 맞추어 해석·비교하는 것이 가능합니다. S(Standardized Tests), H(Hundreds of Version), R(Reliable Norm Data)을 특징으로 하며, 직군·직급별 특성과 선발 수준에 맞추어 검사를 적용할 수 있습니다.

02 인성검사와 면접

인성검사는 특히 면접질문과 관련성이 높습니다. 면접관은 지원자의 인성검사 결과를 토대로 질문을 하기 때문입니다. 일관적이고 이상적인 답변을 하는 것이 가장 좋지만, 실제 시험은 매우 복잡하여 전문가라 해도 일정 성격을 유지하면서 답변을 하는 것이 힘듭니다. 또한, 인성검사에는 라이 스케일(Lie Scale) 설문이 전체 설문 속에 교묘하게 섞여 들어가 있으므로 겉치레적인 답을 하게 되면 회답태도의 허위성이 그대로 드러나게 됩니다. 예를 들어 '거짓말을 한 적이 한 번도 없다.'에 '예'로 답하고, '때로는 거짓말을 하기도 한다.'에 '예'라고 답하여 라이 스케일의 득점이 올라가게 되면 모든 회답의 신빙성이 사라지고 '자신을 돋보이게 하려는 사람'이라는 평가를 받을 수 있으므로 주의해야 합니다. 따라서 모의테스트를 통해 인성검사의 유형과 실제 시험 시 어떻게 문제를 풀어야 하는지 연습해 보고 체크한 부분 중 자신의 단점과 연결되는 부분은 면접에서 질문이 들어왔을 때 어떻게 대처해야 하는지 생각해 보는 것이 좋습니다.

03 유의사항

1. 기업의 인재상을 파악하라!

인성검사를 통해 개인의 성격 특성을 파악하고 그것이 기업의 인재상과 가치에 부합하는지를 평가하는 시험이기 때문에 해당 기업의 인재상을 먼저 파악하고 시험에 임하는 것이 좋습니다. 모의테스트에서 인재상에 맞는 가상의 인물을 설정하고 문제에 답해 보는 것도 많은 도움이 됩니다.

2. 일관성 있는 대답을 하라!

짧은 시간 안에 다양한 질문에 답을 해야 하는데, 그 안에는 중복되는 질문이 여러 번 나옵니다. 이때 앞서 자신이 체크했던 대답을 잘 기억해뒀다가 일관성 있는 답을 하는 것이 중요합니다.

3. 모든 문항에 대답하라!

많은 문제를 짧은 시간 안에 풀려다 보니 다 못 푸는 경우도 종종 생깁니다. 하지만 대답을 누락하거나 끝까지 다 못했을 경우 좋지 않은 결과를 가져올 수도 있으니 최대한 주어진 시간 안에 모든 문항에 답할 수 있도록 해야 합니다.

04 KPDI 모의테스트

※ 모의테스트는 질문 및 답변 유형 연습을 위한 것으로 실제 시험과 다를 수 있습니다.
※ 인성검사는 정답이 따로 없는 유형의 검사이므로 결과지를 제공하지 않습니다.

번호	내용	예	아니요
001	나는 솔직한 편이다.	☐	☐
002	나는 리드하는 것을 좋아한다.	☐	☐
003	법을 어겨서 말썽이 된 적이 한 번도 없다.	☐	☐
004	거짓말을 한 번도 한 적이 없다.	☐	☐
005	나는 눈치가 빠르다.	☐	☐
006	나는 일을 주도하기보다는 뒤에서 지원하는 것을 선호한다.	☐	☐
007	앞일은 알 수 없기 때문에 계획은 필요하지 않다.	☐	☐
008	거짓말도 때로는 방편이라고 생각한다.	☐	☐
009	사람이 많은 술자리를 좋아한다.	☐	☐
010	걱정이 지나치게 많다.	☐	☐
011	일을 시작하기 전 재고하는 경향이 있다.	☐	☐
012	불의를 참지 못한다.	☐	☐
013	처음 만나는 사람과도 이야기를 잘 한다.	☐	☐
014	때로는 변화가 두렵다.	☐	☐
015	나는 모든 사람에게 친절하다.	☐	☐
016	힘든 일이 있을 때 술은 위로가 되지 않는다.	☐	☐
017	결정을 빨리 내리지 못해 손해를 본 경험이 있다.	☐	☐
018	기회를 잡을 준비가 되어 있다.	☐	☐
019	때로는 내가 정말 쓸모없는 사람이라고 느낀다.	☐	☐
020	누군가 나를 챙겨주는 것이 좋다.	☐	☐
021	자주 가슴이 답답하다.	☐	☐
022	나는 내가 자랑스럽다.	☐	☐
023	경험이 중요하다고 생각한다.	☐	☐
024	전자기기를 분해하고 다시 조립하는 것을 좋아한다.	☐	☐

025	감시받고 있다는 느낌이 든다.	☐	☐
026	난처한 상황에 놓이면 그 순간을 피하고 싶다.	☐	☐
027	세상엔 믿을 사람이 없다.	☐	☐
028	잘못을 빨리 인정하는 편이다.	☐	☐
029	지도를 보고 길을 잘 찾아간다.	☐	☐
030	귓속말을 하는 사람을 보면 날 비난하고 있는 것 같다.	☐	☐
031	막무가내라는 말을 들을 때가 있다.	☐	☐
032	장래의 일을 생각하면 불안하다.	☐	☐
033	결과보다 과정이 중요하다고 생각한다.	☐	☐
034	운동은 그다지 할 필요가 없다고 생각한다.	☐	☐
035	새로운 일을 시작할 때 좀처럼 한 발을 떼지 못한다.	☐	☐
036	기분 상하는 일이 있더라도 참는 편이다.	☐	☐
037	업무능력은 성과로 평가받아야 한다고 생각한다.	☐	☐
038	머리가 맑지 못하고 무거운 느낌이 든다.	☐	☐
039	가끔 이상한 소리가 들린다.	☐	☐
040	타인이 내게 자주 고민상담을 하는 편이다.	☐	☐

05 SHR 모의테스트

※ 모의테스트는 질문 및 답변 유형 연습을 위한 것으로 실제 시험과 다를 수 있습니다.
※ 인성검사는 정답이 따로 없는 유형의 검사이므로 결과지를 제공하지 않습니다.

※ 이 성격검사의 각 문항에는 서로 다른 행동을 나타내는 네 개의 문장이 제시되어 있습니다. 이 문장들을 비교하여, 자신의 평소 행동과 가장 가까운 문장을 'ㄱ' 열에 표기하고, 가장 먼 문장을 'ㅁ' 열에 표기하십시오.

01 나는 ______________________

	ㄱ	ㅁ
A. 실용적인 해결책을 찾는다.	☐	☐
B. 다른 사람을 돕는 것을 좋아한다.	☐	☐
C. 세부 사항을 잘 챙긴다.	☐	☐
D. 상대의 주장에서 허점을 잘 찾는다.	☐	☐

02 나는 ______________________

	ㄱ	ㅁ
A. 매사에 적극적으로 임한다.	☐	☐
B. 즉흥적인 편이다.	☐	☐
C. 관찰력이 있다.	☐	☐
D. 임기응변에 강하다.	☐	☐

03 나는 ______________________

	ㄱ	ㅁ
A. 무서운 영화를 잘 본다.	☐	☐
B. 조용한 곳이 좋다.	☐	☐
C. 가끔 울고 싶다.	☐	☐
D. 집중력이 좋다.	☐	☐

04 나는 ______________________

	ㄱ	ㅁ
A. 기계를 조립하는 것을 좋아한다.	☐	☐
B. 집단에서 리드하는 역할을 맡는다.	☐	☐
C. 호기심이 많다.	☐	☐
D. 음악을 듣는 것을 좋아한다.	☐	☐

05 나는 ________________________________

A. 타인을 늘 배려한다.
B. 감수성이 예민하다.
C. 즐겨하는 운동이 있다.
D. 일을 시작하기 전에 계획을 세운다.

ㄱ	ㅁ
☐	☐
☐	☐
☐	☐
☐	☐

06 나는 ________________________________

A. 타인에게 설명하는 것을 좋아한다.
B. 여행을 좋아한다.
C. 정적인 것이 좋다.
D. 남을 돕는 것에 보람을 느낀다.

ㄱ	ㅁ
☐	☐
☐	☐
☐	☐
☐	☐

07 나는 ________________________________

A. 기계를 능숙하게 다룬다.
B. 밤에 잠이 잘 오지 않는다.
C. 한 번 간 길을 잘 기억한다.
D. 불의를 보면 참을 수 없다.

ㄱ	ㅁ
☐	☐
☐	☐
☐	☐
☐	☐

08 나는 ________________________________

A. 종일 말을 하지 않을 때가 있다.
B. 사람이 많은 곳을 좋아한다.
C. 술을 좋아한다.
D. 휴양지에서 편하게 쉬고 싶다.

ㄱ	ㅁ
☐	☐
☐	☐
☐	☐
☐	☐

09 나는 ______________________

	ㄱ	ㅁ
A. 뉴스보다는 드라마를 좋아한다.	☐	☐
B. 길을 잘 찾는다.	☐	☐
C. 주말엔 집에서 쉬는 것이 좋다.	☐	☐
D. 아침에 일어나는 것이 힘들다.	☐	☐

10 나는 ______________________

	ㄱ	ㅁ
A. 이성적이다.	☐	☐
B. 할 일을 종종 미룬다.	☐	☐
C. 어른을 대하는 게 힘들다.	☐	☐
D. 불을 보면 매혹을 느낀다.	☐	☐

11 나는 ______________________

	ㄱ	ㅁ
A. 상상력이 풍부하다.	☐	☐
B. 예의 바르다는 소리를 자주 듣는다.	☐	☐
C. 사람들 앞에 서면 긴장한다.	☐	☐
D. 친구를 자주 만난다.	☐	☐

12 나는 ______________________

	ㄱ	ㅁ
A. 나만의 스트레스 해소 방법이 있다.	☐	☐
B. 친구가 많다.	☐	☐
C. 책을 자주 읽는다.	☐	☐
D. 활동적이다.	☐	☐

CHAPTER

04 면접전형 가이드

01 면접유형 파악

1. 면접전형의 변화

기존 면접전형에서는 일상적이고 단편적인 대화나 지원자의 첫인상 및 면접관의 주관적인 판단 등에 의해서 입사 결정 여부를 판단하는 경우가 많았습니다. 이러한 면접전형은 면접 내용의 일관성이 결여되거나 직무 관련 타당성이 부족하였고, 면접에 대한 신뢰도에 영향을 주었습니다.

기존 면접(전통적 면접)		능력중심 채용 면접(구조화 면접)
• 일상적이고 단편적인 대화 • 인상, 외모 등 외부 요소의 영향 • 주관적인 판단에 의존한 총점 부여 ⇩ • 면접 내용의 일관성 결여 • 직무관련 타당성 부족 • 주관적인 채점으로 신뢰도 저하	VS	• 일관성 – 직무관련 역량에 초점을 둔 구체적 질문 목록 – 지원자별 동일 질문 적용 • 구조화 – 면접 진행 및 평가 절차를 일정한 체계에 의해 구성 • 표준화 – 평가 타당도 제고를 위한 평가 Matrix 구성 – 척도에 따라 항목별 채점, 개인 간 비교 • 신뢰성 – 면접진행 매뉴얼에 따라 면접위원 교육 및 실습

2. 능력중심 채용의 면접 유형

① 경험 면접
- 목적 : 선발하고자 하는 직무 능력이 필요한 과거 경험을 질문합니다.
- 평가요소 : 직업기초능력과 인성 및 태도적 요소를 평가합니다.

② 상황 면접
- 목적 : 특정 상황을 제시하고 지원자의 행동을 관찰함으로써 실제 상황의 행동을 예상합니다.
- 평가요소 : 직업기초능력과 인성 및 태도적 요소를 평가합니다.

③ 발표 면접
- 목적 : 특정 주제와 관련된 지원자의 발표와 질의응답을 통해 지원자 역량을 평가합니다.
- 평가요소 : 직무수행능력과 인지적 역량(문제해결능력)을 평가합니다.

④ 토론 면접
- 목적 : 토의과제에 대한 의견수렴 과정에서 지원자의 역량과 상호작용능력을 평가합니다.
- 평가요소 : 직무수행능력과 팀워크를 평가합니다.

02 면접유형별 준비 방법

1. 경험 면접

① 경험 면접의 특징

• 주로 직업기초능력에 관련된 지원자의 과거 경험을 심층 질문하여 검증하는 면접입니다.

• 직무능력과 관련된 과거 경험을 평가하기 위해 심층 질문을 하며, 이 질문은 지원자의 답변에 대하여 '꼬리에 꼬리를 무는 형식'으로 진행됩니다.

> • 능력요소, 정의, 심사 기준
>   – 평가하고자 하는 능력요소, 정의, 심사기준을 확인하여 면접위원이 해당 능력요소 관련 질문을 제시합니다.
>
> • Opening Question
>   – 능력요소에 관련된 과거 경험을 유도하기 위한 시작 질문을 합니다.
>
> • Follow-up Question
>   – 지원자의 경험 수준을 구체적으로 검증하기 위한 질문입니다.
>   – 경험 수준 검증을 위한 상황(Situation), 임무(Task), 역할 및 노력(Action), 결과(Result) 등으로 질문을 구분합니다.

경험 면접의 형태

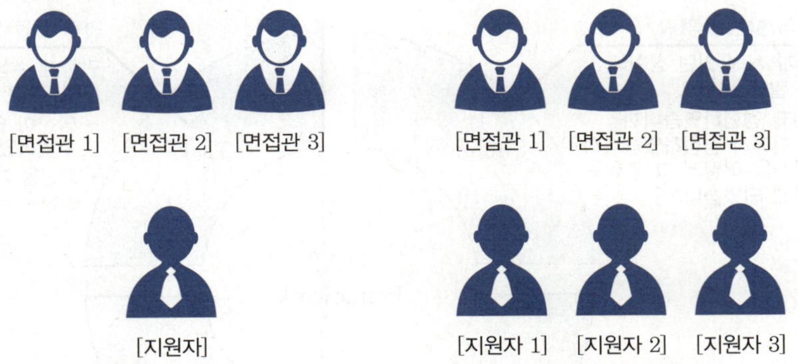

〈일대다 면접〉 〈다대다 면접〉

② 경험 면접의 구조

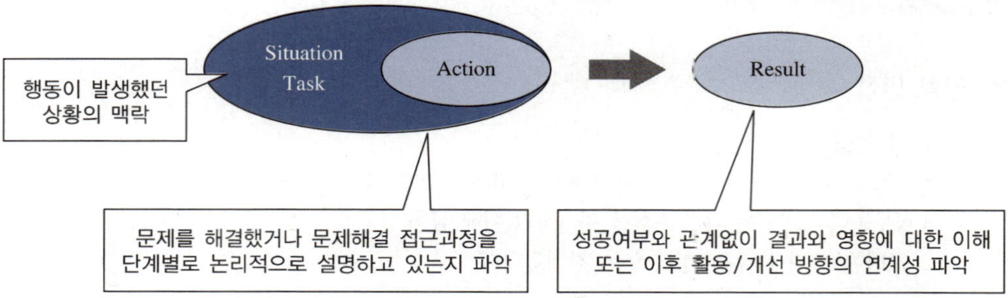

S(Situation)	귀하가 처해 있던 상황에 대해 말해 보시오.
T(Task)	귀하가 수행한 과제/과업은 무엇인가?
A(Action)	어떻게 행동(대응)했는가?
R(Result)	그 행동의 결과는 어땠는가?

(　　　　　)에 관한 과거 경험에 대하여 말해 보시오.

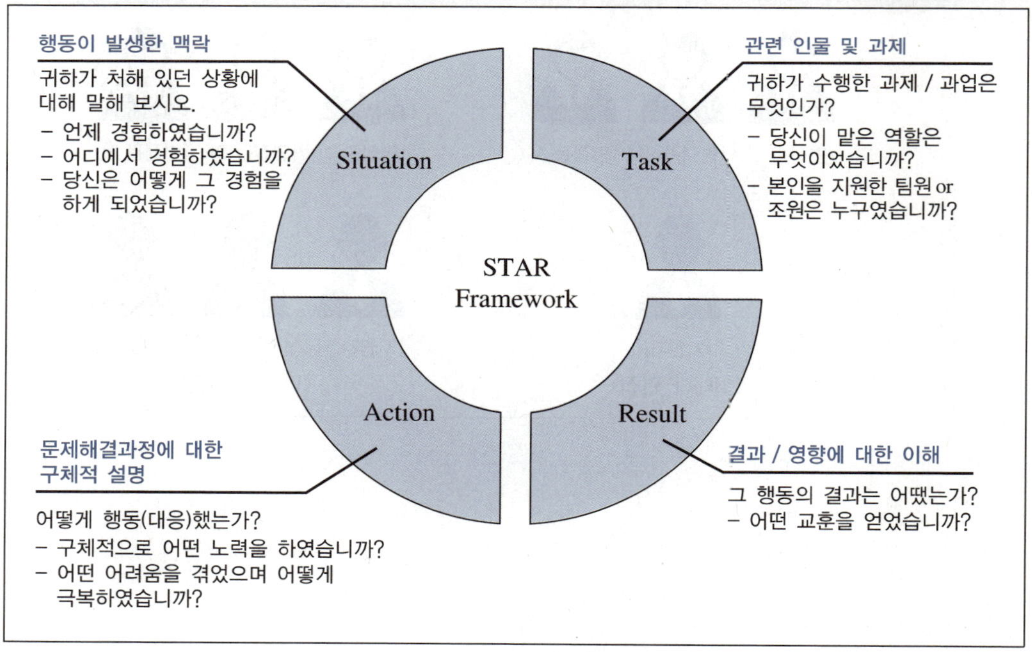

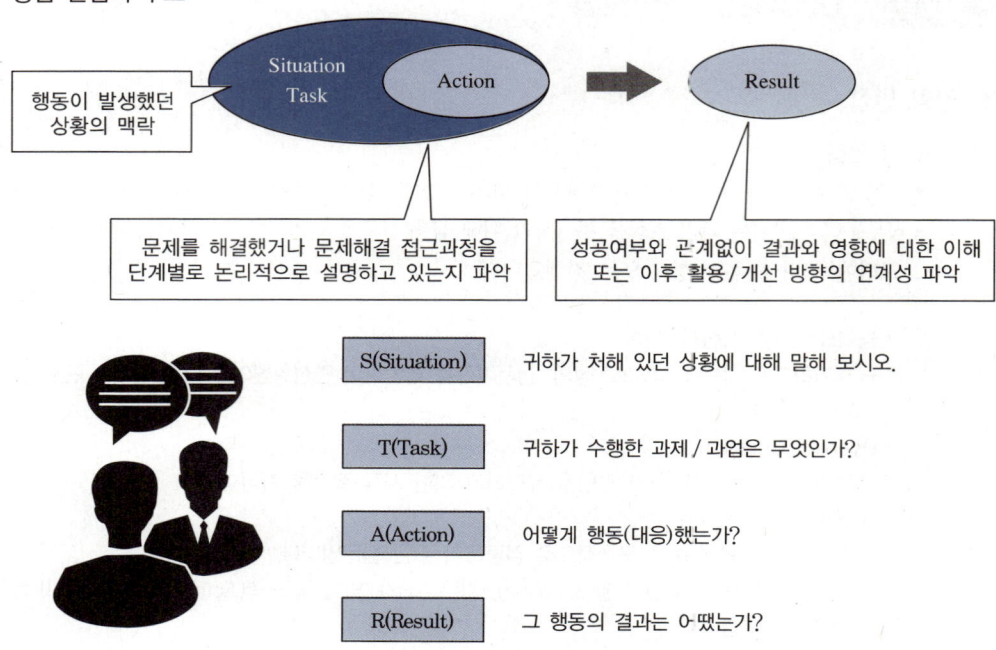

③ 경험 면접 질문 예시(직업윤리)

시작 질문	
1	남들이 신경 쓰지 않는 부분까지 고려하여 절차대로 업무(연구)를 수행하여 성과를 낸 경험을 구체적으로 말해 보시오.
2	조직의 원칙과 절차를 철저히 준수하며 업무(연구)를 수행한 것 중 성과를 향상시킨 경험에 대해 구체적으로 말해 보시오.
3	세부적인 절차와 규칙에 주의를 기울여 실수 없이 업무(연구)를 마무리한 경험을 구체적으로 말해 보시오.
4	조직의 규칙이나 원칙을 고려하여 성실하게 일했던 경험을 구체적으로 말해 보시오.
5	타인의 실수를 바로잡고 원칙과 절차대로 수행하여 성공적으로 업무를 마무리하였던 경험에 대해 말해 보시오.

후속 질문		
상황 (Situation)	상황	구체적으로 언제, 어디에서 경험한 일인가?
		어떤 상황이었는가?
	조직	어떤 조직에 속해 있었는가?
		그 조직의 특성은 무엇이었는가?
		몇 명으로 구성된 조직이었는가?
	기간	해당 조직에서 얼마나 일했는가?
		해당 업무는 몇 개월 동안 지속되었는가?
	조직규칙	조직의 원칙이나 규칙은 무엇이었는가?
임무 (Task)	과제	과제의 목표는 무엇이었는가?
		과제에 적용되는 조직의 원칙은 무엇이었는가?
		그 규칙을 지켜야 하는 이유는 무엇이었는가?
	역할	당신이 조직에서 맡은 역할은 무엇이었는가?
		과제에서 맡은 역할은 무엇이었는가?
	문제의식	규칙을 지키지 않을 경우 생기는 문제점 / 불편함은 무엇인가?
		해당 규칙이 왜 중요하다고 생각하였는가?
역할 및 노력 (Action)	행동	업무 과정의 어떤 장면에서 규칙을 철저히 준수하였는가?
		어떻게 규정을 적용시켜 업무를 수행하였는가?
		규정은 준수하는 데 어려움은 없었는가?
	노력	그 규칙을 지키기 위해 스스로 어떤 노력을 기울였는가?
		본인의 생각이나 태도에 어떤 변화가 있었는가?
		다른 사람들은 어떤 노력을 기울였는가?
	동료관계	동료들은 규칙을 철저히 준수하고 있었는가?
		팀원들은 해당 규칙에 대해 어떻게 반응하였는가?
		규칙에 대한 태도를 개선하기 위해 어떤 노력을 하였는가?
		팀원들의 태도는 당신에게 어떤 자극을 주었는가?
	업무추진	주어진 업무를 추진하는 데 규칙이 방해되진 않았는가?
		업무수행 과정에서 규정을 어떻게 적용하였는가?
		업무 시 규정을 준수해야 한다고 생각한 이유는 무엇인가?

결과 (Result)	평가	규칙을 어느 정도나 준수하였는가?
		그렇게 준수할 수 있었던 이유는 무엇이었는가?
		업무의 성과는 어느 정도였는가?
		성과에 만족하였는가?
		비슷한 상황이 온다면 어떻게 할 것인가?
	피드백	주변 사람들로부터 어떤 평가를 받았는가?
		그러한 평가에 만족하는가?
		다른 사람에게 본인의 행동이 영향을 주었다고 생각하는가?
	교훈	업무수행 과정에서 중요한 점은 무엇이라고 생각하는가?
		이 경험을 통해 느낀 바는 무엇인가?

2. 상황 면접

① 상황 면접의 특징

직무 관련 상황을 가정하여 제시하고 이에 대한 대응능력을 직무관련성 측면에서 평가하는 면접입니다.

- 상황 면접 과제의 구성은 크게 2가지로 구분
  - 상황 제시(Description) / 문제 제시(Question or Problem)
- 현장의 실제 업무 상황을 반영하여 과제를 제시하므로 직무분석이나 직무전문가 워크숍 등을 거쳐 현장성을 높임
- 문제는 상황에 대한 기본적인 이해능력(이론적 지식)과 함께 실질적 대응이나 변수 고려능력(실천적 능력) 등을 고르게 질문해야 함

상황 면접의 형태

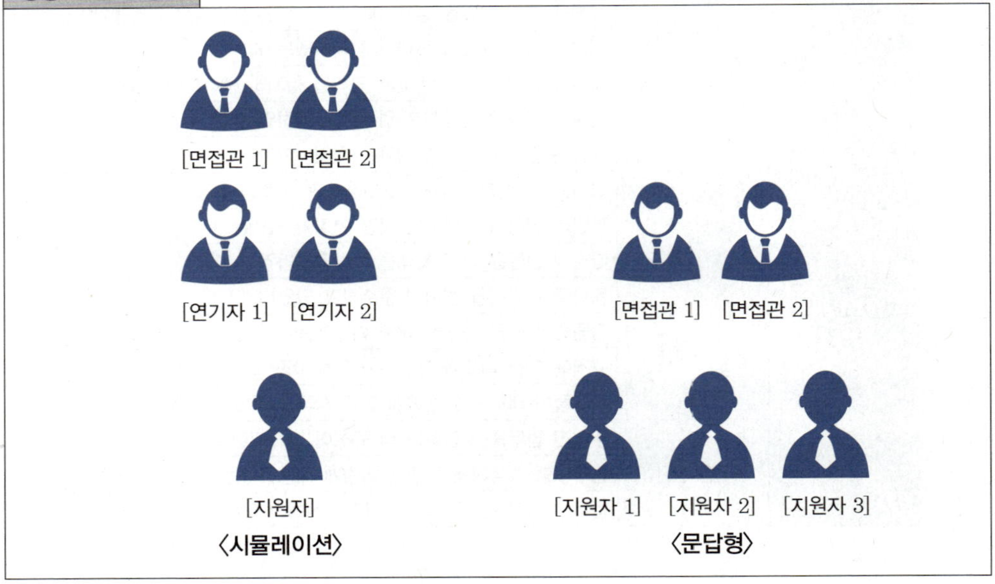

② 상황 면접 예시

상황 제시	인천공항 여객터미널 내에는 다양한 용도의 시설(사무실, 통신실, 식당, 전산실, 창고 면세점 등)이 설치되어 있습니다.	실제 업무 상황에 기반함
	금년에 소방배관의 누수가 잦아 메인 배관을 교체하는 공사를 추진하고 있으며, 당신은 이번 공사의 담당자입니다.	배경 정보
	주간에는 공항 운영이 이루어져 주로 야간에만 배관 교체 공사를 수행하던 중, 시공하는 기능공의 실수로 배관 연결 부위를 잘못 건드려 고압배관의 소화수가 누출되는 사고가 발생하였으며, 이로 인해 인근 시설물에 누수에 의한 피해가 발생하였습니다.	구체적인 문제 상황
문제 제시	일반적인 소방배관의 배관연결(이음)방식과 배관의 이탈(누수)이 발생하는 원인에 대해 설명해 보시오.	문제 상황 해결을 위한 기본 지식 문항
	담당자로서 본 사고를 현장에서 긴급히 처리하는 프로세스를 제시하고, 보수완료 후 사후적 조치가 필요한 부분 및 재발방지 방안에 대해 설명해 보시오.	문제 상황 해결을 위한 추가 대응 문항

3. 발표 면접

① 발표 면접의 특징

- 직무관련 주제에 대한 지원자의 생각을 정리하여 의견을 제시하고, 발표 및 질의응답을 통해 지원자의 직무능력을 평가하는 면접입니다.
- 발표 주제는 직무와 관련된 자료로 제공되며, 일정 시간 후 지원자가 보유한 지식 및 방안에 대한 발표 및 후속 질문을 통해 직무적합성을 평가합니다.

> • 주요 평가요소
> – 설득적 말하기 / 발표능력 / 문제해결능력 / 직무관련 전문성
> • 이미 언론을 통해 공론화된 시사 이슈보다는 해당 직무분야에 관련된 주제가 발표면접의 과제로 선정되는 경우가 최근 들어 늘어나고 있음
> • 짧은 시간 동안 주어진 과제를 빠른 속도로 분석하여 발표문을 작성하고 제한된 시간 안에 면접관에게 효과적인 발표를 진행하는 것이 핵심

발표 면접의 형태

〈개별 과제 발표〉 〈팀 과제 발표〉

※ 면접관에게 시각적 효과를 사용하여 메시지를 전달하는 쌍방향 커뮤니케이션 방식
※ 심층면접을 보완하기 위한 방안으로 최근 많은 기업에서 적극 도입하는 추세

② 발표 면접 예시

1. 지시문

당신은 현재 A사에서 직원들의 성과평가를 담당하고 있는 팀원이다. 인사팀은 지난주부터 사내 조직문화관련 인터뷰를 하던 도중 성과평가제도에 관련된 개선 니즈가 제일 많다는 것을 알게 되었다. 이에 팀장님은 인터뷰 결과를 종합하려 성과평가제도 개선 아이디어를 A4용지에 정리하여 신속 보고할 것을 지시하셨다. 당신에게 남은 시간은 1시간이다. 자료를 준비하는 대로 당신은 팀원들이 모인 회의실에서 5분 간 발표할 것이며, 이후 질의응답을 진행할 것이다.

2. 배경자료

〈성과평가제도 개선에 대한 인터뷰〉

최근 A사는 회사 사세의 급성장으로 인해 작년보다 매출이 두 배 성장하였고, 직원 수 또한 두 배로 증가하였다. 회사의 성장은 임금, 복지에 대한 상승 등 긍정적인 영향을 주었으나 업무의 불균형 및 성과보상의 불평등 문제가 발생하였다. 또한 수시로 입사하는 신입직원과 경력직원, 퇴사하는 직원들까지 인원들의 잦은 변동으로 인해 평가해야 할 대상이 변경되어 현재의 성과평가제도로는 공정한 평가가 어려운 상황이다.

[생산부서 김상호]
우리 팀은 지난 1년 동안 생산량이 급증했기 때문에 수십 명의 신규인력이 급하게 채용되었습니다. 이 때문에 저희 팀장님은 신규 입사자들의 이름조차 기억 못할 때가 많이 있습니다. 성과평가를 제대로 하고 있는지 의문이 듭니다.

[마케팅 부서 김흥민]
개인의 성과평가의 취지는 충분히 이해합니다. 그러나 현재 평가는 실적기반이나 정성적인 평가가 많이 포함되어 있어 객관성과 공정성에는 의문이 드는 것이 사실입니다. 이러한 상황에서 평가제도를 재수립하지 않고, 인센티브에 계속 반영한다면, 평가제도에 대한 반감이 커질 것이 분명합니다.

[교육부서 홍경민]
현재 교육부서는 인사팀과 밀접하게 일하고 있습니다. 그럼에도 인사팀에서 실시하는 성과평가제도에 대한 이해가 부족한 것 같습니다.

[기획부서 김경호 차장]
저는 저의 평가자 중 하나가 연구부서의 팀장님인데, 일 년에 몇 번 같이 일하지 않는데 어떻게 저를 평가할 수 있을까요? 특히 연구팀은 저희가 예산을 배정하는데, 저에게는 좋지만….

4. 토론 면접

① 토론 면접의 특징

- 다수의 지원자가 조를 편성해 과제에 대한 토론(토의)을 통해 결론을 도출해가는 면접입니다.
- 의사소통능력, 팀워크, 종합인성 등의 평가에 용이합니다.

> - 주요 평가요소
>   - 설득적 말하기, 경청능력, 팀워크, 종합인성
> - 의견 대립이 명확한 주제 또는 채용분야의 직무 관련 주요 현안을 주제로 과제 구성
> - 제한된 시간 내 토론을 진행해야 하므로 적극적으로 자신 있게 토론에 임하고 본인의 의견을 개진할 수 있어야 함

토론 면접의 형태

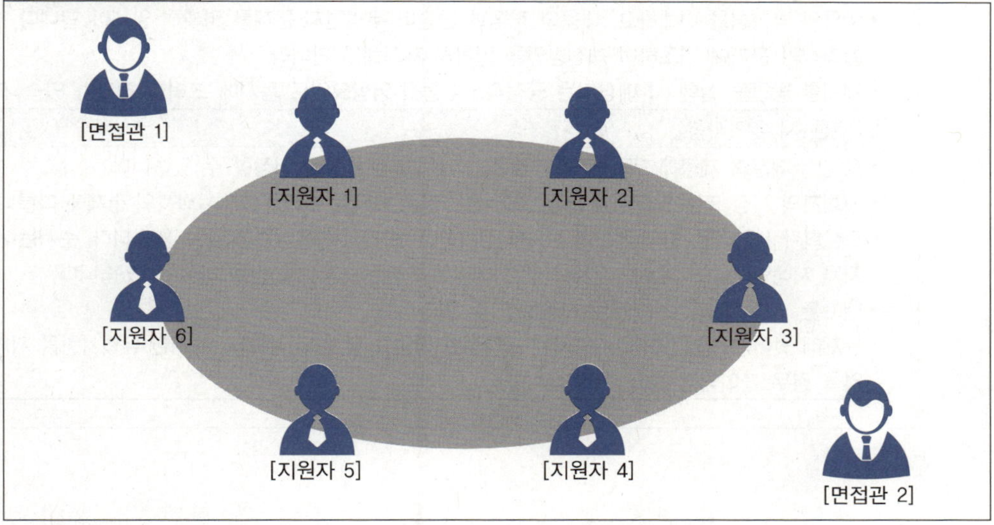

② 토론 면접 예시

고객 불만 고충처리

1. 들어가며

최근 우리 상품에 대한 고객 불만의 증가로 고객고충처리 TF가 만들어졌고 당신은 여기에 지원해 배치받았다. 당신의 업무는 불만을 가진 고객을 만나서 애로사항을 듣고 처리해 주는 일이다. 주된 업무로는 고객의 니즈를 파악해 방향성을 제시해 주고 그 해결책을 마련하는 일이다. 하지만 경우에 따라서 고객의 주관적인 의견으로 인해 제대로 된 방향으로 의사결정을 하지 못할 때가 있다. 이럴 경우 설득이나 논쟁을 해서라도 의견을 관철시키는 것이 좋을지 아니면 고객의 의견대로 진행하는 것이 좋을지 결정해야 할 때가 있다. 만약 당신이라면 이러한 상황에서 어떤 결정을 내릴 것인지 여부를 자유롭게 토론해 보시오.

2. 1분 자유 발언 시 준비사항

- 당신은 의견을 자유롭게 개진할 수 있으며 이에 따른 불이익은 없습니다.
- 토론의 방향성을 이해하고, 내용의 장점과 단점이 무엇인지 문제를 명확히 말해야 합니다.
- 합리적인 근거에 기초하여 개선방안을 명확히 제시해야 합니다.
- 제시한 방안을 실행 시 예상되는 긍정적 · 부정적 영향요인도 동시에 고려할 필요가 있습니다.

3. 토론 시 유의사항

- 토론 주제문과 제공해드린 메모지, 볼펜만 가지고 토론장에 입장할 수 있습니다.
- 사회자의 지정 또는 발표자가 손을 들어 발언권을 획득할 수 있으며, 사회자의 통제에 따릅니다.
- 토론회가 시작되면, 팀의 의견과 논거를 정리하여 1분간의 자유발언을 할 수 있습니다. 순서는 사회자가 지정합니다. 이후에는 자유롭게 상대방에게 질문하거나 답변을 하실 수 있습니다.
- 핸드폰, 서적 등 외부 매체는 사용하실 수 없습니다.
- 논제에 벗어나는 발언이나 지나치게 공격적인 발언을 할 경우, 위에서 제시한 유의사항을 지키지 않을 경우 불이익을 받을 수 있습니다.

03 면접 Role Play

1. 면접 Role Play 편성

- 교육생끼리 조를 편성하여 면접관과 지원자 역할을 교대로 진행합니다.
- 지원자 입장과 면접관 입장을 모두 경험해 보면서 면접에 대한 적응력을 높일 수 있습니다.

경험면접

STEP 1.
지원자 그룹 경험기술서 작성(30분)

STEP 2.
경험기반 인터뷰 실시(1인당 15분)

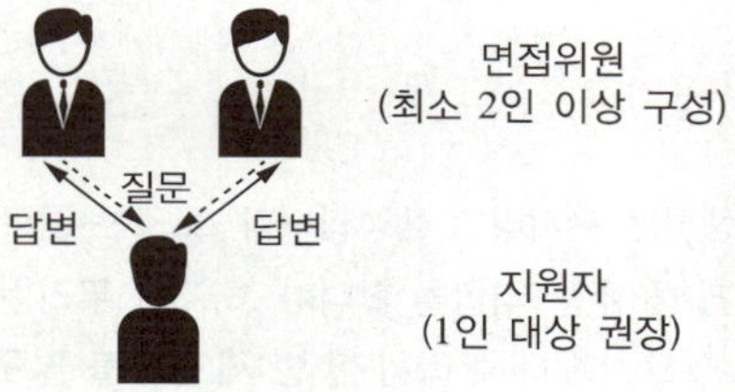

STEP 3.
피드백 진행(1인당 5분)

발표면접

STEP 1.
지원자 그룹 발표 내용 작성(30분)

STEP 2.
발표 5분+추가질의 5분(1인당 10분)

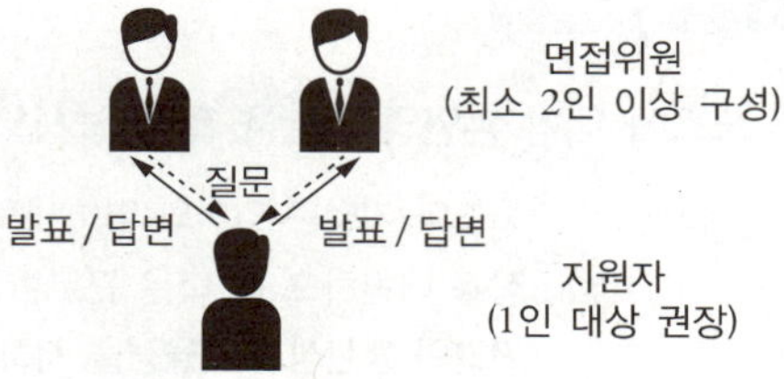

STEP 3.
피드백 진행(1인당 5분)

Tip

면접 준비하기

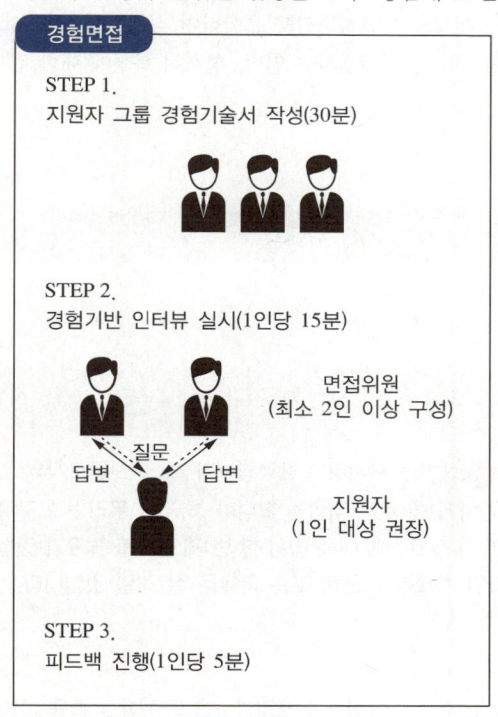

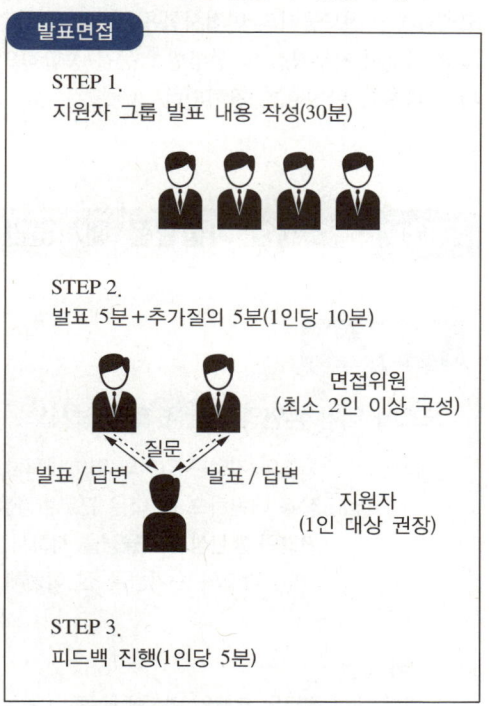

1. 면접 유형 확인 필수
   - 기업마다 면접 유형이 상이하기 때문에 해당 기업의 면접 유형을 확인하는 것이 좋음
   - 일반적으로 실무진 면접, 임원면접 2차례에 거쳐 면접을 실시하는 기업이 많고 실무진 면접과 임원 면접에서 평가요소가 다르기 때문에 유형에 맞는 준비방법이 필요
2. 후속 질문에 대한 사전 점검
   - 블라인드 채용 면접에서는 주요 질문과 함께 후속 질문을 통해 지원자의 직무능력을 판단 → STAR 기법을 통한 후속 질문에 미리 대비하는 것이 필요

CHAPTER

05 코레일 한국철도공사 면접 기출질문

코레일 한국철도공사의 면접시험은 필기시험 합격자를 대상으로 인성검사를 포함하여 진행된다. 면접시험은 NCS 기반의 직무경험 및 상황면접 등을 종합적으로 평가한다. 인성검사는 인성, 성격적 특성에 대한 검사로, 적부 판정의 방식으로 진행된다.

01 코레일 기출질문 예시답안

대표질문 ❶

노조에 대한 본인의 의견을 말해 보시오.

예시답안 노조와 기업은 악어와 악어새처럼 서로 공생하는 관계라고 생각합니다. 노조는 근로자의 입장을 대변하고 더 나은 근로환경을 제공하게 해 주는 역할을 합니다. 하지만 무리한 요구로 기업의 생산성과 효율성을 저하시킨다면 그 필요성에 대해 다시 한 번 재고해 볼 필요가 있습니다. 각자의 순기능을 잘 이행해 준다면 서로를 보완해 주는 역할을 잘 해낼 것입니다.

✔ **전문가 조언**

노조에 대한 질문은 코레일 면접에서 꼭 나오는 빈출 유형입니다. 평소 코레일과 노조의 관계 흐름을 파악하고 노조의 장·단점을 잘 정리해 두어야 합니다. 면접관이 어느 입장에 서 있는지 파악하기 어려우므로 한쪽 입장에 치우치는 극단적인 의견 피력은 삼가야 합니다.

대표질문 ❷

회사에서 필요한 직무능력이 부족하다면 이를 어떻게 채워 나갈 것인가?

예시답안 개인시간을 이용해 직무능력을 채워 나가도록 하겠습니다. 매일 업무일지를 쓰며 부족한 부분을 파악한 후 업무 외 개인시간을 활용해 직무능력을 쌓도록 하겠습니다.

✔ **전문가 조언**

구체적인 상황을 제시한 게 아니라 포괄적인 직무능력에 대해 묻는 것이므로 공통적인 대답을 해야 합니다. 먼저 자신의 부족한 점을 파악한 후 업무 외 시간을 활용해 그 능력을 키우겠다고 대답해야 합니다. 또한, 주변 선배들에게 조언을 구하고 그 방향을 설정하겠다고 대답해야 합니다.

대표질문 ❸

업무 배치 시 원하지 않는 지역으로 배정받게 된다면 어떻게 하겠는가?

예시답안 다른 곳에 배정받게 되더라도 그 지역 사업 본부의 특색을 알 수 있는 좋은 기회라고 생각하고 가도록 하겠습니다.

✔ **전문가 조언**

코레일에는 다양한 지역 본부가 있습니다. 각 본부에 대한 특징을 파악하고 다른 지역에 배정이 될 경우 그 경험이 본인의 성장에 어떤 도움이 될 것인지 언급해 주면 좋을 것입니다. 그 성장으로 코레일에 어떻게 기여할 수 있는지 마지막에 한 문장으로 정리해서 말한다면 금상첨화!

대표질문 ❹

코레일을 홍보해 보시오.

예시답안 사람 · 세상 · 미래를 잇는 대한민국 철도, '내일로, 미래로 대한민국 철도'. 앞으로 계속 기차를 이용할 젊은 친구들을 공략할 슬로건을 생각해 보았습니다. 가장 대중적으로 잘 알려진 내일로를 슬로건에 넣어 젊은 층에게 친근함으로 다가설 수 있을 것이라고 생각합니다.

✔ **전문가 조언**

코레일의 현재 미션을 숙지하고 자신이 생각하는 코레일의 슬로건을 만들어 놓습니다. 이를 토대로 홍보방법을 생각해 볼 수 있고, 기존에 이뤄지고 있는 매체 홍보방법에서 보완점을 제안하거나 새로운 매체를 활용하는 대답도 신선한 아이디어로 느껴질 수 있습니다.

대표질문 ❺

개인역량이 중요한가, 팀워크가 중요한가?

예시답안 팀워크가 중요하다고 생각합니다. 한 개인이 모든 면에서 완벽할 수는 없다고 생각합니다. 각자가 강점 · 약점을 가지고 있으므로 여러 사람이 모였을 때 서로의 부족한 점을 보완해 주며 시너지 효과를 낼 수 있을 것입니다. 한 사람이 뛰어난 것보다 여러 사람이 함께 머리를 맞댔을 때 나오는 협동력이 업무의 효율성을 높일 수 있다고 생각합니다.

✔ **전문가 조언**

회사라는 조직은 한 사람의 힘으로 돌아갈 수 없는 곳입니다. 그러므로 기업 인사 담당자는 이 질문을 통해 얼마나 조직에 잘 융화될 수 있는지 판단할 것입니다. 논리정연하게 개인역량에 대한 질문의 답을 정리해 놓는다면 어느 방향으로 대답해도 무방합니다.

02 코레일 기출질문

1. 2025년 기출질문

[경험면접]
- 조직생활에서의 갈등 경험에 대해 말해 보시오.
- 일을 할 때 본인만의 우선순위가 있다면 말해 보시오.
- 체계적인 계획을 통해 일을 성공적으로 마무리한 경험이 있는가?
- 특정 설비에 어떤 장비가 사용되는지 설명해 보시오.
- 가장 존경하는 인물은 누구인지 말해 보시오.
- 원칙과 고객만족 중 어느 것이 더 중요한지 말해 보시오.
- 기차가 고장 나는 이유가 무엇이라고 생각하는지 말해 보시오.
- 새로운 조직에 적응하기 위해 노력했던 경험이 있다면 말해 보시오.

[직무상황면접]
- 실제 역무원이 되었다고 가정하고 안내방송을 해 보시오.
- 기관사로 근무하던 중 졸아서 신호기가 황색일 때 비상제동을 했고, 전동차는 이미 적색 신호를 현시하고 있는 신호기를 넘어섰다. 사업소로 복귀한 후 기관사로서 어떻게 행동할 것인지 말해 보시오.

2. 2024년 기출질문

[경험면접]
- 이미 완수된 작업을 창의적으로 개선한 경험이 있다면 말해 보시오.
- 작업을 창의적으로 개선했을 때 주변인의 반응에 대해 말해 보시오.
- 타인과 협업했던 경험에 대해 말해 보시오.
- 다른 사람과의 갈등을 해결한 경험이 있다면 말해 보시오.

[직무상황면접]
- 동료가 일하기 싫다며 일을 제대로 하지 않을 경우 어떻게 대처할 것인지 말해 보시오.
- 노력한 프로젝트의 결과가 안 좋을 경우 어떻게 해결할 것인지 말해 보시오.

3. 2023년 기출질문

[경험면접]
- 추가로 어필하고 싶은 본인의 역량에 대해 말해 보시오.
- 자기개발을 어떻게 하는지 말해 보시오.
- 인생을 살면서 실패해 본 경험이 있다면 말해 보시오.

- 팀워크를 발휘한 경험이 있다면 본인의 역할과 성과에 대해 말해 보시오.
- 본인의 장점과 단점은 무엇인지 말해 보시오.
- 본인의 장단점을 업무와 연관지어 말해 보시오.
- 성공이나 실패의 경험으로 얻은 교훈이 있다면 이를 직무에 어떻게 적용할 것인지 말해 보시오.
- 본인이 중요하게 생각하는 가치관에 대해 말해 보시오.
- 공공기관의 직원으로서 중요시해야 하는 덕목이나 역량에 대해 말해 보시오.
- 인간관계에서 스트레스를 받은 경험이 있다면 말해 보시오.
- 코레일의 직무를 수행하기 위해 특별히 더 노력한 부분이 있다면 말해 보시오.
- 주변 사람이 부적절한 일을 했을 때 어떻게 해결했는지 말해 보시오.

[직무상황면접]

- 상사와 가치관이 대립한다면 어떻게 해결할 것인지 말해 보시오.
- 상사가 불법적인 일을 시킨다면 어떻게 행동할 것인지 말해 보시오.

4. 2022년 기출질문

[경험면접]

- 조직에 잘 융화되었던 경험이 있다면 말해 보시오.
- 상사와 잘 맞지 않았던 경험이 있다면 말해 보시오.
- 무언가에 열정을 갖고 도전한 경험이 있다면 말해 보시오.
- 동료와의 갈등을 해결한 경험이 있다면 말해 보시오.
- 원칙을 지켰던 경험이 있다면 말해 보시오.
- UPS와 같은 장치 내 반도체소자가 파괴되었다. 그 원인을 설명해 보시오.
- 전계와 자계의 차이점을 아는 대로 설명해 보시오.
- 페란티 현상이 무엇인지 아는 대로 설명해 보시오.
- 누군가와 협력해서 일해 본 경험이 있다면 말해 보시오.
- 본인만의 장점이 무엇인지 말해 보시오.
- 원칙을 지켜 목표를 달성한 경험이 있다면 말해 보시오.
- 직무를 수행하는 데 가장 중요한 것이 무엇이라고 생각하는지 말해 보시오.
- 낯선 환경에서 본인만의 대처법을 말해 보시오.
- 코레일에 입사하기 위해 준비한 것을 말해 보시오.
- 이미 형성된 조직에 나중에 합류하여 적응한 경험이 있다면 말해 보시오.
- 자기계발을 통해 얻은 성과가 무엇인지 말해 보시오.
- 물류 활성화 방안에 대한 본인의 생각을 말해 보시오.
- 규칙이나 원칙을 지키지 않은 경험이 있다면 말해 보시오.
- 평소 여가 시간에는 어떤 활동을 하는지 말해 보시오.
- 코레일에서 가장 중요하다고 생각하는 것이 무엇인지 말해 보시오.
- 의사소통에서 가장 중요하다고 생각하는 것이 무엇인지 말해 보시오.
- 까다로운 고객을 응대했던 경험이 있다면 말해 보시오.

[직무상황면접]
- 상사가 지적환인 환호응답을 하지 않을 경우 어떻게 할 것인지 말해 보시오.
- 현장 근무를 하면서 안전에 유의하는 본인의 근무 방식과 상사가 지시하는 근무 방식이 다를 경우 어떻게 할 것인지 말해 보시오.

5. 2021년 기출질문

[경험면접]
- 소통을 통해 문제를 해결한 경험이 있다면 말해 보시오.
- 공공기관에서 가장 중요하다고 생각하는 윤리가 무엇인지 말해 보시오.
- IoT가 무엇인지 아는 대로 설명해 보시오.
- 코딩이 무엇인지 아는 대로 설명해 보시오.

[직무상황면접]
- 상사가 부당한 지시를 할 경우 어떻게 대처할 것인지 말해 보시오.
- 원하지 않는 업무를 맡게 될 경우 어떻게 할 것인지 말해 보시오.
- 상사가 다른 상사가 아닌 본인에게 일을 줄 경우 어떻게 대처할 것인지 말해 보시오.
- 동료가 업무 시 부당한 방법을 사용할 경우 어떻게 할 것인지 말해 보시오.

6. 2020년 기출질문

[경험면접]
- 코레일에 대해 아는 대로 설명해 보시오.
- 최근 관심 있게 본 사회 이슈를 말해 보시오.
- 철도 부품 장비에 대해 아는 대로 설명해 보시오.
- 철도 정비 경험이 있다면 말해 보시오.
- 창의성을 발휘해 본 경험이 있다면 말해 보시오.
- 본인의 안전 의식에 대해 말해 보시오.
- 본인의 단점은 무엇이라고 생각하며, 이를 해결하기 위해 어떠한 노력을 했는지 말해 보시오.
- 남들이 꺼려하는 일을 해 본 경험이 있다면 말해 보시오.

[직무상황면접]
- 직장생활을 하다 보면 세대 차이가 발생하게 된다. 이 경우 어떻게 극복할 것인지 말해 보시오.
- 업무를 진행하면서 타 회사와 거래를 하게 되었는데, 거래하러 온 사람이 지인이었다면 어떻게 할 것인지 말해 보시오.

7. 과년도 기출질문

[경험면접]
- 1분 동안 자신을 소개해 보시오.
- 코레일에 지원하게 된 동기를 말해 보시오.
- 교대근무에 대해서 어떻게 생각하는지 말해 보시오.
- 직접 나서서 팀을 이끌기 위해 노력한 경험이 있다면 말해 보시오.
- 코레일의 문제점 및 개선방안에 대해 말해 보시오.
- 인간관계에 있어서 무엇을 중요하게 생각하는지 말해 보시오.
- 살면서 끈기를 가지고 무엇을 했던 경험이 있다면 말해 보시오.
- 살면서 가장 후회되는 일은 무엇인지 말해 보시오.
- 본인의 장점을 말해 보시오.
- 주변의 어려운 상황의 친구를 미리 파악해 도와준 경험이 있다면 말해 보시오.
- 취업을 준비하면서 힘들 때마다 스스로 노력한 부분을 말해 보시오.
- 규율을 지켰던 경험이 있다면 말해 보시오.
- 같이 지내기 가장 힘든 사람은 어떤 사람인지 말해 보시오.
- 정보를 수집할 때 어떤 방법으로 수집하는지 말해 보시오.
- 협동한 경험이 있다면 말해 보시오.
- 가장 자부심을 가지고 했던 일은 무엇인지 말해 보시오.
- 본인만의 스트레스 해소법은 무엇인지 말해 보시오.
- 진입장벽이 높았던 집단이나 단체에 들어가 본 경험이 있다면 말해 보시오.
- 좋아하는 운동이 무엇인지 말해 보시오.
- 가치관이 다른 사람과 일해 본 경험이 있다면 말해 보시오.
- 본인이 취득한 자격증을 어디에 활용할 수 있을지 말해 보시오.
- 프로젝트를 하면서 문제를 해결했던 경험이 있다면 말해 보시오.
- 잘 모르는 사람과 단기간으로 일할 때 어떻게 성과를 이뤄낼 것인지 말해 보시오.
- 성과는 없지만 일을 잘 마무리한 경험이 있다면 말해 보시오.
- 코레일에 입사하여 본인이 기여할 수 있는 것에는 무엇이 있을지 말해 보시오.
- 최근에 좌절한 경험이 있다면 말해 보시오.
- 팀 과제나 프로젝트를 하면서 어려움이 있었던 경험이 있다면 말해 보시오.
- 학창시절 어떤 프로젝트를 수행했는지 말해 보시오.
- 본인의 직무 경험이 무엇이며, 그 경험이 가지는 강점에 대해 말해 보시오.
- 공모전에 참가한 경험이 있다면 말해 보시오.
- 코레일 사이트는 2가지가 있다. 그중 예매와 관련 있는 사이트는 무엇인가?
- 본인 전공과 철도와의 연관성에 대해 말해 보시오.
- 나이 차이가 나는 상사와의 근무환경에 대해 어떻게 생각하는지 말해 보시오.
- 변압기가 무엇인지 아는 대로 설명해 보시오.
- 전동기 제동방법에 대해 아는 대로 설명해 보시오.
- 가치관이 다른 사람과의 대화를 해 본 경험이 있다면 말해 보시오.
- 철도 민영화에 대한 본인의 생각을 말해 보시오.
- 보안사고 발생 시 대처법에 대해 말해 보시오.
- 살면서 가장 기뻤던 일과 슬펐던 일에 대해 말해 보시오.

- 아르바이트나 동아리를 해 본 경험과 그 경험을 통해 팀워크를 증가시키기 위해 했던 노력을 말해 보시오.
- 최근 코레일에 대해 접한 뉴스를 말해 보시오.
- 카페열차의 이용 활성화 방안에 대해 말해 보시오.
- 명절에 갑자기 취소하는 표에 대한 손해액 대책 마련 방안을 말해 보시오.

[직무상황면접]
- 입사한다면 상사의 지시에 따를 것인지 본인의 방법대로 진행할 것인지 말해 보시오.
- 의견을 고집하는 사람이 조직 내에 있으면 어떻게 할 것인지 말해 보시오.
- 신입직원으로서 업무가 익숙하지 않은데 위험한 상황에 처한다면 어떻게 해결할 것인지 말해 보시오.
- 차량을 정비할 때 동료들끼리 혼선되지 않고 일하려면 어떻게 할 것인지 말해 보시오.
- 민원이 들어오거나 차량안전에 문제가 있을 시 어떻게 할 것인지 말해 보시오.
- 공익요원이 자꾸 스마트폰을 한다. 지나가는 고객이 조언을 해도 무시하는 상황이라면 어떻게 해결할 것인지 말해 보시오.
- 교육사항과 현장의 작업방식 간 차이가 발생했을 경우 어떻게 대처할 것인지 말해 보시오.
- 코레일 환경상 하청 없이 전기직 직원이 직접 유지보수를 해야 하는 상황에서 많은 사고가 발생한다. 사고를 줄일 수 있는 획기적인 방법을 말해 보시오.
- 무임승차를 한 고객을 발견했을 경우 어떻게 대응할 것인지 말해 보시오.

시대에듀

M E M O

답안채점 • 성적분석 서비스

모바일 OMR

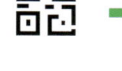

도서 내 모의고사 우측 상단에 위치한 QR코드 찍기 → 로그인 하기 → '시작하기' 클릭 → '응시하기' 클릭 → 나의 답안을 모바일 OMR 카드에 입력 → '성적분석 & 채점결과' 클릭 → 현재 내 실력 확인하기

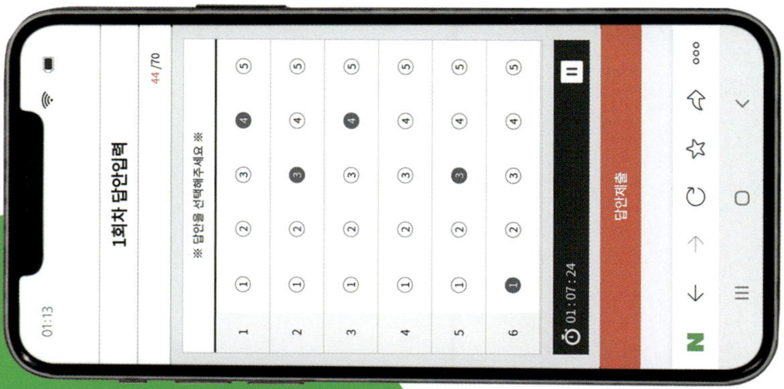

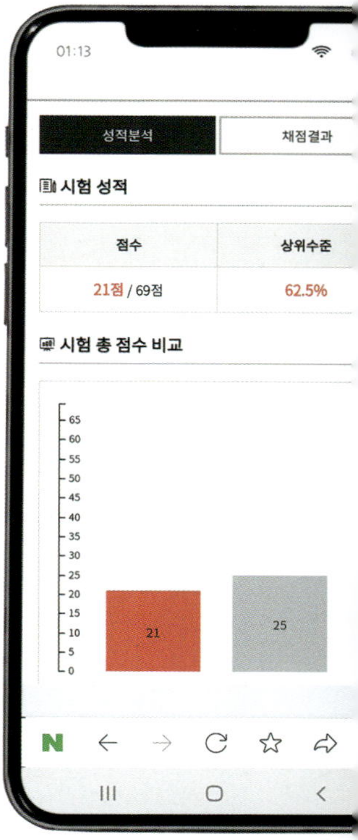

도서에 수록된 모의고사에 대한 객관적인 결과(정답률, 순위)를 종합적으로 분석하여 제공합니다.

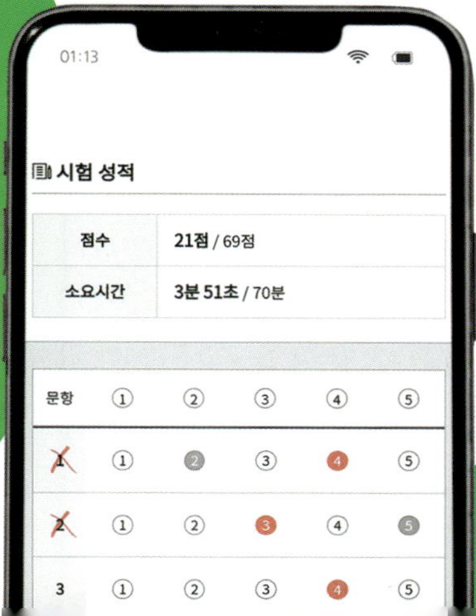

※OMR 답안채점 / 성적분석 서비스는 등록 후 30일간 사용 가능합니다.

코레일 한국철도공사

기술직

통합기본서

편저 | SDC(Sidae Data Center)

누적 판매량 1위 기업별 NCS 시리즈

정답 및 해설

기출복원문제부터
대표기출유형 및
모의고사까지

한 권으로 마무리!

SDC
SDC는 시대에듀 데이터 센터의 약자로
약 30만 개의 NCS · 적성 문제 데이터를
바탕으로 최신 출제경향을 반영하여
문제를 출제합니다.

시대에듀

PART 1

코레일 4개년 기출복원문제

CHAPTER 01

2025 ~ 2022년 코레일 샘플문제

01 2025년 상반기

01	02	03	04	05	06				
①	④	②	③	④	②				

01

정답 ①

- (가) : ㄷ에서 먼저 질문의 취지를 존중하고, 본론의 논점과 연결 지어 자연스럽게 답변한다고 하였으므로 (가)와 관련된 대처 방안은 ㄷ이다.
- (나) : ㄱ에서 상대방의 입장을 부분적으로 인정하면서도 발표자의 관점에서 강조하고자 하는 내용을 제시하여 유연하게 대처한다고 하였으므로 (나)와 관련된 대처 방안은 ㄱ이다.
- (다) : ㄴ에서 미처 준비하지 못하거나 부족한 부분을 인정하고 청중에게 협력을 구한다고 하였으므로 (다)와 관련된 대처 방안은 ㄴ이다.
- (라) : ㄹ에서 상대방의 의견을 존중하며 공손한 태도로 상황을 마무리 짓는다고 하였으므로 (라)와 관련된 대처 방안은 ㄹ이다.

02

정답 ④

단어의 첫머리가 아닌 경우 두음법칙이 적용되지 않으므로 남자와 여자를 아울러 이르는 말은 '남녀'로 표기해야 한다.

오답분석

① '넘어'는 동사 '넘다'에서 파생되어 행동을 표현할 때 사용되고, '너머'는 높이나 경계로 가로막은 사물의 저쪽을 가리키는 말로, 공간을 표현할 때 사용된다. 따라서 산의 저쪽 즉, 반대로 넘어갔다는 의미로 사용되었으므로 '산 너머로 넘어갔다.'로 수정해야 한다.
② 단어의 첫머리가 아닌 경우 두음법칙이 적용되지 않으므로 '경로당'으로 수정해야 한다.
③ 받침이 있는 말 다음에서는 '률', '렬'로 표기하고, ㄴ받침이나 모음 뒤에서는 '율', '열'로 표기한다. 따라서 '출석률'로 수정해야 한다.
⑤ '움직이지 않거나 아무 말 없이'를 나타내는 단어는 '가만히'이다.

03

정답 ②

연평균 증가율을 구하기 위해서는 연평균 성장률(CAGR; Compound Annual Growth Rate)를 구해야 하며, 이에 대한 공식은 다음과 같다.

$$CAGR=\left[\frac{(\text{최종값})}{(\text{초기값})}\right]^{\frac{1}{n}}-1\ (n=\text{기간})$$

비교하는 기간이 모두 같으므로 2020년 대비 2023년 경기당 평균관중이 감소한 농구를 제외하고, 종목별 $\frac{(\text{최종값})}{(\text{초기값})}$의 크기를 구하면 다음과 같다.

- 야구 $=\frac{11,408}{579}\fallingdotseq 19.7$
- 축구 $=\frac{6,475}{382}\fallingdotseq 17$
- 배구 $=\frac{2,127}{2,047}\fallingdotseq 1.04$

따라서 2020년부터 2023년까지 경기당 평균관중의 연평균 증가율이 가장 큰 종목은 야구이다.

오답분석

① 종목별 2020년 관중 수는 경기 수와 경기당 평균관중을 곱하여 구할 수 있다. 2020년 종목별 관중 수를 구하면 다음과 같다.
   - 야구 : 733×579=424,407명
   - 축구 : 299×382=114,218명
   - 농구(남) : 213×3,021=643,473명
   - 농구(여) : 82×1,081=88,642명
   - 배구 : 192×2,047=393,024명

   따라서 2020년에 가장 적은 관중 수를 기록한 스포츠 종목은 농구(여)이므로 옳지 않다.
③·⑤ 주어진 자료만으로는 알 수 없는 내용이다.
④ 2019년보다 2023년에 경기당 평균관중 수가 증가한 스포츠 종목은 야구, 축구 2개이다.

04

정답 ③

주어진 사칙 연산을 한 번씩만 사용하여 식의 최댓값과 최솟값을 구하기 위해서는 최댓값의 경우 최대한 큰 수를 곱셈에 활용해야 하며, 음수를 양수로 바꿔야 한다. 반면 최솟값의 경우 음수를 크게 만들어야 한다. 이에 따라 최댓값 M과 최솟값 m을 구하면 각각 다음과 같다.

- 최댓값 M : $2\div3+8\times4-(-3)=35+\frac{2}{3}$
- 최솟값 m : $2\div3-8\times4+(-3)=\left(-35+\frac{2}{3}\right)$

따라서 $M-m$은 $35+\frac{2}{3}-\left(-35+\frac{2}{3}\right)=70$이다.

05

정답 ④

유지보수 비용 대비 이용객 수를 토대로 노선 유형별 비용 효율성을 구하면 다음과 같다.

- KTX 고속철도 : $50,000\div300\fallingdotseq166.67$
- 광역 철도 : $120,000\div200=600$
- 일반 열차 : $30,000\div150=200$
- 관광 열차 : $5,000\div120\fallingdotseq41.67$
- 특수 열차 : $25,000\div180\fallingdotseq138.89$

따라서 비용 효율성이 가장 낮은 노선은 관광 열차이다.

06

정답 ②

고객 증가는 KTX 고속철도의 수익성이 감소하는 이유로 적절하지 않으며, 유지보수 비용 증가와 인건비 상승의 결과로도 적절하지 않다. 따라서 고객 증가는 빈칸 ②에 들어갈 내용으로 적절하지 않음을 알 수 있다.

오답분석

① 승객 수 감소나 경쟁 교통수단의 증가로 인해 매출이 감소할 수 있으며, 이에 따라 KTX 고속철도의 수익성도 감소할 수 있다.
③ 티켓 가격의 할인 증가로 인해 매출이 감소할 수 있다.
④ 빈칸 ②의 원인으로 유지보수 비용 증가, 인건비 상승 등 비용이 증가하는 내용이 제시되고 있으므로 연료비 및 운영비 증가도 같은 항목에 들어감을 추론할 수 있다.
⑤ 고객 만족도의 하락으로 인해 승객 수가 감소할 수 있다.

02 2024년 하반기

01	02	03	04	05	06				
②	②	③	④	③	⑤				

01

정답 ②

제시문은 면접에서 발생할 수 있는 여러 상황과 이를 대처하는 방법에 대해 소개하는 글이다. 먼저, (가) 문단에서 면접에서 발생할 수 있는 상황은 무엇이 있으며, 어떻게 대처해야 하는지 의문을 제시하고 있으므로 처음에 와야 한다. 이어서 (가) 문단에서 제시한 의문과 관련하여 면접에서 발생할 수 있는 상황에 대해 (나), (다), (라) 문단을 통해 세 가지 상황과 대처 방법을 소개하고 있다. 또한 (마) 문단에서 글의 내용을 정리하고 있으므로 제시문의 전개 방식으로 가장 적절한 것은 ②이다.

02

정답 ②

기획서는 기획한 하나의 프로젝트를 문서 형태로 만들어 상대방을 설득하는 문서이다. 따라서 프로젝트의 기획 의도, 개요, 일시, 추진 일정, 소요 비용 등의 내용을 담고 있으며, 설득력을 갖춰야 하므로 소통능력, 추진력, 업무성과 등의 능력을 한눈에 파악할 수 있도록 구성해야 한다.

03

정답 ③

주어진 A～C물건의 무게에 대한 정보를 식으로 정리하면 다음과 같다.

5B+C=10A … ㉠
3A+3C=7B … ㉡
㉠을 정리하면
C=10A−5B … ㉠'
㉠'과 ㉡을 연립하면 다음과 같다.
3A+3(10A−5B)=7B
→ 3A+30A−15B=7B
→ 33A=22B
∴ 3A=2B

이때 A물건 15개와 같은 무게를 가지는 경우를 찾아야 하므로 정리한 식에 5를 곱하여 구한다.
따라서 15A=10B이므로 A물건 15개와 무게가 같은 것은 B물건 10개이다.

04

정답 ④

안전 자산이란 금융 위험이 없는 무위험 자산을 말하며, 대표적으로 채무불이행의 위험이 없는 자산인 예금·적금·저축성 보험 등이 이에 해당한다. 주어진 자료에 따르면 예금·적금·저축성 보험의 경우 60세 이상의 연령대에서 21.3%로 두 번째로 높은 선호를 보이고 있으므로 옳지 않은 설명이다.

오답분석

① 전국의 노후 준비 방법을 비교하면 국민연금은 52.5%로 가장 많이 사용하는 방법이다.
② 부동산 운용의 경우 19 ~ 29세가 1.3%, 30 ~ 39세가 2.2%, 40 ~ 49세가 4.1%, 50 ~ 59세가 4.2%, 60세 이상이 12.2%로 연령대가 높을수록 비중이 높다.
③ 예금·적금·저축성 보험의 경우 남성이 16.2%, 여성이 22.8%로 여성의 선호도가 더 높다.
⑤ 연령대별 노후를 준비하고 있는 비율을 살펴보면 60세 이상이 51.6%로 가장 낮으므로 60세 이상의 연령에 대한 노후 준비 지원이 필요함을 추론할 수 있다.

05

정답 ③

주어진 규칙에 따르면 5명 모두 각자 20장을 가지고 게임을 시작하며, 라운드별로 3장씩 카드를 버릴 수 있으므로 카드를 버리는 순서를 고려하지 않고 한 사람이 20장을 모두 버리는 라운드를 구하면 된다. 한 라운드에서 3장씩 버릴 수 있고, $20\div3=6 \cdots 2$이므로 6라운드까지는 3장씩 카드를 버려야 한다. 이때 카드가 2장 혹은 1장이 남았다면 해당 라운드에서 카드를 모두 버릴 수 있다. 따라서 3장씩 계속 버리다가 2장이 남아 있는 6라운드에서 남은 2장의 카드까지 총 5장을 버리게 되며, 이때 카드의 수가 0장이 되어 게임이 종료된다.

06

정답 ⑤

열차별로 A도시에서 B도시까지 가는 데 걸리는 시간을 정리하면 다음과 같다.

- 열차 1 : 600km의 거리를 시속 100km로 운행하므로 6시간이 소요되며, 10분씩 2번 정차하므로 총 6시간 20분이 소요된다.
- 열차 2 : 600km의 거리를 시속 120km로 운행하므로 5시간이 소요되며, 각각 5분, 8분, 7분 정차하므로 총 5시간 20분이 소요된다.
- 열차 3 : 600km의 거리를 시속 150km로 운행하므로 4시간이 소요되며, 15분 정차하므로 총 4시간 15분이 소요된다.
- 열차 4 : 600km의 거리를 시속 200km로 운행하므로 3시간이 소요되며, 10분씩 2번 정차하므로 총 3시간 20분이 소요된다.
- 열차 5 : 600km의 거리를 시속 300km로 운행하므로 2시간이 소요되며, 10분 정차하므로 총 2시간 10분이 소요된다.

따라서 A도시에서 B도시까지 가장 빨리 도착하는 열차는 2시간 10분이 소요되는 열차 5이다.

03 2024년 상반기

01	02	03	04	05	06				
③	①	①	③	③	⑤				

01

정답 ③

제시문은 고혈압에 대해 설명하는 글이다. 제시된 첫 번째 문단은 혈압의 개념을 바탕으로 고혈압을 판단하는 기준에 대해 설명하고 있다. 그중에서도 특별한 원인이 발견되지 않는 고혈압인 본태성 고혈압에 대해 언급하고 있으므로 고혈압의 90%를 차지하는 본태성 고혈압에 대한 구체적인 설명이 이어질 것임을 유추할 수 있다. 따라서 (나) 고혈압의 90%에 해당하는 본태성 고혈압 → (다) 고혈압과 관련된 위험요인 → (라) 고혈압의 유전력 → (마) 고혈압의 5 ~ 10%에 해당하는 이차성 고혈압의 치료 가능성 → (가) 증상이 없어 치료가 어려운 고혈압의 순서로 나열해야 한다.

02

정답 ①

'언즉시야(言卽是也)'는 말하면 곧 옳다는 의미로, '말하는 것이 사리에 맞음'을 뜻한다.

오답분석

② 삼성오신(三省吾身) : 날마다 세 번 내 몸을 살핀다는 의미로, 하루에 세 번씩 자신의 행위나 생각을 반성하는 것을 뜻한다.
③ 삼순구식(三旬九食) : 서른 날에 아홉 끼니 밖에 못 먹는다는 의미로, 가난하여 끼니를 많이 거르는 처지를 이르는 말이다.
④ 삼고초려(三顧草廬) : 오두막집을 세 번이나 돌아본다는 의미로, 뛰어난 인재를 얻기 위해 끈기 있게 정성을 다하는 것을 뜻한다.
⑤ 결초보은(結草報恩) : 무덤 위 풀을 묶어 은혜를 갚는다는 의미로, 은혜가 깊어 죽어서도 잊지 않고 은혜를 갚는 것을 뜻한다.

03

정답 ①

산업별로 사업체 수를 비교하면 발전・열공급업의 사업체 수가 115,241개로 가장 많으므로 신재생에너지 산업에서 가장 많은 비중을 차지하고 있음을 알 수 있다.

오답분석

② 지역별 발전・열공급업의 사업체 수를 비교하면 전북지역이 26,681개로 가장 많지만 주어진 자료에서 발전과 열공급업의 사업체 수를 합산하여 제시하고 있으므로 전북지역에서 가장 많은 전력을 발생시키는지는 정확히 파악할 수 없다.

③ 지역별로 신재생에너지 산업의 사업체 비중을 비교하면 전북지역은 22.8%이고, 기타지역은 0%이다. 따라서 신재생에너지 산업이 전국적으로 균일하게 분포되어 있다고 보기는 어렵다.

④・⑤ 주어진 자료는 신재생에너지 산업의 사업체 수에 대한 내용만 다루고 있으므로 발전・열공급업의 부가가치 생산이 가장 높은지의 여부와 신재생에너지 산업에 대한 정부의 정책 방향은 자료를 통해 확인할 수 없다.

04

정답 ③

A씨가 40% 할인받아 구매한 항공권 5장 중 3장을 출발 2일 전에 취소하였으므로 취소한 항공권 3장의 정가를 x원이라 하면 A씨가 돌려받은 금액에 대해 다음 식이 성립한다.

$0.6x \times 0.7 = 88,200$

$\rightarrow 0.42x = 88,200$

$\therefore\ x = 210,000$

따라서 A씨가 취소한 항공권 3장의 정가가 210,000원이므로 항공권 1장의 정가는 70,000원이다.

05

정답 ③

고객만족도 조사 결과의 세부 지표에 따르면 많은 고객들이 직원의 친절도에 대해서는 높은 평가를 주었으므로 직원 교육 프로그램 강화를 통해 서비스의 품질을 높여야 한다는 해결 방안은 적절하지 않다.

오답분석

① 고객만족도 조사 결과 대기시간 상승에 대한 고객들의 불만족이 높게 나타났으므로 직원들을 추가로 배치하여 대기시간을 줄이고자 하는 해결 방안은 적절하다.

② 고객만족도 조사 결과 제품의 다양성이 부족하다는 일부 고객들의 의견이 있었으므로 제품 라인업을 확장하여 고객의 선택지를 넓히고자 하는 해결 방안은 적절하다.

④ 고객만족도 조사 결과 최근 개설한 온라인몰의 온라인 구매 시스템이 복잡하다는 의견이 다수 있었으므로 온라인 구매 시스템의 인터페이스를 개선하여 고객들의 경험을 높이는 해결 방안은 적절하다.

⑤ 고객만족도 조사 결과 프로모션 및 할인 정보에 대한 접근성이 낮다는 의견이 있었으므로 이를 고객에게 보다 적극적으로 알리고자 하는 해결 방안은 적절하다.

06

정답 ⑤

주어진 상황과 워크숍 시간표를 고려할 때, 동시에 같은 프로그램에 참여한 팀은 동일 직무에 해당하지 않아야 한다. 즉, A, B팀과 A, C팀 그리고 B, E팀과 C, E팀은 동시에 같은 프로그램에 참여하므로 같은 직무를 할 수 없다. 이를 토대로 하여 B팀과 C팀이 같은 직무라고 가정하면, 남은 팀은 A, D, E팀이다. 이때 A, D, E팀 중에서는 동시에 같은 프로그램에 참여하는 팀이 없으므로 각각 서로 같은 직무를 할 수 있다. 따라서 B팀과 C팀이 같은 직무일 경우 D팀과 E팀이 항상 같은 직무에 해당하는지의 여부는 주어진 자료만으로는 판단할 수 없다.

오답분석

① A팀과 D팀이 같은 직무이면 남은 팀은 B, C, E팀이다. 이때, 동시에 같은 프로그램에 참여하는 B, E팀과 C, E팀은 같은 직무일 수 없다. 따라서 B팀과 C팀이 같은 직무에 해당함을 알 수 있다.

② C팀과 D팀이 같은 직무이면 남은 팀은 A, B, E팀이다. 이때, 동시에 같은 프로그램에 참여하는 A, B팀과 B, E팀은 같은 직무일 수 없다. 따라서 A팀과 E팀이 같은 직무에 해당함을 알 수 있다.

③ B팀과 D팀이 같은 직무이면 남은 팀은 A, C, E팀이다. 이때, 동시에 같은 프로그램에 참여하는 A, C팀과 C, E팀은 같은 직무일 수 없다. 따라서 A팀과 E팀이 같은 직무에 해당함을 알 수 있다.

④ D팀과 E팀이 같은 직무이면 남은 팀은 A, B, C팀이다. 이때, 동시에 같은 프로그램에 참여하는 A, B팀과 A, C팀은 같은 직무일 수 없다. 따라서 B팀과 C팀이 같은 직무에 해당함을 알 수 있다.

04 2023년

01	02	03	04	05	06				
②	④	③	③	⑤	④				

01 정답 ②

개정된 윤리헌장으로 '윤리실천다짐' 결의를 갖는다고 하였고, 전문 강사의 특강은 기업윤리 실천 방안을 주제로 진행하므로 특강의 주제가 개정된 윤리헌장은 아니다.

오답분석

① 윤리실천주간은 5월 30일부터 6월 5일까지 1주일 동안 진행된다.
③ 마지막 문단에서 한국철도공사 사장은 '이해충돌방지법 시행으로 공공기관의 사회적 책임과 공직자 윤리가 더욱 중요해졌다.'라고 강조하고 있으므로 적절한 내용이다.
④ 두 번째 문단에서 한국철도공사 윤리실천주간에 진행하는 7가지 프로그램을 상세히 설명하고 있다. 마지막 부분에 의하면 '공사 내 준법 · 윤리경영 체계를 세우고 인권경영 지원을 위한 정책 공유와 토론의 시간을 갖는 사내 워크숍도 진행한다.'라고 하였으므로 적절한 내용이다.
⑤ 마지막 문단에서 한국철도공사가 지난해 12월에 ○○부 산하 공공기관 최초로 준법경영시스템 국제인증을 획득하였다고 밝히고 있다.

02 정답 ④

한국철도공사의 윤리실천주간 동안 진행되는 프로그램은 '직원 윤리의식 진단', '윤리 골든벨', 'CEO의 윤리편지', '윤리실천다짐', '윤리특강', '인권존중 대국민 캠페인', '윤리 · 인권경영 사내 워크숍' 총 7가지이다. 따라서 ㉣의 반부패 청렴문화 확산을 위한 대국민 슬로건 공모전은 윤리실천주간에 진행되는 프로그램에 해당하지 않으므로 적절하지 않다.

오답분석

① 윤리실천주간의 목적을 밝히고 있으므로 적절한 내용이다.
② 윤리실천주간의 2번째 프로그램인 윤리 골든벨에 대한 상세 내용이므로 적절하다.
③ 윤리실천주간의 6번째 프로그램인 인권존중 대국민 캠페인에 대한 상세 내용이므로 적절하다.
⑤ 앞의 내용이 한국철도공사의 윤리적인 조직문화를 위해 노력하겠다는 다짐이고, 뒤를 이어 이를 위한 노력에 대해 소개하고 있으므로 적절하다.

03 정답 ③

폐수처리량이 가장 적었던 연도는 $204,000\text{m}^3$를 기록한 2021년이다. 그러나 오수처리량이 가장 적은 연도는 $27,000\text{m}^3$를 기록한 2022년이므로 옳지 않다.

오답분석

① $2,900 \div 3,100 \times 100 ≒ 94\%$
② 온실가스 배출량은 2020년 $1,604,000tCO_2eq$에서 2022년 $1,542,000tCO_2eq$까지 매년 감소하고 있다.
④ 3년 동안 녹색제품 구매액의 평균은 (1,700백만+2,900백만+2,400백만)÷3≒2,333백만 원이므로 약 23억 3,300만 원이다.
⑤ 에너지 사용량의 전년 대비 증감률을 구하면 다음과 같다.

- 2021년 : $\frac{29,000-30,000}{30,000} \times 100 ≒ -3.33\%$
- 2022년 : $\frac{30,000-29,000}{29,000} \times 100 ≒ 3.45\%$

따라서 에너지 사용량의 전년 대비 증감률의 절댓값은 2021년보다 2022년이 더 크다.

04 정답 ③

연도별 환경지표점수를 산출하면 다음과 같다.

(단위 : 점)

연도	녹색제품 구매액	에너지 사용량	폐수처리량	합계
2020년	5	5	5	15
2021년	10	10	10	30
2022년	10	5	5	20

따라서 환경지표점수가 가장 높은 연도는 2021년이고, 그 점수는 30점이다.

05 정답 ⑤

철도차량 운행상태를 수집하여 3차원 디지털 정보로 시각화하는 것은 디지털 트윈 기술이다.

오답분석

① 중정비 정의 및 개요의 네 번째 항목에서 중정비 기간 중 차량 운행은 불가능하다고 되어 있으므로 적절한 내용이다.
② 시험 검사 및 측정에서 고저온 시험기와 열화상 카메라는 온도를 사용하는 기기이므로 적절한 내용이다.
③ 중정비 절차는 총 7단계로 구성되며, 기능시험 및 출장검사는 3단계이므로 적절한 내용이다.
④ 중정비 정의 및 개요의 첫 번째 항목에서 철도차량 전반의 주요 시스템과 부품을 차량으로부터 분리해 점검한다고 하였으므로 적절한 내용이다.

RAMS
Reliability(신뢰성), Availability(가용성), Maintainability(보수성), Safety(안전성) 향상을 지원·입증하기 위한 기술로, 철도 차량의 부품 및 설비를 제작 – 유지보수 – 개량 – 폐기까지 각 지표에 대한 정보를 통합적으로 분석하여 철도차량의 안전관리 및 유지보수 등 전반적인 시스템 엔지니어링 방법론이다.

06 정답 ④

중정비 정기 점검 기준에 의하면 운행 연차가 3년 이상 5년 이하인 경우 (열차 등급별 정기 점검 산정 횟수)×3회의 점검을 받아야 한다. C등급의 열차의 경우 정기 점검 산정 횟수는 연간 3회이므로 4년째 운행 중인 C등급 열차의 정기 점검 산정 횟수는 $3\times3=9$회이다.

05 2022년 하반기

01	02	03	04	05	06				
②	③	⑤	③	②	③				

01 정답 ②

첫 번째 문단에서 프레이와 오스본은 '인공 지능의 발전으로 대부분의 비정형화된 업무도 컴퓨터로 대체될 수 있다.'고 보았다. 그러나 모든 비정형화된 업무가 컴퓨터로 대체될 수 있다고 보았던 것은 아니므로 적절하지 않다.

오답분석

① 제시문의 첫 번째 문장에서 확인할 수 있다.
③ 두 번째 문단에서 확인할 수 있다.
④ 세 번째 문단에서 확인할 수 있다.
⑤ 마지막 문단에서 확인할 수 있다.

02 정답 ③

빈칸의 뒤의 문장에서 '하지만'이라는 접속부사로 분위기가 반전되며, 일제강점기에 서울의 옛길이 사라졌다는 내용이 이어진다. 따라서 빈칸에는 '어떤 상태나 상황을 그대로 보존하거나 변함없이 계속하여 지탱하였음'을 뜻하는 '유지(維持)'가 들어가는 것이 가장 적절하다.

오답분석

① 유래(由來) : 사물이나 일이 생겨남. 또는 그 사물이나 일이 생겨난 바
② 전파(傳播) : 전하여 널리 퍼뜨림
④ 전래(傳播) : 예로부터 전하여 내려옴
⑤ 답지(遝至) : 한군데로 몰려들거나 몰려옴

03 정답 ⑤

• 한 면의 유리창에 3종의 커튼을 다는 경우의 수 : 3가지
• 세 면의 콘크리트 벽에 7종의 그림을 거는 경우의 수 : ${}_7P_3=7\times6\times5=210$가지

따라서 가능한 인테리어의 경우의 수는 $3\times210=630$가지이다.

04

정답 ③

2020년 대구의 낮 시간대 소음도는 2019년 대비 2dB 감소하였으며, 2021년 대비 2dB 감소하였다.

오답분석

① 2017 ~ 2021년 광주와 대전의 낮 시간대 소음도는 모두 65dB 이하이므로 매해 소음환경기준을 만족했다.
② 2020년 밤 시간대 소음환경기준인 55dB 이하인 곳은 대전(54dB)뿐이다.
④ 2018년의 밤 시간대 주요 대도시 평균 소음도는 61dB로 가장 높으며, 밤 시간대 소음환경기준 55dB보다 6dB 더 높다.
⑤ 서울의 낮 시간대 평균 소음도는 68.2dB로 가장 높으며, 밤 시간대 평균 소음도는 65.8dB로, 낮 시간대 소음환경기준인 65dB 이상의 소음이 발생했다.

05

정답 ②

- 첫 번째 조건에 의해 메디컬빌딩 5층 건물 중 1층에는 약국과 편의점만 있다.
- 여섯 번째 조건에 의해 산부인과는 약국 바로 위층인 2층에 있고, 내과는 바로 위층인 3층에 있다.
- 일곱 번째 조건에 의해 산부인과는 2층 1개의 층을 모두 사용하고 있다.
- 네 번째와 일곱 번째 조건에 의해 정형외과는 4층 또는 5층에 있게 되는데, 5층에 있을 경우 마지막 조건에 위배되므로 정형외과는 4층에 있으며, 1개의 층을 모두 사용하고 있다.
- 네 번째 조건에 의해 소아과와 피부과는 정형외과 바로 아래층인 3층에 있다.
- 마지막 조건에 의해 안과와 치과는 피부과보다 높은 층인 5층에 있다.
- 다섯 번째 조건에 의해 이비인후과가 있는 층에는 진료 과가 2개 더 있어야 하므로 이비인후과는 5층에 있다.

이를 표로 정리하면 다음과 같다.

구분	건물 내부		
5층	안과	치과	이비인후과
4층	정형외과		
3층	내과	소아과	피부과
2층	산부인과		
1층	약국	편의점	

따라서 안과와 이비인후과는 같은 층에 있음을 알 수 있다.

오답분석

① 산부인과는 2층에 있다.
③ 피부과가 있는 층은 진료과가 3개이다.
④ 이비인후과는 정형외과 바로 위층에 있다.
⑤ K씨는 이비인후과와 치과를 가야 하므로 진료를 위해 찾아야 하는 곳은 5층이다.

06

정답 ③

제시된 조건을 표로 나타내면 다음과 같다.

구분	신도림점	영등포점	여의도점
ㄱ(A)	×		
ㄴ(B)	○	○	○
ㄷ(C)		×	×
ㄹ(D)	○		○

따라서 ㄴ, ㄷ의 경우만 고려한다면, 이날 수리할 수 있었던 지점은 신도림점뿐임을 알 수 있다.

오답분석

① ㄱ, ㄴ의 경우만 고려한다면, 이날 수리할 수 있었던 지점은 영등포점 또는 여의도점이다.
② ㄱ, ㄹ의 경우만 고려한다면, 이날 영등포점의 수리 가능 여부는 알 수 없다.
④ ㄴ, ㄹ의 경우만 고려한다면, 이날 영등포점의 수리 가능 여부는 알 수 없다.
⑤ ㄷ, ㄹ의 경우만 고려한다면, 이날 수리할 수 있었던 지점은 신도림점뿐이다.

06 2022년 상반기

01	02	03	04						
①	⑤	⑤	④						

01

정답 ①

제시문은 과학과 종교가 대립한다는 주장을 다양한 근거를 들어 반박하고 있다. 따라서 궁극적으로 전달하고자 하는 바는 '과학이 종교와 양립할 수 없다는 의견은 타당하지 않다.'이다.

오답분석

② 과학이 종교와 양립할 수 없다는 의견이 타당하지 않다는 주장에 대한 논거이다.
③ 네 번째 문단에서 리처드 그레고리의 말이 인용되어 과학이 모든 것에 질문을 던진다는 것이 언급되기는 하지만, 전체적인 주제라고 볼 수는 없다.
④ 신학은 신에 대한 증거들을 의심하는 것이 아니라, 지속적으로 회의하고 재해석하는 학문이다.
⑤ 신학 또한 신의 존재를 입증하기 위해 과학적 증거를 찾으려 할 수 있다.

02

정답 ⑤

'준용'은 '표준으로 삼아 적용함'이라는 뜻이기 때문에 맥락상 쓰임이 적절하지 않다. 따라서 '허락하여 받아들임'의 뜻을 가진 '허용'이라고 쓰는 것이 적절하다.

03

정답 ⑤

A씨는 60km/h의 버스로 15분간 이동하였으므로 버스로 이동한 거리는 $60\times\frac{1}{4}=15$km이다. 따라서 집에서 회사까지 거리는 30km이다. 이후 8시 20분에 75km/h의 택시를 타고 15km를 이동하였으므로 A씨가 집에 다시 도착하기까지 걸린 시간은 $\frac{15}{75}=\frac{1}{5}$시간(12분)이며, 집에 도착한 시각은 8시 32분이다. 서류를 챙겨 승용차에 타기까지 3분이 걸렸으므로 A씨는 8시 35분에 회사로 다시 출발하였다. 따라서 회사에 9시까지 도착하기 위해서는 30km의 거리를 25분 만에 도착해야 하므로 최소 $\frac{30}{25}\times60=72$km/h로 운전해야 한다.

04

정답 ④

직원 9명이 지원 가능한 경우는 다음과 같이 총 6가지가 나온다.

구분	1지망	2지망	3지망
경우 1	기획조정부	홍보부	인사부
경우 2	기획조정부	인사부	홍보부
경우 3	홍보부	기획조정부	인사부
경우 4	홍보부	인사부	기획조정부
경우 5	인사부	기획조정부	홍보부
경우 6	인사부	홍보부	기획조정부

첫 번째 조건에 의하면 인사부를 3지망으로 지원한 직원은 없으므로 경우 1과 경우 3은 0명이다. 두 번째 조건에 의하면 경우 4는 2명, 네 번째 조건에 의하면 경우 2는 3명이다. 세 번째 조건에 의하여 경우 6을 x명, 경우 5를 $(x+2)$명이라고 할 때, 총 직원은 9명이므로 $0+3+0+2+(x+2)+x=9$가 된다. 따라서 $x=1$이다.

이를 정리하면 다음과 같다.

구분	1지망	2지망	3지망	인원
경우 1	기획조정부	홍보부	인사부	0명
경우 2	기획조정부	인사부	홍보부	3명
경우 3	홍보부	기획조정부	인사부	0명
경우 4	홍보부	인사부	기획조정부	2명
경우 5	인사부	기획조정부	홍보부	3명
경우 6	인사부	홍보부	기획조정부	1명

이를 다시 표로 정리하면 다음과 같다.

구분	1지망	2지망	3지망
기획조정부	3명	3명	3명
홍보부	2명	1명	6명
인사부	4명	5명	0명

따라서 기획조정부를 3지망으로 지원한 직원은 3명이다.

CHAPTER 02

2025년 상반기 기출복원문제

01	02	03	04	05	06	07	08	09	10
⑤	②	③	③	③	①	③	③	④	⑤
11	12	13	14	15	16	17	18	19	20
⑤	②	⑤	④	①	①	⑤	②	④	②
21	22	23	24	25	26	27	28	29	30
①	⑤	④	②	①	④	③	④	④	⑤
31	32	33	34	35	36	37	38	39	40
⑤	④	⑤	③	③	⑤	①	⑤	②	⑤
41	42	43	44	45					
④	②	④	①	③					

01

정답 ⑤

선주는 문제점을 자신의 탓으로 돌리며 상대방에게 부탁을 하고 있다. 따라서 관용의 격률에 해당하는 사례이다.

오답분석

① 민재는 상대방을 칭찬하는 표현을 최대화해서 말하고 있다. 따라서 타인에 대한 비난은 최소화하고 칭찬은 최대화하여 말하는 표현법인 찬동의 격률에 해당하는 사례로 볼 수 있다.
② 지우는 문제점을 상대방의 탓으로 돌리며 상대방에게 부탁을 하고 있다. 따라서 관용의 격률에 해당하지 않는다.
③ 다예는 자신의 이익을 위해 상대방에게 부담을 주며 말하고 있다. 따라서 관용의 격률에 해당하지 않는다.
④ 동현은 상대에게 부담이 되는 표현은 최소화하면서 도움을 요청하고 있다. 따라서 상대방의 부담은 최소화하고 이익은 최대화하여 말하는 표현법인 요령의 격률에 해당하는 사례로 볼 수 있다.

02

정답 ②

마지막 문단을 보면 현재 AI 음성 합성 기술이 사람의 감정까지 담아 표현할 수 없다는 한계점이 존재한다고 했다. 따라서 현재는 AI 음성 합성 기술이 오디오북 제작에서 전문 성우의 역할을 대체할 수 있다고 보기는 어렵다.

오답분석

① 세 번째 문단을 통해 AI 음성 합성 기술이 비용과 시간 측면에서 전문 성우 녹음보다 효율적임을 알 수 있다.
② 마지막 문단에서 문학 도서의 경우 AI 음성 합성 기술이 사람의 감정까지 담아 표현할 수 없는 반면, 비문학 도서들은 전문 성우가 반드시 필요하지는 않으므로 AI 음성 합성 기술로 제작이 가능하다고 하였다.
④·⑤ 두 번째 문단에서 전문 성우의 오디오북 녹음에는 많은 시간이 필요하며, 비용 또한 많이 들어 현실적인 한계에 부딪히고 있다고 하였다.

03

정답 ③

2024년 설날 노쇼 비율은 46%이지만, 이 중 약 19만 매 가량만이 재판매가 되지 않아 공석으로 운행되었다.

오답분석

① 첫 번째 문단에서 명절에 예매 경쟁률이 수십 배에 달하는 경우도 흔하다고 하였다.
② 세 번째 문단에서 노쇼 문제는 사회적 비용 증가로 연결되며, 이에 따른 비용이나 정책 변경은 국민의 부담으로 돌아올 것이라고 하였다.
④ 네 번째 문단에서 노쇼 문제를 해결하기 위해 코레일은 2025년부터 명절 특별수송기간에 출발 후 20분까지의 위약금을 기존 15%에서 30%로 상향 조정한다고 하였다.
⑤ 마지막 문단에서 노쇼 문제는 단순히 코레일의 노력만으로 해결될 수 없고, 근본적인 제도 개선과 국민 인식 변화가 함께 이루어져야 함을 이야기하고 있다.

04

정답 ③

먼저 분자와 분모를 따로 계산하면 다음과 같다.

- 분자 : $18\times(15^2+12+3)$
  $\rightarrow 18\times(225+12+3)$
  $\therefore 18\times240=4,320$
- 분모 : $90^2-2\times45\times4$
  $\rightarrow 8,100-(2\times45\times4)$
  $\therefore 8,100-360=7,740$

식을 정리하면 다음과 같다.

$\frac{4,320}{7,740}+1=\frac{4,320+7,740}{7,740}=\frac{12,060}{7,740}$

$\frac{12,060}{7,740}$을 기약분수로 만들기 위해 최대공약수 180으로 약분하면 $\frac{67}{43}$이므로 $p=43$, $q=67$이다.

따라서 $p+q=110$이다.

05

정답 ③

K시 지하철의 기본요금은 1회 1,500원이고, 아침에 20% 할인을 받으면 1,500×0.8=1,200원이다. A씨의 지하철 총 이용 횟수는 22×2=44회이며, 할인은 출근 시간에만 적용된다. 그러므로 퇴근 시 이용하는 지하철 요금은 1,500×22=33,000원이다.

한 달 지하철 요금을 62,000원 이하로 유지하고자 하므로 출근 시 사용 가능한 지하철 요금은 62,000−33,000=29,000원이다.

할인을 받은 일수를 x일이라 하면, 할인을 받지 않은 일수는 $(22-x)$일이므로 다음 식을 만족해야 한다.

$1,200x+1,500(22-x)\leq29,000$

$\rightarrow 1,200x+33,000-1,500x\leq29,000$

$\rightarrow -300x\leq-4,000$

$\therefore x\leq13.34$

따라서 최소 14일은 할인을 받아야 한 달 지하철 요금을 62,000원 이하로 유지할 수 있다.

06

정답 ①

먼저 1부터 6까지 숫자를 사용하여 만들 수 있는 4자리 수의 조합을 계산하면 $6^4=1,296$이다. 조건에 따라 중복된 숫자는 최대 2번 사용할 수 있으므로 같은 숫자가 3번 이상 사용된 경우의 수를 구하여 제외해야 한다.

- 같은 숫자가 4번 사용된 경우는 6가지이다(1111, 2222, …, 6666).
- 같은 숫자가 3번 사용된 경우는 aaab, aaba, abaa, baaa 4가지 경우가 있고, a로 가능한 수는 6가지, b로 가능한 수는 a를 제외한 5가지이므로 4×6×5=120가지이다.

따라서 조건을 만족하는 4자리 비밀번호는 총 1,296−(6+120)=1,170가지이다.

07

정답 ③

셔틀버스 A ~ C가 동시에 도착하는 시간은 운행시간의 최소공배수이다. 각 버스의 운행시간을 소인수분해하면 다음과 같다.

- A : $12=2^2\times3$
- B : $16=2^4$
- C : $30=2\times3\times5$

$\therefore 2^4\times3\times5=240$분=4시간

따라서 오전 10시에서 4시간이 경과한 오후 2시에 동시에 K역에 도착한다.

08

정답 ③

KTX와 SRT를 모두 이용한 고객 수를 x명이라 하면 KTX만 이용한 고객은 $(36-x)$명, SRT만 이용한 고객은 $(42-x)$명이다. 즉, KTX와 SRT를 모두 이용한 고객 수는 다음과 같다.

$(36-x)+(42-x)+x=60$

$\rightarrow 78-x=60$

$\therefore x=18$

따라서 18명의 고객이 KTX와 SRT를 모두 이용하였으므로 SRT만 이용한 고객은 42−18=24명이다.

09

정답 ④

조사기간인 1 ~ 4월의 리뷰 수가 판매 건수이므로 월별 판매 건수와 반품 및 환불 건수를 계산하면 다음과 같다.

(단위 : 건)

구분	판매 건수	반품 건수	환불 건수
1월	1,000	1,000×0.03=30	1,000×0.02=20
2월	1,200	1,200×0.02=24	1,200×0.03=36
3월	1,500	1,500×0.04=60	1,500×0.01=15
4월	1,300	1,300×0.03=39	1,300×0.02=26
합계	5,000	153	97

따라서 반품 건수와 환불 건수를 모두 합하면 153+97=250건이다.

10

정답 ⑤

구로디지털단지역 하차 인원은 출근시간대 400명, 퇴근시간대 2,150명이므로 2,150÷400=5.375이다. 따라서 퇴근시간대 하차 인원은 출근시간대 하차 인원의 5배 이상이다.

오답분석

① 역삼역의 점심시간대는 탑승 480명, 하차 520명으로 하차 인원이 더 많다.

② 시청역의 탑승 인원은 점심시간대에 530명, 퇴근시간대에 420명으로 점심시간대에 탑승 인원이 더 많다.

③ 역삼역의 출근시간대는 탑승 1,150명, 하차 350명으로 탑승 인원이 더 많다.
④ 시청역의 출근시간대 대비 퇴근시간대 하차 인원의 증가 폭은 1,480−870=610명, 역삼역의 출근시간대 대비 퇴근시간대 하차 인원의 증가 폭은 1,250−350=900명이므로 시청역의 증가 폭이 더 작다.

11

정답 ⑤

조건에 따라 직원들의 100m 완주 시간은 다음과 같다.

- A : 13.0초
- B : 13.0−0.5=12.5초
- C : 12.5+0.4=12.9초
- D : 12.9−0.2=12.7초
- E : 12.7+0.3=13.0초
- F : 13.0−0.1=12.9초
- G : 13.0+1.0=14.0초

이때 가장 빠른 사람은 B, 가장 느린 사람은 G이다. 둘의 속력을 구하면 다음과 같다.

- B의 속력 : $\frac{100}{12.5}=8.00$m/s
- G의 속력 : $\frac{100}{14.0}\fallingdotseq 7.14$m/s

따라서 B와 G의 속력 차이의 절댓값을 구하면 8.00−7.14=0.86m/s이다.

12

정답 ②

초기의 소금물 80g에는 25g의 소금이 들어 있다. 여기에 xg의 물을 추가하였으므로 소금물의 총량은 $(80+x)$g이고, 소금은 그대로 25g이 들어 있다. 그러므로 xg의 물을 추가한 소금물의 농도는 $\frac{25}{80+x}$이다.

이때 소금물을 40g 버렸다고 하였으므로 남은 소금의 양은 $\left\{25-\left(40\times\frac{25}{80+x}\right)\right\} \rightarrow \left(25-\frac{1,000}{80+x}\right)$g이고, 남은 소금물의 양은 $(40+x)$g이다.

이후 농도 37.5%의 소금물 40g을 추가로 넣었으므로 추가된 소금의 양은 40×0.375=15g이다.

그러므로 최종 소금의 양은 $\left(40-\frac{1,000}{80+x}\right)$g이고, 최종 소금물의 양은 $(80+x)$g이다. 최종 소금물의 농도가 30%이므로 다음의 식을 만족한다.

$$\frac{40-\frac{1,000}{80+x}}{80+x}=0.3$$

$$\rightarrow 40-\frac{1,000}{80+x}=24+0.3x$$

$$\rightarrow 40-24-0.3x=\frac{1,000}{80+x}$$

$$\rightarrow (16-0.3x)(80+x)=1,000$$

$$\rightarrow -0.3x^2-8x+280=0$$

$$\rightarrow 0.3x^2+8x-280=0$$

이렇게 도출한 이차방정식의 a, b, c값을 근의 공식에 대입하면 다음과 같다.

$$x=\frac{-b\pm\sqrt{b^2-4ac}}{2a}=\frac{-8\pm\sqrt{8^2-4\times0.3\times(-280)}}{2\times0.3}$$

$$\rightarrow x=\frac{-8+20}{0.6}\ (\because\ x\text{는 자연수})$$

$$\therefore\ x=20$$

따라서 처음에 넣은 물의 양은 20g이다.

13

정답 ⑤

자발적 취업자의 수는 매년 증가하고 있고, 정부 지원형 취업자 수는 매년 감소하고 있으므로 독립적인 증가 추세를 보이고 있다.

오답분석

① 정부 지원형 취업자 수는 꾸준히 감소하고 있다.
② 전체 취업자 수는 매년 증가하고 있지만, 정부 지원형 취업자 수는 매년 감소하고 있으므로 옳지 않다.
③ 전체 노인 취업자 수와 자발적 취업자 수 모두 증가하고 있다.
④ 자발적으로 취업하는 노인의 수는 매년 증가하고 있지만, 정부 지원 취업자 수는 매년 감소하므로 옳지 않다.

14

정답 ④

산사태 피해면적은 2023년이 210ha로 조사연도 중 최대이며, 복구비용도 2023년이 112억 원으로 최대이다. 따라서 산사태 피해면적과 복구비용이 모두 가장 높았던 해는 2023년이다.

오답분석

① 2023년의 피해면적 1ha당 복구비용은 약 0.533억 원이고, 2022년의 피해면적 1ha당 복구비용은 약 0.513억 원이다. 따라서 피해면적 대비 복구비용이 가장 높은 연도는 2023년이다.
② 연도별 복구비용은 2022년과 2024년에 감소하였으므로 매년 증가하지는 않았다.
③ 연도별 피해면적 1ha당 복구비용을 구하면 다음과 같다.
  - 2020년 : 65÷130=0.5억 원/ha
  - 2021년 : 98÷190≒0.516억 원/ha
  - 2022년 : 82÷160≒0.513억 원/ha
  - 2023년 : 112÷210≒0.533억 원/ha
  - 2024년 : 93÷175≒0.531억 원/ha

  매년 소폭의 변화가 있으므로 피해면적 1ha당 복구비용은 일정하게 유지되지 않았다.
⑤ 2024년에는 피해면적과 복구비용 모두 전년보다 감소하였다.

15

정답 ①

A직원은 직원들의 호흡기 질환이라는 문제 현상을 인지하였고, 질의응답을 통해 역사 내 공기질 저하가 주요 문제임을 파악하고 있다. 이는 문제의 존재 자체를 인식하는 초기단계인 문제 인식 단계에 해당한다. 이후 문제 도출 단계에서 역사 내 분진 현황, 환기 시스템의 출력 저하 등 '역사 내 공기질 저하'에 대한 세부적인 문제점을 설정해야 하고, 원인 분석을 통해 각 문제점의 근본 원인을 파악하여 해결안을 개발하고, 해결안을 실행 및 평가하는 단계를 거쳐야 한다.

문제해결 절차 5단계

1. 문제 인식 : 해결해야 할 전체 문제를 파악하여 우선순위를 정하고 선정 문제에 대한 목표를 명확히 하는 단계
2. 문제 도출 : 선정된 문제를 분석하여 해결해야 할 것이 무엇인지를 명확히 하는 단계로, 현상에 대한 문제를 분해하여 인과관계 및 구조를 파악하는 단계
3. 원인 분석 : 파악된 핵심 문제에 대한 분석을 통해 근본 원인을 도출해 내는 단계
4. 해결안 개발 : 문제로부터 도출된 근본 원인을 효과적으로 해결할 수 있는 최적의 해결 방안을 수립하는 단계
5. 실행 및 평가 : 해결안 개발을 통해 만들어진 실행 계획을 실제 상황에 적용하는 단계로, 해결안을 통해 문제의 원인들을 제거해 나가는 단계

16

정답 ①

A주임은 복잡한 역사 구조로 승객들이 길을 헤매는 문제를 해결하기 위한 아이디어를 지하철역과 비슷한 대상인 쇼핑센터의 증강현실 지도 기술에서 얻었고, 지하철역에서 이용 가능한 증강현실 길안내 서비스를 기획하였다. 따라서 주어진 사례에서 나타나는 창의적 사고 개발방법으로 가장 적절한 것은 대상과 비슷한 것을 찾아내 그것을 힌트로 새로운 아이디어를 생각해 내는 비교발상법인 NM법이다.

오답분석

② Synectics : 서로 관련이 없어 보이는 것들을 조합하여 새로운 것을 도출해 내는 비교발상법이다.
③ 체크리스트 : 미리 준비된 힌트들을 시각화하고, 주제를 힌트에 연결 지어 발상하는 강제연상법이다.
④ SCAMPER : 체크리스트의 발전된 기법으로, 대체, 결합, 응용, 수정, 전용, 제거, 반전과 같이 7가지 키워드를 주제와 연결 지어 발상하는 강제연상법이다.
⑤ 브레인스토밍 : 어떤 주제에서 자유롭게 생각나는 것을 계속해서 열거하여 창의적인 아이디어를 이끌어 내는 자유연상법이다.

17

정답 ⑤

A씨는 사고로 학생과 부딪힌 사건 하나만을 부풀려 젊은이들이 모두 조심성이 없으며 남을 배려하지 않는다고 주장하고 있다. 이는 특정한 사례 하나를 토대로 집단을 일반화하는 주장이므로 성급한 일반화의 오류에 해당한다.

오답분석

① 무지의 오류 : '외계인이 있다는 증거가 없으므로 외계인은 존재하지 않는다.'처럼 어떠한 주장이 증명되지 않았다고 해서 그 반대의 주장이 참이라고 주장하는 오류이다.
② 결합의 오류 : '머리카락 1개가 빠지면 대머리가 되지 않는다. 2개가 빠져도, 100개가 빠져도 그렇다. 따라서 1만 개가 빠져도 대머리가 되지 않는다.'처럼 하나의 사례에는 오류가 없지만, 여러 사례를 잘못 결합하여 발생하는 오류이다.
③ 애매성의 오류 : '여자는 남자보다 약하다. 따라서 여자는 오래 살지 못한다.'처럼 애매한 어휘의 사용으로 발생하는 오류이다.
④ 과대 해석의 오류 : '퇴근길에 조심하세요.'라는 말을 퇴근길에만 조심하라는 의미로 받아들이는 것처럼 문맥을 무시하고 과도하게 문구에만 집착하여 발생하는 오류이다.

18

정답 ②

ㄱ. 철도 이용객 수 증가는 외부환경요인인 법안에 의한 긍정적 효과이므로 기회에 해당한다.
ㄷ. 민간투자의 확대는 외부환경요인의 긍정적인 효과이므로 기회에 해당한다.
ㅂ. 기업 외부에서 발생한 공동 프로젝트에 참여하는 것은 기술혁신 등 긍정적인 측면이므로 기회에 해당한다.

오답분석

ㄴ. 내부환경요인인 운영 노하우는 기업 내부의 긍정적인 요소로 강점(Strength)에 해당한다.
ㄹ. 외부환경요인인 정부의 교통요금 동결 정책은 위협(Threat)에 해당한다.
ㅁ. 내부환경요인인 직원 수 부족으로 인한 저조한 고객 만족도는 약점(Weakness)에 해당한다.

19

정답 ④

ㄱ. A차장은 노인 이용자 대표와 논리적 토론을 통해 합리적 타협점을 찾고 있다. 이는 상이한 문화적 토양을 가지고 있는 구성원을 가정하여 서로의 생각을 직설적으로 주장하고 논쟁이나 협상을 통해 의견을 조정하는 하드 어프로치에 해당한다.
ㄴ. A센터장은 역할극과 브레인스토밍 기법을 통하여 직원들이 자발적으로 의견을 제시하고, 창의적인 해결방법을 도모할 수 있도록 촉진하고 있다. 이는 어떤 그룹이나 집단이 자발적으로 창의적인 문제해결을 할 수 있도록 촉진하는 퍼실리테이션에 해당한다.

ㄷ. A팀장은 B사원에게 실수에 대한 결과를 시사하여 실수를 줄일 수 있도록 넌지시 제안하였으며, 다른 팀원들에게도 B사원을 잘 도와줄 수 있도록 요청하였다. A팀장은 중재자로서 같은 문화적 토양을 가지고 있는 팀원들이 서로를 이해할 수 있도록 돕고, 권위와 공감에 의지하여 의견을 중재하고 있으므로 소프트 어프로치에 해당한다.

20

정답 ②

반지름의 길이가 am인 원형코일의 중심의 자계 $H=\frac{NI}{2a}$ AT/m 이므로, $2Ha=NI \rightarrow I=\frac{2Ha}{N}$ 이다.

따라서 전류와 권수는 반비례한다.

21

정답 ①

경계면에서 전계와 전속밀도의 방향은 서로 같다.

> **유전체 경계면에서의 특징**
> 경계면에서 전계와 전속밀도는 불연속이다. 그러나 전속밀도는 법선 성분이, 전계의 세기는 접선 성분이 연속이다. 전계와 전속밀도의 방향은 서로 같고, 굴절한다 $\left(\frac{\tan\theta_1}{\tan\theta_2}=\frac{\epsilon_1}{\epsilon_2}\right)$. 또한 전속선은 유전율이 큰 유전체 쪽으로 모이려는 성질이 있다.

22

정답 ⑤

가우스 법칙

- 전기력선 총수 및 대칭 정전계의 세기를 계산하는 식 : $\int_s E \cdot dS=\frac{Q}{\epsilon_0}$
- 전속의 총수 및 폐곡면을 통과하는 전속과 폐곡면 내부의 전하와의 관계를 나타내는 식 : $\int_s D \cdot dS=Q$

23

정답 ④

변위전류밀도 $i_d=j\omega\epsilon E\text{A/m}^2 \rightarrow \omega=2\pi f=\frac{i_d}{\epsilon E}$

$\therefore\ f=\frac{i_d}{2\pi\epsilon E}$

24

정답 ②

페란티 현상은 선로의 정전용량 때문에 무부하 시 수전단 전압(앞선 충전전류)이 송전단 전압보다 커지는 현상이다. 페란티 현상의 방지법으로는 분로 리액터 설치 및 동기조상기의 지상용량을 공급하는 방법이 있다.

25

정답 ①

직류직권전동기는 $T\propto I^2\propto\frac{1}{N^2}$ 이므로 전차, 기중기 등의 부하 변동이 심하고 큰 기동토크가 요구되는 기기에 주로 사용된다.

26

정답 ④

비정현파 교류 전력에서

$v=100\sin\omega t+20\sin2\omega t+30\sin(3\omega t+60°)$V이고,

$i=10\sin(\omega t-60°)+10\sin(3\omega t+105°)$A일 때

평균전력 $P=V_1I_1\cos\theta_1+V_3I_3\cos\theta_3$ 이므로

$P=\frac{100}{\sqrt{2}}\times\frac{10}{\sqrt{2}}\cos60°+\frac{30}{\sqrt{2}}\times\frac{2}{\sqrt{2}}\cos45°=271.2\fallingdotseq$ 271W이다.

27

정답 ③

전기 쌍극자에 의한 전위 $V=\frac{M\cos\theta}{4\pi\epsilon_0 r^2}$ 이고,

전기 쌍극자에 의한 전계 $E=\frac{M\sqrt{1+3\cos^2\theta}}{4\pi\epsilon_0 r^3}$ 이므로

전위는 $\frac{1}{r^2}$에 비례, 전계는 $\frac{1}{r^3}$에 비례한다.

28

정답 ④

P점에 작용하는 자계의 세기는 2개이며, 자계의 방향이 반대이므로 크기가 같으면 P점의 자계의 세기가 0이 된다.

$H_1=\frac{I}{2\pi a}$, $H_2=\frac{2I}{2\pi b}$에서 자계의 세기가 0이 되는 조건은

$H_1=H_2$이고, $\frac{I}{2\pi a}=\frac{2I}{2\pi b}$이다.

따라서 이를 정리하면 $\frac{a}{b}=\frac{1}{2}$이다.

29

정답 ④

자기저항 $R=\dfrac{l}{\mu_0\mu_s S}$ 이므로 $R\propto\dfrac{1}{\mu}$ 이다.

따라서 자기저항은 투자율에 반비례한다.

30

정답 ⑤

플레밍의 왼손법칙에 의해 $F=IBl\sin\theta=50\times1\times0.1=5\text{N}$ 이다.

31

정답 ⑤

철도 전력 시스템은 전기의 불법적인 사용이나 도난을 감지하고 방지하기 위한 시스템을 말하며, 주로 전력 계량기를 조작하거나, 전력선을 불법적으로 연결하여 전기를 빼내는 행위를 탐지하고 관리하는 기능을 한다. 철도 전력 시스템은 에너지 낭비를 줄이고, 전력망의 안정성을 확보하며, 전력 절도 범죄를 예방하는 데 중요한 역할을 한다. 한편, 열차의 위치를 실시간으로 파악하는 것은 신호 시스템이나 관제 시스템의 역할이다.

철도 전력 시스템의 주요 기능

- 에너지 절도 감지 : 계량기 조작, 전력선 도난, 불법적인 에너지 사용 등을 감지함
- 경고 및 알림 : 감지된 철도 상황을 관련 당사자에게 알리고 경고를 발생함
- 수동 및 자동 제어 : 철도 상황에 따라 자동으로 전력 공급을 중단하거나, 수동으로 조치가 가능함
- 자산 보호 : 전력 설비 및 장비를 보호하고, 에너지 손실을 최소화함

32

정답 ④

합성 정전용량에서 전압 분배법칙에 의해 C_1에 분배받는 전압 $V_1=\dfrac{1}{C_1}\div\left(\dfrac{1}{C_1}+\dfrac{1}{C_2}+\dfrac{1}{C_3}\right)\times V$이므로

양단 사이에 걸리는 전압 $V_1=\dfrac{1}{1}\div\left(\dfrac{1}{1}+\dfrac{1}{2}+\dfrac{1}{3}\right)\times50=27.27\fallingdotseq27\text{V}$이다.

33

정답 ⑤

$R_Y=\dfrac{R_\triangle}{3}\rightarrow R_\triangle=3R_Y=3\times10=30\Omega$

34

정답 ③

분극의 세기 $P=D\left(1-\dfrac{1}{\epsilon_s}\right)$

$=8\times10^{-6}\times\left(1-\dfrac{1}{2}\right)=4\times10^{-6}\text{C/m}^2$

35

정답 ③

철도사업자는 열차를 이용하는 여객이 정당한 운임・요금을 지급하지 아니하고 열차를 이용한 경우에는 승차 구간에 해당하는 운임 외에 그의 30배의 범위에서 부가 운임을 징수할 수 있다(철도사업법 제10조 제1항).

오답분석

① 철도사업법 제10조 제5항에서는 부가 운임의 징수 대상자가 이를 성실하게 납부하여야 한다고 그 의무를 정하고 있다.

② 철도사업법 제10조 제2항에 따라 송하인(送荷人 : 화물 발송인)이 운송장에 적은 화물의 품명・중량・용적 또는 개수에 따라 계산한 운임이 정당한 사유 없이 정상 운임보다 적은 경우에는 송하인에게 그 부족 운임 외에 그 부족 운임의 5배의 범위에서 부가 운임을 징수할 수 있다.

④ 철도사업법 제10조 제3항에 따라 철도사업자가 부가 운임을 징수하기 위해서는 사전에 부가 운임의 징수 대상 행위, 열차의 종류 및 운행 구간 등에 따른 부가 운임 산정기준을 정하고 철도사업약관에 포함하여 국토교통부장관에게 신고하여야 한다.

⑤ 철도사업법 제10조 제4항에 따라 국토교통부장관은 신고를 받은 날로부터 3일 이내에 신고수리 여부를 신고인에게 통지하여야 한다(철도사업법 제11조 제3항에 따라 변경으로 인한 신고도 동일).

36

정답 ⑤

한국철도공사법 제5조에 따라 공사는 주된 사무소의 소재지에서 설립등기를 함으로써 성립한다. 공사의 등기에 필요한 사항은 한국철도공사법 시행령 제2조에 따라 다음과 같다.

1. 설립목적
2. 명칭
3. 주된 사무소 및 하부조직의 소재지
4. 자본금
5. 임원의 성명 및 주소
6. 공고의 방법

따라서 설립등기에 필요한 사항이 아닌 것은 공익 서비스 비용 서류이다.

37

정답 ①

철도사업자란 한국철도공사법에 따라 설립된 한국철도공사 및 제5조에 따라 철도사업 면허를 받은 자를 말한다(철도사업법 제2조 제8호).

38

정답 ⑤

전용철도 등록사항의 경미한 변경 등(철도사업법 시행령 제12조 제1항)

법 제34조 제1항 단서에서 대통령령으로 정하는 경미한 변경의 경우란 다음 각 호의 어느 하나에 해당하는 경우를 말한다.

1. 운행시간을 연장 또는 단축한 경우
2. 배차간격 또는 운행횟수를 단축 또는 연장한 경우
3. 10분의 1의 범위 안에서 철도차량 대수를 변경한 경우
4. 주사무소・철도차량기지를 제외한 운송관련 부대시설을 변경한 경우
5. 임원을 변경한 경우(법인에 한한다)
6. 6월의 범위 안에서 전용철도 건설기간을 조정한 경우

따라서 주사무소・철도차량기지와 같은 운송관련 부대시설을 변경한 경우 경미한 변경에 해당하지 않아 철도사업법 제34조 제1항에 따라 전용철도의 건설・운전・보안 및 운송에 관한 사항이 포함된 운영계획서를 첨부하여 국토교통부장관에게 등록해야 한다.

39

정답 ②

국가부담비용의 지급(철도산업발전기본법 시행령 제41조)

철도운영자는 국가부담비용의 지급을 신청하고자 하는 때에는 국토교통부장관이 지정하는 기간 내에 국가부담비용지급신청서에 다음 각 호의 서류를 첨부하여 국토교통부장관에게 제출하여야 한다.

1. 국가부담비용지급신청액 및 산정내역서
2. 당해 연도의 예상수입・지출명세서
3. 최근 2년간 지급받은 국가부담비용내역서
4. 원가계산서

40

정답 ⑤

한국철도공사는 공공기관의 운영에 관한 법률 제40조 제3항에 따라 예산이 확정되면 2개월 이내에 해당 연도에 발행할 사채의 목적・규모・용도 등이 포함된 사채발행 운용계획을 수립하여 이사회의 의결을 거쳐 국토교통부장관의 승인을 받아야 한다. 운용계획을 변경하려는 경우에도 또한 같다(한국철도공사법 제11조 제5항).

오답분석

① 공사는 이사회의 의결을 거쳐 사채를 발행할 수 있다(한국철도공사법 제11조 제1항).

② 국가는 공사가 발행하는 사채의 원리금 상환을 보증할 수 있다(한국철도공사법 제11조 제3항).

③ 사채의 소멸시효는 원금은 5년, 이자는 2년이 지나면 완성한다(한국철도공사법 제11조 제4항).

④ 사채의 발행액은 공사의 자본금과 적립금을 합한 금액의 5배를 초과하지 못한다(한국철도공사법 제11조 제2항).

41

정답 ④

철도산업발전기본법 시행령 제6조 제2항 제1호에 의해 기획재정부차관・교육부차관・과학기술정보통신부차관・행정안전부차관・산업통상자원부차관・고용노동부차관・국토교통부차관・해양수산부차관 및 공정거래위원회부위원장은 위원이 될 수 있다.

오답분석

① 위원의 임기는 2년으로 하되, 연임할 수 있다(철도산업발전기본법 시행령 제6조 제3항).

② 철도산업발전기본법 제6조의 규정에 의한 철도산업위원회의 위원장은 국토교통부장관이 된다(철도산업발전기본법 시행령 제6조 제1항).

③ 철도산업위원회는 위원장을 포함한 25인 이내의 위원으로 구성한다(철도산업발전기본법 제6조 제3항).

⑤ 국가철도공단의 이사장 및 한국철도공사의 사장 모두 위원이 될 수 있다(철도산업발전기본법 시행령 제6조 제2항 제2호・제3호).

42

정답 ②

한국철도공사는 제1항에 따른 전대(국가로부터 대부받거나 사용・수익을 허가받은 국유재산의 전대)를 하려면 미리 국토교통부장관의 승인을 받아야 한다. 이를 변경하려는 경우에도 또한 같다(한국철도공사법 제15조 제2항).

오답분석

① 한국철도공사로부터 전대받은 국유재산은 다른 사람에게 대부하거나 사용・수익하게 할 수 없다(한국철도공사법 제15조 제3항).

③ 한국철도공사로부터 전대받은 국유재산에는 건물이나 그 밖의 영구시설물을 축조하지 못하지만, 국토교통부장관이 행정 목적 또는 공사의 사업 수행에 필요하다고 인정하는 시설물의 축조는 가능하다(한국철도공사법 제15조 제4항).

④ 한국철도공사는 사업을 효율적으로 수행하기 위하여 대부받거나 사용・수익을 허가받은 국유재산을 전대할 수 있다(한국철도공사법 제15조 제1항).

⑤ 전대한 사항을 변경하려는 경우에도 국토교통부장관의 승인이 필요하다(한국철도공사법 제15조 제2항).

43

정답 ④

사업용철도노선은 다음과 같이 분류할 수 있다(철도사업법 제4조 제2항).

- 운행지역과 운행거리에 따른 분류
  - 간선(幹線)철도
  - 지선(支線)철도
- 운행속도에 따른 분류
  - 고속철도노선
  - 준고속철도노선
  - 일반철도노선

따라서 운행속도에 따라 분류한 것은 ㄴ, ㄷ, ㅁ이다.

44

정답 ①

손익금의 처리(한국철도공사법 제10조 제1항)

공사는 매 사업연도 결산 결과 이익금이 생기면 다음 각 호의 순서로 처리하여야 한다.

1. 이월결손금의 보전(補塡)
2. 자본금의 2분의 1이 될 때까지 이익금의 10분의 2 이상을 이익준비금으로 적립
3. 자본금과 같은 액수가 될 때까지 이익금의 10분의 2 이상을 사업확장적립금으로 적립
4. 국고에 납입

45

정답 ③

국가는 국유재산법에도 불구하고 철도산업발전기본법 제22조 제1항 제1호에 따른 운영자산을 현물로 출자한다(한국철도공사법 제4조 제3항).

오답분석

①·② 공사의 자본금은 22조 원으로 하고, 그 전부를 정부가 출자한다(한국철도공사법 제4조 제1항).

④ 자본금의 납입 시기와 방법은 기획재정부장관이 정하는 바에 따른다(한국철도공사법 제4조 제2항).

⑤ 제3항에 따라 국가가 공사에 출자를 할 때에는 국유재산의 현물출자에 관한 법률에 따른다(한국철도공사법 제4조 제4항).

CHAPTER 03

2024년 하반기 기출복원문제

01	02	03	04	05	06	07	08	09	10
④	③	⑤	③	③	③	④	④	③	③
11	12	13	14	15	16	17	18	19	20
④	⑤	②	④	②	⑤	③	⑤	③	③
21	22	23	24	25	26	27	28	29	30
②	③	④	①	②	④	④	⑤	②	③
31	32	33	34	35	36	37	38	39	40
⑤	①	④	②	④	⑤	⑤	②	①	③
41	42	43	44	45					
④	⑤	③	④	③					

01

정답 ④

쉼이란 대화 도중에 잠시 침묵하는 것으로, 쉼을 활용함으로써 논리성, 감정 제고, 동질감 등을 확보할 수 있다. 쉼을 사용하는 대표적인 경우는 다음과 같다.

- 이야기의 전이 시(흐름을 바꾸거나 다른 주제로 넘어갈 때)
- 양해, 동조, 반문의 경우
- 생략, 암시, 반성의 경우
- 여운을 남길 때

반면, 연단공포증은 면접이나 발표 등 청중 앞에서 이야기할 때 가슴이 두근거리고, 입술이 타고, 식은땀이 나고, 얼굴이 달아오르는 생리적인 현상으로, 쉼과는 관련이 없다. 연단공포증은 90% 이상의 사람들이 호소하는 불안이므로 극복하기 위해서는 연단공포증에 대한 걱정을 떨쳐내고 이러한 심리현상을 잘 통제하여 의사 표현하는 것을 연습해야 한다.

02

정답 ③

미국의 심리학자인 도널드 키슬러는 대인관계 의사소통 방식을 체크리스트로 평가하여 8가지 유형으로 구분하였다. 이 중 친화형은 따뜻하고 배려심이 깊으며, 타인과의 관계를 중시하는 유형이다. 또한 협동적이고 조화로운 성격으로, 자기희생적인 경향이 강하다.

키슬러의 대인관계 의사소통 유형

- 지배형 : 자신감이 있고 지도력이 있으나 논쟁적이고 독단이 강하여 대인 갈등을 겪을 수 있으므로 타인의 의견을 경청하고 수용하는 자세가 필요하다.
- 실리형 : 이해관계에 예민하고 성취 지향적으로 경쟁적인 데다 자기중심적이어서 타인의 입장을 배려하고 관심을 갖는 자세가 필요하다.
- 냉담형 : 이성적인 의지력이 강하고 타인의 감정에 무관심하며 피상적인 대인관계를 유지하므로 타인의 감정 상태에 관심을 가지고 긍정적인 감정을 표현하는 것이 필요하다.
- 고립형 : 혼자 있는 것을 선호하고 사회적 상황을 회피하며 지나치게 자신의 감정을 억제하므로 대인관계의 중요성을 인식하고 타인에 대한 비현실적인 두려움의 근원을 성찰하는 것이 필요하다.
- 복종형 : 수동적이고 의존적이며 자신감이 없으므로 적극적인 자기표현과 주장이 필요하다.
- 순박형 : 단순하고 솔직하며 자기주관이 부족하므로 자기주장을 하는 노력이 필요하다.
- 친화형 : 따뜻하고 인정이 많고 자기희생적이나 타인의 요구를 거절하지 못하므로 타인과의 정서적인 거리를 유지하는 노력이 필요하다.
- 사교형 : 외향적이고 인정하는 욕구가 강하며, 타인에 대한 관심이 많아서 간섭하는 경향이 있고 흥분을 잘 하므로 심리적 안정과 지나친 인정욕구에 대한 성찰이 필요하다.

03

정답 ⑤

철도사고는 달리는 도중에도 발생할 수 있으므로 먼저 인터폰을 통해 승무원에게 사고를 알리고, 열차가 멈춘 후에 안내방송에 따라 비상핸들이나 비상콕크를 돌려 문을 열고 탈출해야 한다. 만약 화재가 발생했을 경우에는 승무원에게 사고를 알리고 곧바로 119에도 신고를 해야 한다.

오답분석

① 침착함을 잃고 패닉에 빠지게 되면, 적절한 행동요령에 따라 대피하기 어렵다. 따라서 사고현장에서 대피할 때는 승무원의 안내에 따라 질서 있게 대피해야 한다.
② 화재사고 발생 시 승객들은 여유가 있을 경우 전동차 양 끝에 비치된 소화기로 초기 진화를 시도해야 한다.
③ 역이 아닌 곳에서 열차가 멈췄을 경우 감전의 위험이 있으므로 반드시 승무원의 안내에 따라 반대편 선로의 열차 진입에 유의하며 대피 유도등을 따라 침착하게 비상구로 대피해야 한다.
④ 전동차에서 대피할 때는 부상자, 노약자, 임산부 등 탈출이 어려운 사람부터 먼저 대피할 수 있도록 배려하고 도와주어야 한다.

04

정답 ③

하향식 읽기 모형은 독자의 배경지식을 바탕으로 글의 맥락을 먼저 파악하는 읽기 전략이다. ③의 경우 제품 설명서를 통해 세부 기능과 버튼별 용도를 파악하고 기계를 작동시켰으므로 상향식 읽기를 수행한 사례이다. 제품 설명서를 하향식으로 읽는다면 제품 설명서를 읽기 전 제품을 보고 배경지식을 바탕으로 어떤 기능이 있는지 예측하고, 해당 기능을 수행하는 세부 방법을 제품 설명서를 통해 찾아봐야 한다.

오답분석

① 헤드라인을 먼저 읽어 배경지식을 바탕으로 전체적인 내용을 파악하고 상세 내용을 읽었으므로 하향식 읽기 모형에 해당한다.
② 회의 주제에 대한 배경지식을 가지고 회의 안건을 예상한 후 회의 자료를 파악하였으므로 하향식 읽기 모형에 해당한다.
④ 요리에 대한 경험과 지식을 바탕으로 요리 과정을 파악하였으므로 하향식 읽기 모형에 해당한다.
⑤ 해당 분야에 대한 기본적인 지식을 바탕으로 서문이나 목차를 통해 책의 전체적인 흐름을 파악하였으므로 하향식 읽기 모형에 해당한다.

05

정답 ③

농도가 15%인 소금물 200g의 소금의 양은 $200\times\frac{15}{100}=30$g이고, 농도가 20%인 소금물 300g의 소금의 양은 $300\times\frac{20}{100}=60$g이다.

따라서 두 소금물을 섞었을 때의 농도는 $\frac{30+60}{200+300}\times100=\frac{90}{500}\times100=18$%이다.

06

정답 ③

동성끼리 인접하지 않아야 하므로 남직원과 여직원 모두 번갈아 앉아야 한다. 이때 여직원 D의 자리를 기준으로 남직원 B가 옆에 앉는 경우를 다음과 같이 나눌 수 있다.

- 첫 번째, 여섯 번째 자리에 여직원 D가 앉는 경우
  남직원 B가 여직원 D 옆에 앉는 경우는 1가지뿐으로, 남은 자리에 남직원, 여직원이 번갈아 앉아 경우의 수는 $2\times1\times2!\times2!=8$가지이다.
- 두 번째, 세 번째, 네 번째, 다섯 번째 자리에 여직원 D가 앉는 경우
  각 경우에 대하여 남직원 B가 여직원 D 옆에 앉는 경우는 2가지이다. 남은 자리에 남직원, 여직원이 번갈아 앉으므로 경우의 수는 $4\times2\times2!\times2!=32$가지이다.

따라서 구하고자 하는 경우의 수는 $8+32=40$가지이다.

07

정답 ④

제시된 수열은 홀수 항일 때 +12, +24, +48, …이고, 짝수 항일 때 +20인 수열이다.
따라서 빈칸에 들어갈 수는 $13+48=61$이다.

08

정답 ④

2022년에 중학교에서 고등학교로 진학한 학생의 비율은 99.7%이고, 2023년에 중학교에서 고등학교로 진학한 학생의 비율은 99.6%이다. 따라서 진학한 비율이 감소하였으므로 중학교에서 고등학교로 진학하지 않은 학생의 비율은 증가하였음을 알 수 있다.

오답분석

① 중학교의 취학률이 가장 낮은 해는 97.1%인 2020년이다. 이는 97% 이상이므로 중학교의 취학률은 매년 97% 이상이다.
② 매년 초등학교의 취학률이 가장 높다.
③ 고등교육기관의 취학률은 2020년 이후로 계속해서 70% 이상을 기록하였다.
⑤ 고등교육기관의 취학률이 가장 낮은 해는 2016년이고, 고등학교의 상급학교 진학률이 가장 낮은 해 또한 2016년이다.

09

정답 ③

오답분석

① B기업의 매출액이 가장 많은 때는 2024년 3월이지만, 그래프에서는 2024년 4월의 매출액이 가장 많은 것으로 나타났다.
② 2024년 2월에는 A기업의 매출이 더 많지만, 그래프에서는 B기업이 더 많은 것으로 나타났다.
④ A기업의 매출액이 가장 적은 때는 2024년 4월이지만, 그래프에서는 2024년 3월의 매출액이 가장 적은 것으로 나타났다.
⑤ A기업과 B기업의 매출액의 차이가 가장 큰 때는 2024년 1월이지만, 그래프에서는 2024년 5월과 6월의 매출액 차이가 더 큰 것으로 나타났다.

10

정답 ③

A～F 모두 문맥을 무시하고 일부 문구에만 집착하여 뜻을 해석하고 있으므로 '과대 해석의 오류'를 범하고 있다. 과대 해석의 오류는 전체적인 상황이나 맥락을 고려하지 않고 특정 단어나 문장에만 집착하여 의미를 해석하는 오류로, 글의 의미를 지나치게 확대하거나 축소하여 생각하고, 문자 그대로의 의미에만 너무 집착하여 다른 가능성이나 해석을 배제하게 되는 논리적 오류이다.

오답분석

① 무지의 오류 : '신은 존재하지 않는다가 증명되지 않았으므로 신은 존재한다.'처럼 증명되지 않았다고 해서 그 반대의 주장이 참이라고 생각하는 오류이다.
② 연역법의 오류 : '조류는 날 수 있다. 펭귄은 조류이다. 따라서 펭귄은 날 수 있다.'처럼 잘못된 삼단논법에 의해 발생하는 논리적 오류이다.
④ 허수아비 공격의 오류 : '저 사람은 과거에 거짓말을 한 적이 있으니 이번에 일어난 사기 사건의 범인이다.'처럼 개별적 인과관계를 입증하지 않고 전혀 상관없는 별개의 논리를 만들어 공격하는 논리적 오류이다.
⑤ 권위나 인신공격에 의존한 논증 : '제정신을 가진 사람이면 그런 주장을 할 수가 없다.'처럼 상대방의 주장 대신 인격을 공격하거나, '최고 권위자인 A교수도 이런 말을 했습니다.'처럼 자신의 논리적인 약점을 권위자를 통해 덮으려는 논리적 오류이다.

11

정답 ④

A～E열차의 운행시간 단위를 시간 단위로, 평균 속력의 단위를 시간당 운행거리로 통일하여 정리하면 다음과 같다.

구분	운행시간	평균 속력	운행거리
A 열차	900분 =15시간	50m/s =(50×60×60)m/h =180km/h	15×180= 2,700km
B 열차	10시간 30분 =10.5시간	150km/h	10.5×150 =1,575km
C 열차	8시간	55m/s =(55×60×60)m/h =198km/h	8×198= 1,584km
D 열차	720분 =12시간	2.5km/min =(2.5×60)km/h =150km/h	12×150= 1,800km
E 열차	10시간	2.7km/min =(2.7×60)m/h =162km/h	10×162= 1,620km

따라서 C열차의 운행거리는 네 번째로 길다.

12

정답 ⑤

스마트팜 관련 정부 사업 참여 경험은 K사의 강점 요인이다. 또한 정부의 적극적인 지원은 스마트팜 시장 성장에 따른 기회 요인이다. 따라서 스마트팜 관련 정부 사업 참여 경험을 바탕으로 정부의 적극적인 지원을 확보하는 것은 내부의 강점을 통해 외부의 기회 요인을 극대화하는 SO전략에 해당한다.

오답분석

①·②·③·④ 외부의 기회를 이용하여 내부의 약점을 보완하는 WO전략에 해당한다.

SWOT 분석 전략

- SO전략 : 내부 강점과 외부 기회를 극대화하는 전략
- WO전략 : 외부 기회를 이용하여 내부 약점을 강점으로 전환하는 전략
- ST전략 : 외부 위협을 최소화하기 위해 내부 강점을 극대화하는 전략
- WT전략 : 내부 약점과 외부 위협을 최소화하는 전략

13

정답 ②

K대학교 기숙사 운영위원회는 단순히 '기숙사에 문제가 있다.'라는 큰 문제에서 벗어나 식사, 시설, 통신환경이라는 세 가지 주요 문제를 파악하고 문제별로 다시 세분화하여 더욱 구체적으로 인과관계 및 구조를 파악하여 분석하고 있다. 따라서 제시문에서 나타난 문제해결 절차는 '문제 도출'이다.

문제해결 절차 5단계

1. 문제 인식 : 해결해야 할 전체 문제를 파악하여 우선순위를 정하고 선정 문제에 대한 목표를 명확히 하는 단계
2. 문제 도출 : 선정된 문제를 분석하여 해결해야 할 것이 무엇인지를 명확히 하는 단계로, 현상에 대한 문제를 분해하여 인과관계 및 구조를 파악하는 단계
3. 원인 분석 : 파악된 핵심 문제에 대한 분석을 통해 근본 원인을 도출해 내는 단계
4. 해결안 개발 : 문제로부터 도출된 근본 원인을 효과적으로 해결할 수 있는 최적의 해결 방안을 수립하는 단계
5. 실행 및 평가 : 해결안 개발을 통해 만들어진 실행계획을 실제 상황에 적용하는 단계로, 해결안을 통해 문제의 원인들을 제거해 나가는 단계

14

정답 ④

흑연의 기본형상은 조직이 구 형태인 구상흑연, 조직의 끝이 뾰족하고 긴 형태인 편상흑연, 조직이 불규칙한 괴상흑연으로 구분할 수 있다. 국화상흑연은 조직이 국화꽃 형태이고, 장미상흑연은 조직이 장미꽃 모양을 가지고 있지만 기본형상으로 구분하지는 않는다.

15

정답 ②

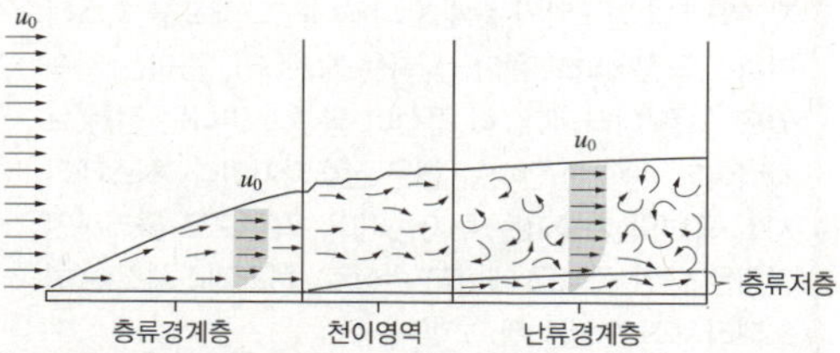

층류경계층에서는 유체의 와동 없이 안정적으로 흐르지만, 천이영역을 거쳐 난류경계층으로 갈수록 유체 입자의 박리가 훨씬 뒤에서 발생하여 유체의 와동이 심해져 난류가 발생한다. 한편, 천이영역 이후로 관 표면에 흐르는 유체는 마찰에 의해 층류로 흐르게 되는데, 이 영역을 층류저층이라 한다.

16

정답 ⑤

고용체는 액체 상태의 용매금속에 용질금속의 원자 또는 분자가 섞인 금속을 의미한다. 용질금속의 양에 따라 본래 성질이 변하기도 하고 금속에 따라 섞일 수 있는 양이 다르다. 이때 섞일 수 있는 양 이상의 금속은 더 이상 섞이지 못하고 본래 금속으로 석출된다.

오답분석

① 공석 : 고체 상태에서 고용체가 특정 온도에서 동시에 2개가 석출되는 반응이다.
② 공정 : 서로 다른 두 금속이 액체 상태일 때에는 균일한 액체로 섞여 있으나, 응고 후에는 분리되어 기계적으로 결합된 상태로 조직을 형성하는 반응이다.
③ 포정 : 하나의 금속에 다른 액체 상태의 금속이 작용하여 성질이 다른 금속을 생성하는 반응이다.
④ 편정 : 하나의 액체 상태의 혼합물에서 서로 다른 금속과 액체를 동시에 생성하는 반응이다.

17

정답 ③

윤활유 공급방법의 종류

비순환 급유방식	순환 급유방식
• 손 급유법 • 적하 급유법 • 패드 급유법 • 심지 급유법 • 기계식 강제 급유법 • 분무식 급유법	• 오일 순환식 급유법 • 비말 급유법 • 제트 급유법 • 유욕 급유법

18

정답 ⑤

하중의 종류

정하중	동하중
• 인장하중 • 압축하중 • 전단하중 • 비틀림하중 • 굽힘하중	• 반복하중 • 충격하중 • 교번하중 • 이동하중 • 임의진동하중

19

정답 ③

합금은 결정구조의 변화 등에 의해 전기전도도가 떨어질 수 있다.

20

정답 ③

$Q=W+\triangle U_1$에서 열량이 20kJ 증가하고 일의 양 또한 20kJ 증가하므로 $(Q+20)=(W+20)+\triangle U_2$이다.
따라서 $\triangle U_1=\triangle U_2$이므로 내부에너지는 변하지 않는다.

21

정답 ②

양단고정보의 중앙에 집중하중이 작용할 때의 처짐량은 $\delta=\frac{PL^3}{192EI}$이다.

22

정답 ③

두 점전하 사이에 작용하는 힘의 크기는

$F_1=\frac{1}{4\pi\epsilon_0}\frac{Q_1Q_2}{r^2}=9\times10^9\times\frac{Q_1Q_2}{r^2}$이다.

$Q_1=Q_2=10^{-4}$C이고 $r=3$m이므로

$F_1=9\times10^9\times\frac{10^{-4}\times10^{-4}}{3^2}=10$N이다.

따라서 정삼각형의 꼭짓점에 있는 한 점전하가 다른 두 점전하로부터 받는 힘의 크기는

$F=\sqrt{F_1^2+F_2^2+2F_1F_2}$

$=\sqrt{10^2+10^2+2\times10\times10\times\cos60°}\fallingdotseq17.32$N이다.

23

정답 ④

- 콘덴서의 직렬연결 : $\frac{1}{C_T}=\frac{1}{C_1}+\frac{1}{C_2}+\frac{1}{C_3}+\cdots$
- 콘덴서의 병렬연결 : $C_T=C_1+C_2+C_3+\cdots$

24

정답 ①

$F=\frac{\mu_0 I_1 I_2}{2\pi r}=\frac{(4\pi\times10^{-7})\times1\times1}{2\pi\times2}=10^{-7}$N이고, 서로 같은 방향이므로 흡인력이 작용한다.

25

정답 ②

변압기의 무부하시험으로 구할 수 있는 것은 단락비, 여자전류, 여자어드미턴스, 철손, 자화전류, 자화리액턴스 등이다.

변압기의 시험

구분	측정항목
단락시험	임피던스 전압, %임피던스, 동손, 전압변동률 등
무부하시험	단락비, 여자전류, 여자어드미턴스, 철손, 철손저항, 자화리액턴스, 자화전류 등
기타	권선저항측정, 유도내전압, 절연내력시험 등

26

정답 ④

배전선로의 작용정전용량

- 단상 2선식 : C_s+2C_m
- 3상 3선식 : C_s+3C_m

27

정답 ④

히스테리시스 곡선의 면적은 단위 체적당 에너지 손실을 나타낸다.

히스테리시스 곡선

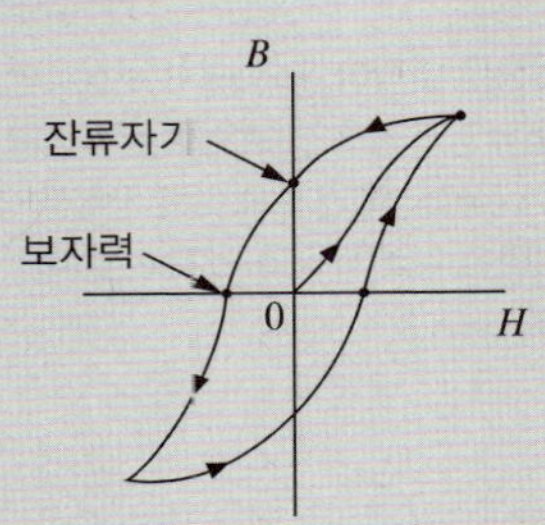

자계와 자속밀도와의 관계를 나타내는 그래프를 히스테리시스 곡선이라고 한다. 횡축은 자계(H), 종축은 자속밀도(B)를 나타낸다. 이 곡선이 횡축과 만나는 점은 보자력이고, 종축과 만나는 점은 잔류자기이다. 히스테리시스 곡선의 기울기는 투자율이며, 곡선으로 둘러싸인 면적은 단위 체적당 에너지 손실로, 히스테리시스손(히스테리시스 손실)이라고 한다.

28

정답 ⑤

중성점 직접접지 방식은 1선 지락 시 건전상의 전위상승이 가장 작다.

> **중성점 직접접지 방식**
> - 지락전류가 커서 보호계전기의 동작이 확실하다.
> - 지락전류는 지상 및 대전류이므로 과도안정도가 나쁘다.
> - 지락전류가 크므로 인접통신선에 대한 전자유도장해가 크다.
> - 1선 지락 시 건전상의 전위상승이 가장 작다.
> - 전선로, 기기의 절연레벨을 낮출 수 있으므로 단절연이 가능하다.

29

정답 ②

PID(Proportional Integral Differential) 제어

- 최상의 최적제어로 속응성을 개선하여 안정된 제어를 목적으로 한다.
- 잔류편차를 제거한다.
- 사이클링 및 오프셋을 제거하고 안정성을 보장한다.
- 정정시간을 적게 한다.
- 진상 및 지상 보상요소로 쓰인다.

30

정답 ③

오답분석

① 발전제동 : 1차 권선을 교류전원에서 분리한 후 직류여자전류를 통해 발전기로 동작시켜 발생하는 기전력을 통해 제동하는 방법이다.

② 역전제동 : 전동기를 전원에 접속한 채로 전기자의 접속을 반대로 바꾸어 토크를 역으로 발생시켜 전동기를 정지 또는 역회전시키는 제동방법이다.

④ 단상제동 : 1차 측을 단상 접속하고 2차 측 회전자 회로에 큰 저항을 연결할 때 발생하는 토크로 제동하는 방법이다.

⑤ 기계적 제동 : 직접 접촉하여 마찰력을 발생시켜 제동하는 방법이다.

31

정답 ⑤

전기철도의 전기적 부식 방지 대책

전철 측 시설	매설관 측 시설
• 레일에 본드를 시설한다. • 레일을 따라 보조 귀선을 설치한다. • 변전소 사이의 간격을 짧게 한다. • 대지에 대한 레일의 절연저항을 크게 한다. • 귀선의 극성을 주기적으로 바꾼다. • 3선식 배전법을 사용한다.	• 선택 배류법 또는 강제 배류법을 사용한다. • 매설관의 표면 또는 접속부를 절연한다. • 도전체로 차폐한다.

32

정답 ①

직류식 전기철도는 송전문제로 교류식 전기철도에 비해 변전소가 상대적으로 많이 필요하다.

직류식 전기철도와 교류식 전기철도의 비교

직류식 전기철도	교류식 전기철도
• 고속 운전 시 효율이 나쁘다.	• 고속 운전 시 효율이 좋다.
• 변전소 중간 급전구분소가 필요하다.	• 변전소 설치 간격을 길게 할 수 있다.
• 사고전류의 선택적 차단이 어렵다.	• 사고전류의 선택적 차단이 용이하다.
• 전차선 설비에서의 전선이 굵다.	• 전차선 설비에서의 전선이 얇다.
• 차량가격이 저렴하다.	• 차량가격이 고가이다.
• 통신유도장해가 작다.	• 통신유도장해가 크다.

33

정답 ④

SCADA(Supervisory Control And Data Acquisition) 시스템은 다양하고 복잡한 설비를 간소화 및 자동화하여 원거리에서 효과적으로 감시, 제어, 측정하고 분석 및 처리한다. 즉, 관련 계통 설비들의 합리적이고 효과적인 에너지 관리를 가능하게 하는 시스템이다. 하지만 시스템 오류가 발생할 수 있고 정보보안에 취약한 단점이 있다.

34

정답 ②

$$N_s = \frac{120f}{P} = \frac{120 \times 60}{6} = 1,200$$

$$s = \frac{N_s - N}{N_s}$$

$$\therefore\ N = (1-s)N_s = (1-0.04) \times 1,200 = 1,152\text{rpm}$$

35

정답 ④

$E=\frac{pZ\phi N}{60a}=\frac{8\times600\times0.0138\times900}{60\times8}=124.2\text{V}$(∵ 전기자 권선이 중권이므로 $a=p=8$)

36

정답 ⑤

$P=V\times\overline{I}=(15+j4)\times(40-j20)=(600+80)+j(160-300)=680-j140[\text{W}]$

따라서 유효전력은 680W이다.

37

정답 ⑤

[공진주파수(f)]$=\frac{1}{2\pi\sqrt{LC}}$, [선택도(Q)]$=\frac{1}{R}\sqrt{\frac{L}{C}}$에서 L, C는 변하지 않고 R은 증가하므로 공진주파수(f)는 변하지 않고, 선택도(Q)는 감소한다.

38

정답 ②

국토교통부장관은 기본계획을 수립하거나, 수립된 계획을 변경할 경우 철도산업위원회의 심의를 거쳐야 한다. 이때 대통령령으로 정하는 경미한 변경은 제외된다(철도산업발전기본법 제5조 제4항). 여기서 경미한 변경은 사업 규모·비용·기간별로 구분되며 다음과 같다(철도산업발전기본법 시행령 제4조).

- 사업 규모 : 철도시설투자사업 규모의 100분의 1의 범위 안에서의 변경
- 사업 비용 : 철도시설투자사업 총투자비용의 100분의 1의 범위 안에서의 변경
- 사업 기간 : 철도시설투자사업 기간의 2년의 기간 내에서의 변경

따라서 밑줄 친 경미한 변경의 기간 조건은 2년 이내의 변경이다.

39

정답 ①

철도산업발전기본법 제3조 제4호에 따르면 철도차량은 선로를 운행할 목적으로 제작된 동력차·객차·화차 및 특수차를 뜻하며, 각 차량의 뜻은 다음과 같다.

- 동력차 : 동력에 의하여 선로를 이동하는 것을 목적으로 제작된 철도차량
- 객차 : 여객, 수화물 및 우편물을 운송할 수 있는 구조로 제작된 철도차량
- 화차 : 화물을 운송할 수 있는 구조로 제작된 철도차량
- 특수차 : 특수 사용을 목적으로 제작된 사고복구용차, 작업차, 시험차 등으로, 동력차와 객차 및 화차에 속하지 않는 철도차량

따라서 동력차는 특수차와 다른 분류의 철도차량이므로 특수차에 해당하지 않는다.

특수차의 종류(철도차량기술기준 별표 2)
- 사고복구용차 : 사고복구차, 사고복구용 기중기
- 작업차 : 굴삭차, 가선차, 자갈정리차, 고압살수차 등
- 시험차 : 종합검측차, 궤도검측차, 선로점검차, 전철시험차 등

40

정답 ③

한국철도공사는 이사회의 의결을 거쳐 사채를 발행할 수 있으며, 사채의 발행액은 공사의 자본금과 적립금을 합한 금액의 5배를 초과하지 못한다(한국철도공사법 제11조 제1항·제2항). 따라서 최대 5배까지 가능하다.

41

정답 ④

운영자산은 영업활동이 주된 목적인 운영시설로, 운영시설과 직접 관련된 토지 및 업무용 건물이 포함되며 역사, 철도차량, 차량기지 등이 포함된다. 반면 시설자산은 사회간접자본(SOC)으로, 공공성이 있는 기반시설을 의미한다. 즉, 국가에 귀속된 시설이지만 시설사용계약을 통해 한국철도공사로 위탁된 시설로, 선로, 터널 등이 포함된다. 따라서 ㄴ, ㄷ, ㅁ은 운영자산에 해당하고, ㄱ, ㄹ은 시설자산에 해당한다.

철도자산의 구분 등(철도산업발전기본법 제22조 제1항)

국토교통부장관은 철도산업의 구조개혁을 추진하는 경우 철도청과 고속철도건설공단의 철도자산을 다음 각 호와 같이 구분하여야 한다.

1. 운영자산 : 철도청과 고속철도건설공단이 철도운영 등을 주된 목적으로 취득하였거나 관련 법령 및 계약 등에 의하여 취득하기로 한 재산·시설 및 그에 관한 권리
2. 시설자산 : 철도청과 고속철도건설공단이 철도의 기반이 되는 시설의 건설 및 관리를 주된 목적으로 취득하였거나 관련 법령 및 계약 등에 의하여 취득하기로 한 재산·시설 및 그에 관한 권리
3. 기타자산 : 제1호 및 제2호의 철도자산을 제외한 자산

42

정답 ⑤

철도시설의 건설 및 관리와 사업을 효율적으로 시행하는 것은 국가철도공단의 사업으로, 국가철도공단법의 목적이다.

오답분석

① 공사의 자본금은 22조 원으로 하고, 그 전부를 정부가 출자한다(한국철도공사법 제4조 제1항).
② 공사의 주된 사무소의 소재지는 정관으로 정한다(한국철도공사법 제3조 제1항).
③ 공사는 주된 사무소의 소재지에서 설립등기를 함으로써 성립한다(한국철도공사법 제5조 제1항).
④ 제3항에 따라 국가가 공사에 출자를 할 때에는 국유재산의 현물출자에 관한 법률에 따른다(한국철도공사법 제4조 제4항).

목적(한국철도공사법 제1조)
한국철도공사법은 한국철도공사를 설립하여 철도 운영의 전문성과 효율성을 높임으로써 철도산업과 국민경제의 발전에 이바지함을 목적으로 한다.

43

정답 ③

국토교통부장관은 철도사업자가 노선 운행중지, 운행제한, 감차 등을 수반하는 사업계획 변경명령을 받은 후 1년이 지나지 아니한 경우 사업계획의 변경을 제한할 수 있다(철도사업법 제12조 제2항 제2호).

사업계획의 변경(철도사업법 제12조 제2항)
국토교통부장관은 철도사업자가 다음 각 호의 어느 하나에 해당하는 경우에는 제1항에 따른 사업계획의 변경을 제한할 수 있다.

1. 제8조에 따라 국토교통부장관이 지정한 날 또는 기간에 운송을 시작하지 아니한 경우
2. 제16조에 따라 노선 운행중지, 운행제한, 감차(減車) 등을 수반하는 사업계획 변경명령을 받은 후 1년이 지나지 아니한 경우
3. 제21조에 따른 개선명령을 받고 이행하지 아니한 경우
4. 철도사고(철도운영 또는 철도시설관리와 관련하여 사람이 죽거나 다치거나 물건이 파손되는 사고)의 규모 또는 발생 빈도가 대통령령으로 정하는 기준(100만 km당 철도사고로 인한 사망자 수 및 철도사고의 발생횟수가 직전 연도를 제외한 최근 5년간 평균의 10분의 2) 이상인 경우

44

정답 ④

사업용철도란 철도사업을 목적으로 설치하거나 운영하는 철도를 말한다(철도사업법 제2조 제4호).

오답분석

① 전용철도란 다른 사람의 수요에 따른 영업을 목적으로 하지 아니하고 자신의 수요에 따라 특수 목적을 수행하기 위하여 설치하거나 운영하는 철도를 말한다(철도사업법 제2조 제5호).
②·③·⑤ 법령에서 정의하지 않는 명칭이다.

45

정답 ③

K사는 국토교통부장관의 개선명령을 위반하여 철도사업법 제16조 제1항 제11호에 따라 6개월의 사업정지처분을 받았다. 그러나 K사는 이에 불복하여 사업정지처분기간 중에 철도사업을 경영하였으므로 철도사업법 제49조 제1항 제3호(사업정지처분기간 중에 철도사업을 경영)를 위반하였다. 이 경우 2년 이하의 징역 또는 2천만 원 이하의 벌금에 처해지므로 벌금의 최대 액수는 2천만 원이다.

벌칙(철도사업법 제49조)
- 2년 이하의 징역 또는 2천만 원 이하의 벌금
  - 면허를 받지 아니하고 철도사업을 경영한 자
  - 거짓이나 부정한 방법으로 철도사업의 면허를 받은 자
  - 사업정지처분기간 중에 철도사업을 경영한 자
  - 사업계획의 변경명령을 위반한 자
  - 타인에게 자기의 성명 또는 상호를 대여하여 철도사업을 경영하게 한 자
  - 철도사업자의 공동 활용에 관한 요청을 정당한 사유 없이 거부한 자
- 1년 이하의 징역 또는 1천만 원 이하의 벌금
  - 국토교통부장관에게 등록을 하지 아니하고 전용철도를 운영한 자
  - 거짓이나 그 밖의 부정한 방법으로 전용철도의 등록을 한 자
- 1천만 원 이하의 벌금
  - 국토교통부장관의 인가를 받지 아니하고 공동운수협정을 체결하거나 변경한 자
  - 인증을 받지 않았음에도 우수서비스마크 또는 이와 유사한 표지를 철도차량 등에 붙이거나 인증 사실을 홍보한 자

PART 1

CHAPTER 04

2024년 상반기 기출복원문제

01	02	03	04	05	06	07	08	09	10
③	④	⑤	③	②	③	①	③	④	⑤
11	12	13	14	15	16	17	18	19	20
②	①	④	③	③	①	②	②	①	⑤
21	22	23	24	25	26	27	28	29	30
④	②	③	②	⑤	①	①	③	④	④
31	32	33	34	35	36	37	38	39	40
③	①	⑤	①	③	④	③	③	②	①
41	42	43	44	45	46	47	48	49	50
⑤	②	③	①	②	④	④	②	①	③
51	52	53	54	55	56	57	58	59	60
③	①	⑤	⑤	②	⑤	③	②	⑤	②
61	62	63	64	65	66	67			
②	①	③	④	④	②	①			

01

정답 ③

제시된 시는 신라시대 6두품 출신의 문인인 최치원이 지은 「촉규화」이다. 최치원은 자신을 향기 날리는 탐스런 꽃송이에 비유하여 뛰어난 학식과 재능을 뽐내고 있지만, 수레와 말 탄 사람에 비유한 높은 지위의 사람들이 자신을 외면하는 현실을 한탄하고 있다.

최치원

신라시대 6두품 출신의 문인으로, 12세에 당나라로 유학을 간 후 6년 만에 당의 빈공과에 장원으로 급제할 정도로 학문적 성취가 높았다. 그러나 당나라에서 제대로 인정을 받지 못했으며, 신라에 돌아와서도 6두품이라는 출신의 한계로 원하는 만큼의 관직에 오르지는 못하였다. 「촉규화」는 최치원이 당나라 유학시절에 지은 시로 알려져 있으며, 자신을 알아주지 않는 시대에 대한 개탄을 담고 있다. 최치원은 인간 중심의 보편성과 그에 따른 다양성을 강조하였으며, 신라의 쇠퇴로 인해 이러한 그의 정치 이념과 사상은 신라 사회에서는 실현되지 못하였으나 이후 고려 국가의 체제 정비에 영향을 미쳤다.

02

정답 ④

네 번째 문단에서 백성들이 적지 않고, 토산품이 구비되어 있지만 이로운 물건이 세상에 나오지 않고, 그렇게 하는 방법을 모르기 때문에 경제를 윤택하게 하는 것 자체를 모른다고 하였다. 따라서 조선의 경제가 윤택하지 못한 이유를 부족한 생산량이 아니라 유통의 부재로 보고 있다.

오답분석

① 세 번째 문단에서 쓸모없는 물건을 사용하여 유용한 물건을 유통하고 거래하지 않는다면 유용한 물건들이 대부분 한 곳에 묶여서 고갈될 것이라고 하며 유통이 원활하지 않은 현실을 비판하고 있다.
② 세 번째 문단에서 옛날의 성인과 제왕은 유통의 중요성을 알고 있었기 때문에 주옥과 화폐 등의 물건을 조성하여 재물이 원활하게 유통될 수 있도록 노력했다고 하며 재물 유통을 위한 성현들의 노력을 제시하고 있다.
③ 여섯 번째 문단에서 재물을 우물에 비유하여 설명하고 있다. 재물의 소비를 하지 않으면 물을 길어내지 않는 우물처럼 말라 버릴 것이며, 소비를 한다면 물을 퍼내는 우물처럼 물이 가득할 것이라며 재물에 대한 소비가 경제의 규모를 늘릴 것이라고 강조하고 있다.
⑤ 여섯 번째 문단에서 비단옷을 입지 않으면 비단을 짜는 사람과 베를 짜는 여인 등 관련 산업 자체가 황폐해질 것이라고 하고 있다. 따라서 산업의 발전을 위한 적당한 사치(소비)가 있어야 함을 제시하고 있다.

03

정답 ⑤

'말로는 친한 듯 하나 속으로는 해칠 생각이 있음'을 뜻하는 한자성어는 '口蜜腹劍(구밀복검)'이다.

• 刻舟求劍(각주구검) : 융통성 없이 현실에 맞지 않는 낡은 생각을 고집하는 어리석음

오답분석

① 水魚之交(수어지교) : 아주 친밀하여 떨어질 수 없는 사이
② 結草報恩(결초보은) : 죽은 뒤에라도 은혜를 잊지 않고 갚음
③ 靑出於藍(청출어람) : 제자나 후배가 스승이나 선배보다 나음
④ 指鹿爲馬(지록위마) : 윗사람을 농락하여 권세를 마음대로 함

04

정답 ③

③에서 '뿐이다'는 체언(명사, 대명사, 수사)인 '셋'을 수식하므로 조사로 사용되었다. 따라서 앞말과 붙여 써야 한다.

오답분석

① 종결어미 '-는지'는 앞말과 붙여 써야 한다.
② '만큼'은 용언(동사, 형용사)인 '애쓴'을 수식하므로 의존명사로 사용되었다. 따라서 앞말과 띄어 써야 한다.
④ '큰지'와 '작은지'는 모두 연결어미 '-ㄴ지'로 쓰였으므로 앞말과 붙여 써야 한다.
⑤ '-판'은 앞의 '씨름'과 합성어를 이루므로 붙여 써야 한다.

05

정답 ②

'채이다'는 '차이다'의 잘못된 표기이다. 따라서 '차였다'로 표기해야 한다.

• 차이다 : 주로 남녀 관계에서 일방적으로 관계가 끊기다.

오답분석

① 금세 : 지금 바로. '금시에'의 준말
③ 핼쑥하다 : 얼굴에 핏기가 없고 파리하다.
④ 낯설다 : 전에 본 기억이 없어 익숙하지 아니하다.
⑤ 곰곰이 : 여러모로 깊이 생각하는 모양

06

정답 ③

한자어에서 'ㄹ' 받침 뒤에 연결되는 'ㄷ, ㅅ, ㅈ'은 된소리로 발음되므로 [몰쌍식]으로 발음해야 한다.

오답분석

①·④ 받침 'ㄴ'은 'ㄹ'의 앞이나 뒤에서 [ㄹ]로 발음하지만, 결단력, 공권력, 상견례 등에서는 [ㄴ]으로 발음한다.
② 받침 'ㄱ(ㄲ, ㅋ, ㄳ, ㄺ), ㄷ(ㅅ, ㅆ, ㅈ, ㅊ, ㅌ, ㅎ), ㅂ(ㅍ, ㄼ, ㄿ, ㅄ)'은 'ㄴ, ㅁ' 앞에서 [ㅇ, ㄴ, ㅁ]으로 발음한다.
⑤ 받침 'ㄷ, ㅌ(ㄾ)'이 조사나 접미사의 모음 'ㅣ'와 결합되는 경우에는 [ㅈ, ㅊ]으로 바꾸어서 뒤 음절 첫소리로 옮겨 발음한다.

07

정답 ①

$865\times865+865\times270+135\times138-405$
$=865\times865+865\times270+135\times138-135\times3$
$=865\times(865+270)+135\times(138-3)$
$=865\times1,135+135\times135$
$=865\times(1,000+135)+135\times135$
$=865\times1,000+(865+135)\times135$
$=865,000+135,000$
$=1,000,000$

따라서 식을 계산하여 나온 수의 백의 자리는 0, 십의 자리는 0, 일의 자리는 0이다.

08

정답 ③

터널의 길이를 xm라 하면 다음과 같은 식이 성립한다.

$\frac{x+200}{60} : \frac{x+300}{90}=10:7$

$\frac{x+300}{90}\times10=\frac{x+200}{60}\times7$

$\rightarrow 600(x+300)=630(x+200)$

$\rightarrow 30x=54,000$

$\therefore\ x=1,800$

따라서 터널의 길이는 1,800m이다.

09

정답 ④

나열된 수의 규칙은 (첫 번째 수)×[(두 번째 수)−(세 번째 수)]=(네 번째 수)이다.

따라서 빈칸에 들어갈 수는 $9\times(16-9)=63$이다.

10

정답 ⑤

제시된 수열은 +3, +5, +7, +9, …인 수열이다.

따라서 빈칸에 들어갈 수는 $97+21=118$이다.

11

정답 ②

A반과 B반 모두 2번의 경기를 거쳐 결승에 만나는 경우는 다음과 같다.

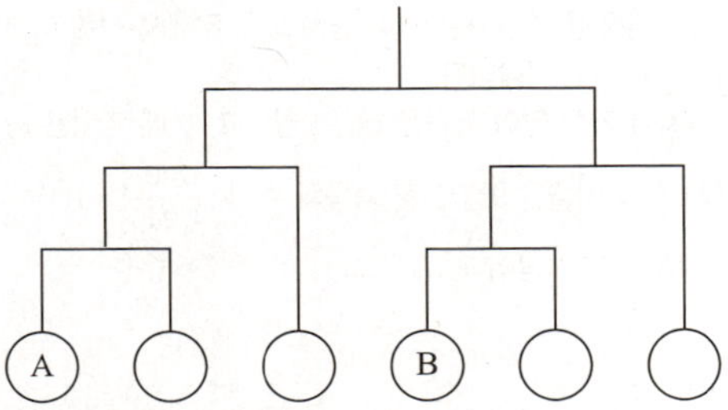

이때 남은 네 반을 배치할 때마다 모두 다른 경기가 진행되므로 구하고자 하는 경우의 수는 4!=24가지이다.

12

정답 ①

방사형 그래프는 여러 평가 항목에 대하여 중심이 같고 크기가 다양한 원 또는 다각형을 도입하여 구역을 나누고, 각 항목에 대한 도수 등을 부여하여 점을 찍은 후 그 점끼리 이어 생성된 다각형으로 자료를 분석할 수 있다. 따라서 방사형 그래프인 ①을 사용하면 항목별 균형을 쉽게 파악할 수 있다.

13

정답 ④

3월의 경우 K톨게이트를 통과한 영업용 승합차 수는 229천 대이고, 영업용 대형차 수는 139천 대이다.

$139\times2=278>229$이므로 3월의 영업용 승합차 수는 영업용 대형차 수의 2배 미만이다.

따라서 모든 달에서 영업용 승합차 수가 영업용 대형차 수의 2배 이상인 것은 아니므로 옳지 않은 설명이다.

오답분석

① 각 달의 전체 승용차 수와 전체 승합차 수의 합은 다음과 같다.

- 1월 : 3,807+3,125=6,932천 대
- 2월 : 3,555+2,708=6,263천 대
- 3월 : 4,063+2,973=7,036천 대
- 4월 : 4,017+3,308=7,325천 대
- 5월 : 4,228+2,670=6,898천 대
- 6월 : 4,053+2,893=6,946천 대
- 7월 : 3,908+2,958=6,866천 대
- 8월 : 4,193+3,123=7,316천 대
- 9월 : 4,245+3,170=7,415천 대
- 10월 : 3,977+3,073=7,050천 대
- 11월 : 3,953+2,993=6,946천 대
- 12월 : 3,877+3,040=6,917천 대

따라서 전체 승용차 수와 승합차 수의 합이 가장 많은 달은 9월이고, 가장 적은 달은 2월이다.

② 4월을 제외하고 K톨게이트를 통과한 비영업용 승합차 수는 월별 3,000천 대(=300만 대)를 넘지 않는다.

③ 모든 달에서 (영업용 대형차 수)×10≥(전체 대형차 수)이므로 영업용 대형차 수의 비율은 모든 달에서 전체 대형차 수의 10% 이상이다.

⑤ 승용차가 가장 많이 통과한 달은 9월이고, 이때 영업용 승용차 수의 비율은 9월 전체 승용차 수의 $\frac{140}{4,245}\times100≒3.3$%로 3% 이상이다.

14

정답 ③

첫 번째 조건에 따라 선택지 ①, ②는 70대 이상에서 도시의 여가생활 만족도(1.7점)가 같은 연령대의 농촌(ㄹ) 만족도(3.5점)보다 낮으므로 제외되고, 두 번째 조건에 따라 도시에서 10대의 여가생활 만족도는 농촌에서 10대(1.8점)의 2배보다 높으므로 1.8×2=3.6점을 초과해야 하나 ④는 도시에서 10대(ㄱ)의 여가생활 만족도가 3.5점이므로 제외된다. 또한, 세 번째 조건에 따라 ⑤는 도시에서 여가생활 만족도가 가장 높은 연령대인 40대(3.9점)보다 30대(ㄴ)가 4.0점으로 높으므로 제외된다. 따라서 마지막 조건까지 모두 만족하는 것은 ③이다.

15

정답 ③

가격을 10,000원 인상할 때 판매량은 (10,000−160)개이고, 20,000원 인상할 때 판매량은 (10,000−320)개이다. 또한, 가격을 10,000원 인하할 때 판매량은 (10,000+160)개이고, 20,000원 인하할 때 판매량은 (10,000+320)개이다.

즉, K제품의 가격이 $(500,000+10,000x)$원일 때 판매량은 $(10,000-160x)$개이므로, 총 판매금액을 y원이라 하면 $(500,000+10,000x)\times(10,000-160x)$원이 된다.

y는 x에 대한 이차식이므로 이를 표준형으로 표현하면 다음과 같다.

$$\begin{aligned}y&=(500,000+10,000x)\times(10,000-160x)\\&=-1,600,000\times(x-50)\times(x-62.5)\\&=-1,600,000\times(x^2-12.5x-3,125)\\&=-1,600,000\times\left(x-\frac{25}{4}\right)^2+1,600,000\times\left(\frac{25}{4}\right)^2+\\&\quad 1,600,000\times3,125\end{aligned}$$

따라서 $x=\frac{25}{4}$일 때 총 판매금액이 최대가 되지만 가격은 10,000원 단위로만 변경할 수 있으므로 $\frac{25}{4}$와 가장 가까운 자연수인 $x=6$일 때 총 판매금액이 최대가 되고, 제품의 가격은 500,000+10,000×6=560,000원이 된다.

16

정답 ①

마지막 조건에 따라 C는 항상 두 번째에 도착하게 되고, 첫 번째 조건에 따라 A−B가 순서대로 도착했으므로 A, B는 첫 번째로 도착할 수 없다. 또한 두 번째 조건에 따라 D는 E보다 늦게 도착하므로 가능한 경우를 정리하면 다음과 같다.

구분	첫 번째	두 번째	세 번째	네 번째	다섯 번째
경우 1	E	C	A	B	D
경우 2	E	C	D	A	B

따라서 E는 항상 가장 먼저 도착한다.

17

정답 ②

전제 1의 전건(P)인 'TV를 오래 보면'은 후건(Q)인 '눈이 나빠진다.'가 성립하는 충분조건이며, 후건은 전건의 필요조건이 된다(P → Q). 그러나 삼단논법에서 단순히 전건을 부정한다고 해서 후건 또한 부정되지는 않는다(~P → ~Q, 역의 오류). 철수가 TV를 오래 보지 않아도 눈이 나빠질 수 있는 가능성은 얼마든지 있기 때문이다. 이러한 형식적 오류를 '전건 부정의 오류'라고 한다.

오답분석

① 사개명사의 오류 : 삼단논법에서 개념이 4개일 때 성립하는 오류이다(A는 B이고, A와 C는 모두 D이다. 따라서 B는 C이다).
③ 후건 긍정의 오류 : 후건을 긍정한다고 전건 또한 긍정이라고 하는 오류이다(P → Q이므로 Q → P이다. 이의 오류).
④ 선언지 긍정의 오류 : 어느 한 명제를 긍정하는 것이 필연적으로 다른 명제의 부정을 도출한다고 여기는 오류이다(A는 B와 C이므로 A가 B라면 반드시 C는 아니다. ∵ B와 C 둘 다 해당할 가능성이 있음).
⑤ 매개념 부주연의 오류 : 매개념(A)이 외연 전부(B)에 대하여 성립되지 않을 때 발생하는 오류이다(A는 B이고 C는 B이므로 A는 C이다).

18

정답 ②

제시된 열차의 부산역 도착시간을 계산하면 다음과 같다.

- KTX
  8:00(서울역 출발) → 10:30(부산역 도착)
- ITX-청춘
  7:20(서울역 출발) → 8:00(대전역 도착) → 8:15(대전역 출발) → 11:05(부산역 도착)
- ITX-마음
  6:40(서울역 출발) → 7:20(대전역 도착) → 7:35(대전역 출발) → 8:15(울산역 도착) → 8:30(울산역 출발) → 11:00(부산역 도착)
- 새마을호
  6:30(서울역 출발) → 7:30(대전역 도착) → 7:40(ITX-마음 출발 대기) → 7:55(대전역 출발) → 8:55(울산역 도착) → 9:10(울산역 출발) → 10:10(동대구역 도착) → 10:25(동대구역 출발) → 11:55(부산역 도착)
- 무궁화호
  5:30(서울역 출발) → 6:50(대전역 도착) → 7:05(대전역 출발) → 8:25(울산역 도착) → 8:35(ITX-마음 출발 대기) → 8:50(울산역 출발) → 10:10(동대구역 도착) → 10:30(새마을호 출발 대기) → 10:45(동대구역 출발) → 12:25(부산역 도착)

따라서 가장 늦게 도착하는 열차는 무궁화호로, 12시 25분에 부산역에 도착한다.

오답분석

① ITX-청춘은 11시 5분에 부산역에 도착하고, ITX-마음은 11시에 부산역에 도착한다.
③ ITX-마음은 정차역인 대전역과 울산역에서 다른 열차와 시간이 겹치지 않는다.
④ 부산역에 가장 빨리 도착하는 열차는 KTX로, 10시 30분에 도착한다.
⑤ 무궁화호는 울산역에서 8시 15분에 도착한 ITX-마음으로 인해 8시 35분까지 대기하며, 동대구역에서 10시 10분에 도착한 새마을호로 인해 10시 30분까지 대기한다.

19

정답 ①

A과장과 팀원 1명은 7시 30분까지 K공사에서 사전 회의를 가져야 하므로 8시에 출발하는 KTX만 이용할 수 있다. 남은 팀원 3명은 11시 30분까지 부산역에 도착해야 하므로 10시 30분에 도착하는 KTX, 11시 5분에 도착하는 ITX-청춘, 11시에 도착하는 ITX-마음을 이용할 수 있는데, 이 중 가장 저렴한 열차를 이용해야 하므로 ITX-마음을 이용한다. 따라서 KTX 2인, ITX-마음 3인의 요금을 계산하면 (59,800×2)+(42,600×3)=119,600+127,800=247,400원이다.

20

정답 ⑤

A는 B의 부정적인 의견들을 구조화하여 B가 그러한 논리를 가지게 된 궁극적 원인인 경쟁력 부족을 찾아내었고, 이러한 원인을 해소할 수 있는 방법을 찾아 자신의 계획을 재구축하여 B에게 설명하였다. 따라서 제시문에서 나타난 논리적 사고의 구성요소는 상대 논리의 구조화이다.

오답분석

① 설득 : 논증을 통해 나의 생각을 다른 사람에게 이해·공감시키고, 타인이 내가 원하는 행동을 하도록 하는 것이다.
② 구체적인 생각 : 상대가 말하는 것을 잘 알 수 없을 때, 이미지를 떠올리거나 숫자를 활용하는 등 구체적인 방법을 활용하여 생각하는 것이다.
③ 생각하는 습관 : 논리적 사고를 개발하기 위해 일상적인 모든 것에서 의문점을 가지고 원인을 생각해 보는 습관이다.
④ 타인에 대한 이해 : 나와 상대의 주장이 서로 반대될 때, 상대의 주장 전부를 부정하지 않고 상대의 인격을 존중하는 것이다.

21

정답 ④

$\sigma=\frac{P}{\frac{\pi d^2}{4}}=\frac{4P}{\pi d^2}$ 이고, $\sigma=E\varepsilon=E\frac{\Delta d}{L}$ 이므로

$\frac{4P}{\pi d^2}=E\frac{\Delta d}{L}$ 에서 $L=\frac{\pi d^2 E\Delta d}{4P}$ 이다.

따라서 강봉의 처음 길이는

$$L=\frac{\pi\times(5\times10^{-2})^2\times(170\times10^6)\times75\times10^{-3}}{4\times(10\times10^3)}$$

≒2.5m이다.

22

정답 ②

집중하중 P에 의한 B지점에서의 작용 모멘트는

$M_{B,1} = \frac{P\times a^2 \times b}{L^2}$ 이다.

등분포하중 w에 의한 B지점에서의 작용 모멘트는

$M_{B,2} = \frac{wL^2}{12}$ 이다.

따라서 중첩의 원리에 의해 B지점에서 작용하는 전체 모멘트는

$$M_{B,1}+M_{B,2} = \frac{P\times a^2\times b}{L^2} + \frac{wL^2}{12} = \frac{12Pa^2b+wL^4}{12L^2}$$

이다.

23

정답 ③

카스틸리아노의 정리는 변형에너지와 하중(모멘트), 처짐량(처짐각)의 관계에 대한 법칙이다. 변형에너지가 변위만의 함수일 때, 하중은 변형에너지를 변위에 대해 편미분한 값이다. 또한 변형에너지가 하중(휨모멘트)만의 함수일 때, 처짐량(처짐각)은 변형에너지를 하중(휨모멘트)에 대해 편미분한 값이다.

24

정답 ②

A, B지점의 반력을 R_A, R_B라고 할 때 다음 식이 성립한다.

$R_A + R_B - (5\times6) - 20 = 0$ ··· ㉠

$M_A = (5\times6\times3)+(20\times7)-R_B\times(7+3)=0$ ··· ㉡

㉡에서 $R_B = \frac{90+140}{10} = 23\text{kN}$이므로,

$R_A = 50-23 = 27\text{kN}$이다.

이에 대한 전단력선도는 다음과 같다.

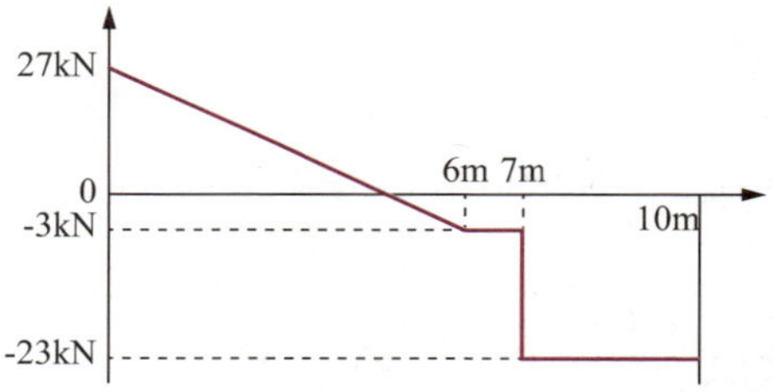

A지점이 원점이고 오른쪽으로 x만큼 떨어져 있다고 할 때, $0\le x\le 6$ 구간에서 전단력은 $V(x)=27-5x$이다.

따라서 $V(x)=27-5x=0$에서 $x=\frac{27}{5}$이므로 전단력이 0인 지점은 A지점으로부터 $\frac{27}{5}=5.4\text{m}$ 떨어져 있다.

25

정답 ⑤

오답분석

① 삼각측량 : 삼각형의 한 변의 길이와 두 각을 측정하여 다른 두 변의 길이를 산정하는 측량이다.
② 수준측량 : 레벨과 표적 등을 이용하여 지표 위에 있는 점의 표고를 측정하는 측량이다.
③ 측지측량 : 지구의 형상, 크기, 곡률을 고려하여 반경 11km를 초과하는 구간을 측정하는 측량으로, 1등 삼각측량이 이에 속한다.
④ 평면측량 : 지구의 형상, 크기, 곡률을 고려하지 않고 반경 11km 이내인 구간을 평면으로 가정하여 측정한다.

26

정답 ①

표고가 1,000m, 해발이 3,000m이므로 촬영고도는 3,000−1,000=2,000m이다. 이때, 초점거리가 200mm인 사진기를 이용하므로 사진축척은 $m=\frac{H}{f}=\frac{2,000}{0.2}=10,000$이고, 유효면적은 $A=\{(10,000\times0.2)\times(1-0.5)\}\times\{(10,000\times0.2)\times(1-0.4)\}=1,200,000\text{m}^2$이다.

따라서 안전율이 0.2이고 사진 매수가 180매이므로

$180=\frac{F}{1,200,000}\times(1+0.2)$에서 실제 면적은

$F=180\times\frac{1,200,000}{1.2}=180,000,000\text{m}^2=180\text{km}^2$이다.

27

정답 ①

FCM 공법은 교량 하부에 동바리를 설치하지 않고 특수한 장비를 이용하여 좌우 평형을 맞춰가며 경간을 구성하는 방식으로, 홍수의 위험이 크거나 공사 현장이 거리, 철도 등을 통과하는 등 동바리 사용이 불가능한 곳에 적용할 수 있다. 단면변화 적응성이 양호하고 공정관리 또한 양호하지만, 가설 시 추가단면이 필요하고 모멘트의 불균형에 대한 대책을 세워야 한다.

오답분석

② FSM 공법 : 콘크리트를 타설하는 경간 전체에 콘크리트의 강도가 적당히 확보될 때까지 동바리를 가설하여 지지하는 방식으로, 교량 높이가 높지 않고 지반이 양호한 곳에 적합하지만, 동바리의 조립 및 해체로 인해 시공속도가 늦고 콘크리트 타설 중 편심하중의 우려가 있다.
③ ILM 공법 : 교량의 상부구조를 포스트텐션을 적용하여 생산한 후 교축 방향으로 밀어내어 점진적으로 교량을 가설하는 방식으로, 계곡, 해상 등에서도 시공이 가능하고 외부 기후조건에 의한 영향을 덜 받으나, 균일한 구조물의 높이가 보장되어야 한다.
④ MSS 공법 : 거푸집이 부착된 특수 비계를 이용하여 경간 하나씩 시공하는 방식으로, 하천 등 연약지반에 제약을 크게 받지 않으나, 비계의 중량이 커 제작비가 비싸고 부재의 이음부 설계에 주의를 기울여야 한다.

⑤ PSM 공법 : 장대고량의 공사기간을 단축하기 위해 별도의 공장에서 몰드를 이용하여 경간을 제작한 후 공사 현장으로 운반하여 시공하는 방식으로, 경간의 균일한 품질이 보장되고, 하중구조 특성에 대한 대응이 확실하다.

28

정답 ③

모래다짐말뚝 공법(Sand Compaction Pile)의 장단점

장점	단점
• 지반이 균질화된다. • 압밀시간 및 압밀침하량이 적다. • 지반의 전단강도가 증가한다. • 지반의 액상화를 방지할 수 있다.	• 공사 비용이 비교적 고가이다. • 진동이 매우 크게 발생한다.

29

정답 ④

지중연속벽 또는 지하연속벽은 굴착작업 시 굴착면의 붕괴를 방지하고 지하수의 유입을 차단하기 위해 벤토나이트를 공급하여 지하에 구조체를 형성하는 공법이다. 지하실, 지하주차장 등의 구조물부터 지하철, 지하변전소, 댐의 차수벽까지 구조물의 일부 또는 그 자체를 이용한다. 작업 시 발생하는 소음은 적은 편이지만, 설치를 위한 대규모 부지가 필요하여 공사비가 고가이며, 선단부는 최소 암반층 1m를 굴착하여 시공하여야 안전한 효과를 기대할 수 있다.

30

정답 ④

세장비는 압축재의 좌굴길이를 회전반경으로 나눈 값으로, 값이 클수록 기둥은 잘 구부러진다. 이때, 세장비가 30 이하인 기둥을 단주, 100 이상인 기둥을 장주라고 한다.

31

정답 ③

일반 콘크리트 표준 시방서에 따르면 고강도 콘크리트의 설계기준압축강도는 보통 콘크리트에서 40MPa 이상, 경량콘크리트에서 27MPa 이상인 콘크리트를 말한다.

32

정답 ①

설계기준압축강도(f_{ck})가 40MPa 이하인 콘크리트의 극한 변형률은 0.0033으로 하며, 설계기준압축강도가 40MPa 이상일 때에는 10MPa 증가할 때마다 0.0001씩 감소시킨다(KDS 14 20 20).

따라서 $0.0033-\{0.0001\times(60-40)\div10\}=0.0031$이다.

33

정답 ⑤

포장 아스팔트의 파손 원인

- 과적 차량의 통행으로 인한 피로 파괴
- 혼합물의 다짐온도 불량
- 혼합물의 입도 불량
- 아스팔트 배합설계 불량
- 눈, 비 등의 강수 시 배수 불량
- 노상, 보조기층 다짐 불량
- 포장 두께 부족
- 포장 재료의 불량
- 포장 자체의 노후화

34

정답 ①

질량 1kg의 물을 1℃ 가열하는 데 필요한 열량은 1kcal이다. 따라서 질량 10kg의 물을 10℃에서 60℃로 가열하는 데 필요한 열량을 구하면 다음과 같다.

$$Q=cm\Delta t=1\times10\times(60-10)=500\text{kcal}$$

$$=500\times\frac{4.2\text{kJ}}{1\text{kcal}}=2,100\text{kJ}$$

35

정답 ③

카르노 사이클은 외부로부터 열을 받아 등온 팽창한다. 팽창한 기체는 외부와의 열 교환 없이 단열 팽창하고, 팽창한 기체는 열을 버리면서 등온 수축하게 된다. 이후 수축한 기체는 외부와의 열 교환 없이 단열 수축하여 처음 상태로 돌아온다. 이때 카르노 사이클은 흡열한 열량과 버린 열량의 차이만큼 일을 한다.

36

정답 ④

사바테 사이클은 복합 사이클, 또는 정적 – 정압 사이클이라고도 하며, 정적 가열과 정압 가열로 열을 받아 일을 한 후 정적 방열을 하는 열 사이클이다. 고속 디젤 기관에서는 짧은 시간 내에 연료를 연소시켜야 하므로 압축행정이 끝나기 전에 연료를 분사하여 행정 말기에 착화되도록 하면 공급된 연료는 정적 아래에서 연소하고 후에 분사된 연료는 대부분 정압 아래에서 연소하게 된다.

오답분석

① 오토 사이클 : 2개의 단열과정과 2개의 정적과정으로 이루어진 사이클로, 가솔린 기관 및 가스터빈의 기본 사이클이다.
② 랭킨 사이클 : 2개의 단열과정과 2개의 가열 및 팽창과정으로 이루어진 증기터빈의 기본 사이클이다.
③ 브레이턴 사이클 : 2개의 단열과정과 2개의 정압과정으로 이루어진 사이클로, 가스터빈의 기본 사이클이다.
⑤ 카르노 사이클 : 2개의 단열과정과 2개의 등온과정으로 이루어진 사이클로, 모든 과정이 가역적인 가장 이상적인 사이클이다.

열기관 사이클의 P－V 선도, T－S 선도

구분	P－V 선도	T－S 선도
오토 사이클	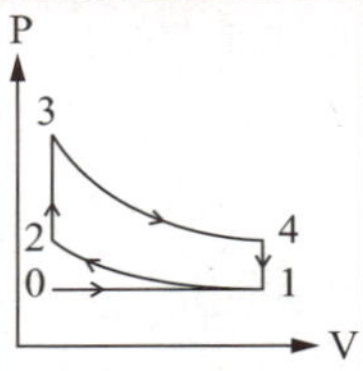	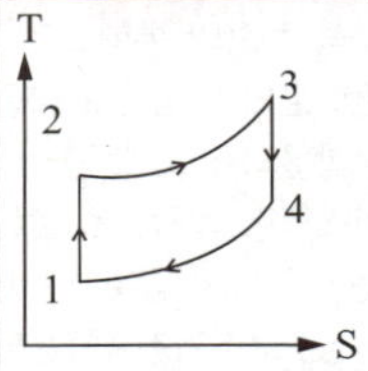
브레이턴 사이클	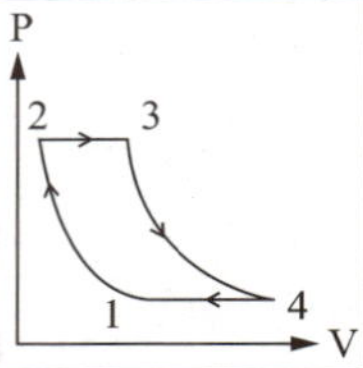	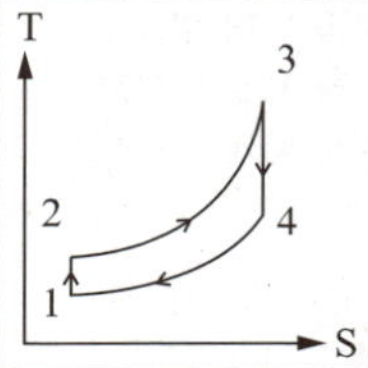
랭킨 사이클	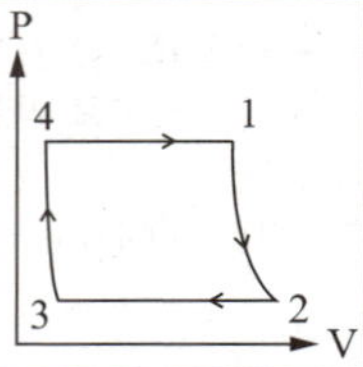	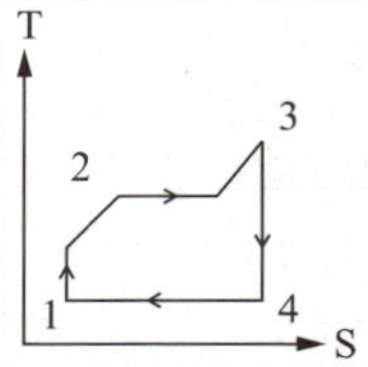
디젤 사이클	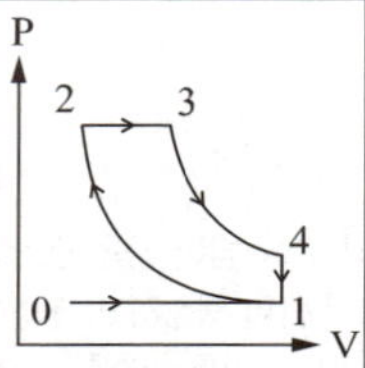	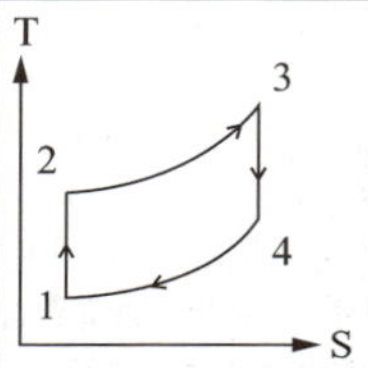
사바테 사이클	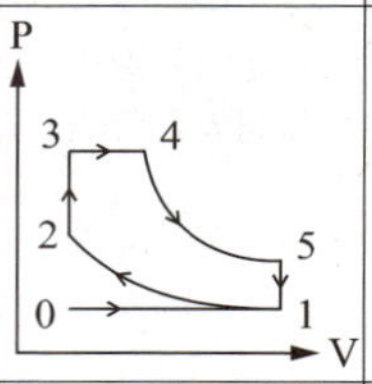	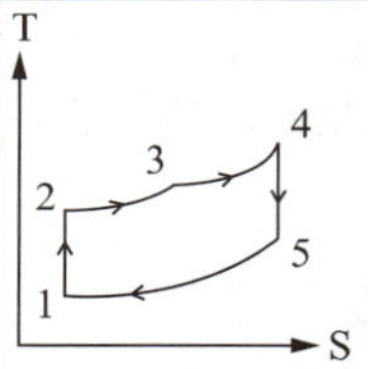
카르노 사이클	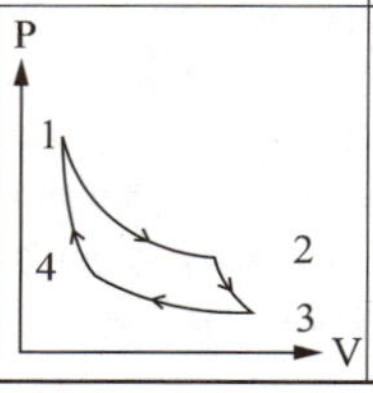	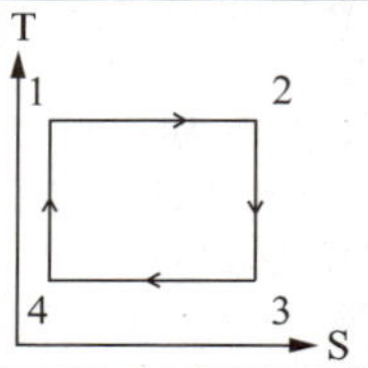

37

정답 ③

ㄴ. n몰의 단원자 분자인 이상기체의 내부에너지는 $U=\frac{3}{2}nRT$이다.

ㄷ. n몰의 단원자 분자인 이상기체의 엔탈피는 $H=U+W=\frac{5}{2}nRT$이다.

오답분석

ㄱ. n몰의 단원자 분자인 이상기체의 내부에너지는 $U=\frac{3}{2}nRT$이고, 이원자 분자인 이상기체의 내부에너지는 $U=\frac{5}{2}nRT$이며, 삼원자 이상의 분자인 이상기체의 내부에너지는 $U=\frac{6}{2}nRT$이다.

ㄹ. 이상기체의 무질서도를 표현한 함수는 엔트로피이다.

38

정답 ③

자동차가 안정적으로 선회하기 위해서는 양 바퀴의 회전수가 달라야 한다. 이를 조절하기 위해 사용하는 기어는 유성기어와 태양기어이다. 먼저, 외부로부터 전달받은 동력을 베벨기어를 통해 링기어에 전달하여 회전시킨다. 회전하는 링기어는 유성기어와 태양기어를 회전시킨다. 정상적인 직선 주행 중에는 양 바퀴의 회전수가 같으므로 유성기어와 태양기어가 같은 속력으로 회전하지만, 선회 시에는 양 바퀴에 작용하는 마찰저항이 서로 다르게 작용한다. 이를 유성기어와 태양기어에 전달하면 안쪽 바퀴의 회전저항은 증가하고 바깥쪽 바퀴의 회전수는 안쪽 바퀴의 감소한 회전수만큼 증가한다.

39

정답 ②

세레이션은 축과 보스를 결합하기 위해 축에 삼각형 모양의 톱니를 새긴 가늘고 긴 키 홈이다.

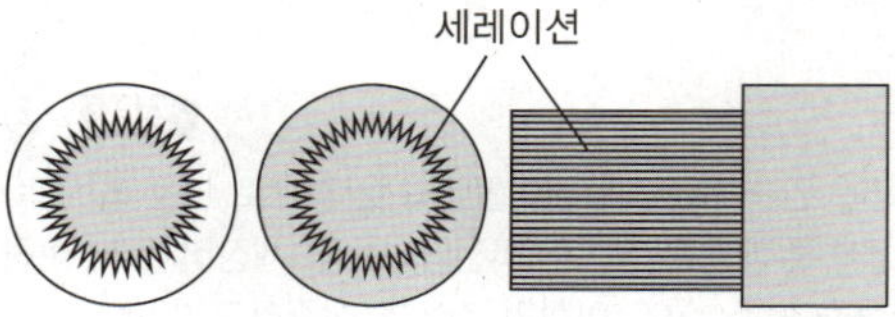

오답분석

① 묻힘키 : 보스와 축 모두 키 홈을 파낸 후 그 구멍에 키를 끼워 넣어 보스와 축을 고정한 것이다.

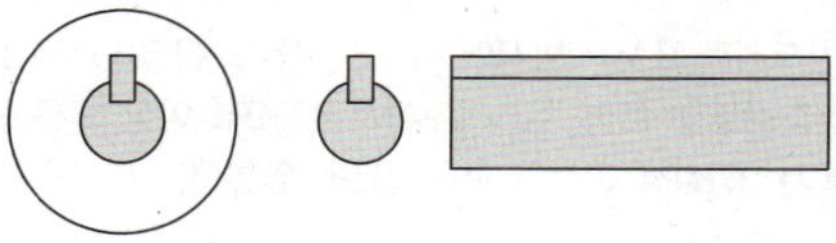

③ 둥근키 : 키 홈을 원모양으로 만든 묻힘키의 하나이다.

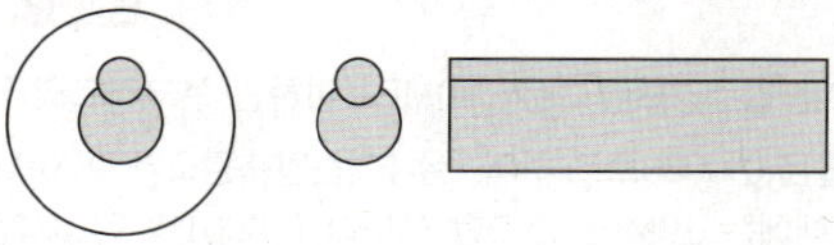

④ 테이퍼 : 경사도가 1/50 이하인 핀이다.

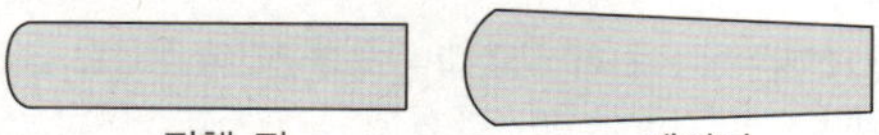

⑤ 스플라인 : 축과 보스를 결합하기 위해 다각형 또는 곡선 형태의 톱니를 새긴 가늘고 긴 홈이다.

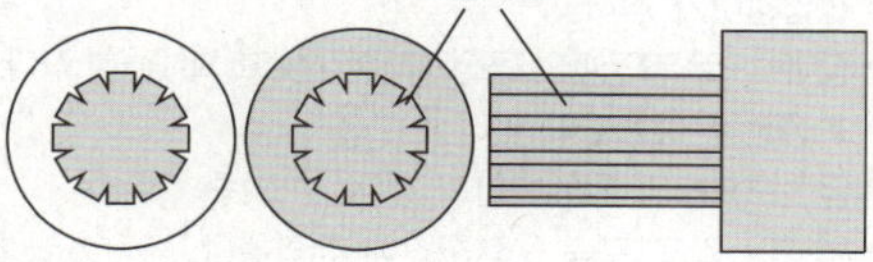

40

정답 ①

페라이트는 탄소 함량이 매우 적어 무르므로 담금질 효과가 거의 없다.

41

정답 ⑤

파텐팅은 오스템퍼링 온도의 상한에서 미세한 소르바이트 조직을 얻기 위하여 오스테나이트 가열온도부터 항온 유지 후 공랭시키는 열처리법이다.

오답분석

① 청화법 : 사이안화산칼륨 또는 사이안화나트륨을 이용하여 강 표면에 질소를 침투시켜 경화시키는 표면 처리법이다.
② 침탄법 : 재료의 표면을 단단하게 강화하기 위해 저탄소강을 침탄제 속에 묻고 가열하여 강 표면에 탄소를 침입시키는 표면 열처리법이다.
③ 마켄칭 : 오스테나이트 구역에서 강 내부의 온도와 외부의 온도가 동일하도록 항온 유지 후 공랭하는 항온 열처리법이다.
④ 질화법 : 강 표면에 질소를 침투시켜 매우 단단한 질소화합물 층을 형성하는 표면 열처리법이다.

42

정답 ②

오답분석

① 정하중 : 하중의 크기, 방향, 작용점이 일정하게 작용하는 하중이다.
③ 반복하중 : 하중이 일정한 크기와 일정한 작용점에서 주기적으로 반복하여 작용하는 하중이다.
④ 충격하중 : 한 작용점에서 매우 짧은 시간 동안 강하게 작용하는 하중이다.
⑤ 임의진동하중 : 하중의 크기, 방향, 작용점이 불규칙적으로 변하는 하중이다.

43

정답 ③

디퓨저는 유체의 운동에너지를 압력에너지로 변환시키기 위해 관로의 단면적을 서서히 넓게 한 유로이다.

오답분석

① 노즐 : 유체의 압력에너지를 운동에너지로 변환시키기 위해 관로의 단면적을 서서히 좁게 한 유로이다.
② 액추에이터 : 유압장치 등으로부터 에너지를 받아 시스템을 제어하는 기계장치이다.
④ 어큐뮬레이터 : 유압유의 압력에너지를 저장하는 유압기기이다.
⑤ 피스톤 로드 : 피스톤에 의해 변환된 힘을 외부로 전달하는 기기이다.

44

정답 ①

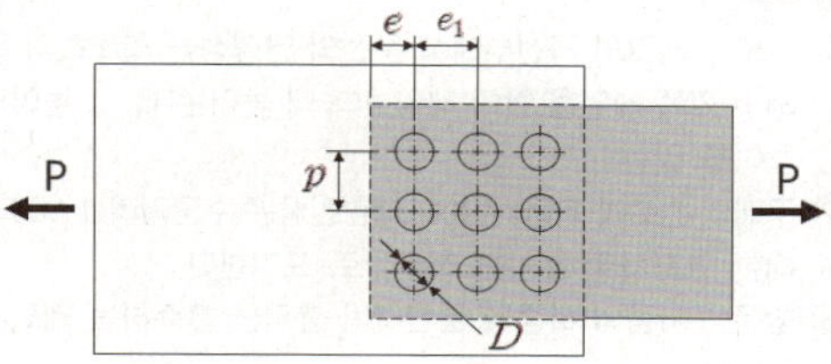

p : 피치
e : 마진
e_1 : 뒷피치
D : 리벳 지름

오답분석

② 피치 : 같은 줄에 있는 리벳의 중심 사이의 거리이다.
③ 뒷피치 : 여러 줄 리벳 이음에서 리벳의 열과 이웃한 열 사이의 거리이다.
④ 리드 : 나사가 1바퀴 회전할 때 축 방향으로 이동한 거리이다.
⑤ 유효지름 : 나사의 골지름과 바깥지름의 평균인 지름이다.

45

정답 ②

VVVF(Variable Voltage Variable Frequency) 제어는 가변 전압 가변 주파수 제어로, 전력 변환 장치에 출력한 교류 전력을 두어 출력된 교류 전력의 실효전압과 주파수를 제어하는 기술이다. VVVF 제어는 전압, 전류, 주파수의 변동이 유동적이므로 전력 손실이 적다. 이에 따라 압연기기 등의 생산용 기기와 팬, 펌프설비 뿐만 아니라 철도, 전기자동차 등의 모터, 가전제품 등 다양한 분야에 적용되고 있다.

46

정답 ④

궤도와 선로 구조물의 구성요소

구분	궤도	선로 구조물	
구성 요소	• 레일 • 침목 • 도상	• 측구 • 철주 • 전차선 • 조가선 • 급전선 • 고압선 • 특별고압선 • 부급전선	• 통신선 • 신호기 • ATS지상자 • 임피던스본드 • 구배표 • km정표 • 방음벽

47

정답 ④

오답분석

① 고도 : 레일의 곡선부에서 운전의 안정성을 확보하기 위해 바깥쪽 레일을 안쪽 레일보다 더 높이는데, 그 높이의 차이를 말한다.

② 구배 : 선로의 기울기이며, 대한민국은 수평거리 1,000에 대한 고저차로 표시한 천분율로 표기한다.

③ 침목 : 차량의 하중을 분산하며 충격을 흡수하는 궤도재료이다.

⑤ 확도 : 곡선 궤도를 운행할 때 안쪽 궤도의 궤간을 넓히는 정도를 말한다.

48

정답 ②

궤간은 두 철로 사이의 간격으로, 궤간의 길이는 1,435mm를 국제 표준 규격으로 하며 이보다 넓으면 광궤, 좁으면 협궤로 본다.

49

정답 ①

오답분석

② 평균속도 : 열차의 운전거리를 정차시간을 제외한 실제 운전시간으로 나눈 속도이다.

③ 설계속도 : 이상적인 조건에서 차량이 주행할 수 있는 최고속도이다.

④ 균형속도 : 열차의 견인력과 열차가 받는 저항력이 같아 속력이 일정할 때의 속도이다.

⑤ 최고속도 : 허용조건에서 열차가 5초 이상 낼 수 있는 속력의 최댓값이다.

50

정답 ③

PP급전방식은 역간이 길고 고속 운행구간에 적합한 급전방식이다.

PP급전방식의 특징
- 선로 임피던스가 작다.
- 전압강하가 작다.
- 상대적으로 고조파의 공진주파수가 낮고 확대율이 작다.
- 회생전력 이용률이 높다.
- 급전구분소의 단권변압기 수를 줄일 수 있다.
- 역간이 길고 고속 운행구간에 적합하다.
- 급전구분소의 GIS설비가 다량 요구된다.
- Tie 차단 설비가 필요하다.

51

정답 ③

강체가선방식은 T-bar, R-bar로 구분하며, 대한민국에서는 전류용량이 큰 DC 1,500V 구간에서는 T-bar 방식, 전류용량이 작은 AC 25k 구간에서는 R-bar 방식을 사용한다. T-bar의 경우 표준길이는 10m이며, 2,100mm^{2}의 알루미늄 합금으로 bar의 아랫면에 볼트로 지지하는 방식이다. 반면, R-bar의 경우 표준길이는 12m이며, 2,214mm^{2}의 가선도르래를 이용하여 가선한다.

52

정답 ①

변류기 사용 및 절연변압기 채용은 통신선의 유도장해를 줄이기 위한 통신선의 대응책이다.

통신선 유도장해 경감을 위한 전력선과 통신선에 대한 대책

구분	전력선	통신선
대책	• 통신선과 직각으로 교차하도록 한다. • 전력선과 통신선의 상호 간격을 크게 한다. • 전선의 위치를 바꾼다. • 소호리액터를 사용한다. • 차폐선을 설치한다. • 고장회선을 신속하게 차단한다. • 고주파 발생을 방지한다. • 고저항 중성점 접지 방식을 택한다. • 지중매설방식을 택한다.	• 전력선과 직각으로 교차하도록 한다. • 변류기를 사용하고 절연변압기를 채용한다. • 연피케이블을 사용한다. • 성능이 우수한 피뢰기를 설치한다. • 통신선, 통신기기의 절연능력을 향상시킨다. • 통신 전류의 레벨을 높이고 반송식을 이용한다. • 배류코일, 중화코일을 통해 접지한다.

53 정답 ⑤

직접조가식은 가공전차선의 조가방식 중 하나이다.

전차선로 가선방식과 가공전차선 조가방식의 분류

전차선로 가선방식	가공전차선 조가방식
• 가공식 – 가공단선식 – 가공복선식 – 강체식 • 제3궤조식	• 직접조가식 • 커티너리 조가방식 – 심플식 – 컴파운드식 – 사조식 • 강체가선방식 – T–bar방식 – R–bar방식

54 정답 ⑤

⑤는 직류송전방식의 특징에 대한 설명이다.

교류송전방식의 특징

- 변압기를 통한 승압 및 강압이 용이하다.
- 3상 회전자계를 쉽게 얻을 수 있다.
- 표피효과 및 코로나 손실이 발생한다.
- 페란티 현상이 발생한다.
- 주파수가 다른 계통끼리의 연결이 불가능하다.
- 직류송전에 비해 안정도가 저하된다.

55 정답 ②

직류식 전기철도와 교류식 전기철도의 비교

직류식 전기철도	교류식 전기철도
• 고속 운전 시 효율이 나쁘다.	• 고속 운전 시 효율이 좋다.
• 변전소 중간 급전구분소가 필요하다.	• 변전소 설치 간격을 길게 할 수 있다.
• 사고전류의 선택적 차단이 어렵다.	• 사고전류의 선택적 차단이 용이하다.
• 전차선 설비에서의 전선이 굵다.	• 전차선 설비에서의 전선이 얇다.
• 차량가격이 저렴하다.	• 차량가격이 고가이다.
• 통신유도장해가 작다.	• 통신유도장해가 크다.

56 정답 ⑤

⑤는 직접조가식에 대한 설명이다.

커티너리 조가방식

전기차의 속도 향상을 위해 전차선의 처짐에 의한 이선율을 적게 하고, 지지물 간 거리를 크게 하기 위해 조가선을 전차선 위에 기계적으로 가선한 후 일정한 간격으로 행거나 드로퍼로 매달아 전차선이 두 지지점 사이에서 궤도면에 대하여 일정한 높이를 유지하도록 하는 방식이다. 대한민국에서는 심플 커티너리를 표준으로 한다.

57 정답 ③

가공전차선의 조가방식

- 직접조가식 : 가장 간단한 구조로, 전차선 1조로만 구성되어 있다. 설치비가 가장 저렴하지만, 전차선의 장력, 높이를 일정하게 유지하기가 곤란하여 철도에서는 저속의 구내측선 등에서만 드물게 사용한다.
- 심플 커티너리 조가방식 : 조가선과 전차선의 1조로 구성되어 있고, 조가선에서 행거 또는 드로퍼에 의해 전차선이 궤도면과 평행하게 조가된 가선방식이다.
- 헤비 심플 커티너리 조가방식 : 심플 커티너리 조가방식과 구조가 동일하며, 가선의 중량을 늘리고 장력을 늘린 방식이다.
- 변Y형 심플 커티너리 조가방식 : 심플 커티너리식의 지지점 부근에 조가선과 나란히 가는 전선을 가선하여 안정화시킨 방식이다.
- 컴파운드 커티너리 조가방식 : 심플 커티너리 조가선과 전차선 사이에 보조가선을 가설하여 조가선에서 드로퍼로 보조 조가선을 매달고 보조 조가선에서 행거로 전차선을 구조한 방식이다.
- 헤비 컴파운드 커티너리 조가방식 : 컴파운드 커티너리 조가방식과 구조가 동일하며, 가선의 중량을 늘리고 장력을 늘린 방식이다.
- 합성 컴파운드 커티너리 조가방식 : 컴파운드 커티너리 조가방식의 드로퍼에 스프링과 공기 댐퍼를 조합한 합성소자를 사용한 방식이다.

58 정답 ②

곡선저항은 곡선 경로를 통과할 때 주행저항과 구배저항을 제외한 저항으로, 곡선 레일을 주행할 때 열차의 원심력에 의해 차륜과 레일 사이에 발생하는 마찰저항이다.

59

정답 ⑤

가속도저항과 구배저항은 손실로 적용하지 않는다.

열차 저항의 종류

- 출발저항 : 구배 없는 직선구간에서 출발할 때 받는 저항이다.
- 주행저항 : 열차 주행 시 진행방향과 반대로 적용하는 모든 저항이다.
- 곡선저항 : 열차가 곡선 레일을 통과할 때, 원심력에 의해 레일에 발생하는 마찰저항이다.
- 터널저항 : 열차가 터널을 통과할 때 발생하는 저항이다.
- 가속도저항 : 열차를 가속시키기 위해 필요한 힘을 저항으로 환산한 것이다.
- 구배저항 : 경사를 오를 때 발생하는 저항이다.

60

정답 ②

제시된 커터너리 조가방식에서 A는 드로퍼에 해당한다.

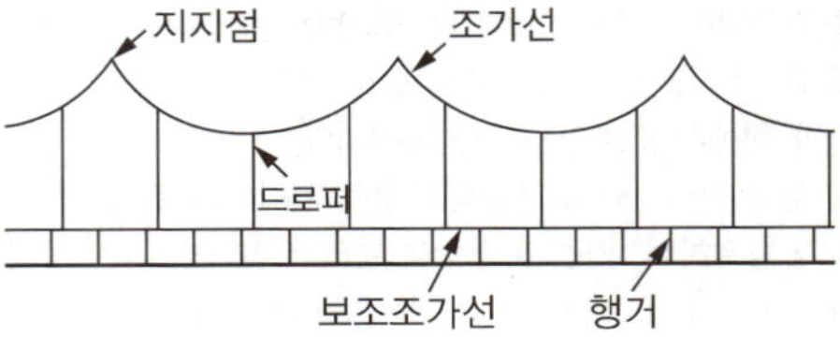

61

정답 ②

오답분석

① 역상제동 : 전동기를 전원에 접속한 채로 전기자의 접속을 반대로 바꾸어 토크를 역으로 발생시켜 전동기를 정지 또는 역회전시키는 제동방식이다.

③ 회생제동 : 운동에너지를 전기에너지로 다시 회수하여 배터리 등의 저장장치에 에너지를 저장하는 제동방식이다.

④ 와류제동 : 전자석과 궤도의 상대적인 운동에 의하여 궤도면에 유기되는 와전류에 의해 발생하는 제동력으로 전동기를 정지하는 제동방식이다.

⑤ 와전류 레일 제동 : 와류제동과 같은 원리이며, 레일에 근접하고 내부에 전자석이 내장된 브레이크 편을 장비하여 전자석에 의해 제동하는 방식이다.

62

정답 ①

단위길이당 감은 코일의 수가 n인 무한장 솔레노이드에 전류 I가 흐를 때, 외부 자계의 세기는 0이고, 내부 자계의 세기는 $H=nI$이며, 그 크기와 방향은 같다.

63

정답 ③

직렬공진상태일 때 역률은 항상 1이다.

직렬공진

- $X_L=X_C$, $\omega L=\frac{1}{\omega C}$, $\omega^2 LC$일 때 직렬공진상태이다.
- 직렬공진상태의 특징
  - 임피던스의 허수부는 0이다.
  - 전압, 전류의 위상이 같다.
  - 역률은 1이다.
  - 임피던스의 크기가 최소이다.
  - 전류의 세기가 최대이다.

64

정답 ④

$V_{rms}=\frac{V_{\max}}{\sqrt{2}}=\frac{250\sqrt{2}}{\sqrt{2}}=250$이므로

$I_{rms}=\frac{V_{rms}}{Z}=\frac{250}{\sqrt{8^2+6^2}}=\frac{250}{10}=25\text{A}$이다.

65

정답 ④

$C=\frac{\epsilon S}{d}$에서 $d \rightarrow \frac{d}{2}$이므로 $C'=\frac{\epsilon S}{\frac{d}{2}}=2\frac{\epsilon S}{d}=2C$로

처음의 2배가 된다.

66

정답 ②

- $a-b$점을 연결했을 때의 합성저항 : $2+\frac{2\times 2}{2+2}=3\Omega$
- $c-d$점을 연결했을 때의 합성저항 : $0.5+\frac{3\times 3}{3+3}=2\Omega$

따라서 합성저항의 합은 $3+2=5\Omega$이다.

67

정답 ①

$M=\frac{\mu_s SN_1N_2}{l}$

$=\frac{4\pi\times 10^{-7}\times 10{,}000\times 200\times 10^{-4}\times 10\times 10}{2}$

$=4\pi\times 10^{-3}\text{H}$

CHAPTER 05

2023년 상반기 기출복원문제

01	02	03	04	05	06	07	08	09	10
④	②	⑤	⑤	④	①	⑤	④	①	②
11	12	13	14	15	16	17	18	19	20
⑤	①	②	④	④	⑤	①	②	②	⑤
21	22	23	24	25	26	27	28	29	30
②	②	②	④	④	①	③	①	③	⑤
31	32	33	34	35	36	37	38	39	40
③	②	②	④	④	③	②	④	①	①
41	42	43	44	45	46	47			
②	②	①	③	③	②	⑤			

01

정답 ④

제시문의 두 번째 문단에 따르면 CCTV는 열차 종류에 따라 운전실에서 실시간으로 상황을 파악할 수 있는 네트워크 방식과 각 객실에서의 영상을 저장하는 개별 독립 방식으로 설치된다고 하였다. 따라서 개별 독립 방식으로 설치된 일부 열차에서는 각 객실의 상황을 실시간으로 파악하지 못할 수 있다.

오답분석

① 첫 번째 문단에 따르면 현재 운행하고 있는 열차의 모든 객실에 CCTV를 설치하겠다는 내용으로 보아, 현재 모든 열차의 모든 객실에 CCTV가 설치되지 않았음을 유추할 수 있다.
② 첫 번째 문단에 따르면 2023년까지 모든 열차 승무원에게 바디 캠을 지급하겠다고 하였다. 이에 따라 승객이 승무원을 폭행하는 등의 범죄 발생 시 해당 상황을 녹화한 바디 캠 영상이 있어 수사의 증거자료로 사용할 수 있게 되었다.
③ 두 번째 문단에 따르면 CCTV는 사각지대 없이 설치되며 일부는 휴대 물품 보관대 주변에도 설치된다고 하였다. 따라서 인적 피해와 물적 피해 모두 파악할 수 있게 되었다.
⑤ 세 번째 문단에 따르면 CCTV 품평회와 시험을 통해 제품의 형태와 색상, 재질, 진동과 충격 등에 대한 적합성을 고려한다고 하였다.

02

정답 ②

- (가)를 기준으로 앞의 문장과 뒤의 문장이 상반되는 내용을 담고 있으므로 가장 적절한 접속어는 '하지만'이다.
- (나)를 기준으로 앞의 문장은 기차의 냉난방시설을, 뒤의 문장은 지하철의 냉난방시설을 다루고 있으므로 가장 적절한 접속어는 '반면'이다.
- (다)의 앞뒤 내용을 살펴보면, 앞선 내용의 과정들이 끝나고 난 이후의 내용이 이어지므로, 이를 이어주는 접속어인 '마침내'가 들어가는 것이 가장 적절하다.

03

정답 ⑤

제시문의 세 번째 문단에 따르면 스마트글라스 내부 센서를 통해 충격과 기울기를 감지할 수 있어 작업자에게 위험한 상황이 발생할 경우 통보 시스템을 통해 바로 파악할 수 있게 되었음을 알 수 있다.

오답분석

① 첫 번째 문단에 따르면 스마트글라스를 통한 작업자의 음성인식만으로 철도시설물의 점검이 가능해졌음을 알 수 있지만, 마지막 문단에 따르면 아직 유지보수 작업은 가능하지 않음을 알 수 있다.
② 첫 번째 문단에 따르면 스마트글라스의 도입 이후에도 사람의 작업이 필요함을 알 수 있다.
③ 세 번째 문단에 따르면 스마트글라스의 도입으로 추락 사고나 그 밖의 위험한 상황을 미리 예측할 수 있어 이를 방지할 수 있게 되었음을 알 수 있지만, 실제로 안전사고 발생 횟수가 감소하였는지는 알 수 없다.
④ 두 번째 문단에 따르면 여러 단계를 거치던 기존 작업 방식에서 벗어나 스마트글라스의 도입으로 작업을 한 번에 처리할 수 있게 된 것을 통해 작업 시간이 단축되었음을 알 수 있지만, 필요한 작업 인력의 감소 여부는 알 수 없다.

04

정답 ⑤

마지막 문단에 따르면 인공지능 등의 스마트 기술 도입으로 까치집 검출 정확도는 95%까지 상승하였으므로, 까치집 제거율 또한 상승할 것임을 예측할 수 있으나, 근본적인 문제인 까치집 생성의 감소를 기대할 수는 없다.

오답분석

① 세 번째와 마지막 문단에 따르면 정확도가 65%에 불과했던 인공지능의 까치집 식별 능력이 딥러닝 방식의 도입으로 95%까지 상승했음을 알 수 있다.
② 세 번째 문단에서 시속 150km로 빠르게 달리는 열차에서의 까치집 식별 정확도는 65%에 불과하다는 내용으로 보아, 빠른 속도에서 인공지능의 사물 식별 정확도는 낮음을 알 수 있다.
③ 마지막 문단에 따르면 작업자의 접근이 어려운 곳에는 드론을 띄워 까치집을 발견 및 제거하는 기술도 시범 운영하고 있다고 하였다.
④ 세 번째 문단에 따르면 실시간 까치집 자동 검출 시스템 개발로 실시간으로 위험 요인의 위치와 이미지를 작업자에게 전달할 수 있게 되었다.

05

정답 ④

작년 K대학교의 재학생 수는 6,800명이고 남학생 수와 여학생 수의 비가 8 : 9이므로, 남학생 수는 $6,800\times\frac{8}{8+9}=3,200$명이고, 여학생 수는 $6,800\times\frac{9}{8+9}=3,600$명이다.

올해 줄어든 남학생 수와 여학생 수의 비가 12 : 13이므로 올해 K대학교에 재학 중인 남학생 수와 여학생 수의 비는 $(3,200-12k):(3,600-13k)=7:8$이다.

$7\times(3,600-13k)=8\times(3,200-12k)$

$\rightarrow 25,200-91k=25,600-96k$

$\rightarrow 5k=400$

$\therefore k=80$

따라서 올해 K대학교에 재학 중인 남학생 수는 $3,200-12\times80=2,240$명이고, 여학생 수는 $3,600-13\times80=2,560$명이므로 올해 K대학교의 전체 재학생 수는 $2,240+2,560=4,800$명이다.

06

정답 ①

A씨는 장애의 정도가 심하지 않으므로 KTX 이용 시 평일 이용에 대해서만 30% 할인을 받으며, 동반 보호자에 대한 할인은 적용되지 않는다. 그러므로 3월 11일(토) 서울 → 부산 구간의 이용 시에는 할인이 적용되지 않고, 3월 13일(월) 부산 → 서울 구간 이용 시에는 A씨만 운임의 30%를 할인받는다. 따라서 한 사람의 편도 운임을 x원이라 할 때, 두 사람의 왕복 운임($4x$)을 기준으로 $0.3x\div4x=0.075$, 즉 7.5% 할인 받았음을 알 수 있다.

07

정답 ⑤

K공사를 통한 예약 접수는 온라인 쇼핑몰 홈페이지를 통해 가능하며, 오프라인(방문) 접수는 우리·농협은행의 창구를 통해서만 이루어진다.

오답분석

① 구매자를 대한민국 국적자로 제한한다는 내용은 없다.
② 단품으로 구매 시 화종별 최대 3장으로 총 9장, 세트로 구매할 때도 최대 3세트로 총 9장까지 신청이 가능하며, 세트와 단품은 중복 신청이 가능하므로 구매 가능한 최대 개수는 18장이다.
③ 우리·농협은행의 계좌가 없다면, K공사 온라인 쇼핑몰을 이용하거나 우리·농협은행에 직접 방문하여 구입할 수 있다.
④ 총 발행량은 예약 주문 이전부터 화종별 10,000장으로 미리 정해져 있다.

08

정답 ④

우리·농협은행 계좌 미보유자인 외국인 A씨가 예약 신청을 할 수 있는 경로는 두 가지이다. 하나는 신분증인 외국인등록증을 지참하고 우리·농협은행의 지점을 방문하여 신청하는 것이고, 다른 하나는 K공사 온라인 쇼핑몰에서 가상계좌 방식으로 신청하는 것이다.

오답분석

① A씨는 외국인이므로 창구 접수 시 지참해야 하는 신분증은 외국인등록증이다.
② K공사 온라인 쇼핑몰에서는 가상계좌 방식을 통해서만 예약 신청이 가능하다.
③ 홈페이지를 통한 신청이 가능한 은행은 우리은행과 농협은행뿐이다.
⑤ 우리·농협은행의 홈페이지를 통해 예약 접수를 하려면 해당 은행에 미리 계좌가 개설되어 있어야 한다.

09

정답 ①

3종 세트는 186,000원, 단품은 각각 63,000원이므로 5명의 구매 금액을 계산하면 다음과 같다.

- A : $(186,000\times2)+63,000=435,000$원
- B : $63,000\times8=504,000$원
- C : $(186,000\times2)+(63,000\times2)=498,000$원
- D : $186,000\times3=558,000$원
- E : $186,000+(63,000\times4)=438,000$원

따라서 가장 많은 금액을 지불한 사람은 D이며, 구매 금액은 558,000원이다.

10

정답 ②

마일리지 적립 규정에는 회원 등급에 관련된 내용이 없으며, 마일리지 적립은 지불한 운임의 액수, 더블적립 열차 탑승 여부, 선불형 교통카드 Rail+ 사용 여부에 따라서만 결정된다.

오답분석

① KTX 마일리지는 KTX 열차 이용 시에만 적립된다.
③ 비즈니스 등급은 기업회원 여부와 관계없이 최근 1년간의 활동내역을 기준으로 부여된다.
④ 추석 및 설 명절 특별수송 기간 탑승 건을 제외하고 4만 점을 적립하면 VIP 등급을 부여받는다.
⑤ VVIP 등급과 VIP 등급 고객은 한정된 횟수 내에서 무료 업그레이드 쿠폰으로 KTX 특실을 KTX 일반실 가격에 구매할 수 있다.

11

정답 ⑤

- [건조단위중량(γ_d)] $=\dfrac{\gamma}{1+\dfrac{w}{100}}=\dfrac{2}{1+\dfrac{20}{100}}\fallingdotseq 1.67\text{t/m}^3$
- [간극비(e)] $=\dfrac{G_s\times\gamma_w}{\gamma_d}-1=\dfrac{2.6\times 1}{1.667}-1\fallingdotseq 0.56$
- [포화도(S)] $=\dfrac{w}{e}\times G_s=\dfrac{20}{0.56}\times 2.6\fallingdotseq 92.85\%$

12

정답 ①

반지름이 r인 원형 단면이므로 핵거리 e는 기준 축에 관계없이 같은 값을 갖는다.

$$e=\frac{Z}{A}=\frac{\frac{\pi D^3}{32}}{\frac{\pi D^2}{4}}=\frac{D}{8}=\frac{2\times 25}{8}=6.25\text{cm}$$

따라서 핵의 면적은 $A_{core}=\pi e^2=\pi\times 6.25^2\fallingdotseq 122.7\text{cm}^2$이다.

> **단주의 핵(Core)**
>
> $e=\dfrac{Z}{A}$

13

정답 ②

삼변측량은 삼각형의 세 변의 길이를 직접 측정하는 편리한 방법이지만 관측한 값의 수에 비하여 조건식이 적어 정확도가 낮은 단점이 있다.

14

정답 ④

틸트 도저는 토공판을 상하로 기울여 블레이드 한쪽 끝 부분에 힘을 집중시킬 수 있는 도저로, 딱딱한 흙의 굴착과 얕은 홈의 굴착에 적합하다.

오답분석

① 레이크 도저 : 블레이드가 포크 형식으로 구성되어 있어 작업 시 나무뿌리 등 불순물들을 골라낼 수 있는 도저이다.
② 스트레이트 도저 : 블레이드가 지표면과 수평으로 되어 있는 도저이다.
③ 앵글 도저 : 블레이드의 좌우를 20 ~ 30도 기울일 수 있어 토사를 한쪽으로 밀어낼 수 있는 도저이다.
⑤ 습지 도저 : 지반이 약한 지역에서 작업할 수 있는 도저이다.

15

정답 ④

오답분석

① 콘크리트의 건조수축 발생 시 표면에는 인장응력이 발생하고 내부에는 압축응력이 발생한다.
② 건조수축의 진행속도는 외부 환경의 상대습도와 밀접한 관련이 있다.
③ 물과 시멘트의 비율이 높을수록 크리프는 크게 발생한다.
⑤ 흡수율이 낮은 골재를 사용해야 건조수축을 억제할 수 있다.

16

정답 ⑤

A지점에 작용하는 모멘트의 크기가 0이므로

$\sum M_A=(-4\times 15)+(10\times R_B)=0 \rightarrow R_B=6\text{t}$

C지점에서 작용하는 모멘트의 크기가 0이므로

$\sum M_C=(1\times 15)+(5\times 6)+5\times H_B=0 \rightarrow H_B=15\text{t}$

따라서 C지점에서의 수평반력의 크기는 15t이다.

17

정답 ①

$\tau_{\max}=\dfrac{T}{Z_P}$이고 $Z_P=\dfrac{I_P}{e}$이다.

[정삼각형의 도심에 대한 최외각거리(e)]

$=\dfrac{2}{3}h=\dfrac{2}{3}\times\dfrac{\sqrt{3}}{2}b=\dfrac{\sqrt{3}}{3}b$이고

[정삼각형의 도심에 대한 단면 2차 모멘트(I_P)]

$=\dfrac{bh}{36}(b^2+h^2)=\dfrac{\sqrt{3}b^2}{72}\left(b^2+\dfrac{3}{4}b^2\right)=\dfrac{7\sqrt{3}b^4}{288}$이므로,

$Z_P=\dfrac{21b^3}{288}$이다.

따라서 전단응력의 크기는 $\tau=\dfrac{288T}{21b^3}$이다.

18

정답 ②

10m 길이의 자를 36번 사용해야 360m를 측정할 수 있으므로, 누적오차는 36×0.01=0.36m이고, 우연오차는 0.075 × $\sqrt{36}$ =0.45m이다.
따라서 측정한 도로의 정확한 길이의 범위는 360+0.36±0.45=360.36±0.45m이다.

19

정답 ②

오답분석

ㄴ. GIS는 2차원 지도를 넘어 3차원 이상의 동적인 지리정보를 알 수 있다.
ㄷ. GPS에서 사용자의 위치를 정확하게 파악하기 위해서는 적어도 3개의 GPS 위성이 필요하다.
ㄹ. GPS 위성은 많을수록 거리오차가 줄어들어 더욱 정확한 위치파악이 가능하다.

20

정답 ⑤

한중콘크리트 공법에서 시멘트와 배합하는 물은 냉각되지 않도록 저장하는 것이 중요하고, 필요시 5℃ 이하로 가열하여 사용한다.

21

정답 ②

오답분석

① 사질토에서는 처음에 함수비가 증가하여도 건조단위중량이 감소한다.
③ 점토에서는 함수비가 증가할수록 건조단위중량도 증가하다가 감소한다.
④ 최적함수비보다 작은 건조측에서 다짐을 하는 것이 강도 증가 목적에 부합한다.
⑤ 최적함수비보다 큰 습윤측에서 다짐을 하는 것이 차수 목적에 부합한다.

22

정답 ②

$f_{ck}=23\text{MPa}\leq 40\text{Mpa}$이므로
$\varepsilon_{cu}=0.0033$, $\eta=1$, $\beta_1=0.8$이다.
또한 $f_y=350\text{MPa}$이므로
$\varepsilon_{t,\min}=0.004$, $\varepsilon_c=\dfrac{400}{200,000}=0.002$이다.
따라서 균형철근비는 $\rho_b=\beta_1\dfrac{\eta(0.85f_{ck})}{f_y}\times\dfrac{\varepsilon_{cu}}{\varepsilon_{cu}+\varepsilon_c}$
$=0.8\times\dfrac{1\times0.85\times23}{350}\times\dfrac{0.0033}{0.0033+0.002}\fallingdotseq 0.023$이다.

23

정답 ②

오답분석

① 세라다이징 : 아연(Zn) 분말 속에 재료를 묻고 300 ~ 400℃로 1 ~ 5시간 가열하는 표면처리 방법이다.
③ 칼로라이징 : 알루미늄(Al) 분말 속에 재료를 가열하여 알루미늄이 표면에 확산되도록 하는 표면처리 방법이다.
④ 브로나이징 : 붕산(B)을 침투 및 확산시켜 경도와 내식성을 향상시키는 표면처리 방법이다.
⑤ 크로나이징 : 크롬(Cr)을 1,000 ~ 1,400℃의 환경에서 침투 및 확산시키는 표면처리 방법이다.

24

정답 ④

피로시험(ㄴ), 충격시험(ㄹ), 마멸시험(ㅁ)은 기계재료의 동적시험 방법에 속한다.

25

정답 ④

Tr 20×4 나사는 미터계가 30도인 사다리꼴 나사 중 하나로, 피치는 4mm이다. 또한 바깥지름은 20mm이고, 안지름은 20−4=16mm이며, 접촉 높이는 (피치)÷2=2mm이다.

26

정답 ①

A지점을 기준으로 모멘트의 합을 구하면 다음과 같다.
$\sum M_A=(6\times20)+(6+2)\times P=0 \rightarrow P=-15\text{kN}$
그러므로 A지점에 작용하는 반력 $R_A=-5\text{kN}$이다.
A지점에서 시작하여 $0\leq x\leq6$, $6\leq x\leq8$ 두 구간으로 나누어 반력을 구하면 다음과 같다.

• $0\leq x\leq6$
  $-5-V(x)=0 \rightarrow V(x)=-5\text{kN}$
• $6\leq x\leq8$
  $-5+20-V(x)0 \rightarrow V(x)=15\text{kN}$

A지점에서 시작하여 $0\leq x\leq6$, $6\leq x\leq8$ 두 구간으로 나누어 굽힘 모멘트를 구하면 다음과 같다.

• $0\leq x\leq6$
  $M(x)=-x\text{V}(x)=-5x$
• $6\leq x\leq8$
  $M(x)=15x-120$

따라서 굽힘 모멘트의 값이 가장 큰 지점은 A로부터 6m 떨어진 곳이며, 그 크기는 5×6=30N·m이다.

27
정답 ③

구름 베어링과 미끄럼 베어링의 비교

구분	구름 베어링	미끄럼 베어링
고속회전	부적합하다.	적당하다.
강성	크다.	작다.
수명	박리에 의해 제한되어 있다.	유체 마찰만 유지한다면 반영구적이다.
소음	시끄럽다.	조용하다.
규격화	규격화가 되어 있어 간편하게 사용할 수 있다.	규격화가 안 되어 있어 제작 시 별도의 검토가 필요하다.
윤활	윤활 장치가 필요 없다.	별도의 윤활 장치가 필요하다.
기동토크	적게 발생한다.	유막 형성 지연 시 크게 발생한다.
충격 흡수	감쇠력이 작아 충격 흡수력이 작다.	감쇠력이 커 충격 흡수력이 뛰어나다.
가격	비싸다.	저렴하다.

28
정답 ①

1kcal은 대기압에서 순수한 물 1kg의 온도를 1℃ 올릴 때 필요한 열량이다. 따라서 대기압이 작용하는 물 3,000kg의 수온을 10℃ 올릴 때 필요한 열량은 3,000×10=30,000kcal이다. 1kcal=4.2kJ이므로 30,000kcal을 kJ로 변환하면 30,000×4.2=126,000kJ이다.

29
정답 ③

오답분석

ㄱ·ㄹ. 동력을 간접적으로 전달하는 기계요소이다.

30
정답 ⑤

slug는 질량의 단위 중 하나이다.

오답분석

① 1kcal은 표준대기압에서 1kg의 물을 1℃ 올리는 데 필요한 열량이다.
② 1BTU는 표준대기압에서 1lb(pound)의 물을 1℉ 올리는 데 필요한 열량이다.
③ 1CHU는 표준대기압에서 1lb(pound)의 물을 1℃ 올리는 데 필요한 열량이다.
④ 1kcal=4.2kJ이다.

31
정답 ③

$Re=\frac{VD}{\nu}$이고, $Q=AV=\frac{\pi d^2}{4}V$이다.

따라서 이 유체의 레이놀즈 수는

$\frac{4Q}{\pi\nu d^2}=\frac{4\times30}{\pi\times0.804\times10^{-4}\times5^2}\fallingdotseq19{,}000$이다.

32
정답 ②

$$\epsilon=\frac{\delta}{L}=\frac{P}{AE}=\frac{30\times10^3}{\frac{\pi\times3^2}{4}\times10^{-6}\times350\times10^9}\fallingdotseq0.012$$

변형량(δ) 구하기

$\delta=\frac{PL}{AE}$

P : 작용한 하중(N)
L : 재료의 길이(mm)
A : 단면적(mm^2)
E : 세로탄성계수(N/mm^2)

33
정답 ②

단상 유도 전동기를 기동토크가 큰 순서대로 나열하면 반발 기동형 – 반발 유도형 – 콘덴서 기동형 – 분상 기동형 – 셰이딩 코일형이다.

단상 유도 전동기의 특징

- 교번자계가 발생한다.
- 기동토크가 없으므로 기동 시 기동장치가 필요하다.
- 슬립이 0이 되기 전에 토크는 미리 0이 된다.
- 2차 저항값이 일정값 이상이 되면 토크는 부(−)가 된다.

34
정답 ④

[3상 전압강하(e)]$=V_s-V_r=\sqrt{3}I(R\cos\theta+X\sin\theta)$

[송전단 전압(V_s)]$=V_r+\sqrt{3}I(R\cos\theta+X\sin\theta)$

$$=6{,}000+\sqrt{3}\times\frac{300\times10^3}{\sqrt{3}\times6{,}000\times0.8}\times\{(5\times0.8)+(4\times0.6)\}$$

$=6{,}400V$

35

정답 ④

$$L=\frac{N^2}{R_m}=\frac{N^2}{\frac{l}{\mu S}}=\frac{\mu_0\mu_s SN^2}{l}$$
$$=\frac{4\pi\times10^{-7}\times600\times4\times10^{-4}\times1{,}000^2}{4\pi\times10^{-2}}=2.4\text{H}$$

36

정답 ③

$J=\frac{m}{S}=\frac{m}{\pi r^2}\text{Wb}/m^2$ 에서

$m=J\times\pi r^2=300\times\pi\times(10\times10^{-2})^2=3\pi\text{Wb}$

37

정답 ②

$Z=\sqrt{R^2+X^2}=\sqrt{3^2+4^2}=5\Omega$

$\therefore\ I=\frac{V}{Z}=\frac{50}{5}=10\text{A}$

38

정답 ④

$$P_r=I^2X=\left(\frac{V}{\sqrt{R^2+X^2}}\right)^2X=\frac{V^2X}{R^2+X^2}=\frac{10^2\times4}{3^2+4^2}$$
$$=16\text{Var}$$

직렬회로의 단상류 전력

- 피상전력

  $P_a=I^2Z=\frac{V^2}{Z}=\frac{Z}{R^2+X^2}V^2$
- 유효전력

  $P=I^2R=\left(\frac{V}{\sqrt{R^2+X^2}}\right)^2R=\frac{R}{R^2+X^2}V^2$
- 무효전력

  $P_r=I^2X=\left(\frac{V}{\sqrt{R^2+X^2}}\right)^2X=\frac{X}{R^2+X^2}V^2$

  $P_a{}^2=P^2+P_r{}^2,\ Z=\sqrt{R^2+X^2}$

39

정답 ①

연가란 전선로 각 상의 선로정수를 평형이 되도록 선로 전체의 길이를 3등분하여 각 상의 위치를 개폐소나 연가철탑을 통하여 바꾸어주는 것이다. 3상 3선식 송전선을 연가할 경우 일반적으로 3배수의 구간으로 등분하여 연가한다.

40

정답 ①

$\epsilon=pcos\theta+qsin\theta=(3.8\times0.8)+(4.9\times0.6)=5.98\%$

변압기의 전압변동률

- 지상

  $\epsilon=pcos\theta+qsin\theta$
- 진상

  $\epsilon=pcos\theta-qsin\theta$

41

정답 ②

ㄱ·ㄹ. 임펄스 함수는 하중 함수와 같은 함수이다.

42

정답 ②

비정현파는 파형이 상당이 일그러져 규칙적으로 반복하는 교류 파형이며, 정현파가 아닌 파형을 통틀어 부른다. 비정현파는 직류분, 기본파, 고조파로 구성되어 있다.

43

정답 ①

$[\text{전선의 수평장력}(T)]=\frac{(\text{인장하중})}{(\text{안전율})}=\frac{50{,}000}{2.5}=20{,}000\text{N}$

$[\text{이도}(D)]=\frac{WS^2}{8T}=\frac{20\times200^2}{8\times20{,}000}=5\text{m}$

44

정답 ③

환상 솔레노이드의 자기 인덕턴스는 권선수의 제곱에 비례하므로($L\propto N^2$) 권선수를 4배 하면 자기 인덕턴스의 크기는 16배가 된다.

45

정답 ③

오답분석

ㄴ. 선로정수의 평형은 연가의 사용 목적이다.

가공지선의 설치 목적

- 직격뢰로부터의 차폐
- 유도뢰로부터의 차폐
- 통신선유도장애 경감

46

정답 ②

$$\frac{(\text{합성최대수용전력})}{(\text{역률})\times(\text{부등률})}=\frac{(\text{설비용량})\times(\text{수용률})}{(\text{역률})\times(\text{부등률})}$$

$$=\frac{500\times0.6}{0.9\times1.2}≒278\text{kVA}$$

47

정답 ⑤

직권전동기의 특성

- 부하에 따라 속도가 심하게 변한다.
- 전동차, 기중기 크레인 등 기동토크가 큰 곳에 사용된다.
- 무여자로 운전할 시 위험속도에 달한다.
- 공급전원 방향을 반대로 해도 회전 방향이 바뀌지 않는다.

2022년 하반기 기출복원문제

01	02	03	04	05	06	07	08	09	10
③	⑤	④	④	⑤	①	①	④	⑤	④
11	12								
⑤	②								

01

정답 ③

제시문의 중심 내용은 나이 계산법 방식이 세 가지로 혼재되어 있어 '나이 불일치'로 인한 행정서비스 및 계약상의 혼선과 법적 다툼이 발생하므로 이를 해소하고자 나이 방식을 하나로 통합하자는 것이다. 이에 덧붙여 나이 방식이 통합되어도 일상에는 변화가 없으며 일부 법에 대해서는 기존 방식이 유지될 수 있다고 하였다. 따라서 제시문의 주제로 가장 적절한 것은 ③이다.

오답분석

① 마지막 문단의 '연 나이를 채택해 또래 집단과 동일한 기준을 적용하는 것이 오히려 혼선을 막을 수 있고 법 집행의 효율성이 담보'라는 내용에서 일부 법령에 대해서는 연 나이 계산법을 유지한다는 것을 알 수 있으나, 해당 내용이 전체 글을 다루고 있다고 보기는 어렵다.
② 세 번째 문단에 따르면 나이 불일치가 야기한 혼선과 법적 다툼은 우리나라 나이 계산법으로 인한 문제가 아니라 나이 계산법 방식이 세 가지로 혼재되어 있어 발생하는 문제라고 하였다.
④ 제시문은 나이 계산법 혼용에 따른 분쟁 해결 방안을 다루기보다는 이러한 분쟁이 발생하지 않도록 나이 계산법을 하나로 통일하자는 내용을 다루고 있다.
⑤ 다섯 번째 문단의 '법적·사회적 분쟁이 크게 줄어들 것으로 기대하고 있지만, 국민 전체가 일상적으로 체감하는 변화는 크지 않을 것'이라는 내용으로 보아 나이 계산법의 변화로 달라지는 행정서비스는 크게 없을 것으로 보이며, 글의 전체적인 주제로 보기에도 적절하지 않다.

02

정답 ⑤

마지막 문단의 '정부도 규제와 의무보다는 사업자의 자율적인 부분을 인정해 주고 사업자 노력을 드라이브 걸 수 있는 지원책을 마련하여야 한다.'라는 내용을 통해 정부는 OTT 플랫폼에 장애인 편의 기능과 관련한 규제와 의무를 줬지만, 이에 대한 지원책은 부족했음을 추론할 수 있다.

오답분석

① 세 번째 문단의 '재생 버튼에 대한 설명이 제공되는 넷플릭스도 영상 재생 시점을 10초 앞으로 또는 뒤로 이동하는 버튼은 이용하기 어렵다.'라는 내용을 통해 국내 OTT 플랫폼보다는 장애인을 위한 서비스 기능이 더 제공되고 있지만, 여전히 충분히 제공되고 있지 않음을 알 수 있다.
② 세 번째 문단을 통해 장애인들의 국내 OTT 플랫폼의 이용이 어려움을 짐작할 수는 있지만, 서비스를 제공하는지의 유무는 확인하기 어렵다.
③ 외국 OTT 플랫폼은 국내 OTT 플랫폼보다 상대적으로 장애인 편의 기능을 더 제공하고 있는 것으로 보아 장애인을 수동적인 시혜자가 아닌 능동적인 소비자로 보고 있음을 알 수 있다.
④ 제시문에서는 우리나라 장애인이 외국 장애인보다 OTT 플랫폼의 이용이 어렵다기보다는 우리나라 OTT 플랫폼이 외국 OTT 플랫폼보다 장애인이 이용하기 어렵다고 말하고 있다.

03

정답 ④

빈칸 앞의 '기증 전 단계의 고민은 물론이고 막상 기증한 뒤에'라는 내용을 통해 이는 공여자의 고민에 해당함을 알 수 있다. 따라서 빈칸 ㉣은 공여자가 기증 후 공여를 받는 사람, 즉 수혜자와의 관계에 대한 우려를 다루고 있다.

오답분석

① ㉠ : 생체 – 두 번째 문단에서 '신장이나 간을 기증한 공여자에게서 만성 신·간 부전의 위험이 확인됐다.'라고 하였다. 따라서 제시문은 살아있는 상태에서 기증한 생체 기증자에 대해 다루고 있음을 알 수 있다.
② ㉡ : 상한액 – 빈칸은 앞서 말한 '진료비를 지원하는 제도'을 이용하는 데 제한을 다루고 있음을 짐작할 수 있다. 따라서 하한액보다는 상한액이 들어가는 것이 문맥상 적절하다.

③ ㉢ : 불특정인 – 빈칸 앞의 '아무 조건 없이'라는 말로 볼 때, 문맥상 특정인보다는 불특정인이 들어가는 것이 적절하다.
⑤ ㉤ : 수요 – 빈칸 앞 문장의 '해마다 늘어가는 장기 이식 대기 문제'라는 내용을 통해 공급이 아닌 수요를 감당하기 어려운 상황임을 알 수 있다. 따라서 빈칸에 들어갈 내용으로 적절한 것은 수요이다.

04

정답 ④

다섯 번째 문단의 '특히 여성들이 임신과 출산을 경험하는 경우 따가운 시선을 감수해야 한다.'라는 내용으로 볼 때, 임신으로 인한 공백 문제 등이 발생하지 않도록 법적으로 공백 기간을 규제하는 것이 아니라 적절한 공백 기간을 제공하는 것은 물론 임신과 출산으로 인해 퇴직하는 등 경력이 단절되지 않도록 규제하여야 한다.

오답분석

① 세 번째 문단의 '결혼과 출산, 임신을 한 여성 노동자는 조직 전체에 부정적인 영향을 준다고 인식하는 경향이 강한데'라는 내용으로 볼 때 결혼과 출산, 임신과 같은 가족계획을 지지하는 환경으로 만들어 여성 노동자에 대한 인식을 개선하여야 한다.
② 네 번째 문단의 '여성 노동자가 많이 근무하는 서비스업 등의 직업군의 경우 임금 자체가 상당히 낮게 책정되어 있어 남성에 비하여 많은 임금을 받지 못하는 구조'라는 내용으로 볼 때, 여성 노동자가 주로 종사하는 직종의 임금 체계를 합리적으로 변화시켜야 한다.
③ 네 번째 문단의 '여성 노동자를 차별한 결과 여성들은 남성 노동자들보다 저임금을 받아야 하고 비교적 질이 좋지 않은 일자리에서 일해야 하며 고위직으로 올라가는 것 역시 힘들고 임금 차별이 나타나게 된다.'라는 내용으로 볼 때, 여성들 또한 남성과 마찬가지의 권리를 가질 수 있도록 양질의 정규직 일자리를 만들어야 한다.
⑤ 다섯 번째 문단의 '여성 노동자들을 노동자 그 자체로 보기보다는 여성으로 바라보는 남성들의 잘못된 시선으로 인해 여성 노동자는 신성한 노동의 현장에서 성희롱을 당하고 있으며'라는 내용으로 볼 때, 여성을 대하는 인식을 개선해야 한다.

05

정답 ⑤

먼저 서두에는 흥미를 유도하거나 환기시킬 수 있는 내용이 오는 것이 적절하다. 따라서 영국의 보고서 내용인 (나) 또는 OECD 조사 내용인 (다)가 서두에 오는 것이 적절하다. 하지만 (나)의 경우 첫 문장에서의 '또한'이라는 접속사를 통해 앞선 글이 있었음을 알 수 있으므로 서두에 오는 것이 가장 적절한 문단은 (다)이고, 이어서는 (나)가 오는 것이 적절하다. 그리고 다음으로 앞선 문단에서 다룬 성별 간 임금 격차의 이유에 해당하는 (라)가 이어지고 이에 대한 구체적 내용인 (가)가 오는 것이 가장 적절하다.

06

정답 ①

첫 번째 문단의 '특히 해당 건물은 조립식 샌드위치 패널로 지어져 있어 이번 화재는 자칫 대형 산불로 이어져'라는 내용과 빈칸 앞뒤의 '빠르게 진화되었지만', '불이 삽시간에 번져'라는 내용을 미루어 볼 때, 해당 건물의 화재가 빠르게 진화되었음에도 사상자가 발생한 것은 조립식 샌드위치 패널로 이루어진 화재에 취약한 구조이기 때문으로 볼 수 있다. 따라서 빈칸에 들어갈 내용으로 가장 적절한 것은 ①이다.

오답분석

② 건조한 기후와 관련한 내용은 제시문에서 찾을 수 없다.
③ 해당 건물이 불법 가건물에 해당되지만, 해당 건물의 안정성과 관련한 내용은 제시문에서 찾을 수 없다.
④ 소방시설과 관련한 내용은 제시문에서 찾을 수 없으며, 첫 번째 문단의 '화재는 30여 분 만에 빠르게 진화되었지만'이라는 내용으로 보아 소방 대처가 화재에 영향을 줬다고 보기는 어렵다.
⑤ 인적이 드문 지역에 있어 해당 건물의 존재를 파악하기는 어려웠지만, 화재로 인한 피해를 더 크게 했다고 보기는 어렵다.

07

정답 ①

운동을 하기 전 세현이의 체지방량을 $x$kg, 근육량을 $y$kg이라 하자.

$x+y=65 \cdots$ ㉠

$-0.2x+0.25y=-4 \cdots$ ㉡

㉡×20을 하면 $-4x+5y=-80 \cdots$ ㉢

(㉠×4)+㉢을 계산하면 $9y=180$, $y=20$이고, 이 값을 ㉠에 대입하면 $x=45$이다.

따라서 운동을 한 후 세현이의 체지방량은 운동 전에 비해 20%인 9kg이 줄어 36kg이고, 근육량은 운동 전에 비해 25%인 5kg이 늘어 25kg이다.

08

정답 ④

둘레에 심는 꽃의 수가 최소가 되려면 꽃 사이의 간격이 최대가 되어야 하므로 꽃 사이의 간격은 $140=2^2\times5\times7$, $100=2^2\times5^2$의 최대공약수인 $2^2\times5=20$m가 된다. 따라서 이때 심어야 하는 꽃은 $2\times\{(140+100)\div20\}=24$송이다.

09

정답 ⑤

제품 50개 중 1개가 불량품일 확률은 $\frac{1}{50}$이다.

따라서 제품 2개를 고를 때 2개가 모두 불량품일 확률은 $\frac{1}{50}\times\frac{1}{50}=\frac{1}{2,500}$이다.

10

정답 ④

처음 A비커에 들어 있는 소금의 양은 $\frac{6}{100}\times300=18$g이고, 처음 B비커에 들어 있는 소금의 양은 $\frac{8}{100}\times300=24$g이다.
A비커에서 소금물 100g을 퍼서 B비커에 옮겨 담았으므로 옮겨진 소금의 양은 $\frac{6}{100}\times100=6$g이고, A비커에 남아 있는 소금의 양은 12g이다. 또한 B비커에 들어 있는 소금물은 400g이고, 소금의 양은 $24+6=30$g이다.
다시 B비커에서 소금물 80g을 퍼서 A비커에 옮겨 담았으므로 옮겨진 소금의 양은 $30\times\frac{1}{5}=6$g이다. 따라서 A비커의 소금물은 280g이 되고, 소금의 양은 $12+6=18$g이 되므로 농도는 $\frac{18}{280}\times100\fallingdotseq6.4$%가 된다.

11

정답 ⑤

1, 2, 3, 4, 5가 각각 적힌 카드에서 3장을 뽑아 만들 수 있는 세 자리 정수는 $5\times4\times3=60$가지이다.
이 중에서 216 이하의 정수는 백의 자리가 1일 때 $4\times3=12$가지, 백의 자리가 2일 때 213, 214, 215로 3가지이다.
따라서 216보다 큰 정수는 $60-(12+3)=45$가지이다.

12

정답 ②

제품 20개 중 3개를 꺼낼 때 불량품이 1개도 나오지 않는 확률은 $\frac{{}_{18}C_3}{{}_{20}C_3}=\frac{816}{1,140}=\frac{68}{95}$이다. 따라서 제품 3개를 꺼낼 때 적어도 1개가 불량품일 확률은 $1-\frac{68}{95}=\frac{27}{95}$이다.

CHAPTER

07 2022년 상반기 기출복원문제

01	02	03	04	05	06	07	08	09	10
③	③	③	②	④	④	③	④	②	①
11	12	13	14	15	16	17	18	19	20
④	③	②	②	④	③	⑤	③	①	①
21	22	23	24	25	26	27	28	29	30
②	①	⑤	②	④	③	⑤	③	①	②
31	32	33	34	35	36	37	38	39	40
①	④	④	①	⑤	②	④	④	①	③

01

정답 ③

문장의 형태소 중에서 조사나 선어말어미, 어말어미 등으로 쓰인 문법적 형태소의 개수를 파악해야 한다.
이, 니, 과, 에, 이, 었, 다 → 총 7개

오답분석

① 이, 을, 었, 다 → 총 4개
② 는, 가, 았, 다 → 총 4개
④ 는, 에서, 과, 를, 았, 다 → 총 6개
⑤ 에, 이, 었, 다 → 총 4개

02

정답 ③

'피상적(皮相的)'은 '사물의 판단이나 파악 등이 본질에 이르지 못하고 겉으로 나타나 보이는 현상에만 관계하는 것'을 의미한다. 제시된 문장에서는 '표면적(表面的)'과 반대되는 뜻의 단어를 써야 하므로 '본질적(本質的)'이 적절하다.

오답분석

① 정례화(定例化) : 어떤 일이 일정하게 정하여진 규칙이나 관례에 따르도록 하게 하는 것
② 중장기적(中長期的) : 길지도 짧지도 않은 중간쯤 되는 기간에 걸치거나 오랜 기간에 걸치는 긴 것
④ 친환경(親環境) : 자연환경을 오염하지 않고 자연 그대로의 환경과 잘 어울리는 일. 또는 그런 행위나 철학
⑤ 숙려(熟慮) : 곰곰이 잘 생각하는 것

03

정답 ③

'서슴다'는 '행동이 선뜻 결정되지 않고 머뭇대며 망설이다. 또는 선뜻 결정하지 못하고 머뭇대다.'라는 뜻으로, '서슴치 않다'가 아닌 '서슴지 않다'가 어법상 옳다.

오답분석

① '잠거라'가 아닌 '잠가라'가 되어야 어법상 옳은 문장이다.
② '담궈'가 아니라 '담가'가 되어야 어법상 옳은 문장이다.
④ '염치 불구하고'가 아니라 '염치 불고하고'가 되어야 어법상 옳은 문장이다.
⑤ '뒷뜰'이 아니라 '뒤뜰'이 되어야 어법상 옳은 문장이다.

04

정답 ②

제시문의 첫 문단은 '2022 K-농산어촌 한마당'에 대해 처음 언급하며 화두를 던지는 (가)가 적절하다. 이후 K-농산어촌 한마당 행사에 대해 자세히 설명하는 (다)가 오고, 행사에서 소개된 천일염과 관련 있는 음식인 김치에 대해 언급하는 (나)가 오는 것이 자연스럽다.

05

정답 ④

실험실의 수를 x개라 하면, 학생의 수는 $(20x+30)$명이다. 실험실 한 곳에 25명씩 입실시킬 경우 $(x-3)$개의 실험실은 모두 채워지고 2개의 실험실에는 아무도 들어가지 않는다. 그리고 나머지 실험실 한 곳에는 최소 1명에서 최대 25명이 들어간다. 이를 식으로 정리하면 다음과 같다.

$25(x-3)+1 \le 20x+30 \le 25(x-2)$

$\therefore 16 \le x \le 20.8$

따라서 위의 식을 만족하는 범위 내에서 가장 작은 홀수는 17이므로 최소한의 실험실은 17개이다.

06

정답 ④

기존 사원증의 가로와 세로의 길이 비율이 1 : 2이므로 가로 길이를 $x$cm, 세로 길이를 $2x$cm라 하자. 기존 사원증 대비 새 사원증의 가로 길이 증가폭은 $(6-x)$cm, 세로 길이 증가폭은 $(9-2x)$cm이다. 주어진 디자인 변경 비용을 적용하여 식으로 정리하면 다음과 같다.

$2,800+\{(6-x)\times 12\div 0.1\}+\{(9-2x)\times 22\div 0.1\}=2,420$

$\rightarrow 2,800+720-120x+1,980-440x=2,420$

$\rightarrow 560x=3,080$

$\therefore x=5.5$

따라서 기존 사원증의 가로 길이는 5.5cm이고, 세로 길이는 11cm이며, 둘레는 $(5.5\times 2)+(11\times 2)=33$cm이다.

07

정답 ③

A공장에서 45시간 동안 생산된 제품은 총 45,000개이고, B공장에서 20시간 동안 생산된 제품은 총 30,000개로 두 공장에서 생산된 제품은 총 75,000개이다. 또한, 두 공장에서 생산된 불량품은 총 $(45+20)\times 45=2,925$개이다. 따라서 생산된 제품 중 불량품의 비율은 $2,925\div 75,000\times 100=3.9\%$이다.

08

정답 ④

연속교육은 하루 안에 진행되어야 하므로 4시간 연속교육으로 진행되어야 하는 문제해결능력 수업은 하루 전체를 사용해야 한다. 따라서 5일 중 1일은 문제해결능력 수업만 진행되며, 나머지 4일에 걸쳐 남은 세 과목의 수업을 진행한다. 수리능력 수업은 3시간 연속교육, 자원관리능력 수업은 2시간 연속교육이며, 하루 수업은 총 4교시로 구성되므로 수리능력 수업과 자원관리능력 수업은 같은 날 진행되지 않는다. 수리능력 수업의 총 교육시간은 9시간으로, 최소 3일이 필요하므로 자원관리능력 수업은 하루에 몰아서 진행해야 한다. 그러므로 문제해결능력 수업과 자원관리능력 수업을 배정하는 경우의 수는 $5\times 4=20$가지이다. 문제해결능력 수업과 자원관리능력 수업이 진행되는 이틀을 제외한 나머지 3일간은 매일 수리능력 수업 3시간과 의사소통능력 수업 1시간이 진행되며, 수리능력 수업 후에 의사소통능력 수업을 진행하는 경우와 의사소통능력 수업을 먼저 진행하고 수리능력 수업을 진행하는 경우로 나뉜다. 따라서 이에 대한 경우의 수는 $2^3=8$가지이다.

그러므로 주어진 규칙을 만족하는 경우의 수는 모두 $5\times 4\times 2^3=160$가지이다.

09

정답 ②

제시된 공연장의 주말 매표 가격은 평일 매표 가격의 1.5배로 책정되므로, 지난주 1층 평일 매표 가격은 $6\div 1.5=4$만 원이 된다. 그러므로 지난주 1층 매표 수익은 $(4\times 200\times 5)+(6\times 200\times 2)=6,400$만 원이고, 2층 매표 수익은 $8,800-6,400=2,400$만 원이다. 이때, 2층 평일 매표 가격을 x만 원이라고 한다면, 2층 주말 매표 가격은 $1.5x$만 원이 되므로 다음 식이 성립한다.

$(x\times 5)+(1.5x\times 2)=2,400$

따라서 $x=3$이므로, 지난주 2층의 평일 매표 가격은 3만 원이다.

10

정답 ①

조건에 따르면 A팀의 남자 직원이 여자 직원의 두 배라고 했으므로, 남자 직원은 6명, 여자 직원은 3명이 된다. 이에 동일한 성별의 2명을 뽑는 경우의 수는 다음과 같다.

- 남자 직원 2명을 뽑을 경우 : ${}_6C_2=\frac{6\times 5}{2\times 1}=15$가지
- 여자 직원 2명을 뽑을 경우 : ${}_3C_2\ \frac{3\times 2}{2\times 1}=3$가지

따라서 가능한 경우의 수는 18가지이다.

11

정답 ④

첫 번째 조건에서 전체 지원자 120명 중 신입직은 경력직의 2배이므로, 신입직 지원자는 80명, 경력직 지원자는 40명이다. 이에 두 번째 조건에서 신입직 중 기획부서에 지원한 사람이 30%라고 했으므로 $80\times 0.3=24$명이 되고, 신입직 중 영업부서와 회계부서에 지원한 사람은 $80-24=56$명이 된다. 또한 세 번째 조건에서 신입직 중 영업부서와 회계부서에 지원한 사람의 비율이 3 : 1이므로, 영업부서에 지원한 신입직은 $56\times \frac{3}{3+1}=42$명, 회계부서에 지원한 신입직은 $56\times \frac{1}{3+1}=14$명이 된다. 다음 네 번째 조건에 따라 기획부서에 지원한 경력직 지원자는 $120\times 0.05=6$명이다. 마지막으로 다섯 번째 조건에 따라 전체 지원자 120명 중 50%에 해당하는 60명이 영업부서에 지원했다고 했으므로, 영업부서 지원자 중 경력직 지원자는 세 번째 조건에서 구한 신입직 지원자 42명을 제외한 $60-42=16$명이 되고, 회계부서에 지원한 경력직 지원자는 전체 경력직 지원자 중 기획부서와 영업부서의 지원자를 제외한 $40-(6+18)=16$명이 된다. 따라서 전체 회계부서 지원자는 $14+16=30$명이다.

12

정답 ③

먼저 장마전선이 강원도에서 인천으로 이동하기까지 소요된 시간을 구하면 (시간)$=\frac{(\text{거리})}{(\text{속도})}=\frac{304}{32}=9.5$시간, 즉 9시간 30분이다. 따라서 강원도에서 장마전선이 시작된 시각은 인천에 도달한 시각인 오후 9시 5분에서 9시간 30분 전인 오전 11시 35분이다.

13

정답 ②

기계 A와 기계 B의 생산량 비율이 2 : 3이므로, 총 생산량인 1,000개 중 기계 A가 $1{,}000\times\frac{2}{2+3}=400$개, 기계 B가 $1{,}000\times\frac{3}{2+3}=600$개를 생산하였다. 이때 기계 A의 불량률이 3%이므로 기계 A로 인해 발생한 불량품의 개수는 $400\times0.03=12$개이다. 따라서 기계 B로 인해 발생한 불량품의 개수는 $39-12=27$개이므로, 기계 B의 불량률은 $\frac{27}{600}\times100=4.5\%$이다.

14

정답 ②

의자의 개수를 x개, 10인용 의자에서 비어있는 의자 2개를 제외한 가장 적은 인원이 앉아있는 의자의 인원을 y명이라고 하면 다음 식이 성립한다(단, $0<y<10$).

$(7\times x)+4=\{10\times(x-3)\}+y$

$\rightarrow 7x+4=10x-30+y$

$\rightarrow 3x+y=34$

따라서 가능한 x, y의 값과 전체 인원은 다음과 같다.

1) $x=9$, $y=7$ → (전체 인원)$=7x+4=67$명
2) $x=10$, $y=4$ → (전체 인원)$=74$명
3) $x=11$, $y=1$ → (전체 인원)$=81$명

따라서 가능한 최대 인원과 최소 인원의 차이는 $81-67=14$명이다.

15

정답 ④

먼저 가장 많은 수업시간을 할애해야 하는 고등학생의 수업 배치가 가능한 경우는 다른 학생의 배치시간과 첫 번째 조건의 첫 수업 시작시간을 고려하여 1 ~ 4시, 3 ~ 6시의 2가지 경우만 가능하다. 따라서 고등학생의 수업 배치 경우의 수를 구하면 다음과 같다.

$2\times2\times{}_4P_2=48$가지

다음으로 중학생의 수업 배치가 가능한 경우는 고등학생이 배치된 요일을 제외한 두 요일 중 첫 번째 조건의 첫 수업 시작시간과 다섯 번째 조건의 휴게시간을 고려하여 하루는 2명이 각각 1 ~ 3시와 4 ~ 6시, 다른 하루는 남은 한 명이 1 ~ 3시 또는 3 ~ 5시 중에 배치될 수 있다. 따라서 중학생의 수업 배치 경우의 수를 구하면 다음과 같다.

- 경우 1
  A요일에 1 ~ 3시, 4 ~ 6시, B요일에 1 ~ 3시 배치
  : $3!=3\times2\times1=6$가지
- 경우 2
  A요일에 1 ~ 3시, 4 ~ 6시, B요일에 4 ~ 6시 배치
  : $3!=3\times2\times1=6$가지

마지막으로 초등학생의 수업 배치가 가능한 경우는 고등학생이 배치된 요일인 이틀과 중학생이 한 명만 배치된 요일에 진행된다. 따라서 가능한 경우의 수를 구하면 다음과 같다.

$3!=3\times2\times1=6$가지

그러므로 가능한 경우의 수는 모두 $48\times6\times6\times2=3{,}456$가지이다.

16

정답 ③

보기의 정부 관계자들은 향후 청년의 공급이 줄어들게 되는 인구구조의 변화가 문제해결에 유리한 조건을 형성한다고 말하였다. 그러나 기사에 따르면 이러한 인구구조의 변화가 곧 문제해결이나 완화로 이어지지 않는다고 설명하고 있으므로, 정부 관계자의 태도로 ③이 가장 적절하다.

오답분석

① · ② 올해부터 3 ~ 4년간 인구 문제가 부정적으로 작용할 것이라고 말하였으나, 올해가 가장 좋지 않다거나 현재 문제가 해결 중에 있다는 언급은 없다.
④ 에코세대의 노동시장 진입으로 인한 청년 공급 증가에 대응해야 함을 인식하고 있다.
⑤ 일본의 상황을 참고하여 한국도 점차 좋아질 것이라고 예측하고 있을 뿐, 한국의 상황이 일본보다 낫다고 평가하는지는 알 수 없다.

17

정답 ⑤

제시문에서 지하철역 주변, 대학교, 공원 등을 이용한 현장 홍보와 방송, SNS 등을 이용한 온라인 홍보를 진행한다고 하였으며, 이러한 홍보 방식은 특정한 계층군이 아닌 일반인들을 대상으로 하는 홍보 방식이다.

오답분석

① 제시문에 등장하는 협의체에는 산업부가 포함되어 있지 않다. 포함된 기관은 국무조정실, 국토부, 행안부, 교육부, 경찰청이다.
② 전동킥보드인지 여부에 관계없이 안전기준을 충족한 개인형 이동장치여야 자전거도로 운행이 허용된다.
③ 개인형 이동장치로 인한 사망사고는 최근 3년간 지속적으로 증가하였다.
④ 13세 이상인 사람 중 원동기 면허 이상의 운전면허를 소지한 사람에 한해 개인형 이동장치 운전이 허가된다.

18

정답 ③

복도체를 사용하게 되면 선로의 허용전류 및 송전용량이 증가한다.

> **복도체의 특징**
> - 코로나 방지에 가장 효과적인 방법이다.
> - 전선표면의 전위경도가 감소한다.
> - 선로의 허용전류 및 송전용량이 증가한다.
> - 코로나 임계전압이 증가한다.
> - 인덕턴스는 감소하고 정전용량은 증가한다.

19

정답 ①

지선에 연선을 사용할 경우에는 소선 3가닥 이상의 연선이어야 한다.

오답분석

② 지선의 안전율은 2.5 이상이어야 한다.

③ 지중 부분 및 지표상 30cm까지의 부분은 내식성이 있는 것 또는 아연도금 철봉을 사용해야 한다.

④ 지선의 허용 인장하중의 최저는 4.31kN이어야 한다.

⑤ 도로를 횡단하여 시설하는 지선의 높이는 지표상 5m 이상이어야 한다.

> **지선의 시설기준**
> - 지선의 안전율은 2.5 이상일 것(허용 인장하중의 최저는 4.31kN)
> - 연선을 사용할 경우 소선 3가닥 이상일 것
> - 연선을 사용할 경우 소선의 지름이 2.6mm 이상의 금속선을 사용한 것일 것
> - 지중 부분 및 지표상 30cm까지의 부분은 내식성이 있는 것 또는 아연도금 철봉을 사용하고 쉽게 부식되지 아니하는 근가에 견고하게 붙일 것. 다만, 목주에 시설하는 지선에 대해서는 그러하지 아니하다.
> - 도로를 횡단하는 지선의 높이는 지표상 5m 이상으로 한다. 다만, 기술상 부득이한 경우로서 교통에 지장을 초래할 우려가 없는 경우에는 지표상 4.5m 이상, 보도의 경우에는 2.5m 이상으로 할 수 있다.

20

정답 ①

무한장 직선 전류에 의한 자계의 세기 $H=\frac{I}{2\pi r}$ AT/m이므로 거리에 대하여 반비례하여 쌍곡선의 형태로 감소한다.

21

정답 ②

교류기 철심재료는 잔류 자속 밀도 및 보자력이 작아서 히스테리시스손이 작아야 좋지만, 영구자석의 재료는 보자력 및 잔류 자속 밀도가 모두 커야 한다.

22

정답 ①

$$[\text{이도}(D)]=\frac{WS^2}{8T}=\frac{2\times200^2}{8\times\frac{5,000}{2}}=4\text{m}$$

23

정답 ⑤

주자속 분포를 찌그러뜨려 중성 축을 이동시킨다.

> **전기자 반작용의 영향**
> - 코일이 자극의 중심축에 있을 때도 브러시 사이에 전압을 유기시켜 불꽃을 발생시킨다.
> - 직류 전압이 감소한다.
> - 자기저항을 크게 한다.
> - 주자속을 감속시켜 유도 전압을 감소시킨다.
> - 주자속 분포를 찌그러뜨려 중성 축을 이동시킨다.

24

정답 ②

전력용 콘덴서의 용량

$$Q_C=P(\tan\theta_1-\tan\theta_2)$$

$$=P\left(\frac{\sqrt{1-\cos\theta LSUP2_1}}{\cos\theta_1}-\frac{\sqrt{1-\cos\theta LSUP2_2}}{\cos\theta_2}\right)$$

$$=3,000\times\left(\frac{\sqrt{1-0.75^2}}{0.75}-\frac{\sqrt{1-0.93^2}}{0.93}\right)\fallingdotseq1,460\text{kVA}$$

25

정답 ④

무한장 직선 도체에 의한 자계의 세기 $H=\frac{I}{2\pi r}$ AT/m이고 자계는 $H\propto\frac{1}{r}$이므로 $H_1=150$, $r_1=0.1$일 때, $r_2=0.3$에 대한 $H_2=\frac{r_1}{r_2}H_1=\frac{0.1}{0.3}\times150=50$AT/m이다.

26

정답 ③

$g_{FM}(t)=A_c\cos[(2\pi f_c t+\theta(t))]$

$s(t)=20\cos(800\pi t+10\pi\cos7t)$

$\phi(t)=2\pi f_c t+\theta(t)=800\pi t+10\pi\cos7t$

순시 주파수 $f_i(t)=\frac{1}{2\pi}\times\frac{d\phi(t)}{dt}=f_c+\frac{1}{2\pi}\times\frac{d\theta(t)}{dt}$

$=\frac{1}{2\pi}\times\frac{d\theta(t)}{dt}=400-\frac{70\pi}{2\pi}\sin7t$

$=400-35\sin7t$

27

정답 ⑤

$f(s)=\frac{2s+3}{s^2+3s+2}=\frac{2s+3}{(s+2)(s+1)}=\frac{A}{s+1}+\frac{B}{s+2}$

$A=f(s)(s+1)\mid_{s=-1}=\frac{2s+3}{s+2}\mid_{s=-1}=1$

$B=f(s)(s+2)\mid_{s=-2}=\frac{2s+3}{s+1}\mid_{s=-2}=1$

$\therefore\ f(t)=e^{-t}+e^{-2t}$

28

정답 ③

전력용 콘덴서의 용량

$Q_C=P(\tan\theta_1-\tan\theta_2)$

$=P_a\cos\theta_1\left(\frac{\sqrt{1-\cos\theta LSUP2_1}}{\cos\theta_1}-\frac{\sqrt{1-\cos\theta LSUP2_2}}{\cos\theta_2}\right)$

$=200\times0.8\left(\frac{\sqrt{1-0.8^2}}{0.8}-\frac{\sqrt{1-0.95^2}}{0.95}\right)≒67.41\text{KVA}$

29

정답 ①

물질(매질)의 종류와 관계없이 전하량만큼만 발생한다.

전속 및 전속밀도

전기력선의 묶음을 말하며 전하의 존재를 흐르는 선속으로 표시한 가상적인 선으로, Q[C]에서는 Q개의 전속선이 발생하고 1C에서는 1개의 전속선이 발생하며 항상 전하와 같은 양의 전속이 발생한다.

$\Psi=\int Dds=Q$

30

정답 ②

역률이 개선되면 변압기 및 배전선의 여유분이 증가한다.

역률 개선의 효과

- 선로 및 변압기의 부하손실을 줄일 수 있다.
- 전압강하를 개선한다.
- 전력요금 경감으로 전기요금이 인하된다.
- 계통 고조파 흡수 효과가 높다.
- 피상전류 감소로 변압기 및 선로의 여유분이 증가한다.
- 설비용량에 여유가 생겨 투자비를 낮출 수 있다.
- 전압이 안정되므로 생산성이 증가한다.

31

정답 ①

AWGN(Additive White Gaussian Noise)은 평균값이 0인 비주기 신호이다.

AWGN(Additive White Gaussian Noise)의 특징

- 평균값이 0인 비주기 신호이다.
- 전 주파수 대역에 걸쳐 전력 스펙트럼 밀도가 일정하다.
- 통계적 성질이 시간에 따라 변하지 않는다.
- 가우시안 분포를 형성한다.
- 백색잡음에 가장 근접한 잡음으로 열잡음이 있다.

32

정답 ④

이상적인 상호 인덕턴스는 결합계수 k가 1일 때이며, 손실이 0일 경우의 변압기를 이상변압기라 한다.

- 상호 인덕턴스 $M=k\sqrt{L_1L_2}$
- 결합계수 $k=\frac{M}{\sqrt{L_1L_2}}$

33

정답 ④

이상적인 연산증폭기는 두 입력 전압이 같을 때, 출력 전압이 0이다.

이상적인 연산증폭기의 특징

- 전압이득은 무한대이다.
- 개방상태에서 입력 임피던스가 무한대이다.
- 출력 임피던스가 0이다.
- 두 입력 전압이 같을 때, 출력 전압이 0이다.
- 대역폭이 무한대이다.

34
정답 ①

CPFSK는 주파수 변환점에서 불연속한 변조된 신호의 위상을 연속하게 한 변조 방식이며, 변조지수 $h=0.5$일 때를 MSK라 한다.

반송대역 전송 방식
- PSK : 정현파의 위상에 정보를 싣는 방식으로, 2, 4, 8 위상 편이 방식이 있다.
- FSKCF : 정현파의 주파수에 정보를 싣는 방식으로, 2가지(고, 저주파) 주파수를 이용한다.
- QAM : APK이라고도 하며, 반송파의 진폭과 위상을 동시에 변조하는 방식이다.
- ASK : 정현파의 진폭에 정보를 싣는 방식으로, 반송파의 유/무로 표현된다.

35
정답 ⑤

전송 부호는 직류 성분이 포함되지 않아야 한다.

기저대역 전송의 조건
- 전송에 필요로 하는 전송 대역폭이 적어야 한다.
- 타이밍 정보가 충분히 포함되어야 한다.
- 저주파 및 고주파 성분이 제한되어야 한다.
- 전송로상에서 발생한 에러 검출 및 정정이 가능해야 한다.
- 전송 부호는 직류 성분이 포함되지 않아야 한다.

36
정답 ②

전류 $I=\frac{V}{R}$이므로 기존 저항 $R_1=\frac{V}{I}$이라 할 때, 전류 증가 후 저항 $R_2=\frac{V}{1.25\times I}=\frac{V}{I}\times\frac{1}{1.25}=0.8\times\frac{V}{I}=0.8\text{R}$이다.

37
정답 ④

자유공간에서의 전하의 속도는 진공 상태의 빛의 속도와 같다.
- 빛의 속도 : $3\times10^8\text{m/s}$

38
정답 ④

단상교류전력

$e=10\sin\left(100\pi t+\frac{\pi}{6}\right)$이고,

$i=10\cos\left(100\pi t-\frac{\pi}{3}\right)=10\sin\left(100\pi t-\frac{\pi}{3}+\frac{\pi}{2}\right)$일 때,

유효전력 P는 $VI\cos\theta=\frac{10}{\sqrt{2}}\times\frac{10}{\sqrt{2}}\cos0°=50\text{W}$이다.

39
정답 ①

전력용 콘덴서의 용량

$$Q_C=P(\tan\theta_1-\tan\theta_2)$$
$$=P_a\cos\theta_1\left(\frac{\sqrt{1-\cos\theta LSUP2_1}}{\cos\theta_1}-\frac{\sqrt{1-\cos\theta LSUP2_2}}{\cos\theta_2}\right)$$
$$=1,000\times\left(\frac{\sqrt{1-0.51^2}}{0.51}-\frac{\sqrt{1-0.72^2}}{0.72}\right)$$
$$=1,000\times\left(\frac{0.86}{0.51}-\frac{0.69}{0.72}\right)=727.94\fallingdotseq728\text{KVA}$$

40
정답 ③

위상수와 진폭수의 곱은 $8\times2=16$진수($M=16$)이다.
따라서 데이터율은 $\log_2 M\times\text{Baud}=\log_2 16\times1,200=4\times1,200=4,800\text{bps}$이다.

PART 2
직업기초능력평가

CHAPTER

01 의사소통능력

대표기출유형 01 기출응용문제

01

정답 ⑤

㉢ 공기가 따뜻하고 습할수록 구름이 많이 생성된다.
㉣ 적란운은 아래쪽부터 연직으로 차곡차곡 쌓이게 되어 두터운 구름층을 형성하는 형태의 구름이다.

오답분석

㉠ 공기가 충분한 수분을 포함하고 있다면 공기 중의 수증기가 냉각되어 작은 물방울이나 얼음 알갱이로 응결되면서 구름이 형성된다.
㉡ 구름이 생성되는 과정에서 열이 외부로 방출되고 이것이 공기의 온도를 높인다.

02

정답 ⑤

제시문의 첫 번째 문단에 따르면 평균비용이 한계비용보다 큰 경우, 공공요금을 평균비용 수준에서 결정하면 수요량이 줄면서 거래량이 따라 줄고, 결과적으로 생산량도 감소한다. 이는 사회 전체의 관점에서 볼 때 자원이 효율적으로 배분되지 못하는 상황이다.

오답분석

①·④ 첫 번째 문단을 통해 확인할 수 있다.
② 마지막 문단을 통해 확인할 수 있다.
③ 두 번째 문단을 통해 확인할 수 있다.

03

정답 ④

청구범위를 넓게 설정할 경우 선행기술들과 저촉되어 특허가 거절될 가능성이 높아지므로 특허등록의 가능성이 낮아지게 되지만, 청구범위를 좁게 설정할 경우에는 특허등록의 가능성이 높아지게 된다.

오답분석

① 변리사를 통해 특허출원 명세서를 기재할 수 있다.
② 청구범위가 좁을 경우 보호 범위가 좁아져 제3자가 특허 범위를 회피할 가능성이 높아지게 된다.
③ 특허출원서에는 출원인이나 발명자 정보 등을 기재하고, 발명의 명칭, 발명의 효과, 청구범위 등은 특허명세서에 작성한다.
⑤ 특허출원은 주로 경쟁자로부터 자신의 제품을 지키기 위해 이루어지나, 기술적 우위를 표시하기 위해 이루어지기도 한다.

대표기출유형 02 기출응용문제

01

정답 ⑤

(마) 문단은 공포증을 겪는 사람들의 상황 해석 방식과 공포증에서 벗어나는 방법이 핵심 주제이다. 공포증을 겪는 사람들의 행동 유형은 나타나 있지 않다.

02

정답 ②

제시문은 제4차 산업혁명으로 인한 노동 수요 감소로 인해 나타날 수 있는 문제점으로 대공황에 대한 위험을 설명하고 있다. 반면 긍정적인 시각으로는 노동 수요 감소를 통해 인간적인 삶의 향유가 이루어질 수 있다고 설명하고 있다. 따라서 제4차 산업혁명의 밝은 미래와 어두운 미래를 나타내는 ②가 글의 제목으로 가장 적절하다.

03

정답 ③

제시문은 한국인 하루 평균 시간과 수면의 질에 대한 글로, 짧은 수면 시간으로 현대인 대부분이 수면 부족에 시달리며, 낮은 수면의 질로 다양한 합병증이 발생할 수 있음을 설명하고 있다. 그러나 '수면 마취제의 부작용'에 대한 내용은 언급되어 있지 않으므로 ③은 글의 주제로 적절하지 않다.

대표기출유형 03 기출응용문제

01

정답 ⑤

제시문은 인간의 신체 반응과 정서에 대한 제임스와 랑에의 견해를 제시하고 이것이 시사하는 바를 설명하고 있다. 또한 이에 반하는 캐넌과 바드의 견해를 제시하여 제임스와 랑에의 견해에 한계가 있음을 설명하고 있다. 따라서 (라) 인간의 신체 반응과 정서의 관계에 대한 제임스와 랑에의 견해 – (다) 제임스와 랑에의 견해가 시사하는 점 – (가) 제임스와 랑에의 견해에 반론을 제시한 캐넌과 바드 – (나) 캐넌과 바드의 견해에 따른 제임스와 랑에의 견해의 한계 순서로 나열해야 한다.

02

정답 ③

제시문의 문맥상 먼저 속담을 제시하고 그 속담에 얽힌 이야기가 순서대로 나와야 하므로 (라) 문단이 가장 먼저 와야 한다. 다음으로 '앞집'과 '뒷집'의 다툼이 시작되는 (가) 문단이 와야 하고, 적반하장격으로 뒷집이 앞집에 닭 한 마리 값을 물어주게 된 상황을 설명하는 (다) 문단이 이어져야 한다. 그리고 이야기를 전체적으로 요약하고 평가하는 (나) 문단이 마지막에 와야 한다. 따라서 문단을 순서대로 바르게 나열하면 (라) – (가) – (다) – (나)이다.

03

정답 ②

제시문은 신앙 미술에 나타난 동물의 상징적 의미와 사례, 변화와 그 원인, 그리고 동물의 상징적 의미가 지닌 문화적 가치에 대하여 설명하고 있다. 따라서 (나) 신앙 미술에 나타난 동물의 상징적 의미와 그 사례 – (다) 동물의 상징적 의미의 변화 – (라) 동물의 상징적 의미가 변화하는 원인 – (가) 동물의 상징적 의미가 지닌 문화적 가치의 순서로 나열해야 한다.

대표기출유형 04 기출응용문제

01

정답 ②

오답분석

① 제시문을 통해 힘의 반대 방향으로 오목하게 들어갈 경우 효과적으로 견딜 수 있다는 것을 알 수 있다.
③·⑤ 제시문을 통해 원기둥 모양의 캔이 생산 재료를 가장 적게 사용할 수 있다는 것을 알 수 있다.
④ 갈비뼈는 외부를 향해 오목한 모양이므로 외부로부터의 충격에 효과적으로 견딜 수 있다.

02

정답 ④

㉠의 주장을 요약하면 저작물의 공유 캠페인과 신설된 공정 이용 규정으로 인해 저작권자들의 정당한 권리가 침해받고, 이 때문에 창작물을 창조하는 사람들의 동기가 크게 감소한다는 것이다. 이에 따라 활용 가능한 저작물이 줄어들게 되어 이용자들도 피해를 당한다고 말한다. 따라서 ㉠은 저작권자의 권리를 인정해 주는 것이 결국 이용자에게도 도움이 된다고 주장함을 추론할 수 있다.

03

정답 ⑤

주어진 보기는 독립신문이 일반 민중들을 위해 순 한글을 사용해 배포되었고, 상하귀천 없이 누구에게나 새로운 소식을 전달해 준다는 내용이다. 따라서 이를 바탕으로 ⑤를 추론할 수 있다.

대표기출유형 05 기출응용문제

01

정답 ③

두 번째 문단에서 전통의 유지와 변화에 대한 견해 차이는 보수주의와 진보주의의 차이로 이해될 성질의 것이 아니며, 한국 사회의 근대화는 앞으로도 계속되어야 할 광범하고 심대한 '사회 구조적 변동'이라고 하였다. 또한, 마지막 문단에 따르면 '근대화라고 하는 사회 구조적 변동이 문화 변화를 결정지을 것이기 때문'이라고 하였으므로 전통문화의 변화 문제를 사회 변동의 시각에서 다루어야 한다. 따라서 빈칸에 들어갈 내용으로 가장 적절한 것은 ③이다.

02

정답 ④

빈칸의 뒤에 나오는 내용을 살펴보면, 양안시에 대해 설명하면서 양안시차를 통해 물체와의 거리를 파악한다고 하였으므로 빈칸에는 거리와 관련된 내용이 나왔음을 추론할 수 있다. 따라서 빈칸에 들어갈 내용으로 가장 적절한 것은 ④이다.

03

정답 ④

빈칸 앞부분에서는 왼손보다 오른손을 선호하는 이유에 대한 가설을 제시하고, 가설이 근본적인 설명을 하지 못한다고 주장한다. 또한, 빈칸 뒷부분에서는 왼손이 아닌 '오른손만을 선호'하는 이유에 대해 설명하고 있다. 즉, 앞부분의 가설대로 단순한 기능 분담이라면 먹는 일에 왼손을 사용하는 사회도 존재해야 하는데, 그렇지 않으므로 빈칸에는 사람들이 단순한 기능 분담과 별개로 오른손만 선호하고 왼손을 선호하지 않는다는 내용이 나와야 한다. 따라서 빈칸에 들어갈 내용으로 가장 적절한 것은 ④이다.

대표기출유형 06 기출응용문제

01

정답 ②

'썩이다'는 '걱정이나 근심으로 몹시 괴로운 상태가 되게 하다.'라는 뜻이다. 따라서 '물건이나 사람 또는 사람의 재능 따위가 쓰여야 할 곳에 제대로 쓰이지 못하고 내버려진 상태에 있게 하다.'라는 뜻의 '썩히다'로 고쳐야 한다.

02

정답 ②

한글 맞춤법에 따르면 앞 단어가 합성 용언인 경우 보조 용언을 앞말에 붙여 쓰지 않는다. 따라서 '파고들다'는 합성어이므로 '파고들어 보면'과 같이 띄어 써야 한다.

오답분석

① 보조 용언 '보다' 앞에 '-ㄹ까'의 종결 어미가 있는 경우 '보다'는 앞말에 붙여 쓸 수 없다.
③ '-어 하다'가 '마음에 들다'라는 구와 결합하는 경우 '-어 하다'는 띄어 쓴다.
④ 앞말에 조사 '도'가 붙는 경우 보조 용언 '보다'는 앞말과 붙여 쓰지 않는다.
⑤ '아는 체하다'와 같이 띄어 쓰는 것이 원칙이나 '아는체하다'와 같이 붙여 쓰는 것도 허용된다.

03

정답 ③

대부분의 수입신고는 보세구역 반입 후에 행해지므로 보세운송 절차와 보세구역 반입 절차는 반드시 함께 이루어져야 한다. 따라서 ⓒ에는 '이끌어 지도함, 길이나 장소를 안내함'을 의미하는 '인도(引導)'보다 '어떤 일과 더불어 생김'을 의미하는 '수반(隨伴)'이 더 적절하다.

오답분석

① 적하(積荷) : 화물을 배나 차에 실음. 또는 그 화물
② 반출(搬出) : 운반하여 냄
④ 적재(積載) : 물건이나 짐을 선박, 차량 따위의 운송 수단에 실음
⑤ 화주(貨主) : 화물의 임자

CHAPTER

02 수리능력

대표기출유형 01 기출응용문제

01

정답 ②

나래가 자전거를 탈 때의 속력을 $x$km/h, 진혁이가 걸을 때의 속력을 $y$km/h라고 하면 다음 식이 성립한다.

$1.5(x-y)=6$ … ㉠

$x+y=6$ … ㉡

㉠, ㉡을 연립하면 $x=5$, $y=1$이다.

따라서 나래의 속력은 5km/h이다.

02

정답 ④

농도가 15%인 소금물의 양을 xg이라고 가정하고, 소금의 양에 대한 식을 세우면 다음과 같다.

$0.1\times200+0.15\times x=0.13\times(200+x)$

$\rightarrow 20+0.15x=26+0.13x$

$\rightarrow 0.02x=6$

$\therefore x=300$

따라서 농도가 15%인 소금물은 300g이 필요하다.

03

정답 ①

여학생 수의 비율을 a%, 남학생 수의 비율은 $(1-a)$%라고 하면 다음 식이 성립한다.

$60a\times1,000+45(1-a)\times1,000=51\times1,000$

$\rightarrow 60a+45(1-a)=51$

$\therefore a=\frac{2}{5}$

따라서 여학생은 $1,000\times\frac{2}{5}=400$명이다.

04

정답 ①

조건에서 a, b, c의 나이를 식으로 표현하면 $a\times b\times c=2,450$, $a+b+c=46$이다.

세 명의 나이의 곱을 소인수분해하면 $a\times b\times c=2,450=2\times5^2\times7^2$이다.

2,450의 약수 중에서 19 ~ 34세 나이를 구하면 25세이므로 甲의 동생 a는 25세가 된다.

그러므로 아들과 딸 나이의 합은 $b+c=21$이다.

따라서 甲과 乙 나이의 합은 $21\times4=84$가 되며, 甲은 乙보다 연상이거나 동갑이라고 했으므로 乙의 나이는 42세 이하이다.

05

정답 ①

두 사람이 함께 일을 하는 데 걸리는 기간을 x일이라고 하고, 전체 일의 양을 1이라고 하자.

김대리가 하루에 진행하는 업무의 양은 $\frac{1}{16}$이고, 최사원이 하루에 진행하는 업무의 양은 $\frac{1}{48}$이므로 다음 식이 성립한다.

$\left(\frac{1}{16}+\frac{1}{48}\right)x=1$

$\therefore\ x=12$

따라서 두 사람이 함께 프로젝트를 진행하는 데 걸리는 기간은 12일이다.

06

정답 ②

6개의 숫자를 가지고 여섯 자릿수를 만드는 경우의 수는 6!이다. 그중 1이 3개, 2가 2개로 중복되어 3!×2!의 경우가 겹친다.

따라서 가능한 모든 경우의 수는 $\frac{6!}{3!\times2!}=60$가지이다.

07

정답 ③

테니스 동아리 회원 수를 x명이라 하면, 테니스장 사용료에 대한 다음 식이 성립한다.

$5,500x-3,000=5,200x+300$

$\rightarrow 300x=3,300$

$\therefore\ x=11$

따라서 테니스 동아리 회원 수는 11명이므로 테니스장 이용료는 5,500×11−3,000=57,500원이다.

08

정답 ④

한 신호등은 6+4=10초마다 다시 점등되고, 맞은편 신호등은 8+6=14초마다 다시 점등된다.
따라서 두 신호등은 10과 14의 최소공배수인 70초마다 동시에 점등된다.

09

정답 ④

B를 거치는 A와 C의 최단 경로는 A와 B 사이의 경로와 B와 C 사이의 경로로 나눠서 구할 수 있다.

- A와 B의 최단 경로의 경우의 수 : $\frac{5!}{3!\times2!}=10$가지
- B와 C의 최단 경로의 경우의 수 : $\frac{3!}{1!\times2!}=3$가지

따라서 B를 거치는 A와 C의 최단 경로의 경우의 수는 3×10=30가지이다.

대표기출유형 02 기출응용문제

01

정답 ④

제시된 수열은 홀수 항은 $\times(-2)+2$, 짝수 항은 $+3$, $+6$, $+9$, …인 수열이다.
따라서 ( )$=10\times(-2)+2=-18$이다.

02

정답 ①

제시된 수열은 n항을 자연수라 하면 n항에 $\times2$를 하고 $(n+1)$항을 더한 값이 $(n+2)$항이 되는 수열이다.
따라서 ( )$=21\times2+43=85$이다.

03

정답 ⑤

제시된 수열은 앞의 두 항을 더하면 다음 항이 되는 피보나치 수열이다.
1+2=A → A=3
13+21=B → B=34
∴ B−A=34−3=31

대표기출유형 03 기출응용문제

01

정답 ④

매월 갑과 을 팀의 총득점과 병과 정 팀의 총득점이 같다. 따라서 빈칸에 들어갈 수치는 1,156+2,000−1,658=1,498이다.

02

정답 ④

연령대별 경제활동 참가율을 구하면 다음과 같다.

- 15 ~ 19세 : $\frac{265}{2,944}\times100≒9.0\%$
- 20 ~ 29세 : $\frac{4,066}{6,435}\times100≒63.2\%$
- 30 ~ 39세 : $\frac{5,831}{7,519}\times100≒77.6\%$
- 40 ~ 49세 : $\frac{6,749}{8,351}\times100≒80.8\%$
- 50 ~ 59세 : $\frac{6,238}{8,220}\times100≒75.9\%$
- 60세 이상 : $\frac{3,885}{10,093}\times100≒38.5\%$

경제활동 참가율이 가장 높은 연령대는 40 ~ 49세이고, 가장 낮은 연령대는 15 ~ 19세이다.
따라서 두 연령대의 참가율의 차이는 80.8−9.0=71.8%p이다.

대표기출유형 04 기출응용문제

01

정답 ④

미혼모 가구 수는 2022년까지 감소하다가 2023년부터 증가하였고, 미혼부 가구 수는 2021년까지 감소하다가 2022년부터 증가하였으므로 증감 추이가 바뀌는 연도는 동일하지 않다.

오답분석

① 한부모 가구 중 모자가구 수의 전년 대비 증가율은 다음과 같다.
- 2021년 : 2,000÷1,600=1.25배
- 2022년 : 2,500÷2,000=1.25배
- 2023년 : 3,600÷2,500=1.44배
- 2024년 : 4,500÷3,600=1.25배

따라서 2023년을 제외하고 1.25배씩 증가하였다.

② 한부모 가구 중 모자가구 수의 20%를 구하면 다음과 같다.
- 2020년 : 1,600×0.2=320천 명
- 2021년 : 2,000×0.2=400천 명
- 2022년 : 2,500×0.2=500천 명
- 2023년 : 3,600×0.2=720천 명
- 2024년 : 4,500×0.2=900천 명

따라서 부자가구가 모자가구 수의 20%를 초과한 해는 2023년(810천 명), 2024년(990천 명)이다.

③ 2023년 미혼모 가구 수는 모자가구 수의 $\frac{72}{3,600}\times100=2\%$이다.

⑤ 2021년 부자가구 수는 미혼부 가구 수의 340÷17=20배이다.

02

정답 ⑤

1인당 GDP 순위는 E>C>B>A>D이다. 그런데 1인당 GDP가 가장 큰 E국은 1인당 GDP가 2위인 C국보다 1% 정도밖에 높지 않은 반면, 총인구는 C국의 $\frac{1}{10}$ 이하이므로 총 GDP가 C국보다 작다. 따라서 1인당 GDP 순위와 총 GDP 순위는 일치하지 않는다.

오답분석

① 경제성장률이 가장 큰 나라는 D국이며, 1인당 GDP와 총인구를 고려하면 D국의 총 GDP가 가장 작은 것을 알 수 있다.

② 1인당 GDP 대비 총인구를 고려하였을 때 총 GDP가 가장 큰 나라는 C국, 가장 작은 나라는 D국이다.
- C국의 총 GDP : 55,837×321.8=17,968,346.6백만 달러
- D국의 총 GDP : 25,832×46.1=1,190,855.2백만 달러

따라서 총 GDP가 가장 큰 나라와 가장 작은 나라는 10배 이상의 차이를 보인다.

③ 수출 및 수입의 규모에 따른 순위는 C>B>A>D>E이므로 서로 일치한다.

④ A국의 총 GDP는 27,214×50.6=1,377,028.4백만 달러이고, E국의 총 GDP는 56,328×24.0=1,351,872백만 달러이므로 A국의 총 GDP가 더 크다.

03

정답 ⑤

업그레이드 전 성능지수가 100인 기계의 수는 15대이고, 성능지수 향상 폭이 35인 기계의 수도 15대이므로 동일하다.

오답분석

① 업그레이드한 기계 100대의 성능지수 향상 폭의 평균을 구하면 $\frac{60\times14+5\times20+5\times21+15\times35}{100}=15.7$로 20 미만이다.

② 성능지수 향상 폭이 35인 기기는 15대인데, 성능지수는 65, 79, 85, 100 네 가지가 있고 이 중 가장 최대는 100이다. 서비스 성능이 35만큼 향상할 수 있는 경우는 성능지수가 65였을 때이다. 따라서 35만큼 향상된 기계의 수가 15대라고 했으므로 $\frac{15}{80}\times100=18.75\%$가 100으로 향상되었다.

③ 성능지수 향상 폭이 21인 기계는 5대로, 업그레이드 전 성능지수가 79인 기계 5대가 모두 100으로 향상되었다.

④ 향상되지 않은 기계는 향상 폭이 0인 15대이고, 이는 업그레이드 전 성능지수가 100인 기계 15대를 뜻하며, 그 외 기계는 모두 성능지수가 향상되었다.

대표기출유형 05 기출응용문제

01

정답 ②

변환된 그래프의 단위는 백만 주이고, 주어진 자료에서는 주식 수의 단위가 억 주이므로 이를 주의하여 종목당 평균 주식 수를 구하면 다음과 같다.

구분	2014년	2015년	2016년	2017년	2018년	2019년	2020년	2021년	2022년	2023년	2024년
종목당 평균 주식 수(백만 주)	9.39	12.32	21.07	21.73	22.17	30.78	27.69	27.73	27.04	28.25	31.13

이를 토대로 전년 대비 증감 추세를 나타내면 다음과 같다.

구분	2014년	2015년	2016년	2017년	2018년	2019년	2020년	2021년	2022년	2023년	2024년
전년 대비 변동 추이	–	증가	증가	증가	증가	증가	감소	증가	감소	증가	증가

따라서 주어진 자료와 동일한 추세를 보이는 그래프는 ②이다.

02

정답 ④

내수 현황을 누적으로 나타냈으므로 옳지 않다.

오답분석

①·② 제시된 자료를 통해 알 수 있다.

③ 신재생에너지원별 고용인원 비율을 구하면 다음과 같다.

- 태양광 : $\frac{8,698}{16,177}\times100 ≒ 54\%$
- 풍력 : $\frac{2,369}{16,177}\times100 ≒ 15\%$
- 폐기물 : $\frac{1,899}{16,177}\times100 ≒ 12\%$
- 바이오 : $\frac{1,511}{16,177}\times100 ≒ 9\%$
- 기타 : $\frac{1,700}{16,177}\times100 ≒ 10\%$

⑤ 신재생에너지원별 해외공장매출 비율을 구하면 다음과 같다.

- 태양광 : $\frac{18,770}{22,579}\times100 ≒ 83.1\%$
- 풍력 : $\frac{3,809}{22,579}\times100 ≒ 16.9\%$

CHAPTER

03 문제해결능력

대표기출유형 01 기출응용문제

01

정답 ②

조건에 따라 갑, 을, 병, 정의 사무실 위치를 정리하면 다음과 같다.

구분	2층	3층	4층	5층
경우 1	부장	을과장	대리	갑부장
경우 2	을과장	대리	부장	갑부장
경우 3	을과장	부장	대리	갑부장

따라서 을이 과장이므로 대리가 아닌 갑은 부장의 직위를 가진다.

오답분석

① 갑부장 외의 또 다른 부장은 2층, 3층 또는 4층에 근무한다.
③ 대리는 3층 또는 4층에 근무한다.
④ 을은 2층 또는 3층에 근무한다.
⑤ 병의 직급은 알 수 없다.

02

정답 ②

먼저, K는 수험서를 구매한 다음 바로 에세이를 구매했는데 만화와 소설보다 잡지를 먼저 구매했고 수험서는 가장 먼저 구매하지 않았다고 했으므로 잡지가 가장 첫 번째로 구매한 것이 되므로 순서는 잡지 → (만화, 소설) → 수험서 → 에세이 → (만화, 소설)이다. 이때, 에세이나 소설은 마지막에 구매하지 않았으므로 만화가 마지막으로 구매한 것이 되고, 에세이와 만화를 연달아 구매하지 않았으므로 소설이 네 번째로 구매한 책이 된다.

제시된 조건을 표로 정리하면 다음과 같다.

첫 번째	두 번째	세 번째	네 번째	다섯 번째
잡지	수험서	에세이	소설	만화

따라서 K가 책을 구매한 순서는 잡지 → 수험서 → 에세이 → 소설 → 만화이므로 세 번째로 구매한 책은 에세이이다.

대표기출유형 02 기출응용문제

01

정답 ④

기회요인은 외부환경요인에 속하므로 회사 내부를 제외한 외부의 긍정적인 면으로 작용하는 것을 말한다. ④는 외부의 부정적인 면이므로 위협요인에 해당하며, ①·②·③·⑤는 외부환경의 긍정적인 요인으로 볼 수 있어 기회요인에 해당한다.

02

정답 ④

ㄴ. 다수의 풍부한 경제자유구역 성공 사례를 활용하는 것은 강점에 해당하지만, 외국인 근로자를 국내주민과 문화적으로 동화시키려는 시도는 위협을 극복하는 것과는 거리가 멀다. 따라서 해당 전략은 ST전략으로 적절하지 않다.

ㄹ. 경제자유구역 인근 대도시와의 연계를 활성화하면 오히려 인근 기성 대도시의 산업이 확장된 교통망을 바탕으로 경제자유구역의 사업을 흡수할 위험이 커진다. 또한, 인근 대도시와의 연계 확대는 경제자유구역 내 국내·외 기업 간의 구조 및 운영상 이질감을 해소하는 데 직접적인 도움이 된다고 보기 어렵다.

오답분석

ㄱ. 경제호황으로 인해 자국을 벗어나 타국으로 진출하려는 해외기업이 증가하는 기회상황에서 성공적 경험으로 축적된 우리나라의 경제자유구역 조성 노하우로 이들을 유인하여 유치하는 전략은 SO전략에 해당한다.

ㄷ. 기존에 국내에 입주한 해외기업의 동형화 사례를 활용하여 국내기업과 외국계 기업의 운영상 이질감을 해소하여 생산성을 증대시키는 전략은 WO전략에 해당한다.

03

정답 ⑤

ⓒ 이미 우수한 연구개발 인재를 확보한 것이 강점이므로, 추가로 우수한 연구원을 채용하는 것은 WO전략으로 적절하지 않다. WO전략은 기회인 예산을 확보하여 약점인 전력 효율성이나 국민적 인식 저조를 해결하는 전략을 세워야 한다.

ⓔ 세계의 신재생에너지 연구(O)와 전력 효율성 개선(W)을 활용하므로 WT전략이 아닌 WO전략에 대한 내용이다. WT전략은 위협인 높은 초기 비용에 대한 전략을 세워야 한다.

대표기출유형 03 기출응용문제

01

정답 ①

두 번째 조건에 따라 S사원의 부서 직원 80명이 전원 참석하므로 수용 가능 인원이 40명인 C세미나는 제외되고, 세 번째 조건에 따라 거리가 60km를 초과하는 E호텔이 제외된다. 이어서 부서 워크숍은 2일간 진행되므로 하루 대관료가 50만 원을 초과하는 D리조트는 제외된다. 마지막으로 다섯 번째 조건에 따라 왕복 이동 시간이 4시간인 B연수원은 제외된다. 따라서 가장 적절한 워크숍 장소는 A호텔이다.

02

정답 ③

B안의 가중치는 전문성인데 전문성 면에서 자원봉사제도는 (−)이므로 적절하지 않은 내용이다.

오답분석

① 비용저렴성을 달성하려면 (+)를 보이는 자원봉사제도가 가장 유리하다.
② A안에 가중치를 적용할 경우 접근용이성과 전문성에 가중치를 적용하므로 두 정책목표 모두에서 (+)를 보이는 유급법률구조제도가 가장 적절하다.
④ 전문성 면에서는 유급법률구조제도가 (+), 자원봉사제도가 (−)이므로 적절한 내용이다.
⑤ B안에 가중치를 적용할 경우 전문성에 가중치를 적용하므로 (+)를 보이는 유급법률구조제도가 가장 적절하며, A안에 가중치를 적용할 경우에도 유급법률구조제도가 가장 적절하다. 따라서 어떤 것을 적용하더라도 결과는 같다.

03

정답 ③

- (가) : 부산에서 서울로 가는 버스터미널은 2개이므로 고객에게 바르게 안내해 주었다.
- (다) : 소요시간을 고려하여 도착 시간에 맞게 출발하는 버스 시간을 바르게 안내해 주었다.
- (라) : 도로 교통 상황에 따라 소요시간에 차이가 있다는 사실을 바르게 안내해 주었다.

오답분석

- (나) : 고객의 집에서 부산 동부 터미널이 더 가깝다고 하였으므로 출발해야 되는 시간 등을 물어 부산 동부 터미널에 적당한 차량이 있는지 확인하고, 없을 경우 부산 터미널을 권유하는 것이 적절하다. 단지 배차가 많다는 이유만으로 부산 터미널을 이용하라고 안내하는 것은 적절하지 않다.
- (마) : 우등 운행 요금만 안내해 주었고, 일반 운행 요금에 대한 안내를 하지 않았다.

04

정답 ③

제시된 직원 투표 결과를 정리하면 다음과 같다.

(단위 : 표)

여행상품	1인당 비용(원)	총무팀	영업팀	개발팀	홍보팀	공장1	공장2	합계
A	500,000	2	1	2	0	15	6	26
B	750,000	1	2	1	1	20	5	30
C	600,000	3	1	0	1	10	4	19
D	1,000,000	3	4	2	1	30	10	50
E	850,000	1	2	0	2	5	5	15
합계		10	10	5	5	80	30	140

㉠ 가장 인기가 좋은 여행상품은 D이다. 그러나 공장1의 고려사항은 회사에 손해를 줄 수 있으므로, 2박 3일 여행상품이 아닌 1박 2일 여행상품 중 가장 인기 있는 B가 선택된다. 따라서 750,000×140=105,000,000원이 필요하므로 옳다.
㉢ 공장1의 A, B 투표 결과가 바뀐다면 여행상품 A, B의 투표 수가 각각 31, 25표가 되어 선택되는 여행상품이 A로 변경된다.

오답분석

㉡ 가장 인기가 좋은 여행상품은 D이므로 옳지 않다.

대표기출유형 04 기출응용문제

01

정답 ②

창의적 사고는 선천적으로 타고 날 수도 있지만, 후천적 노력에 의해서도 개발이 가능하다.

오답분석

① 새로운 경험을 찾아 나서는 사람은 적극적이고 호기심을 가진 사람으로, 창의력 교육훈련에 필요한 요소를 가지고 있다.
③ 창의적인 사고는 창의력 교육훈련을 통해 후천적 노력에 의해서도 개발이 가능하다.
④ 창의력은 본인 스스로 자신의 틀에서 벗어나도록 노력하는 것으로, 통상적인 사고가 아니라 기발하고 독창적인 것을 말한다.
⑤ 창의적 사고는 전문지식보다 자신의 경험 및 기존의 정보를 특정한 요구 조건에 맞추거나 유용하도록 새롭게 조합시킨 것이다.

02

정답 ③

브레인스토밍(Brainstorming)의 특징

- 한 사람이 생각하는 것보다 다수가 생각하는 것이 아이디어가 많다.
- 아이디어 수가 많을수록 질적으로 우수한 아이디어가 나올 수 있다.
- 아이디어는 비판이 가해지지 않으면 많아진다.

오답분석

① 스캠퍼(Scamper) 기법 : 창의적 사고를 유도하여 신제품이나 서비스 등을 생각하는 발상 도구이다.
② 여섯 가지 색깔 모자(Six Thinking Hats) : 각각 중립적, 감정적, 부정적, 낙관적, 창의적, 이성적 사고를 뜻하는 여섯 가지 색의 모자를 차례대로 바꾸어 쓰면서 모자 색깔이 뜻하는 유형대로 생각해 보는 방법이다.
④ TRIZ(Teoriya Resheniya Izobretatelskikh Zadatch) : 문제에 대하여 이상적인 결과를 정하고, 그 결과를 얻는 데 모순이 되는 것을 찾아 이를 극복할 수 있는 해결안을 찾는 40가지 방법에 대한 이론이다.
⑤ Logic Tree 기법 : 문제의 원인을 깊이 파고들거나 해결책을 구체화할 때 제한된 시간 안에 넓이와 깊이를 추구하는 데 도움이 되는 기술로, 주요 과제를 나무 모양으로 분해하여 정리하는 기술이다.

대표기출유형 05 기출응용문제

01

정답 ②

무지의 오류는 어떤 주장에 대해 증명할 수 없거나 결코 알 수 없음을 들어 거짓이라고 반박하는 오류이다. 따라서 귀신이 없다는 것을 증명할 수 없으니 귀신이 있다는 주장은 무지의 오류이다.

오답분석

① 성급한 일반화의 오류 : 제한된 정보, 부적합한 증거, 대표성을 결여한 사례를 근거로 일반화하는 오류이다.
③ 거짓 딜레마의 오류 : 어떠한 문제 상황에서 제3의 선택지가 있음에도 두 가지 선택지가 있는 것처럼 상대에게 둘 중 하나를 강요하는 오류이다.
④ 대중에 호소하는 오류 : 많은 사람이 그렇게 행동하거나 생각한다는 것을 내세워 군중심리를 자극하는 오류이다.
⑤ 인신공격의 오류 : 주장을 제시한 자의 비일관성이나 도덕성의 문제를 이유로 제시한 주장을 잘못이라고 판단하는 오류이다.

02

정답 ③

오답분석

ㄱ. 삼단논법에 근거한 논리적인 추론을 한 사례이다.
ㄹ. 햄버거를 먹는 것과 주말에 늦잠을 자는 것은 서로 관련이 없으므로 논점 일탈의 오류를 범한 사례이다.

PART 3

직무수행능력평가

CHAPTER

01 토목일반

01	02	03	04	05	06	07	08	09	10	11	12	13	14	15	16	17	18	19	20
④	②	①	①	①	④	③	⑤	④	③	④	②	①	①	③	③	④	③	③	①
21	22	23	24	25	26	27	28	29	30										
③	③	①	②	⑤	②	②	③	④	③										

01

정답 ④

오답분석

① 전방교회법 : 측량 구역이 넓고 장애물이 있어 측량이 곤란할 때 기지점에서 미지점의 위치를 구하는 방법이다.

② 후방교회법 : 미지점에 평판을 세우고 기지점을 시준하여 그 방향선을 교차시켜 미지점의 위치를 구하는 방법으로, 자침에 의한 방법이다.

③ 측방교회법 : 기지의 2점 중 한 점에 접근이 곤란한 경우 기지의 2점을 이용하여 미지의 한 점을 구하는 방법으로, 전방교회법과 후방교회법을 겸한 방법이다.

⑤ 전진법 : 측량 지역에 장애물이 많아 방사법을 사용하기 어려울 때 측점사이의 거리와 방향을 측정한 후 판을 옮겨 가면서 측량하는 방법이다.

02

정답 ②

다짐에너지가 클수록 최대건조 단위중량($\gamma_{d\max}$)은 증가하고, 최적함수비(W_{opt})는 감소한다.

03

정답 ①

구조선은 다양한 형성 원인에 의한 지각의 갈라진 틈을 의미하는 용어로, 포괄적인 개념이다. 한편, 지성선이란 지표의 불규칙한 곡면을 몇 개의 평면의 집합으로 생각할 때 이들 평면이 서로 만나는 선으로, 지표면의 형상을 나타내는 능선, 계곡선, 경사변환선, 최대 경사선을 말한다.

04

정답 ①

$V_u \leq \frac{1}{2}\phi V_c$일 경우 최소 전단철근을 보강하지 않아도 된다.

$$V_u \leq \frac{1}{2}\phi V_c = \frac{1}{2}\phi\left(\frac{\lambda\sqrt{f_{ck}}}{6}\right)b_w d$$

$$\therefore\ d = \frac{12\,V_c}{\phi\lambda\sqrt{f_{ck}}\,b_w} = \frac{12\times(60\times10^3)}{0.75\times1.0\times\sqrt{24}\times350} = 560\text{mm}$$

05

정답 ①

강도설계법에서는 탄성 한도를 넘은 응력과 변형의 관계를 연구하는 소성이론을 적용하고 있다.

06

정답 ④

철근콘크리트 구조물은 내구성과 내화성이 우수하다. 한편, 불에 취약한 것은 종목 구조물이다.

07

정답 ③

분기기는 유지관리가 용이하며 내구연한이 길어야 한다.

분기기의 요구조건
- 분기기는 구조적으로 안전하고, 재료 손상이 적어야 하며 승차감이 좋은 구조여야 한다.
- 레일을 견고하게 체결할 수 있어야 하고, 열차하중을 지지할 수 있도록 충분한 강도가 있어야 한다.
- 탄성, 내충격성, 완충성, 내구성 등이 풍부하여 열차의 충격, 진동을 완화할 수 있어야 한다.
- 유지관리가 용이하며 내구연한이 길어야 한다.
- 시공성이 좋고 재료수급이 용이하여야 한다.
- 신호체계와의 호환성이 있어야 한다.

08

정답 ⑤

경사 $i=\tan\theta=\frac{h}{D}$ 식을 사용하면 지형도상에서 도상거리는 수평거리에 해당한다.

도상거리를 기준으로 위의 식을 정리하면 다음과 같다.

$$D=\frac{h}{i}=\frac{20\times\frac{1}{10,000}}{0.12}\fallingdotseq 0.017$$

따라서 도상거리는 0.017m이다.

09

정답 ④

표준관입시험(SPT)의 목적은 현장 지반의 강도를 추정(N값)하고, 흐트러진 시료를 채취하는 것이다. 따라서 표준관입시험으로는 흐트러지지 않은 시료를 얻을 수 없다.

10

정답 ③

터널의 기본적인 단면형상은 마제형(말굽형)·원형·난형으로 구분할 수 있으며, 원형은 구조적으로 가장 안전하지만, 시공이 까다롭고 굴착면적이 크므로 비경제적이다.

11

정답 ④

아치에서는 휨응력이나 전단응력이 거의 없고 압축응력이 더 우세하다.

아치(Arch)
- 굽힘 응력을 적게 하기 위해 하중이 작용하는 방향을 볼록 곡선으로 만든 구조이다.
- 아치를 구성하는 부재에는 압축응력이 주로 발생한다.
- 보에 비하여 휨응력이나 전단응력이 거의 없고 압축응력이 우세하다.
- 수평반력이 생겨 아치의 정점에 작용하는 모멘트를 줄여준다.

12

정답 ②

$$\tau_{max} = \frac{4}{3} \times \frac{V}{A} = \frac{4}{3} \times \frac{\frac{1}{2} \times 200 \times 10}{\pi \times 1^2} ≒ 425\text{kg/cm}^2$$

13

정답 ①

수준측량의 야장 기입법

- 고차식 : 두 점 사이의 높이를 구할 때 사용하며, 전시와 후시만 있다.
- 기고식 : 기계의 높이를 기준으로 지반고를 구하는 방식으로, 중간점이 많을 때 편리하다.
- 승강식 : 가장 정밀한 야장 기입법이다.

14

정답 ①

대칭이므로 단면 상승 모멘트의 값은 0이다.

15

정답 ③

철근과 콘크리트의 단위질량이 다르기 때문에 무게가 다르다. 또한 철근과 콘크리트의 내구성도 다르다.

16

정답 ③

우리나라의 경우는 UTM 좌표에서 51, 52 종대 및 ST 횡대에 속한다.

17

정답 ④

일라이트(Illite)는 2개의 실리카판과 1개의 알루미늄판으로 이루어진 3층 구조이며, 구조결합 사이에 불치환성 양이온, 즉 칼륨이온(K^+)이 있다.

18

정답 ③

트래버스 측량에서 폐합오차 조정방법 중 컴퍼스 법칙은 관측의 정밀도와 거리 관측의 정밀도가 동일할 때 실시하며, 트랜싯 법칙은 관측의 정밀도가 거리 관측의 정밀도보다 더 높을 때 실시한다.

19

정답 ③

쪼갬인장강도가 주어졌으므로 $\lambda = \frac{f_{sp}}{0.56\sqrt{f_{ck}}} = \frac{2.17}{0.56\sqrt{24}} \simeq 0.79$이다.

따라서 경량콘크리트계수(λ)는 0.79이다.

20

정답 ①

우연오차는 측정 횟수의 제곱근에 비례한다.

$E = \pm E_a \cdot \sqrt{n} = \pm 3 \times \sqrt{\frac{320}{20}} = \pm 12\text{mm}$

따라서 두 지점 간의 우연오차는 ±12mm이다.

21

정답 ③

허용압축응력도는 단주와 장주에서 다르게 나타난다. 이때, 단주가 되느냐, 장주가 되느냐는 세장비에 의해 판단한다.

22

정답 ③

$$\sigma = \frac{My}{I} = \frac{6M}{bh^2}$$

$$M = \frac{1}{6}\sigma bh^2 = \frac{1}{6} \times 80 \times 20 \times 30^2 = 240{,}000\text{kg} \cdot \text{cm} = 2.4\text{t} \cdot \text{m}$$

23

정답 ①

탄성계수에 대한 관계식은 $E=2G(1+v)$이다.

$2.1 \times 10^6 = 2G(1+0.25)$

$\therefore\ G = 8.4 \times 10^5 \text{kg/cm}^2$

24

정답 ②

용존산소 복귀율이 최대로 되었다가 점차 감소하기 시작하는 점은 변곡점이다.

25

정답 ⑤

콘크리트도상의 건설비는 자갈도상보다 약 5배 비싸다. 따라서 건설비의 경우 자갈도상이 저렴하며, 콘크리트도상이 고가이다.

26

정답 ②

항공사진의 특수 3점은 주점, 연직점, 등각점이며, 사진의 경사각이 0°인 경우 특수 3점은 일치한다.

오답분석

⑤ 렌즈 중심으로부터 지표면에 내린 수선의 발은 지상연직점이다.

27

정답 ②

축척이 1 : A이므로 면적비는 1 : A^2 =576 : 51.84×10^{10} 이다($\because$ $1\text{km}^2 = 10^6\text{m}^2 = 10^{10}\text{cm}^2$).

$$\frac{1}{A^2} = \frac{576}{51.84 \times 10^{10}} = \frac{838}{(\text{밭의 면적})}$$ 이므로

$$(\text{밭의 면적}) = (51.84 \times 10 \times 10^{10}) \times \frac{838}{576} = 0.09 \times 10^{10} \times 838 = 7{,}542 \times 10^8 \text{cm}^2 = 75.42\text{km}^2$$ 이다.

28

정답 ③

기둥의 좌굴하중 $P_b = \dfrac{\pi^2 EI}{(kl)^2}$ 이므로 기둥의 휨강도(EI)에 비례한다.

29

정답 ④

$1.4\text{kg/cm}^2=14\text{t/m}^2$이므로 한계고 $H_c=\frac{2q_u}{\gamma_t}=\frac{2\times14}{2}=14$이다(단, q_u는 일축압축강도이다).

따라서 안전율은 $F_s=\frac{H_c}{H}=\frac{14}{7}=2.0$이다.

30

정답 ③

토질조사에서 심도가 깊어지면 로드(Rod)의 변형에 의한 타격에너지의 손실과 마찰로 인해 N값이 크게 나오므로 로드(Rod) 길이에 대한 수정을 하게 된다.

CHAPTER

02 기계일반

01	02	03	04	05	06	07	08	09	10	11	12	13	14	15	16	17	18	19	20
①	③	④	④	②	②	②	②	①	③	③	②	④	④	③	①	②	④	①	④
21	22	23	24	25	26	27	28	29	30										
④	②	①	①	③	④	③	④	⑤	③										

01

정답 ①

소르바이트는 트루스타이트보다 냉각속도를 더 느리게 했을 때 얻어지는 조직으로, 펄라이트보다 강인하고 단단하다.

PART 3

02

정답 ③

앳킨슨 사이클은 2개의 단열과정과 1개의 정적과정, 1개의 정압과정으로 이루어진 가스터빈(외연기관) 이상 사이클이다.

오답분석

① 에릭슨 사이클(Ericsson Cycle) : 등온 압축, 등온 연소 및 등온 팽창을 시키는 가스터빈 사이클로, 2개의 정압과정과 2개의 등온과정으로 이루어진다.

② 사바테 사이클(Sabathé Cycle) : 정압 사이클과 정적 사이클로 이루어진 고속 디젤기관의 기본 사이클로, 복합 사이클 또는 정적·정압 사이클이라고도 한다.

④ 브레이턴 사이클(Brayton Cycle) : 2개의 정압과정과 2개의 단열과정으로 구성된 가스터빈 기관의 이상적 사이클이다.

⑤ 카르노 사이클(Carnot Cycle) : 2개의 가역등온변화와 2개의 가역단열변화로 구성된 가장 이상적인 효율의 사이클이다.

03

정답 ④

테르밋 용접은 알루미늄분말과 산화철을 혼합하여 산화철이 환원되어 생긴 철이 테르밋제를 만든 후 약 2,800℃의 열이 발생되면서 만들어지는 용접용 강을 용접부에 주입하면서 용접하는 용접법이다.

오답분석

① 플러그 용접 : 위아래로 겹쳐진 판을 접합할 때 사용하는 용접법으로, 위에 놓인 판의 한쪽에 구멍을 뚫고 그 구멍 안의 바닥부터 용접하여 용가재로 구멍을 채워 다른 쪽 부재와 용접하는 용접법이다.

② 스터드 용접 : 점용접의 일종으로, 봉재나 볼트와 같은 스터드(막대)를 판이나 프레임과 같은 구조재에 직접 심는 능률적인 용접법이다.

③ TIG 용접 : 텅스텐(Tungsten)재질의 전극봉으로 아크를 발생시킨 후 모재와 같은 성분의 용가재를 녹여가며 용접하는 특수용접법이다.

⑤ 전자빔 용접 : 고진공 중에서 고속도로 가속된 전자, 즉 전자빔을 접합부에 대어 그 충격발열을 이용하여 행하는 용융 용접법이다.

04

정답 ④

오답분석

① 인베스트먼트 주조법 : 제품과 동일한 형상의 모형을 왁스(양초)나 파라핀(합성수지)으로 만든 후 그 주변을 슬러리 상태의 내화 재료로 도포한 다음 가열하면 주형은 경화되면서 왁스로 만들어진 내부 모형이 용융되어 밖으로 빼내어짐으로써 주형이 완성되는 주조법이다. 다른 말로는 로스트 왁스법, 정밀 주조법이라고 한다.
② 분말야금법 : 분말과 야금의 합성어로, 금속분말을 압축 성형하여 가열하면 입자 사이에 확산이 일어나는데 이때 분말이 서로 응착하는 소결현상이 일어나면서 원하는 형상으로 성형시키는 제조기술이다.
③ 금속사출성형법 : 사출 실린더 안에 지름이 약 $10\mu m$인 금속분말을 넣고 사출기로 성형하여 제품을 만드는 제조기술이다.
⑤ 압출성형법 : 원료를 압출기에 공급하고 금형에서 밀어내어 일정한 모양의 단면을 가진 연속체로 변환하는 성형법으로, 열가소성 수지 특히 폴리에틸렌이나 염화비닐수지 등의 주요한 성형법이다.

05

정답 ②

면심입방격자는 금속이 무른 것이 특징이며, Pt, Ag, Cu가 이에 속한다.

06

정답 ②

와이어컷 방전가공용 전극재료는 열전도가 좋은 구리, 황동, 흑연을 사용하여 성형성이 쉽지만, 스파크방전에 의해 전극이 소모되므로 재사용은 불가능하다. 사용되는 가공액은 일반적으로 수용성 절삭유를 물에 희석하여 사용하고, 와이어는 파단력의 약 0.5로 하며, 복잡하고 미세한 형상가공에 사용된다.

07

정답 ②

전해가공(ECM; Electro Chemical Machining)은 공작물을 양극에, 공구를 음극에 연결하면 도체 성질의 가공액에 의한 전기화학적 작용으로 공작물이 전기 분해되어 원하는 부분을 제거하는 가공법으로, 공구의 소모량이 많지 않다.

08

정답 ②

캡 너트는 유체가 나사의 접촉면 사이의 틈새나, 볼트와 볼트 구멍의 틈으로 새어 나오는 것을 방지하는 목적으로 사용하는 너트이다.

오답분석

① 나비 너트 : 너트를 쉽게 조일 수 있도록 머리 부분을 나비의 날개 모양으로 만든 너트이다.
③ 사각 너트 : 겉모양이 사각형인 너트로, 주로 목재에 사용한다.
④ 아이 너트 : 아이 볼트에서 볼트 부분을 너트로 대체한 결합요소이다.
⑤ 터클 너트 : 피스만으로 지지가 어려운 곳에 피스와 함께 사용하는 너트이다.

09

정답 ①

절대압력(P_{abs})은 완전진공상태를 기점인 0으로 하여 측정한 압력이다.
따라서 $P_{abs} = P_{a(=atm)} + P_g = 100\text{kPa} + 30\text{kPa} = 130\text{kPa}$이다.

10

정답 ③

만네스만가공은 속이 찬 빌릿이나 봉재에 1,200℃의 열을 가한 후 2개의 롤러에 재료를 물려 넣으면 재료 내부에서 인장력이 중심부분에 구멍을 만드는데, 이 구멍에 심봉으로 원하는 크기의 강관을 제조하는 가공법이다.

오답분석

① 프레스가공 : 프레스기계를 이용하여 펀치나 다이로 판재에 인장이나 압축, 전단, 굽힘응력을 가해서 원하는 형상의 제품을 만드는 가공법이다.
② 전조가공 : 재료와 공구(롤)를 양쪽에 함께 회전시켜 재료 내부나 외부에 각인하는 특수압연법이다.
④ 드로잉가공 : 편평한 철판을 금형 위에 올려놓고 펀치로 눌러 다이의 내부로 철판이 들어가게 함으로써 이음매 없는 중공의 용기를 만드는 가공법이다.
⑤ 전해가공 : 금속재료의 전기화학적 용해를 할 때, 그 진행을 방해하는 양극 생성물인 금속산화물막이 생기는데, 이를 제거하면서 가공하는 방법이다.

11

정답 ③

두랄루민은 Al에 Cu, Mg, Mn이 합금된 가공용 알루미늄 합금이다.

두랄루민과 Y합금의 주요 성분

두랄루민	Al+Cu+Mg+Mn
Y합금	Al+Cu+Mg+Ni

12

정답 ②

인장강도는 최초의 단면적을 기준으로 하기 때문에 최대공칭응력으로 나타낼 수 있다.

- 응력 : 재료나 구조물에 외력이 작용했을 때 그 외력에 대한 재료 내부의 저항력으로, 일반적으로 공칭응력을 말한다.
- $(\text{공칭응력})=\frac{(\text{외력})}{(\text{최초의 단면적})}=\frac{F}{A}$

13

정답 ④

가솔린 기관의 노킹현상은 연소 후반에 미연소가스의 급격한 자기연소에 의한 충격파가 실린더 내부의 금속을 타격하는 현상으로, 노킹현상이 발생하면 실린더 내의 압력이 급상승하며 이는 출력 저하의 원인이 되므로 옥탄가가 높은 연료를 사용해야 한다.

14

정답 ④

하겐 – 푸아죄유 방정식

$\Delta P=\frac{128\mu QL}{\pi D^4}$ (ΔP : 압력손실, μ : 점성계수, Q : 유량, L : 관의 길이, D : 관의 직경)

15

정답 ③

미끄럼 베어링의 특징

- 가격이 싸다.
- 마찰저항이 크다(시동 및 구동 시).
- 동력손실이 크다.
- 윤활성이 좋지 않다.
- 진동과 소음이 작다.
- 비교적 큰 하중에 적용한다.
- 구조가 간단하며 수리가 쉽다.
- 충격값이 구름 베어링보다 크다.
- 비교적 낮은 회전속도에 사용한다.
- 구름 베어링보다 정밀도가 더 커야 한다.

16

정답 ①

재결정은 특정한 온도에서 이전의 입자들과 다른 변형 없는 새로운 입자가 형성되는 현상이다. 가공도가 클수록, 가열시간이 길수록, 냉간가공도가 커질수록 재결정온도는 낮아진다. 또한 강도가 약해지고 연성은 증가한다. 일반적으로 재결정온도는 약 1시간 안에 95% 이상의 재결정이 이루어지는 온도로 정의되며, 금속의 용융온도를 절대온도 T_m라 할 때 재결정온도는 대략 $0.3 \sim 0.5\,T_m$ 범위에 있다.

금속의 재결정온도

금속	온도(℃)	금속	온도(℃)
주석(Sn)	상온 이하	은(Ag)	200
납(Pb)	상온 이하	금(Au)	200
카드뮴(Cd)	상온	백금(Pt)	450
아연(Zn)	상온	철(Fe)	450
마그네슘(Mg)	150	니켈(Ni)	600
알루미늄(Al)	150	몰리브덴(Mo)	900
구리(Cu)	200	텅스텐(W)	1,200

17

정답 ②

절삭속도 $v = \frac{\pi dn}{1{,}000}$ (v는 절삭속도, d는 공작물의 지름, n은 주축 회전수)

$$v = \frac{\pi dn}{1{,}000}$$

$$n = \frac{1{,}000v}{\pi d} = \frac{1{,}000 \times 196}{3.14 \times 50}$$

$\therefore\ n \fallingdotseq 1{,}248$

따라서 회전수는 1,250rpm이다.

18

정답 ④

코킹(Caulking)은 물이나 가스 저장용 탱크를 리벳팅한 후 기체 밀폐와 물 밀폐를 유지하기 위해 날 끝이 뭉뚝한 정(코킹용 정)을 사용하여 리벳머리 등을 쪼아서 틈새를 없애는 작업이다.

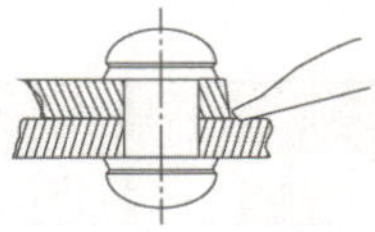

19

정답 ①

수격현상은 관내를 흐르는 유체의 유속이 급히 바뀌면 유체의 운동에너지가 압력에너지로 변하면서 관내 압력이 비정상적으로 상승하여 배관이나 펌프에 손상을 주는 현상이다. 한편, 송출량과 송출압력이 주기적으로 변하는 현상은 맥동현상이다.

맥동현상

펌프 운전 중 압력계의 눈금이 주기적이고 큰 진폭으로 흔들림과 동시에 토출량도 변하면서 흡입과 토출배관에서 주기적으로 진동과 소음을 동반하는 현상이며, 영어로는 서징현상(Surging)이라고 한다.

PART 3

20

정답 ④

구성인선(Built Up Edge)은 재질이 연하고 공구재료와 친화력이 큰 재료를 절삭가공할 때, 칩과 공구의 윗면 사이의 경사면에 발생하는 높은 압력과 마찰열로 인해 칩의 일부가 공구의 날 끝에 달라붙어 마치 절삭날과 같이 공작물을 절삭하는 현상이다. 구성인선을 방지하기 위해서는 절삭깊이를 작게 하고, 절삭속도는 빠르게 해야 한다. 또한, 윤활성이 높은 절삭유를 사용하고, 마찰계수가 작고 피가공물과 친화력도 작은 절삭공구를 사용해야 한다.

21

정답 ④

전기전도율이 높은 순서대로 금속을 나열하면 'Ag(은)>Ni(니켈)>Fe(철)>Sn(주석)>Pb(납)'이다. 따라서 Ag(은)의 전기전도율이 가장 높다.

22

정답 ②

단순지지보가 균일 분포하중을 받고 있을 때 최대 전단력은 양끝단 지지부의 반력으로 볼 수 있으며, 양쪽의 반력은 같기 때문에 한쪽 부분의 반력을 구하면 다음과 같다.

$$R_A = \frac{wl}{2} = \frac{10 \times 500}{2} = 2,500\text{N} = 2.5\text{kN}$$

23

정답 ①

절탄기는 폐열을 회수하고 보일러의 연도에 흐르는 연소가스의 열을 이용하여 급수를 예열하는 장치로, 보일러의 효율을 향상시킨다.

24

정답 ①

어닐링법(Annealing : 풀림)은 재료 결정 조직 또는 내부응력 제거를 위한 기본 열처리법으로, 가열 후 천천히 냉각시키는 방법이다. 기본 열처리법에는 담금질(퀜칭), 뜨임(템퍼링), 풀림(어닐링), 불림(노멀라이징)이 있다.

표면경화법의 종류

종류		침탄재료
화염경화법		산소 – 아세틸렌불꽃
고주파경화법		고주파 유도전류
질화법		암모니아가스
침탄법	고체침탄법	목탄, 코크스, 골탄
	액체침탄법	KCN(시안화칼륨), NaCN(시안화나트륨)
	가스침탄법	메탄, 에탄, 프로판
금속침투법	세라다이징	Zn
	칼로라이징	Al
	크로마이징	Cr
	실리코나이징	Si
	보로나이징	B(붕소)

25

정답 ③

절삭깊이를 감소시키면 절삭 시 공구에 작용하는 압력과 마찰열이 줄어들기 때문에 구성인선의 발생을 감소시킨다. 또한, 구성인선이 발생하지 않으므로 표면조도 또한 양호하다.

오답분석

① 경질재료일수록 절삭저항이 더 크다.
② 절삭속도를 증가시키면 공구의 온도가 상승하여 마모가 빠르게 진행된다.
④ 절삭속도를 증가시키면 바이트의 설치 위치 및 절삭깊이, 경사각 등에 따라 표면조도를 좋게 할 수 있다.
⑤ 절삭속도를 감소시켜도 절삭깊이가 깊으면 표면조도가 불량할 수 있다.

26

정답 ④

열 및 전기 전도율이 높은 순서는 Ag>Cu>Au>Al>Mg>Zn>Ni>Fe>Pb>Sb이다. 따라서 마그네슘(Mg)의 열전도율은 구리(Cu)보다 낮다.

27

정답 ③

$$\sigma=\frac{P}{A}=E\varepsilon=E\cdot\frac{\lambda}{l}\rightarrow\lambda=\frac{Pl}{AE}$$

$$\therefore\ U=\frac{1}{2}P\lambda=\frac{P^2 l}{2AE}=\frac{(50\times10^3)^2\times1}{2\times\left(\frac{\pi\times0.03^2}{4}\right)\times(303.8\times10^9)}\fallingdotseq5.82\text{J}$$

28

정답 ④

카르노 사이클의 열효율 $\eta = 1 - \dfrac{Q_L}{Q_H}$ 이므로 다음과 같다.

$$0.3 = 1 - \frac{Q_L}{200}$$

$$\therefore\ Q_L = (1-0.3) \times 200 = 140\text{kJ}$$

29

정답 ⑤

일반 금속은 항복점을 넘어서 소성변형이 발생하면 외력을 제거해도 원래의 상태로 복원이 불가능하지만, 형상기억합금은 고온에서 일정시간 유지함으로써 원하는 형상을 기억시키면 상온에서 외력에 의해 변형되어도 기억시킨 온도로 가열하면 변형 전 형상으로 되돌아오는 합금이다. 그 종류에는 Ni－Ti계, Ni－Ti－Cu계, Cu－Al－Ni계 합금이 있으며 니티놀이 대표적인 제품이다.

오답분석

① 비금속 : 금속 물질이 아닌 모든 물질이다.
② 내열금속 : 상당한 시간 동안 고온의 환경에서도 강도가 유지되는 재료이다.
③ 비정질합금 : 일정한 결정구조를 갖지 않는 아모르포스(Amorphous) 구조이며, 재료를 고속으로 급랭시키면 제조할 수 있다. 강도와 경도가 높으면서도 자기적 특성이 우수하여 변압기용 철심재료로 사용된다.
④ 초소성 재료 : 일정한 온도와 속도하에서 일반 금속보다 수십에서 수천 배의 연성을 보이는 재료로, 연성이 매우 커서 작은 힘으로도 복잡한 형상의 성형이 가능한 신소재이며, 터빈의 날개 제작에 사용된다.

30

정답 ③

$$\begin{aligned}(H_2 - H_1) &= m(u_2 - u_1) + (P_2 V_2 - P_1 V_1)\\ &= m\,du + (P_2 V_2 - P_1 V_1)\\ &= 5 \times 63 + (236 \times 1.5 - 80 \times 4)\\ &= 374\text{kJ}\end{aligned}$$

CHAPTER

03 전기일반 · 전기이론

01 전기일반

01	02	03	04	05	06	07	08	09	10	11	12	13	14	15	16	17	18	19	20
①	②	②	②	②	④	①	④	④	②	④	②	③	④	③	①	②	③	②	①
21	22	23	24	25	26	27	28	29	30										
⑤	③	③	②	①	②	③	②	③	②										

01

정답 ①

전압이 일정할 때 주파수(f)와 철손(P_h)의 관계는 $P_h \propto \frac{E^2}{f}$ 에서 반비례함을 알 수 있다. 따라서 주파수가 높아지면 철손은 감소한다.

02

정답 ②

전력량은 줄[J]로 환산되며, 전력은 와트[W]로 환산된다.

오답분석

①·③ 전력은 단위시간당 소비하는 전기에너지이며, 전력량은 정해진 시간 동안 소비한 총전기에너지를 말한다.

03

정답 ②

$N=(1-s)N_s$ 에서

$N_s=\frac{120f}{p}=\frac{120\times 50}{4}=1,500$

$\therefore\ N=(1-0.04)\times 1,500=1,440\text{rpm}$

04

정답 ②

계기용변류기(CT)는 고압회로에 흐르는 큰 전류를 이에 비례하는 작은 전류로 변성하여 배전반의 측정계기나 보호 계전기의 전원으로 사용하는 전류 변성기이다.

오답분석

① 계기용변압기(PT) : 고압회로의 높은 전압을 이에 비례하는 낮은 전압으로 변성하는 변압기이다.
③ 과전압 계전기(OVR) : 전압이 일정 값 이상이 되었을 때 동작하는 계전기이다.
④ 지락 계전기(OCR) : 전류가 일정 값 이상으로 흐를 때 동작하는 계전기이다.
⑤ 단락방향 계전기(DSR) : 일정 방향으로 일정 값 이상의 단락 전류가 발생할 경우 동작하는 계전기이다.

05

정답 ②

$$I_A - I_C = I_A \times \frac{5}{60} - I_C \times \frac{5}{60} = \frac{\sqrt{3}\, I_B}{12}$$

$$\rightarrow \frac{\sqrt{3}\, I_B}{12} = 2.5$$

$$\therefore I_B = \frac{2.5 \times 12}{\sqrt{3}} \fallingdotseq 17.3\text{A}$$

06

정답 ④

부흐홀츠 계전기는 변압기의 주 탱크와 콘서베이터를 연결하는 배관에 설치하여 변압기 내부에서 발생하는 일정량 이상의 가스량과 기준 속도 이상의 유속에 의해 작동되는 계전기이다.

07

정답 ①

인코딩 기법의 평가 요소

- 신호의 스펙트럼
- 신호의 동기화 능력
- 에러 검출 능력
- 신호 간 간섭도
- 잡음에 대한 면역성

08

정답 ④

Y결선은 중성점 접지가 가능하고, 선간전압은 상전압의 $\sqrt{3}$배가 되며, 선간전압에 제3고조파가 발생하지 않는다. 또한, 같은 선간전압의 결선에 비해 절연이 어렵지 않다.

09

정답 ④

여자 전류는 자속을 발생시키기 위해 무부하일 때 흐르는 1차측의 전류이다.

10

정답 ②

음극에서는 Cu^{2+} 이온이 전자를 받아 구리 금속이 되어 음극 구리판에 붙으므로 구리판이 두꺼워진다. 반면, 양극에서는 $SO_4^{\ 2-}$ 이온과 반응하여 황산구리가 되어 구리판이 얇아진다.

11

정답 ④

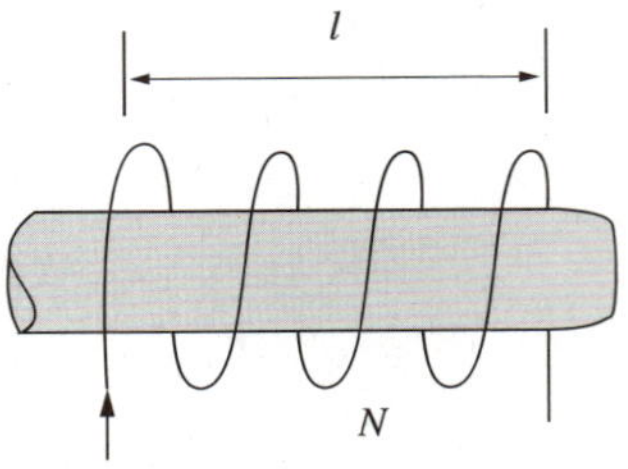

- 자기장의 세기 $H=n_0 I[\mathrm{AT/m}]$
- 자속밀도 $B=\mu H=\mu_0\mu_s H[\mathrm{Wb/m^2}] \rightarrow H=\dfrac{B}{\mu_0\mu_s}$

$\therefore\ n_0 I=\dfrac{B}{\mu_0\mu_s}$

- 전류 $I=\dfrac{B}{n_0\mu_0\mu_s}=\dfrac{0.2}{100\times4\pi\times10^{-7}\times100}=\dfrac{0.2}{4\pi\times10^{-3}}=\dfrac{0.2\times10^3}{4\pi}=\dfrac{200}{4\pi}=\dfrac{50}{\pi}\mathrm{A}$

12

정답 ②

$f=\dfrac{N_s p}{120}=\dfrac{900\times8}{120}=60\mathrm{Hz}$

$\therefore\ N=\dfrac{120f}{p}=\dfrac{120\times60}{6}=1,200\mathrm{rpm}$

13

정답 ③

$D=\epsilon E=\epsilon_0\epsilon_s E[\mathrm{C/m^2}]$

$\therefore\ E=\dfrac{D}{\epsilon_0\epsilon_s}=\dfrac{2\times10^{-6}}{8.855\times10^{-12}\times6}\fallingdotseq3.764\times10^4\mathrm{V/m}$

14

정답 ④

동기 발전기의 병렬 운전 조건은 기전력의 크기, 위상, 주파수, 파형, 상회전 방향(3상)이 같아야 하지만, 전류는 관계가 없다.

15

정답 ③

$E_d=\dfrac{2\sqrt{2}E}{\pi}-e_a$

$\therefore\ E=\dfrac{\pi}{2\sqrt{2}}(E_d+e_a)=\dfrac{\pi}{2\sqrt{2}}(100+10)\fallingdotseq122\mathrm{V}$

16

정답 ①

$$\frac{E_d}{E}=\frac{\sqrt{2}\sin\left(\frac{\pi}{m}\right)}{\frac{\pi}{m}}$$

$$\therefore\ E=\frac{\frac{E_d}{\sqrt{2}\,sin\frac{\pi}{m}}}{\frac{\pi}{m}}=\frac{\frac{450}{\sqrt{2}\,sin\frac{\pi}{6}}}{\frac{\pi}{6}}=\frac{450}{\frac{\sqrt{2}\times\frac{1}{2}}{\frac{\pi}{6}}}\fallingdotseq 333\text{V}$$

17

정답 ②

$$I=\frac{V}{R}=\frac{100}{20}=5\text{A}$$

18

정답 ③

연가는 전력선에 근접한 통신선에 대한 유도장해를 방지하기 위하여 전선로 구간을 3등분한 후 전선 각 상 배치를 상호 변경하여 선로정수를 평형시키는 것으로, 선로정수 평형, 임피던스 평형, 유도장해 감소, 직렬공진 방지 등의 효과를 얻을 수 있다.

19

정답 ②

회전 변류기의 직류측 전압 조정 방법에는 리액턴스 조정, 동기 승압기 사용, 전압 조정 변압기 사용, 유도 전압 조정기 사용 등이 있다.

20

정답 ①

전류가 전압보다 90° 앞선 경우는 진상 전류 상태로 증자 작용이 일어난다.

21

정답 ⑤

보상권선은 자극편에 슬롯을 만들어 여기에 전기자 권선과 같은 권선을 하고 전기자 전류와 반대 방향으로 전류를 통하여 전기자의 기자력을 없애도록 한 것이다.

22

정답 ③

합성 저항 $R_T=3+\frac{3\times6}{3+6}=5\Omega$

$$\therefore\ I=\frac{V}{R_T}=\frac{20}{5}=4\text{A}$$

23

정답 ③

역률 개선의 효과에는 전력손실 감소, 전압강하 감소, 설비용량의 효율적 운용, 투자비 경감이 있다. 한편, 감전사고 감소는 접지의 효과에 해당한다.

24

정답 ②

인덕턴스에 축적되는 에너지는 $W=\frac{1}{2}LI^2$ 이다.

$\therefore\ W=\frac{1}{2}\times 0.1\times 5^2=1.25\text{J}$

25

정답 ①

난조(Hunting)는 부하가 급격하게 변화하면 이에 적응하지 못하여 전동기의 회전자가 진동하게 되는 현상이다. 난조 방지대책으로는 제동 권선 설치, 플라이휠 설치, 고조파 제거를 위한 단절권 • 분포권 채용, 조속기의 감도를 예민하지 않게 만들기 등이 있다.

26

정답 ②

3상 유도 전동기의 회전 방향을 바꾸기 위해서는 전원을 공급하는 3선 중 2선을 서로 바꾸어 연결하면 된다.

27

정답 ③

- 최대의 전압 변동률 $\epsilon=\sqrt{p^2+q^2}=\sqrt{1.8^2+2^2}\fallingdotseq 2.7\%$
- 역률 $\cos\phi=\frac{p}{\sqrt{p^2+q^2}}=\frac{1.8}{2.7}\fallingdotseq 0.67\rightarrow 67\%$

28

정답 ②

컨덕턴스 $G=\frac{1}{R}$, $V=IR$이므로

$V=I\times\frac{1}{G}[\text{V}]$

$\therefore\ V=6\times\frac{1}{0.5}=12\text{V}$

29

정답 ③

동기 조상기를 운전할 때 부족 여자로 운전하면 동기속도가 되려는 동기 전동기의 특성으로 인해 증자 작용이 필요한 리액터처럼 작용한다. 반면, 과여자로 운전하면 콘덴서로 작용한다.

30

정답 ②

$M=K\sqrt{L_1L_2}$ 에서 $K=1$

$\therefore\ M=\sqrt{L_1L_2}$ 또는 $\sqrt{L_1L_2}=M$

02 전기이론

01	02	03	04	05	06	07	08	09	10	11	12	13	14	15	16	17	18	19	20
③	④	④	④	②	②	④	②	③	④	③	①	①	③	②	①	①	②	②	③
21	22	23	24	25	26	27	28	29	30										
④	①	②	②	②	④	④	③	②	②										

01

정답 ③

코일의 인덕턴스는 $L=N\frac{\Phi}{I}=\frac{2,000\times6\times10^{-2}}{10}=12\text{H}$이다.

따라서 시상수는 $\tau=\frac{L}{R}=\frac{12}{12}=1$초이다.

02

정답 ④

자체 인덕턴스에 축적되는 에너지를 구하는 공식은 $W=\frac{1}{2}LI^2[\text{J}]$이다. 따라서 자체 인덕턴스($L$)에 비례하고, 전류($I$)의 제곱에 비례한다.

03

정답 ④

사인 함수에 대한 무한 급수는 푸리에 급수이다.

04

정답 ④

전기력선끼리는 서로 끌어당기지 않고 반발한다.

오답분석

①·②·③·⑤ 전기력선은 서로 교차하지 않고, 도체의 표면에 수직으로 출입하고, 도체 내부에는 존재하지 않는다. 또한, 전기장의 크기는 전기력선의 밀도와 같고, 전위가 높은 점에서 낮은 점으로 향한다.

05

정답 ②

무한히 긴 직선 도선으로부터의 자기장 $B=\frac{\mu_0 i}{2\pi d}$로, 도선으로부터의 직선거리 d에 반비례한다.

06

정답 ②

오답분석

ㄴ. 단위계단함수 $u(t)$는 t가 음수일 때 0, t가 양수일 때 1의 값을 갖는다.

ㄹ. 단위램프함수 $r(t)$는 $t>0$일 때 단위 기울기를 갖는다.

07

정답 ④

- 피상전력 $P_a=\sqrt{(P)^2+(P_r)^2}=\sqrt{(300)^2+(400)^2}=500\text{VA}$
- 전류 $P_a=VI$에서 $I=\frac{P_a}{V}$이므로 $\frac{500}{100}=5\text{A}$

08

정답 ②

전압과 전류가 동위상일 경우는 부하가 순저항일 경우이며, 위상차 $\theta=0°$가 된다. 따라서 역률 $\cos\theta=\cos0°=1$이 된다.

09

정답 ③

$R_1=R_2$라면 $R=\dfrac{R_1R_2}{R_1+R_2}$에서 $R=\dfrac{1}{2}$이 되므로 한 도선 저항의 $\dfrac{1}{2}$이 된다.

10

정답 ④

$(\text{실횻값})=\dfrac{(\text{최댓값})}{\sqrt{2}}$

따라서 실횻값은 실제 효력을 나타내는 값(RMS)으로, 교류 전압이 생성하는 전력 또는 에너지의 효능을 내포하는 값이다.

11

정답 ③

플레밍의 왼손 법칙은 전동기 원리와 관련 있는 법칙으로, 엄지는 힘(F), 검지는 자속밀도(B), 중지는 전류(I)를 나타낸다.

12

정답 ①

렌츠의 법칙은 유도 전류의 방향이 자속의 증가 또는 감소를 방해하는 방향으로 나타난다는 법칙이다.

13

정답 ①

$R-L-C$ 직렬회로의 임피던스 $Z=R+j\left(wL-\dfrac{1}{wC}\right)$에서 $wL=\dfrac{1}{wC}$이면 $R-L-C$ 직렬회로는 공진한다.

즉, 코일 L의 리액턴스 wL과 콘덴서 C의 리액턴스 $\dfrac{1}{wC}$의 값이 같은 것이 공진 조건이다.

$wL=\dfrac{1}{wC}$이면 $Z=R$이 되기 때문에 R 양단의 전압은 인가 전압은 같다.

14

정답 ③

CDMA는 다중 접속 통신 방식의 하나로, 원래의 대역보다 넓은 대역으로 신호를 변조하여 다중화한다.

15

정답 ②

패러데이의 법칙이란 유도 기전력은 쇄교 자속의 변화를 방해하는 방향에 생기고, 그 크기는 쇄교 자속의 시간적인 변화의 비율과 같다는 것이다.

$v=\dfrac{d\phi}{dt}$ [V]

16

정답 ①

코일 중심에서 자기장의 세기는 $H=\dfrac{NI}{2r}$ [AT/m]이므로 이에 대입하면 $\dfrac{10\times5}{2\times0.1}=250$AT/m이다.

17

정답 ①

$I_R = \frac{120}{30} = 4A$, $I_L = \frac{120}{40} = 3A$

∴ 전 전류 $I = \sqrt{{I_R}^2 + {I_L}^2} = \sqrt{4^2 + 3^2} = 5A$

18

정답 ②

- 전압원 : 내부저항 0
- 전류원 : 내부저항 ∞

19

정답 ②

전위차는 1C의 전하를 옮기는 데 필요한 일이므로 $V = \frac{W}{q} = \frac{1}{2} = 0.5V$이다.

20

정답 ③

교류는 직류와 달리 전압과 전류의 곱이 반드시 전력이 되지는 않는다. 따라서 위상차를 이용한 역률까지 곱해야 전력을 얻을 수 있다. 이때, 역률은 $\cos\theta$를 의미한다.

21

정답 ④

전자기파는 전기장과 자기장의 변화가 상호 작용하면서 진행한다.

22

정답 ①

코일의 자체 인덕턴스 교류회로에서는 전류가 전압보다 위상이 $\frac{\pi}{2}$rad만큼 뒤진다.

23

정답 ②

정류회로에서 다이오드를 여러 개 접속하는 경우 직렬 시 과전압으로부터 보호하며, 병렬 시 과전류로부터 보호한다.

24

정답 ②

$I = \frac{V}{R_1 + R_2}$[A], $P = I^2R$[W], $H = 0.24I^2Rt$[cal]에서 R_2는 R_1보다 3배의 열을 발생시킨다.

25

정답 ②

8상 변조에서는 하나의 신호 요소로 3비트의 신호를 변조할 수 있다.

∴ $\frac{2,400}{3} = 800$baud

26

정답 ④

전체 소선수 $N=1+3n(n+1)$이며, n은 층수를 의미한다. 따라서 전체 소선수는 $N=1+3\times3\times(3+1)=37$개이다.

27

정답 ④

정현 대칭 함수에 대한 푸리에 급수의 성분은 $a_n=0$이며 a_0, b_n 성분만 나타난다. 즉, 직류 성분과 sin성분만 존재한다.

28

정답 ③

교류 파형에서 파고율은 최댓값을 실횻값으로 나눈 값이며, 파형률은 실횻값을 평균값으로 나눈 값이다. 이때, 파고율과 파형률 모두 1인 파형은 구형파이다.

29

정답 ②

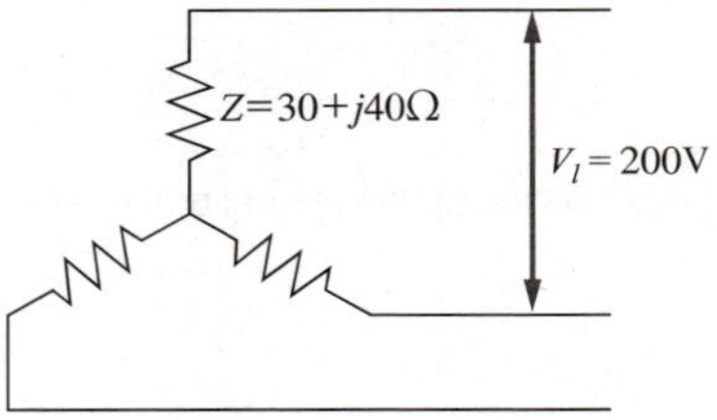

• 상전류

$$I_p=\frac{V_p}{Z_p}=\frac{\frac{200}{\sqrt{3}}}{50}=\frac{200}{50\sqrt{3}}=\frac{4}{\sqrt{3}}\text{[A]}$$

• 무효전력

$$P_r=3I^2X\text{[var]}=3\times\left(\frac{4}{\sqrt{3}}\right)^2\times40=3\times\left(\frac{16}{3}\right)\times40=640\text{Var}$$

30

정답 ②

• 진동 상태 : $R^2<\frac{4L}{C}$

• 비진동 상태 : $R^2>\frac{4L}{C}$

• 임계 상태 : $R^2=\frac{4L}{C}$

$$R^2=100^2=10{,}000,\ \frac{4L}{C}=\frac{4\times0.1\times10^{-3}}{0.1\times10^{-6}}=4{,}000$$

따라서 $R^2>\frac{4L}{C}$이므로 비진동 상태이다.

PART 4

철도법령

CHAPTER 07 철도법령 적중예상문제

CHAPTER 07

철도법령 적중예상문제

01	02	03	04	05	06	07	08	09	10	11	12	13	14	15	16	17	18	19	20
①	①	④	④	①	①	⑤	②	①	①	①	③	②	④	④	③	④	②	④	⑤

01

정답 ①

한국철도공사법 제8조를 위반하여 공사의 임직원이거나 임직원이었던 사람이 그 직무상 알게 된 비밀을 누설하거나 도용할 경우 2년 이하의 징역 또는 2천만 원 이하의 벌금에 처한다(한국철도공사법 제19조).

02

정답 ①

한국철도공사는 주된 사무소의 소재지에서 설립등기를 함으로써 성립한다(한국철도공사법 제5조 제1항).

오답분석

②·④·⑤ 공사의 설립등기와 하부조직의 설치·이전 및 변경 등기, 그 밖에 공사의 등기에 필요한 사항은 대통령령으로 정한다(한국철도공사법 제5조 제2항).

③ 공사는 등기가 필요한 사항에 관하여는 등기하기 전에는 제3자에게 대항하지 못한다(한국철도공사법 제5조 제3항).

03

정답 ④

철도시설(철도사업법 제2조 제2호·철도산업발전기본법 제3조 제2호 참조)

- 철도의 선로(선로에 부대되는 시설을 포함), 역시설(물류시설·환승시설 및 편의시설 등을 포함) 및 철도운영을 위한 건축물·건축설비
- 선로 및 철도차량을 보수·정비하기 위한 선로보수기지, 차량정비기지 및 차량유치시설
- 철도의 전철전력설비, 정보통신설비, 신호 및 열차제어설비
- 철도노선 간 또는 다른 교통수단과의 연계운영에 필요한 시설
- 철도기술의 개발·시험 및 연구를 위한 시설
- 철도경영연수 및 철도전문인력의 교육훈련을 위한 시설
- 그 밖에 철도의 건설·유지보수 및 운영을 위한 시설로서 대통령령으로 정하는 시설

04

정답 ④

적용범위(철도산업발전기본법 제2조)

철도산업발전기본법은 다음 각 호의 어느 하나에 해당하는 철도에 대하여 적용한다.

1. 국가 및 한국고속철도건설공단법에 의하여 설립된 한국고속철도건설공단이 소유·건설·운영 또는 관리하는 철도
2. 제20조 제3항에 따라 설립되는 국가철도공단 및 제21조 제3항에 따라 설립되는 한국철도공사가 소유·건설·운영 또는 관리하는 철도

05

정답 ①

특정노선 폐지 등의 승인신청서의 첨부서류(철도산업발전기본법 시행령 제44조)

특정노선을 폐지하기 위해 철도시설관리자와 철도운영자가 국토교통부장관에게 승인신청서를 제출하는 때에는 다음 각 호의 사항을 기재한 서류를 첨부하여야 한다.

1. 승인신청 사유
2. 등급별·시간대별 철도차량의 운행빈도, 역수, 종사자 수 등 운영현황
3. 과거 6월 이상의 기간 동안의 1일 평균 철도서비스 수요
4. 과거 1년 이상의 기간 동안의 수입·비용 및 영업손실액에 관한 회계보고서
5. 향후 5년 동안의 1일 평균 철도서비스 수요에 대한 전망
6. 과거 5년 동안의 공익서비스비용의 전체 규모 및 법 제32조 제1항의 규정에 의한 원인제공자가 부담한 공익서비스 비용의 규모
7. 대체수송수단의 이용가능성

06

정답 ①

철도사업자는 사업용철도를 도시철도법에 의한 도시철도운영자가 운영하는 도시철도와 연결하여 운행하려는 때에는 여객 운임·요금의 신고 또는 변경신고를 하기 전에 여객 운임·요금 및 그 변경시기에 관하여 미리 당해 도시철도운영자와 협의하여야 한다(철도사업법 시행령 제3조 제2항).

07

정답 ⑤

- 국가는 철도시설 투자를 추진하는 경우 사회적·환경적 편익을 고려하여야 한다(철도산업발전기본법 제7조 제1항).
- 국가 및 지방자치단체는 철도산업의 육성·발전을 촉진하기 위하여 철도산업에 대한 재정·금융·세제·행정상의 지원을 할 수 있다(철도산업발전기본법 제8조).

08

정답 ②

역세권 개발·운영 사업 등(한국철도공사법 시행령 제7조의2 제2항)

철도의 선로, 역시설 및 철도 운영을 위한 건축물·건축설비의 개발 및 운영사업으로서 대통령령으로 정하는 사업은 다음 각 호의 시설을 개발·운영하는 사업을 말한다.

1. 물류정책기본법 제2조 제1항 제4호의 물류시설 중 철도운영이나 철도와 다른 교통수단과의 연계운송을 위한 시설
2. 도시교통정비 촉진법 제2조 제3호에 따른 환승시설
3. 역사와 같은 건물 안에 있는 시설로서 건축법 시행령 제3조의5에 따른 건축물 중 제1종 근린생활시설, 제2종 근린생활시설, 문화 및 집회시설, 판매시설, 운수시설, 의료시설, 운동시설, 업무시설, 숙박시설, 창고시설, 자동차관련시설, 관광휴게시설과 그 밖에 철도이용객의 편의를 증진하기 위한 시설

09

정답 ①

사채의 소멸시효는 원금은 5년, 이자는 2년이 지나면 완성한다(한국철도공사법 제11조 제4항).

10

정답 ①

사업용철도노선의 분류(철도사업법 제4조 제2항)

- 운행지역과 운행거리에 따른 분류 : 간선(幹線)철도, 지선(支線)철도
- 운행속도에 따른 분류 : 고속철도노선, 준고속철도노선, 일반철도노선

11

정답 ①

민자철도사업자에 대한 과징금 부과의 일반기준(철도사업법 시행령 제10조의2 별표 1의2 일부)

부과권자는 다음에 해당하는 경우에는 개별기준에 따른 과징금의 2분의 1 범위에서 그 금액을 줄여 부과할 수 있다. 다만, 과징금을 체납하고 있는 위반행위자에 대해서는 그렇지 않다.

• 위반행위가 사소한 부주의나 오류로 인한 것으로 인정되는 경우
• 위반행위자가 위반행위를 바로 정정하거나 시정하여 법 위반상태를 해소한 경우
• 그 밖에 위반행위의 내용·정도, 위반행위 동기와 그 결과 등을 고려하여 과징금 금액을 줄일 필요가 있다고 인정되는 경우

12

정답 ③

민간위탁계약에는 위탁업무의 재위탁에 관한 사항이 포함된다(철도산업발전기본법 시행령 제31조 제2항 제6호).

민간위탁계약의 포함사항(철도산업발전기본법 시행령 제31조 제2항)

제1항의 규정에 의한 위탁계약에는 다음 각 호의 사항이 포함되어야 한다.

1. 위탁대상 철도자산
2. 위탁대상 철도자산의 관리에 관한 사항
3. 위탁계약기간(계약기간의 수정·갱신 및 위탁계약의 해지에 관한 사항을 포함한다)
4. 위탁대가의 지급에 관한 사항
5. 위탁업무에 대한 관리 및 감독에 관한 사항
6. 위탁업무의 재위탁에 관한 사항
7. 그 밖에 국토교통부장관이 필요하다고 인정하는 사항

13

정답 ②

국가가 한국철도공사에 출자를 할 때에는 국유재산의 현물출자에 관한 법률에 따른다(한국철도공사법 제4조 제4항).

14

정답 ④

철도운영자가 국가의 특수목적사업을 수행함으로써 발생하는 비용은 원인제공자가 부담하는 공익서비스 비용 범위이다(철도산업발전기본법 제32조 제2항 제3호).

공익서비스 제공에 따른 보상계약의 체결(철도산업발전기본법 제33조 제2항)

제1항에 따른 보상계약에는 다음 각 호의 사항이 포함되어야 한다.

1. 철도운영자가 제공하는 철도서비스의 기준과 내용에 관한 사항
2. 공익서비스 제공과 관련하여 원인제공자가 부담하여야 하는 보상내용 및 보상방법 등에 관한 사항
3. 계약기간 및 계약기간의 수정·갱신과 계약의 해지에 관한 사항
4. 그 밖에 원인제공자와 철도운영자가 필요하다고 합의하는 사항

15

정답 ④

하부조직의 설치등기(한국철도공사법 시행령 제3조)

한국철도공사는 하부조직을 설치한 경우에는 설치 후 2주일 이내에 주된 사무소의 소재지에서 설치된 하부조직의 명칭, 소재지 및 설치 연월일을 등기해야 한다.

오답분석

① 공사는 주된 사무소를 이전한 경우에는 이전 후 2주일 이내에 종전 소재지 또는 새 소재지에서 새 소재지와 이전 연월일을 등기해야 한다(한국철도공사법 시행령 제4조 제1항).

② 공사는 하부조직을 이전한 경우에는 이전 후 2주일 이내에 주된 사무소의 소재지에서 새 소재지와 이전 연월일을 등기해야 한다(한국철도공사법 시행령 제4조 제2항).

③·⑤ 공사는 제2조 각 호 또는 제3조의 등기사항이 변경된 경우(제4조에 따른 이전등기에 해당하는 경우는 제외한다)에는 변경 후 2주일 이내에 주된 사무소의 소재지에서 변경사항을 등기해야 한다(한국철도공사법 시행령 제5조).

16

정답 ③

면허취소 등(철도사업법 제16조 제1항)

국토교통부장관은 철도사업자가 다음 각 호의 어느 하나에 해당하는 경우에는 면허를 취소하거나, 6개월 이내의 기간을 정하여 사업의 전부 또는 일부의 정지를 명하거나, 노선 운행중지·운행제한·감차 등을 수반하는 사업계획의 변경을 명할 수 있다. 다만, 제4호와 제7호의 경우에는 면허를 취소하여야 한다.

1. 면허받은 사항을 정당한 사유 없이 시행하지 아니한 경우
2. 사업 경영의 불확실 또는 자산상태의 현저한 불량이나 그 밖의 사유로 사업을 계속하는 것이 적합하지 아니할 경우
3. 고의 또는 중대한 과실에 의한 철도사고로 대통령령으로 정하는 다수의 사상자(死傷者)가 발생한 경우
4. 거짓이나 그 밖의 부정한 방법으로 제5조에 따른 철도사업의 면허를 받은 경우
5. 제5조 제1항 후단에 따라 면허에 붙인 부담을 위반한 경우
6. 제6조에 따른 철도사업의 면허기준에 미달하게 된 경우. 다만, 3개월 이내에 그 기준을 충족시킨 경우에는 예외로 한다.
7. 철도사업자의 임원 중 제7조 제1호 각 목의 어느 하나의 결격사유에 해당하게 된 사람이 있는 경우. 다만, 3개월 이내에 그 임원을 바꾸어 임명한 경우에는 예외로 한다.
8. 제8조를 위반하여 국토교통부장관이 지정한 날 또는 기간에 운송을 시작하지 아니한 경우
9. 제15조에 따른 휴업 또는 폐업의 허가를 받지 아니하거나 신고를 하지 아니하고 영업을 하지 아니한 경우
10. 제20조 제1항에 따른 철도사업자 준수사항을 1년 이내에 3회 이상 위반한 경우
11. 제21조에 따른 사업의 개선명령을 위반한 경우
12. 제23조에 따른 명의 대여 금지를 위반한 경우

17

정답 ④

국토교통부장관은 여객에 대한 운임의 상한을 지정하는 때에는 물가상승률, 원가수준, 다른 교통수단과의 형평성, 사업용철도노선의 분류와 철도차량의 유형 등을 고려하여야 하며, 여객 운임의 상한을 지정한 경우에는 이를 관보에 고시하여야 한다(철도사업법 시행령 제4조 제1항).

18

정답 ②

철도산업발전기본계획의 내용(철도산업발전기본법 시행령 제3조)

철도산업발전기본계획 중 철도산업의 육성 및 발전에 관한 사항으로서 대통령령으로 정하는 사항은 다음 각 호의 사항을 말한다.

1. 철도수송분담의 목표
2. 철도안전 및 철도서비스에 관한 사항
3. 다른 교통수단과의 연계수송에 관한 사항
4. 철도산업의 국제협력 및 해외시장 진출에 관한 사항
5. 철도산업시책의 추진체계
6. 그 밖에 철도산업의 육성 및 발전에 관한 사항으로서 국토교통부장관이 필요하다고 인정하는 사항

19

정답 ④

지도 · 감독(한국철도공사법 제16조)

국토교통부장관은 한국철도공사의 업무 중 다음 각 호의 사항과 그와 관련되는 업무에 대하여 지도 · 감독한다.

1. 연도별 사업계획 및 예산에 관한 사항
2. 철도서비스 품질 개선에 관한 사항
3. 철도사업계획의 이행에 관한 사항
4. 철도시설 · 철도차량 · 열차운행 등 철도의 안전을 확보하기 위한 사항
5. 그 밖에 다른 법령에서 정하는 사항

20

정답 ⑤

사업계획의 변경을 제한할 수 있는 철도사고의 기준(철도사업법 시행령 제6조)

법 제12조 제2항 제4조에서 대통령령으로 정하는 기준이란 사업계획의 변경을 신청한 날이 포함된 연도의 직전 연도의 열차운행거리 100만 km당 철도사고(철도사업자 또는 그 소속 종사자의 고의 또는 과실에 의한 철도사고를 말한다)로 인한 사망자 수 또는 철도사고의 발생횟수가 최근(직전연도를 제외) 5년간 평균보다 10분의 2 이상 증가한 경우를 말한다.

PART 5

최종점검 모의고사

제1회 최종점검 모의고사

01 직업기초능력평가

01	02	03	04	05	06	07	08	09	10	11	12	13	14	15	16	17	18	19	20
②	④	③	④	④	②	③	①	①	④	②	①	④	③	②	①	③	③	①	②
21	22	23	24	25	26	27	28	29	30										
④	④	④	④	⑤	④	②	①	①	②										

01 글의 주제 　　　　정답 ②

제시문에서는 근대건축물이 방치되고 있는 상황과 함께 지속적인 관리의 필요성을 설명하고 있다. 또한, 기존 관리 체계의 한계점을 지적하며, 이를 위한 해결책으로 공공의 역할을 강조하고 있다. 따라서 글의 중심 내용으로 가장 적절한 것은 ②이다.

02 문서 내용 이해 　　　　정답 ④

오답분석

① 마지막 문단에서 모든 광자는 광속으로 움직인다고 하였다.
② 두 번째 문단을 통해 광자의 개념은 1905년 알버트 아인슈타인이 광전 효과를 설명하기 위해 도입했다는 것을 알 수 있다.
③ 두 번째 문단에서 '광자는 많은 에너지를 가진 감마선과 X선부터 가시광선을 거쳐 적은 에너지를 가진 적외선과 라디오파에 이르기까지 모든 에너지 상태에 걸쳐 존재한다.'고 하였다.
⑤ 첫 번째 문단에서 '직진성을 가지는 입자의 성질로는 파동의 원형으로 퍼져나가는 회절 및 간섭현상을 설명할 수 없다.'고 하였다.

03 맞춤법 　　　　정답 ③

'어찌 된'의 뜻을 나타내는 관형사는 '웬'이므로, '어찌 된 일로'라는 의미를 가진 '웬일'로 써야 한다.

오답분석

① 메다 : 어떤 감정이 북받쳐 목소리가 잘 나지 않음
② 치다꺼리 : 남의 자잘한 일을 보살펴서 도와줌
④ 베다 : 날이 있는 연장 따위로 무엇을 끊거나 자르거나 가름
⑤ 지그시 : 슬며시 힘을 주는 모양

04 글의 제목 　　　　정답 ④

제시문에서는 위계화의 개념을 설명하고, 이러한 불평등의 원인과 구조에 대해 살펴보고 있다. 따라서 제시문의 제목으로 가장 적절한 것은 ④이다.

05 빈칸 삽입

정답 ④

빈칸 앞부분에서는 예술작품에 담겨있는 작가의 의도를 강조하며, 독자가 예술작품을 해석하고 이해하는 활동은 예술적 가치, 즉 작가의 의도가 담긴 작품에서 파생된 2차적인 활동일 뿐이라고 이야기하고 있다. 따라서 독자의 작품 해석에 있어 작가의 의도와 작품을 왜곡하지 않아야 한다는 ④가 빈칸에 들어갈 내용으로 가장 적절하다.

오답분석

① · ② 두 번째 문단에 따르면 예술은 독자의 해석으로 완성되는 것이 아니며, 작품을 해석해 줄 독자가 없어도 예술은 그 자체로 가치가 있다.
③ 작품에 포함된 작가의 권위를 인정해야 한다는 것일 뿐, 작가의 권위와 작품 해석의 다양성은 서로 관련이 없다.
⑤ 작품 해석에 있어 작품 제작 당시의 시대적 · 문화적 배경을 고려해야 한다는 내용은 언급하고 있지 않다.

06 문서 작성

정답 ②

김팀장의 업무지시에 따르면 근로자들에게 신직업자격을 알리기 위한 홍보 자료를 제작해야 한다. 따라서 홍보 자료의 대상은 근로자이므로 기능을 기업과 근로자 두 가지 측면으로 나누어 설명하는 것은 적절하지 않다.

07 문단 나열

정답 ③

첫 번째로 1965년 노벨 경제학상 수상자인 게리 베커에 대한 내용으로 이야기를 도입하며 베커가 주장한 '시간의 비용' 개념을 소개하는 (라)가 와야 하고, (라)를 보충하는 내용으로 베커의 '시간의 비용이 가변적'이라는 개념을 언급한 (가)가 와야 한다. 다음으로 베커와 같이 시간의 비용이 가변적이라고 주장한 경제학자 린더의 주장을 소개한 (다)가 와야 하며, 마지막으로 베커와 린더의 공통적 전제인 사람들에게 주어진 시간이 고정된 양이라는 사실과 기대수명이 늘어남으로써 시간의 가치가 달라질 것이라는 내용의 (나)의 순서로 나열해야 한다. 따라서 문단을 순서대로 바르게 나열한 것은 (라) – (가) – (다) – (나)이다.

08 내용 추론

정답 ①

㉠ 두 번째 문단을 통해 확인할 수 있다.
㉡ 마지막 문단을 통해 확인할 수 있다.

오답분석

㉢ 네 번째 문단에서 악보로 정리된 시나위를 연주하는 것은 시나위 본래의 취지에 어긋난다는 내용을 통해 즉흥성을 잘못 이해하고 있음을 알 수 있다.
㉣ 두 번째 문단에서 곡의 일정한 틀은 유지한다는 내용을 통해 즉흥성을 잘못 이해하고 있음을 알 수 있다.

09 문서 내용 이해

정답 ①

마지막 문단에서 UPS 사용 시 배터리를 일정 주기에 따라 교체해 주어야 한다고 이야기하고 있을 뿐이며, 배터리 교체 방법에 대해서는 언급하고 있지 않다.

오답분석

② 두 번째 문단에 따르면 UPS는 일종의 전원 저장소로, 갑작스러운 전원 환경의 변화로부터 기업의 서버를 보호한다.
③ 세 번째 문단에 따르면 UPS를 구매할 때는 용량을 고려하여 필요 용량의 1.5배 정도인 UPS를 구입하는 것이 적절하다.
④ 마지막 문단에 따르면 가정용 UPS에 사용되는 MF배터리의 수명은 1년 정도이므로 이에 맞춰 주기적인 교체가 필요하다.
⑤ 첫 번째 문단에 따르면 일관된 전력 시스템의 필요성이 높아짐에 따라 큰 손실과 피해를 야기할 수 있는 급격한 전원 환경의 변화를 방지할 수 있는 UPS가 많은 산업 분야에서 필수적으로 요구되고 있다.

10 어휘

정답 ④

포상(褒賞) : 1. 칭찬하고 장려하여 상을 줌
2. 각 분야에서 나라 발전에 뚜렷한 공로가 있는 사람에게 정부가 칭찬하고 장려하여 상을 줌. 또는 그 상

오답분석

① 보훈(報勳) : 공훈에 보답함
② 공훈(功勳) : 나라나 회사를 위하여 두드러지게 세운 공로
③ 공로(功勞) : 일을 마치거나 목적을 이루는 데 들인 노력과 수고. 또는 일을 마치거나 그 목적을 이룬 결과로서의 공적
⑤ 공적(功績) : 노력과 수고를 들여 이루어 낸 일의 결과

11 수열 규칙

정답 ②

제시된 수열은 +5, −6, +7, −8, +9, −10, +11, −12, …인 수열이다.
따라서 ( )=3+9=12이다.

12 수열 규칙

정답 ①

제시된 수열은 첫 번째 항부터 ×7, −11을 번갈아 적용하는 수열이다.
따라서 ( )=1,099−11=1,088이다.

13 응용 수리

정답 ④

A사이트의 인원 비율을 a, B사이트의 인원 비율은 $(1-a)$라고 하자.
각 사이트 평균점수에 인원 비율을 곱한 값의 합은 전체 평균점수와 같다.

$4.5a+\{6.5(1-a)\}=5.1$

→ $2a=1.4$

∴ $a=0.7$

따라서 A사이트에서 조사에 참여한 인원은 2,100×0.7=1,470명이다.

14 자료 계산

정답 ③

- 1인 1일 사용량에서 영업용 사용량이 차지하는 비중 : $\frac{80}{282}\times100\fallingdotseq28.37\%$
- 1인 1일 가정용 사용량의 하위 두 항목이 차지하는 비중 : $\frac{20+13}{180}\times100\fallingdotseq18.33\%$

15 자료 계산

정답 ②

음식점까지의 거리를 $x$km라 하자.
역에서 음식점까지 왕복하는 데 걸리는 시간과 음식을 포장하는 데 걸리는 시간이 1시간 30분 이내여야 하므로 다음 식이 성립한다.

$\frac{x}{3}+\frac{15}{60}+\frac{x}{3}\le\frac{3}{2}$

→ $20x+15+20x\le90$

→ $40x\le75$

∴ $x\le\frac{75}{40}=1.875$

즉, 역과 음식점 사이 거리가 1.875km 이내여야 하므로 갈 수 있는 음식점은 'N버거'와 'B도시락'이다.
따라서 K사원이 구입할 수 있는 음식은 도시락과 햄버거이다.

16 자료 이해

정답 ①

9월 말을 기점으로 세 가지 지표의 그래프가 모두 하향곡선을 그리고 있다.

오답분석

② 환율이 하락하면 반대로 원화가치가 높아진다.
③·⑤ 표를 통해 확인할 수 있다.
④ 유가 범위는 85～125 사이의 변동 폭을 보이고 있다.

17 응용 수리

정답 ③

증발한 물의 양을 xg이라 하자.

$\frac{3}{100}\times 400=\frac{5}{100}\times(400-x)$

$\rightarrow 1,200=2,000-5x$

$\therefore x=160$

따라서 증발한 물의 양이 160g이므로, 남아있는 설탕물의 양은 400−160=240g이다.

18 자료 이해

정답 ③

남성 합격자 수는 1,003명, 여성 합격자 수는 237명이다. 여성 합격자 수의 5배는 237×5=1,185명이므로 남성 합격자 수는 여성 합격자 수의 5배 미만이다.

오답분석

①·② 제시된 자료를 통해 알 수 있다.
④ $(\text{경쟁률})=\frac{(\text{지원자 수})}{(\text{모집정원})}\times 100$이므로, B집단의 경쟁률은 $\frac{585}{370}\times 100 \fallingdotseq 158\%$이다.
⑤ • C집단 남성의 경쟁률 : $\frac{417}{269}\times 100 \fallingdotseq 155\%$
• C집단 여성의 경쟁률 : $\frac{375}{269}\times 100 \fallingdotseq 139\%$
따라서 C집단에서는 남성의 경쟁률이 여성의 경쟁률보다 높다.

19 자료 이해

정답 ①

영화의 매출액은 매년 전체 매출액의 30% 이상을 차지한다.

오답분석

② 2018～2019년 전년 대비 매출액의 증감 추이는 게임의 경우 '감소－증가'이고, 음원의 경우 '증가－증가'이다.
③ 2022년과 2024년의 음원 매출액은 SNS 매출액의 2배 미만이다.
④ 2019년에 SNS의 매출액은 전년에 비해 감소하였다.
⑤ 2022년에 전년 대비 매출액이 크게 증가한 콘텐츠 유형은 SNS와 영화이다. SNS와 영화의 전년 대비 증가한 매출액은 각각 250억 원, 273억 원으로 영화가 더 크지만 2021년 매출액은 SNS가 훨씬 더 적기 때문에 증가율이 가장 큰 콘텐츠는 SNS임을 알 수 있다.

20 자료 변환

정답 ②

남녀 국회의원의 여야별 SNS 이용자 구성비 중 여자의 경우 여당이 $(22 \div 38) \times 100 \fallingdotseq 57.9\%$이고, 야당은 $(16 \div 38) \times 100 \fallingdotseq 42.1\%$이므로 옳지 않은 그래프이다.

오답분석

① 국회의원의 여야별 SNS 이용자 수는 각각 145명, 85명이다.

③ 야당 국회의원의 당선 횟수별 SNS 이용자 구성비는 85명 중 초선 36명, 2선 28명, 3선 14명, 4선 이상 7명이므로, 각각 계산해 보면 42.4%, 32.9%, 16.5%, 8.2%이다.

④ 2선 이상 국회의원의 정당별 SNS 이용자는 A당 63명, B당 44명, C당 5명이다.

⑤ 여당 국회의원의 당선 유형별 SNS 이용자 구성비는 145명 중 지역구가 126명이고, 비례대표가 19명이므로 각각 86.9%와 13.1%이다.

21 창의적 사고

정답 ④

기존의 정보를 객관적으로 분석하는 것은 논리적 사고 또는 비판적 사고와 관련이 있다. 창의적 사고에는 성격, 태도에 걸친 전인격적 가능성까지 포함되므로 모험심과 호기심이 많고 집념과 끈기가 있으며, 적극적·예술적·자유분방적일수록 높은 창의력을 보인다.

22 명제 추론

정답 ④

을은 (5점, 5점, 6점), (4점, 6점, 6점)을 획득할 수 있다.

오답분석

①·② 을이 주사위를 두 번 던지면 16점을 얻을 수 없다. 따라서 을은 최소 세 번 주사위를 던졌다. 이때, 갑이 가장 많은 횟수를 던졌는데 세 번 던졌다고 가정하면 을과 병 중 한 명이 네 번을 던졌다는 뜻이 된다. 이는 모순이므로 갑이 네 번을 던져야 한다.

③ 병은 최소 17점을 얻어야 한다. 6이 한 번도 나오지 않는다면 최대 15점을 얻을 수 있다. 따라서 적어도 한 번은 6이 나와야 한다.

⑤ 병이 최대로 얻을 수 있는 점수는 $6 \times 3 = 18$점이다. 이때, 갑이 얻을 수 있는 최소 점수가 되고, 그 점수는 $47 - 18 - 16 = 13$점이다.

23 명제 추론

정답 ④

D팀은 파란색을 선택하였으므로 보라색을 사용하지 않고, B팀과 C팀도 보라색을 사용한 적이 있으므로 A팀이 보라색을 선택한다. B팀은 빨간색을 사용한 적이 있고, 파란색과 보라색은 사용할 수 없으므로 노란색을 선택한다. C팀은 남은 빨간색을 선택한다.

A팀	B팀	C팀	D팀
보라색	노란색	빨간색	파란색

따라서 항상 참인 것은 ④이다.

오답분석

①·③·⑤ 주어진 조건만으로는 판단하기 어렵다.

② A팀의 상징색은 보라색이다.

24 자료 해석

정답 ④

가 공정으로 시작하는 공정 과정은 '준비단계 – 가 – 다 – 마 – 바'로, 총소요시간은 $20+30+60+20+45=175$분이다. 나 공정으로 시작하는 공정 과정은 '나 – 라 – 바'로, 총소요시간은 $15+35+45=95$분이다. 각 공정에서 10시간(600분) 동안 한 공정 과정이 끝나는 횟수는 첫 번째 공정은 $\frac{600}{175} \fallingdotseq 3$번, 두 번째 공정은 $\frac{600}{95} \fallingdotseq 6$번이다.

따라서 두 공정 과정에서 생산되는 완제품 개수의 차이는 $3\times7-6\times3=21-18=3$개이다.

25 자료 해석

정답 ⑤

가 공정을 가동시키는 횟수를 x회, 나 공정을 가동시키는 횟수 y회라고 하자.

$7x+3y=150$이고, 한 공정이 끝날 때까지의 소요시간이 긴 공정을 중심으로 계산하면 175분인 가 공정(x)을 12번 가동시키면 이 공정 과정에서는 $12\times7=84$개의 완제품이 나온다. 이 공정을 12번 가동하는 데 소요되는 총 시간은 $175\times12=2,100$분이며, 소요시간이 95분인 나 공정(y)은 2,100분 동안 $\frac{2,100}{95} \fallingdotseq 22$번의 과정을 완료할 수 있고, 완제품은 $22\times3=66$개이다. 따라서 2,100분 동안 만들어지는 완제품은 $84+66=150$개로 최소 소요시간은 35시간이다.

26 SWOT 분석

정답 ④

ㄴ. 민간의 자율주행기술 R&D를 지원하여 기술적 안정성을 높이는 전략은 위협을 최소화하는 내용은 포함하지 않고 약점만 보완하는 전략이므로 ST전략이라 볼 수 없다.

ㄹ. 국내기업의 자율주행기술 투자가 부족한 약점을 국가기관의 주도로 극복하려는 내용은 약점을 최소화하고 위협을 회피하려는 WT전략의 내용으로 적절하지 않다.

오답분석

ㄱ. 높은 수준의 자율주행기술을 가진 외국 기업과의 기술이전협약 기회를 통해 국내외에서 우수한 평가를 받는 국내 자동차기업이 국내 자율주행자동차 산업의 강점을 강화하는 전략은 SO전략에 해당한다.

ㄷ. 국가가 지속적으로 자율주행차 R&D를 지원하는 법안이 본회의를 통과한 기회를 토대로 기술개발을 지원하여 국내 자율주행자동차 산업의 약점인 기술적 안전성을 확보하려는 전략은 WO전략에 해당한다.

SWOT 분석

기업의 내부환경과 외부환경을 분석하여 강점(Strength), 약점(Weakness), 기회(Opportunity), 위협(Threat) 요인을 규정하고 이를 토대로 경영전략을 수립하는 기법이다.

- 강점(Strength) : 내부환경(자사 경영자원)의 강점
- 약점(Weakness) : 내부환경(자사 경영자원)의 약점
- 기회(Opportunity) : 외부환경(경쟁, 고객, 거시적 환경)에서 비롯된 기회
- 위협(Threat) : 외부환경(경쟁, 고객, 거시적 환경)에서 비롯된 위협

27 논리적 오류

정답 ②

피장파장의 오류는 상대방의 잘못을 들추어 서로 낫고 못함이 없다고 주장하여 자신의 잘못을 정당화하는 오류이다.

오답분석

① 성급한 일반화의 오류 : 제한된 증거를 기반으로 성급하게 어떤 결론을 도출하는 오류이다.
③ 군중에 호소하는 오류 : 군중 심리를 자극하여 논지를 받아들이게 하는 오류이다.
④ 인신공격의 오류 : 주장하는 사람의 인품 · 직업 · 과거 정황을 트집 잡아 비판하는 오류이다.
⑤ 흑백사고의 오류 : 세상의 모든 일을 흑 또는 백이라는 이분법적 사고로 바라보는 오류이다.

28 자료 해석

정답 ①

사원별 성과지표의 평균을 구하면 다음과 같다.

- A사원 : (3+3+4+4+4)÷5=3.6점
- B사원 : (3+3+3+4+4)÷5=3.4점
- C사원 : (5+2+2+3+2)÷5=2.8점
- D사원 : (3+3+2+2+5)÷5=3점
- E사원 : (4+2+5+3+3)÷5=3.4점

즉, A사원만 당해 연도 연봉에 1,000,000원이 추가된다. 이를 토대로 각 사원의 당해 연도 연봉을 구하면 다음과 같다.

- A사원 : 300만+(3×300만)+(3×200만)+(4×100만)+(4×150만)+(4×100만)+100만=33,000,000원
- B사원 : 300만+(3×300만)+(3×200만)+(3×100만)+(4×150만)+(4×100만)=31,000,000원
- C사원 : 300만+(5×300만)+(2×200만)+(2×100만)+(3×150만)+(2×100만)=30,500,000원
- D사원 : 300만+(3×300만)+(3×200만)+(2×100만)+(2×150만)+(5×100만)=28,000,000원
- E사원 : 300만+(4×300만)+(2×200만)+(5×100만)+(3×150만)+(3×100만)=31,500,000원

따라서 가장 많은 연봉을 받을 사람은 A사원이다.

29 명제 추론

정답 ①

마지막 조건에 따라 C대리가 가장 먼저 출근하며, 두 번째 조건에 따라 그 다음에 B과장이 출근한다. 팀원이 총 5명이므로 세 번째 조건에 따라 D주임이 세 번째로 출근하며, 첫 번째 조건에 따라 나머지 팀원인 E사원과 A팀장 중 E사원이 먼저 출근한다. 따라서 출근 순서는 'C대리 – B과장 – D주임 – E사원 – A팀장'이다.

30 SWOT 분석

정답 ②

경쟁자의 시장 철수로 인한 새로운 시장 진입 가능성은 K공사가 가지고 있는 내부환경의 약점이 아닌 외부환경에서 비롯되는 기회에 해당한다.

02 직무수행능력평가

| 01 | 토목일반

31	32	33	34	35	36	37	38	39	40	41	42	43	44	45	46	47	48	49	50
①	④	⑤	④	①	①	①	②	①	②	②	②	②	③	⑤	④	①	⑤	④	②
51	52	53	54	55	56	57	58	59	60										
⑤	③	②	②	①	④	②	④	②	③										

31 정답 ①

일시적인 개량공법의 종류로는 웰 포인트 공법, 대기압 공법(진공 압밀 공법), 동결 공법 등이 있다.

32 정답 ④

중립축에서 $I_A=\frac{bh^3}{12}$ 이고, 밑면에서 $I_B=\frac{bh^3}{3}$ 이다.

따라서 $\frac{I_A}{I_B}=\frac{\frac{bh^3}{12}}{\frac{bh^3}{3}}=\frac{1}{4}$ 이다.

33 정답 ⑤

방위각법은 각 측선이 일정한 기준선(진북, 자오선) 방향과 이루는 각을 우회로 관측하는 다각측량에서의 관측의 한 방법으로, 반전법과 고정법의 2가지 방법이 있다. 관측값의 계산과 제도가 편리하며 신속히 관측할 수 있어 노선측량 또는 지형측량에 널리 쓰인다. 반면, 오차가 이후의 측량에 계속 누적되는 단점이 있다.

34 정답 ④

공액 보법에 의해 B점의 반력을 구하면 이것이 B점의 처짐각이다.

$$\sum M_A=0$$

$$\frac{M_A}{EI}\times\frac{l}{2}\times\frac{l}{3}-R_B{}'l=0$$

$$\therefore\ R_B{}'=\theta_B=\frac{M_A l}{6EI}$$

35 정답 ①

후처리 DGPS는 반송파를 이용하므로 정밀도가 높은 편이다.

36

정답 ①

두 지지력 중 가장 작은 값을 허용지지력으로 한다.

- $q_y = \frac{P_y}{A} = \frac{5}{\pi \times 0.3^2} \fallingdotseq 17.68\text{t/m}^2 \rightarrow q_a = \frac{q_y}{2} = 8.84\text{t/m}^2$
- $q_u = \frac{P_u}{A} = \frac{9}{\pi \times 0.3^2} \fallingdotseq 31.83\text{t/m}^2 \rightarrow q_u = \frac{q_u}{3} = 10.61\text{t/m}^2$

따라서 허용지지력은 8.84t/m^2이다.

37

정답 ①

표준관입시험(SPT)에서 샘플러는 스플릿 스푼 샘플러를 사용한다. 이때 N값은 보링을 한 구멍에 스플릿 스푼 샘플러를 넣고, 처음 흐트러진 시료를 15cm 관입한 후 63.5kg의 해머로 76cm 높이에서 자유 낙하시켜 샘플러를 30cm 관입시키는 데 필요한 타격횟수로, 표준관입시험 값이라고도 한다.

38

정답 ②

보의 강도가 증가하면 탄성계수가 증가하고, 탄성계수가 증가하면 처짐은 감소한다. 따라서 보의 강도는 처짐에 영향을 준다.

보의 처짐에 영향을 주는 요인

- 온도 차이 : 상하부재 사이의 온도 차이가 클수록 열팽창의 변화량의 차이에 의해 처짐량은 증가한다.
- 보의 재질 : 보의 재질에 따라 열팽창의 정도에 변화가 생긴다.
- 보의 형태 : 길이가 긴 보는 자체적으로 처짐이 발생한다.
- 보의 지지조건 : 완전 고정된 보에 비해 자유롭게 이동 가능한 지지보의 처짐량이 더 크다.

39

정답 ①

슬래브의 정모멘트 철근 및 부모멘트 철근의 중심 간격은 위험단면에서는 슬래브 두께의 2배 이하이어야 하고, 또한 300mm 이하로 하여야 한다. 기타의 단면에서는 슬래브 두께의 3배 이하이어야 하고, 또한 450mm 이하로 하여야 한다.

40

정답 ②

면적의 정밀도$\left(\frac{dA}{A}\right)$와 거리의 정밀도$\left(\frac{dl}{l}\right)$의 관계는 $\frac{dA}{A} = 2\left(\frac{dl}{l}\right)$이다.

따라서 $dl = 0.2 \times 600 = 120\text{mm} = 0.12\text{m}$이므로, $\frac{dA}{A} = 2\left(\frac{0.12}{10}\right) \times 100 = 2.4\%$이다.

41

정답 ②

비접착식 포스트텐션(Unbonded Post－Tension) 공법은 균열 제어 및 응력 전달을 위해 철근으로 보강해야 한다.

포스트텐션 공법

구분	접착식 포스트텐션(Bonded Post－Tension)	비접착식 포스트텐션(Unbonded Post－Tension)
특징	• PC강선을 슬리브에 넣고 콘크리트 타설 후 PC강선을 긴장한 방식 • 덕트 및 콘크리트 부착에 의해 긴장력을 콘크리트로 전달 • 긴장재와 콘크리트 부착 • 정착구는 그라우팅 후 양생기간 동안 하중 저항 • 추가 철근 불필요 • 덕트 내부에 그라우팅 공정 필요 • 교량 등 거대구조물에 적용	• PC강선을 콘크리트와 부착하지 않도록 가공하여 설치하고 경화 후 PC강선을 긴장시킨 방식 • 정착구와 콘크리트 지압에 의해 긴장력을 콘크리트로 전달 • 긴장재와 콘크리트 분리 • 정착구는 상시 하중에 저항 • 균열 제어 및 응력 전달을 위해 추가 철근 필요 • 그라우팅 불필요 • 일반 건물, 주차장 등의 슬래브나 보에 적용

42

정답 ②

$$\sigma=\frac{Pl^3}{48EI}=\frac{10\times(8\times10^2)^3}{48\times1,205\times10^4}\fallingdotseq 8.852\text{cm}$$

43

정답 ②

전단력이 0인 곳에 최대 휨모멘트가 일어난다.

$R_A+R_B=3\times6=18\text{t}$

$M_A=18\times9-R_B\times12=0$

$R_A=13.5\text{t},\ R_B=4.5\text{t}$

B점에서 x인 곳이 전단력 0이라면 다음과 같다.

$\sum V=4.5-3(6-x)=0$

$\therefore\ x=4.5$

따라서 B점에서 4.5m만큼 떨어진 곳에서 휨모멘트가 최대이다.

44

정답 ③

보통골재를 사용하는 경우의 탄성계수는 다음과 같이 구한다.

$f_{ck}\leq 40\text{MPa},\ \triangle f=4\text{MPa}$

$E_e=8,500\times\sqrt[3]{f_{ck}}$ 의 식을 사용하면 다음과 같다.

$E_e=8,500\times\sqrt[3]{(38+4)}\fallingdotseq 29,546.226\text{MPa}=2.9546\times10^4\text{MPa}$

45

정답 ⑤

액상화 현상이란 포화된 모래가 비배수(非排水) 상태로 변하여 전단응력을 받으면 모래 속의 간극수압이 차례로 높아지면서 최종적으로는 액상상태가 되는 현상이다. 액상화 현상의 외적 요인으로는 지진의 강도나 지속시간 등이 있으며, 내적 요인으로는 모래의 밀도(간극비, 상대밀도 등), 지하수면의 깊이, 모래의 입도분포, 기반암의 지질구조 등이 있다.

46

정답 ④

철근 콘크리트 휨부재에서 최소철근비를 규정한 이유는 인장측 콘크리트의 취성파괴를 방지하기 위해서이다.

47

정답 ①

다각측량의 순서는 '계획 – 답사 – 선점 – 조표 – 관측'이다.

48

정답 ⑤

- 양단힌지 : $P_b = \dfrac{n\pi^2 EI}{l^2}$
- 양단고정 : $P_b = \dfrac{4\pi^2 EI}{l^2}$

따라서 양단힌지 $P_b = 10\text{t}$이므로 양단고정은 $P_b = 40\text{t}$이다.

49

정답 ④

$$\frac{dP}{b} = \frac{h}{H}$$

$$dP = b \cdot \frac{h}{H} = 23 \times \left(1 - \frac{60}{100}\right) \times \frac{20}{800} = 0.23\text{cm} = 2.3\text{mm}$$

50

정답 ②

오답분석

① 상대측위란 2대 이상의 수신기를 사용하여 동시에 측량을 한 후 데이터를 처리하여 측량정도를 높이는 GNSS 측량법이다.
③ 위상차의 계산은 단일차분, 이중차분, 삼중차분기법으로 한다.
④ 절대측위보다 정확도가 높다.
⑤ 고전적인 삼각측량에 해당하는 설명이다.

51

정답 ⑤

오픈케이슨 공법의 경우 수중타설한 저부 콘크리트의 품질에 문제가 발생할 수 있다.

52

정답 ③

입자가 서로 평행한 분산구조는 점토를 습윤측으로 다지면 나타나고, 입자가 엉성하게 엉기는 면모구조는 점토를 건조측으로 다지면 나타난다.

53

정답 ②

강성기초의 접지압 분포를 보면 최대접지압은 점토지반의 경우 기초의 모서리에서 발생하며, 모래지반의 경우 기초의 중앙부에서 발생한다.

54

정답 ②

(정사각형의 면적)$=h^2$, (원의 면적)$=\frac{\pi D^2}{4}$

정사각형과 원의 단면적이 같으므로 다음과 같다.

$$h^2=\frac{\pi D^2}{4} \rightarrow h=\frac{\sqrt{\pi}D}{2}$$

$$Z_1=\frac{bh^2}{6}=\frac{h^3}{6}=\frac{\left(\frac{\sqrt{\pi}D}{2}\right)^3}{6}=\frac{\pi\sqrt{\pi}D^3}{48},\ Z_2=\frac{\pi D^3}{32}$$

$$\therefore Z_1 : Z_2=\frac{\pi\sqrt{\pi}D^3}{48} : \frac{\pi D^3}{32}=\frac{\sqrt{\pi}}{48} : \frac{1}{32} \fallingdotseq 1 : 0.85$$

55

정답 ①

$$\lambda=\frac{f_{sp}}{0.56\sqrt{f_{ck}}}=\frac{2.4}{0.56\sqrt{25}} \fallingdotseq 0.85714 \le 1.0$$

56

정답 ④

사진측량의 특징

- 장점
  - 넓은 지역을 대상으로 하므로 대상지를 동일한 정확도로 해석이 가능하다.
  - 동체 측정이 가능하다.
  - 접근이 곤란한 대상물의 측량이 가능하다.
  - 축적 변경이 용이하다.
  - 작업이 분업화되어 있어 작업효율이 높다.
  - 종래의 측량 방법에 비해 경제적이다.
- 단점
  - 비용이 많이 든다.
  - 식별이 곤란한 경우에는 현지 측량이 요구된다.
  - 기상 조건, 태양 고도 등의 영향을 받는다.

57

정답 ②

가상일의 원리는 임의의 가상변위와 구속력의 곱인 가상일은 항상 0이 된다는 법칙이다.

58

정답 ④

$$\frac{1}{m}=\frac{f}{H-h}$$

$$=\frac{0.153}{3{,}000-600}$$

$$=\frac{1}{15{,}686}$$

따라서 사진축척은 $\frac{1}{15{,}686}$ 이다.

59

정답 ②

실제 보에서의 BMD선도가 공액보에서 탄성하중으로 작용한다.

따라서 $\frac{M_{max}}{EI}=\frac{wl^2}{2EI}$이므로, $\theta_B=R_B=\frac{1}{3}(l)\left(\frac{wl^2}{2EI}\right)=\frac{wl^3}{6EI}$이다.

60

정답 ③

(소성 단면계수)$=\frac{A}{2}(y_1+y_2)=\frac{bh}{2}\left(\frac{h}{4}+\frac{h}{4}\right)=\frac{bh^2}{4}$

| 02 | 기계일반

31	32	33	34	35	36	37	38	39	40	41	42	43	44	45	46	47	48	49	50
④	①	④	④	④	②	③	④	③	①	⑤	④	⑤	④	③	②	⑤	②	③	③
51	52	53	54	55	56	57	58	59	60										
④	③	④	②	③	④	①	③	④	②										

31

정답 ④

냉동 사이클에서 냉매는 압축기 → 응축기 → 팽창밸브 → 증발기 → 압축기로 순환하는 경로를 갖는다.

냉동기의 구성요소

- 압축기 : 냉매기체의 압력과 온도를 높여 고온, 고압으로 만들면서 냉매에 압력을 가해 순환시킨다.
- 응축기 : 복수기라고도 불리며 냉매기체를 액체로 상변화시키면서 고온, 고압의 액체를 만든다.
- 팽창밸브 : 교축과정 상태로 줄어든 입구를 지나면서 냉매액체가 무화되어 저온, 저압의 액체를 만든다.
- 증발기 : 냉매액체가 대기와 만나면서 증발되어 기체가 된다.

32

정답 ①

선반은 공작물의 회전운동과 절삭공구의 직선운동에 의해 절삭가공을 하는 공작기계이다.

공작기계의 절삭가공 방법

종류	공구	공작물
선반	축 방향 및 축에 직각 (단면 방향) 이송	회전
밀링	회전	고정 후 이송
보링	직선 이송	회전
	회전 및 직선 이송	고정
드릴링 머신	회전하면서 상하 이송	고정
셰이퍼, 슬로터	전후 왕복운동	상하 및 좌우 이송
플레이너	공작물의 운동 방향과 직각 방향으로 이송	수평 왕복운동
연삭기 및 래핑	회전	회전 또는 고정 후 이송
호닝	회전 후 상하운동	고정
호빙	회전 후 상하운동	고정 후 이송

33

정답 ④

$$E=2G(1+\nu) \leftrightarrow G=\frac{E}{2(1+\nu)}$$

34

정답 ④

가단주철은 주조성이 좋은 주철을 용해하여 열처리를 함으로써 견인성을 높인 주철이다.

오답분석

① 합금주철 : 보통주철에 니켈, 구리 등을 첨가하여 특수강 성질을 갖게 하는 주철이다.

② 구상흑연주철 : 황 성분이 적은 선철을 전기로에서 용해한 후 주형에 주입 전 마그네슘, 세륨, 칼슘 등을 첨가시켜 흑연을 구상화하여 보통주철보다 강력한 성질을 갖는 주철이다.

③ 칠드주철 : 표면의 경도를 높게 만들기 위해 금형에 접해서 주철용탕을 응고하고, 급랭하여 제조한 주철이다.
⑤ 백주철 : 회주철을 급랭시킨 주철로, 파단면이 백색을 띠며 흑연의 함유량이 매우 적고, 다른 주철보다 시멘타이트의 함유량이 많아서 단단하지만 취성이 있는 주철이다.

35

정답 ④

고주파경화법은 고주파 유도 전류로 강(Steel)의 표면층을 급속 가열한 후 급랭시키는 방법으로, 가열 시간이 짧고 피가열물에 대한 영향을 최소로 억제하며 표면을 경화시키는 표면경화법이다. 고주파수는 소형 제품이나 깊이가 얕은 담금질 층을 얻고자 할 때, 낮은 주파수는 대형 제품이나 깊은 담금질 층을 얻고자 할 때 사용한다.

기본 열처리 4단계

- 담금질(Quenching : 퀜칭) : 재료를 강하게 만들기 위하여 변태점 이상의 온도인 오스테나이트 영역까지 가열한 후 물이나 기름 같은 냉각제 속에 집어넣어 급랭시킴으로써 강도와 경도가 큰 마텐자이트 조직을 만들기 위한 열처리법이다.
- 뜨임(Tempering : 템퍼링) : 잔류응력에 의한 불안정한 조직을 A_1 변태점 이하의 온도로 재가열하여 원자들을 안정적인 위치로 이동시킴으로써 잔류응력을 제거하고 인성을 증가시키는 위한 열처리법이다.
- 풀림(Annealing : 어닐링) : 강 속에 있는 내부 응력을 제거하고 재료를 연하게 만들기 위해 A_1 변태점 이상의 온도로 가열한 후 공기 중에서 서랭함으로써 강의 성질을 개선하기 위한 열처리법이다.
- 불림(Normalizing : 노멀라이징) : 주조나 소성가공에 의해 거칠고 불균일한 조직을 표준화 조직으로 만드는 열처리법으로, A_3 변태점보다 30 ~ 50℃ 높게 가열한 후 공랭시킴으로써 만들 수 있다.

36

정답 ②

스테인리스강은 일반 강재료에 Cr(크롬)을 12% 이상 합금하여 부식이 잘 일어나지 않는다. 스테인리스강에 탄소량이 많아지면 부식이 잘 일어나게 되므로 내식성은 저하된다.

크롬계 스테인리스강의 종류

구분	종류	주요성분	자성
Cr계	페라이트계 스테인리스강	Fe+Cr(12% 이상)	자성체
	마텐자이트계 스테인리스강	Fe+Cr(13%)	자성체
Cr+Ni계	오스테나이트계 스테인리스강	Fe+Cr(18%)+Ni(8%)	비자성체
	석출경화계 스테인리스강	Fe+Cr+Ni	비자성체

37

정답 ③

오답분석

① Al : 면심입방격자에 해당한다.
② Au : 면심입방격자에 해당한다.
④ Mg : 조밀육방격자에 해당한다.
⑤ Cu : 면심입방격자에 해당한다.

38

정답 ④

ㄱ. 쇼어 경도 (H_S) : 낙하시킨 추의 반발높이를 이용하는 충격경도 시험이다.
ㄴ. 브리넬 경도 (H_B) : 구형 누르개를 일정한 시험하중으로 시험편에 압입시켜 시험하며, 이때 생긴 압입 자국의 표면적을 시험편에 가한 하중으로 나눈 값이다.
ㄷ. 로크웰 경도 (H_R) : 원추각이 120°, 끝단 반지름이 0.2mm인 원뿔형 다이아몬드를 누르는 방법(HRC)과 지름이 1.588mm인 강구를 누르는 방법(HRB)의 2가지가 있다.

39

정답 ③

헬리컬기어는 바퀴 주위에 비틀린 이가 절삭되어 있는 원통기어로, 톱니 줄기가 비스듬히 경사져 있어 헬리컬기어라고 한다. 헬리컬기어는 평기어보다 큰 힘을 전달할 수 있어 회전이 원활하고 조용하지만, 제작이 어려운 단점이 있다. 주로 감속 장치나 동력의 전달 등에 사용된다. 또한 방향이 서로 다른 헬리컬기어를 조합하여 산(山) 모양의 톱니로 만든 것을 2중 헬리컬기어라고 하며, 이 중 가운데 홈이 없이 좌우 기어의 톱니가 중앙에서 만나는 것을 헤링본기어라고 한다.

40

정답 ①

열역학 제2법칙은 엔트로피(최소 0, 무질서의 정도)가 항상 증가하는 방향으로 물질 시스템이 움직이는 것이다.

41

정답 ⑤

심냉처리(Sub Zero – Treatment)는 담금질 후 시효변형을 방지하기 위해 잔류 오스테나이트를 마텐자이트로 만드는 처리과정이다. 공구강의 경도가 상승하고, 성능이 향상되며, 기계부품 조직이 안정화되고, 형상 변화를 방지할 수 있다. 또한, 스테인리스강의 기계적 성질이 향상된다.

42

정답 ④

저항 용접은 용접할 2개의 금속면을 상온 혹은 가열 상태에서 서로 맞대어 놓고 기계로 적당한 압력을 주면서 전류를 흘려주면 금속의 저항 때문에 접촉면과 그 부근에서 열이 발생하는데, 그 순간 큰 압력을 가하여 양면을 완전히 밀착시켜 접합시키는 용접법이다.

오답분석

① 가스 용접 : 주로 산소-아세틸렌가스를 열원으로 하여 용접부를 용융하면서 용가재를 공급하여 접합시키는 용접법으로, 사용하는 연료가스에 따라 산소-아세틸렌 용접, 산소-수소 용접, 산소-프로판 용접, 공기-아세틸렌 용접 등이 있다.

② 아크 용접 : 아크란 이온화된 기체들이 불꽃방전에 의해 청백색의 강렬한 빛과 열을 내는 현상으로, 용접홀더에 용접봉을 끼운 후 용접봉 끝의 심선을 용접물에 접촉시키면 발생하는 아크의 열로 접합시키는 용접법이다. 용접봉 자체가 전극과 용가재의 역할을 동시에 하는 용극식 용접법이다. 피복금속 아크 용접, TIG 용접, MIG 용접, CO_2 용접, 서브머지드 아크 용접(SAW) 등이 있다.

③ 전자빔 용접 : 진공 속에서 고밀도의 전자빔을 용접물에 고속으로 조사시키면 전자가 용접물에 충돌하여 국부적으로 고열을 발생시키는데, 이때 생긴 열원으로 접합시키는 용접법이다.

⑤ 초음파 용접 : 초음파에 의한 진동에너지와 적당한 가압에 의해 행하여지는 점용접 또는 심용접을 말한다.

43

정답 ⑤

베어링 메탈이 갖추어야 할 조건

- 축의 처짐 등 미소 변형에 유연하게 대처할 것
- 베어링 내 흡입된 먼지를 원활하게 흡착할 것
- 압축강도가 클 것
- 열전도율이 높을 것
- 축과의 마찰계수가 작을 것
- 내식성이 클 것
- 하중 및 피로를 잘 견딜 것
- 유막 형성이 용이할 것

44

정답 ④

공작물의 재질에 따라 적절한 절삭속도가 있으며, 절삭속도가 이보다 빠르면 공구의 수명이 단축되고 느리면 작업 효율이 떨어진다.

오답분석

① 절삭속도가 빠르면 유동형 칩이 생성된다.
② 절삭속도가 빠를수록 절삭저항력은 감소한다.
③ 절삭속도가 빠르면 표면 거칠기는 매끄러워진다.
⑤ 선반 가공에서 절삭공구가 공작물을 통과하여 이동하는 속도는 이송속도이고, 공작물이 회전하는 속도는 절삭속도이다.

45

정답 ③

사출성형품에 수축 불량이 발생하는 원인은 금속이 응고할 때 부피가 수축되는 현상 때문인데, 이를 방지하기 위해서는 용탕을 추가로 보충해 주거나 급랭을 피해야 한다. 따라서 성형수지의 온도를 낮추는 것은 옳은 대책이 아니다.

46

정답 ②

마이터기어는 직각인 두 축 간에 운동을 전달하고 잇수가 같은 한 쌍의 원추형 기어로, 베벨기어의 일종이다.

47

정답 ⑤

드럼브레이크는 바퀴와 함께 회전하는 브레이크드럼의 안쪽에 마찰재인 초승달 모양의 브레이크패드(슈)를 밀착시켜 제동하는 장치이다.

오답분석

① 블록브레이크 : 마찰브레이크에 속하며, 브레이크드럼에 브레이크블록을 밀어 넣어 제동시키는 장치이다.
② 밴드브레이크 : 마찰브레이크의 일종으로, 브레이크드럼의 바깥 둘레에 강철 밴드를 감아 밴드와 브레이크드럼 사이에 마찰력으로 제동력을 얻는 장치이다.
③ 나사브레이크 : 나사의 체결력을 브레이크에 이용한 자동 하중 브레이크이다.
④ 원판브레이크(디스크브레이크) : 압축식 브레이크의 일종으로, 바퀴와 함께 회전하는 디스크에 패드를 압착시켜 제동력을 얻어 회전을 멈추는 장치이다.

48

정답 ②

인베스트먼트주조법은 제품과 동일한 형상의 모형을 왁스(양초)나 파라핀으로 만든 다음 그 주변을 슬러리상태의 내화재료로 도포하고 가열하면 주형은 경화되면서 왁스로 만들어진 내부 모형이 용융되어 밖으로 빠지면서 주형이 완성되는 주조법이다.

오답분석

① 셸몰드법 : 금속모형을 대략 240 ~ 280℃로 가열한 후 모형 위에 박리제인 규소수지를 바르고, 규사와 열경화성 합성수지를 배합한 주형재에 잠기게 하여 주형을 제작하는 주조법이다.
③ 원심주조법 : 고속으로 회전하는 사형이나 금형주형에 용탕을 주입한 후 회전시켜, 작용하는 원심력으로 주형의 내벽에 용탕이 압착된 상태에서 응고시키는 주조법이다.
④ 다이캐스팅법 : 용융금속을 금형에 고속으로 주입한 뒤 응고될 때까지 고압을 가해 주물을 얻는 주조법이다. 또한 주형을 영구적으로 사용할 수 있고 주입 시간이 매우 짧아서 생산속도가 빨라 대량생산에 적합하다.
⑤ 풀몰드법 : 모형에 발포 폴리스티렌을 사용하고 주형 모래로 이 모형을 감싸서 굳히므로 주형에 분할면이 생기지 않으며, 코어는 미리 주형 속에 고정시켜 놓고 연소하여 모형 공동 속에 남는 것은 극히 적으며, 거의 쇳물과 모형이 교체되듯이 쇳물 주입이 이루어지는 것을 특징으로 하는 주조법이다.

49

정답 ③

$\tau = \gamma \times G$ (τ : 전단응력, G : 전단탄성계수, γ : 전단변형률)

$$\therefore \gamma = \frac{\tau}{G} = \frac{1 \times 10^3}{80 \times 10^9} = 12.5 \times 10^{-9}$$

50

정답 ③

V벨트는 벨트 풀리와의 마찰이 크므로 접촉각이 작더라도 미끄럼이 생기기 어렵고 속도비를 높일 수 있어 동력 전달에 좋다.

51

정답 ④

체크밸브는 유체의 한쪽 방향으로의 흐름은 자유로우나 역방향의 흐름은 허용하지 않는 밸브이다.

오답분석

① 셔틀밸브 : 항상 고압측의 압유만을 통과시키는 밸브이다.
② 로터리밸브 : 밸브의 구조가 간단하며 조작이 쉽고 확실한 원격 제어용 파일럿 밸브이다.
③ 스풀밸브 : 스풀에 대한 압력이 평형을 유지하여 조작이 쉬운 고압 대용량 밸브이다.
⑤ 스톱밸브 : 작동유의 흐름을 완전히 멈추게 하거나 또는 흐르게 하는 것을 목적으로 하는 밸브이다.

52

정답 ③

유체 퓨즈는 유압 회로 내의 압력이 설정 압을 넘으면 유압에 의하여 막이 파열되어 유압유를 탱크로 귀환시키며, 압력 상승을 막아주는 기기이다.

오답분석

① 압력 스위치 : 액체 또는 기체의 압력이 일정범위를 벗어날 경우 다시 범위 내로 압력을 유지하게 도와주는 스위치이다.
② 감압 밸브 : 유체의 압력을 감소시켜 동력을 절감시키는 밸브이다.
④ 포핏 밸브 : 내연기관의 흡·배기 밸브로 사용하는 밸브이다.
⑤ 카운터 밸런스 밸브 : 한쪽 흐름에 배압을 만들고, 다른 방향은 자유 흐름이 되도록 만들어 주는 밸브이다.

53

정답 ④

단면의 형상에 따른 단면계수는 다음과 같다.

- 원형 중실축 : $Z = \frac{\pi d^3}{32}$
- 원형 중공축 : $Z = \frac{\pi d_2^3}{32}(1 - x^4)$ $\left(\text{단, } x = \frac{d_1}{d_2} \text{이며 } d_1 < d_2 \text{이다}\right)$
- 삼각형 : $Z_c = \frac{bh^2}{24}$, $Z_t = \frac{bh^2}{12}$
- 사각형 : $Z = \frac{bh^2}{6}$

54

정답 ②

마모의 속도가 빨라지는 것은 유압 작동유의 점도가 낮을 때 발생하는 현상이다.

55

정답 ③

$$1k\varepsilon_r = \frac{(\text{증발기 온도})}{(\text{응축기 온도})-(\text{증발기 온도})} = \frac{250}{350-250} = 2.5$$

냉동사이클의 성적계수(ε_r)

$$\varepsilon_r = \frac{(\text{저온체에서 흡수한 열량})}{(\text{공급열량})} = \frac{T_1}{T_1 - T_2} = \frac{(\text{증발기 온도})}{(\text{응축기 온도})-(\text{증발기 온도})}$$

56

정답 ④

$$[\text{열효율}(\eta_c)] = \frac{W}{Q_1} = 1 - \frac{T_2}{T_1}$$

$$W = Q_1 \times \left(1 - \frac{T_2}{T_1}\right) = 400 \times \left(1 - \frac{50+273.15}{300+273.15}\right) \fallingdotseq 174.5\text{kJ}$$

57

정답 ①

축압기는 유압기기에 작용하는 충격을 흡수하고, 유압 회로 내 맥동을 제거 또는 완화한다.

오답분석

② 유체 커플링 : 축에 펌프와 수차의 날개차를 직접 연결하여 원동축의 펌프로 일정량의 액체 수차에 송급하여 종동축을 회전시킨다.
③ 스테이터 : 유체 토크컨버터의 구성요소로, 유체 흐름의 방향을 일정하게 유지시키고 힘을 전달하는 역할을 한다.
④ 토크 컨버터 : 동력 전달이나 유체 변속을 유체의 유동으로 실행하는 장치이다.
⑤ 임펠러 : 유체 토크컨버터의 구성요소로, 펌프의 역할을 한다.

58

정답 ③

반달키는 홈이 깊게 가공되어 축의 강도가 약해지는 결점이 있으나 가공하기 쉽고, 60mm 이하의 작은 축에 사용되며, 특히 테이퍼 축에 사용하기 편리하다.

오답분석

① 평행키 : 상하의 면이 평행인 묻힘키이다.
② 경사키 : 보통 $\frac{1}{100}$ 의 기울기를 가진 키이다.
④ 평키 : 축을 키의 폭만큼 편평하게 만들어 보스에 만든 홈에 사용하는 키이다.
⑤ 새들키 : 보스에만 홈을 파며 축에는 홈을 파지 않고 끼울 수 있는 단면의 키를 말한다.

59

정답 ④

절대압력은 완전진공상태를 영점(0)으로 정해놓고 측정하는 압력이다.

60

정답 ②

제시된 축에 대한 삼각형의 단면 2차 모멘트는 $I = \frac{bh^3}{36}$ 이다(b : 밑변, h : 높이).

따라서 단면 2차 모멘트는 $I = \frac{bh^3}{36} = \frac{20 \times 30^3}{36} = 15{,}000\text{cm}^4$ 이다.

| 03 | 전기일반

31	32	33	34	35	36	37	38	39	40	41	42	43	44	45	46	47	48	49	50
②	②	②	①	④	⑤	④	⑤	②	③	②	④	④	③	②	③	④	③	②	③
51	52	53	54	55	56	57	58	59	60										
⑤	③	④	②	②	①	①	③	②	③										

31

정답 ②

(%리액턴스 강하)$=\frac{I_{1n}x}{V_{1n}}\times100$

$I_{1n}=\frac{10\times10^3}{2,000}=5\text{A}$이므로

$\therefore$ (%리액턴스 강하)$=\frac{I_{1n}x}{V_{1n}}\times100=\frac{5\times7}{2,000}\times100=1.75\%$

32

정답 ②

4Ω과 6Ω의 합성저항은 $R_{4\Omega,6\Omega}=\frac{1}{\frac{1}{4}+\frac{1}{6}}=2.4\Omega$이므로 전체 합성저항은 $R_T=+2.6=2.4+2.6=5\Omega$이다.

전체 전류의 세기는 $I_T=\frac{10}{5}=2\text{A}$이고, 2.6Ω와 $R_{4\Omega,6\Omega}$에 흐르는 전류의 세기는 2A로 같다.

$R_{4\Omega,6\Omega}$에 부하되는 전압은 $2.4\times2=4.8\text{V}$이고, 각 4Ω, 6Ω에 부하되는 전압 또한 4.8V이다.

따라서 4Ω에 흐르는 전류의 세기는$I_{4\Omega}=\frac{4.8}{4}=1.2\text{A}$이다.

33

정답 ②

$C=\frac{Q}{V}$에서 $V\to2V$이므로 $C'=\frac{Q}{2V}=\frac{1}{2}C$

따라서 커패시터의 용량은 2배 감소한다.

34

정답 ①

• 전지의 내부저항

$r_0=\frac{r}{n}=\frac{3}{3}=1\Omega$

• 전류

$I=\frac{E}{r+R}$

$\to 0.5=\frac{1.5}{1+R}$

$\to 1.5=0.5(1+R)=0.5+0.5R$

$\therefore R=2\Omega$

이때 저항을 두 배로 높이면 다음과 같다.

$I'=\frac{1.5}{1+4}=\frac{1.5}{5}=0.3\text{A}$

35

정답 ④

$L=\frac{N\Phi}{I}$에서 권선수를 절반으로 줄이면 $L'=\frac{\frac{N}{2}\Phi}{I}$이다. 이때, 전류의 세기를 $\frac{1}{2}$배로 하면 $\frac{\frac{N}{2}\Phi}{\frac{I}{2}}=L$이다.

또는 $L=\frac{\mu SN^2}{l}$에서 권선수를 절반으로 줄이면 $L'=\frac{\mu S\left(\frac{N}{2}\right)^2}{l}=\frac{\mu SN^2}{4l}$이다.

이때, 단면적을 4배로 늘리면 $\frac{\mu(4S)N^2}{4l}=L$이고, 길이를 $\frac{1}{4}$배로 하면 $\frac{\mu SN^2}{4\times\frac{l}{4}}=L$이다.

따라서 길이와 단면적을 유지하고 전류의 세기를 $\frac{1}{2}$배로 하거나, 길이와 전류의 세기를 유지하고 단면적을 4배로 늘리거나, 단면적과 전류의 세기를 유지하고 길이를 $\frac{1}{4}$배로 줄일 때, 인덕턴스는 같아진다.

36

정답 ⑤

도체별 자계 크기는 다음과 같다(문제에서 N에 대한 언급이 없는 경우 1회 감은 것으로 간주하여 $N=1$로 놓으면 된다).

- 직선 : $H=\frac{I}{2\pi r}$
- 무한 솔레노이드 : $H=\frac{NI}{l}=n_0 I$ (n_0 : 단위길이당 권수)

  ※ 단위길이당 권수가 N으로 주어질 경우 $H=NI$
- 환상 솔레노이드 : $H=\frac{NI}{2\pi r}$
- 원형 코일 : $H=\frac{NI}{2a}$
- 반원형 코일 : $H=\frac{NI}{4a}$

따라서 직선인 경우이므로 $H=\frac{I}{2\pi r}$에서 $I=2\pi rH=2\times\pi\times0.8\times20=32\pi$A이다.

37

정답 ④

- 소선 가닥수 : $N=3n\times(n+1)+1$ (n : 층수)
- 연선의 직경 : $D=(2n+1)\times d$ (d : 소선의 직경)

소선 가닥수 $N=37$, 소선의 직경 $d=3.2$mm이므로 다음과 같다.

$37=3n\times(n+1)+1 \rightarrow n=3$

$\therefore D=\{(2\times3)+1\}\times3.2=22.4$

따라서 연선의 바깥지름은 22.4mm이다.

38

정답 ⑤

$3P_L=\frac{(P')^2\rho l}{V^2\cos^2\theta A}$

$(P')^2=3P^2$

따라서 $P'=\sqrt{3}\,P\fallingdotseq1.73P$이므로 전력을 약 73% 증가시키면 전력손실이 3배로 된다.

39

정답 ②

병렬회로의 공진 주파수는 직렬과 동일하다.

$$f=\frac{1}{2\pi\sqrt{LC}}[\text{Hz}]=\frac{1}{2\pi\sqrt{100\times1\times10^4\times10^{-6}}}=\frac{1}{2\pi}\text{Hz}$$

40

정답 ③

오답분석

① 유기 기전력과 전기자 전류가 동상인 경우 횡축 반작용을 한다.
② 뒤진역률일 경우, 즉 전류가 전압보다 90° 뒤질 때는 감자 작용을 한다.
④ 전기자 전류에 의한 자기장이 계자 자속에 영향을 주는 현상이다.
⑤ 앞선역률일 경우, 즉 전류가 전압보다 90° 앞설 때는 증자 작용을 한다.

전기자 반작용

전기자 전류가 흘러 생긴 전기자 자속이 계자 자속에 영향을 주는 현상이다.

- 역률 1일 때(전압과 전류가 동상인 전류, 저항부하) : 교차 자화 작용(횡축 반작용)
- 뒤진역률(지상 전류, 유도성부하) : 감자 작용(직축 반작용)
- 앞선역률(진상 전류, 용량성부하) : 증자 작용(직축 반작용)

41

정답 ②

$$W=\frac{1}{2}CV^2[\text{J}]$$

$$V=\sqrt{\frac{2W}{C}}=\sqrt{\frac{2\times270}{15}}=\sqrt{36}=6\text{V}$$

42

정답 ④

균압환은 중권에서 공극의 불균일에 의한 전압 불평형 발생 시 흐르는 순환전류가 생기지 않도록 하기 위해 설치한다.

43

정답 ④

전기기계의 철심을 얇게 여러 층으로 쌓는 이유는 철심으로 인한 철손 중 와류손(맴돌이전류손)의 감소를 위해서이다.

44

정답 ③

$$Q=640\times\frac{\sqrt{1-0.8^2}}{0.8}=640\times\frac{0.6}{0.8}=480\text{kW}$$

$$Q'=480-Q_c=480-200=280\text{kW}$$

$$\cos\theta=\frac{640}{\sqrt{640^2+280^2}}=0.92$$

따라서 역률은 92%로 개선할 수 있다.

45

정답 ②

직류송전에서는 회전자계를 얻을 수 없다.

직류송전방식의 장단점

- 장점
  - 리액턴스가 없으므로, 리액턴스에 의한 전압강하가 없다.
  - 절연계급을 낮출 수 있으므로 기기 및 선로의 절연에 요하는 비용이 절감된다.
  - 안정도가 좋으므로 송전 용량을 높일 수 있다.
  - 도체이용률이 좋다.
- 단점
  - 교류 – 직류 변환장치가 필요하며 설비가 비싸다.
  - 고전압 대전류 차단이 어렵다.
  - 회전자계를 얻을 수 없다.

46

정답 ③

부하가 서서히 증가할 때의 극한전력을 정태안정 극한전력이라 한다.

안정도의 종류

- 정태안정도 : 부하가 서서히 증가할 경우 계속해서 송전할 수 있는 능력으로, 이때의 최대전력을 정태안정 극한전력이라 한다.
- 과도안정도 : 계통에 갑자기 부하가 증가하여 급격한 교란이 발생해도 정전을 일으키지 않고 계속해서 공급할 수 있는 최댓값이다.
- 동태안정도 : 고성능 AVR에 의해서 계통안정도를 종전의 정태안정도의 한계 이상으로 향상시킬 경우의 안정도이다.
- 동기안정도 : 전력계통에서의 안정도란 주어진 운전조건하에서 계통이 안전하게 운전을 계속할 수 있는가의 능력이다.

47

정답 ④

[3상 전압강하(e)]$=V_s-V_r=\sqrt{3}I(R\cos\theta+X\sin\theta)$

[송전단 전압(V_s)]$=V_r+\sqrt{3}I(R\cos\theta+X\sin\theta)=6{,}000+\sqrt{3}\times\dfrac{300\times10^3}{\sqrt{3}\times6{,}000\times0.8}\times(5\times0.8+4\times0.6)=6{,}400\text{V}$

48

정답 ③

$\%Z=\dfrac{I_nZ}{E_n}\times100=\dfrac{PZ}{10V^2}$

(I_n : 정격전류, Z : 내부임피던스, P : 변압기용량, E_n : 상전압, 유기기전력, V : 선간전압 또는 단자전압)

49

정답 ②

$Z_1=a^2Z_2 \rightarrow a=\sqrt{\dfrac{Z_1}{Z_2}}=\sqrt{\dfrac{18{,}000}{20}}=30$

50

정답 ③

$P=9.8\omega\tau$

$=9.8\times2\pi\times n\times\tau=9.8\times2\pi\times\frac{N}{60}\times W\times L\left(\because\ \tau=WL,\ n=\frac{N}{60}\right)$

$=9.8\times2\times3.14\times\frac{1,500}{60}\times5\times0.6\fallingdotseq4.62\mathrm{kW}$

51

정답 ⑤

역상제동은 전동기 전원에 접속된 상태에서 전기자의 접속을 반대로 하여 회전 방향과 반대 방향으로 토크를 발생시켜 급정지시키는 제동방식이다.

오답분석

① 단상제동 : 유도 전동기의 고정자에 단상 전압을 걸어주어 회전자 회로에 큰 저항을 연결할 때 일어나는 제동이다.
② 회생제동 : 전동기가 갖는 운동에너지를 전기에너지로 변화시키고, 이것을 전원으로 반환하여 제동한다.
③ 발전제동 : 운전 중인 전동기를 전원에서 분리하여 발전기로 작용시키고, 회전체의 운동에너지를 전기에너지로 변환하여 저항에서 열에너지로 소비시켜 제동한다.
④ 저항제동 : 전동기가 갖는 운동 에너지에 의해서 발생한 전기 에너지가 가변 저항기에 의해서 제어되고, 소비되는 일종의 다이내믹 제동방식이다.

52

정답 ③

전기자 동손은 부하손으로, 전기자 권선에 전류가 흐르면서 생기는 동손이다.

오답분석

①·②·④·⑤ 무부하로 운전하고 있을 때 생기는 손실이다.

동기기 손실의 종류

- 고정손(무부하손) : 부하의 변화에 무관한 손실
  - 철손 → 와류손, 히스테리시스손
  - 기계손 → 마찰손, 베어링손, 풍손
- 가변손(부하손) : 부하의 변화에 따라 변하는 손실
  - 동손
  - 표유부하손

53

정답 ④

플레밍(Fleming)의 오른손법칙은 발전기의 원리이며, 자계 내에 놓인 도체가 운동하면서 자속을 끊어 기전력을 발생시키는 원리이다.

오답분석

① 렌츠의 법칙(Lenz's Law) : 코일에서 발생하는 기전력의 방향은 자속 ϕ의 증감을 방해하는 방향으로 발생한다는 법칙이다.
③ 앙페르(Ampère)의 오른나사법칙 : 도선에 전류가 흐를 때 발생하는 자계의 방향을 알 수 있다는 법칙으로, 전류가 들어가는 방향일 때의 자력선의 방향을 알 수 있다.
⑤ 플레밍(Fleming)의 왼손법칙 : 자기장 속에 있는 도선에 전류가 흐를 때 자기장의 방향과 도선에 흐르는 전류의 방향으로 도선이 받는 힘의 방향을 결정하는 규칙이다.

54

정답 ②

Δ 결선의 $I=\frac{\sqrt{3}\,V}{Z}$, Y 결선의 $I=\frac{V}{\sqrt{3}\,Z}$

$$\frac{Y \text{ 결선의 } I}{\Delta \text{ 결선의 } I}=\frac{\frac{V}{\sqrt{3}\,Z}}{\frac{\sqrt{3}\,V}{Z}}=\frac{1}{3}$$

55

정답 ②

3상 반파 회로이므로, $E_d=1.17\times E[\text{V}]=1.17\times300=351\text{V}$이다.

정류기의 평균전압
- 단상 반파 회로의 평균 직류 전압 $E_d=0.45\times E[\text{V}]$
- 단상 전파 회로의 평균 직류 전압 $E_d=0.9\times E[\text{V}]$
- 3상 반파 회로의 평균 직류 전압 $E_d=1.17\times E[\text{V}]$
- 3상 전파 회로의 평균 직류 전압 $E_d=1.35\times E[\text{V}]$

56

정답 ①

$$E_{d\alpha}=\frac{1}{T}\int e d\theta=\frac{\sqrt{2}\,V}{\pi}\left(\frac{1+\cos\alpha}{2}\right)$$

$$\therefore\ E=\frac{\sqrt{2}\,V}{\pi}\left(\frac{1+\cos60°}{2}\right)=0.338\text{V}$$

57

정답 ①

플레밍의 오른손법칙은 발전기에 대한 법칙이고, 플레밍의 왼손법칙은 전동기에 대한 법칙이다.

58

정답 ③

단상 유도(전동)기는 단상교류 전원으로 운전되는 유도전동기로, 대부분 출력 400W 이하인 소형기이다. 기동토크 크기는 '반발기동형 > 반발유도형 > 콘덴서기동형 > 분상기동형 > 셰이딩코일형 > 모노사이클릭형' 순이다.

59

정답 ②

파형별 특징

구분	실횻값	평균값	파고율	파형률
정현파 (사인파)	$\frac{V_m}{\sqrt{2}}$	$\frac{2}{\pi}V_m$	$\sqrt{2}$	$\frac{\pi}{2\sqrt{2}}$
전파 (정류)	$\frac{V_m}{\sqrt{2}}$	$\frac{2}{\pi}V_m$	$\sqrt{2}$	$\frac{\pi}{2\sqrt{2}}$
반파 (정류)	$\frac{V_m}{2}$	$\frac{V_m}{\pi}$	2	$\frac{\pi}{2}$
구형파 (사각파)	V_m	V_m	1	1
반구형파	$\frac{V_m}{\sqrt{2}}$	$\frac{V_m}{2}$	$\sqrt{2}$	$\sqrt{2}$
삼각파 (톱니파)	$\frac{V_m}{\sqrt{3}}$	$\frac{V_m}{2}$	$\sqrt{3}$	$\frac{2}{\sqrt{3}}$
제형파 (사다리꼴)	$\frac{\sqrt{5}}{3}V_m$	$\frac{2}{3}V_m$	$\frac{3}{\sqrt{5}}$	$\frac{\sqrt{3}}{2}$

60

정답 ③

다이오드는 전류를 한쪽으로는 흐르게 하고 반대쪽으로는 흐르지 않게 하는 정류작용을 하는 전자 부품이다. 제너 다이오드는 정방향에서는 일반 다이오드와 동일한 특성을 보이지만 역방향으로 전압을 걸면 일반 다이오드보다 낮은 특정 전압(항복 전압 혹은 제너 전압)에서 역방향 전류가 흐르는 소자이다. 제너 다이오드는 정전압을 얻을 목적으로 항복 전압이 크게 낮아지도록 설계되어 있으며, 전기 회로에 공급되는 전압을 안정화하기 위한 정전압원을 구성하는 데 많이 사용된다.

오답분석

① 발광 다이오드 : LED라고도 하며, 화합물에 전류를 흘려 빛을 내는 반도체 소자이다.
② 포토 다이오드 : 광다이오드라고도 하며, 빛에너지를 전기에너지로 변환한다.
④ 바리스터 다이오드 : 양 끝에 전압에 의해 저항이 변하는 비선형 반도체 저항소자이다.
⑤ 쇼트키 다이오드 : 금속과 반도체의 접촉면에 생기는 장벽(쇼트키 장벽)의 정류 작용을 이용한 다이오드이다.

| 04 | 전기이론

31	32	33	34	35	36	37	38	39	40	41	42	43	44	45	46	47	48	49	50
③	①	④	④	②	②	③	④	⑤	③	③	④	①	⑤	⑤	②	②	①	②	⑤
51	52	53	54	55	56	57	58	59	60										
①	①	③	②	③	⑤	①	②	①	④										

31

정답 ③

$\mathcal{L}(e^{at}\sin\omega t)=\dfrac{\omega}{(s-a)^2+\omega^2}$ 이므로 $\mathcal{L}(e^{2t}\sin\omega t)=\dfrac{\omega}{(s-2)^2+\omega^2}$ 이다.

라플라스 변환표

$f(t)$	$\mathcal{L}[f(t)]$	$f(t)$	$\mathcal{L}[f(t)]$
t^n	$\dfrac{n!}{s^{n+1}}$	$\delta(t-a)$	e^{-as}
e^{at}	$\dfrac{1}{s-a}$	$e^{at}t^n$	$\dfrac{n!}{(s-a)^{n+1}}$
$\sin at$	$\dfrac{a}{s^2+a^2}$	$e^{at}\sin bt$	$\dfrac{b}{(s-a)^2+a^2}$
$\cos at$	$\dfrac{s}{s^2+a^2}$	$e^{at}\cos bt$	$\dfrac{s-a}{(s-a)^2+b^2}$
$\sinh at$	$\dfrac{a}{s^2-a^2}$	$e^{at}\sinh bt$	$\dfrac{b}{(s-a)^2-a^2}$
$\cosh at$	$\dfrac{s}{s^2-a^2}$	$e^{at}\cosh bt$	$\dfrac{s-a}{(s-a)^2-b^2}$

32

정답 ①

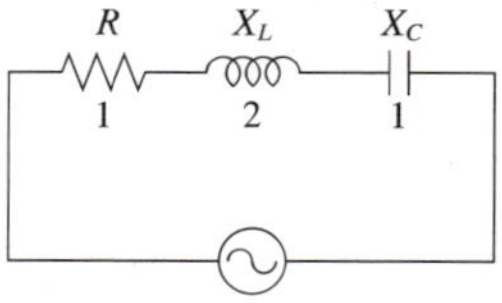

- 임피던스 $Z=R+jX_L-jX_c[\Omega]=1+j2-j1=1+j1[\Omega]$

  $\therefore\ |Z|=\sqrt{(\text{실수})^2+(\text{허수})^2}=\sqrt{(1)^2+(1)^2}=\sqrt{2}$
- 역률 $\cos\theta=\dfrac{R}{|Z|}=\dfrac{1}{\sqrt{2}}$

33

정답 ④

유효전력 $P = P_1 + P_2$[W]=150+50=200W

단상전력계로 3상 전력 측정
- 1전력계법 유효전력 : $3P$
- 2전력계법 유효전력 : $(P_1 + P_2)$
- 2전력계법 무효전력 : $\sqrt{3}(P_1 - P_2)$
- 3전력계법 유효전력 : $(P_1 + P_2 + P_3)$

34

정답 ④

합성 저항 $R = R_1 + R_2$, 전류 $I = \dfrac{V}{R_1 + R_2}$이므로 R_1 양단의 전압은 $V_1 = I \cdot R_1 = \dfrac{R_1}{R_1 + R_2}V$가 된다.

35

정답 ②

DSU(Digital Service Unit)는 스테이션이 전송 회선으로 디지털 데이터를 전송할 수 있도록 한다.

36

정답 ②

- SW Off 시 정상전류(L : 단락)

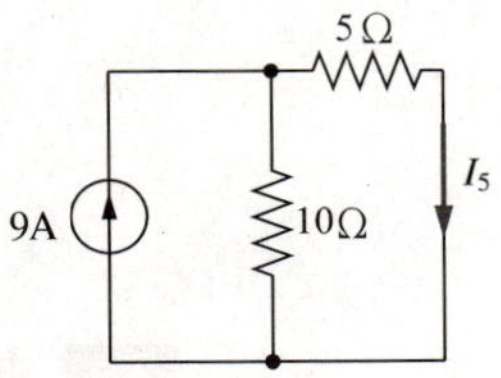

$I_5 = \dfrac{10}{10+5} \times 9 = \dfrac{90}{15} = 6$($L$에 흐르는 전류)

- SW On 시 전류 $i_s(0^+)$

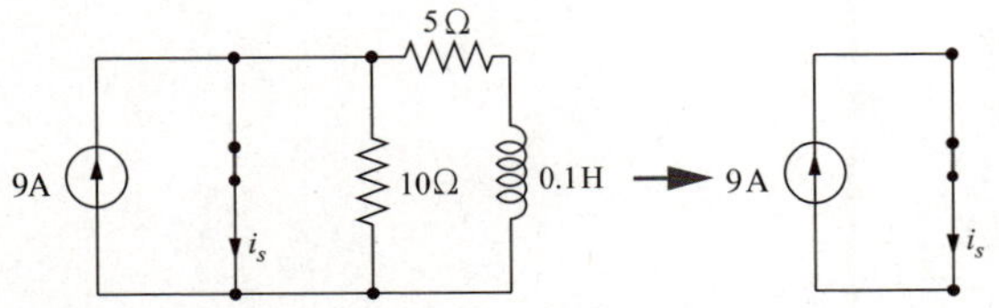

스위치 단락상태이므로 오른쪽과 같이 폐회로로 구성되어 코일쪽으로는 전류가 흐르지 않는다($I_5 = 0$).

$i_s(0_+)$=(전류원 전류)−(정상상태 I_5 전류)=9−6=3A

37

정답 ③

$V = \dfrac{W}{Q}$[V]에서 $Q = \dfrac{W}{V} = \dfrac{600}{100} = 6$C이다.

PART 5

38

정답 ④

등전위면과 전기력선은 항상 수직이다.

오답분석

① 도체표면은 등전위면이다.
② 전하는 도체표면에만 존재하고 도체내부에는 존재하지 않는다.
③ 전기력선은 등전위면 간격이 좁을수록 세기가 커진다.
⑤ 전기력선은 서로 교차하지 않고, 그 방향은 양(+)에서 음(−)으로 향한다.

39

정답 ⑤

오답분석

① 위상 변조(PM) : 2진 신호를 반송파의 위상으로 변조하는 방식이다.
② 진폭 변조(AM) : 반송파의 진폭을 전달하고자 하는 신호의 진폭에 따라 변화시켜 변조하는 방식이다.
③ 델타 변조(DM) : 아날로그 신호의 증감을 2진 펄스로 변조하는 방식이다.
④ 펄스 코드 변조(PCM) : 아날로그 신호를 샘플링하여 펄스 코드로 양자화하는 방식이다.

40

정답 ③

$$F(s)=\int_{-\infty}^{+\infty}[e^{-t}u(t)+e^{-2t}u(t)]e^{-st}dt$$
$$=\int_{-\infty}^{+\infty}e^{-t}e^{-st}u(t)dt+\int_{-\infty}^{+\infty}e^{-2t}e^{-st}u(t)dt$$
$$=\frac{1}{s+1}+\frac{1}{s+2}$$
$$=\frac{2s+3}{s^2+3s+2}$$

41

정답 ③

Peek의 식

$$P=\frac{241}{\delta}(f+25)\sqrt{\frac{d}{2D}}(E-E_0)^2\times10^{-5}$$

- δ : 상대공기밀도($\delta=\frac{0.368b}{273+t}$, b : 기압, t : 온도)
- D : 선간거리[cm]
- d : 전선의 지름[cm]
- f : 주파수[Hz]
- E : 전선에 걸리는 대지전압[kV]
- E_0 : 코로나 임계전압[kV]

42

정답 ④

교류의 실횻값이 7A이므로, 최댓값은 $I_m=\sqrt{2}I_s=7\sqrt{2}$ 이다.

따라서 $i(t)=7\sqrt{2}\sin(2\pi ft+60°)=7\sqrt{2}\sin\left(2\pi ft+\frac{\pi}{3}\right)$ 이다.

43

정답 ①

환상코일의 인덕턴스인 경우, $L=\frac{\mu SN^2}{l}$ 이고 $L'=\frac{\mu S(3N)^2}{l}=\frac{9\mu SN^2}{l}=9L$이다.

따라서 $L'=L$이 되기 위해서는 비투자율을 $\frac{1}{9}$배로 조정하거나 단면적을 $\frac{1}{9}$배로 좁히거나 길이를 9배 늘리면 된다.

44

정답 ⑤

$$Q_c=P(\tan\theta_1-\tan\theta_2)=P\left(\frac{\sin\theta_1}{\cos\theta_1}-\frac{\sin\theta_2}{\cos\theta_2}\right)=150\times\left(\frac{\sqrt{1-0.6^2}}{0.6}-\frac{\sqrt{1-0.9^2}}{0.9}\right)\fallingdotseq 127.3\text{kVA}$$

45

정답 ⑤

직렬공진회로에서 공진 상태가 되면 임피던스는 $R[\Omega]$로 최솟값을 가지며, 순수저항과 같은 특성을 가지게 된다. 또한, 전압 확대율(선택도) Q는 공진 시 리액턴스와 저항의 비로 정의하고, 원하는 신호를 구별해서 다룰 수 있는 정도를 나타낸다.

$$Q=\frac{1}{R}\sqrt{\frac{L}{C}}=\frac{1}{2\Omega}\times\sqrt{\frac{10\text{mH}}{4\mu\text{F}}}=\frac{1}{2\Omega}\times\sqrt{\frac{10\times10^{-3}\text{H}}{4\times10^{-6}\text{F}}}=25$$

46

정답 ②

$$(\text{파형률})=\frac{(\text{실횻값})}{(\text{평균값})}=\frac{\frac{I_m}{\sqrt{2}}}{\frac{2}{\pi}I_m}=\frac{\pi}{2\sqrt{2}}\fallingdotseq 1.11$$

47

정답 ②

$L_a+L_b+2M=10$, $L_a+L_b-2M=6$

이때 $L_a=5$이므로

$5+L_b+2M=10\cdots$ ㉠

$5+L_b-2M=6\cdots$ ㉡

따라서 ㉠, ㉡을 연립하여 L_b을 구하면 $L_b=3\text{mH}$이다.

48

정답 ①

진전하가 없는 점에서 패러데이관은 연속적이다.

패러데이관의 특징

- 패러데이관 내의 전속선 수는 일정하다.
- 패러데이관 양단의 정·부의 단위전하가 있다.
- 진전하가 없는 점에서 패러데이관은 연속적이다.
- 패러데이관의 밀도는 전속밀도와 같다.
- 패러데이관 수와 전속선 수는 같다.

49

정답 ②

옴의 법칙에서 $R=\frac{V}{I}[\Omega]$이고, $V=50\text{V}$, $I=2\text{A}$이므로, $R=\frac{50}{2}=25\,\Omega$이다.

50

정답 ⑤

표피효과는 도체에 주파수가 큰 교류를 송전하면 내부에 전류가 표피로 집중하여 흐르는 현상으로, 도전율(σ), 투자율(μ), 주파수(f)가 클수록 커진다.

51

정답 ①

두 도선 사이의 간격이 r[m]인 경우 두 도선 사이에 작용하는 힘 $F=2\times10^{-7}\times\frac{I^2}{r}$[N/m]인데,

간격이 $2r$로 되었으므로 $F=2\times10^{-7}\times\frac{I^2}{2r}=\frac{1}{2}F$가 된다.

따라서 원래 작용하던 힘의 반으로 감소한다.

52

정답 ①

동기식 전송에서는 시작 비트와 정지 비트는 사용되지 않고, 대신 제어 문자(8-bit flag)들이 사용된다.

53

정답 ③

샘플링 이론에 의하면 최고 주파수의 2배 이상의 주기로 표본을 취하면 원신호에 가까운 신호를 재생할 수 있다.

54

정답 ②

전속선은 유전율이 큰 쪽으로 모이려는 성질이 있다.

복합유전체의 경계면에 작용하는 힘
- 힘의 방향은 유전율이 큰 쪽에서 작은 쪽으로 작용한다.
- 전속선은 유전율이 큰 쪽으로 모이려는 성질이 있다.
- 전계는 유전율이 작은 쪽으로 모이려는 성질이 있다.
- 전계가 경계면과 수평으로 입사할 때, 압축응력이 작용한다.
- 전계가 경계면과 수직으로 입사할 때, 인장응력이 작용한다.

55

정답 ③

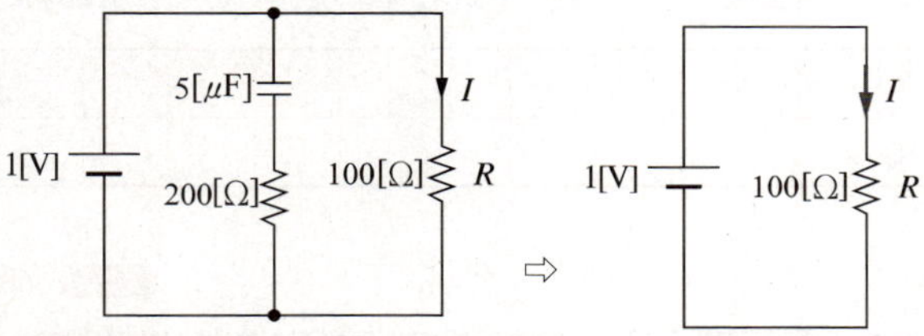

직류전원 인가 시 충분한 시간 흐른 후 C : 개방 상태

∴ 100Ω에 흐르는 전류 $I=\frac{V}{R}=\frac{1}{100}=0.01\text{A}$

56

정답 ⑤

유전율이 큰 유전체가 작은 유전체 쪽으로 끌려 들어가는 힘을 맥스웰 응력이라 한다.

57

정답 ①

전류가 일정하면 자기장도 일정하므로 $B=\mu_0\mu_s H$이다. 따라서 자속밀도는 비투자율에 비례한다.

58

정답 ②

상호 인덕턴스 $M=k\sqrt{L_1L_2}$

∴ 결합계수 $k=\frac{M}{\sqrt{L_1L_2}}=\frac{10}{\sqrt{20\times80}}=\frac{10}{\sqrt{1,600}}=0.25$

59

정답 ①

$LI=N\phi$에서

인덕턴스 $L=\frac{N\phi}{I}=\frac{600\times10^{-3}}{3}=200\times10^{-3}\text{H}=200\text{mH}$

60

정답 ④

반이중 통신은 동시 양방향 전송을 수행하기보다는 전송 회선의 용량이 작을 때 사용하며, 실질적으로 단방향 통신에 해당된다.

PART 5

03 철도법령

61	62	63	64	65	66	67	68	69	70										
④	②	⑤	④	②	①	③	④	④	⑤										

61

정답 ④

위원회에 간사 1인을 두되, 간사는 국토교통부장관이 국토교통부 소속 공무원 중에서 지명한다(철도산업발전기본법 시행령 제9조).

오답분석

① 법 제6조의 규정에 의한 철도산업위원회의 위원장은 국토교통부장관이 된다(철도산업발전기본법 시행령 제6조 제1항).
② 위원회의 위원장은 법 제6조 제2항 제4호에 따른 위원이 직무와 관련된 비위사실이 있는 경우 해당 위원을 해촉할 수 있다(철도산업발전기본법 시행령 제6조의2 제2호).
③ 위원회의 회의는 재적위원 과반수의 출석과 출석위원 과반수의 찬성으로 의결한다(철도산업발전기본법 시행령 제8조 제2항).
⑤ 위원회의 위원장이 부득이한 사유로 직무를 수행할 수 없는 때에는 위원회의 위원장이 미리 지명한 위원이 그 직무를 대행한다(철도산업발전기본법 시행령 제7조 제2항).

62

정답 ②

국토교통부장관은 대통령령으로 정하는 바에 의하여 철도산업의 구조개혁을 추진하기 위한 철도자산의 처리계획(이하 철도자산처리계획)을 위원회의 심의를 거쳐 수립하여야 한다(철도산업발전기본법 제23조 제1항).

오답분석

① 철도자산 중 기타자산은 운영자산과 시설자산을 제외한 자산이다(철도산업발전기본법 제22조 제1항 제3호).
③ 철도공사는 현물출자받은 운영자산과 관련된 권리와 의무를 포괄하여 승계한다(철도산업발전기본법 제23조 제3항).
④ 철도청이 건설 중인 시설자산은 철도자산이 완공된 때에 국가에 귀속된다(철도산업발전기본법 제23조 제5항 후단).
⑤ 국가는 철도자산처리계획에 의하여 철도공사에 운영자산을 현물출자한다(철도산업발전기본법 제23조 제2항).

63

정답 ⑤

타인에게 자기의 성명 또는 상호를 사용하여 철도사업을 경영하게 한 행위는 철도사업자의 명의 대여의 금지에 대한 내용이다(철도사업법 제23조).

철도운수종사자의 준수사항(철도사업법 제22조)
철도사업에 종사하는 철도운수종사자는 다음 각 호의 어느 하나에 해당하는 행위를 하여서는 아니 된다.
1. 정당한 사유 없이 여객 또는 화물의 운송을 거부하거나 여객 또는 화물을 중도에서 내리게 하는 행위
2. 부당한 운임 또는 요금을 요구하거나 받는 행위
3. 그 밖에 안전운행과 여객 및 화주의 편의를 위하여 철도운수종사자가 준수하여야 할 사항으로서 국토교통부령으로 정하는 사항을 위반하는 행위

64

정답 ④

국토교통부장관은 과징금을 부과하고자 하는 때에는 그 위반행위의 종별과 해당 과징금의 금액 등을 명시하여 이를 납부할 것을 서면으로 통지하여야 하며, 과징금 통지를 받은 자는 과징금을 <u>20일 이내</u>에 국토교통부장관이 지정한 수납기관에 납부해야 한다(철도사업법 시행령 제10조 제1항・제2항).

65

정답 ②

- 한국철도공사의 자본금은 22조원으로 하고, 그 전부를 <u>정부</u>가 출자한다(한국철도공사법 제4조 제1항).
- 자본금의 납입 시기와 방법은 <u>기획재정부장관</u>이 정하는 바에 따른다(한국철도공사법 제4조 제2항).

66

정답 ①

하부조직의 설치등기(한국철도공사법 시행령 제3조)

한국철도공사는 하부조직을 설치한 경우에는 설치 후 2주일 이내에 주된 사무소의 소재지에서 설치된 하부조직의 명칭, 소재지 및 설치 연월일을 등기해야 한다.

67

정답 ③

철도의 관리청은 국토교통부장관으로 한다(철도산업발전기본법 제19조 제1항).

68

정답 ④

거짓이나 그 밖의 부정한 방법으로 전용철도의 등록을 한 자는 1년 이하의 징역 또는 1천만 원 이하의 벌금에 처해지며, 나머지는 2년 이하의 징역 또는 2천만 원 이하의 벌금에 처해진다.

벌칙(철도사업법 제49조)

① 다음 각 호의 어느 하나에 해당하는 자는 2년 이하의 징역 또는 2천만 원 이하의 벌금에 처한다.
1. 제5조 제1항에 따른 면허를 받지 아니하고 철도사업을 경영한 자
2. 거짓이나 그 밖의 부정한 방법으로 제5조 제1항에 따른 철도사업의 면허를 받은 자
3. 제16조 제1항에 따른 사업정지처분기간 중에 철도사업을 경영한 자
4. 제16조 제1항에 따른 사업계획의 변경명령을 위반한 자
5. 제23조(제41조에서 준용하는 경우를 포함한다)를 위반하여 타인에게 자기의 성명 또는 상호를 대여하여 철도사업을 경영하게 한 자
6. 제31조를 위반하여 철도사업자의 공동 활용에 관한 요청을 정당한 사유 없이 거부한 자

② 다음 각 호의 어느 하나에 해당하는 자는 1년 이하의 징역 또는 1천만 원 이하의 벌금에 처한다.
1. 제34조 제1항을 위반하여 등록을 하지 아니하고 전용철도를 운영한 자
2. 거짓이나 그 밖의 부정한 방법으로 제34조 제1항에 따른 전용철도의 등록을 한 자

③ 다음 각 호의 어느 하나에 해당하는 자는 1천만 원 이하의 벌금에 처한다.
1. 제13조를 위반하여 국토교통부장관의 인가를 받지 아니하고 공동운수협정을 체결하거나 변경한 자
2. 삭제
3. 제28조 제3항을 위반하여 우수서비스마크 또는 이와 유사한 표지를 철도차량 등에 붙이거나 인증 사실을 홍보한 자

69

정답 ④

점용허가의 신청 및 점용허가기간(철도사업법 시행령 제13조 제2항)

국토교통부장관은 법 제42조 제1항의 규정에 의하여 국가가 소유·관리하는 철도시설에 대한 점용허가를 하고자 하는 때에는 다음 각 호의 기간을 초과하여서는 아니된다. 다만, 건물 그 밖의 시설물을 설치하는 경우 그 공사에 소요되는 기간은 이를 산입하지 아니한다.

1. 철골조·철근콘크리트조·석조 또는 이와 유사한 견고한 건물의 축조를 목적으로 하는 경우에는 50년
2. 제1호 외의 건물의 축조를 목적으로 하는 경우에는 15년
3. 건물 외의 공작물의 축조를 목적으로 하는 경우에는 5년

70

정답 ⑤

선로배분지침에는 선로의 효율적 활용을 위하여 필요한 사항이 포함되어야 한다(철도산업발전기본법 시행령 제24조 제2항 제5호).

제2회 최종점검 모의고사

01 직업기초능력평가

01	02	03	04	05	06	07	08	09	10	11	12	13	14	15	16	17	18	19	20
④	③	⑤	⑤	③	④	④	④	③	②	①	①	④	④	④	③	④	②	②	⑤
21	22	23	24	25	26	27	28	29	30										
③	④	⑤	①	②	③	④	②	④	③										

01 문단 나열

정답 ④

제시문은 1920년대 영화의 소리에 대한 부정적인 견해가 있었음을 이야기하며 화두를 꺼내고 있다. 이후 현대에는 소리와 영상을 분리해서 생각할 수 없음을 언급하고 영화에서 소리가 어떤 역할을 하는지에 대해 설명하면서 현대 영화에서의 소리의 의의에 대해 이야기하고 있다. 따라서 (라) 1920년대 영화의 소리에 대한 부정적인 견해 – (가) 현대 영화에서 분리해서 생각할 수 없는 소리와 영상 – (다) 영화 속 소리의 역할 – (나) 현대 영화에서의 소리의 의의의 순서로 나열해야 한다.

02 문서 내용 이해

정답 ③

제시문에 따르면 역사의 가치는 변하는 것이며, 시대나 사회의 흐름에 따라 달라지는 상대적인 것이다. 따라서 제시문의 내용으로 적절하지 않은 것은 ③이다.

03 내용 추론

정답 ⑤

제시문에서는 인공 지능은 인간의 삶을 편리하게 돕는 도구일 뿐 인간과 같은 사고와 사회적 관계 형성이 불가능하다고 이야기한다. 즉, 이러한 인공 지능을 통해서는 인간에 대한 타당한 판단 역시 불가능하다고 주장한다. 따라서 밑줄 친 ㉠에 대한 글쓴이의 주장으로 가장 적절한 것은 ⑤이다.

오답분석

① 인공 지능은 겉으로 드러난 인간의 말과 행동을 분석하지만, 통계적 분석을 할 뿐 타당한 판단을 할 수 없다.
② 인공 지능은 인간의 삶을 편리하게 돕는 도구일 뿐이며, 인간과 상호 보완의 관계를 갖는다고 볼 수 없다.
③ 인공 지능이 발전하더라도 인간과 같은 사고는 불가능하다.
④ 인공 지능은 사회적 관계를 맺을 수 없다.

04 한자성어

정답 ⑤

밑줄 친 ㉡에 해당하는 한자성어는 손이 도리어 주인 노릇을 한다는 뜻으로, 부차적인 것을 주된 것보다 오히려 더 중요하게 여김을 이르는 말인 '객반위주(客反爲主)'이다.

오답분석

① 괄목상대(刮目相對) : 눈을 비비고 상대편을 본다는 뜻으로, 남의 학식이나 재주가 놀랄 만큼 부쩍 늚을 이르는 말이다.
② 청출어람(靑出於藍) : 쪽에서 뽑아낸 푸른 물감이 쪽보다 더 푸르다는 뜻으로, 제자나 후배가 스승이나 선배보다 나음을 비유적으로 이르는 말이다.

③ 과유불급(過猶不及) : 정도를 지나침은 미치지 못함과 같다는 뜻으로, 중용이 중요함을 이르는 말이다.
④ 당랑거철(螳螂拒轍) : 제 역량을 생각하지 않고, 강한 상대나 되지 않을 일에 덤벼드는 무모한 행동거지를 비유적으로 이르는 말이다.

05 맞춤법

정답 ③

- 내로라하다 : 어떤 분야를 대표할 만하다.
- 그러다 보니 : 보조용언 '보다'가 앞 단어와 연결 어미로 이어지는 '-다 보다'의 구성으로 쓰이면 앞말과 띄어 쓴다.

오답분석

① 무엇 보다 → 무엇보다 / 인식해야 만 → 인식해야만
- 무엇보다 : '보다'는 비교의 대상이 되는 말에 붙어 '~에 비해서'의 뜻을 나타내는 조사이므로 붙여 쓴다.
- 인식해야만 : '만'은 한정, 강조를 의미하는 보조사이므로 붙여 쓴다.

② 두가지를 → 두 가지를 / 조화시키느냐하는 → 조화시키느냐 하는
- 두 가지를 : 수 관형사는 뒤에 오는 명사 또는 의존 명사와 띄어 쓴다.
- 조화시키느냐 하는 : 어미 다음에 오는 말은 띄어 쓴다.

④ 심사하는만큼 → 심사하는 만큼 / 한 달 간 → 한 달간
- 심사하는 만큼 : 뒤에 나오는 내용의 원인, 근거를 의미하는 의존 명사이므로 띄어 쓴다.
- 한 달간 : '동안'을 의미하는 접미사이므로 붙여 쓴다.

⑤ 삼라 만상은 → 삼라만상은 / 모순 되는 → 모순되는
- 삼라만상 : 우주에 있는 온갖 사물과 현상을 의미하는 명사이므로 붙여 쓴다.
- 모순되는 : 이 경우에는 '되다'를 앞의 명사와 붙여 쓴다.

06 글의 주제

정답 ④

제시문에서는 장애인 편의 시설에 대한 새로운 시각이 필요하다고 밝히고, 장애인 편의 시설이 우리 모두에게 유용함을 강조하고 있다. 또한 마지막 문단에서 보편적 디자인의 시각으로 바라볼 때 장애인 편의 시설은 우리 모두에게 편리하고 안전한 시설로 인식될 것이라고 하였다. 따라서 제시문의 주제로 가장 적절한 것은 ④이다.

07 어휘

정답 ④

㉠ 혼잡(混雜) : 여럿이 한데 뒤섞이어 어수선함
㉡ 혼동(混同) : 구별하지 못하고 뒤섞어서 생각함
㉢ 혼선(混線) : 말이나 일 따위를 서로 다르게 파악하여 혼란이 생김

오답분석

- 요란(搖亂) : 시끄럽고 떠들썩함
- 소동(騷動) : 사람들이 놀라거나 흥분하여 시끄럽게 법석거리고 떠들어 대는 일
- 갈등(葛藤) : 개인이나 집단 사이에 목표나 이해관계가 달라 서로 적대시하거나 충돌함 또는 그런 상태

08 빈칸 삽입

정답 ④

제시문은 '발전'에 대한 개념을 설명하고 있다. 빈칸 앞에는 '발전'에 대해 '모든 형태의 변화가 전부 발전에 해당하는 것은 아니다.'라고 하면서 교통신호등을 예로 들고, 빈칸 뒤에는 '사태의 진전 과정에서 나중에 나타나는 것은 적어도 그 이전 단계에 내재적으로나마 존재했던 것의 전개에 해당한다는 것이다.'라고 이야기하고 있다. 또한, 첫 번째 문장까지 고려한다면 빈칸에 들어갈 내용으로는 ④가 가장 적절하다.

09 맞춤법

정답 ③

• 무릅쓰다 : 1. 힘들고 어려운 일을 참고 견디다.
2. 뒤집어서 머리에 덮어쓰다.

10 내용 추론

정답 ②

제시문에서는 자제력이 있는 사람은 합리적 선택에 따라 행위를 하고, 합리적 선택에 따르는 행위는 모두 자발적 행위라고 하였다. 따라서 자제력이 있는 사람은 자발적으로 행위를 한다.

11 응용 수리

정답 ①

지혜와 주헌이가 함께 걸어간 거리는 150×30m이고, 집에서 회사까지 거리는 150×50m이다. 즉, 지혜가 집에 가는 데 걸린 시간은 150×30÷300=15분이고, 다시 회사까지 가는 데 걸린 시간은 150×50÷300=25분이다. 따라서 주헌이가 회사에 도착하는 데 걸린 시간은 20분이고, 지혜가 걸린 시간은 40분이므로, 지혜는 주헌이가 도착하고 20분 후에 회사에 도착한다.

12 응용 수리

정답 ①

8명의 선수 중 4명을 뽑는 경우의 수는 ${}_8C_4=\frac{8\times7\times6\times5}{4\times3\times2\times1}=70$가지이고, A, B, C를 포함하여 4명을 뽑는 경우의 수는 A, B, C를 제외한 5명 중 1명을 뽑으면 되므로 ${}_5C_1=5$가지이다.

따라서 8명의 후보 선수 중 4명을 뽑을 때 A, B, C를 포함하여 뽑을 확률은 $\frac{5}{70}=\frac{1}{14}$이다.

13 자료 계산

정답 ④

과일 종류별 무게를 가중치로 적용한 네 과일의 가중평균은 42만 원이다. (라)과일의 가격을 a만 원이라 가정하고 가중평균에 대한 식을 정리하면 다음과 같다.

$(25\times0.4)+(40\times0.15)+(60\times0.25)+(a\times0.2)=42$

→ $10+6+15+0.2a=42$

→ $0.2a=42-31=11$

$\therefore a=\frac{11}{0.2}=55$

따라서 빈칸 ㉠에 들어갈 수치는 55이다.

14 자료 계산

정답 ④

일본의 R&D 투자 총액은 1,508억 달러이며, 이는 GDP 대비 3.44%이므로 $3.44=\frac{1,508}{(\text{GDP 총액})}\times100$이다.

따라서 일본의 GDP 총액은 $\frac{1,508}{0.0344}\fallingdotseq43,837$억 달러이다.

15 자료 이해

정답 ④

전년 대비 하락한 항목은 2022년의 종합청렴도, 외부청렴도, 정책고객평가와 2023년의 내부청렴도, 2024년의 내부청렴도, 정책고객평가이다. 항목별 하락률을 구하면 다음과 같다.

• 2022년

– 종합청렴도 : $\frac{8.21-8.24}{8.24}\times 100 ≒ -0.4\%$

– 외부청렴도 : $\frac{8.35-8.56}{8.56}\times 100 ≒ -2.5\%$

– 정책고객평가 : $\frac{6.90-7.00}{7.00}\times 100 ≒ -1.4\%$

• 2023년

– 내부청렴도 : $\frac{8.46-8.67}{8.67}\times 100 ≒ -2.4\%$

• 2024년

– 내부청렴도 : $\frac{8.12-8.46}{8.46}\times 100 ≒ -4.0\%$

– 정책고객평가 : $\frac{7.78-7.92}{7.92}\times 100 ≒ -1.8\%$

따라서 전년 대비 가장 크게 하락한 항목은 2024년의 내부청렴도이다.

오답분석

① • 최근 4년간 내부청렴도 평균 : $\frac{8.29+8.67+8.46+8.12}{4} ≒ 8.4$

• 최근 4년간 외부청렴도 평균 : $\frac{8.56+8.35+8.46+8.75}{4} ≒ 8.5$

따라서 최근 4년간 내부청렴도의 평균이 외부청렴도의 평균보다 낮다.

② 2022 ~ 2024년 외부청렴도와 종합청렴도의 증감 추이는 '감소 – 증가 – 증가'로 같다.

③·⑤ 그래프를 통해 알 수 있다.

16 자료 이해

정답 ③

2020 ~ 2024년의 남성 근로자 수와 여성 근로자 수 차이를 구하면 다음과 같다.

• 2020년 : 9,061−5,229=3,832천 명
• 2021년 : 9,467−5,705=3,762천 명
• 2022년 : 9,633−5,902=3,731천 명
• 2023년 : 9,660−6,103=3,557천 명
• 2024년 : 9,925−6,430=3,495천 명

따라서 2020 ~ 2024년 동안 남성과 여성 근로자 수의 차이는 매년 감소한다.

오답분석

①·④ 제시된 자료를 통해 알 수 있다.

② 2020년 대비 2024년 근로자 수의 증가율은 다음과 같다.

• 남성 : $\frac{9,925-9,061}{9,061}\times 100 ≒ 9.54\%$

• 여성 : $\frac{6,430-5,229}{5,229}\times 100 ≒ 22.97\%$

따라서 여성 근로자 수의 증가율이 더 높다.

⑤ 2023년 대비 2024년 여성 근로자 수의 증가율 : $\frac{6,430-6,103}{6,103}\times 100 ≒ 5.36\%$

따라서 약 5.4% 증가하였다.

17 수열 규칙

정답 ④

제시된 수열은 앞의 두 수의 합이 그 다음 항의 수인 피보나치 수열이다.
따라서 (　　)=21+34=55이다.

18 자료 변환

정답 ②

중국의 의료 빅데이터 시장 규모의 전년 대비 성장률을 구하면 다음과 같다.

구분	2016년	2017년	2018년	2019년	2020년	2021년	2022년	2023년	2024년	2025년
성장률(%)	–	56.3	90.0	60.7	93.2	64.9	45.0	35.0	30.0	30.0

따라서 옳은 그래프는 ②이다.

19 자료 이해

정답 ②

ㄱ. 2024년까지의 산업재산권은 총 100건으로, SW권의 140%인 71×1.4=99.4건보다 많으므로 옳은 설명이다.
ㄷ. 2024년까지 등록된 저작권 수는 214건으로, SW권의 3배인 71×3=213건보다 많으므로 옳은 설명이다.

오답분석

ㄴ. 2024년까지 출원된 특허권 수는 16건으로, 출원된 산업재산권의 80%인 21×0.8=16.8건보다 적으므로 옳지 않은 설명이다.
ㄹ. 2024년까지 출원된 특허권 수는 등록 및 출원된 특허권의 $\frac{16}{66}\times100 \fallingdotseq 24.2\%$로 50% 미만이다.

20 자료 이해

정답 ⑤

등록된 지식재산권 중 2022년부터 2024년까지 건수에 변동이 없는 것은 상표권, 저작권, 실용신안권 3가지이다.

오답분석

① 등록된 특허권 수는 2022년에 33건, 2023년에 43건, 2024년에 50건으로 매년 증가하였다.
② 디자인권 수는 2024년에 24건으로, 2022년 디자인권 수 대비 $\frac{24-28}{28}\times100 \fallingdotseq -14.3\%$로, 5% 이상 감소하였으므로 옳은 설명이다.
③ 자료를 보면 2022년부터 2024년까지 모든 산업재산권에서 등록된 건수가 출원된 건수 이상인 것을 알 수 있다.
④ 등록된 SW권 수는 2022년에 57건, 2024년에 71건으로, $\frac{71-57}{57}\times100 \fallingdotseq 24.6\%$ 증가하였으므로 옳은 설명이다.

21 명제 추론

정답 ③

D의 발언에 따라 D가 3등인 경우와 4등인 경우로 나누어 따져본다.

- D가 3등인 경우
  D의 바로 뒤로 들어온 B는 4등, D보다 앞섰다는 C와 E가 1등 또는 2등인데, C는 1등이 아니라고 하였으므로 1등은 E, 2등은 C가 된다. F는 꼴등이 아니라고 했으므로 5등, A는 6등이다.
- D가 4등인 경우
  D의 바로 뒤로 들어온 B는 5등, 2등과 3등은 각각 C 또는 F가 되어야 하며, 1등은 E, 6등은 C와 F보다 뒤에 들어온 A이다.

이를 표로 정리하면 다음과 같다.

구분	1등	2등	3등	4등	5등	6등
경우 1	E	C	D	B	F	A
경우 2	E	C	F	D	B	A
경우 3	E	F	C	D	B	A

따라서 경우 1, 2에서는 C가 F보다 순위가 높지만, 경우 3에서는 F가 C보다 순위가 높으므로 ③이 항상 참인 것은 아니다.

오답분석

① E는 어느 경우에나 항상 1등으로 결승선에 들어온다.
② A는 어느 경우에나 항상 6등으로 결승선에 들어온다.
④ B는 어느 경우에나 C보다 순위가 낮다.
⑤ D가 3등인 경우는 경우 1로 F는 5등이다.

22 지료 해석

정답 ④

주어진 임무는 행사와 관련하여 모두 필요한 업무이므로 가장 오래 걸리는 과정이 끝날 때 성과발표 준비가 완성되게 된다. 따라서 가장 오래 걸리는 과정인 A → C → E → G → H 과정과 A → C → F → H 과정이 모두 끝나는 8일이 소요된다. 이때 A → C 작업은 두 과정에 모두 포함되므로 기간을 단축하면 전체 준비 기간이 짧아질 것이다. 반면 E → H나 E → G 작업을 단축하게 되더라도 다른 과정이 남아있으므로 전체 준비 기간은 짧아지지 않는다.

23 창의적 사고

정답 ⑤

전략적 사고란 현재 당면하고 있는 문제와 그 해결방법에만 집착하지 않고, 그 문제와 해결방법이 상위 시스템과 어떻게 연결되어 있는지를 생각하는 것을 의미한다.

오답분석

① 분석적 사고 : 전체를 각각의 요소로 나누어 그 요소의 의미를 도출한 다음 우선순위를 부여하여 구체적인 문제해결방법을 실행하는 것을 의미한다.
② 발상의 전환 : 사물과 세상을 바라보는 기존의 인식 틀을 전환하여 새로운 관점에서 바라보는 것을 의미한다.
③ 내·외부자원의 활용 : 문제해결 시 기술, 재료, 방법, 사람 등 필요한 자원 확보 계획을 수립하고 내·외부자원을 효과적으로 활용하는 것을 의미한다.
④ 창의적 사고 : 당면한 문제를 해결하기 위해 이미 알고 있는 경험지식을 해체하여 새로운 아이디어를 다시 도출하는 것을 의미한다.

24 논리적 오류

정답 ①

'밤에만 볼 수 있는 동물은 야행성 동물이다.'라는 명제에서 '고양이는 야행성 동물이다.'라는 명제를 통해 대전제의 후건을 긍정하여 '고양이는 밤에만 볼 수 있는 동물이다.'라는 결론을 내린 것은 후건긍정의 오류를 범한 것이다.

25 SWOT 분석

정답 ②

ㄱ. 기술개발을 통해 연비를 개선하는 것은 막대한 R&D 역량이라는 강점으로 휘발유의 부족 및 가격의 급등이라는 위협을 회피하거나 최소화하는 전략에 해당하므로 적절하다.
ㄹ. 생산설비에 막대한 투자를 했기 때문에 차량모델 변경의 어려움이라는 약점이 있고, 레저용 차량 전반에 대한 수요 침체 및 다른 회사들과의 경쟁이 심화되고 있으므로 생산량 감축을 고려할 수 있다.
ㅁ. 생산 공장을 한 곳만 가지고 있다는 약점이 있지만 새로운 해외시장이 출현하고 있는 기회를 살려서 국내 다른 지역이나 해외에 공장들을 분산 설립할 수 있다.
ㅂ. 막대한 R&D 역량이라는 강점을 이용하여 휘발유의 부족 및 가격의 급등이라는 위협을 회피하거나 최소화하기 위해 경유용 레저 차량 생산을 고려할 수 있다.

오답분석

ㄴ. 소형 레저용 차량에 대한 수요 증대라는 기회 상황에서 대형 레저용 차량을 생산하는 것은 적절하지 않은 전략이다.
ㄷ. 차량모델 변경의 어려움이라는 약점을 보완하는 전략도 아니고, 소형 또는 저가형 레저용 차량에 대한 선호가 증가하는 기회에 대응하는 전략도 아니다. 또한, 차량 안전 기준의 강화와 같은 규제 강화는 기회 요인이 아니라 위협 요인이다.
ㅅ. 내수 확대에 집중하는 것은 새로운 해외시장의 출현과 같은 기회를 살리는 전략이 아니다.

26 명제 추론

정답 ③

첫 번째 조건에 따라 회장실의 위치를 기준으로 각 팀의 위치를 정리하면 다음과 같다.

• A에 회장실이 있을 때
 세 번째 조건에 의해 회장실 맞은편인 E는 응접실이다. 네 번째 조건에 의해 B는 재무회계팀이고, F는 홍보팀이다. 다섯 번째 조건에 의해 G는 법무팀이고 일곱 번째 조건에 의해 C는 탕비실이다. 여섯 번째 조건에 의해 H는 연구개발팀이므로 남은 D가 인사팀이다.

• E에 회장실이 있을 때
 세 번째 조건에 의해 회장실 맞은편인 A는 응접실이다. 네 번째 조건에 의해 F는 재무회계팀이고, B는 홍보팀이다. 다섯 번째 조건에 의해 C는 법무팀이고 일곱 번째 조건에 의해 G는 탕비실이다. 여섯 번째 조건에 의해 H는 연구개발팀이므로 남은 D가 인사팀이다.

따라서 인사팀의 위치는 D이다.

27 지료 해석

정답 ④

A/S 규정 중 '교환·환불 배송 정책' 부분을 보면 A/S와 관련된 운송비는 제품 초기불량일 경우에만 당사에서 부담한다고 규정하고 있다. 그러므로 초기불량이 아닐 경우에는 운송비는 고객이 부담하여야 한다. 따라서 운송비를 제외한 복구 시 발생되는 모든 비용에 대해 고객이 부담하여야 한다는 설명은 적절하지 않다.

28 지료 해석

정답 ②

고객의 요청을 참고하여 수리가 필요한 항목을 정리하면 다음과 같다.

• 네트워크 관련 작업 : 20,000원
• 펌웨어 업그레이드 : 20,000원
• 하드 디스크 점검 : 10,000원

따라서 고객에게 안내하여야 할 수리비용은 20,000+20,000+10,000=50,000원이다.

29 지료 해석

정답 ④

A/S 점검표에 따른 비용을 계산하면 다음과 같다.

• 전면 유리 파손 교체 : 3,000원
• 전원 배선 교체 : 8,000원
• 41만 화소 IR 교체 : 30,000원
• 추가 CCTV 제품비 : 80,000원
• 추가 CCTV 건물 내부(로비) 설치 : 10,000원

따라서 고객에게 청구하여야 할 비용은 3,000+8,000+30,000+80,000+10,000=131,000원이다.

30 자료 해석 　　　　　　　　　　　　　　　　**정답** ③

제시된 조건을 항목별로 정리하면 다음과 같다.

• 부서배치
  - 성과급 평균은 48만 원이므로, A는 영업부 또는 인사부에서 일한다.
  - B와 D는 비서실, 총무부, 홍보부 중에서 일한다.
  - C는 인사부에서 일한다.
  - D는 비서실에서 일한다.

  따라서 A－영업부, B－총무부, C－인사부, D－비서실, E－홍보부에서 일한다.

• 휴가
  - A는 D보다 휴가를 늦게 간다.

  따라서 C－D－B－A 또는 D－A－B－C 순으로 휴가를 간다.

• 성과급
  - D사원 : 60만 원
  - C사원 : 40만 원

오답분석

① A는 20만×3=60만 원이고, C는 40만×2=80만 원이다. 따라서 A의 3개월 치 성과급은 C의 2개월 치 성과급보다 적다.
② C가 제일 먼저 휴가를 갈 경우, A가 제일 마지막으로 휴가를 가게 된다.
④ 휴가를 가지 않은 E는 두 배의 성과급을 받기 때문에 총 120만 원의 성과급을 받게 되고, D의 성과급은 60만 원이기 때문에 두 사람의 성과급 차이는 두 배이다.
⑤ C가 제일 마지막에 휴가를 갈 경우, B는 A보다 휴가를 늦게 출발한다.

PART 5

02 직무수행능력평가

| 01 | 토목일반

31	32	33	34	35	36	37	38	39	40	41	42	43	44	45	46	47	48	49	50
①	③	③	③	②	③	③	①	①	②	③	③	②	④	②	③	③	②	④	②
51	52	53	54	55	56	57	58	59	60										
①	⑤	④	③	③	②	②	③	①	②										

31 정답 ①

면적의 정밀도$\left(\frac{dA}{A}\right)$와 거리의 정밀도$\left(\frac{dl}{l}\right)$의 관계는 다음과 같다.

$$\frac{dA}{A}=2\left(\frac{dl}{l}\right)$$

따라서 면적의 정밀도는 $2\times\left(\frac{1}{100}\right)=\frac{1}{50}$ 이다.

32 정답 ③

$$I_b=I_x+A\overline{y}^2=\frac{bh^3}{36}+\frac{bh}{2}\left(\frac{h}{3}\right)^2=\frac{bh^3}{12}$$

33 정답 ③

온도가 높을수록 크리프가 증가한다.

34 정답 ③

$$y=-\frac{I}{Ae}\left(y=-\frac{h}{2}\text{ 또는 }\frac{h}{2},\ I=\frac{bh^3}{12},\ A=bh\right)$$

$$\therefore\ e=\frac{h}{6}\text{ 또는 }-\frac{h}{6}$$

35 정답 ②

부재축에 직각으로 설치되는 전단 철근, 즉 수직 스터럽의 간격은 $0.5d$ 이하 또는 60cm 이하이어야 한다.

36 정답 ③

AB부재에서

$$M_{B1}=\frac{\omega(2L)^2}{8}=\frac{\omega L^2}{2}=2M(+)$$

BC부재에서

$$M_{B2}=\frac{2\omega L^2}{8}=\frac{\omega L^2}{4}=M(-)$$

두 부재의 분배비는 1 : 2이므로

$$M_B = 2M - (2M - M) \times \frac{1}{3} = \frac{\omega L^2}{2} - \frac{\omega L^2}{12} = \frac{5\omega L^2}{12}$$

37

정답 ③

마찰에 의한 손실은 포스트텐션(Post Tension)에서 고려하는 프리스트레스의 감소 원인 중 하나이다.

38

정답 ①

$$\sigma_a = \frac{My}{I} = \frac{6M}{bh^2}$$

$$h = \sqrt{\frac{6M}{b \cdot \sigma_a}} = \sqrt{\frac{6 \times 8{,}000 \times 100}{25 \times 120}} = 40\text{cm}$$

39

정답 ①

신축이음매 장치의 상호 간의 최소거리는 300m 이상으로 해야 한다.

40

정답 ②

면적은 축척의 분모수의 제곱에 비례하므로 다음과 같은 식이 성립한다.

$500^2 : 38.675 = 600^2 : A$

$\rightarrow 600^2 \times 38.675 = 500^2 \times A$

$\therefore A = 55.692$

41

정답 ③

$$Q_x = A\bar{y} = 40 \times 30 \times 15 - 20 \times 10 \times 15 = 15{,}000\text{cm}^3$$

42

정답 ③

최소일의 원리란 외력을 받고 있는 부정정 구조물의 각 부재에 의하여 발생한 내적인 일(Work)은 평형을 유지하기 위하여 필요한 최소의 일이라는 것이다. 내력이 한 일을 그 지점의 반력으로 미분하면 0이 된다는 조건을 토대로 하며, 이를 일반식으로 나타내면 다음과 같다.

$$\delta_i = \frac{\partial U}{\partial P_i} = \int \frac{M}{EI}\left(\frac{\partial M}{\partial P_i}\right)dx = 0$$

43

정답 ②

압성토 공법은 성토에 의한 기초의 활동 파괴를 막기 위하여 성토 비탈면 옆에 소단 모양의 압성토를 만들어 활동에 대한 저항모멘트를 증가시키는 공법이다.

PART 5

44

정답 ④

$A=240\times240=57,600\text{m}^2$

$\frac{dA}{A}=2\times\frac{dl}{l}$ 이므로 다음 식이 성립한다.

$\frac{dA}{57,600}=2\times\frac{0.04}{60}$

$\therefore\ dA=76.8\text{m}^2$

45

정답 ②

- 양단 활절 기둥의 좌굴하중 : $P_{cr}=\frac{\pi^2 EI}{L^2}$
- 양단 고정 기둥의 좌굴하중 : $P_{cr}=\frac{\pi^2 EI}{\left(\frac{L}{2}\right)^2}$

따라서 $L^2:\left(\frac{L}{2}\right)^2$ 이므로 1 : 4이다.

46

정답 ③

말뚝의 부마찰력은 상대변위의 속도가 빠를수록 크다.

47

정답 ③

세장비 $\lambda=\frac{l_k}{r_{\min}}$

$r_{\min}=\sqrt{\frac{I_{\min}}{A}}=\sqrt{\frac{1,600}{100}}=4\text{cm}$

$\therefore\ \lambda=\frac{400}{4}=100$

48

정답 ②

$S_{\max}=\frac{(\sigma_1-\sigma_2)}{2}$ 이므로 최대 주응력과 최소 주응력의 차이는 2τ임을 알 수 있다.

49

정답 ④

$$\sigma_{\max}=\frac{M_{\max}}{Z}=\frac{\frac{PL}{4}}{\frac{bh^2}{6}}=\frac{6PL}{4bh^2}=\frac{6(25\times10^3)(4\times10^3)}{4(250)(300)^2}=6.67\fallingdotseq 6.7\text{MPa}$$

50

정답 ②

$\sum M_B = 0$

$R_A \times 10^{-8} \times 4 = 0$, $R_A = 4\text{t}$

$\therefore\ M_C = 16\text{t} \cdot \text{m}$

51

정답 ①

아스팔트 포장과 콘크리트 포장의 비교

구분	아스팔트 포장	콘크리트 포장
내구성	무거운 하중에 대한 내구성이 약함	무거운 하중에 대한 내구성이 강함
적용대상	신설도로 및 확장도로, 구조물이 많은 교량 등에 적절	신설도로 및 무거운 차량의 통행이 잦은 도로에 적절
수명	10 ~ 20년	20 ~ 40년
마찰력	콘크리트에 비해 작음	초기에는 아스팔트에 비해 큼
공사기간	짧음	상대적으로 김
유지보수	잦은 유지보수가 필요하므로 유지비가 많이 소모됨	유지보수비가 적게 필요함
보수작업의 용이성	국부파손 시 보수작업 용이	아스팔트에 비해 까다로움

52

정답 ⑤

오답분석

① 도상압력에 대한 설명이다.
② 좌굴응력에 대한 설명이다.
③ 도상종저항력에 대한 설명이다.
④ 도상횡저항력에 대한 설명이다.

53

정답 ④

DAD 해석은 최대 우량깊이, 유역면적, 강우지속시간과의 관계를 수립하는 작업이며, 유역면적을 대수축에, 최대 평균강우량을 산술축에 표시한다.

54

정답 ③

정수위 투수시험의 공식은 $k = \dfrac{QL}{hAt}$이다.

따라서 $k = \dfrac{86.3 \times 20}{40 \times \dfrac{\pi \times 10^2}{4} \times 5} = 10.988 \times 10^{-2}\,\text{cm/sec}$이다.

55

정답 ③

$h = 1.1\sqrt{\dfrac{M}{f_a t_w}}$ 에서 플레이트 보의 경제적인 높이는 휨모멘트에 의해 구할 수 있음을 알 수 있다.

56

정답 ②

$E=20''\sqrt{5}\sim30''\sqrt{5}=44.7''\sim67''$

따라서 허용범위 이내이므로 모든 각에 등배분(경중률이 같으므로)한다.

57

정답 ②

표준길이보다 길면 면적은 커지고, 짧으면 면적은 작아진다.

따라서 $A_0=A\left(1\pm\frac{e}{s}\right)^2=62,500\left(1+\frac{0.003}{30}\right)^2\fallingdotseq62,512.5\text{m}^2$ 이다.

58

정답 ③

전도에 대한 저항 모멘트는 횡토압에 의한 전도 모멘트의 2.0배 이상이어야 한다.

59

정답 ①

최적함수비란 흙의 다짐곡선에서 최대건조 밀도에 해당되는 함수비를 뜻한다. 흙의 다짐시험에서 다짐에너지를 증가시킬 때, 최적함수비는 감소하고, 최대건조 단위중량은 증가한다.

60

정답 ②

$V_x=0$인 점에 최대 휨모멘트가 생긴다.

$$\frac{wl}{6}-\frac{1}{2}x\times\frac{x}{l}w=0$$

$$\rightarrow x^2=\frac{l^2}{3}$$

$$\therefore x=\frac{1}{\sqrt{3}}l$$

| 02 | 기계일반

31	32	33	34	35	36	37	38	39	40	41	42	43	44	45	46	47	48	49	50
①	④	③	③	①	④	③	①	③	④	④	③	⑤	②	①	①	③	①	①	②
51	52	53	54	55	56	57	58	59	60										
④	③	②	④	②	③	③	①	②	③										

31

정답 ①

최대주응력설은 최대인장응력이나 최대압축응력의 크기가 항복강도보다 클 경우 재료의 파손이 일어난다는 이론으로, 취성재료의 분리파손과 일치한다.

오답분석

② 최대전단응력설 : 최대전단응력이 그 재료의 항복전단응력에 도달하면 재료의 파손이 일어난다는 이론으로, 연성재료의 미끄럼 파손과 일치한다.
③ 최대변형률설 : 연성재료에서 발생하는 단위변형률이 인장에서 생기는 항복점의 단위변형률과 일치하면 파손이 일어난다는 이론이다.
④ 변형률에너지설 : 외력에 의한 재료 내의 단위체적당 변형률에너지가 단순 인장 시 항복점에 대한 변형률에너지와 같을 때 파손이 일어난다는 이론이다.
⑤ 전단변형에너지설 : 변형에너지는 전단변형에너지와 체적변형에너지로 구분되는데, 전단변형에너지가 단순 인장 시 항복점에서의 변형에너지에 도달하였을 때의 파손된다는 이론으로, 연성재료의 파손 예측에 사용한다.

32

정답 ④

4행정 사이클기관이 2행정 사이클기관보다 행정길이가 더 길기 때문에 체적효율이 더 높다. 2행정 사이클기관은 매회전마다 폭발하여 동일 배기량일 경우 출력이 크고, 회전력이 균일하다. 또한, 마력당 기관중량이 가볍고 밸브기구가 필요 없어 구조가 간단하다.

4행정 사이클기관과 2행정 사이클기관의 비교

구분	4행정 사이클	2행정 사이클
구조	복잡하다.	간단하다.
제작단가	고가이다.	저가이다.
밸브기구	필요하다.	필요 없다.
유효행정	길다.	짧다.
열효율	높다.	낮다.
연료소비율	2행정보다 적다.	4행정보다 많다.
체적효율	높다.	낮다.
회전력	불균일하다.	균일하다.
마력당 기관중량	무겁다.	가볍다.
동력발생	크랭크축 2회전당 1회	크랭크축 1회전당 1회
윤활유 소비	적다.	많다.
동일 배기량 시 출력	작다.	크다.

33

정답 ③

청화법은 침탄법보다도 더 얇은 경화층을 얻고자 할 때 사용하는 방법으로, 청화칼리나 청산소다와 같은 화학물질이 사용된다. 간편뿌리기법과 침적법이 있는데, 침탄과 질화가 동시에 발생한다는 특징이 있다.

34

정답 ③

일렉트로 슬래그 용접(Electro Slag Welding)은 용융 슬래그와 용융 금속이 용접부에서 흘러나오지 않게 둘러싸고, 주로 용융 슬래그의 저항열로 용접봉과 모재를 용융시켜 용접하는 방법이다. 반면, 고상용접은 모재를 용융시키지 않고 기계적으로 접합면에 열과 압력을 동시에 가하여 원자와 원자를 밀착시켜 접합시키는 용접법이다. 고상용접의 종류에는 확산 용접, 초음파 용접, 마찰 용접, 폭발 용접이 있다.

35

정답 ①

$$\delta=\frac{PL}{AE}$$

$$2=\frac{50\times10^3\times100}{500\times E}$$

$$E=\frac{50\times10^3\times100}{500\times2}=5,000\text{N/mm}^2$$

$$=5,000\times10^{-6}\text{N/m}^2=5\times10^{-9}\text{N/m}^2=5\text{GPa}$$

변형량(δ) 공식

$\delta=\frac{PL}{AE}$ (P : 작용한 하중, L : 재료의 길이, A : 단면적, E : 세로탄성계수)

36

정답 ④

웜 기어(웜과 웜휠기어로 구성)의 특징

- 부하용량이 크다.
- 잇면의 미끄럼이 크다.
- 역회전을 방지할 수 있다.
- 감속비를 크게 할 수 있다.
- 운전 중 진동과 소음이 거의 없다.
- 진입각이 작으면 효율이 떨어진다.
- 웜에 축방향의 하중이 발생한다.

37

정답 ③

냉간가공 시 가공방향에 따라 강도가 달라질 수 있다.

냉간가공과 열간가공의 비교

냉간가공	열간가공
• 재결정온도 이하에서의 소성가공이다. • 제품의 치수를 정확하게 가공할 수 있다. • 기계적 성질을 개선시킬 수 있다. • 가공면이 아름답다. • 강도 및 경도가 증가하고 연신율이 감소한다. • 가공방향에 따라 강도가 달라진다.	• 재결정온도 이상에서의 소성가공이다. • 적은 동력으로 큰 변형이 가능하다. • 재질을 균일하게 만든다. • 가공도가 크므로 거친 가공에 적합하다. • 산화 등의 이유로 정밀가공을 할 수 없다. • 기공 등이 압착될 수 있다.

38

정답 ①

공기 스프링은 작동유체인 공기의 특성으로 2축이나 3축을 동시에 제어하기 힘들다.

39

정답 ③

(부력)=(액체의 비중량)×(물체가 잠긴 부피)이고, (액체의 비중량)=(액체의 밀도)×(중력가속도)이다.

또한, 비중은 $\frac{(\text{비중량})}{(4°\text{C 물의 비중량})}$ 또는 $\frac{(\text{밀도})}{(4°\text{C 물의 밀도})}$ 이다.

따라서 부력은 물체가 잠긴 부피에 비례하고, 액체의 비중, 비중량, 밀도에 비례한다.

40

정답 ④

'M8'에서 M은 미터나사(M), 8은 호칭지름이 8mm임을 의미한다.

41

정답 ④

비소모성 텅스텐봉을 전극으로 사용하고 별도의 용가재를 사용하는 용접법은 TIG(Tungsten Inert Gas Arc Welding) 용접이다. MIG 용접은 소모성 전극봉을 사용한다.

용극식 용접법과 비용극식 용접법

용극식 용접법 (소모성 전극)	용가재인 와이어 자체가 전극이 되어 모재와의 사이에서 아크를 발생시키면서 용접 부위를 채워 나가는 방법으로, 이때 전극의 역할을 하는 와이어는 소모된다. 예 서브머지드 아크 용접(SAW), MIG 용접, CO_2 용접, 피복금속 아크 용접(SMAW)
비용극식 용접법 (비소모성 전극)	전극봉을 사용하여 아크를 발생시키고 아크열로 용가재인 용접을 녹이면서 용접하는 방법으로, 이때 전극은 소모되지 않고 용가재인 와이어(피복금속 아크 용접의 경우 피복 용접봉)는 소모된다. 예 TIG 용접

42

정답 ③

제시된 구멍은 150.04mm 이하 150mm 이상이고, 축은 150.03mm 이하 149.92mm 이상이다. 따라서 축의 최소 치수가 구멍의 최대 치수보다 작고, 축의 최대 치수가 구멍의 최소 치수보다 크므로 중간 끼워맞춤에 해당한다.

분류	축과 구멍의 상관관계
억지 끼워맞춤	축의 크기>구멍의 크기
중간 끼워맞춤	축의 크기=구멍의 크기
헐거운 끼워맞춤	축의 크기<구멍의 크기

43

정답 ⑤

오답분석

① 텅스텐(W)은 경도를 증가시킨다.
② 니켈(Ni)은 내식성 및 내산성을 증가시키지만, 크리프 저항까지 증가시키지는 않는다.
③ 망간(Mn)은 적열 메짐을 방지한다.
④ 크롬(Cr)은 전자기적 성질을 개선하지는 않는다.

44

정답 ②

표면의 가공정밀도는 '래핑가공 – 슈퍼 피니싱 – 호닝가공 – 일반 연삭가공' 순서로 우수하다.

45

정답 ①

스터드볼트는 양쪽 끝이 모두 수나사로 되어 있는 볼트로, 한쪽 끝은 암나사가 난 부분에 반영구적인 박음 작업을 하고, 반대쪽 끝은 너트를 끼워 고정시킨다.

오답분석

② 관통볼트 : 구멍에 볼트를 넣고 반대쪽에 너트로 죄는 일반적인 형태의 볼트이다.
③ 아이볼트 : 나사의 머리 부분을 고리 형태로 만들고 고리에 로프나 체인, 훅 등을 걸어 무거운 물건을 들어 올릴 때 사용하는 볼트이다.
④ 나비볼트 : 볼트를 쉽게 조일 수 있도록 머리 부분을 날개 모양으로 만든 볼트이다.
⑤ 탭볼트 : 죄려고 하는 부분이 두꺼워서 관통 구멍을 뚫을 수 없거나 길다란 구멍을 뚫었다고 하더라도 구멍이 너무 길어서 관통 볼트의 머리가 숨겨져서 죄기 곤란할 때 상대편에 직접 암나사를 깎아 너트 없이 죄어서 체결하는 볼트이다.

46

정답 ①

재열 사이클은 터빈출구의 건도를 높임으로써 높은 보일러압력을 사용할 수 있도록 한 열기관 사이클이다.

47

정답 ③

강의 열처리 조직의 경도 순서는 '페라이트<펄라이트<소르바이트<트루스타이트<마텐자이트' 순으로 높아진다. 이때, 강의 열처리조직 중 철(Fe)에 탄소(C)가 6.67% 함유된 시멘타이트 조직의 경도가 가장 높다.

48

정답 ①

강(Steel)은 철과 탄소를 기반으로 하는 합금으로, 탄소함유량이 증가함에 따라 성질이 달라진다. 탄소함유량이 증가하면 경도, 항복점, 인장강도는 증가하고, 충격치와 인성은 감소한다.

49

정답 ①

액체호닝은 압축공기를 이용하여 물과 혼합한 연마제를 노즐로 고속분사시켜 공작물의 표면을 곱게 다듬는 가공법이다.

오답분석

② 래핑 : 랩(Lap)과 공작물의 다듬질할 면 사이에 랩제를 넣고 압력으로 누르면서 연삭작용으로 표면을 깎아내어 다듬는 가공법이다.
③ 호닝 : 드릴링, 보링, 리밍 등으로 1차 가공한 재료를 더욱 정밀하게 연삭하는 가공법이다.
④ 슈퍼 피니싱 : 입도와 결합도가 작은 숫돌을 낮은 압력으로 공작물에 접촉하고 가볍게 누르면서 진동으로 왕복운동하고 공작물을 회전시켜 제품의 표면을 편평하게 다듬질하는 가공법이다.
⑤ 숏 피닝 : 숏이라고 하는 강제(鋼製)를 피가공품 표면에 20 ~ 50m/sec 속도로 다수 투사(投射)하는 냉간 가공법이다.

50

정답 ②

SM35C는 기계구조용 탄소강재이고, 평균 탄소함유량이 약 0.35%임을 나타내는 KS기호이다. 반면, SC350은 탄소강 주강품이면서 인장강도 $350N/mm^2$ 이상을 나타낸다.

51

정답 ④

경로함수는 어느 한 상태에서 다른 상태로 변화할 때 경로에 따라 그 값이 달라지는 물리량을 말하며, 대표적으로 열과 일이 있다.

52

정답 ③

불림(Normalizing : 노멀라이징)은 주조나 소성가공에 의해 거칠고 불균일한 조직을 표준화 조직으로 만드는 열처리법으로, A_3 변태점보다 30 ~ 50℃ 높게 가열한 후 공랭시킴으로써 만들 수 있다. 이때 불림 처리는 결정립을 조대화시키지 않는다.

53

정답 ②

피로한도는 내구한도라고도 하며, 재료가 반복 하중을 받아도 끊어지지 않는 한계에서의 응력 최댓값을 말한다. 따라서 인장－압축시험으로 피로한도를 평가한다.

54

정답 ④

잔류응력은 변형 후 외력을 제거한 상태에서 소재에 남아 있는 응력을 뜻하며, 물체 내의 온도구배에 의해 발생 가능하고, 추가적인 소성변형에 의해 감소될 수도 있다. 재료의 내부나 표면에 어떤 잔류응력이 남았다면 그 재료의 피로수명은 감소한다.

55

정답 ②

주물사는 통기성, 성형성이 좋고 열에 의한 화학적 변화가 없어야 한다. 또한, 열전도도가 낮아 용탕이 빨리 응고되지 않도록 해야 하고, 주물표면과의 접합력이 약해야 제품분리가 용이하다.

56

정답 ③

응력집중이란 단면이 급격히 변화하는 부분에서 힘의 흐름이 심하게 변화할 때 발생하는 현상을 말하며, 이를 완화하려면 단이 진 부분의 곡률반지름을 크게 하거나 단면을 완만하게 변화시켜야 한다.

반면, 응력집중계수(k)는 단면부의 평균응력에 대한 최대응력의 비율로 구할 수 있으며, 계수값은 재질을 고려하지 않고 노치부의 존재 여부나 급격한 단면 변화와 같이 재료의 형상 변화에 큰 영향을 받는다.

57

정답 ③

타이밍벨트는 미끄럼을 방지하기 위하여 벨트의 안쪽의 접촉면에 치형(이)을 붙여 맞물림에 의해 동력을 전달하는 벨트로, 정확한 속도가 필요한 경우에 사용한다.

오답분석

① 링크(Link)벨트 : 가죽제는 고속용, 강철제는 강판에 가죽을 붙인 것으로, 24m/s 이상의 고속도에도 사용 가능하다.
② V벨트 : 이음이 없는 둥근 모양 밸트로, 회전력을 전달하는 단면을 V형으로 만든다.
④ 레이스(Lace)벨트 : 레이스무늬가 있는 천소재 벨트이다.
⑤ 구동벨트 : 냉각 팬과 알터네이터를 연결하는 플렉시블한 벨트로, 크랭크축 끝에 설치한 풀리에 의해 연동된다.

58

정답 ①

$Q=\triangle U+W$에서 외부로부터 받은 일의 양이 68kJ/kg이고 방출한 열이 36kJ/kg이므로 다음과 같다.

$-36=\triangle U-68$

따라서 내부에너지의 변화량은 $\triangle U=-36-(-68)=32$kJ/kg이고 양수이므로 증가하였다.

59

정답 ②

베인 펌프와 피스톤 펌프는 용적형 펌프에 해당한다.

유압 펌프의 종류

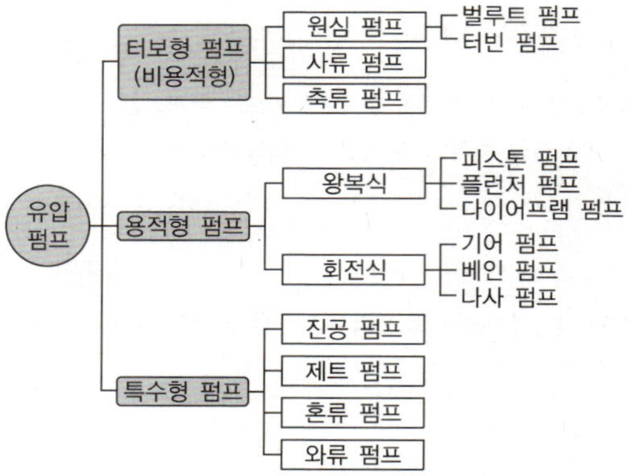

60

정답 ③

오토 사이클은 흡입 → 단열 압축 → 정적 가열 → 단열 팽창 → 정적 방열 → 배기 과정을 거친다.
따라서 오토 사이클은 0 → 1 → 2 → 3 → 4 → 1 → 0 과정을 거치므로 단열과정은 1 → 2, 3 → 4이다.

| 03 | 전기일반

31	32	33	34	35	36	37	38	39	40	41	42	43	44	45	46	47	48	49	50
③	③	③	②	②	②	①	①	④	④	④	②	①	②	②	③	①	④	④	①
51	52	53	54	55	56	57	58	59	60										
②	①	③	③	①	①	①	②	⑤	③										

31

정답 ③

$E=-\nabla V$

$=\left(\frac{\partial}{\partial x}\hat{i}+\frac{\partial}{\partial y}\hat{y}+\frac{\partial}{\partial z}\hat{z}\right)(5x+6y^2)$

$=\frac{\partial}{\partial x}(5x+6y^2)\hat{i}+\frac{\partial}{\partial y}(5x+6y^2)\hat{y}+\frac{\partial}{\partial z}(5x+6y^2)\hat{z}$

$=5\hat{i}+12\hat{y}$

$\therefore |E|=\sqrt{5^2+12^2}=13\text{V/m}$

32

정답 ③

다이오드는 전류를 한쪽 방향으로만 흐르게 하는 역할을 한다. 이 성질을 이용하여 교류전원을 직류전원으로 변환시킬 수 있으며, 이를 다이오드의 정류작용이라고 한다.

오답분석

① 증폭작용 : 전류 또는 전압의 진폭을 증가시키는 작용으로, 주로 트랜지스터를 이용한다.
② 발진작용 : 직류에너지를 교류에너지로 변환시키는 작용으로, 주로 인버터를 이용한다.
④ 변조작용 : 파동 형태의 신호 정보의 주파수, 진폭, 위상 등을 변화시키는 작용이다.
⑤ 승압작용 : 회로의 증폭 작용 없이 일정 비율로 전압을 높여주는 작용으로, 주로 변압기를 이용한다.

33

정답 ③

$P=VI$에서 $I=\frac{P}{V}=50\text{A}$이므로

발전기에서는 $E=V+R_aI_a=207.5\text{V}$이고, 전동기에서는 $V=E+R_aI_a=215\text{V}$(회전수가 같으므로 E도 같다)이다.

34

정답 ②

(실횻값)$=\frac{1}{\sqrt{2}}\times$(최댓값)

$\therefore$ (최댓값)$=\sqrt{2}\times$(실횻값)$=\sqrt{2}\times 220 \fallingdotseq 311.1\text{V}$

35

정답 ②

$I=\frac{V}{R}=\frac{20}{10}=2\text{A}$이므로 3Ω에 걸리는 전압 $V_1=3\times2=6\text{V}$, R에 걸리는 전압 $V_2=30-20-6=4\text{V}$이다.

$\therefore R=\frac{V}{I}=\frac{4}{2}=2\Omega$

36

정답 ②

전선의 절연 저항은 전선의 길이가 길수록 작아진다.

37

정답 ①

기전력에 대하여 90° 늦은 전류가 통할 때 자극축과 일치하는 감자 작용이 일어난다.

38

정답 ①

전기력선의 성질

- 양전하의 표면에서 나와 음전하의 표면으로 끝나는 연속 곡선이다.
- 전기력선상의 어느 점에서 그어진 접선은 그 점에 있어서 전기장 방향을 나타낸다.
- 전기력선은 전위가 높은 점에서 낮은 점으로 향한다.
- 전장에서 어떤 점의 전기력선 밀도는 그 점의 전장의 세기를 나타낸다.
- 전기력선은 서로 교차하지 않는다.
- 단위 전하에서는 $\frac{1}{\varepsilon_0}$개의 전기력선이 출입한다.
- 전기력선은 도체 표면에 수직으로 출입한다.
- 도체 내부에는 전기력선이 없다.

39

정답 ④

기동방법 중 기동토크를 크게 하는 방법은 계자 저항을 최소로 하는 것이다. 따라서 계자 저항을 0으로 하여 계자 전류와 자속을 최대로 하면, 기동토크도 최대가 된다.

40

정답 ④

$F=k\frac{Q_1Q_2}{r^2}$[N]이므로 힘의 크기는 두 전하 사이의 거리의 제곱에 반비례한다.

41

정답 ④

$$Q=CV=\epsilon\frac{S}{d}V=\epsilon_0\epsilon_s\frac{S}{d}V$$

$$\therefore\ Q=(8.85\times10^{-12})\times4\times\frac{100\times10^{-4}}{1\times10^{-3}}\times10\times10^3=3.54\times10^{-6}\text{C}$$

42

정답 ②

전기 저항은 전류가 흐르는 통로의 단면적에 반비례하고 도체의 길이에 비례한다.

$R=\rho\frac{l}{A}[\Omega]$ [ρ : 고유저항, A : 도체의 단면적(πr^2)]

43

정답 ①

$$F=NI=R_m\Phi=(2\times10^7)\times(5\times10^{-5})=10\times10^2\text{AT}=1{,}000\text{AT}$$

44

정답 ②

송전전압의 관계

기호	관계
송전전력	$P \propto V^2$
전압강하	$e \propto \frac{1}{V}$
단면적 A	$[A,\ W,\ P_l,\ \epsilon] \propto \frac{1}{V^2}$
총중량 W	
전력손실 P_1	
전압강하율 ϵ	

45

정답 ②

유도 전동기 회전수 $N=(1-s)N_s=(1-0.03)\times N_s=1,164\text{rpm}$이면, 동기 회전수 $N_s=\frac{1,164}{0.97}=1,200\text{rpm}$이다.

따라서 동기 회전수 $N_s=\frac{120f}{P}=\frac{120\times 60}{P}=1,200\text{rpm}$에서 극수를 구하면 $P=\frac{120\times 60}{1,200}=6$극이다.

46

정답 ③

병렬 운전 조건은 기전력의 크기, 위상, 주파수, 파형, 상회전 방향(3상)이 같아야 한다는 것이다.

47

정답 ①

충전된 대전체를 대지에 연결하면 대전체의 전하들이 대지로 이동하여 대전체는 방전한다.

48

정답 ④

전류가 전압보다 $90°$ 앞서는 콘덴서회로에 해당하는 회로는 용량성회로이다.

49

정답 ④

유도 전동기의 고정자 권선은 2중으로 권선하여 중권을 주로 사용한다.

50

정답 ①

기동토크가 클수록 좋은 전동기로, 단상 유도 전동기의 기동방법 중 기동토크가 큰 순서는 '반발 기동형>반발 유도형>콘덴서 기동형>분상 기동형>셰이딩 코일형'이다.

51

정답 ②

일정한 운동 에너지를 가지고 등속 원운동을 한다.

PART 5

52

정답 ①

전기회로에서 전류와 자기회로에서 자속의 흐름은 항상 폐회로를 형성한다.

53

정답 ③

$i=\frac{V}{R}\left(1-e^{-\frac{R}{L}t}\right)=\frac{100}{10}\left(1-e^{-\frac{10}{0.1}\times 0.01}\right)=10(1-e^{-1})\fallingdotseq 6.32\text{A}(\because e\fallingdotseq 2.718)$

54

정답 ③

$PIV=\sqrt{2}\,V=\sqrt{2}\times 100\fallingdotseq 141.4\text{V}$

55

정답 ①

$f_s=sf_1$ 이고, $s=\frac{n_0-n_2}{n_0}=\frac{100-95}{100}=0.05$이다.

$\therefore\ f_2=0.05\times 100=5\text{Hz}$

56

정답 ①

전속밀도 $D=\frac{Q}{A}$ 이다. 따라서 유전율 ε과 전속밀도 D는 관계가 없다.

57

정답 ①

전동기의 정격 전류의 합계가 50A를 초과하는 경우 그 정격 전류 합계의 1.1배인 것을 사용해야 한다.

58

정답 ②

보극이 없는 직류기의 운전 중 무부하 상태는 부하 전류가 0인 상태로, 전류가 없어 반작용이 일어나지 않아 중성점 위치도 변하지 않는다.

59

정답 ⑤

같은 종류의 전하 사이에는 서로 밀어내는 척력이 작용하며, 다른 종류의 전하 사이에는 끌어당기는 인력이 작용한다.

60

정답 ③

오답분석

ㄱ. 제벡 효과는 서로 다른 두 금속을 맞대어 폐회로를 만들고 접합부에 온도 변화를 주면 기전력이 발생하는 효과이다.

ㄹ. 핀치 효과는 도선에 전류가 흐를 때 전류에 의한 자기장과 흐르는 전류에 의해 발생하는 로렌츠 힘에 의해 도선에 압축력이 작용하는 현상이다.

| 04 | 전기이론

31	32	33	34	35	36	37	38	39	40	41	42	43	44	45	46	47	48	49	50
②	①	④	①	①	④	③	⑤	②	②	④	②	⑤	①	③	①	①	⑤	②	①
51	52	53	54	55	56	57	58	59	60										
④	①	④	②	③	②	③	④	④	④										

31

정답 ②

$t=0$일 때, 순시값으로의 전압과 전류는 다음과 같다.

• 전압 : $e=100\sin\left(377t+\frac{\pi}{3}\right)=100\sin\left(377\times0+\frac{\pi}{3}\right)=100\sin\frac{\pi}{3}=50\sqrt{3}\,\mathrm{V}$

• 전류 : $I=\frac{V}{R}=\frac{50\sqrt{3}}{10}=5\sqrt{3}\,\mathrm{A}$

32

정답 ①

$V_{평균}=\frac{2}{\pi}V_{최대},\ \ V_{최대}=\sqrt{2}\times V_{실효}$

$\therefore\ V_{평균}=\frac{2\sqrt{2}}{\pi}\times V_{실효}$

33

정답 ④

아날로그 전이중 통신 방식에서는 FDM을 사용하며, 2개의 송수신 채널의 주파수가 같으면 반이중 모드로 동작된다.

34

정답 ①

플레밍의 왼손법칙은 다음과 같다.

$F=BIl\sin\theta[\mathrm{N}]$

$\therefore\ F=1.5\times5\times40\times10^{-2}\times\frac{1}{2}=150\times10^{-2}=1.5\mathrm{N}$

35

정답 ①

패러데이의 전자 유도 법칙에 의하여 유도 기전력의 크기는 코일을 지나는 자속의 매초 변화량과 코일의 권수에 비례한다.

36

정답 ④

공장으로 유입되는 전류의 실횻값을 구하는 식은 다음과 같다.

$P=VI\cos\theta$

$I=\frac{P}{V\cos\theta}=\frac{22\times10^3}{220\times0.5}=200\mathrm{A}$

따라서 전류의 실횻값은 200A이다.

37

정답 ③

지수함수 e^{-at}를 z변환하면 $\frac{z}{z-e^{-at}}$가 된다.

38

정답 ⑤

전기방식의 비교

전기방식	전력	1선당 전력
단상 2선식	$VIcos\theta$	$0.5\,VIcos\theta$
단상 3선식	$2\,VIcos\theta$	$0.67\,VIcos\theta$
3상 3선식	$\sqrt{3}\,VIcos\theta$	$0.57\,VIcos\theta$
3상 4선식	$3\,VIcos\theta$	$0.75\,VIcos\theta$

39

정답 ②

중첩의 정리(Principle of Superposition)는 2개 이상의 기전력을 포함한 회로망의 정리 해석에 적용된다.

40

정답 ②

정전유도는 물체에 대전체를 가까이 하면 대전체와 같은 극은 대전체의 반대쪽으로 이동하고 반대 극은 대전체 쪽으로 이동하는 것이다.

41

정답 ④

- a점에서의 자계의 세기

$H=\frac{I}{2\pi r}$, $I=1$, $r=a$ 대입$=\frac{1}{2\pi a}$

- b점에서의 자계의 세기

$H'=\frac{I}{2\pi r}$, $I=8$, $r=b$ 대입$=\frac{8}{2\pi b}$

$H=H'$라 두면 $\frac{1}{2\pi a}=\frac{8}{2\pi b}$ → $\frac{1}{a}=\frac{8}{b}$

$\therefore\ \frac{b}{a}=8$

42

정답 ②

QPSK, QAM의 전송 대역폭 B_T는 다음과 같다.

$B_T \fallingdotseq \frac{r_b}{\log_2 4}=\frac{r_b}{2}$

43

정답 ⑤

전기력선은 도체 표면에 수직으로 출입하므로 등전위면과 직각으로 교차한다.

44

정답 ①

오답분석

ㄴ. 저항은 단면적의 넓이에 반비례한다.

ㄹ. 길이가 n배 증가하고 단면적의 넓이가 n배 증가하면, $R'=\rho\frac{nl}{nS}=\rho\frac{l}{S}$ 이므로 저항의 크기는 변하지 않는다.

45

정답 ③

ㄱ. $R-L-C$ 병렬이므로 전압은 모두 같다.

ㄷ. 공진 시 전류는 저항 R에만 흐른다.

ㅁ. 공진 시 에너지는 저항 R에서만 소비된다.

오답분석

ㄴ. 어드미턴스

$$Y=\frac{1}{R}+j\frac{1}{X_c}-j\frac{1}{X_L}[\mho]$$

$$=\frac{1}{R}+j\left(\frac{1}{X_c}-\frac{1}{X_L}\right),\ X_c=\frac{1}{\omega C},\ X_L=\omega L \text{ 대입}$$

$$=\frac{1}{R}+j\left(\frac{1}{\frac{1}{\omega C}}-\frac{1}{\omega L}\right)=\frac{1}{R}+j\left(\omega C-\frac{1}{\omega L}\right)[\mho]$$

ㄹ. L과 C의 전류 위상차 : $-90°$와 $+90°$, 즉 $180°$ 위상차 발생

L[H]	C[F]
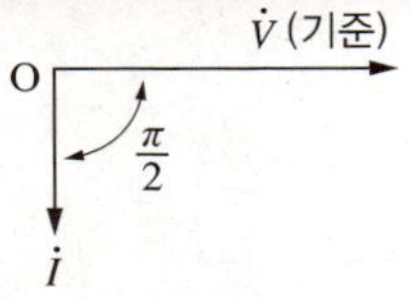 $v>I\left(\frac{\pi}{2}\right)$	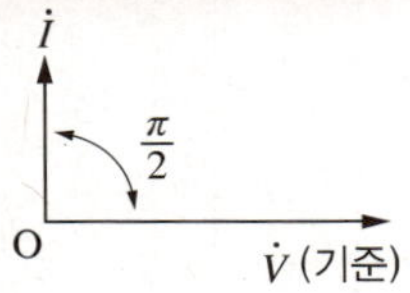 $v<I\left(\frac{\pi}{2}\right)$

46

정답 ①

전기장이 도체 표면에 수직으로 되지 않으면 전기장 성분이 생겨 전하가 이동하고 도체 표면에 전류가 흐른다.

47

정답 ①

비동기식 데이터 전송에서는 패리티 비트를 포함한 전체 데이터 중 1의 개수가 짝수가 되도록 짝수 패리티 비트의 값을 선정한다.

48

정답 ⑤

옴의 법칙 $V=RI$[V]에서 $R=20\Omega$, $I=5$A이므로 $V=20\times5=100$V이다.

49

정답 ②

옴의 법칙(Ohm's Law)에서 전기 회로에 흐르는 전류의 세기는 전압(전위차)에 비례하고 도체의 저항에 반비례한다.

$I=\frac{V}{R}$[A] (R : 회로에 따라 정해지는 상수)

50

정답 ①

$$I=\frac{Q}{t}=\frac{600}{5\times60}=\frac{600}{300}=2\text{A}$$

51

정답 ④

Ah는 배터리 공급 가능 용량의 단위로, 일정하게 공급해 줄 수 있는 전류의 양이다. 즉, 1A의 전류를 1h(시간) 동안 지속할 수 있다는 뜻이며, 1시간은 3,600초이므로 1Ah=1C/s×1h×3,600sec/h=3,600C임을 알 수 있다.

52

정답 ①

각주파수 $\omega=2\pi f$

$\therefore$ 주파수 $f=\frac{\omega}{2\pi}=\frac{100\pi}{2\pi}=50\text{Hz}$

53

정답 ④

- 기전력 $E=I(r+R_L)=8\times(5+5)=8\times10=80\text{V}$
- 내부저항

등가회로 1

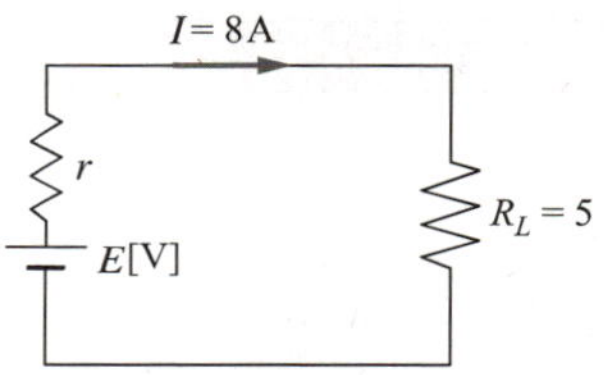

전류 $I=\frac{E}{r+R_L}[\text{A}]$

$\therefore E=I(r+R_L)=8\times(r+5)=(8r+40)\text{V}$

등가회로 2

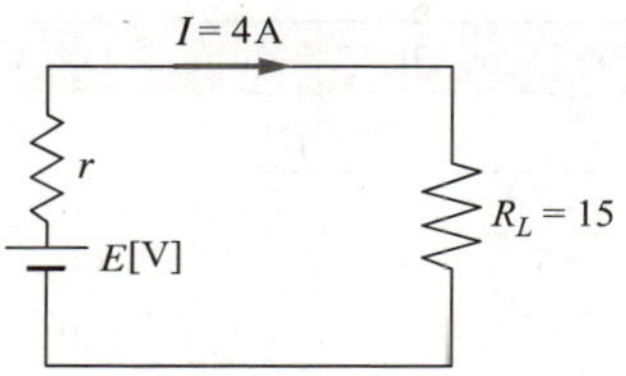

전류 $I=\frac{E}{r+R_L}[\text{A}]$

$\therefore E'=I(r+R_L)=4\times(r+15)=(4r+60)\text{V}$

$E=E'$라 두면 $8r+40=4r+60 \rightarrow 4r=20$

$\therefore r=\frac{20}{4}=5\Omega$

54

정답 ②

하루 전력량은 (40×10×5)+(1,000×1×0.5)+(100×2×5)+(1,000×1×1)=4,500Wh이다. 따라서 1개월(30일)간 사용 전력량은 4,500×30=135,000Wh=135kWh이다.

55

정답 ③

4상차 분위상 변조에서는 1회의 변조로 2비트를 전송할 수 있으므로, 신호 속도는 1,600×2=3,200bps이다.

56

정답 ②

길이를 늘리기 전의 저항 $R_1 = \rho\frac{l_1}{A_1}$

길이를 늘린 후의 저항 $R_2 = \rho\frac{l_2}{A_2} = \rho\frac{nl_1}{\frac{A_1}{n}} = \rho\frac{n^2 l_1}{A_1} = n^2 R_1$

57

정답 ③

광섬유는 전기적인 도체나 유전체로 구성되어 있지 않으므로 외부의 전자기장에 대하여 간섭이나 영향을 받지 않는다.

58

정답 ④

전체적인 데이터 전송률은 회선 접속 방식에 크게 관계되지 않는다.

59

정답 ④

$F = BIl\sin\theta = 1\times3\times2\times\sin90° = 6\text{N}$

60

정답 ④

△결선(상전압=선전압)

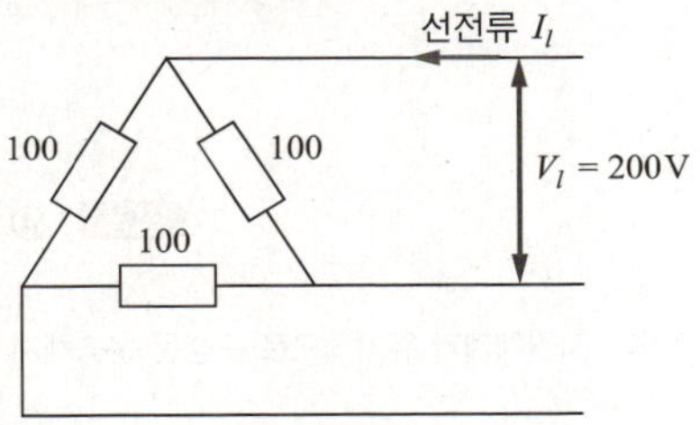

- 상전류 $I_p = \frac{V_p}{Z_p} = \frac{200}{100} = 2\text{A}$
- 선전류 $I_l = \sqrt{3}\,I_p[\text{A}] = 2\sqrt{3}\,\text{A}$

03 철도법령

61	62	63	64	65	66	67	68	69	70										
③	④	⑤	③	①	③	④	④	④	①										

61

정답 ③

사채원부(한국철도공사법 시행령 제17조 제1항)

한국철도공사는 주된 사무소에 사채원부를 비치하고, 다음 각 호의 사항을 기재해야 한다.

1. 채권의 종류별 수와 번호
2. 채권의 발행연월일
3. 제10조 제2항 제2호 내지 제6호 및 제9호의 사항

사채의 응모 등(한국철도공사법 시행령 제10조 제2항)

사채청약서는 사장이 이를 작성하고 다음 각 호의 사항을 기재해야 한다.

1. 공사의 명칭
2. 사채의 발행총액
3. 사채의 종류별 액면금액
4. 사채의 이율
5. 사채상환의 방법 및 시기
6. 이자지급의 방법 및 시기
7. 사채의 발행가액 또는 최저가액
8. 이미 발행한 사채 중 상환되지 아니한 사채가 있는 때에는 그 총액
9. 사채모집의 위탁을 받은 회사가 있을 때에는 그 상호 및 주소

62

정답 ④

정의(철도사업법 제2조)

- 철도 : 여객 또는 화물을 운송하는 데 필요한 철도시설과 철도차량 및 이와 관련된 운영·지원체계가 유기적으로 구성된 운송체계에 따른 철도를 말한다.
- 철도시설 : 선로, 역시설, 철도운영을 위한 시설, 보수·정비 기지 등 철도산업발전기본법에 따른 철도시설을 말한다.
- 철도차량 : 선로를 운행할 목적으로 제작된 동력차·객차·화차 및 특수차에 따른 철도차량을 말한다.
- 사업용철도 : 철도사업을 목적으로 설치하거나 운영하는 철도를 말한다.
- 전용철도 : 다른 사람의 수요에 따른 영업을 목적으로 하지 아니하고 자신의 수요에 따라 특수 목적을 수행하기 위하여 설치하거나 운영하는 철도를 말한다.
- 철도사업 : 다른 사람의 수요에 응하여 철도차량을 사용하여 유상(有償)으로 여객이나 화물을 운송하는 사업을 말한다.
- 철도운수종사자 : 철도운송과 관련하여 승무 및 역무서비스를 제공하는 직원을 말한다.
- 철도사업자 : 철도공사 및 국토교통부장관으로부터 철도사업 면허를 받은 자를 말한다.

63

정답 ⑤

철도이용자의 권익보호 등(철도산업발전기본법 제16조)

국가는 철도이용자의 권익보호를 위하여 다음 각 호의 시책을 강구하여야 한다.

1. 철도이용자의 권익보호를 위한 홍보·교육 및 연구
2. 철도이용자의 생명·신체 및 재산상의 위해 방지
3. 철도이용자의 불만 및 피해에 대한 신속·공정한 구제조치
4. 그 밖에 철도이용자 보호와 관련된 사항

64

정답 ③

철도산업발전기본계획의 경미한 변경(철도산업발전기본법 시행령 제4조)

법 제5조 제4항 후단에서 대통령령이 정하는 경미한 변경이라 함은 다음 각 호의 변경을 말한다.

1. 철도시설투자사업 규모의 100분의 1의 범위 안에서의 변경
2. 철도시설투자사업 총투자비용의 100분의 1의 범위 안에서의 변경
3. 철도시설투자사업 기간의 2년의 기간 내에서의 변경

65

정답 ①

한국철도공사의 손익금 처리 규정에 의하여 이익준비금 또는 사업확장적립금을 자본금으로 전입하고자 하는 때에는 이사회의 의결을 거쳐 기획재정부장관의 승인을 얻어야 한다(한국철도공사법 시행령 제8조 제1항).

66

정답 ③

면허취소 또는 사업정지 등의 처분대상이 되는 사상자 수(철도사업법 시행령 제8조)

고의 또는 중대한 과실에 의한 철도사고로 대통령령으로 정하는 다수의 사상자가 발생하여 철도사업자의 면허취소 또는 사업정지 등의 처분대상이 되는 사상자가 발생한 경우는 1회 철도사고로 사망자 5명 이상이 발생하게 된 경우를 말한다.

67

정답 ④

설립등기(한국철도공사법 시행령 제2조)

한국철도공사의 설립등기사항은 다음 각 호와 같다.

1. 설립목적
2. 명칭
3. 주된 사무소 및 하부조직의 소재지
4. 자본금
5. 임원의 성명 및 주소
6. 공고의 방법

68

정답 ④

민자철도사업자에 대한 과징금 처분(철도사업법 제25의2 제1항)

국토교통부장관은 민자철도사업자가 다음 각 호의 어느 하나에 해당하는 경우에는 1억 원 이하의 과징금을 부과·징수할 수 있다.

1. 제25조 제2항을 위반하여 민자철도의 유지·관리 및 운영에 관한 기준을 준수하지 아니한 경우
2. 제25조 제5항을 위반하여 명령을 이행하지 아니하거나 그 결과를 보고하지 아니한 경우

69

정답 ④

공정거래위원회부위원장이 철도산업위원회의 위원이 될 수 있다.

철도산업위원회의 위원(철도산업발전기본법시행령 제6조 제2항)

철도산업위원회의 위원은 다음 각 호의 자가 된다.

1. 기획재정부차관·교육부차관·과학기술정보통신부차관·행정안전부차관·산업통상자원부차관·고용노동부차관·국토교통부차관·해양수산부차관 및 공정거래위원회부위원장
2. 국가철도공단의 이사장
3. 한국철도공사의 사장
4. 철도산업에 관한 전문성과 경험이 풍부한 자 중에서 위원회의 위원장이 위촉하는 자

70

정답 ①

손익금 처리(한국철도공사법 제10조 제1항)

한국철도공사는 매 사업연도 결산 결과 이익금이 생기면 다음 각 호의 순서로 처리하여야 한다.

1. 이월결손금의 보전(補塡)
2. 자본금의 2분의 1이 될 때까지 이익금의 10분의 2 이상을 이익준비금으로 적립
3. 자본금과 같은 액수가 될 때까지 이익금의 10분의 2 이상을 사업확장적립금으로 적립
4. 국고에 납입

코레일 한국철도공사 필기시험 답안카드

성 명

지원 분야

문제지 형별기재란	
(　　　)형	Ⓐ Ⓑ

수 험 번 호						
⓪	⓪	⓪	⓪	⓪	⓪	⓪
①	①	①	①	①	①	①
②	②	②	②	②	②	②
③	③	③	③	③	③	③
④	④	④	④	④	④	④
⑤	⑤	⑤	⑤	⑤	⑤	⑤
⑥	⑥	⑥	⑥	⑥	⑥	⑥
⑦	⑦	⑦	⑦	⑦	⑦	⑦
⑧	⑧	⑧	⑧	⑧	⑧	⑧
⑨	⑨	⑨	⑨	⑨	⑨	⑨

감독위원 확인
㊞ 인

1	① ② ③ ④ ⑤	21	① ② ③ ④ ⑤	41	① ② ③ ④ ⑤	61	① ② ③ ④ ⑤
2	① ② ③ ④ ⑤	22	① ② ③ ④ ⑤	42	① ② ③ ④ ⑤	62	① ② ③ ④ ⑤
3	① ② ③ ④ ⑤	23	① ② ③ ④ ⑤	43	① ② ③ ④ ⑤	63	① ② ③ ④ ⑤
4	① ② ③ ④ ⑤	24	① ② ③ ④ ⑤	44	① ② ③ ④ ⑤	64	① ② ③ ④ ⑤
5	① ② ③ ④ ⑤	25	① ② ③ ④ ⑤	45	① ② ③ ④ ⑤	65	① ② ③ ④ ⑤
6	① ② ③ ④ ⑤	26	① ② ③ ④ ⑤	46	① ② ③ ④ ⑤	66	① ② ③ ④ ⑤
7	① ② ③ ④ ⑤	27	① ② ③ ④ ⑤	47	① ② ③ ④ ⑤	67	① ② ③ ④ ⑤
8	① ② ③ ④ ⑤	28	① ② ③ ④ ⑤	48	① ② ③ ④ ⑤	68	① ② ③ ④ ⑤
9	① ② ③ ④ ⑤	29	① ② ③ ④ ⑤	49	① ② ③ ④ ⑤	69	① ② ③ ④ ⑤
10	① ② ③ ④ ⑤	30	① ② ③ ④ ⑤	50	① ② ③ ④ ⑤	70	① ② ③ ④ ⑤
11	① ② ③ ④ ⑤	31	① ② ③ ④ ⑤	51	① ② ③ ④ ⑤		
12	① ② ③ ④ ⑤	32	① ② ③ ④ ⑤	52	① ② ③ ④ ⑤		
13	① ② ③ ④ ⑤	33	① ② ③ ④ ⑤	53	① ② ③ ④ ⑤		
14	① ② ③ ④ ⑤	34	① ② ③ ④ ⑤	54	① ② ③ ④ ⑤		
15	① ② ③ ④ ⑤	35	① ② ③ ④ ⑤	55	① ② ③ ④ ⑤		
16	① ② ③ ④ ⑤	36	① ② ③ ④ ⑤	56	① ② ③ ④ ⑤		
17	① ② ③ ④ ⑤	37	① ② ③ ④ ⑤	57	① ② ③ ④ ⑤		
18	① ② ③ ④ ⑤	38	① ② ③ ④ ⑤	58	① ② ③ ④ ⑤		
19	① ② ③ ④ ⑤	39	① ② ③ ④ ⑤	59	① ② ③ ④ ⑤		
20	① ② ③ ④ ⑤	40	① ② ③ ④ ⑤	60	① ② ③ ④ ⑤		

※ 본 답안카드는 마킹연습용 모의 답안카드입니다.

〈절취선〉

코레일 한국철도공사 필기시험 답안카드

성 명

지원 분야

문제지 형별기재란	
(　　　)형	Ⓐ Ⓑ

수 험 번 호						
⓪	⓪	⓪	⓪	⓪	⓪	⓪
①	①	①	①	①	①	①
②	②	②	②	②	②	②
③	③	③	③	③	③	③
④	④	④	④	④	④	④
⑤	⑤	⑤	⑤	⑤	⑤	⑤
⑥	⑥	⑥	⑥	⑥	⑥	⑥
⑦	⑦	⑦	⑦	⑦	⑦	⑦
⑧	⑧	⑧	⑧	⑧	⑧	⑧
⑨	⑨	⑨	⑨	⑨	⑨	⑨

감독위원 확인
ⓘ인

1	①	②	③	④	⑤	21	①	②	③	④	⑤	41	①	②	③	④	⑤	61	①	②	③	④	⑤
2	①	②	③	④	⑤	22	①	②	③	④	⑤	42	①	②	③	④	⑤	62	①	②	③	④	⑤
3	①	②	③	④	⑤	23	①	②	③	④	⑤	43	①	②	③	④	⑤	63	①	②	③	④	⑤
4	①	②	③	④	⑤	24	①	②	③	④	⑤	44	①	②	③	④	⑤	64	①	②	③	④	⑤
5	①	②	③	④	⑤	25	①	②	③	④	⑤	45	①	②	③	④	⑤	65	①	②	③	④	⑤
6	①	②	③	④	⑤	26	①	②	③	④	⑤	46	①	②	③	④	⑤	66	①	②	③	④	⑤
7	①	②	③	④	⑤	27	①	②	③	④	⑤	47	①	②	③	④	⑤	67	①	②	③	④	⑤
8	①	②	③	④	⑤	28	①	②	③	④	⑤	48	①	②	③	④	⑤	68	①	②	③	④	⑤
9	①	②	③	④	⑤	29	①	②	③	④	⑤	49	①	②	③	④	⑤	69	①	②	③	④	⑤
10	①	②	③	④	⑤	30	①	②	③	④	⑤	50	①	②	③	④	⑤	70	①	②	③	④	⑤
11	①	②	③	④	⑤	31	①	②	③	④	⑤	51	①	②	③	④	⑤						
12	①	②	③	④	⑤	32	①	②	③	④	⑤	52	①	②	③	④	⑤						
13	①	②	③	④	⑤	33	①	②	③	④	⑤	53	①	②	③	④	⑤						
14	①	②	③	④	⑤	34	①	②	③	④	⑤	54	①	②	③	④	⑤						
15	①	②	③	④	⑤	35	①	②	③	④	⑤	55	①	②	③	④	⑤						
16	①	②	③	④	⑤	36	①	②	③	④	⑤	56	①	②	③	④	⑤						
17	①	②	③	④	⑤	37	①	②	③	④	⑤	57	①	②	③	④	⑤						
18	①	②	③	④	⑤	38	①	②	③	④	⑤	58	①	②	③	④	⑤						
19	①	②	③	④	⑤	39	①	②	③	④	⑤	59	①	②	③	④	⑤						
20	①	②	③	④	⑤	40	①	②	③	④	⑤	60	①	②	③	④	⑤						

※ 본 답안카드는 마킹연습용 모의 답안카드입니다.

시대에듀 All-New 코레일 한국철도공사 기술직 통합기본서

개정5판1쇄 발행	2025년 07월 15일 (인쇄 2025년 06월 25일)
초 판 발 행	2023년 03월 10일 (인쇄 2022년 12월 21일)
발 행 인	박영일
책 임 편 집	이해욱
편 저	SDC(Sidae Data Center)
편 집 진 행	여연주 · 김미진
표지디자인	현수빈
편집디자인	김경원 · 장성복
발 행 처	(주)시대고시기획
출 판 등 록	제10-1521호
주 소	서울시 마포구 큰우물로 75 [도화동 538 성지 B/D] 9F
전 화	1600-3600
팩 스	02-701-8823
홈 페 이 지	www.sdedu.co.kr

I S B N	979-11-383-9502-1 (13320)
정 가	28,000원

기업별 맞춤 학습 "기본서" 시리즈

공기업 취업의 기초부터 심화까지! 합격의 문을 여는 **Hidden Key!**

기업별 시험 직전 마무리 "모의고사" 시리즈

실제 시험과 동일하게 마무리! 합격을 향한 **Last Spurt!**

※**기업별 시리즈 :** HUG 주택도시보증공사/LH 한국토지주택공사/강원랜드/건강보험심사평가원/국가철도공단/국민건강보험공단/국민연금공단/근로복지공단/발전회사/부산교통공사/서울교통공사/인천국제공항공사/코레일 한국철도공사/한국농어촌공사/한국도로공사/한국산업인력공단/한국수력원자력/한국수자원공사/한국전력공사/한전KPS/항만공사 등

※도서의 이미지 및 구성은 변동될 수 있습니다.

NEXT STEP
시대에듀가 합격을 준비하는
당신에게 제안합니다.
성공의 기회
시대에듀를 잡으십시오.
시대에듀
기회란 포착되어 활용되기 전에는 기회인지조차 알 수 없는 것이다.
– 마크 트웨인 –